B L A C K A T H E N A

黑 色 雅 典 娜

古典文明的亚非之根

（全三卷）

3

语言学
证据（上）

[英] 马丁 · 贝尔纳 —— 著

冯金朋　赵欢 —— 译

MARTIN BERNAL

VOLUME III

THE LINGUISTIC EVIDENCE

(I)

THE AFROASIATIC ROOTS OF CLASSICAL CIVILIZATION

南京大学出版社

图书在版编目（CIP）数据

黑色雅典娜：古典文明的亚非之根：全三卷 / (英) 马丁 · 贝尔纳 (Martin Bernal) 著；郝田虎等译
. -- 南京：南京大学出版社, 2020.7
书名原文: Black Athena: Afroasiatic Roots of Classical Civilization
ISBN 978-7-305-23267-1

Ⅰ. ①黑… Ⅱ. ①马… ②郝… Ⅲ. ①西方文化—文化史—研究 Ⅳ. ①K103

中国版本图书馆CIP数据核字(2020)第079719号

出版发行 南京大学出版社
社　　址 南京市汉口路22号　　邮　编 210093
出 版 人 金鑫荣

书　　名 黑色雅典娜：古典文明的亚非之根（全三卷）
著　　者 [英] 马丁 · 贝尔纳
译　　者 郝田虎 程　英 李静滢 冯金朋 赵　欢
策 划 人 严搏非
责任编辑 陈蕴敏
特约编辑 张少军 张嘉宁 孔繁尘

印　　刷 山东临沂新华印刷物流集团有限责任公司
开　　本 787mm × 1092mm 16开　印张 135　字数 2032千字
版　　次 2020年7月第1版　2020年7月第1次印刷
ISBN 978–7–305–23267–1
定　　价 398.00元

网　　址 http://www.njupco.com
官方微博 http://weibo.com/njupco
官方微信 njupress
销售热线（025）83594756

纪念我的父亲，

约翰·德斯蒙德·贝尔纳，

他教导我：

事物有趣地配合在一起

目录

导语

希腊语对埃及语定冠词前缀的借用

埃及语词汇 PR（"房子、神庙、宫殿"）

"原因前缀"（R)dit

希腊语对字首为 Di(T)–的埃及语动词的借用

结语

Ḥt nṯr (nt) Nt 雅典娜

结语

缩略语

希伯来语对照表

前言与致谢

首先，我应该感谢罗格斯大学出版社（Rutgers University Press），尤其应该感谢 Leslie Michener，他们付出了极大的耐心。本卷的写作事宜始于 1987 年，预计 20 世纪 90 年代初期出版。请原谅我拖延至今方才杀青付梓，首先是因为围绕着前两卷的争辩使我无法专心本卷的写作，并且我感觉有必要撰写《黑色雅典娜的回信》（*Black Athena Writes Back*）及其未完稿的姐妹篇《为黑色雅典娜辩护》（*Debating Black Athena*）。不过，更重要的原因是我严重低估了本卷写作的难度，它需要扩充内容，还需要将杂乱无章的手稿井然有序地编排到本卷中。最重要的原因，是我天生懒惰。

在其他众人中，我应该向 Mary Jo Powell 表达我深深的谢意，她富有挑战性地编辑了本卷的手稿。我也需要特别感谢 Roger Blench 和 Gary Rendsburg，感谢他们对我的鞭策鼓励以及对这本书的阅读；当然，在这个过程中，他们并不完全同意书中观点。在本卷写作的准备过程中，James Hoch、Saul Levin 和 John Pairman Brown 给予我极大的帮助。Louisa Bennion 积极协助我对参考文献进行了极大的扩充。我向她表达我诚挚的感谢，这也是我要向 Marilyn Campbell 表达的，感谢她耐心，并且温馨地引导作者，直到最后一年完稿。我也应该特别感谢 Paddy Culligan 和 Karen English-Loeb，他们绘制了本卷的地图。

本套丛书，作为一个整体，如果没有以下诸位的学术协助和建设性的批 XVI

判，恐难成稿；他们分别是：Nikos Axarlis、Gregory Blue、Stanley Burstein、Eric Cline、Erwin Cook、Molly Myerowitz Levine、Valentin Mudimbe 以及 David Owen。我也必须感谢以下诸位的极大帮助和鼓励：Anouar Abdel Malek、Lynne Abel、Garth Alford、Fred Ahl、Michael Astour、George Bass、Jacques Berlinerblau、John Boardman、Anthony Bulloch、Walter Burkert、Paul Cartledge、Chen Yiyi、Noam Chomsky、Cyrus Chotya、Geneva Cobb-Moore、Erwin Cook、Paddy Culligan、Peter Daniels、Robert Drews、Emmanuel Eze、Dan Flory、Kirstin Fudeman、Cyrus Gordon、Friedrich Graf、R. Drew Griffith、David Held、Bertrand Hemmerdinger、Paul Hoch、Gayle Holst-Warhaft、Molly Ierulli、Ephraim Isaac、Susan James、Jay Jasanoff、Shomarka Keita、Isaac Kramnick、Peter Kuniholm、Saul Levin、David Levy、Hugh Lloyd-Jones、Anthony Löwstedt、Beatrice Lumpkin、Fuad Makki、Uday Mehta、Henry Mendell、David Chioni Moore、Toni Morrison、Joseph Needham、Maryanne Newton、John Papademos、Jacke Phillips、Paul Powell、Jamil Ragep、Andrew Rammage、Nancy Rammage、John Ray、Colin Renfrew、Lori Repetti、Carl Sagan、Edward Said、Stephen Scully、Reynolds Smith、Anthony Snodgrass、Barry Strauss、Karen Swann、Wim van Binsbergen、Frans van Coetsem、Emily Vermeule、Vance Watrous，以及 Linda Waugh。不幸但又不可避免的是，完成本书的时间跨度太久，其中的许多学者如今已不在人世。

30 多年来，虽然不能说成无法自拔的沉迷，但是对《黑色雅典娜》丛书的沉迷使我总是不能扮演一个乐于回应或负责任的家庭成员。所以，我要感谢所有家庭成员为我付出的耐心和爱，感谢我的儿子 Panl、Adam 和 Patrick，女儿 Sophie、女婿 Mark 以及他们的孩子 Charlotte 和 Ben。感谢我的儿子 William、儿媳 Vavnessa 以及他们的孩子 Katie 和 Dan。尤其要感谢的是我的妻子 Leslie，28 年来，她给予我了智力上的激励和感情上的支持，使我能够坚持这么长久。

转写和表音拼法

重　构

本书对诺斯特拉语系、亚非语系和印度-赫梯语系的重构是按照几位学者的研究进行的，他们的工作为相关章节写作铺垫了基础。他们是研究诺斯特拉语系的学者阿兰·博姆哈德（Allan Bomhard）、约翰·C. 克恩斯（John C. Kerns）；研究亚非语系的弗拉基米尔·E. 奥廖尔（Vladimir E. Orel）和奥尔加·E. 斯托尔博娃（Olga V. Stolbova）；研究印度-赫梯语系的托马斯·V. 加姆克列利茨（Tomas V. Gamkrelidze）和雅克斯拉夫·伊万诺夫（Vyačeslav V. Ivanov）。他们的重构相似但不相同。他们全部在声门闭塞音后使用撇号 p'、t'、k' 来表示重音，偶尔表示为声门音。这些发音的准确性质不能确定，唯一能确定的是它们既不是浊辅音又不是清辅音。当引用博姆哈德、克恩斯、加姆克列利茨和伊万诺夫的文字时，我使用大写的“H”表示准确性质不确定的“喉音”，因为它们在所有的印度-赫梯语系分支（安纳托利亚语族除外）都已经消失。“H”并不一定适合于描述原始亚非语系这个超级语言家族，因为它有独特的“喉音”>、ʿ、h、ḥ 和 ḫ 存在于它的许多分支语言中。塞音后面的发音符号［h］，表示发音，而非音位或者词义交替。

埃及语

在这套丛书的前两卷里，所采用的埃及语词汇拼字法是英美的埃及学专家使用的标准拼字法；唯一例外的是，通常转写为“ḳ”的符号在本卷中将写作“q”。

无论早期埃及语和中期埃及语（公元前 3400 年—公元前 1600 年）中 ꜣ 的确切声音是什么，它都被使用在包含 r、l 甚至 n 的闪米特名字的词汇中。这一辅音值直到新王国时代开始时仍然保留着。在晚期埃及语（口语，公元前 1600 年—公元前 700 年）中，它似乎成为一个 > aleph；后来，它像南部英语的 r 一样，仅仅修饰邻近的元音。埃及语 ỉ 对应闪米特语的 > aleph 和 yōd。> aleph 在许多语言中都有发现，几乎所有亚非语中都有它。它是元音前的声门音，正如伦敦东区方言（cockney）中的“bo>l”和“bu> ə”（即 bottle 和 butter）。埃及语 ‘ayin 也出现在多数闪米特语言中，它是浊音的或者口语的 > aleph。埃及语词形似乎与后元音 o 和 u 相关。

在早期埃及语中，符号 w 被写作小鹌鹑鸟（quail chick）的形象，可能最初只有纯粹的辅音值。在晚期埃及语中，埃及口语的发展对希腊语影响最大。它似乎经常被读作元音，o 或者 u。写作 r 的埃及符号在闪米特语和希腊语中通常转写为 l。在后来的埃及语中，它似乎和 ꜣ 一样弱化，仅仅成为元音的修饰音。

在埃及语和闪米特语中 ḥ 被读作强调的 h。这表明在埃及语中通常转写为 ḫ 的符号最初的发音是 ǵ。在中期埃及语和晚期埃及语中，它的发音被清音化为类似于苏格兰语“loch”中的 ch。转写为 h 的符号发音为 ḫy，在中期埃及语和晚期埃及语中，它经常与 š 相混淆。š 过去被转写为最初发音有些类似 ḫ 的符号，它在后来被读作 sh 或者 skh。

综上所述，q 代表着重读的 ḳ。

字母 ṯ 大概最初读作 ty。它甚至在中期埃及语中就已经与 t 混淆。同样，ḏ 经常与 d 互换。在晚期希腊语中，浊辅音与清辅音趋向于融合；这样，在 ṯ、t、ḏ 和 d 之间就出现了混淆。

埃及名字

埃及神灵的名字根据最常见的希腊语进行元音化：例如 >Imn 转写 Amon（阿

蒙），St 转写为 Isis（伊希斯）。

国王的名字一般采用 A. H. 加德纳（A. H. Gardiner，1961）的著名法老的希腊名字的译法，例如 Ramesses（拉美西斯）。

科普特语

科普特字母表的大部分字母源于希腊语，因此采用同样的转写形式。此外六个来自古埃及语世俗体（Demotic）的字母的转写方式如下：

š	ḫ	j
f	h	č

闪米特语

闪米特语辅音的转写相对符合习惯。在前面讲埃及语时已经提到几个复杂的情形。除此之外，还有如下情况：

在迦南语中，发音 ḫ 和 ḥ 融为一体。本卷的转写有时反映词源的是 ḫ 而非后来的 ḥ。ṭ是重读的 t。通常转写为 th 的阿拉伯字母 thā'，本书写作 ty。同样情况，dhāl 本书写作 dy。乌加里特语中与阿拉伯语 ghain 相对应的字母转写为 ǵ。

在西部闪米特语中 tsade 几乎肯定读作 ts，字母 śin 最初好像类似于威尔士语中 ll 的边擦音（lateral fricative）。从公元前一千纪起，希伯来语的转写过程中，字母 shin 被转写为 š。在别处，它仅仅转写为 s，因为我怀疑 š 发音的古代性和范围。

转写中不标明**字母中点**（dagesh）**或塞–擦字母**（begadkephat）。这样处理是为了简单明了，同时也是因为我怀疑它们的古代性和范围。

元音化

《圣经》马所拉本的元音化完成于 9 世纪和 10 世纪，但反映了古老得多的发音，其转写如下：

符号名称	无装饰	带י y	带ו w	带ה h
Pataḥ	בַּ ba	—	—	——
Qåmeṣ	בָּbå	בָּי bâ	—	בָּה båh
Ḥîreq	בִּ bi	בִּי bî	—	——
Ṣērê	בֵּ bē	בֵּי bê	—	בֵּה bēh
S^{e}gōl	בֶּ be	בֶּי b	—	בֶּה beh
Ḥōlem	בֹּ bō	——	בּוֹ bô	בֹּה bōh
Qibû	בֻּ bu	——	בּוּ bû	——

弱化元音转写为：

בְּ b^{e} חֲ ḥă חֱ ḥĕ חֳ ḥŏ

重音符号和吟诵符号（cantillation）通常不标出。

希腊语

我有些犹豫地确立了希腊字母对希伯来文字（阿拉姆文字）和埃及文字的特权，无论何时引入新词都保持不变，而对其他文字则一律进行直译（transliterating）。因为，埃及学家和闪米特学家发现希腊字母易于识读，许多非专业的罗马字母使用者也这样认为。相比之下，只有较少一些古典学者能够识读希伯来语，事实上没有哪位古典学者能够识读象形文字。其中关键因素还包括，象形文字提供的信息无法通过转写来加以利用。

辅音的转写得到了普遍认可。被同样认可的还有元音 η 和 ω 的转写，它们被转写为 / ē / 和 / ō /。Long ᾱ\ is rendered/ā\/. 按照惯例，Υ 被音译为 /y/，尽管事实上本套丛书提到的几乎所有的借用语都出现在“u”之前，在其前的 /u/ 则变成 /ü/。一些闪米特语被希腊语借用可能晚于它们被腓尼基语借用。不过，最规则的对应是希腊语中的“ υ ”与较早的闪米特语和希伯来语中的 /u/ 以及埃及语中的 /w/。

地图和表

地　图

表　格

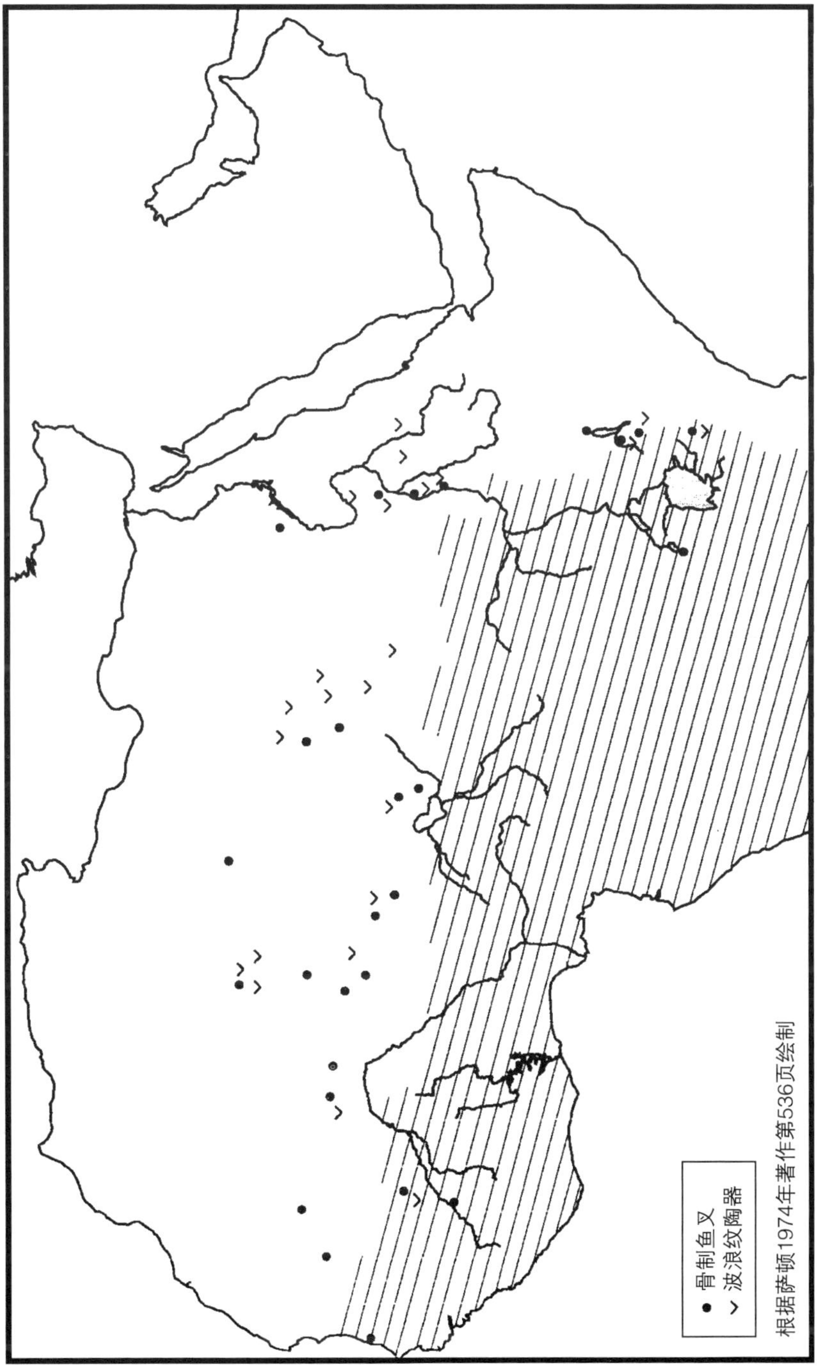

地图 1　单列鱼叉和波浪纹陶器的扩散

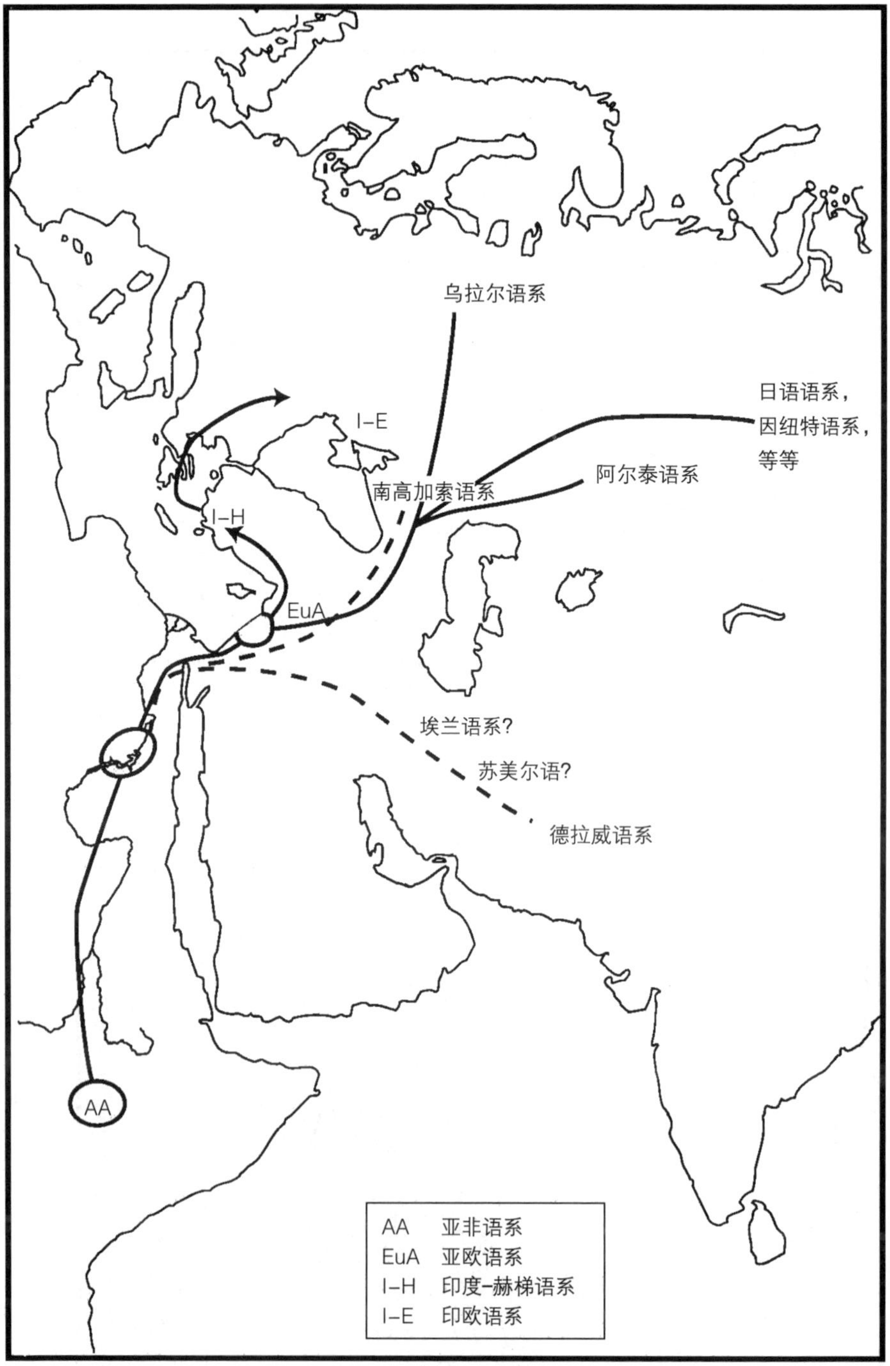

地图 2　诺斯特拉语系的扩散

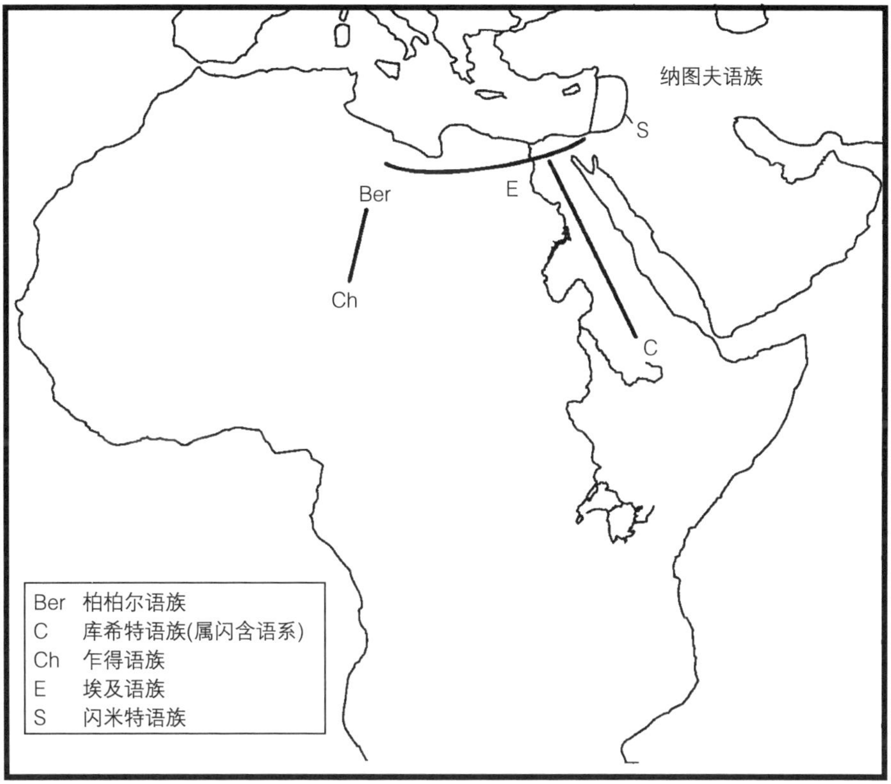

地图 3a　亚非语系的扩散：从亚洲

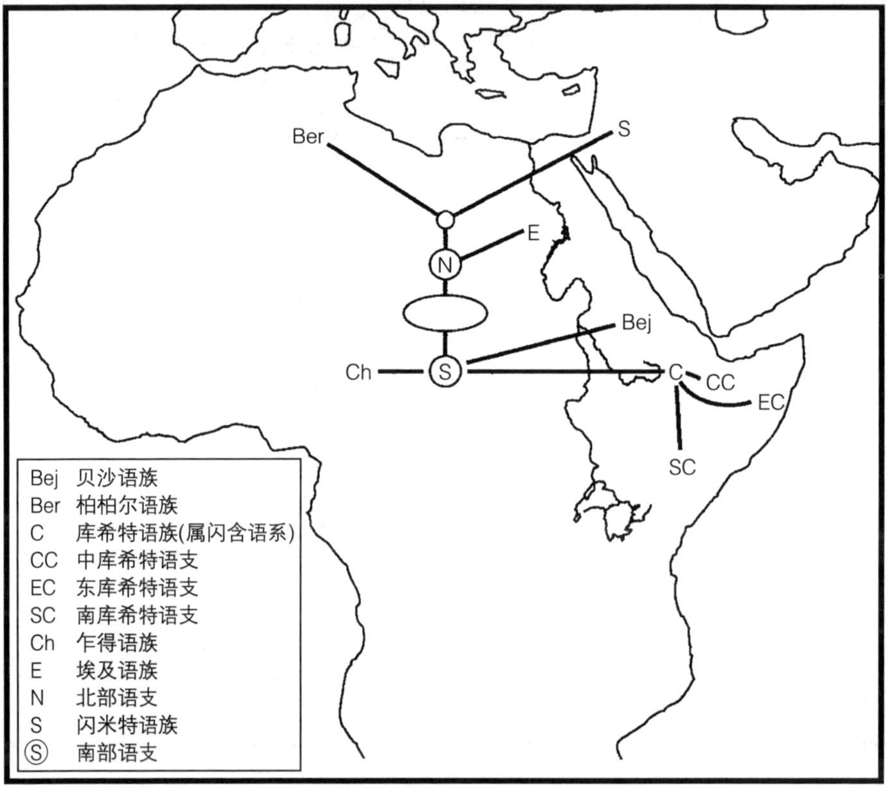

地图 3b　亚非语系的扩散：从非洲

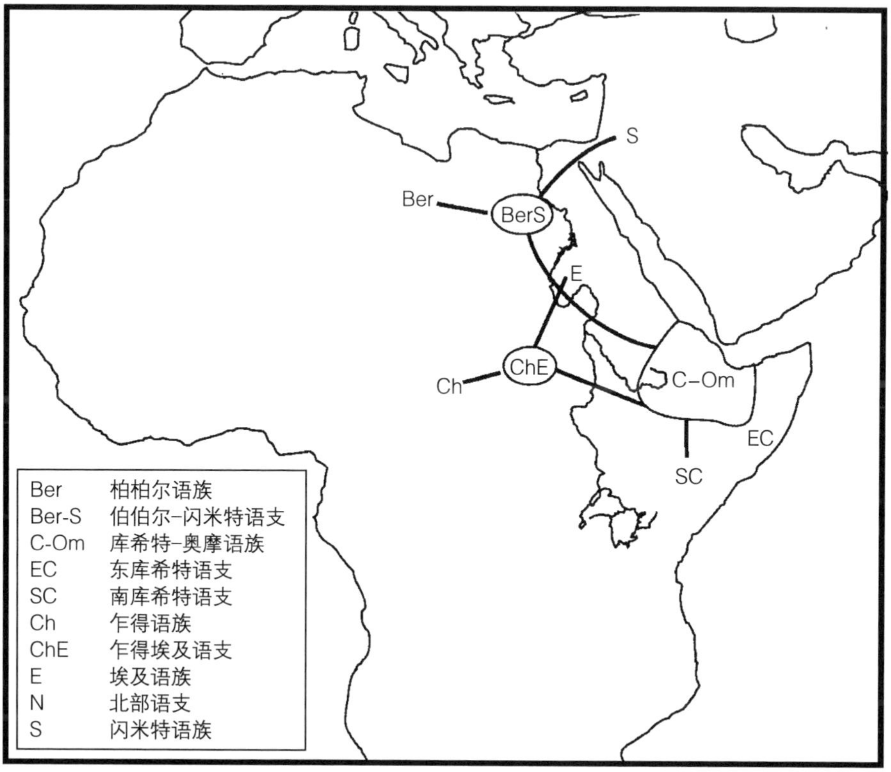

地图 3c　亚非语系的扩散：从非洲

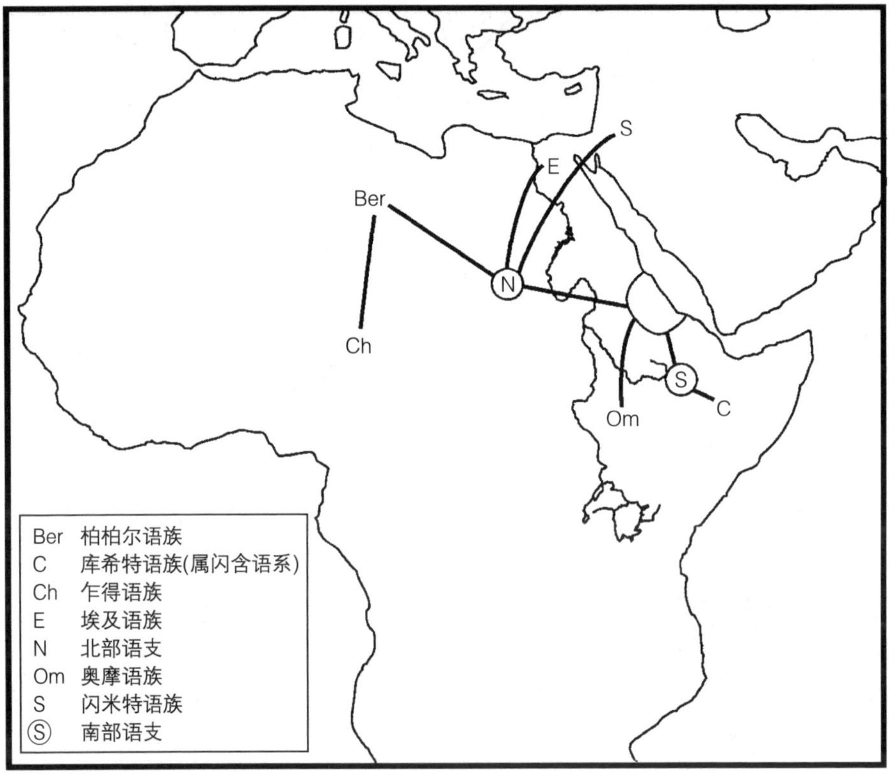

地图 3d　亚非语系的扩散：从非洲

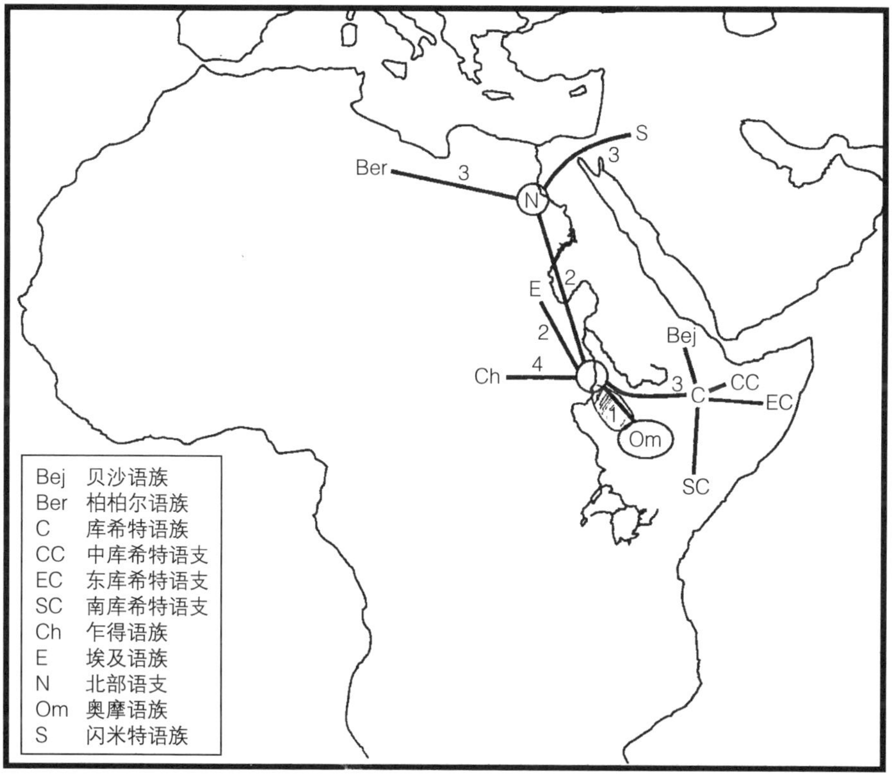

地图 3e 亚非语系的扩散：从非洲

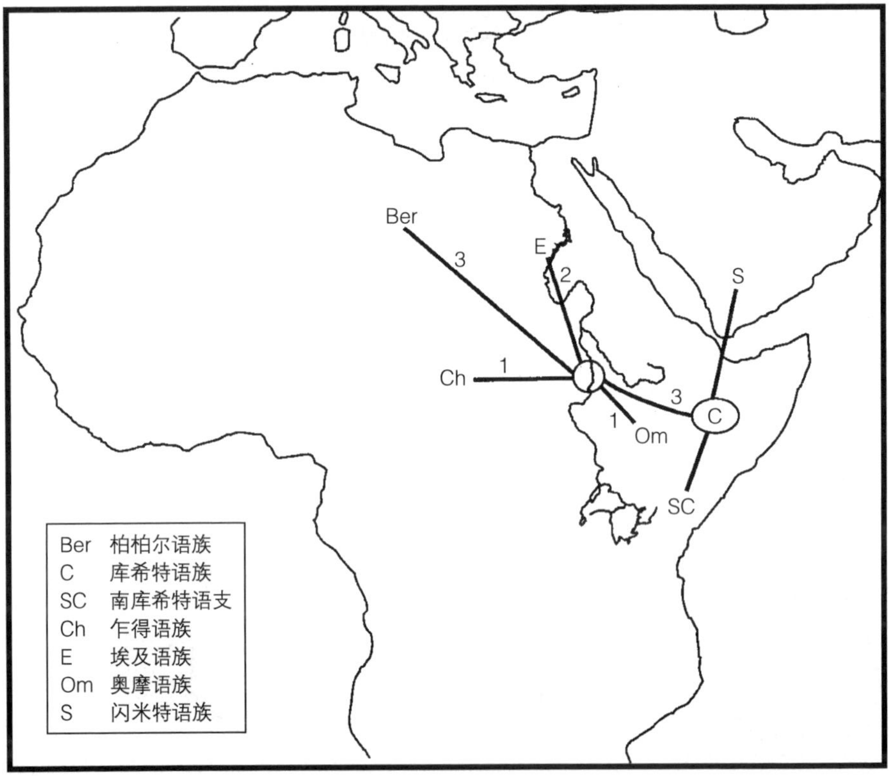

地图 3f 亚非语系的扩散：从非洲

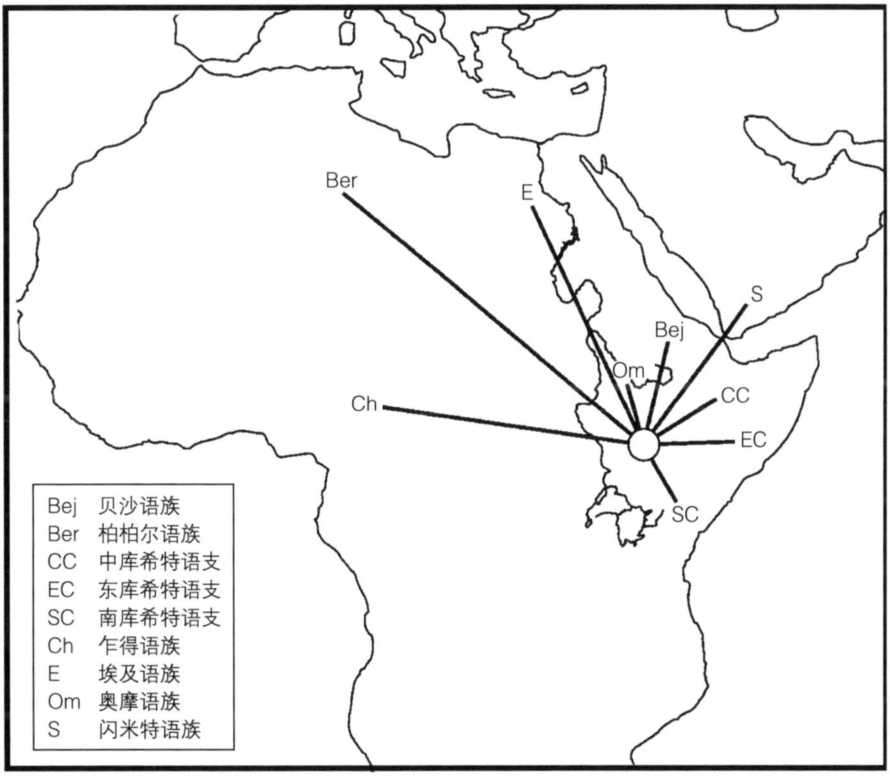

地图 3g 亚非语系的扩散：从非洲

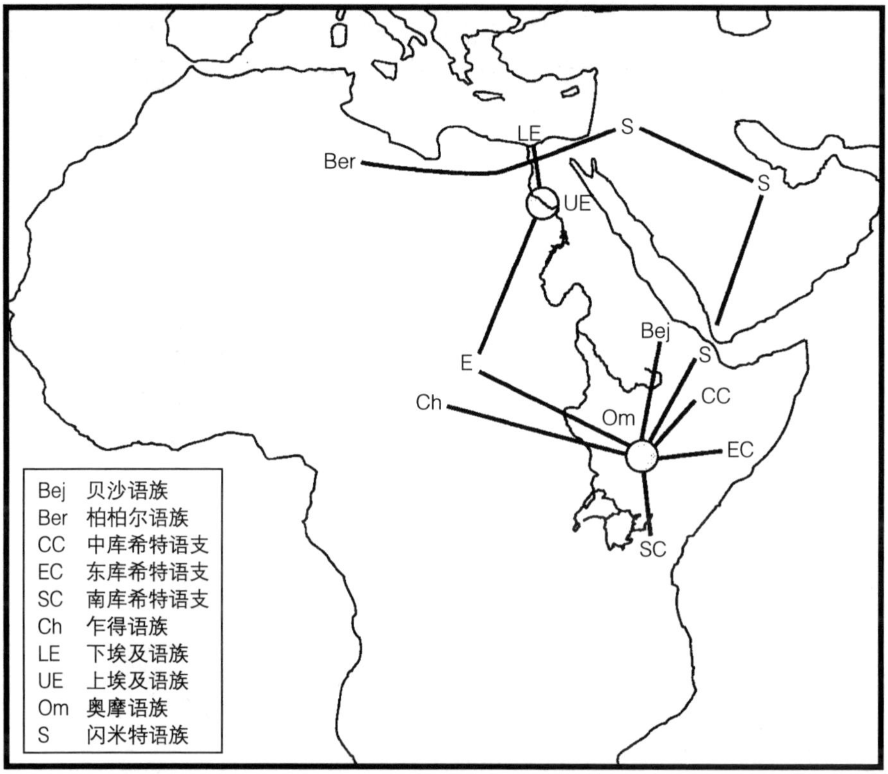

地图 3h　亚非语系的扩散：从非洲

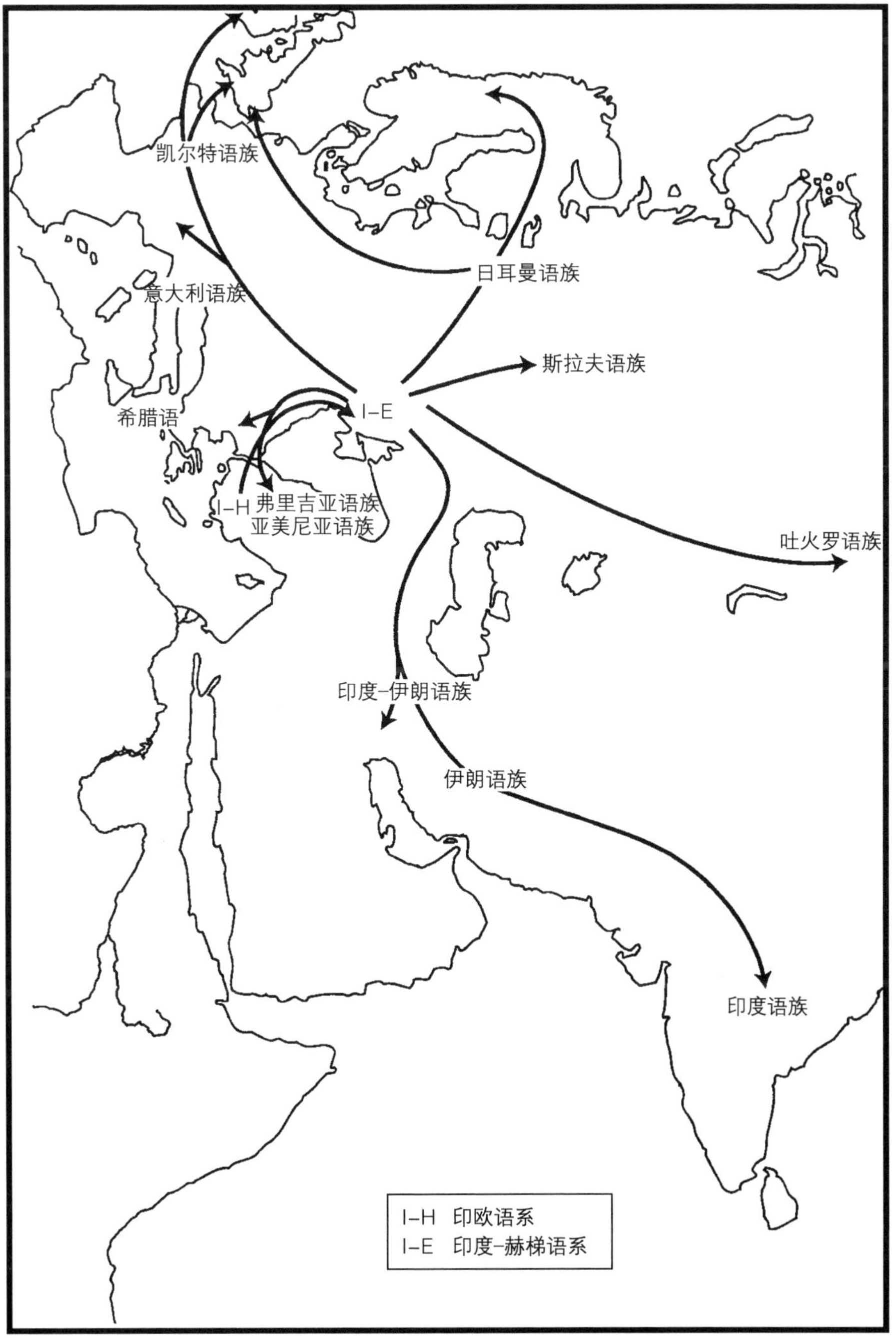
凯尔特语族
日耳曼语族
意大利语族
斯拉夫语族
希腊语
I–E
I–H
弗里吉亚语族
亚美尼亚语族
吐火罗语族
印度–伊朗语族
伊朗语族
印度语族
I–H 印欧语系
I–E 印度–赫梯语系

地图 4　印欧语系的扩散

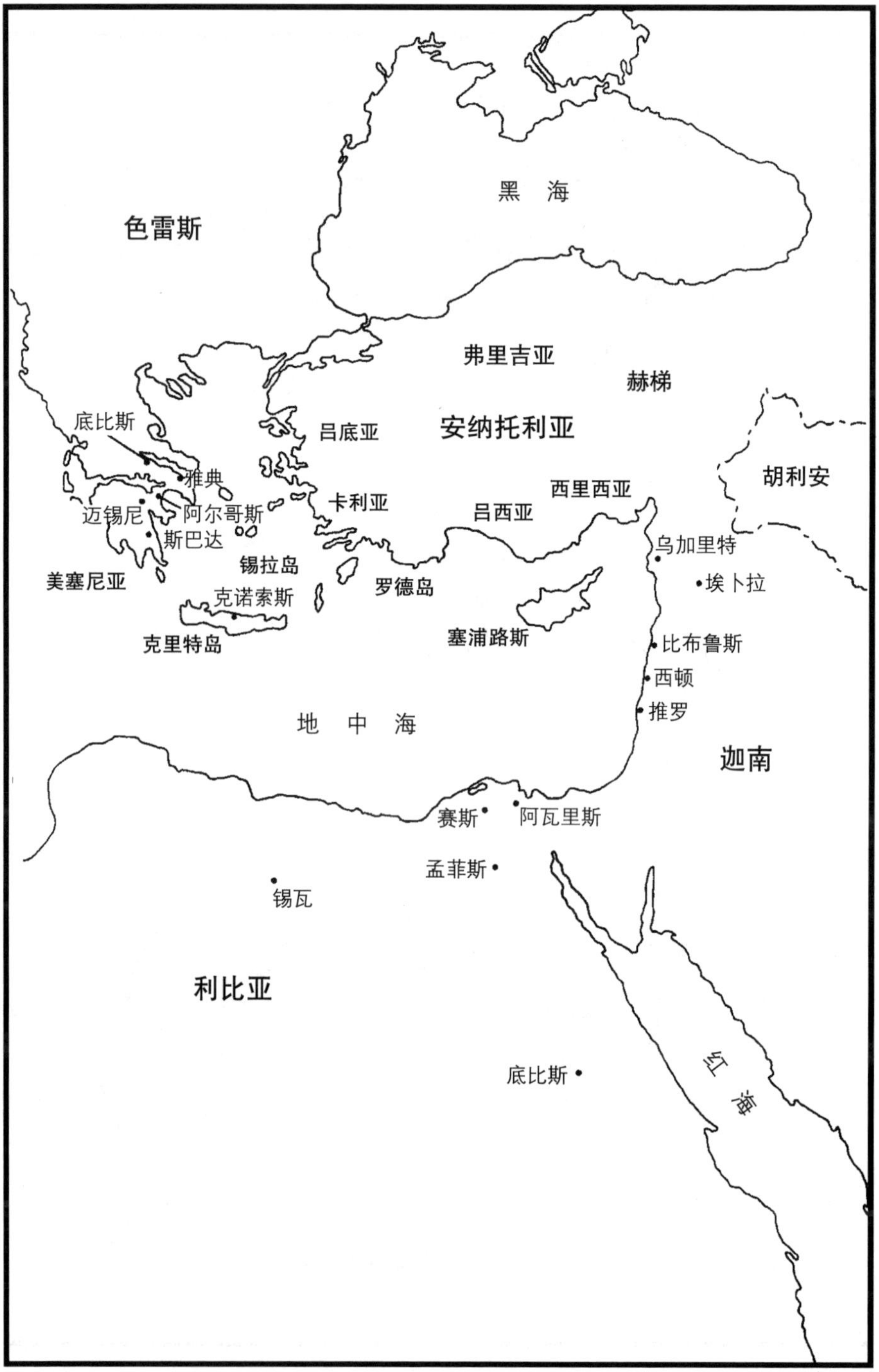

地图 5　古代东地中海世界

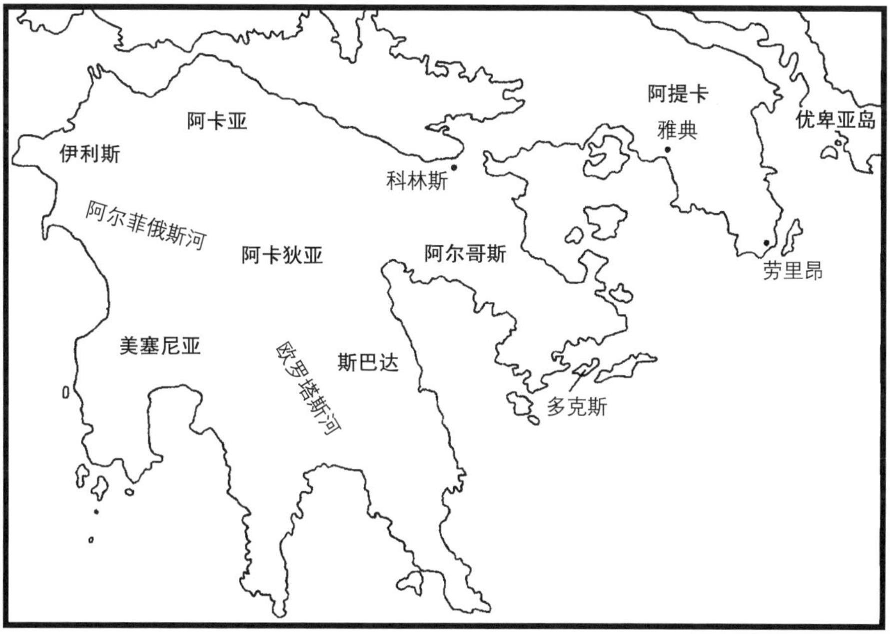

地图 6　南部希腊地区

地图 7　彼奥提亚地区

表 1　印度–赫梯语系

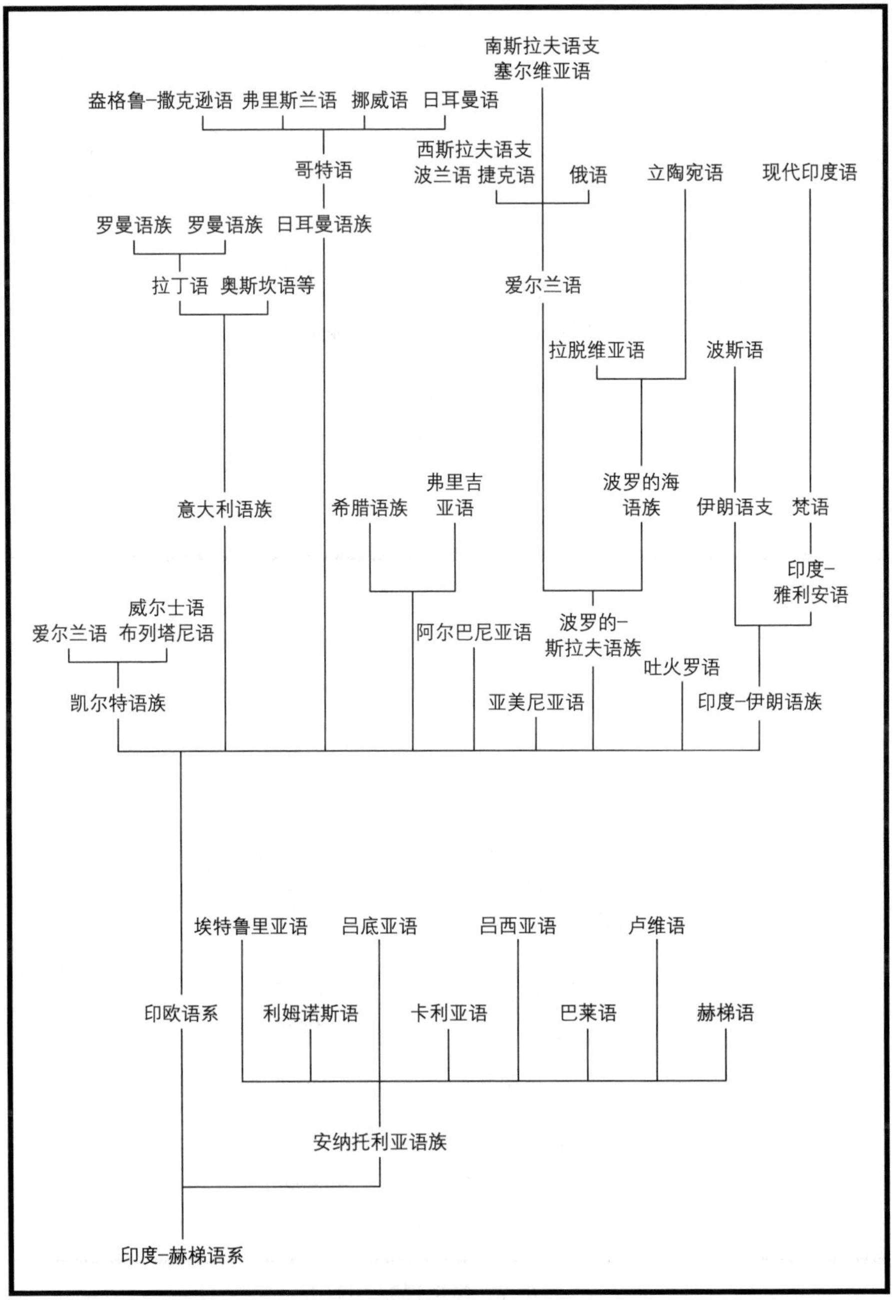
南斯拉夫语支
塞尔维亚语
盎格鲁–撒克逊语
弗里斯兰语
挪威语
日耳曼语
西斯拉夫语支
哥特语
波兰语
捷克语
俄语
立陶宛语
现代印度语
罗曼语族
罗曼语族
日耳曼语族
拉丁语
奥斯坎语等
爱尔兰语
拉脱维亚语
波斯语
弗里吉
亚语
意大利语族
希腊语族
波罗的海
语族
伊朗语支
梵语
印度–
雅利安语
威尔士语
爱尔兰语
布列塔尼语
阿尔巴尼亚语
波罗的–
斯拉夫语族
吐火罗语
凯尔特语族
亚美尼亚语
印度–伊朗语族
埃特鲁里亚语
吕底亚语
吕西亚语
卢维语
印欧语系
利姆诺斯语
卡利亚语
巴莱语
赫梯语
安纳托利亚语族
印度–赫梯语系

表 2　埃及年表

朝　代	布雷斯特德	迈　尔	剑桥古代史	黑尔克	梅耶	贝尔纳
第一王朝	3400	3315+100	3100	2955	3400	3400
第二王朝			2900	2780	3200	3200
第三王朝	2980	2895+100	2730	2635	2950	3000
第四王朝	2900	2840+100	2613	2570	2850	2920
第五王朝	2750	2680+100	2494	2450	2725	2800
第六王朝	2625	2540+100	2345	2290	2570	2630
第七王朝	2475	——	2181	2155	2388	2470
第八王朝	2475	——	——	——	2388	2470
第九王朝	2445	2360+100	2160	——	——	2440
第十王朝	——	——	2130	——	——	——
第十一王朝	2160	2160	2133	2134	2287	2140
第十二王朝	2000	2000/1997	1991	1991	2155	1979
第十三王朝	1788	1778	1786	?	1946	1801
第十四王朝	——	——	——	——	——	——
第十五王朝	——	——	1674	1655	1791	1750
第十六王朝	——	——	1684	——	——	——
第十七王朝	——	——	——	——	——	——
第十八王朝	1580	1580/75	1567	1552	1567	1567
第十九王朝	1315	1320	1320	1306	1320	1320
第二十王朝	1200	1200	1200	1196/86	1200	1200

数据来源：Breasted（1906，I，pp. 40–5）；Meyer（1970b，pp. 68 and 178）；*Cambridge Ancient History*（charts at the end of vols I.2B，II.1 and II.2）；Helck（1971，chart；1979，pp. 146–8）；Mellaart（1979，pp. 9 and 19）.（表格中年代，皆为公元前年代。——译者注）

表 3　爱琴年表

陶器时期	CAH	K & M	Bet.	贝尔纳 1	贝尔纳 2
弥诺斯早期 I 期	3000？				3300
弥诺斯早期 II 期	2500？				3000
弥诺斯早期 III 期	2200				2400
弥诺斯中期 I 期 A	1900				2050
弥诺斯中期 I 期 B		2000			1950
弥诺斯中期 II 期	1800				1820
弥诺斯中期 III 期	1700	1775—1750		1730	1730
弥诺斯晚期 I 期 A	1600	1675—1650		1650	1675
青铜时代晚期 I 期	1550				
弥诺斯晚期 I 期 B/ 青铜时代晚期 II 期 A	1500	1600—1575	1610	1550	1600
弥诺斯晚期 II 期	1450	1500—1475	1550	1450	1520
青铜时代晚期 II 期 B	1430	1550			1520
青铜时代晚期 III 期 A1	1400		1490		1470
弥诺斯晚期 III 期 A	1380		1490		1470
弥诺斯晚期 III 期 A2/ 青铜时代晚期 III 期 A2			1430-10		1410
弥诺斯晚期 III 期 B/ 青铜时代晚期 III 期 B	1275	1375—1350	1365		1370
弥诺斯晚期 III 期 C/ 青铜时代晚期 III 期 C	1180		1200		1220

CAH =《剑桥古代史》（第三版）*Cambridge Ancient History*, 3rd edition.

K & M = Kemp and Merrillees（1980）*Minoan Pottery in Second Millennium Egypt*.

Bet. = Betancourt（1989）‘High chronology and low chronology：Thera archaeological evidence.’

贝尔纳 1 =《黑色雅典娜》，第 1 卷。

贝尔纳 2 =《黑色雅典娜》，第 2 卷。

数据来源：Breasted（1906，I，pp. 40–5）；Meyer（1970b，pp. 68 and 178）；*Cambridge Ancient History*（charts at the end of vols I.2B，II.1 and II.2）；Helck（1971，chart；1979，pp. 146–8）；Mellaart（1979，pp. 9 and 19）.（表格中年代，皆为公元前年代。——译者注）

表 4 希腊年表

底比斯被毁	公元前 1230 年—公元前 1225 年
特洛伊战争	公元前 1215 年—公元前 1205 年
多利亚人等族群的入侵	公元前 1150 年—公元前 1120 年
（希腊的）“黑暗时代”（“Dark Ages”）	
赫西俄德和荷马时期	公元前 1050 年—公元前 850 年
几何陶时期	公元前 900 年—公元前 750 年
东方化时期	公元前 750 年—公元前 650 年
古风时期	公元前 776 年—公元前 500 年
古典时期	公元前 500 年—公元前 320 年
亚历山大和希腊化时期	公元前 320 年—公元前 100 年
罗马时期	公元前 100 年—公元 300 年

绪　言

融合是社会发展的最终动力。 1

——劳伦斯·安琪儿，1971 年

前两卷及其反响

1879 年，人类学先驱 E. B. 泰勒（E. B. Tylor），发表了他的著名文章，比较墨西哥的游戏帕托里（patolli）和印度的棋牌游戏帕奇希（pachisi）。他得出结论，这两种游戏不是相互独立的发明，其中一种是另一种传播扩散的结果。[1] 他的立论基础是两种游戏之间有非常多的相似性。如他在后来的一篇文章中所写的那样，“这种接触的可能性与任何两种性状复合体中类似因素的**随机数量**（the number of arbitrary）成比例地增加”[2]。本套丛书的第三卷，是基于这一原则进行写作的。它关注的是语言，对语言的不同侧面的关注或多或少带有随机性。语音最终要受到口腔和舌头的限制。由此，要想使两个词有说服力地联系在一起，它们必须在字词中或它的语境中分享多重的类似性。不过，词

1 Tylor（1879）.

2 Tylor（1896, 118）.

形、句法和词素具有天生的随机性，尽管大多数语言具有的拟声词和音义联觉（phonesthemics）比斐迪南·德·索绪尔（Ferdinand de Saussure）认为的还要多；他当时宣称，能指（signifier）和所指（signified）之间存在着绝对的区别。无论如何，文字都不是钓鱼钩。相较于渔具的类似性而言，不同语言之间的语音与语义的类似性需要更加严肃的对待。

2 语言是《黑色雅典娜》系列著作中最富争议的内容。在前两卷的评论者中，有许多人坚称我的历史学内容大体上是完全正确的，考古学内容则不可信，语言学内容更是疯言疯语。“一方面，另一方面，并且在中间……”完全是自由主义或心胸宽广的回答。在第二卷《考古学和书面证据》出版后，有关著作这方面内容的回应变得更加微妙了。评论者一般都不喜欢我的“方法论”，更确切地说，他们认为我没有方法论。与之相对应的是，没有人愿意挑战我的结论，尤其是关于青铜时代（公元前3000年—公元前1000年）东地中海世界存在着密切联系的结论。一个带有广泛恶意的匿名评论者在考古学杂志《古代》（*Antiquity*）发表文章，指出“贝尔纳有一个扰乱人心的习惯，即把错误的原因作为正确的原因使用”[3]。

在我看来，如果“作为正确”（“being right”）不仅仅是一时侥幸成功的结果而是一种习惯性做法，那么人们应该问，为什么传统的“原因”能够导致错误的结论。我相信，这个问题的回答很简单。我仅仅是为了追求“有说服力的可能性”（“competitive plausibility”），相关领域内的保守学者却要求提供“证据”。具体说来，他们倾向于时间和空间上的极简主义（minimalism）。这种倾向会导致毫无疑义地接受成见。就时间而言，他们假设，它是一种现象，直到被首次证实之前是不存在的。就空间而言，他们高谈孤立主义观点，要求提供不同文化和社会之间交往的证据。针对后者，要求提供影响东地中海世界的交往的证据，我在《黑色雅典娜》第一卷中已经详细地探讨过思想观念上的原因。从本质上讲，他们对古希腊持有一种纯粹的印象，纯粹的欧洲印象。

在过去30年间，研究古代中东的历史学发生了显著变化。首先，考古学家发掘出的证据越来越多，证明埃及与黎凡特地区和爱琴海地区保持着密切的交往：爱琴海地区出土了一个带有埃及地名的雕像基座；锡拉（Thera）岛火山

3 Anon（1991），也参见 Weinstein（1992）。

公元前17世纪爆发，在它的堆积层下面发掘出的的精彩壁画，带有埃及和黎凡特风格。[4] 还有其他证据，其中包括在希腊底比斯发现的美索不达米亚和叙利亚印章、在卡斯附近的南土耳其海岸发现的公元前14世纪失事船只（载有令人震惊的财富和各地的物品）、在泰尔代巴（Tel Ed Daba<a）[*] 发现的埃及－弥诺斯风格的绘画（泰尔代巴为希克索斯人的首都，希克索斯人是公元前17 3
世纪统治着下埃及的叙利亚人）。在埃及第十八王朝的绘画雕刻品上发现的迈锡尼人使用的希腊文字，最近被编册出版。铅同位素分析表明，一些发现于14世纪埃及的铜和银来自阿提卡劳利昂（Laurion）矿区。[5] 最后，伯罗奔尼撒半岛东北部阿尔哥利德（Argolid）久负盛名的两座埃及风格的金字塔，如今极有可能被确定为在公元前3千纪即埃及的金字塔时代建造。过去，它们被认为是古典建筑或希腊化建筑。这一修订的年代表明尼罗河文化在极早期对爱琴海文化的影响。[6]

这类发现使得考古学家不情愿地离开抛弃对深远的跨文化影响的假设。同时，伴随着这一学科内持续增长的内行压力或学术影响，自20世纪60年代起反对种族主义和反犹主义的外部力量也在学术界广泛流行。这些趋势与一种日益觉醒的知识的社会植入性意识结合在一起，并且承认早先的古典学者和古代历史学家不仅身列种族主义和反犹主义社群之中，并且有时还成为这些丑恶运动的先锋人物。

4　关于雕像基座的参考书目，请参见第二卷，第431—434页和第617—618页以及Cline（1994, 38-42）。至于锡拉岛的壁画，参见Morgan（1988）和Doumas（1992）。（在这些注释中，任何只带卷数和页码而不带作者名字的参考文献，指的是《黑色雅典娜》系列丛书。页码均指原书页码，原书信息见参考文献。——编者注）

*　Tel Ed Daba'a似有误，其正确拼写应为Tell el-Dab'a（即泰尔代巴），泰尔代巴是古埃及希克索斯王朝都城的现代名称，它在当时被称为Avaris（阿瓦利斯），位于尼罗河三角洲东北部。原文中出现“Tel Ed Daba'a”时，译者统一将其译为“泰尔代巴”。——译者注

5　关于底比斯印章，参见第二卷第507—509页。关于卡斯（Kaß）沉船的问题，参见第二卷第472—473页和第624页以及Cline（1994, 100-5）。关于泰尔代巴的壁画，参见Bietak（1995），Morgan（1995）和M. C. Shaw（1995）。关于埃及第十八王朝的迈锡尼绘画雕刻品，参见G. T. Martin（1991, 48-9）和Parkinson and Scofield（1993）。关于在埃及发现的爱琴海金属的参考书目，参见第二卷第479—482页和第625页，以及Stos-Gale, Gale and Houghton（1995）。

6　参见Koutoulas, 2001。公元前3千纪被沙文主义团体达夫罗斯（Davlos）用来宣称希腊人发明了金字塔。不过，没有理由去质疑Y. 利里蒂什（Y. Liritsis）和其他学者通过光温热照度（optical thermo-photo illumination）得出的这个年代。为了获得希腊优先性，达夫罗斯的发言人将埃及金字塔的年代往后推移，并且不列举埃及金字塔演变发展的证据。

因此，20世纪80年代，一些心胸开阔的学者，如著名的沃尔特·伯克特（Walter Burkert）、马丁·韦斯特（Martin West）和莎拉·莫里斯（Sarah Morris），出版了具有影响力的作品，强调黎凡特对爱琴海地区的影响的重要性，并且承认它们在过去被忽略的一个重要原因是先前学者的反犹主义。[7]这些著作创作于20世纪70年代晚期，几乎与《黑色雅典娜》同时，它们显然是同样的知识氛围或时代精神的产物。事实上，这些学者都是专业出身，他们的著作不管在性质上还是在认同（reception）上明显不同于《黑色雅典娜》。最后，尽管韦斯特没有倾向于将他在希腊看到的"东方"影响限制在古风时期（公元前750年—公元前500年），而不将青铜时期包括在内，但伯克特和莫里斯的确是这样处理的。在空间上，这三位学者都全部局限于黎凡特的影响，而将埃及的影响排除在外。[8]

这些限制使他们的著作易于被接受。这些著作受到的热烈欢迎——莎拉·莫里斯获得了美国考古学会年度图书奖——需要进一步解释。这种接受与
4 许多古典学者对《黑色雅典娜》表现出来的敌意形成了鲜明对比，先前赛勒斯·戈登（Cyrus Gordon）的著作以及迈克尔·阿斯特（Michael Astour）的纯学术著作《希腊-闪米特研究》（*Hellenosemitica*）也同样遭受到了极多的敌意，《希腊-闪米特研究》详细探讨了黎凡特神话和爱琴海神话的明显类似处。[9]

这些著作不仅因为内容而遭到拒斥，也因为它们的作者是局外人而不被认可：戈登和阿斯特都是非常了不起的闪米特学家。然而，不仅作者身份重要，而且作品内容也重要。然而古典学者先前的作品，如马丁·韦斯特的《早期希腊哲学与东方》（*Early Greek Philosophy and the Orient*）或者彼得·沃尔卡特（Peter Walcot）有关赫西俄德的论著或者鲁思·爱德华兹（Ruth Edwards）的《腓尼基人卡德摩斯》（*Cadmus the Phoenician*），并没有遭到抨击。但是，这些著作也没有受到古典学界的严肃对待。换言之，对于一贯坚持孤立主义观点的古典学者而言，他们这些著作不具有可接受的影响力。[10]

7　参见 Burkert（1992, 2-3）和 Morris（1992）。

8　参见 Bernal（1995a, 302-4）和 Bernal（2001, 313-6）。

9　关于戈登论述青铜时代环地中海世界文化接触的多卷本著作的参考文献，参见第一卷第539—540页。Astour（1967a）.

10　参见 Walcot（1966）和 West（1971）。韦斯特论述赫西俄德的著作（1978）和（1985）在新的大环境下被出版，它们也强调东方联系。关于鲁思·爱德华兹的著作在出版过程中所遇到困难，参见第一卷第423—426页。

“古典学已被误解”

20 世纪 90 年代发生了剧烈的变化。1993 年 1 月美国语文学协会年会上主席致辞的开篇段落证明了这一变化。美国语文学协会是世界上最大的、最权威的古典学组织，时任主席路德维希·克嫩（Ludwig Koenen）向他的同行们发表了演说：

> 自 20 世纪之初以来，我们这个领域内越来越多的学者开始研究近东文化对希腊的影响：考古学家和艺术史学家明确地表达了东方化时代的存在；新的发现甚至点亮了黑暗时代；B 类线形文字的识读改变了我们对史前希腊史的观点；许多希腊语、古埃及语和近东语言写成的文献的出土推进了我们对这些社会的认识。我们不能再容忍孤立地看待早期的希腊。然而，学者所知晓的知识并不总是被带进课堂，所以普通大众几乎没有觉察到我们对古代文化尤其是早期希腊文化的描绘正在进行的强劲变化。西方传统及其一贯的教育倾向于强调希腊文化和文学的独特性……[11]

古典学这门学科为拒绝这些变化而进行的圆滑辩护，未能将古希腊置于一个更广阔的地理和文化背景之中。专业学者们现在可能会说我的著作和所有非 5
洲中心主义者（Afrocentists）的著作都是多余的，他们的理由是：多少年来，他们自身对外来因素影响古希腊的观点一贯秉持开放的态度。更甚者，他们可能会将我们的著作视为有害之作，因为他们将其视为“政治化”的产物，将本应该保持客观和纯学术态度的问题吵得沸沸扬扬。[12]

认为非洲中心主义者们和我将政治引入了古代史这个领域的观点不再能自圆其说。如今，有思想的观察者普遍接受了一个事实：如我在《黑色雅典娜》第一卷中所证明的那样，在 19 世纪早期古典学作为一门学科处于**它的形成时期**时受到了意识形态的强烈影响。

这一如今被接受的观点似乎与克嫩的看法相矛盾，他们的看法是：尽管专

11 Koenen（1994, 1）.

12 例如，参见 Lefkowitz（1992 a and b）。

业学者们知道外来因素的古希腊的影响，但是他们和教育者们不情愿讲出这些事实。但是，这一言论道出了一定真相，至少从 1980 年后自我意识的保守文化政治学兴起以来便是如此。然而，在此之前，许多通史学家，诸如赫伯特·乔治·韦尔斯（H. G. Wells）在他的《世界史纲》（*Outline of History*）中、威尔·杜兰和艾利尔·杜兰在他们的《世界文明史》（*Story of Civilization*）中讲述环地中海世界的相互联系时和那些古典学者同样误导人。* 看看，例如 H. D. F. 基托（H. D. F. Kitto）、摩西·芬利（Moses Finley）或切斯特·斯塔尔（Chester Starr）等古典学领域内的专业学者在他们的通俗化读物中所体现的孤立主义。[13] 克嫩认为这一误解源于专业学者未能传播他们的研究成果，他的观点具有严重的误导性。古典学家应当承受的主要批评是他们对“希腊奇迹”这一 19 世纪**无中生有的**（ex nihilo）神话念念不忘。

克嫩教授对 20 世纪“**不断增长的**学者人数”的文献引用注入了一个虚假的进步观念。事实上，许多 20 世纪初便已从事研究的考古学家和古代史学家，诸如阿瑟·埃文斯爵士（Sir Arthur Evans）、爱德华·迈尔（Eduard Meyer）和戈登·柴尔德（Gordon Childe），在对待埃及和黎凡特影响希腊的观念上比后来的学者更为开放。柯林·伦弗鲁（Colin Renfrew）的早期作品仅仅是这种现代孤立主义的极端代表而已。[14]

克嫩教授本人属于古典学科隆学派的成员，这一事实具有重要影响。在数十年间，这个学派对近东影响古希腊的观点持有不同寻常的开放态度。明显的，上文提到的沃尔特·伯克特和马丁·韦斯特都与这个学派保持着联系。他们的老师莱因霍尔德·梅尔克尔巴赫（Reinhold Merkelbach）是古希腊罗马秘仪（mystery cults）方面的大权威，秘仪作为古典学的一个研究领域，受到的公开
6 的东方影响是如此的强烈以至这些影响不可能被忽略。当他强调或聚焦于公元前 750 年—公元前 650 年这个东方化时代时，他体现了这个学派的精神。克嫩、

* *Outline of History*，本义为《历史简编》；*Story of Civilization*，本义为《文明的故事》。两部作品讲述的是人类的历史，属于世界历史著作；在传入我国时，译者们根据其内容将其名分别翻译为《世界史纲》和《世界文明史》。——译者注

13 例如，参见 H. G. Wells（1920）第十四章，杜兰夫妇的观点可以被视为与基托（1951）、芬利（1970）和斯塔尔（1961）等人的对立。

14 关于伦弗鲁抨击其胸怀更为宽广的前辈学者的探讨，参见第二卷，第 67—74 页。亦见 Bernal（1993, 241-2）。

梅尔克尔巴赫、韦斯特和伯克特等所有人都弱化了埃及的角色。尽管如此，他们都承认，用孤立主义观点去理解希腊文化无异于坐井观天。在不久之前，科隆学派关于东方影响的著作仍然被边缘化，尽管这个学派的学者都接受过极好的学术训练。现在，为了回应外部压力，他们的著作作为古典学长期以来一直具有开放心态的证据，被置于了这个学科的中心位置。

来自一位元老的诅咒

让我们来看一个回应的事例。保罗·O. 克里斯特勒（Paul O. Kristeller）是文艺复兴史的元老（G. O. M.），他在 1995 年（即他去世前一年）初注意到了《黑色雅典娜》。[15] 不像其他评论者，克里斯特勒是如此的德高望重，他认为没有必要亲自对它穷追猛打。所以，我相信，他的评论尤其重要，因为他能够公开表达许多高级学者感受到却又不愿在公众面前表达出来的看法。

无须多言，克里斯特勒教授不喜欢我的著作。他认为这本书“充满了严重的史实错误和解释错误”。但是，他没有举出任何事例，而是倾向于坚持普遍性。“首先”，他被我在古典学方面“极端可怜的”学术资历所震惊，因为我是汉语方面的专家。他进而罗列了他本人的六个老师，他们都是 20 世纪早期学界的领军人物。

这一做法恰巧说明了诺姆·乔姆斯基（Noam Chomsky）在给我的一封私人信件中所表达的观点。乔姆斯基写道，他很高兴与科学家在麻省理工学院（MIT）一起工作，因为——在其他问题上——当面对一个新观念时，他们的第一反应是：“它可行吗？”相反，人文学科的学者则倾向于质疑：“你是谁？你的学历是什么？谁是你的老师？”[16] 我认为，乔姆斯基的区分有些夸张。自然科学家也关注学历，并且那些采用效能标准来评判《黑色雅典娜》第一卷和第二卷中阐明的观点的古典学家和古代史学家的数量也给我留下了印象。此外，人文学科要远比自然学科更难确定什么“可行”。不过，正如克里斯特勒所说明的那样，乔姆斯基的区分值得很好地采用。

15 Kristeller（1995）.

16 Chomsky（1987）.

7 克里斯特勒的第二个观点是在德国的他所有的老师在 20 世纪 20 年代都强调希腊艺术中来自东方如埃及的影响的重要性、希腊字母的腓尼基来源，以及希腊天文学中的东方——“美索不达米亚的超过埃及的”——影响。[17] 他不接受“后来的”（希腊化–罗马和早期基督教）作家论述埃及思想影响到了希腊神学和哲学的观点。他显然没有注意到近来学界证明它们具有深刻的埃及宗教根源或直接源于埃及，将“希腊语”**赫尔墨提卡**（Hermetica）当作“非常晚期的伪造”而弃之不顾。[18]

克里斯特勒教授最为轻蔑的是我的语言学论证。他首先对我的观点进行了少许的夸大：“贝尔纳声称，古典希腊语的词汇中，仅有 1/3 来自印欧语……”事实上，我始终认为这个比例差不多是 40%。他继续写道：“然而（贝尔纳）没有告诉我们这些词汇的词源是什么。”但是我反复说明这些词源大体上是古埃及语和西闪米特语。克里斯特勒还同样断定“他（贝尔纳）对他这一说法的任何方面都没有给出任何证据”。事实上，关于这些问题我发表了三篇学术论文，已经为语言学家列举了足够多的例证。[19]

随后，克里斯特勒举出了一个精彩例证，论证“它不是真实的，即便是真实的，它也无关紧要”。他声称：“我没有在任何地方发现［有关外来的借用词（foreign loans）］这样的证据，并且我确信不存在这样的证据。即便这个观点是真实的，它也与所谈的问题不相关。”克里斯特勒的保留立场或备用立场是简单的断言，即在早期希腊语中“只有带有具体含义的词汇得到了广泛的使用”；对于这个断言，他没有给出任何证据。本卷将证明我是多么地奋笔直书，来推翻它。这个断言很大程度上是通过利用纯希腊语前缀和后缀得出的。如我希望在本卷中所展示的那样，许多前缀包括介词 kata（“下”）和 syn-（“带”），以及后缀如 -de（“向”）、-then（“从”）和 -eus（“……的人 / 物”），都不是印欧语，完全可能是亚非语（Afroasiatic）。不过，大部分介词的确具有印欧语词源，并且，我很乐意地承认希腊语用这些介词创造了许多新词汇，它们改造了

17 我关于美索不达米亚以及埃及的思想与实践对希腊科学的形成所做出的贡献的相对重要性的观点，参见 Bernal（1992）和 Bernal（1994）。反对我的观点，参见 Palter（1993）和 Palter（1994）；对此，我又做出了回应，参见 Bernal（2001, 247-68）。

18 参见 Fowden（1986），Iversen（1984），Scott（1991），以及 Jasnow and Zausich（1995）。

19 参见 Rendsburg（1989）、Ray（1990）（他们二人大体上认同我的观点），以及 Jasanoff and Nussbaum（1996）和 Egberts（1997）（他们讨厌我的著作）。

希腊语。不过，我在先前两卷中已经指出，大量的、最为重要的抽象词汇——诸如 kudos（“神圣”）、sophia（“智慧”）、timē（“荣誉”）和 makarios（“被神保佑的”）——似乎具有亚非语词根，而不具有印欧语词根。 8

克里斯特勒紧接着对 20 世纪保守的古典语言学家的态度给出了一个准确描绘：“有关希腊（和拉丁）词汇的现代丰富文献，没有给出任何证据证明外来词源的存在。”[20] 与考古学家和历史学家不同，纯粹的古典学家尤其是语言学家，他们总是倾向于心胸狭窄地审视南方和东方对爱琴文化的影响。像克里斯特勒一样，他们与希腊宗教和哲学的实质内容来自埃及和黎凡特的观点水火不容。尤其是，他们拒绝接受任何认为希腊语言曾经受到过埃及语言和闪米特语言的实质性影响的观点，更不用说它们曾经被后者重塑过（modified）的观点了。

语言是古典学的核心内容。作为这个学科最为具有难度的内容，其难度远远超越了其他内容，它被视为一个基本要素（sine qua non），即合格的古典学家的试金石。语言之所以被视为古典学的核心内容，是因为这个学科是在浪漫主义时代初期（1815—1830）的狂飙洪流中创建的；在当时，语言被视为一个民族的灵魂或与众不同的本质。这种观点至今仍在许多领域内流行。

浪漫主义也与纯正性有着盘根错节的联系，被视为纯洁并屡次与“种族”观念联系在一起。所以，这些 19 世纪早期新兴的古典学家不能容忍先前认为希腊语言无论如何都是一种混合语言的观点，更不用说它受到了“低种族的”埃及语和“闪米特语”的影响。

在 19 世纪晚期的中国，一些保守的改革派人物，提出了“中学为体，西学为用”的口号。根据这一口号，引进西方的实践或技术（用）是正确的，但保留中国的根本（体）更为重要。[21] 总体而言，19 世纪和 20 世纪的古典学家和人文学科学者，被一种类似的力量所鼓动，保护他们所深深青睐的文化的所谓本质纯正性。克里斯特勒教授是心胸较为开放的学者中的良好代表，他乐意接受技术性的引入；但是，他和他们在思想里划下了一条红线，即任何来自近东的影响都可能影响到希腊的“灵魂”：它的宗教、哲学，尤其是语言。对于后者而言，唯一例外的是他们承认，腓尼基人将为香料和其他贸易商品名称命 9

20　Kristeller（1995, 127）.

21　关于这个论证的一个很好的总结，参见 Fairbank and Reischauer（1965, 386-7）。

名的“实践的”闪米特词源引入希腊。他们这样做的一种可能性解释是腓尼基人是一个“商业民族”。

事实上，如现代中国历史进程所证明的那样，体和用之间不存在着一个清晰明了的一分为二。在某种意义上，从根本上做这类区分是有用的，但是体和用总是不可救药地难分你我。另外，克里斯特勒在认为希腊语言根本上是独立的主张中，他混淆了纯正性和本土性。

在这个问题上，克嫩有更为清楚的认识，他写道：

> 我们……能够更清楚地认识希腊语引入哪些外来因素，并且我们能够更好地理解他们是如何富有成效地利用外来观念的，用它们来垒砌本族文化的高楼大厦。独创性罕见于伟大的思想中，天才的大脑也是空无一物。独创性更经常是在吸收他人观念之后进行再加工的过程中逐渐形成的。[22]

我完全同意克嫩的观点。不过，直到最近，克嫩的观点才在古典学界占据主流地位。他所在学科领域中的大多数学者，在对待古希腊的本质纯正性和纯洁性的问题上，过去和现在都深情地陶醉在这个幻象中。只有这种陶醉才能够解释为什么学者们要假设两个最为强大的语言学邻居古埃及语和西闪米特语不会大规模地影响到希腊语。

这一言论，又将我们带回到了本序言的开篇处对《黑色雅典娜》的三种回应那里：我的历史学内容大体上是完全正确的，考古学内容则不可信，语言学内容更是疯言疯语。对古典学者和古代史学家而言，历史学的地位相对较低。虽然历史学方面结论可能不令人愉快，但是这些专家相信他们可以接受它们或者抛弃它们，并且在不受这些挑战的影响下延续他们的“实践”或“真实”历史。接受一种新的考古学方法更为困难，相反，那些以前的孤立主义考古学家可以通过抨击我缺乏方法论的指导来挽救他们的骄傲。语言是旧古典学的最后堡垒，唯一可能的让步，即克里斯特勒所暗示的保留立场，他和大部分保守的语言学家极其不愿意接受。

10 存在着三个观点：（1）19、20世纪的语言学家从意识形态的角度考虑，心

---

22 Koenen（1994），p.2.

胸狭窄地否定大量来自古埃及语和西闪米特语的外来语被希腊语借用的可能性；（2）当代考古学界，观点一致地认为在青铜时代和铁器时代早期环东地中海世界保持密切联系；（3）一半以上的希腊语词汇无法从印欧语方面来解释。一个人接受了这三个观点后，将会认为，拒绝承认希腊语中存在着大量的来自古埃及语和西闪米特语的外来语的可能性完全是无理取闹。既然在地理上接近，联系又是人所共知的，时间跨度漫长——大约有3000年，如果这三大文化之间不存在大规模的语言交流，并且这股交流的洪波不是从更为古老、更为富饶和更为精妙的东南文明向着西北方向顺势而下的话，那么这将是何等的荒谬？

第三卷的内容概要

既然所有相关的学科和我的整体韧性都取得了进步，大家不要奇怪，本书将不会按照20年前在第一卷中所勾勒出的基本框架进行写作。首先，我原本计划写两章有关文献和考古发现方面的内容，但是它们被扩充为第二卷，足足700多页。就这样，第三卷便专写语言方面的内容。现在，我将概述一下它的结构。

从一开篇，我便面临着一个写作结构的基本问题：本书应该先写大家熟知的和已被接受的内容，然后由已有定论的内容过渡到可能是真实的内容，再写那些似乎是真实的内容，最后以纯粹是推测性质的内容结束全篇？还是应该按照时间先后顺序进行写作？编年史式的写作不可避免地将会涉及从不为人知或少为人知远古时代向更为晚近且更为人知晓的时代过渡。我选择了编年史式的框架，原因有二：顺时叙述的美学感染力、因果关系和时间连续之间的紧密联系。

所以，在我笔触本卷的核心内容——古埃及语和西闪米特语对希腊语的语言学影响——之前，我先开阔视野，更加深入地探讨“诺斯特拉语”（“Nostratic”）；这是一个假设的超级语言家族，上述三种语言都由它派生而来。接下来，我将探讨亚非语，它是一个已被公认的超级语言家族，包括埃及语族、闪米特语族和印欧语系，希腊语属于印欧语系。从一开始就应该强调的是接下来的篇章仅仅是对本卷基本框架的描述。具体的章节本身包含有许多议题和材料，它们不会在这个摘要中被提及。

第一章探讨的是历史语言学和关于语言接触的思想。历史语言学首先探讨 11

的是印欧语系的发展以及它在两个主要方面仍然是历史语言学领域内的核心内容。首先，虽然学界在研究其他语系方面已经做了许多工作，但是在重构原始语言中印欧语系或明或暗地被当作参考和模式，并且绝大多数的原始语言重构事例都来自印欧语系。

其次，更为复杂的是印欧语系研究对历史语言学的影响成为遗传模式本身关注的焦点。“家族”和“发生关系”等术语暗示着持久性和规范性，并且一个语言家族所具有的最共同的图像或图表过去是并且现在仍然是以树状图的形式出现。在这个偏好上，历史语言学背离了它 19 世纪早期的起源。浪漫主义学者过去钟爱并且现在仍然钟爱树状图，因为树木既具有可变性又具有稳定性，它们植根于自身的土壤里。

并且，虽然它们会生长并且枝繁叶茂，但是它们一般不会长进其他树木或者与其他树木长在一起，而是保持着单一的树干，以便保持纯洁的形象。关于这一偏好，也存在着超历史的原因。在大多数文化中，橡树从一颗橡子中生长发芽，只有单独一个树干却枝繁叶茂，令人赏心悦目。相较于其他模式而言，树状图易于理解。尽管语言学家没有在这方面利用树状图，如果一棵实际的树没有树干而是多根树的话，它能提供一个更好的模式。一些加勒比学者已经尝试着通过**根状茎**（rhizome）一词传达这一观念，该词在希腊语中表示“根”（“root”）。正如约翰·米尔顿（John Milton）所说的，“新长老只是夸大的旧牧师而已”，人们可以说**根**和**根状茎**之间没有什么不同。然而，在现代植物学中，rhizome 被用来表示“根状茎”（rootstock），尤其是指红树属树木的交错的网状根系；相对于一棵只有一根主干的大树的形象而言，许多加勒比地区的知识分子将其视为一个更适合描述他们的文化的形象。

关于准确性和条理性之间的总体矛盾，我们在这里看到一个极好的例子。我认为，相对于橡树而言，一片红树林湿地为人类文化提供了一个更准确的模式，树与树彼此之间是如此盘根错节。不过，红树缺乏树木的条理性和可辨明性。用一个移入的非洲树的形象来描述复杂的加勒比文化的尝试无疑已被通过种类繁杂、相互缠结的根状茎图景来描述的尝试所取代。不过，在另外一些情况里，条理性的优势超越了准确性的优势，以至统一性普遍被强加于一种具体的语言身上，因为它可以便利地被视为一棵长有一根主干的树，尽管这棵树总是长有多重的根。我将埃及语、西闪米特语和希腊语置于最后一种类型。不过，

在其他许多情况里，文化的可渗透性使红树林湿地模式更加适合。 12

宏观历史语言学

第二章所讲的主题是，那些有意识地试图超越印欧语系和其他公认语系的学者也在利用树状图模式。因此，学者们提出了超级语言家族的设想，其中，最为大多数人所接受的相关的超级语言家族是亚非语系（Afroasiatic），它过去以含米特-闪米特语（Hamito-Semitic）或闪米特-含米特语（Semito-Hamitic）被大家熟知。这一涵盖极大的语系包括：闪米特语族（Semitic），即埃塞俄比亚和厄立特里亚以及西南亚所讲的语言；乍得语族（Chadic），即乍得湖周围及以西的豪萨语和其他语言；柏柏尔语族（Berber），西北非的原始语言，当地山区及偏远的沙漠绿洲居民仍在使用；东库希特语支（East Cushitic），索马里语及其亲属语言；中库希特语支（Central Cushitic），埃塞俄比亚部分地区使用的语言；南库希特语支（South Cushitic），散布在肯尼亚的诸族群所使用的语言；奥摩语族（Omotic），埃塞俄比亚西南部地区所使用的语言；某些分支由单一语言构成，如古埃及尼罗河和红海之间地区的语言——贝沙语（Beja），以及古埃及语。语言学家们在所有这些语支中发现足够的共同特征，以至假定存在着一种非常古老却单一的原初语言。另外的语言学家们发现甚至更大的超级语言家族，如在从塞内加尔延伸到斯威士兰的地区使用的尼日尔-刚果语（Niger-Congo）。他们考察了更广泛的范围之后，识别了遍布北非的尼罗-撒哈拉语系（Nilo-Saharan family），它的确带有极少的共同特征。

自19世纪晚期以来，语言学家们就偶尔尝试在印欧语系同其他语系之间建立发生性的关联。他们不被主流印欧语专家们接受，原因有多种。在意识形态层面，任何这种关联都将破坏印欧语言的纯正；在方法论层面，这些尝试所依赖的不精确论证是在单一语言家族内紧凑优雅地工作的男男女女们所不能忍受的。

第一种尝试是建立闪米特语和印欧语的联系。这种尝试的外在原因或意识形态原因是相信印欧语和闪米特语“种族”是对人类发展做出贡献的仅有的“种族”，这种观念在19世纪中期普遍流行。其内在原因是，事实上，两种语言家族中的动词词根是基于三辅音字母组（triple consonants）构成，并且两种语言家族中都能找到大量的可能的同根词和具有明显亲缘关系的词汇。

对这种联系的兴趣随着反犹太主义的兴起而逐渐消退，特别是在闪米特 13

语与某些纯正的非洲语言之间的亲缘关系在亚非语系中建立之后。一些学者继续致力于设想诺斯特拉超级语言家族，并且因为印欧语同亚非语之间有亲缘关系而将它们视为一个整体。然而，在最近 40 年，对另一超级语言家族“亚欧语”的兴趣明显增加。该语系的核心包括：印欧语系；乌拉尔语［（Uralic）芬兰、匈牙利及其他欧亚北部地区语言］；阿尔泰语［（Altaic）土耳其、蒙古等地区的语言］；通古斯语［（Tungus）满语（Manchu）］；朝鲜语；以及日语、阿伊努语（Ainu）和因纽特语（Inuit）。一些学者认为以下语言也属于该超级语言家族：南高加索语［（Kartvelian）格鲁吉亚语（Georgian）及其亲属语言］，西北高加索语［（Northwest Caucasian）阿布哈兹语（Abkhaz）］和达罗毗荼语［（Dravidian）印度南部语言）］。进行这种归类的一个政治目的是建立一个将苏联境内格外纷繁复杂的语种全部囊括在内的语言家族。结果发现，虽然这些语言家族共享的相似的词汇比印欧语和亚非语的更少，但是印欧语、乌拉尔语和阿尔泰语在词法或语格系统以及语言形式上都表现出惊人的共同之处，这是在其他语言中没有发现的。出于许多原因考虑，语言学家们更愿意相信这些类似性，而非词汇上的类似性。

尽管树状图模式在解释语族内部或语族之间的相互关系时显示了它的功用，但是用这种模式来描述语言的发展可能对历史语言学家尤其具有误导性。为了勾画一个这种类型的最为著名的并且经过最为透彻的研究的树状图，罗曼语的许多特征都可以被解释为有别于罗马帝国内通俗拉丁语。另一方面，为了理解单独的语言的其他方面，它又要求获得若干省份在拉丁语到来之前所讲的语言的知识。这种理解通常极难获得。更为重要的是，一个人需要考虑到邻近族群或征服族群的语言对前面那些罗马省份的语言学影响：斯拉夫语对罗曼语，哥特语、阿拉伯语和希腊语对意大利语，法兰克语对法语，以及阿拉伯语和柏柏尔语对西班牙语和葡萄牙语。如果这一谨慎对研究晚近的、被大量证实的，和地理上构成的罗曼“语族”来说是有必要的话，那么它对于研究那些更为古老和传播更为广泛的大语族来说甚至更为重要。

受制于他们的学科出身和害怕离开树状图模式会带来不准确性和不确定性，保守的历史语言学家们对非发生性的文化接触怀有极大的不信任。这一学
14 科的词汇表证明了这种不信任。例如，用来表示一个语种的词汇被另一个语种

采用时称之为“借入”（“borrowing”）。“借入”和“借出”（“lending”）是——如果我们相信莎士比亚笔下平庸的波洛涅斯（Polonius）的话——令人讨厌的活动，它们带有肮脏的商品交易内涵。它们将混乱和“污垢”添加到了它的“错位问题”的基本意义里。此外，借出意味着一个短暂行为。事实上，被借出的**词汇**当然不可能再被归还，并且它们通常会像本族词汇一样久地存在于“借入的”语言里。对于那些在19世纪早期首先创造了术语“Entlehnung”（词语借贷）的德意志语言学家而言，“借入”或“借出”这些词汇的确显得短暂和不自然。那些语言学家试图用“真正的”条顿语（Teutonic）词根构成的词汇取代具有法语和拉丁语词源的词汇，借以改革德语。[23]

在过去的20年间，关于语言接触与融合的研究越来越流行。研究方法也不拘一格，但它们都有许多共同特征。最重要的共性是语言不是独立自主的存在物，而是活生生的族群通过说话表达出来的社会产物。所以，语言接触是社会交往的一种反映。一个推论是，虽然诸如法语和德语等语言的类似性或许能够使不同语言之间的借用变得容易一些，但是两个语言族群之间的社会文化联系构成了决定性因素。例如，千百年来的频繁的文化交往使汉语对日语词汇产生广泛影响，纵然这两种语言之间完全没有亲缘关系。

此外，不同类型的接触影响着语言的不同侧面。例如，当一个语言族群放弃他们的本族语而接受另外一种语言时，他们倾向于学习新词汇，而保留旧的发音习惯和语法结构。这样的例证可以在新几内亚和美拉尼西亚的混杂语中找到一些，在这些地区，词汇几乎完全来自英语或其他殖民语言，但是它们的结构和发言完全是本地的。同样，爱尔兰英语包含极少的盖尔语词汇，但是这个旧语言深刻地影响着新语言的语调和句法。

相反，在政治上、文化上或者经济上处于支配地位的族群的语言倾向于影响他们的下层的词汇，多过影响他们的词法或句法。斯瓦希里语中充满了阿拉伯词汇，但是它仍然保持着完全的班图语语法和词法。日语尽管充分地吸收了有着完全不同的语法结构的汉语词汇，但它保持自身精致的变音。

在本卷第三章中，笔墨集中于非洲。这一章探讨的是非洲大陆早期农业的发 15

23　参见Blackall（1958）。有趣的是，斯堪的纳维亚的知识分子力图通过清除德语舶来语来“净化”他们的语言。一些学者也对英语做过类似的净化尝试。

展，以及这一过程与约瑟夫·格林伯格（Joseph Greenberg）将非洲语言分为四大语族——科伊桑语、尼洛-撒哈拉语、尼日尔-刚果语和亚非语——的关系。在集中探讨亚非语的同时，格林伯格也关注了亚非语和其他语族之间的词汇接触。

在第三章中，关于亚非语的起源区域或原始家园（Urheimat）及其随后的扩散，我列举了大量已发表的推测，并对它们进行了辨析。其中有一种假设，它将亚非语的原始家园确定为黎凡特。大部分学者将其定位于北非，只是在具体地点上争议颇多。我同意定位于南埃塞俄比亚的观点，原因有二：这里发现了亚非语语种和语族最大的地区多样性；我认为亚非语借用了中部科伊桑语伴性性（sex-linked gender）的语法结构。所以，作为一个基本立论基础，我将亚非语视为“科伊桑化的”诺斯特拉语。

这一章也具体讨论了埃及语和闪米特语，这两个语系与希腊语有着最为密切的相互影响。我先前认为它起源于南埃塞俄比亚的附近地区，而那里如今居住着操古拉格语（Gurage）族群，现在不再坚持这一观点，而采用更加传统的观点，将闪米特语的原始家园定位于红海南端非洲沿岸地区或阿拉伯半岛沿岸地区。我认为，操闪米特语的族群后来扩散到了如今的整个阿拉伯沙漠，但该地的大部分地区在最后一个冰川纪之后的全新纪中为稀树草原。从南部进入美索不达米亚之后，闪米特人继续向叙利亚和黎凡特扩散。

作为一种混合语言，古埃及语在各个方面都显示出了它的各种特征。由于文字中没有表达元音的字母，它的词法远不及亚非语系中其他语言如著名的闪米特语的词法复杂。所以，它的词法相应比较费解。它的混合性也通过两个反衬特征显示出来。一方面，埃及语与闪米特语和柏柏尔语分享同一个三辅音词根体系，它在其他亚非语系的分支里明显不甚常见。另一方面，根据它的词汇判断，古埃及语与亚非语系乍得语族最为接近。在辨析了其起源的其他假说之后，我认为埃及语言和文化有两个起源：首先是撒哈拉西部乍得诸语种，其次是遍及西南亚和北非的原始闪米特-柏柏尔语。

16 在整个 3000 多年的历史里，古埃及文化强烈地意识到上埃及（尼罗河流域）和下埃及（三角洲地区）的二元性。这种分野部分原因是不同的地理环境。但是，它也可能是对两种语言文化来源的不同反应造成的。尽管都是从亚非语中衍生而来，但是它们彼此之间形成了明显不同的语法和词汇体系。

在第四章中，我讨论的是印欧语系以及将其包含在内的更大的语言家族印度–赫梯语系的起源。印度–赫梯语系既包括狭义上的印欧语，又包括它的最早分支安纳托利亚语，赫梯语是安纳托利亚语中最著名的语种。格鲁吉亚语言学家托马斯 · V. 加姆克列利茨（Thomas V. Gamkrelidze）和他的俄罗斯同行雅克斯拉夫 · V. 伊万诺夫（Vyačeslav V. Ivanov），将印度–赫梯语的原始家园定位于安纳托利亚东部，这样就能解释原始印度–赫梯语（PIH）和原始印欧语（PIE）中为什么南高加索语和格鲁吉亚语有类似的词汇。第四章列述具体原因，我倾向于接受柯林 · 伦弗鲁的观点，原始印度–赫梯语视与安纳托利亚中部科尼亚平原的古代农业地区有着密切联系，该地之所以广为人知是因为它的名胜加泰土丘（Çatal Hüyük）。

加姆克列利茨和伊凡诺夫列举出原始印度–赫梯语和原始印欧语中存在着大量来自其他语言，特别是南高加索语和闪米特语的外来语，或者它们之间存在着大量的互换语。我发现其中的大部分例子都可以被接受，因为它们解释了大量的类似词汇广泛地分布于印欧语和亚非语中，这些词汇不能似是而非地归于诺斯特拉语。我的第四章终篇处探讨了印欧语从闪米特语那里借用了一种伴性性形式。其他所有亚欧语都没有这种词形。在这些其他的亚欧语中，主要是有生命词 / 无生命词（animate/inanimate）的二分。印欧语保留了后者，将其作为中性词使用，这在亚非语中是不存在的；并且，印欧语还将表示有生命的词汇分为阴性和阳性。我的结论建立在它们之间罕有结构的类似性，同时也建立在印欧语中占据支配地位的阴性后缀 -ā 的基础上，阴性后缀 -ā 占据支配地位的现象好像在早期的北闪米特语族埃卜拉语支（Eblaite）中也能找到。

亚非语系和希腊语结构

第五章至第七章有一个总的题目《地中海背景下的希腊语言》。第五章关注的是音位学，它的结论大体上是否定的；原始印欧语和最早的希腊语之间 17
发生的语音体系转变（phonological alterations）可以大体上被解释为内部发展，没有借助亚非语系的影响。此外，类似的变化如从字首的 s- 转变为字首的 h- 或唇软腭音的消亡，如果在希腊语和邻近的亚非语中都出现的话，那么这些是希腊语较早期的转变。另一方面，通过词汇的借用，亚非语系明显受到了希腊语中音素扩散的影响。例如，希腊语中独特的中缀 -ss- 和 -tt- 的常见程度由于 /ts/ 的出现而极大增加，/ts/ 是希腊语对闪米特语语音 /ṣ/ 的直译，

它被重构为 /ts/。希腊语中以 p- 开头的词汇数量极其的多，本可以解释为它大量借用了包含前缀 pꜣ（the）和 pr（房子）的埃及语词汇。更为重要的是，希腊语中存在着极多的字首增添元音或字首元音。学界普遍认为，所有的原始印欧语词汇都是以辅音开头的。不过，大部分印欧语都有修复元音，它们或者源于难以发音的字首辅音组，或者源于已消亡的“喉音”$*H_1$、H_2、H_3 等，它们可能类似于 *h、h_y、ḥ、ẖ、ʿ、γ（没有必要一一对应）。希腊语中这种修复元音的过多存在可以解释为借用埃及语和闪米特语中以 ’aleph 和 ‘ayin 开头的词汇导致的结果。

第六章探讨的是词法和句法。如上所述，毋庸置疑，希腊语的词法基本上是印欧语词法。不过，一到两个结构显示出它受到了亚非语系的影响。数十年前索尔·莱文（Saul Levin）证明间接双结尾拼写 -oiin 和 -aiin 来自西闪米特语的双结尾拼写 -ayim。希腊语中表示“……的人”的后缀 -eus 来自埃及语动作主体词缀 -w。

至于句法，我主张希腊语中的许多关键的组句词汇，kai（“和”）以及关键但很难定义的虚词 gar 和 oun，缺少印欧语词源，似乎真的是由埃及语演变而来。更重要的是定冠词，它源于一个简化的指示词。这个词形起源于公元前 2 千纪之初的上埃及，并且通过“语义转借”[（calquing）取其词意以适用于本族语的词根] 扩散到西闪米特语、希腊语以及此后的印欧诸语种。

在第七章中，我们将触及本卷书的核心主题——词汇（lexicon）。根据关于希腊语言结构的传统观点，我称之为雅利安模式，操印欧语的希腊人征服神秘的前希腊人（Pre-Hellenes）之后，希腊语便产生了；前希腊人虽然被视为“种
18 族上的”欧洲人，但是他们讲的不是印欧语。最后一点可以解释，大量的希腊语词汇甚至大量的专有名词没有印欧语词源。过去认为，这些词汇是前希腊语的残余。这一解释在地名上可以说得通，因为一个新的语言到来后，地名通常会被保留下来。但它应用到词汇表上时所表现出来的说服力相对差一些。最常见的形式是下位层（substrate）会影响到新语言的语音和语法，而不是向它输入新词汇。

在做了一些修正后，我接受了认为接近 40% 的希腊语词汇是印欧语的传统观点。在此基础上，我进而挑战认为其余的希腊语中大部分源于已经消失的“前希腊”语言的看法。相反，我认为，其中超过 40% 的词汇源于古埃及语和

西闪米特语。对希腊语词汇中的印欧语成分，我提出修正，它们涉及亚美尼亚语和拉丁语。如果与一个希腊语词汇同源的唯一印欧语在亚美尼亚语或拉丁语中被发现，我们就应该极其谨慎地来考查它。通常的观点认为亚美尼亚语在印欧语系内部有一种特殊的语系关系，这种观点最近受到了严重挑战。需要进一步注意的是，亚美尼亚语最早的证实只是在公元前 5 世纪，当时的大部分早期文献是翻译自希腊语的宗教译本，有些文字是直译。亚美尼亚语也借用了阿拉姆语和叙利亚语。如此一来，希腊语和亚美尼亚语之间的类似词汇不一定是发生关系而可能是闪米特语借出或共同借用闪米特语的结果。

拉丁语和希腊语产生于不同的印欧语支系。不过，罗马人在包括词汇在内的各个方面都吸收了大量希腊文化。与此同时，希腊语和拉丁语都确切无疑地大量借用了闪米特语，并且，更令人惊奇的是埃及词汇也出现在了拉丁语中。所以，希腊语和拉丁语术语之间不是直接借用的类似词汇，不一定是发生性的同源词，它们也有可能共同借用了亚非语。

第八章开始讨论用于判断列举出来的希腊语的亚非语词源是否可信的标准。从音韵学上来看，人们应该在同阶上找出三个类似辅音。尽管语义学标准不太精确，它们同样需要关注，甚至需要更多的关注。很自然，印欧语词源会弱化或者摧毁亚非语词源存在的可能性。不过，这种弱化也可能有赖于语系发
生要求的强烈程度。 19

在寻找类似性的过程中，人们必须考虑到这三种语言的完整演变。第八章的大部分内容是概述闪米特语和埃及语在公元前 3 千纪晚期的语音演变以及不同时期它们被希腊人进行不同的翻译的途径。闪米特语和埃及语的完整演变，既可以提供证明语言借用存在的可信性的证据，又可以提供有关借用日期的信息。例如，在闪米特语中，在公元前 2 千纪中期前后，音素 /ṯ/ 与 /ṣ/ 连用。因此，城市名称 Ṭor 就变成了 Ṣor，它至今在希伯来语中仍然是如此。不过，在希腊语中，该城市名称的拼写仍然是 Tyros，即推罗（Tyre）。由此可知，希腊人必定在公元前 1500 年之前便已经知道了这个城市名称。大约同时，迦南语中的 /ǵ/ ghayin 与 /ʿ/ ʿayin 连用。在希伯来语中，我们所熟知的南部沿海城市加沙，被拼写为 ʿazzåh，这表明，希腊人在该词演变之前便已经知道它了，我们从希腊人那里得知了这个城市的名字。

埃及语的完整演变也反映在了希腊语对同一个“字母”的不同直译上面。其中最重要的两个字母是 š 和𓄿，按惯例，它们分别被转译为 /š/ 和 /ɜ/（即“双α”）。根据亚非语系的类似性，现在学界已经清楚，𓈙最初的发音是 /ẖ/，在公元前 3 千纪的某个时期演变为 /š/。于是，有趣的是，希腊语中有大量的词汇以 χ- 或 k- 开头，它们的词源有可能是以 š- 为字首的词汇。这种借用毫无疑问发生在极早期，可能在希腊人到来之前便已传入或被保留在了克里特语言中。在这次演变后，希腊语缺少了音素 /š/，它有时被直译为 /χθ/，后来仍然被直译为 /ξ/ 或简单的 /σ/。

𓄿即 /ɜ/ 的发展也同样有趣。根据亚非语系的类似性和闪米特语名称和术语的埃及语转写，我们得知它在公元前 2 千纪后半期普遍作为流音（liquid）/r/ 或 /l/ 来发音；此后，它只能修正元音，在一定程度上像“被视为标准的”英语语素 /r/ 和 /l/ 在词中或词尾所扮演的角色：如 farm-fām，calf-cāf 等。如果早先的辅音价值被考虑进来，那么大量没有印欧语词源的希腊语词汇很可能具有埃及语词源。

第八章的最后一节探讨的是埃及语字母 /m/ 翻译成希腊语字母 / φ /，我将其视为一种模式（pattern）。这一演变不是声音转变导致的结果。语义控制的例子显然证明了由此及彼的移位（slippage），这在许多语言中是普遍现象。

20 第九章主要探讨的是阳性定冠词 pɜ、阴性定冠词 tɜ 和复数定冠词 nɜ ny。这些冠词与它们所修饰的名词牢固地连接在一起，以至它们也一同被借用了，极像被接受为欧洲语言的词汇——**炼金术**（alchemy）、**酒精**（alcohol）、**代数学**（algebra）和**壁龛**（alcove）；这些词汇带有阿拉伯语的定冠词 ʾal，而这个定冠词已经成为词汇本身的一部分。在这一章中，我也探讨了埃及语 pr（“房子”）和方位格 r- 所扮演的角色，希腊语尤其是表示地名和人名的希腊语借用了它们。中期埃及语不以定冠词为特征。这些定冠词实际上是晚期埃及语的典型标志，在公元前 2 千纪后半期，它们成为整个埃及独一无二的标准。不过，晚期埃及语和早期希腊语同样古老，甚或更为古老。迈锡尼时代的希腊大体与埃及第十八、十九王朝处于同一时代。于是，许多带有定冠词的词汇很可能被青铜时代的希腊语所借用。第九章的最后一节附有一个来自埃及语的希腊语的注释表，此表以使役前缀 (r)dỉ 为起始。

第十、十一章探讨的是有关埃及文化的核心概念的一些术语，其中一些被希腊语借用了许多次。在第十章中，这些术语包括：nṯr（“成长、神圣”），附带一些复合词 snṯr（“使……神圣”）、*kɜ nṯr（“神圣的精神”）；kɜ（“精神”或“双”）；‘nḫ（“生命”）；sbɜ（“星星、天文、智慧”）；ḏr（“限制、目标”）；mɜ ‘t（“平衡、命运”）；以及 ḫpr（“成为、暂时”）。

第十一章只探讨两个埃及术语。第一个是 nfr（“美丽、年轻”），该词带有复数定冠词 nɜ ny nfrw，为 Nymphai（“宁芙们”）一词提供了一个很好的词源。第二个是 msi̓（“诞生、孩子和产婆”）。该术语被普遍认为是希伯来名字摩西（Moses）的来源，但是我论证它也是希腊语 Mousai（“缪斯”）的词源。这一章也探讨了起始于透瑞斯（Thueris）的形象流变：透瑞斯是掌管分娩职司的河马女神；到了克里特迈锡尼时期，她变成了姬妮（genii）；到了古风时期，她变成了半蜂半人的仙女；到了赫西俄德的著作里，她成为青春靓丽的缪斯。在这些借用亚非语的希腊语事例和下文所援用的其他事例中，也有一个来自印欧语的事例，我将在正文中对后者进行探讨，在这篇序言中便姑且一提。

第十二章的题名是《16 个次要词根》。相对于此前两章所探讨的词根而言，这些词根只能是“次要的”。其中的一些词根为希腊的社会政治提供了核 21
心术语，因此对于现代欧洲也是如此，它们是：i̓sw（“公平酬劳”），即希腊语前缀 iso-（“平等”）的词源；ḥtr（“捆在一起、束缚”），hetairos（“同伴”）和 heteros（“两个中的另一个”）都是源于此；dmi̓（“市镇、农村”）和 dmi̓ w（“公民同胞”）都是 dēmos（“人民”）的词源。

中期埃及语中的 nmi̓ 意指“旅行”。有趣的是，它经常和表示“曲折的墙”的符号⊔拼连写；该字符和牛有关，不管它的发音是 nm 还是 mr。例如，它也作为 nmi̓ 使用，“像牛一样低”。这个符号也出现在 nmi̓w šʿ（“贝督因人，沙漠中的旅行者”）的一些拼写中。“曲折的墙”这个符号与牛、边界和游牧有关，它与希腊语动词 nemō（“分配牛地”）和名词词根 nomas-，以及 nomados（“游牧民”）、nomos（“法律”）的基本词义贴切吻合。

在第十三章中，我们转向闪米特语对希腊语词汇的贡献。在列举的西闪米特语对希腊语产生影响的词汇中，我们首先探讨的是以 s- 为字首的词汇。这种类型的大多数词汇，只是简单地将 s- 转写为 s-。在两种语言中产生了难题。

首先是希腊语的 s->h- 转变；其次是希腊语也将迦南语 š- 转写为 sk-、skh- 和 khs-。例如，迦南语 √šll/h（“毁坏、劫掠”）似乎是以“痛打动物”或“剥树皮”为基本词义的，这在阿拉伯语 salaḫa 中也存在着类似现象。在希腊语中，人们不仅可以找到 sylaō（“夺走敌人的武器、抢劫”），并且也能找到一个围绕着 skyllaō（“掠夺”）和 skula（“从被打败的敌人那里夺得的武器”）组成的词群（cluster）。在希腊语中，xylon 的词义为“矮灌木丛、用于建筑的树木”，xéō 的词义为“刮擦、抓搔、擦亮”。如果语言借用发生在公元前 1500 年之前，那么该词语的字首 s- 将会变成 h-，这样的词汇的确可以找到，如 hylē，词义为“矮灌木丛、木柴”。其他几个类似词群，也得到了探析。

第十三章第 2 节探讨的是词源可以追溯到亚非语中的边擦音 /ɬ/ 的词汇，/ɬ/ 类似于威尔士语中的 /ll/。该词形直到今天仍然存在于某些南阿拉伯语中，并且作为 /ś/ 确切无疑地保存在了迦南语中直至公元前 1 千纪，并且在阿拉伯语中存在到更晚的时间。非闪米特语的族群将它转音为 /ls/、/s/ 或简单的 /l/。在第一种情况中，最著名的例子是被希腊语转写为 balsamon（“凤仙花”）的希
22 伯来语词汇 båśåm。另外两种转写情况，可以解释以 s- 和 l- 为字首的词群。例如迦南语词根 √śpḥ，后来为 √spḥ，（“树皮、皮肤、薄的覆盖物、爆发、痂”）。这个单一词源有两个希腊语词干：第一个是 sēpomai（“使腐烂、使受辱”）[英语中“脓毒疾”（sepsis）便是源于此]，第二个是 lepō（“鳞片”）和 lepros [英语中的“麻风病”（leprosy）便是源于此]。

第十三章第三节聚焦于字首为 s- 的词汇，s- 被紧随其后的 /p/“庇护”。此节列举的三个例子中第一个是包括 speudō（“热情似火的”）、sphodra（“感情强烈的”）和 spodos（“灰烬”）在内的词群。这些表面上不同的词汇可能来自悲伤这个单一的观念，迦南语词汇 √spd 的含义便是“悲伤、哭叫、挥拳捶胸”。

本卷不探讨先前已被学界公认的希腊语的闪米特语词源——那些有关外来植物，尤其是那些有关物质奢华的词源。所以，在第十四章中，我探讨了十四个可能的最重要语义群的希腊语名词的闪米特语词源。这些词群包括诸如“虚假、真实、美丽、神圣”等观念，也包括诸如“青铜、神庙”等实物以及诸如“做、来、去、说”等使用最为频繁的动词。

第十五章是本卷的过渡篇章，它从语言对应和重要的埃及语、闪米特语术

语在希腊语中的发展转换到词群问题上面。这样安排，有助于证明，词源的存在不是一个任意孤立的现象，而是可以被视为一个更大环境的因素。反言之，它也增加了每一个单个观点（proposal）的可能性。这一节不可避免地与先前讨论过的内容有所重复。为了尽可能地避免重复，我将尽可能交叉引用其他章中的注释。

在第十五章中，我尝试着将埃及语词源等同于被广泛承认源于闪米特语的实际物质术语的典型。第1节被冠以“农业”的标题，它包括湿地、芦苇和草地；灌木丛、树林和果实；耕作；牲畜；鸟禽；以及工具和器皿。其他节探讨的是烹饪和医药。不过，许多这样的借用语（loans）被抽象为更加基本的观念。例如，埃及语 wrwmt（“遮篷、屋顶”）可能在希腊语中演变为 Ouranos（乌拉诺斯）和 Olympos（奥林匹斯），dqrw（“果实”或“日期”）为 daktylos（“手指”）提供了一个可能的词源。

在第十五章中专门探讨了埃及语词源，而在其后的所有章中探讨的词汇既 23
源于埃及语又源于闪米特语。它们属于语义学领域，在这个领域内研究希腊语的亚非语词源若不是被禁止，也受到了阻滞。第十六章探讨的是有关战争、狩猎和船舶的术语。反对在这些语义场内探讨亚非语的借用语的呼声尤其强烈。例如，xiphos，希腊语中表示剑的最常用词汇，它被认为源于埃及语的 sft 和科普特语 sefe（“剑”），这种观点却因琐碎的原因而遭到挑战。同样，闪米特语 phasganon，是另一个在荷马史诗中频繁表示剑的词汇的词源，也遭到了有计划的忽视。对于采用雅利安模式进行研究的学者而言，认为这些和另外许多军事术语可能源于“东方人”的观点从本质上就是讲不通的，这些“东方人”被亚里士多德描述为“具有奴隶的天性”。希腊语中关于军事术语最庞大的家庭是围绕词汇 stratos（“营地”）构建的。stratos 一词源于埃及语词汇 sḏr（“睡觉、过夜”）和 sḏrt（“露营、营地”）的演变。

希腊人被认为是航海方面的先行者。于是，人们会发现学者们不愿承认在这个语义场存在着亚非语的借用语。这一章的最后一节列举两个例子对此进行证明。其一，当学者们乐于接受 γαυλος（“盘”）的闪米特语词源时，他们却回避了 γαῦλος（“船”）的闪米特语词源；其二，学者们接受了 souson（“百合花”）源于埃及语 sšn“莲花”，却拒绝承认 souson（“船的绳索”）与 sšnw（“绳子、绳索”）之间存在着词源关系。

第十七章探讨的是社会、政治、法律以及抽象词汇。“社会”的语义场必然是难以界定的。不过，亚非语借用语包含有核心术语 laos（“人民”）。在 17 世纪早期，伟大的胡格诺学者塞缪尔·博沙尔（Samuel Bochart）提出，在希伯来语中发现的腓尼基语词汇 lə˃ōm（“人民”）可能是希腊语 laos（“人民”）的词源。自此之后，没有哪位学者提出过一个更合理的观点。博沙尔的观点得到了史实的有力支撑：在史诗中，laos 以 -n 结尾的单数宾格和复数属格的词形，要比以其他格的词形出现得更为频繁。

这一节还叙述了其他许多观点，如埃及语 wr ỉb 字面意思为“大心脏”，而实际意思是“傲慢、自大”，它是 hybris 的词源。这一词源说明涉及一个可接受的换位（metathesis），即流音在第二位和第三位之间的转换。埃及语词根 ṯs 意为
24 “捆在一起，集合军队”。Ṯst 指的是“军队、被征用的一帮工人”。Thēs/Thētos 是“奴隶、雇佣工人、劳力、公民中的最底层”。在今天的希腊语中，Thēteia 指的是“兵役”。

腓尼基艺术中的一个标准画像描绘的是一个妇人透过花格窗向外眺望，象征着被幽禁。在希伯来语中，“花格窗”的复数形式是 ḥărakîm。在阿拉姆语中，人们会发现 ḥărakå（“窗户”）。希腊语中，herkos 指的是“由栅栏或砖石构成的围墙、用于狩猎的网状物等”，horkanē 指的是“囚犯”。闪米特语借用语也包含有希腊语 mitilos 和 mytilos 的词源，既指“切割”又指“年轻”。闪米特语词根 √btl（“切断”）被普遍设想为它们的词源。这个术语的最普遍词形是 batul（“处女或处男”）。由于“切割”暗指男性割礼和女性割礼，用它来指代年轻人是可能的。众所周知，男性割礼存在于操西闪米特语的族群，女性割礼也可能是这样。于是，人们在希腊语和拉丁语中，也同样在闪米特语中发现了具有“年轻人”和“切割”双重含义的词汇。语义上的对应性还证明了语音转变，即字首 b- 转换为字首 m-；实际上，这种变化很普遍。

我们可以发现一个有趣的情形：表示牛群以及其他牲畜的集中、聚拢和计算的亚非语词汇，可能作为用于人类身上的社会政治术语出现在了希腊语中。nomos（“法律”）和 nmi（“旅行、与牛”）两个词之间的关系已经在上文描述过。在埃及语中，iȝwt 指的是“牲口群或人群”。这个词形为爱奥尼亚语和多

利亚语 (h)alēs 或 aollēs（“集会”）提供一个可能的词源。该词的阿提卡语对应词是 athroos（“人群、挤在一起”），它源于埃及语 ỉdr（“畜群”）。因此，希腊语 ethnos 和 ṯnw（“数字”或“编号”）以及 ṯnwt（“统计牲口、囚犯等等”）之间存在着词源联系。这些词源，连同前面提到的 dēmos 和 iso- 的埃及语词源，以及其他希腊政治术语的埃及语词源，都在第十七章中进行探讨。

第十八章探讨的是宗教术语。词源分析证明 (h)ieros（“神圣”）和 (h)iereus（“祭司”）源于埃及语 ỉꜣỉ（“赞美”）和 ỉꜣt（后来为 ỉꜣwt，“官职、官员”）。该词形可能被 ỉrỉ（“做、行动”尤其是“担任官员、主持节日庆典”）损害。另一个重要的希腊宗教术语是 hosios，即“被神圣的法律批准”。Hosiōtēr 指的是“适合献祭的完美动物”。Hosíoi，指的是处理这些动物事宜的德尔斐祭司， 25
hosioō 意为“献祭”或“净化”。该词存在着一个埃及语词源，在语音和语义方面都具有说服力，即动词 ḥsỉ（“演唱”）和 ḥs(z)ỉ（“赞美”）。它的科普特语词形 hōs，指的是“演唱、奏乐、赞美”。更令人感兴趣的是，埃及语 ḥsy，即“被淹死或被赞美的人”，其科普特语词形为 hasie 或 esie。后者被记录在了希腊语中，词形为 Esiēs，指的是“为了被赞美的死者的埃及人”。

埃及语 wꜣg，词义为“喊叫、宗教节庆”。通过腭音化，wꜣg 与 wꜣḏ 有明显的亲戚关系，后者的词义为“绿色、使变绿、茂盛”，用于修饰每年大洪水之后的埃及三角洲。它似乎在两个不同时期被转写为希腊语。第一个借用词传入时，/ꜣ/ 仍然具有辅音音值，成为以 org- 为字首的希腊语词群。这些词覆盖着明显类似的语义场。Orgē 的词义为“热情、愤怒、性情”，尤其指“女人喜怒无常的情绪”。它的另一种用法，在一个罕用词（hapax）中出现过，似乎指的是“圣地”。Orgaō（“充满了活力或精力”），指的是肥沃的土地或生长中的植物。Orgas 是“被良好地浇灌但大体上尚未被开垦的土地”。第二个借用语是在 /ꜣ/ 成为单纯的元音之后传入希腊语的，成为 hyak。带上源于埃及语 nṯr（“生长、神圣”）的后缀，它便成为斯巴达的春季节日许阿铿提亚节（Hyakinthia）；通过该节日，神话英雄许阿铿托斯（Hyakinthos）获得了他的名字。

术语 mystērion（“神秘”）源于闪米特语，可能是来自词根 √str（“隐藏、遮盖”），在转译过程中被添加了一个名词化或方位化前缀 m-。这个词源是如此明显，以至一位 19 世纪德国学者感到有必要禁止其他人进行相关研究，即便是认为 mystērion 起源于 str 的观点也遭到禁止。

第十九章探讨的是神话名字，如天神、怪物和英雄的名字。集中探讨的是阿波罗的名字起源于 Ḫprr，一个埃及神，象征着拂晓时的太阳。其他许多神的名字也得到了探讨。这些材料足够证明希罗多德的声明：“几乎所有的神的名字都来自埃及。”

我在这一章中还罗列了可能是希腊半神、英雄以及鬼怪的名字的埃及起源。值得注意的是，这些名字中具有闪米特语词源的非常之少。

第二十章探讨的是地理名称。第一节探讨的是岛屿名称。在这些名字中，
26 显然有许多来自闪米特语，只有很少数来自埃及语。在山脉名称和河流名称上面，来自此两个语种的词源保持着相对的均衡。对我而言，不同的是，航海民族腓尼基人出现在了爱琴海上。于是，在铁器时代早期出现的闪米特语名称很可能取代了先前的一些印度–赫梯语名称和埃及语名称。

大多数城市名称的亚非语词源在本章提及，或者将会在其他文中探讨。这一节唯一重要的结论是关于科林斯的，我相信它的名称来自闪米特语 qryt（“城市”）。

第二十一章探讨的是斯巴达。“斯巴达”这个名字源于埃及语 spꜣt（“行政区、行政区首府”）。“拉科尼亚”（Lakonia）和“拉西第梦”（Lakedaimon）系仿造语（calques），它们的字首 Lak- 源于 lakein（“狗的行为”，如啃咬、吠叫等）。它们之间的联系有事实证明，在下埃及语中 spꜣt 和豺神 ỉnpw（“Anubis”）紧密联系在一起。此外，-daimōn（“精神”）与埃及语 kꜣ(ka) 对应。那么，拉西第梦语为 kꜣ inpw 提供了一个非常贴切的对应词 Kanōbos（卡诺波斯）或 Canopus（卡诺普斯）。该词指的是尼罗河三角洲的西部分支（该地离斯巴达最近），在神话中是斯巴达国王墨涅拉俄斯舵手的名字。

本章还探讨了埃及和斯巴达之间在宗教崇拜和文化方面其他类似性，其中也探讨了可能是斯巴达专有的社会政治术语的晚期埃及语词源。这些类似性与斯巴达国王吕库古到埃及旅游之后获得了政体思想的传说相吻合。斯巴达制度也明显与腓尼基人的政治制度类似。在铁器时代早期，埃及和腓尼基都影响到了拉科尼亚。

希腊神赫尔墨斯被认为与两位埃及神阿努比斯和透特（Thoth）相对应。赫尔墨斯的阿努比斯形象即灵魂的引导者（Psycho-pompos）在斯巴达表现得

尤为突出。在第十九章中，我论证，至少早在公元前 17 世纪，赫尔墨斯便和行星之一水星联系在了一起。就像水星从环行星们（the circling stars）的“死亡”天空运行到太阳、月亮和其他行星居住的“生命”天空的轨道一样，赫尔墨斯 / 阿努比斯连接着生者与死者。我在第二十一章中探讨了许多难点，并认为，在各种令人不满的赫尔墨斯名字词源中，程度最轻的闪米特语词根 ḥrm / ẖrm，其词义为“渗透、刺穿、捆在一起”。并且，赫尔墨斯崇拜和接触死亡在斯巴达非常流行。

最后一章是对雅典的探讨。此前，我认为雅典城市的名字和它的保护神雅 27
典娜的名字源于埃及语词根 Ḥt Nt，指的是奈斯（Nēith）的神庙或城市，奈斯是希腊人所熟知的埃及女神。与这个词源相关的严肃的语音问题是 Athēnē 中的中元音的长度。在回应指出这一点的批评家中，我不再坚持 Ḥt Nt 是其词根的看法，转而提出得到同样证实的词形 Ḥt-ntr̲ Nt 和 Ḥt-nt̲ r nt Nt，即“奈斯的神庙或城市”。这些就是在世俗术语中作为赛斯（Sais）而为我们所知的不同名字变体，柏拉图将赛斯视为雅典的姐妹城。

埃及和希腊的女神、城市在语义上存在的大量巧妙的类似性，克服了这一词源分析上的任何语音难题。通过克里特弥诺斯时代所谓的女盾神与帕拉狄昂（Palladion）柱子上的甲胄，两种崇拜从肖像材料上被联系在了一起。对两个女神的崇拜，都涉及圣衣的纺织。从历史角度来看，人们会发现，在公元前 6 世纪，埃及法老阿玛西斯（Amasis）从赛斯登上王位大力倡导奈斯崇拜，与此同时，雅典僭主庇西特拉图（Peisistratus）则推崇雅典娜。公元前 4 世纪，柏拉图将赛斯和雅典表述为姐妹城，并证明是同一位女神创建了这两座城。

由于埃及语中还存在着其他许多与雅典娜及其崇拜相关的词源，所以第二十二章篇幅很长。在结束本书与语义学有关的这一节时，我希望能够证明，尽管列举的亚非语借用语（loans）在古希腊语的许多领域（如果不是所有领域的话）都能够找到，但是它们不是漫无目的地扩散而成的，而是通过连贯的途径组成了一个整体。作为一个整体，希腊语言和希腊文化的丰富性源于它们的兼收并蓄，最为重要的是埃及和黎凡特的影响，它们远远超出的其他地区的影响。

第一章　历史语言学和古希腊语图景

19 世纪的浪漫主义语言学：树状图和族属

28 19 世纪的历史语言学确立了语言“家族”概念并且不断地受其困扰。与 18 世纪启蒙运动所关注的空间排列和分类不同，19 世纪知识分子关注的是时间和发展。随着实证主义在资本主义向整个世界扩张的时代里蓬勃发展，他们相信所有事情都在增加和衍生（ramification）；并且，像浪漫主义者和地理决定论者一样，他们喜欢寻找本地土壤培育出来的单一树干。因此，随着时间的推移，树状图不断变大，扩散，在物种或“种族”和语言的演进中占据了支配地位。树状图发展起来而且在同时代传播，在物种、种族和语言的发展中成为主导。最重要的是，他们强调优良的语言是个有机体，是内生的；不是无机体，不是从外部移植的。[1]

标准语言学术语“借出”和“借入”，本身暗含着有关一些 19 世纪早期浪漫主义学者们的有趣而又重要的事情，这些学者研究出了印欧语言家族这个概念。对他们来说，这样的术语暗示着暂时的和令人不快的“交易”。但是，“语言家族”和“语系关系”暗示着持久和适当。同样，树状图模型不仅在美学上

1　Morpurgo-Davies（1998, 88-94）.

引人注目和令人满意，而且也能够解释诸语言之间的关系。

这个观点引出了指导我整个写作规划的总原则，即不存在单一起源。因此，通过使用树状图模式来呈现历史语言学或生物学的发展，即从一个单一树干生长出分支，甚至再生长出更细的分支和嫩枝，这种做法几无裨益。只有将多根状茎考虑进去，树状图模式才间或有所裨益。过去，我认为更好的呈现做法是，将其想象成一条河，由多个水流汇聚而成；然后，它又分流，与其他河合流，形成新的河流，并如此发展下去。这一图景的不确定性不应该导致绝望或熟视无睹。事实上，追求是痴迷的无尽增长，而非减少。 29

对语言间关系的早期认知

在 19 世纪之前很久，语系已经被想象出来。大概处在亚述帝国和巴比伦帝国统治之下的犹太人已经意识到希伯来语（Hebrew）和官方语言阿拉姆语之间明确的关联的情况下。生活在伊斯兰世界的犹太人认为阿拉伯语添加到希伯来语丛。安达卢西亚（Andalusian）诗人犹大·哈列维（Judah Halevi，1075—1141），他用阿拉伯语和希伯来语写作，对这一联系非常清楚。他认为，按照正统观点，希伯来语是上帝的语言，因此应该在祈祷时使用。他接着讲了非正统观念，即亚伯拉罕在日常生活中讲阿拉姆语并教给他的儿子以实玛利（Ishmael），以实玛利随后创制了阿拉伯语。[2] 此处有一个难题，希伯来语被认为是母语言，然而事实上，阿拉伯语的产生远远早于希伯来语。只是在 19 世纪末期犹太教-基督教对语言研究的影响减弱之后，阿拉伯语才被认为比希伯来语更接近最初的原始闪米特语（Proto-Semitic）。

16、17 世纪，葡萄牙参与埃塞俄比亚以及埃塞俄比亚教会同罗马的联系，埃塞俄比亚的古典礼拜语言古兹语（Ge’ez）被添加到了希伯来语、阿拉姆语和阿拉伯语等语丛。[3] 18 世纪 60 年代，让-雅克·巴泰勒米（Abbé Jean Jacques Barthélemy）开始界定该语族的外延界限，他貌似合理地主张，尽管科普特语和闪米特语二者之间存在类似之处，但是埃及语言不属于他所谓的“腓尼基”语

2 哈列维实际上出生在卡斯蒂利亚（Castille），但是他的名字是在安达卢西亚（Andalusia）取的；参见布兰（Brann）关于视觉敏锐的研究 [Brann（1991, 84）]。关于哈列维的语言学推测，参见 Loewe（1994, 127）。

3 关于这些翻译和研究的概述，参见 Loewe（1994, 127）。

族。[4] 1781年，哥廷根学者A. L.施勒策（A. L. Schlötzer）将这一语言系统称作“闪米特语”——源于诺亚之子闪（Shem）——在学术上被正式认可。[5]

30 18世纪早期，其他许多的语言“家族”被承认。马来语、马尔加什语（Malagasy）和波利尼西亚语被认为与现在已知的奥斯特罗尼西亚语（Austronesian）有亲缘关系。乌拉尔语族包括芬兰语和匈牙利语，也被确定。[6]

大部分历史语言学家认为这些发现无关紧要。对他们来说，关键的一步是威廉·琼斯迈出的，他向1786年加尔各答召开的皇家亚洲学会会议提交的第三周年论文被视为印欧语研究史诗般的基础。在琼斯看来，梵语的完美程度超越了它的“姐妹语言”拉丁语和希腊语。他认为所有的这些语言有着共同的起源。另外，波斯语以及有些变异的哥特语和凯尔特语也来自这一起源。[7] 像施勒策确认了闪米特语一样，琼斯的研究成果也是在前人铺垫的基础上完成的的。长久以来，中世纪和文艺复兴时期的学者普遍接受的观点是：在有些语言中，God（神）被称为Deus（神）的变体，在有些语言中是Gott（神），在其他一些语言中则是Bog（神）。这样就界定了罗曼语、日耳曼语和斯拉夫语等语族。到18世纪时，这三个语族的界定也彻底清晰。

早在16世纪初，欧洲的神父和其他的旅行者们就已经注意到梵语和欧洲语言存在着相似之处。[8] 琼斯超越前人的地方在于他强调词法（morphology）的相似点，动词词形变化体系及名词词尾变化（declensions）的联系，尤其是存在着共同的不规则变化，而不仅仅是词汇之间的形似。

这一强调在于说明它们是关系密切的亲属语言，此外，一个人想要研究词法，需要经过完整的训练，这有助于专业的语言学家协会将非专业人士排斥在大门之外。这是历史语言学家偏爱词法而非词汇的一个重要原因。

主张词汇的相似性相对不重要的观点束缚了将关系较远的亲属语言联系起来的尝试。事实上，共同词汇通常比词形的相似性更能长久存在。例如，我们从语言学的历史获知，俄语和英语都属于印欧语系。然而，今天这两种语言显然在词形上不存在相似性。但是，俄语和英语中的许多基本词汇，象“妈妈”“兄

4 参见第一卷，第171页。

5 Morpurgo-Davies（1998, 45）.

6 Blench（2002b, 5）.

7 Cannon（1990, 244-5）and Morpurgo-Davies（1998, 65）.

8 Muller（1986）.

弟”“儿子”“牛奶”等明显是同源词汇。因此，在研究亲属语言上，词汇比较仍然是一项基本手段，尽管存在着借用的偶然性和可能性引起的混淆。

“科学的”语言学的传说 31

到 19 世纪的最后 25 年，语言学作为一门学科已经被大家所接受。它就需要一个严格意义上的谱系。因此，德国和斯堪的纳维亚的语言学家为科学的历史语言学的发展确立了一个撰史标准或圣徒传记标准。根据他们的方案，这个学科经历了四个阶段或世代的发展。威廉·琼斯爵士（Sir William Jones）和弗里德里希·施莱格尔（Friedrich Schlegel）是先行者，弗朗茨·葆朴（Franz Bopp）、雅各布·格林姆（Jacob Grimm）和威廉·冯·洪堡（Wilhelm von Humboldt）是创建者，格奥尔格·库尔提乌斯（Georg Curtius）、奥古斯特·施莱歇（August Schleicher）和奥古斯特·菲克（August Fick）是巩固者，新语法学派（Junggrammatiker）的奥古斯特·莱斯金（August Leskien）、卡尔·布鲁格曼（Karl Brugmann）、赫尔曼·奥斯多夫（Hermann Osthoff）和贝特霍尔德·德尔布鲁克（Berthold Delbruck）是最后发展者。[9] 这个名单中有许多有趣而又重要的人物。首先，名单中的人物几乎都是德国人。除了琼斯之外，其他仅有的两个非德国学者也发挥了作用，虽然被提及，但处在这个名单中有些不协调，他们是丹麦学者拉斯穆斯·拉斯克和意大利学者格拉齐亚多·以赛亚·阿斯科利。最后，仅有一个学者，他的家乡语言不是条顿语。

20 世纪晚期，语言学历史学家汉斯·阿尔斯莱夫采用更宽广的视角来探讨该学科的起源。阿尔斯莱夫论证，中心人物威廉·冯·洪堡不仅在巴黎度过了他的性格成型时期，并且深受法国启蒙运动人物尤其是埃蒂安·孔迪拉克、丹尼斯·狄德罗和约瑟夫-马里耶·德格兰多等人的语言学观念的影响。[10] 对这一影响的只字不提，揭示一部分 19 世纪历史学家渴望将“科学的语言学”描绘为本质上是一门德国人的学科。它也贬低了绅士学者在其发展过程中使其变成专业学术的贡献。

历史语言学家兼语言学历史学家安娜·莫珀戈-戴维斯（Anna Morpurgo-Davies）在两个主要方面，将洪堡描述为个“尴尬”人物：首先是在启蒙运动和 19

9 关于这一谱系演变，参见 Morpurgo-Davies（1998, 14）。

10 Aarsleff（1988, xl-lxv）.

世纪浪漫的实证主义者之间扮演的桥梁角色，其次是介于业余和专业之间难以确定的身份地位。[11]第二个尴尬适用于所有学科的开创者，第一个尴尬则更加有趣。在这套丛书的第一卷中，我概述了德国、欧洲其他地区以及北美现代大学构建过
32 程中历史语言学家的核心角色。[12]我着重谈了洪堡，将其描绘为普鲁士——晚期德国——学术制度和现代浪漫-实证主义语言学的开创者。根据阿尔斯莱夫著作的论证，我的这个观点必须修正。洪堡对所有的语言都有广泛的兴趣，关注它们的历时性-历史面貌和共时性结构，这明显表明他带有启蒙主义色彩。这些方面，他与他的继承者们——或在某种程度上几乎可以说是他的产品——极为不同。后者完全专注于历史语言学、印欧语系，对日耳曼语言或古典语言的关注尤甚。

然而，洪堡是一个浪漫主义者，他认定具有曲折变化的印欧语不言而喻地优越于其他所有语言。对他而言，梵语是完美的语言，而希腊语最为悦耳。[13]梵语作为原初母语在19世纪后半叶被专业学者从根本上进行了批判，但是希腊语作为印欧语言乃至世界语言中最悦耳动听者在整个20世纪一直维持着它的清白声誉。唯一的挑战是拉丁语，它比希腊语保留了更多的原始印欧语名词格。不过，尽管日耳曼和不列颠被等同于罗马，尤其是在1870年之后二者都声称要成为罗马式的帝国之时，但是学界倾向于支持希腊语。

琼斯的直接继承人在他们的语系构想中更加不谨慎。琼斯认为梵语、希腊语和拉丁语是“姐妹”语言，它们由一个已经无法考辨的母语演变而来；但是，19世纪中期的德国学者倾向于把梵语本身视为原初母语。只有在19世纪60年代，学者们才开始认识到，虽然古印度语在许多方面都很古老，但是它另一些方面则具有更多的革新。如此一来，学界出现了回归琼斯的立场的趋势，给予希腊语和拉丁语平等的甚或更高的地位。在这个问题上需要指出的是，德国的历史语言学与19世纪整体的进步主义不相称；对语言学家来说，原始特征的保存被视为高级语言的标识。这一重要性影响到了德国学者，他们抛弃了葆朴提出的“印欧语”（Indoeuropäisch），转而接受印度日耳曼语（Indogermanisch）。[14]他们的意见是，印度-雅利安语和日耳曼语是最后离开了

11 Morpurgo-Davies（1998, 98）.

12 第一卷，第215—336页。

13 第一卷，第286—287页。

14 关于细节，参见Koerner（1989, 149-77）。

它们假设的中亚故乡，所以保留了原始印欧语的最纯正形式。

新语法学派 33

新语法学派做出了决定性的转向，否定梵语是母语。从一个层面上来讲，这一转变是承认欧洲语言的元音体系实际上比梵语语言体系更为古老造成的。从另一个层面上来讲，这一转变是欧洲优势的一个假定，它数十年间在整个地球上获得了帝国式的胜利，或者更具体地说是日耳曼-德语和英语在整个地球获得了胜利，并且最终抛弃东方对欧洲的影响。[15]

新语法学派被描述为19世纪历史语言学的最后发展者。他们中间的大部分人以莱比锡为根据地，活跃于1870—1900年。描述词“新”或“青年”贴到学科分支上，通常象征着延续而非断裂，他们也是这么希望的。这种延续的确反映在了新语法学派身上，他们基本上只认可或强化先前的趋势。在以往的数十年间，历史语言学家便开始质疑梵语的母语角色。虽然新语法学派声称已经和他们前辈的“机体论”（相信语言是一个本身拥有独立于说话人的生命的有机体）分道扬镳，但事实上他们未能做到。并且，他们本人的导师已经实践了他们宣称的实证主义。[16]

德国实证主义语言学家最重要的模式来自查尔斯·莱伊尔的“均变论”地质学。莱伊尔的方案设计了若干由今溯古可以观察到的变化过程，并且强调稳定发展和规律性。[17]这种形式非常适合用从“辉格党解释”的校对看时间阶段的人，即英国从1689年光荣革命至19世纪的历史沿着一个平稳上升通道发展。生活在混乱的欧洲大陆的男男女女们很容易感受到这一不同寻常的发展。在20世纪最后20年间，他们关于不规则和灾难性的观点发展甚至进入了美国自鸣得意的学术界。达尔文关于生物逐渐进化的观点已经受到了像史蒂芬·J.古尔德这样的科学家的挑战，他们反对进化的稳定性，支持间断平衡或者停滞状态紧随其后的跳跃性发展。对于孤立主义和传播论的观点，我认为人们应该持开放
态度，承认存在着这样的可能性：在任何具体的时期，要么存在着稳定的发展， 34

15　参见第一卷中第370—373页的讨论。

16　参见Koerner（1989, 203）。

17　关于19世纪地质学对新语法学家的影响，参见Christy（1983）。“均变论”的狂热信仰仍可在21世纪发现；参见Ringe et al.（2002, 60）。

要么存在着革命性的变化。均变论和革命性变化与传播论和孤立主义之间的矛盾联系在一起：虽然不是彻底的重合，但是逐渐的演进倾向于和地方发展联系在一起，而急剧变化则常常和扩散尤其是种族灭绝式的扩散联系在一起。

关于新语法学派构想的辩难

让我们首先探讨一下新语法学派的创新性问题。甚至被普遍视为他们的最大贡献的，较早的学者奥古斯特·施莱歇尔提出的“语音法则无例外”（Die Ausnahmslosigkeit der Lautgesetze），也被他们自身置于对立面。[18]根据这一原则，语言变化的每一个方面都可以被系统地、合理地解释。这一方法总体来说是极为成功的，并且，和来自类似形式的分析一同使用，这些“法则”能够解决语系内部大约 70%—80% 情况。

然而，这一方法具有严重的局限性：这些法则不是所有语言的法则而是具体语言的法则。[19]并且它们只能适用于语音而不适用于语义。甚至即便接受类推法，采用这些法则也会遗留下关于无法解释的转换或对变化的排斥的大量“剩余”。

之所以会出现这些剩余，原因在于存在着大量干扰语音转变规律性的因素。其中的一项，我们称之为“音义联觉”。联觉音组使某些经验或状态和特殊的音素联系在一起。这些联系可能一部分是拟声的，诸如 slip、slide、slop 和 sleazy 或 flash、splash、dash、crash、clash、mash 和 hash 等一系列类似词汇。然而，拟声不是必需的。人们会发现这样的词群，如 fly、flow 和 flutter，甚或更为疏远的 glitter、gleam、glow 和 gold，抑或词义易变的或词义重复的 flutter、fritter、putter、glitter 等。所有这些词形最好被描述为“发声符号”，语音结合着语义。[20]因此，这些词汇倾向于形成词群，虽然他们可能来自不同根源或者会“有规律地”偏离。[21]在这些情况里，语义因为具有更少的规律，所以冲击着语音的“确定性”。新语法学派及其今天的追随者很少探讨这类混合现象。如果他们被迫这样做，他们就会将它视为“腐蚀”来轻蔑地对待。

35 导致这一剩余的另外一个根源不能用语音法则来解释，它便被现代学者描

18 参见 Jankowsky（1968, 98）。

19 它被雅萨诺夫和努斯鲍姆认可，参见 Jasanoff and Nussbaum（1996, 181）。

20 参见 Jakobson and Waugh（1990）。

21 Bolinger（1950），Malkiel（1990）and Blench（1997, 170）.

述为“词汇扩散”。在这个变化过程中，一些词汇经历了规则的语音转变，然而，另外一些词汇不知何故并未发生语音转变或者向着不同的方向发展。[22] 由于 19 世纪中后期的历史语言学家几乎完全专注于印欧语，所以他们没有关注它与其他语言的可能接触，除非这些语言产生于他们所谓的——按照他们的地质学模式——“地层”。[23] 这一下位层由来自印欧语族群征服的非印欧语族群的语言对印欧语的真实的或想象中的影响构成。

新语法学派对非印欧语缺乏兴趣的原因，很容易解释。首先，生活在一个强烈的浪漫主义时代，他们相信纯洁的创造性力量和内部发展的最高重要性。其次，如上所述，“他们继续将语言作为一个独立于说话人和他的社会背景的‘事物’来对待”；并且，他们又进一步相信语言作为“独立物”，不能混合。[24] 像那个时代的所有欧洲知识分子一样，语言学家将印欧语族群视为历史上最活跃的民族。因此，他们不相信他们的语言本可能会受到“活力较少的居民”的语言的大量影响。再次，语言接触研究的风险在于混淆地理上缓慢发展的图景，因为接触能够导致变化的加速以及（甚至是更坏的）变化的不规则。

现代研究希腊宗教的首要权威沃尔特·伯克特，在讨论希腊语中的借用语时，认为“任何语音进化的法则都不能确定”。[25] 我不会这样认为，但我相信借用词倾向于与语音的连贯性保持一致；然而，**只有当它们在同一时代并且在同一方言之间发生时**，我的看法才成立。[26] 在现实世界里，语言变化和地区

22 Trask（1996, 287-90）.

23 关于少有的例外，参见霍尔加尔·佩德森的著作，他列述了那些发现印欧语与和闪米特语之间的联系以及印欧语与乌拉尔语之间的联系的学者。Pedersen（1931, 335-9）.

24 Koerner（1989.94）.［substrate 或 substratum，在地质学上被翻译为“地层”，而在语言学上则翻译为“下位层”，后者由地质学意义引申而来，指的是“一种语言变体或一组形式已影响了一个社会内占主导地位的变体或语言的结构或用法。”（戴维·克里斯特尔编：《现代语言学词典》，沈家煊译，北京：商务印书馆，2000 年，第 345 页）。本文个别地方涉及地质考古内容，此时译者则将其翻译为“地层”。所谓“下位层”。——译者注］

25 Burkert（1992, 35）.

26 这两个条件是必要的。例如，在 1900 年到 1950 年间，很短的时间跨度内，荷兰语借用英语足球术语“球门”的情况。在荷兰北部方言中，该词汇读作 kol，而在南部方言和弗兰德斯方言中读作 gon，并且被语言纯正癖者读作 gol。在这种情况下，语音的变化是由借用语的方言差异造成的。这一因素的突出例子可从意大利语源自阿拉伯语 där aṣṣin´a “工厂” 的两个借用语见到，它们成为 darsena（“船只被解除武装或修理的港口内侧部分”）（可能经由热那亚方言借用而来）和 arsenale（“海军船坞，兵工厂”）（经由威尼斯方言借用而来）。参见 Aboul Nasr（1993, 43）。我还要感谢 Dr. Lori Repetti 为此提供实例。关于短期内带来的极端改变，可见于日语，630 年前汉语传入日语的借用语和 630 年后传入的借用情况之间，存在着明显的不同。Bernal（2001, 114-6）.

方言各式各样。并且，借用语通过不同途径产生：书面语言、大众接触、宗教仪式、贸易、奴隶制度或者战争。不同时代形成的或不同途径形成的语言借用频繁地不遵从同一形式。“词语的通俗变化”（即陌生词语转变为更为熟悉的词语）现象的广泛分布使得它更加不确定。伯克特继续谈论希腊语中的借用语：“它们模仿并且隐藏，使自身适应于当地希腊语的词根和前缀。”他继续引用了一个德语词汇 Hängematte 来对应“吊床”（阿尔贡金语词汇），该词义为“悬
36 空的床垫”，看上去是本地语，其实不是。[27] 更富有戏剧性的转换，是德语词汇 Eidgenossen（“受誓言约束的”）转换到法语中变成了“Huguenot”（胡格诺），据称该词是普通名字“Hugues”（于格）的一个昵称。

索绪尔和 19 世纪印欧语研究的 20 世纪的追随者

由于斐迪南·德·索绪尔的著作，作为一门学科的 20 世纪语言学，已经抛弃了历时性研究转向共时性研究，抛弃了传统的研究路径，即一种语言发展出一个方式使一种语言在任何一个特定的时代都能作为一个系统使用。少数学者仍然关注历史语言学，但他们仍然停留在他们 19 世纪前辈们的阴影里。

20 世纪里，印欧语研究只取得了两个大的进步。首先是在中国西部的新疆发现了两种（可能是三种）死亡了的“吐火罗语”（Tocharian）文本。引人注目的是，这些语言在某些重要方面与西欧语言类似，这一事实暗示，这些东西边缘语言保留了中部语言已经丢失的古代特征，并且证实了先前学者抛弃将梵语视为最早和最纯正语言的做法是正确的。[28]

第二个发现更加关键，即对用赫梯语写成的楔形文字写字板的破译，赫梯语是公元前 2 千纪崛起于安纳托利亚即今天的土耳其中部的强大帝国使用的文字。这一“新”的语言被证明与印欧语类似，尽管在词法上与后者不符合。对它的发现强烈地影响到了原始印欧语语音体系的重构，因为赫梯语被发现包含有两个喉音 /h/ 和 /hh/。这些喉音的存在，证明先前由索绪尔提出的假设是正确的。他认为，虽然这些发音存在于闪米特语和其他语言之中，但未曾在任何印

27 Burkert（1992, 35）.
28 Mallory and Mair（2000, 70-296）.

欧语中发现；所以，它们应该被重构，以便解释印欧语内部发声法的异常现象。[29]

赫梯语，连同其他许多在今天的土耳其发现的消亡语言，被确认为安纳托利亚语族的分支，最早从印欧语系中分离出来。语言学家埃德加·斯特蒂文特证实，赫梯语是印欧语的姐妹语言而非子语言，并构造了“印度–赫梯语”这一名称，取代旧的术语，以指称更大的语系。这一名称被许多一般的语言学家 37
接受，但是大体上不被研究印欧语的专业学者接受。[30] 他们拒绝使用这一有用的术语，似乎不仅仅是因为不愿意让“欧洲语”从这一名称中去掉，而且还因为对印欧语研究的 19 世纪传统的坚守。对一个术语的这种挚爱集中体现了现代的印欧语专家对他们前辈们的有机论、地质学模式的倾向和对孤立性、纯正性的浪漫主义的青睐。[31]

当所有的印欧语被以这种方式审视时，希腊文化被视为欧洲文化的摇篮和缩影，希腊语则被视为纯洁语言的极致。传统的语言学家们仍然认为希腊语基本上是有机的。因此，他们将它的这一转变归功于不受外来影响的内部发展。希腊所具有的那些不能从印欧语那里溯源的特点，被按照地质学模式归因于“下位层”。他们明显抵制希腊语可能借用或模仿了同时代的其他语言。

分支或交错

沃尔特·伯克特记述了传统印欧精神对希腊语的影响：

> 希腊语言学在将近两个世纪的时间里支配着印欧语专家；然而，它的成功预示着对事实的扭曲。在所有的标准词典里，给出一个希腊词汇的词源就意味着经由定义给出了一个印欧语词源。甚至最偏远的参考——比方说，亚美尼亚语或立陶宛语——也被忠实地记录了下来；然而，可能借用了闪米特语，则被断定是无趣的，并且不是被丢弃就是被一笔带过，没有被充分地记录下来。众所周知，希腊语中的大部分词汇缺乏恰当的印欧语词源；但是，

29 参见 Lehmann（1993, 107-10）。

30 参见 Ruhlen（1987, 55-8）。

31 关于拒绝使用“印度–赫梯语系”这一术语的情况，参见 Jasanoff and Nussbaum（1996, 203 n. 2）。我曾询问几位印欧语系专家拒绝使用“印度–赫梯语系”这一术语的原因，但从来没有得到一致的答案。

> 青睐于追寻与一个假定的爱琴语下位层或对应的安纳托利亚语的联结已经成为一种时尚，它涉及应付一个很大程度上未知的领域，而不去探索与熟悉的闪米特语的联结。贝洛赫甚至想要将罗得岛的宙斯·阿塔拜里俄斯与巴勒斯坦中部的阿塔拜里昂山（Mount Atabyrion）即塔波尔（Tabor）山分裂开来，
> 38 取而代之，为它选择一个模糊的安纳托利亚语类似词汇。反犹主义在这件事上显露了出来；在别的问题上，它经常在一个看不见的层面发挥作用。甚至第一流的印欧语专家也会做出令人惊讶的错判。[32]

伯克特的描述令我们首先回想起的是从一个单一树干生长出多个枝干的传统模式，而不是多个根状茎的模式或者复杂的花格或灌木图景模式，其次，让我们想起的是偏爱语言或语言家族内自发式发展。树状图模式有效说明了分支而非趋同。[33] 树状图模式在解释分流时有用，但在解释合流时则无用。

多数现代历史语言学家不愿考虑古代语言的地区转变，特别是原始印欧语和希腊语。大多数学者尤其反对跨过语言边界的转变，这些类型的转变可以在历史上发现的变化中找到。对印欧语专家来说，尤其对那些关注原始印欧语和希腊语的专家来说，从社会语言学角度来考虑问题，并且因此为对存在着来自其他同时代语言的干预的可能性保持开放态度，将会是更好的做法。他们可以借鉴最新的语言学研究成果。例如，使用助动词“to have”作为标记完成式时态的最主要方式甚或唯一方式，这种做法似乎起源于路易十四统治时期具有强大军事力量和文化声望的法国。这种用法在现在法国、西班牙半岛而非拉丁美洲、意大利北部而非南部、德国西部而非东部能够找到。语音上的类似转化恰好将小舌音 /r/ 的传播标记出来，该音始于巴黎或凡尔赛，但是现在通常或偶尔可以在以下八种语言中找到：法语、巴斯克语、西班牙语、意大利语、荷兰语、丹麦语、挪威语、瑞典语和德语。[34] 在研究个别印欧语和非印欧语之间的接触之前，我们应该考虑印欧语作为一个整体同其他语言及语系之间的关系。接下来的三章将要涉及这些关系。

---

32 Burkert（1992, 34）.

33 萨拉·格雷·托马森和特伦斯·考夫曼论述了传统的历史语言学趋势，参见 Sarah Grey Thomason and Terrence Kaufman（1988, 1-2）。对单根树状图模式的使用和滥用的概述，参见 Gould（1989, esp. chap. 1, “The Iconography of an Expectation”）。关于支持灌木图模式的论证，参见 Moore（1994）。

34 Trask（1996, 201）.

第二章　超级语系："诺斯特拉语系"和"亚欧语系"

语言学家似乎已经终止或者至少是暂停了对所有现存语言是否存在着单 39
一起源或多重起源的争论。认为所有现存语言最终是彼此联系的一致观点如今似乎已经出现。不过，关于这种说法可能会证明特殊联系或者会重构原始母语的任何内容，仍然存在着激烈的争论。概言之，可以粗略地将他们分为"主合派"和"主分派"。主合派寻找不同现象中体现出来的共同特征，然而，主分派更多地关注它们之间的差异。主分派以渴望确定性和害怕差错为特征。主合派倾向于认为完全的准确性和确定性是不可能获得的，最好能够或者应该以追求"具有说服力的合理性"为目标。主合派则反其道而行之，害怕犯两种不同的错误：第一种是记账错误（errors of commission），它经常涉及"X 与 Y 有关"的陈述后来被证明是错误的；第二种是疏漏错误，即被认为不存在的关联实际上是存在的。相比之下，主分派强烈地害怕记账错误。

近些年来，最著名的美国语言学主合派学者是斯坦福已故的约瑟夫·格林伯格和他的学生梅里特·鲁伦。格林伯格最初是一位人类学家，他作为世界语
言的林奈（Linaeus）或伟大的系统化者将被世人铭记。他对非洲语言的分类 40
已经成为标准划分。他的亚欧语系构想，与苏联学者的类似，如今已被屡次接受。他将美洲语言分为三个语系，其中包括巨量的"原始美洲语"，他的这种划分仍然具有强烈的竞争力。鲁伦接受了格林伯格所有的宏观语言家族理论，

现在正在编纂已经成为世界语言标准指南的著作，并且希望通过这一广泛的探索来重构原始人类语言或原始世界语言。[1]

站在天平另一端的是语言学主分派学者，他们中间的绝大部分学者是传统的印欧语专家。这些学者继承上文提到的传统，致力于印欧语之间巧妙复杂的语系关系。他们的态度集中体现于埃里克·汉普 1996 年在一次研讨会上的一番言论："我们的工作是对印欧语进行绝对无瑕疵的重构。其他问题真的不重要。"[2]

印欧语专家往往不乐于尝试探讨印欧语与其他语系之间的关系，并且不乐意尝试探讨印欧语系借用外来语言——在他们看来——肮脏的并且在美学上令人不快的变化过程。[3] 尽管极少数印欧语专家否定更广泛的语言学联系的可能性，但是他们倾向于将任何具体关联的建议作为"纯粹的推测"加以抛弃。对确定性的要求常常和某种知识分子的严谨联系在一起，并且对学术前辈的尊敬已经使他们与其他相提并论的历史语言学家之间的对话变得日益困难。

诺斯特拉语系和亚欧语系

在原始世界语重构者们模糊的普遍性和印欧语专家的狭隘目光之间，一些学者在中间层面进行研究，考察大的语丛。本书最关注的语丛是诺斯特拉语系和亚欧语系。诺斯特拉语这个名称令人不快，因为它源自拉丁语 nostras（"我们的同胞"），这就暗示着讲这种语言的族群有别于其他语言族群，这个问题被排除在了学术探讨之外。然而，对于这一极为有用的概念不存在其他被普遍接受的术语。

关于闪米特语和印欧语之间的语系关系的观念可以追溯到 19 世纪早期现代历
41 史语言学的源头那里，如果再往前，则可以追溯到基督教教父时代和中世纪，当时，伊甸园和巴别塔里使用的语言被假定为已经是希伯来语了。[4] 19 世纪，学者们进行了许多尝试，论证印欧语和闪米特语动词词根之间的联系。然而，沿着这些线索进行的研究受到了局限，部分原因是获得确定性知识存在困难，并且也同样因为

1 Ross（1991, 140-2）; Wright（1991, 54-62）; Ruhlen（1987）和 Flemming（2001）。关于一个反对的评价，参见 Trask（1996, 381-96）。

2 Hamp（1996, 11）.

3 参见 Ross（1991, 144-5）及 Wright（1991, 50-2）。

4 有学者指出，虽然这是圣·奥古斯丁提出的官方观点，但也有人提出是叙利亚语，参见 Olender（1992, 1-2）。在 7 世纪，奥劳斯·鲁德贝克设想了一个讲丹麦语的亚当和一个讲瑞典语的上帝。

对操印欧语的高贵的雅利安人的迷信。19 世纪晚期和 20 世纪早期，狂热的反犹主义也起到了同样的阻碍作用。有两个重要人物远离了这些潮流，他们是赫尔曼·穆勒（Hermann Möller）和他的学生霍尔加尔·佩德森（Holgar Pedersen）。[5]

在这个主题上，穆勒可以被忽略，佩德森的观点被视为一个主要的印欧语专家和研究印欧语言学的历史学家的反常观点。然而，佩德森的观点不一定应该被认为比他的同辈学者的观点更开明，如法国语言学家阿尔伯特·L. M. 库尼（Albert L. M. Cuny）所指出的那样："佩德森没有隐藏他对白人种族语言存在着一个单一起源的信仰。"[6]

不管怎样，如当代历史语言学家 R. L. 特拉斯克阐明的那样："佩德森几乎没有为他的观点进行探究，以致诺斯特拉语的提议数十年间变得不太被人记起。"[7]

苏联语言学

1950 年之后，诺斯特拉语研究在苏联复兴。在 20 世纪 40 年代，俄罗斯语言学研究被尼古拉·雅科夫列维奇·马尔支配，马尔 1865 年出生于格鲁吉亚，他主张存在着一个包含印欧语、高加索语和巴斯克语的超级语系。他进一步认为，语言的发展阶段证明，语言反映了操该语言的社会中的社会经济制度。例如英语，它是资产阶级语言。这一构想自马尔 1934 年去世至 1950 年期间在苏联被官方承认。那一年，约瑟夫·斯大林发表了一篇关于语言学的短文，出于明显的原因，它获得了广泛的赞誉。[8]

在这篇文章中，他批驳马尔在语言和社会联系上观点僵化。这篇文章使政治对语言学的压制放松了一些。如此一来，1950 年之后，斯大林本人从斯大林主义出发对语言学家进行保护。斯大林能够流畅地使用格鲁吉亚语和俄语，他没有攻击马尔关于语系的观点。不管怎样，在 1950 年前后，因为苏联自身的语言极具多样性，所以它要求并支持语言学家不能囿于印欧语研究。这个国家也需要确立超越印欧语之上的联系，这样一个语言家族能够将苏联的所有语 42
种都包括其中，能够用于将这些语言统一到一个民族之内。

5　参见 Möller（1906 and 1911）及 Pederson（1931, 335-6）。

6　参见 Greenberg（2000, 9），转引自 Cuny（1937, 142）。

7　Trask（1996, 381）. Möller（1906）and Pedersen（1931, 335-6）.

8　Stalin（［1950］1972）.

出于这些原因，不用惊讶于现代诺斯特拉语研究的开创者弗拉季斯拉夫・伊里奇-斯威第奇和阿哈龙・多尔戈波尔斯基，1960 年前后在莫斯科异军突起。他们的观点随着俄罗斯犹太人到国外定居在 20 世纪 70 年代传播到了西方。1966 年，伊里奇-斯威第奇在一次交通事故中身亡，但多尔戈波尔斯基则继续在海法从事他的研究。苏联的另一位诺斯特拉语学者维塔利・施瓦洛士金自 1974 年起在密歇根大学获得了教职。从那时起，他在 30 多年里一直怀着极大的热情，宣扬自己的总体观点。[9]

不过，这些观点也不为苏联或者俄罗斯所独有。数十年间，一位精通古埃及语和豪萨语（属于亚非语系的乍得语族）分支北部尼日利亚语的美国语言学家卡尔顿・霍奇，提出所谓的“里斯拉克”（“Lislakh”）概念来为一个比诺斯特拉语系小的语言家族来命名。这一语言只包括亚非语和印欧语。[10] 古典学家和闪米特语学家索尔・莱文，也已经在对西方古典语言希伯来语、梵语、希腊语和拉丁语进行详细的比较研究。[11] 然而，对在西方学界建立诺斯特拉语研究做出最大贡献的当属阿兰・博姆哈德，他是一个计算机专家，为金吉达香蕉有限公司（Chiquita Banana）工作。[12]

不同的学者为诺斯特拉语给出了不同的限定。最初，它被描述为包括印欧语、亚非语和乌拉尔语，芬兰语和匈牙利语属于乌拉尔语。如今，许多学者将阿尔泰语（它包括土耳其语和蒙古语）、朝鲜语，甚至日语、阿伊努语和因纽特语也包括进这一超级语系。有时，达罗毗荼语（仍然在印度南部占支配地位）、南高加索语（高加索地区的格鲁吉亚语族）也被视为该语系的成员。[13] 在 1965 年发表的一篇文章中，伊里奇-斯威第奇列举了 607 个诺斯特拉语系可能通用的词根。多尔戈波尔斯基声称，这样的词根超过了 1900 个，但他至今仍未公布。[14] 博姆哈德列出了一个含有 601 个词根的列表。[15] 虽然多尔戈波尔斯基

9 Wright（1991, 48-54）; Ross（1991, 140-6）and Trask（1996, 381-4）.

10 Hodge（1978）and（1984）. 其他学者也沿此思路进行思考和写作，虽然没有出版他们的著述。参见 Hoberman（1975）以及 Ray（1988）。

11 Levin（1971a and 1995）.

12 Bomhard（1981 and 1984）and Bomhard and Kerns（1994）.

13 Greenberg（2000）. 格林伯格将尤卡基尔语、吉里亚克语（Giliak）和楚克奇语也包括进这一语系。关于阿尔泰语没有形成一个单独语系的争论，参见 Greenberg（2000, 11-7）。

14 多尔戈波尔斯基公布了其中的 125 个词根，参见 Dolgopolsky（1998）。

15 Bomhard and Kerns（1994, 2）.

和博姆哈德在许多重构方面意见一致，但他们并不总是意见一致，并且他们
的列表经常有出入。数学语言学家唐纳德・林格（Donald Ringe）对所有的诺
斯特拉语学家提出挑战，称印欧语内部词汇的共同性远远超出了学者们的预
期，并且诺斯特拉语系内部可以观察到的共同性，几乎可以确定地说是一种偶
然。[16] 林格没有声称，他的这一观点在"批驳"诺斯特拉语系这个假设；他只是 43
说，语言的类似性不能证明它。随后，他进一步坚持，历史语言学需要"客观
证据"。[17] 他的观点被引用，大意是"对于这一问题，重要的是方法。结果不重
要"[18]。林格的模式在数学层面受到挑战。[19] 我有一个进一步驳斥他的理由：他的
方法一刀切地处理被提出的个体一致性。作为一位精通东部非洲语言的专家，
阿奇・塔克（Archie Tucker）的说法具有说服力："在语系关系的假定中，对代
词的比较研究长期以来都处于最重要的地位。"[20]

当人们审视第一人称和第二人称代词或代词元素的"核心部分"时，获得了一个不同的图景；因为，这些部分普遍稳定，并且很难被借用。代词包括以下词干：

*mi-/*me，第一人称单数

*wá*we，第一人称复数

*na-/*ne，第一人称复数

*t [^{h}] ú-/*t [^{h}] e-，第二人称单数。

以 s- 和 t [^{h}] 开头的指示代词词干以及以 k^{w} [^{h}] 开头的关系代词和疑问代词词干广泛存在于诺斯特拉语中。[21] 使役代词 /s/ 也是这样。[22] 虽然在整个诺斯特拉语系中没有发现词法特征或结构特征，但是在亚欧语系即将亚非语系排除

16　Ringe（1995）and Trask（1996, 404-6）.

17　Ringe（1995, 71）.

18　Ringe（1996, 11）.

19　关于这些挑战，参见 Driem（2001, 154）。格林伯格没有在他的参考书目中列举林格的论文，参见 Greenberg（2000）。

20　Tucker（1965, 655）.

21　Bomhard and Kerns（1994, 3-6）. 有趣的是，在这些语系中，这种情况发生最频繁的是印欧语系和亚非语系。

22　关于亚欧语系的情况，参见 Greenberg（2000, 200-2）。关于亚非语和印欧语的影响范围的讨论见其后的第二十一章注释 4—5。有学者极为认同这些观点，参见 Cavalli-Sforza and Cavalli-Sforza（1995, 182-5）。

在外的诺斯特拉语系中，它们可以在从印欧语或更大的语系印度–赫梯语到乌拉尔语的一个关联或联结中发现。这一联结可以从乌拉尔语延续到阿尔泰语，从阿尔泰语延续到朝鲜语以及日语、尤卡基尔语（Yukagir）、楚克奇语和因纽特语。通过这种方式来划分南高加索语（格鲁吉亚语及其亲属语言）和达罗毗荼语，较为不易。[23]

共同的词汇表不是诺斯特拉语系中诸语言之间的唯一联结。在最近十年间，在格林伯格和鲁伦的带领下，学者们已经从诺斯特拉语系转向亚欧语系。与古诺斯特拉语系的其他成员如亚非语系、南高加索语系、达罗毗荼语系等之间的特殊亲缘关系不能被否定，但是它们不被视为属于亚欧语系的核心部分。在本书中，我将使用诺斯特拉语系这个名称指代较大的语言群体，用亚欧语系指代较小的语言群体。

在 1990 年，俄国学者塞奇·斯塔罗斯京读到了一篇论文，他从中论证，原始印欧语、原始南高加索语、原始乌拉尔语和原始阿尔泰语是原始诺斯特拉语的“子语言”，并且原始达罗毗荼语是从原始前诺斯特拉语演变而来的。原始闪米特语在亲缘关系上仍然更为遥远。[24]

44 斯塔罗斯京的论证建立在词源统计分析法的基础之上，该方法由印第安语学者莫里斯·斯沃德什在 20 世纪 50 年代和 60 年代提出，基于他对北美洲的研究。斯沃德什编辑了一个收录 100 个（最初是 200 个）词汇的列表，这 100 个词汇可以在所有的社群（包括未进入农业社会的社群）中找到。他论证，这些基本词汇按照一个或多或少有规律的比例彼此之间缓慢分离。因此，他主张，两个亲属语言中，共同拥有这类词汇的较少者，操这种语言的族群离开的时间较长。并且，他还认为，根据历史上观察到的英语和德语的分离现象，人们可以为那些在史前史中发生分离的语言确立一个大致的年代。[25] 除了斯沃德什的方法存在着内在的不严谨，甚至他的捍卫者斯塔罗斯京也承认，他本人的推算在某些方面有些随意。特定的词汇被按照不同的“权重”接受。不过，斯塔罗斯京从两个方面来说都坚信他的基本体系，不管是分离度还是它们的绝对

23 约瑟夫·格林伯格提出 72 种词法要素，这些要素可见于 2 种或更多的亚欧语言中。参见 Ruhlen（1987, 259）以及 Greenberg（2000, 1-23）。在他的第 2 卷（2002）中，格林伯格援引了 437 个常见词汇。

24 Starostin（1990）.

25 Swadesh（1971）.

年代。他也承认，自己只对闪米特语进行了调查，而不是整个亚非语系。[26]

格林伯格和鲁伦和斯塔罗斯京的观点一致，认为亚非语系是亚欧语系的姐妹语言而非子语言。甚至博姆哈德，他最早开始关注印欧语和亚非语之间的类似性，却在它们的亲缘关系度上犹豫了若干年。[27] 不过，他最近对阿哈龙·多尔戈波尔斯基进行答复，批驳了唯一发表的关于两个语系之间存在着更为紧密的亲缘关系的观点。[28]

当亚非语被拿来粗略地与格林伯格关于亚欧语共用的词法特征的列表进行比较时，会发现：亚非语在数量上明显低于乌拉尔语和阿尔泰语，只是与其他语系处于相当水平。[29] 但是，亚非语和印欧语共有的一个特征——伴性性，则是其他亚欧语系语言所不具有的。其他语族通常只在有生命实体和无生命实体之间进行区分。我将在第四章中论证印欧语的性至少部分上是对亚非语的模仿。

斯塔罗斯京忽略了七个亚非语语族中的六个，这明显与他发现的同宗亚欧语数目存在着偏差。例如，第一人称单数形式 *mi 能在整个亚欧语系中找到，还能在乍得语和高地东库希特语中找到，却不能在闪米特语中找到。[30] 总而言之，上面列举的人称代词或其他代词几乎都局限于两个诺斯特拉语系，即印欧语系和亚非语系。

很久以前，即 1974 年，闪米特语学者罗伯特·霍伯曼写了一篇论文，在其中有说服力地证明，按照霍珀–加姆克列利茨对原始印欧语的重构（见下文第四章），印欧语和闪米特语的三辅音词根有着显著的类似性。进而言之，他 45
们被同样限制约束；根据这一限制，辅音能够彼此并存。[31]

在词法上，埃及学专家约翰·雷（John Ray）证明，埃及语中的"状态动词"、阿卡德语中的"持久动词"和赫梯语中的 -ḫi 变形动词在词形上和功

26　Starostin（1990）.

27　Greenberg（2000, 6）, Starostin（1990）, Bomhard and Kerns（1994, 34）.

28　Bomhard（2002）, Dolgopolsky（1984）.

29　当然，Greenberg（2000, 61-139）的主张和我对它们同亚非语相关性的评价都存在着大量的不确定性。在 72 种词法要素中，印欧语出现 51 个，阿尔泰语出现 45 个，乌拉尔语出现 34 个。亚非语是 20 个，处于较低水平。关于南高加索语和达罗毗荼语，我不能给出任何数据。

30　Dolgopolsky（1984, 84-5）.

31　Hoberman（1975）. 在他看来，一个主要的区别是"一系列唇软腭音在印欧语中的出现，它们没有出现在亚非语（AA）中"（1975, 12-33）。我在第五章中证明了它们存在于亚非语中，见第五章，注释136—165。

能上都极为类似。这些词的类似性，连同类似的印欧语和亚非语中的介词（将在下文讨论）和元音变换（ablaut）的类似用法，使他得出结论："当我们继续呼吁小心谨慎时，闪米特语、含米特语和印欧语来自同一起源的可能性变得越来越大。"[32]

雷写这篇论文时没有将20世纪70年代对古代闪米特语的一支埃卜拉语的发现考虑在内。公元前3千纪中期，富庶而又强大的埃卜拉城中的官僚阶层不仅说这一语言，还将它作为一种书面语言来使用。[33]当和同样古老的闪米特语阿卡德语及其"姐妹语言"古埃及语一起研究时，埃卜拉语的一些介词对于重构的原始印欧语显示出不同寻常的类似性：

埃卜拉语	阿卡德语	埃及语	迦南语	原始印欧语	英语
in，ina	ina	m	lə	en	in
ìna	ana	n/r	$^{>}$el	an（u）	to，on
ade	adi	r	ʿad	ad	up to，to
		m	bə	bi/be	by，at[34]
	itti	hn^{c}	ʿet	eti	yet，with

最后两个例词在埃卜拉语中没有找到，但即便如此，它们仍然表明亚非语和印欧语之间的关联。

斯沃德什的列表没有将任何介词或连词收录在内，尽管这些词形显然将和他收录的基本名词和动词一样是亲缘关系的稳定而又良好的显示者。考虑到这种情况，有趣的是，闪米特学专家I. J. 盖尔布对这些明显是同源词的评论：

> 在讨论某些介词出现的问题时，不应该将埃卜拉语的一个重要特征置于讨论之外……埃卜拉语在这方面和阿卡德语有部分的相同之处，但和其他闪米特语没有任何相同之处。埃卜拉语这一非常古老的特征为早期闪米

---

32 Ray（1988）.

33 参见Pettinato（1981）。

34 参见Bomhard and Kerns（1994, 218 §23）。他们写出了原始印欧语 *b$^{[h]}$i/y。关于埃及语m-、闪米特语b-的一致性，参见Takács（1999, 291），Diakonoff（1970, 461 n. 23）及本书第八章注释70—72。关于埃卜拉语和其他闪米特语介词的详细研究，参见Pennacchieti（1981）。

特语和印欧语之间的关联提供了一个重要的证据。[35]

此外，闪米特语前两个例词的内部形式 in 和 ìna，表明存在着一个从 n 到 l 的转变。埃及语和迦南语有类似的 n>l 对应词。在这种情况里，只在闪米特语中被证明带有 /l/ 的许多词汇与原始印欧语中 /n/ 的词汇类似。例如阿卡德语和阿拉伯语 lā、迦南语 lo > <*nā> 以及埃及语 n 或 nn（"不"）明显类似于原始印欧语 *nē。阿卡德语 lilatu、古兹语 lelit、迦南语 lyl（"夜晚"）[但 lyn（"过夜"）源于重构的重叠词 *netnet] 这些词与原始印欧语 nek^{w}-t（"夜晚"）类似。[36] 46

这些词明显是基础词汇，不可能被借用。但是，正如第一章中所显示的那样，几乎语言的任何一个方面都可以移植。就亚非语（可能是它的大部分北部闪米特语）和印欧语的情况而言，许多词汇并且可能甚至伴性性体系（见第四章）都是借用的。学界不应该过分强调语系关系而将后者的接触排斥在外。

35　Gelb（1977, 27）. 盖尔布提到四个介词 in、ìna、is（"向 / 到，为"）和 ʿasta（"为，向 / 到"）。我只能推测，他提到 is 时指的是希腊介词 εἰς, ἐς（"向 / 到，到……里"）。不过，这个希腊语介词可能来自 *en。我不知道他将 ʿasta 与哪个原始印欧语词根联系在一起。他提到拉丁语 ast（"在另一边"）可能指的是 at（"但是"）？除去这一关联中语义难题之外，这个词还是不能够追溯到原始印欧语。不管怎样，我给出的另外两个例词，使总数达到了四个。

36　博姆哈德没有将这些闪米特语例词 *na/n´，*ni/*ne，nu/no（"否定"）作为原始诺斯特拉语加以收录。参见 Bomhard and Kerns（1994, 681 §562）。所提到的埃卜拉语词形引自 Gelb（1977, 23）。其他闪米特语词形引自 Moscati et al.（1969, 121），原始印欧语词形引自 Pokorny（1959）。奥廖尔和斯托尔博娃将埃及语 /n/ 重构为"*l"，并且列举了其他亚非语言的大量例词，参见 Orel and Stolbova（1995, xx, passim）以及 Takács（1999, 132）。和其他语言一样，它们之间的发音存在着明显的互换；但是，从埃卜拉语和阿卡德语等最古老的闪米特语言留下来的证据和与印欧语的类似性来看，最初的发音是 /n/。

原始世界语词形 *k(u)an（"狗"）可见于汉语中的 quan（犬），它由古汉语 *k'iwən 演变而来。参见 Karlgren（1964, § 479）。关于原始印欧语词形 k̑u̯on，奥廖尔和斯托尔博娃提出了两个词根 *kan（§1425）和 *kun（§1498），参见 Orel and Stolbova（1995）。他们认为，它们被联系在一起是因为都是从假设的词根 *küHen 衍生而来。勒斯劳（Leslau）公布了一个来自东古拉格语济瓦伊（Zway）方言的词形 gəni，但是认为它是一个库希特借用语，参见 Leslau（1979, vol. 3, 286）。他否定了乌兰多尔夫（Ullendorf）将它和闪米特语 kalb（"狗"）联系在一起的观点，参见 Ullendorf（1950, 343）。词尾 -b 通常被理解为一个表示动物的词缀。参见 Diakonoff（1970, 461 n. 23）; Takács（1994, 67）and Ehret（1995, 18）。因此，乌兰多尔夫的观点显然是正确的。

这种情况因该闪米特语词形与原始印欧语 *k$^{w[h]}$elp 的同根性而变得复杂，后者可见于日耳曼语、英语"whelp"（小狗）；参见 Bomhard and Kerns（1994, 474 §319）。迪亚克诺夫（Diakonoff）否定了他们提出的诺斯特拉语词根，不仅仅是因为他认为 -b 是一个词缀，并且也因为该闪米特语词汇没有唇软腭音 k^{w}；参见 Diakonoff（1995, 221）。或许是如此，但是，该词根经常被发现带有中缀 -u-。*kwelp 能否是一个被借用到原始日耳曼语中的闪米特语借用语？即便如此，至少是在这种情况里，原始的亚非语词尾很显然发生了从 n 到 l 的转变，而非从 l 到 n 的转变。另见 Sasse（1993）。

这一点值得进一步推测，对诺斯特拉语系本身的可能起源进行考察。约翰·克恩斯相信，得内–高加索语或纳得内语的一个分支如今仍然在高加索地区、中国、缅甸和每个西北部使用。[37] 尽管如我们将要在下文看到的那样，科伊桑语显然对亚非语产生过重要影响，但是这一观点似乎正确。

诺斯特拉语原始家园的一个位置

我们现在谈一下历史语言学家对原始家园进行准确定位的三种方法，会不无裨益。第一，定位标准。判断原始家园即 Urheimat——语言学家偏向于使用德语术语——的标准很简单，即地理便利，学者们能够凭借它为一个语言家族的原始家园进行定位。[38] 在一个地区或一个地区附近找到一个地方，该地区以说某些语言或历史上说某些语言而知名，并且它们能够容易地从这一地区向外扩散。这一方法被称为最少移动原则。

例如，认为印欧语起源于非洲的主张将会令人难以置信。该语系中的任何一个分支语言都没有被证实曾经在这个大陆上被人使用过，并且推定印欧语能够从这样一个中心跨越出已知的界限向外传播的路径将是困难的。不过，有些语言或语言家族偶尔起源于它后来的界限边缘上甚或边缘之外。例如，
47 亚利桑那州和新墨西哥州的纳瓦霍人构成了北美洲操纳得内语族群压倒性的主体。但是，没有任何一个语言学家，主张该语系起源于那里。学界一致认为，该语系起源于亚洲。不过，总体而言，利用地理上的合理性是解决这一问题的基本手段。

第二，发现原始家园的方法，即通过词汇表确立一个语言家族的使用族群的最初地理界限。通过贯穿于一种语言的常见词汇的使用，来显示操原始语言的族群的物质文化水平，这已在前文提到过。同理，通过其他术语，能够判断原始家园的自然景象和气候带。然而，人们对此必须特别小心。一个词语表示自然现象的语义可能会发生巨大的变化。显然，由重构的原始印欧语词形 *mori 而来的亲属词汇能够在大多数欧洲语言中发现，但是它们的词义有一系列变化，从“沼泽”到“湖泊”再到“海洋”。所以，这些词汇不能为操原始

---

37 Kerns, in Bomhard and Kerns (1994, 153). 一些学者甚至将巴斯克语归入纳得内语中。

38 T. Bynon (1983, 278-80) and Mallory (1989, 115, 275).

印欧语的族群是否居住在海边提供任何信息。但是，词根 *bergo 在大多数印欧语言中出现，意为“桦树”，尽管它的拉丁语词源的词义为“楞树”。桦树不在地中海周围生长。类似的情况适用于表示柳树的常见词汇，也适用于表示雪的常见词汇以及表示熊、海狸和狼这类动物的常见词汇。这些常见词汇表明原始印欧语是在某个具有北方气候的地区形成的。虽然这一方法使用起来需要极为小心，但是它能够为一个语言家族的起源地提供某些迹象。

第三，通过考察一个既定区域内方言或语言之间的变异程度，来定位一个语言家族发生分散的地方。在这个方法的背后，是斯沃德什的观点，他认为所有语言按照大致接近的比率逐渐分离，这一关于多样性的原则与空间牵涉在了一起。换言之，一种特定的语言或语言家族在一个特定地区的变异程度越大，它可能在那个地方使用的时间越长久。

一般对这一原则最常使用的例子是对英语方言分布的考察。在不列颠，英语被使用的 1000 多年中，出现了许多截然不同的方言；其中一些，像泰恩赛德方言，它在达勒姆郡和诺森伯兰郡的一些地区使用，被限制在了极小的区域。美国东海岸沿岸地区，使用英语的族群在那里生活了三四百年，人们可以在新 48
英格兰和“南方”找到与众不同的方言。相较之下，中西部和西部广大地区，英语在那里使用了不到 200 年，保持着显著的同一性。一般来说，在语言的多样化过程中，时间比空间更重要。[39]

与这一原则相关的一个问题是，许多语言不仅仅和平地发生多样化，并且还会受到临近语言的影响。因此，它们会以更快的速度制造出不同的方言和语言。例如，纽约市的语言就独具特色，因为以英语为第二语言的纽约人在人口中占有很高的比重，他们产生了深刻影响。如果该语言形成的原始地区即原始家园被一个单一的方言或另外一种语言大规模侵占的话，那么这一关于地方多样性的原则也就会成为误导人的原则。例如，历史记载和地方名称证明，印欧语的分支凯尔特语形成于欧洲大陆的一些地区，那里如今已经使用了德语。今天，它仅在不列颠西部和布列塔尼被继续使用。

还有另外一个问题，国家能够在广阔的地区确立通用的标准语言，它往往会掩盖早先的变异：法国的是法语，意大利的是意大利语，等等。今天，如果

39　这个例子除了许多其他人以外，还被格林伯格转引过，参见 Greenberg（1972, 194）。

有人观察罗曼语内部的多样性，他会选择瑞士作为原始家园，因为法语、意大利语和罗曼语（Romansch）都在那里使用。事实上，当我们翻阅历史记载时，会发现拉齐奥或者罗马城周围的拉丁平原是它的原始家园。然而，在缺乏这类历史记载的情况下，这一多样性原则便成为少有的几个可以利用的指南针，来确定哪里是语言家族的起源地。[40]

这三个方法充满了不确定性，并且，一种语言的“解体”出现得越早，就越难发现它发生“解体”的地点。即便如此，将它们彼此结合，并与语言亲缘关系和考古遗迹结合，这些方法经常可能会为一个语言家族的原始家园确立一个似乎真实的假设。

诺斯特拉语系和亚欧语系原始家园的考古学证据

我将在以下几章，论证亚非语系和印度–赫梯语系在最近的 1.2 万年里随着农业的扩散而产生。因此，诺斯特拉语系的起源必须进一步向前追溯，至少追溯到中石器时代（Mesolithic）。现代人类（即智人）只是在大约 10 万年
49 前才迁徙出非洲，这一强烈的可能性为诺斯特拉语系的起源设置了一个上限。[41]因此，我们考查的时期处于距今 10 万年至 1.2 万年之间。

诺斯特拉语和尼罗河的“旧石器时代末期中石器时代初期的”文化群

语言学家卡尔顿·霍奇，主张里斯拉克（他为诺斯特拉语确定的名称）在距今 2 万年至 1.4 万年开始产生于尼罗河中部。[42]考古学家承认，在距今 1.8 万年至 1.4 万年，旧石器晚期文化群的确在努比亚和上埃及的尼罗河沿岸兴旺繁荣。给这一类型的文化确立的总称有时候令人费解。一些学者使用了中石器时代文化来描述它们。但是，由于中石器时代文化倾向于在海边出现，而尼罗河中游地区远离海洋，所以这些文化通常被称为旧石器时代末期中石器时代初期文化。这些族群依靠采集种子和果实、猎取小动物、捕获鸟类、打鱼等手段维持生活，

---

40 至于对这一原则持怀疑态度的观点，参见 Grzymski（1980）。

41 当然，可能这个时间之前，诺斯特拉语和其他语言家族就已经在非洲互相独立了。但是，除了诺斯特拉语之外，仅有非洲语系在非洲大陆有迹可循。

42 Hodge（1981b, 309）. 考古学家 Patrick Munson 认为创造这一物质文化的族群说的可能是原始亚非语。参见 Patrick Munson（1986, 60-2）。关于批驳此观点的论证，见下文。

但是他们也逐渐种植和食用谷物。大量的手推磨或磨制石器在这个地区被发现，使得这一事实明朗起来。并且，这些族群健康的牙齿被发现严重磨损，明显是因为他们吃的谷物中含有来自磨盘石头的细石粒。[43] 不过，手推磨也用于加工植物块茎，它们的炭化残留物被发现来自这一时期，即 1.8 万年至 1.7 万年前。[44]

关于这些文化群，引人注目的，除了他们密集的人口之外，还有他们对细石器的使用。[45] 这些细石器是一些一头钝的小燧石或其他锐石，所以它们可能被插入木质柄杆作箭头等物使用。它们使得使用弓箭猎取小动物成为可能，并且人们也模仿动物的下颌骨，将它们放置在镰刀上排成一连串。他们对镰刀的使用他们第一次能够收割植物并且推动了农业的发展。[46] 在非洲中部和南部出土的精致制造的细石器最早出现于 7 万年前。[47] 它们似乎在距今 1.7 万年前之前传播到尼罗河流域文化那里。表面的光泽表明，许多细石器事实上是用于收割植物的，可能包括对大麦的收割。[48]

如我希望在下文证明的那样，亚非语可能在距今 1.1 万年左右于白尼罗河和蓝尼罗河汇流的地方、埃塞俄比亚南部和肯尼亚北部之间的某个地方产生，并且印度-赫梯语在距今 1 万年左右产生于安纳托利亚中部。因此，如果要寻 50
找操原始诺斯特拉语的最初族群，我们需要证明距今 3 万至 1.2 万年间在这两个地带之间或附近生活着一个族群。

当某个语言族群比他们的邻居具有更强大的力量或者占有某种社会或经济优势之时，它们的语言就会向外传播。拉丁语随着罗马帝国的扩张而传播，阿拉伯语随着伊斯兰教的扩张而传播，英语随着英国帝国势力在 19 世纪的扩张和美国帝

---

43 Wendorf and Schild（1976b）; Hassan（1980, 431-8）; and Clark（1980, 555-6）. 至于更为谨慎的观点，参见 Phillipson（1993, 98），该观点转引自 Wendorf and Schild（1989）。

44 关于这些考古发现，参见 Phillipson（1993, 102）。手推磨，可以追溯到距今 2 万年前，它们不一定只用于磨谷粒和块茎。也可能磨碎葬礼上使用的赭石颜料。岩盐也被放在石磨中磨细。有趣的是，诺斯特拉语词根 *mul/mol（"磨碎"）与亚非语词根 ml(ḥ)（"盐"）相似。根据埃赫雷特的观点，词缀 -ḫ 表示"重复或反复"。参见 Ehret（2002b），另见 Takács（1999, 152）。

45 霍奇强调这种工具的重要性，参见 Hodge（1981b, 309）。

46 对于这一看法，我要感谢我的父亲。更多内容参见第八章注释 8、36—37 和第十六章注释 62。

47 Phillipson（1993, 9, 60-1 and 78）. 菲利普森认为他们出现在距今 7 万年前的南非的霍伊逊（Howieson）山口。参见 Phillipson（1993, 65）。另见 Ehret（2002a, 23）。这一观点近来被精致的燧石和大约同时期同一海岸线布隆伯斯洞穴内的雕刻精美的骨头的发现所证实。Henshilwood et al.（2001）。

48 Wendorf and Schild（1976b）; Hassan（1980, 431-8）; Clark（1980, 555-6）. 关于更为谨慎的看法，参见 Phillipson（1993, 98），他转引自 Wendorf and Schild, eds.（1989）。

国势力在20世纪的扩张而传播。因此，如果要寻找原始诺斯特拉语族群的物质文化，学者们应该集中精力研究那些历史上最为成功的社会并且评估它们的发展水平。如上所述，判断一个语言家族何时分裂的方法之一需要求助于在它的子语言中构建一个通用词汇表的技术。因此，例如印欧语专家们似乎合理地论证，原始印欧语族群拥有农业和精致的石制工具，但是他们没有铸造的金属；因为，该语系的成员中没有表示“青铜”或“铸造金属”的共用词汇。

学界普遍承认，诺斯特拉语系的最初扩散不能归因于农业。多尔戈波尔斯基认为，原始诺斯特拉语族群不是农业族群，他们的语言“没有表示播种或耕作的词汇，但有表示收获的词汇”。[49] 此外，他还相信原始诺斯特拉语中没有表示陶器的词汇。[50] 阿兰·博姆哈德认为，原始诺斯特拉语中存在有涉及准备素食的词根：*√bar/bər（“谷物、谷物植物、大麦”）、*√gar/gər（“压碎、碾碎、磨碎”）和 *√mul/mol（“搓、压碎、磨”）。并且，他也没有发现表示种植或播种的词根。[51]

在最后一个冰川期的后期，尼罗河河谷的原始农业社会与我们从诺斯特拉语的语言词根那里预测的情况非常吻合。如霍奇所暗示的那样，尼罗河中游的这一族群所具有的优势就是他们的细石器。[52] 如上所述，非洲南部无疑是最早使用它们的地区。它们似乎直到距今9000年左右才传到欧洲。[53] 不过，在中国，细石器的使用可能追溯到距今24000年前，并且在距今22000年之时被广泛使用。[54] 虽然比南部非洲的早期细石器晚很长时间，但是中国的细石器早于尼罗河文化群。中国的细石器非常有可能是独立的发明。缺乏“诺斯特拉语族的优势”是汉语为什么停留在早期纳得内语系中的原因，这种推测听起来挺有趣。[55]

---

49 Dolgopolsky（1998, 26）.

50 Ibid,（1998, 30）. 原始诺斯特拉语中有表示“鞠躬”的词汇。

51 赫尔曼·穆勒早已提出这些印欧语和闪米特语的共同词源，Hermann Möller（1911, 76 and 163）。也请参见 Bomhard and Kerns（1994, 219 n. 24; 502-4 n. 351 and 637-9 n. 518）。

52 Hodge（1981b, 309）.

53 Whittle（1985, 16-7）.

54 Pearson（1983, 120）.

55 参见 Kerns（1994, 153），作者认为山区仅说纳得内语，解释了汉语是藏语扩张的结果。通过语言学证据，而非考古学证据，德利姆（Driem）将藏缅语族中的原始家园视为四川的新石器时代文化，其中汉语也属于藏缅语族。参见 Driem（2001, 408-33）。但是，这个农业文化依赖种植粟（Seteria italica）和黍（Panicum miliaceum）为生，并且这些似乎来自中国西北地区。Li（1983, 30）和 Chang（1983, 68）。因此，这个新石器时期文化似乎源于这个地区使用细石器的采集者和收获者，几乎可以确定，这些族群使用的不是诺斯特拉语。

对原始诺斯特拉语产生于这样一个原始农业文化的假设进行批驳的主要理 51
由是，尽管这一时期的尼罗河流域普遍遵循细石器传统使用了石制工具，但是所使用的细石器所占的数量和石制工具的类型会因时因地发生显著的改变。[56]考古学家们可能夸大了这些差异。我们知道，现代人类使用石器时是就地取材，所以不同石头的质地影响着石制工具的类型。并且，当人们在具体的地方宿营，去获取特定的资源时，他们会采用极为不同的工具。[57]石器文化的差异的确在削弱着这个假设：尼罗河的原始农业族群使用单一的一种语言，甚或使用一种处于主导地位的单一语言。

不过，我确信这种论证的优势超过了它的劣势。多尔戈波尔斯基根据“词和物”（Wörter und Sache）原则，论证他重构的原始诺斯特拉语中存在着表示“雪”和“雾”以及表示“豹”和“鬣狗”的词根，它们表明了原始家园是温暖的地中海气候。[58]多尔戈波尔斯基相信，它位于西南亚。在距今18000至距今14000年或公元前17000年至公元前13000年之间的这4000年，仍然处于最后一个冰川期，下努比亚和上埃及这个时期的气候明显比今天更凉爽并且更潮湿。这种气候类似于冰川期结束后西南亚肥沃的新月地带周围山麓丘陵地带出现的气候。不过，在前一种情况里，尼罗河的每年泛滥有助于自然界提供丰富的资源。

克恩斯将亚欧语的起源定位于高加索山正南方的新月地带，他同意卡尔顿·霍奇催生诺斯特拉语的文化类型：

> 越研究这个问题，我就越坚信，诺斯特拉语族群的扩散是细石器文化的扩散引起的；因为，它在时间和空间上占据了正确的位置，它的显著特征与诺斯特拉语系语言保留下来的词汇相符合——它是亚欧大陆前农业时代的最后一种语言。[59]

---

56 Phillipson（1993, 98）.

57 著名的非洲考古学家艾莉森·布鲁克斯（Alison Brookes），接受了这一原则，参见Brookes（2002）。不过，哈桑对此提出了强有力的反对意见，Hassan（1980, 433-4）。

58 多尔戈波尔斯基（1998, 19）使用“亚热带气候”这个术语，他后来（1999, 43）又将此词换成“温暖的地中海气候”。热带动物的名称不能提供一个完全可信的导向，因为它们很容易调整自己以适应另一种生态圈；例如，埃及语db（“河马”）变成了迦南语doḇ（“熊”）。

59 Bomhard and Kerns（1994, 145-54）. 克恩斯没有提供考古学证据来支持这一假说。

借用语言学证据，克恩斯认为，将原始诺斯特拉语定位在公元前 15000 年前后。[60] 利用词源统计分析法，斯塔罗斯京得出，包括达罗毗荼语在内的前史前诺斯特拉语在大约公元前 11000 年（距今 13000 年）发生分裂，原始诺斯特拉语在公元前 9000 年（距今 11000 年）发生分裂。[61] 这样一来，来自考古学的证据和来自语言学的证据得出了大致相同的观点。

中尼罗河文化的分裂

52 从发现的定居点的规模和数量两方面来看，都存在强有力的证明，该地激增的人口在这个时期突然减少，可能是来自上尼罗河连续的特大洪水导致的。努比亚和埃及尼罗河流域这一带的人口密度在接下来的 600 年里仍未重新达到类似程度，直至公元前 4 千纪王朝统治开始之前不久。[62]

与此同时，在巴勒斯坦出现了一个类似的文化，即克巴拉（Kebaran）文化，它最早可以追溯到公元前 13 千纪。该文化像更早的和同时代的尼罗河文化一样，似乎已经有了使用细石器和石磨的原始农业。考虑到细石器和石磨的先前发展和更南方的谷物消费，尼罗河诸文化可能引发了克巴拉文化的产生。非洲语言学专家和史前历史学家克里斯多夫・埃赫雷特，认为克巴拉文化“最晚在公元前 12 千纪之前”和尼罗河下游的穆沙比文化有了相互影响，克巴拉文化采集野草和谷物。在公元前 11000 年至前 10000 年，纳图夫文化便从这种混合采集中发展出了原始农业。[63] 在接下来的数千年间，纳图夫文化对西南亚农业的产生发挥了重要作用。[64] 从（地中海的）纳图夫人和（加泰土丘和新尼科梅地亚的）早期农夫两者的“非洲人的”骨骼特征和彩色图像可以看出，这些文化中的非洲重要性和农业在西南亚和安纳托利亚的早期发展。[65]

我认为，将穆沙比和克巴拉的细石器和原始农业的物质文化视作隶属于原始亚欧语族群，将是有所裨益的。随着气候的改善和亚欧冰川的融合，亚欧语

---

60 Bomhard and Kerns（1994, 35, 153）.

61 Starostin（1990）. 以上提到词源统计分析法的不确定性。进而言之，斯塔罗斯京没有详述他是否使用碳 14 衰变测定的年代。我假设他没有使用测定年代，并且将他提出的年代向前推进了 1000 年。

62 Hassan（1980, 437）.

63 Ehret（2002a, 38）.

64 Mellaart（1975, 22）and Blench（1999c, 6）.

65 Angel（1983）.

扩散进了欧亚大陆，取代了巴勒斯坦采集者和狩猎者（尤其大型猎物的狩猎者，他们的猎物逐渐灭绝了）所使用的纳得内语和其他语言家族。

农业的起源

直到大约40年前，史前历史学家才将农业的采用视为一次称得上“革命”的知识技术进步。不过，在更晚近的时候，这个观点才被证明是恰当的，这要归因于学者们的发现：许多采集野生果实、块茎和谷物的族群如今掌握了关于植物繁殖的大量知识，却仍旧不愿种植粮食。他们极为合理地论证，既然他们能够收割足够的野生植物，那么他们为什么要不辞辛劳地去种植它们呢？如此，53
在某些方面，农业的采用应该不被视为进步，而应该被视为失败——野生植物在维持人口生存方面的失败——造成的结果。但是，一旦男男女女们开始为种植计划选择谷物时，他们便肯定能极大地提高产量。产量的提高，再加上更为固定的收获，能够实现更大的粮食产量，这就能够支撑高得多的人口密度。

戈登·柴尔德和柯林·伦弗鲁

在这个问题上，我们应该谈一谈20世纪英国考古学和“深度”语言学方面的两个领军人物戈登·柴尔德和柯林·伦弗鲁。

戈登·柴尔德

戈登·柴尔德1892年生于悉尼，长得很丑，但也很迷人。作为上层的澳大利亚人，他到了牛津学习；在那里，他逐渐迷上了欧洲的起源问题，尤其是印欧语系的性质和它的扩散。在他事业的早期阶段，他的政治观念恰恰是社会激进主义和种族主义的澳大利亚结合体。他的第一部重要著作名为《雅利安人》（*The Aryans*）。后来，他成为一名马克思主义者，认识到两种信仰体系不能并存。在政治学上和考古学上，他都一贯反对纳粹主义和种族主义。作为一名马克思主义者，柴尔德将兴趣从语言学转向了史前物质文化；但是，他从未放弃关注从其他信息来源获得的信息。同样，在扩散问题上，他采取了中间立场。他反对将史前史视为“统治种族”进行的一系列殖民和征服，他们将自身的文明强加于弱小民族身上或者直接消灭他们。但是，他对他认为的特殊文化特性的传播感到痴迷。因此，他提出了他所谓的“修正的扩散”；在其中，在某个时期出于各式各样的原因，文化会吸收并改变来自其他地方的特性。

柴尔德尤其关注他认为的“东方文明对欧洲蛮荒状态的开明”。[66] 不过，在
54 生命的后半段，他将“这种开明”仅仅视为印欧语族群的“真正”欧洲文明的“序幕”。然而，戈登·柴尔德仍然受到他早期关于优胜劣汰、适者生存的观念的影响，在 1957 年从新南威尔士州一座他深爱的山峰上跳崖自杀。在一封他去世 20 年后才公布的信中，他解释道，他不愿意成为一个压制年轻学者、阻碍语言学发展的老头子。[67]

柯林 · 伦弗鲁

柯林·伦弗鲁通过数量惊人的方式，视自己为柴尔德的继承者。虽然乍看起来他不像是一个气势宏大的人物，其实他就是。在 20 世纪 50 年代的某段时期，他的命运，也可能包括研究古代史和英国史的学者的命运，被放置在了天平之上；当时，剑桥的学者们在保守主义政治理念和考古学之间犹豫不决。他选择了后者，并且带着巨大的热情和睿智，提出了“新考古学”——这一学派坚信将“科学的严谨”引入一个他们认为惰性十足的学科。它的成员提出采用诸如放射性碳年代测定法和中子活化法等技术。一些学者论证发明出来用于研究旧石器时代文化的技术也应该应用于较晚时代的研究，也获得了他们的支持。这些技术将包括诸如燧石和陶瓶罐碎片等物质实物分布的数学研究。应用到较晚时代，这些技术可能会覆盖一个特定的时期和对诸如维持一个特定人口群体所需要的土地和资源数量等生态位（econological niches）的计算。

出于这些构想，岛屿可能构成了理想的单元；对伦弗鲁而言，希腊半岛东南的基克拉泽斯群岛和苏格兰以北的奥克尼群岛是最令人兴奋和满意的地点。像许多 20 世纪四五十年代的出生的孩子一样，伦弗鲁热爱“现代艺术”，喜欢轮廓和线条的简单纯净。基克拉泽斯群岛青铜时代早期的美丽圆润的大理石人物雕像、奥克尼无树木的扇面土地和肃穆美丽的海景，优雅地体现了这些理念。虽然自觉地抵制 19 世纪狂热的浪漫主义，但是这些对纯净和准确性的浪漫探

66 参见 Trigger（1980）和 Renfrew（1972, xxv）。

67 Childe（1980）.

索也在这一新形式中占据了 20 世纪中的大部分时间。

伦弗鲁可能放弃了政治兴趣，但是他过去的经历对他是有好处的。他为学派成员树立了榜样，在学术界获得了突出地位；在那里，才华和左翼观点往往会一并令人苦恼。因此，他如今已是一位领军人物，耶稣学院的前任院 55
长、剑桥大学考古学迪斯尼教授和获得丰厚捐赠的麦当劳考古研究中心的主任。这些地位加上他的精力和智力，使他成为国际考古学界里的重量级人物。

伦弗鲁的许多观点，甚至人生经历的许多细节反映出，他对柴尔德的追随：柴尔德关注农业起源，伦弗鲁也关注农业起源；柴尔德写了多本书探讨欧洲文明的根源，伦弗鲁也写了一本书探讨欧洲文明的根源；柴尔德在奥克尼进行过发掘，伦弗鲁也在奥克尼进行过发掘。然而，他们在两个主要方面有着深刻的不同。第一，在政治理念上，柴尔德是一位马克思主义者，而伦弗鲁则是一个保守主义者。第二，虽然伦弗鲁比柴尔德激进许多，但是伦弗鲁一开始就是一个绝对的孤立主义者，而柴尔德则是一个修正的传播论者。

否定欧洲的近东起源，是伦弗鲁一开始便全身心关注的主要问题之一。柴尔德写了大量的著作探讨"欧洲史前史的东方序幕"，然而伦弗鲁的主要著作虽然是献给柴尔德的，但是它的引人注目并且具有煽动性的题目是《文明的出现：公元前 3 千纪的基克拉泽斯群岛和爱琴海》（*The Emergence of Civilization: The Cyclades and the Aegean in the Third Millennium BC*）。在这部著作中，他声称，尽管近东和爱琴海在技术进步方面存在着不容置疑的相似性，但是没有理由假定两个文化的发展具有联系。并且，他论证，自进入新石器时代起，欧洲就有别于亚洲和非洲，并且欧洲文化的发展本质上是本地自发的。[68]

伦弗鲁也认为关于印欧语扩散的传统观点是不能容忍的，因为它要求欧洲自首次出现农业之后的数千年里受到了大量的外来影响。1987 年，他出版了一本名为《难解之谜：印欧语的起源》。在书中，他反对传统观点，论证了作为早期农业语言，印欧语起源于安纳托利亚中部，向西扩散至欧洲，可能向东扩散至伊朗和印度。

甚至怀有同情心的评论者们也反对伦弗鲁的观点，因为他没有在广义上的印度–赫梯语系和狭义上的印欧语系之间做出区分。并且，他还反对将伊朗和

68　关于此论证更多的内容，参见第一卷第 71—73 页。

印度的早期农业和明显不使用印度–赫梯语的族群联系在一起。[69]

56 伦弗鲁对这些批评进行了富有想象力的回应。在 1989 年发表的一篇文章中，他论证，印欧语和达罗毗荼语两者的起源和扩散应该和农业的发展联系在一起。换言之，居住在美索不达米亚周围或更西山地的居民们，他们在迁徙的同时向西传播了他们的文化和语言。在这样做的过程中，他们将农业带到了先前狩猎者和采集者稀疏居住的地区。

20 世纪 90 年代，伦弗鲁的思想更进一步发展，他抛弃了先前的孤立主义立场，做了一个 U 型大转变，转变成了一个“长跨度研究者”。如今，他对宏观–语言家族和史前史的长时段和广区域的探究感兴趣。亚欧语系、诺斯特拉语系和其他可能疏远的语言亲缘关系一直是西方学界争论的主题，伦弗鲁凭借突出的学术地位，独力使这些主题合法化。他邀请多尔戈波尔斯基发表他的诺斯特拉语系假说，然后请求其他学者给予支持，请勿批评。并且，他也继续出版了一些关于美洲语言的书籍和《历史语言学的时间深处》（*Time Depth in Historical Linguistics*）。[70]

语言和发生学

在结束这一章前，谈一下我认为是跑题的话题，似乎至少对我们所涉及的问题是有益的。在过去几年里，许多学者试图将语言和发生学联系在一起。例如，他们证明，在极为轻微的发生学差异和欧洲内民族和语言差异之间存在着重要的相互关联。[71] 这些相互关联对个别语言是有效的，对语言家族来说却是无效的。例如，斯拉夫语族群在发生学上与匈牙利人和土耳其人更为接近，这些人说的是非印欧语；在发生学上与他们关系较远的德国和意大利人，说的却是印欧语。从整体上将语言家族和发生群体联系在一起的尝试更未能给人留下印象。意大利的发生学家路易吉 · 卡瓦利–斯沃尔扎提出了此类的相互关联，甚至他也承认包括汉语、藏语和缅甸语的汉藏语系被发生为截然不同的两个人口群体使用，一个是北方的亚欧人，一个是南方的亚细亚人。[72] 更为引人注目

69 相关例子，参见 Bernal（1988）。

70 Renfrew and Nettle, eds.（1999）and Renfrew, McMahon and Trask（2000）.

71 Barbujani and Sokal（1990）. 对这一参考材料，我要感谢杰出的微生物学家赛勒斯 · 乔西亚。

72 Cavalli-Svorza et al.（1988, 6005）.

的例子是，马来西亚人和波利尼西亚人在体貌上明显不同，他们所讲的语言极为接近，属于马来-波利尼西亚语系（Oceanic subfamily）中的马来语。[73] 亚欧语的情况将在后文探讨，它连接了最深远的发生学差异。 57

在这个问题上应该讲清楚的是，在考察诺斯特拉语系扩散时，我们考虑的是文化和语言的转变，无须关注它们与发生或“种族”扩散的关联。到公元前16000年至前10000年，我们考察文化和语言相对急速地扩散，在这个过程中，整个人口群体可能是整体或者是部分迁徙。因此，尼罗河流域原始农业文化假定的向北传播似乎可能主要是文化和语言传播，纵然非洲特征出现在了西南亚早期农业人口当中。[74] 从长远看，不管是西南亚的高加索族群还是该族群或东非某些族群，都没有被发现使埃及南部发生根本变化。

结　语

探讨像诺斯特拉语系和亚欧语系这样如此广泛并且多变的假设语言家族，必定会引起大量的混淆和不确定。尽管如此，语言学和考古学证据的确指向同一方向，为西部亚欧大陆的诺斯特拉语系和中石器时代提供了一个大致时段，即距今15000—12000年；一个大致的地点，即中尼罗河。相同的工具暗示，原始亚欧语应该和黎凡特的穆沙比、克巴拉和纳图夫物质文化联系在一起。因此，传统的长跨度观点即亚非语形成于更南方，是亚欧语的最早分支或姐妹语言的观点是令人信服的。然而，许多重要的特征，暗示亚非语和印欧语之间存在特殊的亲属联系。其中的一些特征，例如前文提到的代词和介词，都可以通过两个语系都特别古老并且较少地受到纳得内语和其他亚洲语言家族的影响来解释。其他特征可以通过亚非语族群和原始印欧语族群的接触来解释。[75] 我们在后文中会探讨两个语系间存在的大量的词汇借用。[76] 如此一来，原始印欧语的词法和其他重要特征如明显的双性性（binary sexual gender）似乎可能受到了亚非语的影响。这些问题，我们将在接下来的两章里进行探讨。

73 Ruhlen（1987, 161-2）and Bellwood（1991, 92）.

74 Angel（1972 and 1983）.

75 参见 Dolgopolsky（1987）。

76 参见本书第四章，注释 73—124。

第三章　亚非语系、埃及语族和闪米特语族

非洲诸语言的起源和非洲农业的发展

58 在探讨亚非语系出现和扩散之前，我想将非洲的语言和农业发展作为一个整体来谈一谈。如上一章所谈到的那样。约瑟夫·格林伯格通常采用大量词汇比较的方法。他的词汇表在基本元素、性质和过程上大体与斯沃德什的词汇表相当，从数百种语言和方言中选出。这一技术引起了更为保守的语言学家们的猜疑和敌视，他们按照惯例倾向于对语言进行两两对比研究，或者最好考查形态上的类似性。如我在第一章中论证的那样，尽管形态上的类似性更适合于词汇的类似性，如果人们能够找到它们的话，但它们罕见于亲缘关系远的语言之间。[1]

利用大量词汇比较的方法，格林伯格根据所有能够分类的非洲语言家族构建了一个系统，将它们分为四大语系：科伊桑语、尼罗–撒哈拉语、尼日尔–刚果语和亚非语。

如今，科伊桑语系集中在西南非沙漠和丛林地带，但是生活在坦桑尼亚以南的东非地区的狩猎–采集族群中的边缘居民，可能也讲科伊桑语。尽管只有
59 极少的人口使用，但是这些语言具有极多的分类，并且被广泛地认为仅靠使用

1　参见本书第一章，注释 8。

那些著名的咔嚓音联结在一起。实际上，它们没有通用的词语表或词汇项。[2]

其多样性表明，这一语系在现在仍然使用的地区已经存在了极为久远的时间。它的分布情况和科伊桑语族群目前的居住情况，强烈地表明他们对非洲农业的发展没有做任何贡献。科伊桑语在东非和南非等广大区域也极有可能曾经被使用过，但这些地区后来被操其他语言的游牧族群和农耕族群占据。

最著名的尼罗-撒哈拉语族群是苏丹南部的努尔人和希鲁克人以及肯尼亚和坦桑尼亚的洛人和马赛人。讲这些语言的许多族群和特别的体质特征联系在一起。他们往往体形瘦高，肤色极黑。这些语言和今天苏丹北部和埃及最南端的尼罗河流域使用的努比亚语近似。然而，其他许多不太亲近的尼罗-撒哈拉语在从尼日尔河上游到撒哈拉沙漠东部一带被相对小却分布广泛的族群使用。如上所述，这个语系甚至能够和印度的达罗毗荼语联结在一起。它们分布广泛，并且极具多样性，这表明尼罗-撒哈拉语也极为古老。尽管大部分尼罗-撒哈拉语族群如今仍然是游牧者或者农耕者，但几乎可以确定，他们是第一批成为狩猎者和采集者的族群。尼罗-撒哈拉语似乎最初在撒哈拉沙漠、萨赫勒沙漠草原及其以南地区使用过。尼罗-撒哈拉语系中不同分支之间关系的复杂性在极为不同语言家族树状图中得到了集中体现，它们分别是研究这一语系的领军学者莱昂内尔·本德（Lionel Bender）和研究其他非洲语系的领军学者克里斯多夫·埃赫雷特（Christopher Ehret）绘制的。[3]

尼日尔-刚果语系囊括了非洲西部大部分语言以及庞大的班图语族，班图语族几乎在整个非洲中部和南部使用。[4]它的成功似乎与起源于萨赫勒地区农业的扩散联系在了一起。近来，一些非洲语言学专家开始"使"格林伯格的观点"过度肿胀"（"outlump"），他们如今将尼日尔-刚果语仅仅视为尼罗-撒哈拉语的一个分支，或者将它们作为一个宏大语系，称为刚果-撒哈拉语或尼日

2　格林伯格和鲁伦将北部的哈扎语和桑达韦语同非洲南部的科伊桑语紧密地联系起来。参见 Ruhlen（1987, 117-9）。另见 Ehret（2002a, 122）。关于反对同科伊桑语相联系，甚至反对同南部非洲相联系的争论，参见 Westphal（1971）。关于这场辩论的学术研究文献，参见 Güldemann and Vossen（2000, 102）。这些作者提出一个打破僵局的方法：他们建议名称"科伊桑语"应该适用于非洲南部和非洲东部的任何语言，但不包括班图语、尼罗-撒哈拉语和库希特语，没有暗示或否认任何语言家族的存在。

3　Bender（2000, 55）and Ehret（2000, 274）.

4　关于该语系名称演变的历史，参见 Williamson（1988, 3-20）。威廉森（Williamson）坚定地坚持尼日尔-刚果语这一名称。Williamson and Blench（2000, 11-42）.

尔-撒哈拉语。[5] 语言学家兼农业专家罗杰·布伦奇是尼日尔-撒哈拉语支持者，他也指出非洲巨大的遗传多样性和表型多样性之间的不一致性令人感兴趣，并且格林伯格的语言分类相对简单。因此，布伦奇并未惊讶于发现“剩余”语言或前尼日尔-撒哈拉语在非洲西部、中部和东部的痕迹。[6]

60 尼日尔-撒哈拉语随着时间的流逝而大规模扩散并且它的成功不可能有农业的贡献，那么这个语系的原始家园定位于非洲北部和中北部要比定位到其他地方更准确。但是，尼日尔-刚果语“子分支”的扩散可能与诸如小米和高粱的种植等非洲农业的发展有关，并且也与它们在冰川期结束后扩散进得到良好灌溉的撒哈拉有关。利用语言多样性原则，按照惯例，尼日尔-刚果语的起源地被确定在萨赫勒草原西端、尼日尔河源头的某个地区。支持这一观点的学者们假设，苏丹中西部的努巴语族群或科尔多凡山民是从西方迁居而来的。[7] 罗格·布伦奇不同意这种观点，并根据语言学知识进行论证。首先，他认为与尼日尔-刚果语亲缘关系最近的尼罗-撒哈拉语是中苏丹语，如今在乍得和苏丹西部地区使用。其次，遵照格林伯格的观点，他认为科尔多凡语与其他的尼日尔-刚果语之间的差异非常大，所以它最先从该语系分离出来。因此，他提出，苏丹西部是尼日尔-刚果语的原始家园。在这种情况下，该语系的起源地区似乎与亚非语系的起源地相对接近，或许与尼罗-撒哈拉语系的也是如此。[8]

亚欧语系的起源和扩散

古气候和考古学

在探讨亚非语系的起源及其扩散的语言学论证之前，我将考查一下古气候和考古学背景。如上所探讨，强调语言和物质文化之间的相互联系是危险的；不过，在缺乏历史信息或准确的语言信息的情况下，它们也是有必要的。

当观察急速的语言“爆炸”时，历史学家们会正确地寻找特殊原因。例如，

5 关于刚果-撒哈拉语，参见 Gregersen（1972）；至于尼日尔-撒哈拉语参见 Blench（1995），Williamson and Blench（2000, 16-7），Bender（1996），以及 Blench（in press a and b）。

6 Blench（in press d）.

7 例如，克里斯托弗·埃赫雷特持此观点，Christopher Ehret（2000, 294）。另见 Christopher Ehret（2002a, 37 and 44-51）。

8 Williamson and Blench（2000, 11-42）.

班图语的扩散，看似和森林边缘农业的传入和铁器的使用有联系，它们打开了一个全新的生态位。[9]在距今12千纪前后，一个来自自然原因的类似机会在非洲北部出现，为亚非语的“爆炸”设定了语言学根据。

冰川期的结束和农业革命

当前关于农业起源的传统观点如下：上一个冰川期在大约12000年前结束。 61
它的结束对世界气候造成了两个主要影响：首先是全球气候变暖，它正在引起今天的关注；其次是降雨量的总体提高，虽然不是普遍提高，因为极地冰川和其他冰原萎缩释放出来融化的雪水。在新的气候里，引人注目的是，距今12000至6000年间，植物种植在多个不同的地区开始进行：西南亚和东南亚、中国、巴布亚、南美洲和中美洲以及横贯北非的带状地区。一些动物也在其中的多个地区中被驯化。对于前一个冰川期的结束，我们没有足够的了解；大概是，在这个时期，气候以其最佳的方式急速变暖，刺激了农业的发展。不过，可以确定的是，在这样一个时期，智人在多个大陆出现，显然成为农业发展中的关键因素。

尼罗河流域存在着一个极为早期的原始农业（在前一章中已经探讨）将有助于解释，为什么西南亚和北非明显是最早完成农业革命的地区。

在西南亚和下埃及，农业的基础是小麦和大麦，它们的野生品种至今仍然在西南亚的丘陵地带生长。由于这个原因，该地区被假定为最早种植这些农作物的地区。它们被认为是从这里传播到尼罗河流域的。不过，埃塞俄比亚的大麦种植甚至可能会出现得更早。尽管野生大麦也在埃塞俄比亚不见踪影，但是这个国家种植的家种大麦种类远远多于西南亚。[10]

最先培育出一种农作物的地区，今天会种植该作物的最多种类；根据这一普遍原则，一些植物学家提出，埃塞俄比亚先于西南亚种植大麦。亚洲的野生大麦可以被解释为家种大麦的“遗漏”品种。不过，更有可能的是，西南亚和埃塞俄比亚的大麦都来自尼罗河中游地区收割的并且有可能是更早种植的大麦（见前一章）。高粱、小米和其他农作物也在埃塞俄比亚更温暖的地区种植，可能早

9　Oliver and Fagan（1978, 359）.

10　Bekele（1983）和Negassa（1985）。对这些参考材料，我要感谢保罗·鲍威尔博士。Stemmler（1980, 504）、Engels and Hawkes（1991, 24）和Engels（1991, 131）。关于质疑，参见Doggett（1991, 143）。这一作物也可能是鹰嘴豆，它是早期西南亚农业的主食作物之一，并且也最早在埃塞俄比亚成为家种作物。Engels and Hawkes（1991, 33）.

至公元前 7 千纪，尽管其中的大部分种类在非洲的其他地区变成了家种的。[11]

62 在这个温暖湿润的时期，雨林地区过去曾经（现在仍然）向今天的稀树大草原地区扩张，今天的萨赫勒当时是稀树大草原。撒哈拉大沙漠缩减为今天的一半面积，并且被“撒哈拉富饶的新月地带”分为两部分，该地带从苏丹尼罗河流域延伸至马格里布（Maghreb）。[12]“地中海”森林生长在 Tibestsi 和霍加尔的高地地带，从它们那里开始，流淌着一个河网，连接着尼日尔河和乍得湖，后者面积是今天的两倍。非洲东部的所有湖泊似乎都和尼罗河连接。[13]

茂密森林植被的扩张致使狩猎活动变得更加困难。因此，那些稀树大草原上的狩猎-采集（以及种植？）族群被驱赶和引导进了撒哈拉。然而，新的生态龛位是如此之大，以至超过了他们失去的那个，大量的新来者似乎被原住的尼罗-撒哈拉语族群驱赶到了偏远地区，他们中一些人在数千年之后仍然生活在那里。[14] 来自人类体格学的证据表明，在这个“昌盛”时代早期，即距今 10 至 6 千纪，人类主要是“尼格罗人种”。但是，尽管这一观点显然得到了早期前畜牧岩壁画的证实，自所谓的博维迪安人（Bowidian）时代之后的晚近绘画却表明人类更加混合，尽管“尼格罗人种”仍然处于主要地位。[15]

中石器时代的喀土穆或“早期喀土穆”

20 世纪 40 年代，考古学家出土了一个来自该类型地点的普通物质文化，它以中石器时代的喀土穆或“早期喀土穆”而闻名。[16] 关于这一文化距今 10 至 7 千纪的材料，在超过 40 个地点发现，遍及从肯尼亚中部到苏丹东部并向西

11　关于早期非洲农作物的文献梳理，参见 Engels（1991, 131）。另见 Camps（1982, 571）以及 Barich and Hassan（2000）。哈伦（Harlan）提到公元前 2 千纪晚期非洲小米和高粱在印度的发现。参见 Harlan（1982, 639）。当时发现的手指小米（*Eleusine coracana*，又译“穇子”）可以追溯到公元前 3 千纪。布伦奇提出由于这些早于家种作物在非洲的证据，这一扩散可能没有家种作物，参见 Blench（2003）。我发现这很难接受。有些人甚至认为黑黍来自中国［相关参考文献，参见 Witzel（1999, 32）］。维策尔（Witzel）可能发现在汉语和印度语或非洲语名字之间没有词源联系。也有可能埃塞俄比亚蕉（enset）或“假香蕉”——它的软组织可以加工和食用——在非常古老的时期，通过插条在埃塞俄比亚的大部分地区得到种植。参见 Blench（in press c）。

12　Munson（1976, 202）. 这是总体情况，当然，还有很多地区变化。

13　Bakker-van Zinderen（1976, 45-7）, Camps（1982, 558）, Clark（1978, 61）, David（1976, 229）, Phillipson（1993, 109）, Sutton（1974, 527-8）, and Wendorf and Schild（1976a, 273）.

14　参见 Camps（1982, 620-1）。

15　Chamla（1968）, Mori（1965）, Muzzolini（1986）, Camps（1982, 579）and Ehret（2002a, 66-7）.

16　Arkell（1949）.

远至阿尔及利亚和塞内加尔等广大地区。[17] 正如地图 1 所显示的那样，它的生态带非常清楚，只有一个例外情况。所有的地点都位于今天苏丹林地和无树干草原地区的北部和东部。这个地区在当时显然是热带雨林地区。位于今天撒哈拉沙漠的大部分地点当时可能位于萨赫勒干草原和稀疏林地地带。所有地点都位于当时的湖泊或河流附近。

这个文化的典型实物是骨制鱼叉头，其中的大部分一侧带有倒钩刺，即单列倒钩刺；陶罐饰有波浪线条，晚期的则饰有带点的波浪线条。这些本地发明可以在距今 9000 年以前得到证实，早于西南亚对陶器的使用。[18] 在撒哈拉，陶器可能是模仿天然的液体容器如鸵鸟蛋和葫芦烧制而成。该文化似乎发展出了 63
黏土筐内胆，以防种子从网孔中漏掉。像这样的器皿在今天的苏丹和埃塞俄比亚的一些地区仍然使用。[19]

许多学者将这些实物视为单一文化扩散的明显象征。[20] 不过，杰出的埃及史前历史学家大卫·菲利普森（David Phillipson）主张，尽管鱼叉头和波浪纹陶器表现出了明显的一致性，但是“琢石工艺显示出了相当大的多样性”，它们可能是在更早的本地传统基础上发展起来的。[21] 同样杰出的考古学家阿里森·布鲁克斯主张，考虑到地质差异，这些覆盖区域广阔的石器文化不可能是同类文化。[22] 然而，波浪纹陶器和单列鱼叉的一致性，提供了足够的证据证明将这个物质文化视为一个整体是正确的。

发现地点接近曾经的湖泊或河道以及鱼叉的出现，两者都表明这个社会是“水生的”，即基于丰富的鱼类、龟类、虾蟹和其他水生动物建立的。在这种背景下，罗格·布伦奇证明存在着一个表示其中大部分生物的通用词汇表，其中一个词语适用于许多非洲语言家族。[23] 研究撒哈拉的考古学家兼地理学家

17 Sutton（1974, 536）and Phillipson（1993, 112-3）.

18 参见 Ehret（2002a, 64）。在日本，绳文陶器可能更早使用。

19 Arkell（1975, 21）.

20 Camps（1974, 269-70）, Phillipson（1977, 46-7），以及 Sutton（1974）。参见下文。

21 Phillipson（1993, 113）.

22 布鲁克斯，私人通信，参见 Buffalo（April 2002）。

23 Blench（1997a）. 布伦奇发现在尼罗–撒哈拉语、尼日尔–科尔多凡语、亚非语和科伊桑语之间的相似之处。前三种语言族群目前仍在撒哈拉并且在那里似乎已经生存几千年。科伊桑语族群则不是，但是显然，他们曾经在其目前生活范围的北部和西部以外地区生活过。在这一点上，也很有趣的是，亚非语 *qurab（“蝎子”）[Orel and Stolbova（1995, 349 §1609）]、西班牙语 carapacho 和法语 carapace 以及条顿语 crab 之间存在明显的一致性，中间两个词汇都译为乌龟、龙虾的“壳”。

G. 坎普斯（G. Camps），主张相同的地点出现陶器说明当地处于农业社会早期。他论证，虽然在一些发掘的农业居住点没有发现陶器，但是“否定它的观点也没有得到清楚的证明”[24]。从类型学上来看，这个观点是错误的。日本的绳文（Jômon）陶器大致与中石器时代的喀土穆处于同一时期，它们是由不以海产品为生的族群制造的，并且完全没有农业。所以，陶器所能表示的是一个地点存在着居民点而已。游牧民族不可能使用陶器，因为它们易碎，不适合旅行。全新纪的撒哈拉存在着丰富的水生生物，允许密集的居民点存在。使用多种鱼叉捕猎河马使定居者们的谋生方式扩大化，这种狩猎习惯生活在尼日尔河上游的桑海人和以东数千英里之外图尔卡纳湖畔的埃尔墨鲁人至今仍在某种程度上沿袭着。卡普斯似乎可信地论证关于撒哈拉存在农业的观点，不仅是因为当地居民点日益增加的磨石和研杵或研磨机，还因为存在着他视为人工培育的珍珠粟（Pennisetum glaucum）的残留物的存在，该残留物是在他确定为公元前6000 年前后的一片地层上找到的。[25]《剑桥非洲史》相关内容的编纂者 J. 德斯
64 蒙德·克拉克明显不同意卡普斯的结论，并插入了一个颠覆性的脚注质疑它。不过，后来在埃及西部沙漠绿洲中的发现，倾向于证实卡普斯珍珠粟种植的早期年代。[26]

这一撒哈拉物质文化的相对一致性（菲利普森不同意这个观点）和它大约始于距今 10 千纪，都已确定。但仍有两个主要问题待解决：该文化起源于何地？是否存在着任何迹象表明它的定居者说的是哪一种或哪几种语言？

大卫·菲利普森论证：“这些撒哈拉工艺之间的类似程度和来自突尼斯南部大体上处于同时代的物品，使认为撒哈拉最初的再移民可能从北方开始的观点获得支撑。”[27] 可能来自各个方向的族群都参加了这次撒哈拉抢占运动。不过，菲利普森认为占据主导地位的族群来自北方的观点是难以置信的。他的谨慎和词语“大体上”的使用都是有必要的，因为卡普斯论证卡普萨的新石器文化发生较晚，但在物质上比滨海的地中海新石器文化和南方的撒哈拉-苏丹新石器文化都要穷困。卡普斯此前声明：“准确确定这两个旧石器时代末期中石器时

24 Camps（1982, 555）.

25 同上书，566—567。他没有说明这个日期如何对应未被测定的年份。在较早的著作中，他认为是公元前 7000 年，参见 Camps（1974, 226）。

26 Clark footnote（1980, 571）, and Barich and Hassan（2000）.

27 Phillipson（1993, 110）.

代初期文化和新石器时代文化之间的边界线，变得日益困难。”[28]

这一撒哈拉文化不太可能只沿着尼罗河发展。的确，波浪纹陶器与前一个苏丹旧石器时代末期中石器时代初期文化在时间上重合。此外，最近在霍斯赫[*]发现的设计，可能是捕鱼陷阱的设计，可以追溯到距今8000年。[29]不过，如前一章所提到的那样，尼罗河中游和下游的居民在冰川期达到顶峰之后在全新纪极有可能激烈地缩减。卡普斯指出：“在我们关注的这个时代（自距今10千纪前以后），这些尼罗河地区在任何方面都不比加扎勒河（苏丹西南部）或者提尼里（尼日尔北部）的撒哈拉地区更具有优势。”[30]他提出，这个撒哈拉文化来自西方。不少来自撒哈拉南部的器物通过碳年代测定可以追溯到距今10千纪，似乎稍早于在喀土穆附近发现的陶器的所确定的年代。[31]

如果最早的陶器在非洲——或者就这个问题而言，在西方世界——有一个发源地的话，没有比确定在撒哈拉南部更精确了；因为，撒哈拉文化的其他方面的原型暗示了一个东南地区的起源。最引人注目的是，东南地区先例的存在 65
是因为在苏丹-撒哈拉新石器文化发现了单列鱼叉。在刚果-乌干达边界上的爱德华湖附近的伊桑戈发现的鱼叉显示，存在着一个可能的先例。[32]先前对这些发现物的年代久远的质疑如今已经平息，并且最早的地层出土的骨制鱼叉明显是两万多年前的物品。[33]

更令人惊奇的是，在距下游七公里的卡坦达发现的鱼叉，它们的年代是距今九万年。[34]

正如它的发掘者约翰·耶伦（John Yellen）所指出的那样，七万年的间隔

---

28 Camps（1982, 553, 555）.

* El Hosh，位于埃及南部。——译者注

29 Huyge et al.（2001）.

30 Camps（1982, 563）. 另见 Butzer（1976, 10）。

31 Posnansky and McIntosh（1976, 183）, Camps（1982, 564）and Phillipson（1993,112）. 关于在距今10千纪的尼日尔的塔卡拉卡尔（Tagalagal）和其他地点发现的陶器，参见 Mohammed-Ali and Khabir（2003, 45）。公元前11千纪是否始于喀土穆南部的萨卡伊（Saggai）不明确，参见 Mohammed-Aliand Khabir（2003, 40）。

32 此处只是按惯例使用国王的名字爱德华（Edward）。它其后亦称为伊迪·阿明·达达（Idi Amin Dada）湖，该名字在独裁者倒台后被弃用。蒙博托·塞塞·塞科（Mobuto Sese Seko）湖，曾以具有国王威严的艾伯特（Albert）湖而为人知晓；在扎伊尔独裁者被推翻后，此名被弃用。

33 私人通信，舍马尔卡·凯塔（Shomarka Keita，），纽约州布法罗市，2002年2月。

34 Brooks et al, Yellen（1995）and Yellen（1998）.

使这个文化成为目前为止经证实的持续时间最长的无石器物质文化。[35] 这一年代早期使用的鱼叉是由欧洲的马格达林文化传入的，它被证实的最早年代为距今两万年。[36]

在伊桑戈更早的地层出土的鱼叉，两侧都带有倒钩刺，它们显然是由箭头演变而来。槽口系线的鱼叉是后来出现的，单侧倒刺的鱼叉则是更晚出现的。不知道卡坦达年代的普利普森，写道：

> 伊桑戈，东非最南方的鱼叉发现地，也是最为古老的发现地。它和图尔卡纳湖畔的一些地点表明，这一改进在本土制陶业开始之前有重要的发展。当陶器出现时，它的最早的东非证据显示与那些苏丹尼罗河流域的陶器具有强烈的类似性。[37]

随着全新纪的到来，这些单侧倒钩鱼叉在整个非洲传播开来。从喀拉哈里大沙漠到摩洛哥都有发现。[38]

如前一章所述，某些尼罗河流域文化使用的细石器最早可以追溯到距今17000年前。不过，撒哈拉的细石器不太可能是从这些地方传入的，即便该文化生产出来的早期喀土穆波浪纹陶罐与晚期尼罗河旧石器时代末期中石器时代初期文化在时间上重合。如地理–考古学家卡尔·布策尔指出的那样："这些石器有明显的差异，并且是外部传入的。"[39] 从何处传入？就东南地区而言，该石器形式的一部分与更古老的石器制造点在许多地方持续了更为长久的时间。不过，有趣的是，在刚果东北部距离伊桑戈不到200公里的马图皮洞穴，一个细石器制造点至少在3万年前已经活跃。伊桑戈本身，像这一地区的其他许多地点一样，表明不存在这种先进制造技术的任何迹象。[40] 关于非洲西部地区的石器加工情况的信息既稀少，又不可信。普利普森论证："非洲西部的细石器工

35 Yellen（1998, 196）.

36 史密斯看到了一个与马格达林时期相当的摩洛哥鱼叉。卡坦达鱼叉和伊桑戈鱼叉都非常古老。参见 Smith（1982, 380）。

37 Phillipson（1993, 109）.

38 Yellen（1998, 190-6）.

39 Butzer（1976, 10）.

40 Phillipson（1993, 85）.

艺至少开始于12000年前。”[41]因此，尽管鱼叉明显可能来自东南地区，但是全 66
新纪撒哈拉文化的细石器工具可能来自先前沙漠以南的任何地方。陶器和农业的情况也是一样。[42]

传播最广泛的撒哈拉石器被称为提尼里石器。这些优美的细石器制品是以其发现地尼日尔北部的提尼里沙漠而得名。不过，发现位置靠近其西部边陲。这一制造工艺向东传播2000公里，直至喀土穆之外的白尼罗河。[43]该文化最初主要依靠水产品和碾磨禾本植物为生。在距今八千纪以前，动物被驯化：有来自西南亚的绵羊和山羊，还有本地已经被驯化的牛。[44]所谓的博维迪安文化中发现的骨骼和美妙的岩壁画证实了这些动物的存在。这些壁画描绘了双色牛——刻意培育的结果——和挤奶工作。如用一根绳子拴住一排小牛犊的一条腿这样的风俗也出现在了壁画上，这些风俗在后来的埃及人那里仍然保留。就此而言，卡普斯强调了提尼里石器和埃及精美的几何形燧石工具之间明显的类似性，这是一个有趣的发现："两种器物之间的类似性也在艺术领域内被发现。"[45]

西部沙漠

现在，让我们探讨一下埃及的西部沙漠，即撒哈拉最东端地区。相对于尼罗河流域本身，沿着绿洲带到尼罗河西部，从纳布塔沙漠盆地（Nabta Playa）向南至法尤姆，向北至盖塔拉（Qattara）出现过着更大的活动足迹。在距今七千纪，地中海数百年的雨水流淌到了该地带的北半部地区。不过，该地带不是撒哈拉中部灌溉良好的“乐土”。弗雷德·文多夫和费赫瑞·哈桑对它的总体状况进行了描述：“植物最可能是细长的，集中在季节性湖泊周围。它是一个干燥而又宽广的沙漠草原，长着野生、多刺疏林，偶尔也长一些刺槐和柽柳。”[46]

在文化上，该地区是一个联系地带。古老的中尼罗河工具制造传统明显在那里继续存在。同时，一个单侧倒钩鱼叉和一些波浪纹陶器也在那里被发现，

41 Ibid, 90.

42 Camps（1982, 563）.

43 Smith（1980, 462）.

44 Grigson（1991）和 Camps（1982, 570）。在印度也有其他种类的驯化动物。

45 Camps（1982, 582）, Muzzolini（2001, 209-10）.

46 Wendorf and Hassan（1980, 417）. 雨季的资料来自私人信件，Barich and Hassan, Cambridge, July 2000b。

虽然后者的发展受到了鸵鸟蛋壳丰度的抑制，但在许多居民点仍有大量鸵鸟蛋壳的遗迹。[47] 高粱可能已经被家种，至少在向北远至法拉弗拉的地区被食用。驯化的牛的骨骼在纳布塔沙漠盆地被发现。所有这些证据都证明与西南地区存
67 在着交往。另一方面，法拉弗拉在距今八千纪已经饲养绵羊而非牛类，这一事实证明存在着来自西南亚的影响。[48]

全新纪的撒哈拉诸语言

撒哈拉文明族群使用哪一种或哪几种语言？在 25 年前，考古学家约翰·萨顿提出，该语言是尼罗–撒哈拉语。他采用四个论据来证明他的观点是正确的：第一，这一水生文化的物质残留物与尼罗–撒哈拉语目前的分布在地理上具有一致性；第二，这一水生文化族群和尼罗–撒哈拉语族群都被确认为“尼格罗种族”；第三，事实表明，今天的许多尼罗–撒哈拉语族群是渔民；第四，库希特语中针对鱼的禁忌证明了牧牛的库希特语族群和捕鱼的“尼格罗”族群之间的一个区别。[49]

萨顿的假设包含的恰恰是非洲史前史所需要的那种大胆思考，任何一个采用具有说服力的似乎可信性而非确定性来处理的领域都需要这种大胆思考，但它不能被过分地强调。尽管遭到其他学者吹毛求疵的批判，他还是证明了在距今 10 千纪前存在着一个水生文明。[50] 萨顿的语言学结论远远不及他的史前史假设更具确定性。首先，格林伯格关于超级语言家族尼罗–撒哈拉语的观点并未被所有学者接受。[51] 其次，即便它被接受了，但是这一超级语言家族内部的极大多样性也表明它在距今 10000 年以前已经解体。

尼罗–撒哈拉语的当前分布和这一水生文明的存在区域重合。然而，它们的一致性远非萨顿所说的那样清楚明确。他的最好例证是尼日尔河上游的桑海文明，桑海人讲尼罗–撒哈拉语，并且仍然按照撒哈拉文明的方式用鱼叉捕猎河马。[52] 萨顿本人也承认，是乍得语（属于亚非语系）族群在乍得湖那里捕鱼

47 Wendorf and Hassan (1980) and Barich and Hassan (2000a).

48 Personal letter, Barich and Hassan, Cambridge, July 2000b.

49 Sutton (1974).

50 关于这些吹毛求疵的批判，参见 Phillipson (1993, 113)。

51 Sutton (1974).

52 至于对桑海语在尼罗–撒哈拉语中的地位的质疑，参见 Ruhlen (1987, 111)。格林伯格认为它属于超级语言家族尼罗–撒哈拉语。不过，埃赫雷特确信它是这个语言家族的一员。参见 Ehret (2001, 2)。

为生；并且，他在一个脚注里进一步承认，两个水生文明区域，似乎最适合讲流利的尼罗-撒哈拉语言，所以尼罗-撒哈拉语族群是在一个非常晚近的时期达到那里的。[53]他的观点也适用于另一个地区，即肯尼亚北部图尔卡纳湖周边地区，那里出土了波浪纹陶器和单侧带刺鱼叉。[54]那里的埃尔墨鲁族群生活在湖 68
中的小岛上，按照传统方式捕鱼和猎取河马，并且讲的图尔卡纳语是尼罗-撒哈拉语的一种。[55]然而，他们的现存记忆表明，这些族群的语言发生过从库希特语到尼罗-撒哈拉语的转变。[56]总而言之，东部尼罗-撒哈拉语族群作为牧牛者和高粱种植者到达这个地区，发生在最后的三千年或四千年里。[57]

学界也普遍同意，东苏丹河的努比亚语在尼罗河第五瀑布和第一瀑布之间使用，它来自西部。萨顿论证，这里的族群晚于其他努比亚语族群到达这里，这些努比亚语族群的一部分使用麦罗埃语；麦罗埃语已是死语言，它被活跃于第五瀑布上方的麦罗埃周围地区的埃及化文明使用，麦罗埃是该文明的都城。[58]在反复尝试之后，学者们仍然未能将麦罗埃语和尼罗-撒哈拉语联结在一起。[59]因此，我可以肯定，生活在尼罗河上游周围地区的众多的不同语言族群中，有一支讲的是贝沙语（属于亚非语系）。[60]

并且，在与水有关的词语中，只有两个即“鱼”和“河马”（可能）追溯到原始尼罗-撒哈拉语那里。[61]其他一些词语，如船、渔网、鱼钩、骨叉、弓和罐，迄今仍未被发现。

喀土穆新石器文化的创造者似乎是喀土穆中石器文化族群的直接后代。[62]努比亚史和史前史专家威廉·亚当斯写道：“中石器时代的喀土穆具有一种独特的非洲特性而非近东特性。”所以，他论证这些中石器族群很可能是当前说

53　Sutton（1974, 537 n.27）.

54　Phillipson（1993, 107）.

55　弗莱明（Flemming）指出，某些讲西库希特语（奥摩语）的族群的确对鱼有禁忌时，但事实上这样的禁忌在尼罗语族群和东库希特语族群中无人知道，参见 Flemming（1965, 61）。

56　Black（1974, 13-4）, Sobania（1978, 92-3）.

57　Ehret（1972, 26-54）, Stemmler et al.（1975, 161-83）.

58　Sutton（1974, 537）. 关于麦罗埃，参见 Adams（1977, 294-423）。

59　Ruhlen（1987, 377）; Bender（2000, 56）.

60　Arkell（1961, 52）.

61　关于“河马”，参见 Ehret（2001, 272 §76; 471 §703）。

62　Arkell（1975）, Adams（1977, 113-5）.

尼罗-撒哈拉语的努比亚人的祖先。[63] 如我所论证的那样，原始亚非语族群也是“非洲人”，实际情况未必如此。

亚非语的起源和撒哈拉水生文明

如果表示撒哈拉水生文明元素的尼罗-撒哈拉语通用词根极少存在，那么许多与该文明有关的词语会出现在原始亚非语中。其中最重要的是 qs（“骨头”），它在柏柏尔语、乍得语、低地东库希特语甚至奥摩语中找到。[64] 对 qs 也是闪米特语的证明存在着争议，但是大量与这个词根有词义上关联的三字母结
69 构，使得这种认证极有可能。Qrsl/n（“小骨头”）出现在阿卡德语和迦南语中，并且也带一个词首 k- 出现在阿拉伯语中。[65] Qss 在阿拉伯语中是“吸（骨）髓”。撒哈拉文明中的单侧带刺鱼叉是由骨头制成的。就此而言，埃及语“骨头”是一个非常有意思的词汇，因为它在象形文字中的义符 (T19) 给出了一个“单侧带刺鱼叉”的精确图像。这一图像的核心意义被 wʿ（“一”）的图形通过 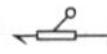(T21)（“单侧带刺鱼叉”）以及 sn（“二”）通过  (T22)（“双锋箭头”）证明。[66] 三字母结构也反映了“骨叉”的另一个方面。埃及语中存在着词语 qꜣs（“强弓、给弓上弦、捆”）。匈牙利的古埃及语词典编纂学者加博·塔卡克斯认为，这个词形换位后，和闪米特语 qsr（“捆、强迫”）成为同源词。[67]

另一个三字母结构 qws，与 qys（“弓、箭”）是交替词，被发现存在于闪米特语、乍得语和南库希特语中。[68] ϒ/nqš，词义为“捕野禽者”或“诱捕”，也出现在乌加里特语和希伯来语中。出现在《约伯记》中的一个衍生词“môqeš”给翻译者带来了极大的难题。在描写与巨兽-鳄鱼（或河马）进行搏

63 Adams（1977, 112）.

64 Greenberg（1965, 53）, Orel and Stolbova（1995, 338-9, §1557），以及 Takács（1999, 214-5）。另见 Vycichl（1983, 87-8）。

65 克莱因将词尾 -l 看成后缀，参见 Klein（1987, 595）。

66 Gardiner（1957, 514, T: 21, 22, 23）. 河马狩猎对应的埃及文化核心可视为荷鲁斯同塞特搏斗的神话。荷鲁斯是一头水怪，通常是河马，参见 Säve-Söderbergh（1953）和 Störk（1982, c. 503）。珀尔修斯、水怪、圣·乔治和龙这些形象，可能来自这个神话故事的图像描绘。

67 Takács（1999, 213）. 塔卡克斯认为迦南语 šin 是该原始闪米特语的发音。这个晚期迦南语音素具有阿卡德语的属性是不可靠的。戈登教授告诉我（Boston, September, 1994），他接受这一解释，仅仅因为它是闪米特传统。尽管差别明显，似乎更为谨慎的做法是将这个原始闪米特语咝音转写为 /s/; 因此，将它归入亚非语系的其他语言是合适的。柏柏尔语中也有 qrs 或 krs（“捆”）。

68 Orel and Stolbova（1995, 339 §1560）.

斗时，môqēšîm（复数形式）被用作刺入它的鼻子。注释者马文·蒲柏感到疑惑："动词'刺入'不适合诱捕或设陷阱的行为"。随后，他引用了众多试图解决这一难题的文字。[69] 参考下面对尼日尔河上传统的捕猎河马的描写，这个问题就能够被解决："有时候，上百个捕猎者带着鱼叉追捕动物。野兽就会被绳索和植物缠住，最后倒下。" [70] 与之明显相关的词根 √qos（"击打、刺入"）和 √kos（"刺入、切割"）出现在大部分乍得语分支中和其他亚非语中。[71]

词根 √ḥr（"网、陷阱、俘获"）

词根 √ḥr（"网、陷阱、俘获"）广泛地出现在埃及语、乍得语和闪米特语中。埃及语三字母结构有 ḥ3m（"捕鱼"）、ḥ3d（"捕鱼陷阱"）、ḥ3q（"夺取、俘获"）、ḥ3ti（"精美的亚麻布、阴暗"）、ḥ3yt（"绷带"）。豪萨语中有 hard［"使陷入（网）"］和 harg（"系紧、使卷入"或"小鱼叉"）。闪米特语中的有 ḥrm（"用网捕、捕鱼"）、ḥrz（"捆在一起"）、ḥrg（"被捆住"）、ḥrs（"使缠于"）。[72]

词根 *db（"河马"）

俄国的亚非语词典编纂学家弗拉基米尔·E. 奥廖尔（Vladimir E. Orel）和 70
奥尔加·E. 斯托尔博娃（Olga V. Stolbova），基于对闪米特语词根 √dabb/dubb（"熊"）的描述，将亚非语词根 √dab 解释为"大动物"。[73] 似乎首先从埃及语 db（"河马"）开始更为合理。优先这样做的第一个原因是，阿拉伯语使用词根 √dabb 表示"爬行、爬"。更重要的是，另一个亚非语词根 √dab（"踏平"），可见于闪米特语和西乍得语。[74] 这个词汇完全适合河马，它们夜晚喂食期间会踏平它们池塘周围数百英尺的土地。豪萨语中表示河马的词语是 dorina。不

69 Job 40. 24；参见 Pope（1973, 328）。

70 Cole（1963, 250）.

71 Orel and Stolbova（1995, 324 §1485, 347 §1395）.

72 关于埃及语中"通俗 aleph" /3/ 与亚非语 /r/ 的和其他流音对等的看，参见下文第八章注释 25—33。在第二十一章注释 54—77 中，我又重新探讨传入希腊的借用语 ḥrm。

73 Orel and Stolbova（1995, 139 §603）。Db 中的词尾 -b 似乎是表示危险或有害动物的一个标记，它可见于整个亚非语言。Diakonoff（1970, 461, n. 23）, Takács（1994, 67）。*db 作为一个大型危险动物的概念可能不仅限于亚非语中。塔卡克斯将埃及语 db 同尼罗-撒哈拉语原始鲁伯语（Proto-Rub）即库利亚克语（Kuliac）dọb（"犀牛"）相联系。参见 Takács（1999, 45）。

74 Orel and Stolbova（1995, 139, §602）.

过，亚非语词根 daba（“收集、作为狩猎者包围”）保留在了该语言中。然后是 dabilbila（“彻底踏平”）。词根 √dbl 也可以解释为词根 √dbn，在埃及语中为 dbn（“在一个地方到处走、包围”）。塔卡克斯认为 dbn 和闪米特语词根 √dabl 或 √dibl（“圆形的”）有亲缘关系。[75] 奥廖尔和斯托尔博娃认为词根 √dabin 的含义是“包围”。[76] 因此，原始亚非语显然有一个通用词语表示河马和对河马的捕猎，二者都是水生文明的核心要素。

植物的收获和种植?

该证据牢固地表明，原始亚非语系有一个通用的词汇表适合于水生文明。如果我们牢记卡普斯关于撒哈拉旧石器时代末期中石器时代初期文化和新石器时代文化之间难以区分的警告，那么可能会找到一些表示新石器文化的通用词根。[77] 尼罗–撒哈拉语中存在着大量的通用农业词汇，表示“田地”“牧群”“奶牛”“山羊”等。不过，布伦奇和埃赫雷特分别论证了它们的分布表明它们最初来自亚非语系。[78] 的确，奥廖尔和斯托尔博娃列出了大量表示驯化动物和植物以及关于它们的收集和收获的亚非语共用词汇，这些词汇可以在他们编纂的《含米特–闪米特语词源词典》中找到。[79] 其中的一些词汇或许不能表明原始亚非语族群生活在一个新石器社会，因为这些词汇可能由野生植物的名字演化而来。尽管如此，不太可能所有的共用词汇都通过这种方式被全部排除。这个超级语系的不同分支更不可能具有借用词，来表示挖掘和种植这些独立于前农业的概念。下面的一些例子来自奥廖尔和斯托尔博娃的词典：§ 2377，*tat-（“播种、种植”），存
71 在于中乍得语和南库希特语；§ 1106，*ʿog（“挖掘，砍切，锄”），见于埃及语和东乍得语；§ 1365，*hubV（“锄、耕”），见于闪米特语、埃及语和西乍得语；§ 1738/9，*mar（“锄”），见于闪米特语、埃及语、乍得语和高地东库希特语；§ 2177，*sak（“锄”），见于西乍得语、埃及语、柏柏尔语、闪米特语；§ 566，

---

75 Takács（1999, 243）. 他遗漏了豪萨语形式。

76 Orel and Stolbova（1995, 140, §608）.

77 参见本章注 24。

78 布伦奇进行了详尽论证，参见 Blench（1999b），而埃赫雷特的论证较为宽泛。参见 Ehret（2000, 285）。

79 该列表包括以下植物和植物产品：词条 51、224、265、395、544、559、621、727、933、958、1111、1167、1210、1212、1364、1443、1634、1499、1652、1706、1727、1817、2235、2270、2390 以及 2580。以下为驯化动物：67、112、183、310、340、896、1077、1100、1432、（1632、1635、1643 和 1647—2323）、1728、1773、1809、1832、1950、2458、2570、2595 以及 2660。

*cud/ca$^{>}$ad（“耙”），见于乍得语、埃及语、闪米特语。因此，似乎亚非语系带着水生文明扩散，随后或很快便带着畜牧文化和农业文化扩散开来。

非洲的亚非语

“亚非语”这个名称来自这个语系中的语言在亚非两地都使用。“非-”在“-亚”前，因为它的八个语族中的七个，即乍得语、南库希特语、中库希特语、东库希特语、贝沙语、柏柏尔语和古埃及语都只在非洲使用或曾经使用，剩余的一个语族闪米特语在两个大陆都使用。[80] 这一比例却被一个事实掩盖。传统上使用亚非语的地区，亚非语系最著名的语族闪米特语和来自亚洲的闪米特语阿拉伯语，今天在其中超过 90% 的区域内成为母语或者在文化上处于支配地位。存在着许多关于亚非语系原始家园的假设，并且其中大部分假设毫不意外地将它们确定在非洲，尽管更具体的位置仍然存在着争论。在述及这些争论之前，有必要先公开探讨现代的继承者，即来自亚洲的语言家族。从这些理论得出了超级语言家族的第一个名字，即闪米特-含米特语。

米利塔雷夫和亚非语系起源理论（地图 3a）

我相信，关于亚非语系起源的思想已经成为一个因素，引导许多学者如著名的俄国学者 A. 于・米利塔雷夫和 V. A. 施尼雷尔曼，提出亚非语系是作为纳图夫物质文化的对应语言起源的；前一章提到，纳图夫文化公元前 11 千纪出现于叙利亚和巴勒斯坦。[81] 米利塔雷夫的观点得到西南亚农作物和北非牲畜的例子的支撑，并且也得到黎凡特相对靠近其他诺斯特拉语言家族的原始故乡这一事实的支撑。

然而，这一观点有四个难点。第一，如我上文的论证，西南亚不是该区域整个农业的唯一发源地。第二，这一假设不能解释非洲的那些亚非语族之间的 72
深刻差异以及这些语族内部各语言之间极大的多样性。布伦奇指出，西南亚的亚非语系总体上“极具多样性”，表明了后来的发展。[82] 第三，亚非语系的亚洲起源未能解决奥摩语的定位问题，奥摩语如今在埃塞俄比亚西南部使用。奥摩

80　迪亚克诺夫的术语“Afrasian”如今被俄罗斯学者青睐，它强调非洲部分仍然比较强烈。

81　Militarev and Shnirelman（1988），Diakonoff（1991, 30），以及 Militarev（1996; 2000, 268）。关于纳图夫，参见第二章注释 63—64。

82　Blench（1999b, 4）. 然而，正如我们将看到的，布伦奇对古代柏柏尔语的统一性进行了阐释。

语被广泛认为是最早从这一超级语言家族中分离出来的分支。[83] 第四，这一起源很难解释亚非语系和许多科伊桑语公有的核心特征：二元性别—词性，这一特征未见于诺斯特拉语系和其他非洲语言。[84]

尽管如此，米利塔雷夫和施尼雷尔曼从遗传学层面获得了路易吉·哈瓦利–斯沃尔扎和他的同事们的支持，他们解释西南亚和北非人口之间的类似性是人口从亚洲向非洲回流的结果。[85] 肖马卡·凯塔对此进行批驳，他论证这一运动实际上是按照相反方向进行的；换言之，亚洲人和欧洲人在遗传学上类似于东非人和北非人，是因为他们源自非洲大陆的这些地区。[86] 并且，不仅新近的著作提供了科伊桑人存在于埃塞俄比亚的骨骼证据，并且一些研究证明科伊桑人和埃塞俄比亚中部的奥罗摩语和阿姆哈拉语族群之间存在着密切的语系关系。作者们提出，非洲人口不断地从大陆南部向东部迁徙。[87] 不过，正如人类学家丹尼尔·麦考尔（Daniel McCall）论证的那样，至少在亚非语系这个问题上，学者们应该提防将古代遗传学和一个较为晚近的语言联系在一起。[88]

诸非洲起源

关于亚非语系起源定位问题的其他所有主要假设都将它定位在非洲。问题是它应该在这个大陆的哪个位置，它受到许多学者的影响，他们在北方亚非语（柏柏尔语、埃及语和有许多三辅音词根的闪米特语）和南方亚非语（南库希特语、东库希特语、中库希特语、贝沙语、仅带有少量这类词根的乍得语和奥摩语）之间做一个基础区分。

迪亚克诺夫（地图 3b）。俄国语言学家、历史学家 I. M. 迪亚克诺夫，取
73 得过其他许多成就，在生命中的大部分时间里研究亚非语系，成为亚非语研究

---

83 Bender（1975）.

84 我将在第四章中探讨词性体系，广泛存在于印欧语但作为次要因素被普遍接受，这一体系受到亚非语的影响。

85 参见 Cavalli-Svorza（1995, 160-7）。他们现在得到了其他语言学家的支持，参见 Vaclav Blazek（2002, 125）。

86 相关观点参见 Keita（1992, 246-8; 1994）以及 Kittles and Keita（1999）。

87 关于骨骼证据，参见 Nurse et al.（1985, 105）。关于遗传学证据的文献，参见 Semino et al.（2002, 268）。

88 McCall（1998）. 麦考尔始终认为印欧语系具有同样问题。

的开拓者，他将亚非语的原始家园选择在了撒哈拉。[89] 迪亚克诺夫提出，在不晚于公元前 6 千纪时亚非语系分裂为南北方分支。[90] 北方分支停留在沙漠里，并且发展出了三辅音体系；南方分支则撒哈拉以南迁徙，保留了最初的双辅音体系。南方分支分为西部的乍得语和东部的库希特语分支。这一构想要求，在北部分支中，埃及语已与柏柏尔语和闪米特语分离。当后两者分裂时，闪米特语穿越尼罗河三角洲，抵达了西南亚。[91]

这个全新纪撒哈拉起源的观点之所以具有吸引力，是因为那些与水生文明联系在一起的原始亚非语词语和上文提到的词语。即便如此，抛开影响着黎凡特假设的相同难题，迪亚克诺夫的构想中还存在另外三个问题。其一，怎样解释埃及语和乍得语之间专门词汇的类似性？其二，在从东向西扩散时，乍得语变得更具有一致性。[92] 这表明存这一个扩散进程不是从北到南进行的。其三，尼罗-撒哈拉语族群明显在撒哈拉沙漠的大部分地区生活了千万年，这些地区没有受到全新纪气候改善的影响。其中的一部分人仍然生活在那里。

奥廖尔和斯托尔博娃（地图 3c）。亚非语词典编纂学者弗拉基米尔・奥廖尔和奥尔加・斯托尔博娃提出了一个不同的构想。他们认为应该按照两个语丛进行基本划分。首先是“库希特奥摩语”和其他语言的划分。库希特奥摩语包括所有库希特语族和奥摩语族。奥廖尔和斯托尔博娃认为这一语丛不是遗传学上的，而是一个古代地区语言联合体（Sprachbund）。其次是乍得语和埃及语与柏柏尔语和闪米特语之间的划分。因此，对于他们而言，双辅音体系和三辅音体系之间的差别毫无价值。[93]

埃赫雷特（地图 3d）。历史学家、语言学家克里斯多夫・埃赫雷特认为，亚非语系族群的原始家园位于厄立特里亚至埃及南部的红海沿岸地区。[94] 他

89　Diakonoff（1996）和 Takács（1999, 46）。然而，早期迪亚克诺夫表现出接受米利塔雷夫和施尼雷尔森（Schnirelson）将原始家园选择在黎凡特的观点。参见 Diakonoff（1991, 30）。

90　Diakonoff（1965, 102）and（1996）.

91　Diakonoff（1965, 104-5）.

92　Newman and Ma（1966, 218-21）.

93　Orel and Stolbova（1995, x）. 参见 Blench（1994, 6; in press e, 88-95）。

94　库希特语专家吉恩・B. 格拉格也认为亚非语的原始家园位于这一地区或可能横跨尼罗河。参见 Gragg（2001, 576）。

想象，第一次出现分支是奥摩语与其余语言的分离，他称这些语言为红海语（Erythraic）。然后，他认为存在着一个南北划分。然而，他不严格地将三辅音体系和双辅音体系对立起来；因为他认为，在乍得语族群从马格里布向南穿越撒哈拉沙漠时，他们中间的大部分人使用的是双辅音词根。[95] 这一假设的学术
74 理由，是他认为乍得语、古埃及语和柏柏尔语之间存在着频繁的类似词汇。（我将在下文探讨第一个问题。）反对埃赫雷特上述假设的官司，乍得语族群的迁徙路线明显是自东向西而非自北向南。此外，尽管贝沙语和闪米特语这两大亚非语族在埃赫雷特认为的原始家园地区使用了很长时间，但这个地区并不是亚非语族或语言最具多样性的地区。

布伦奇（地图 3e）。另外一个观点是农业学家、语言学家罗格·布伦奇提出的。他也相信南北亚非语系之间差异的重要性，并且描绘了一个不同的图景。他提出，原始家园在埃塞俄比亚西南部奥摩河流域。停留在该流域的族群成为奥摩语族群。在这一区分之后，布伦奇进一步做出北方亚非语和南方亚非语的区分。他相信，北方亚非语沿着尼罗河顺流而下，然后向东分流形成闪米特语，向西分流形成柏柏尔语。他将这支闪米特语族群和叙利亚–巴勒斯坦的纳图夫物质文化联系在一起，把柏柏尔语和卡普萨的前农业文化联系在了一起，卡普萨文化似乎是从纳图夫文化传入的。[96] 因此，他将面对质疑，为什么柏柏尔语这么如此古老（出现在距今 7000 年前后）并且在一个如此广泛的地区使用过，它的多样性相对却如此地少。他的回答是，带着“一个移植的辅音形式”，柏柏尔语或许达到了一个“平衡状态”，语言学家罗伯特·迪克逊将该术语用于描绘大部分澳大利亚语的相对一致性。[97]

根据布伦奇的说法，埃及语族群停留在了尼罗河畔和撒哈拉沙漠东部，该地区的语言深受乍得语的影响。乍得语族群在一个较晚的时期即距今 4000 年前后从原始家园向正东方向迁徙。[98] 另外的南方亚非语系向东迁徙，分裂为贝沙语和库希特语的东、中、南三支。[99] 该假设避开了米利塔雷夫和迪亚克诺夫观点所要

95 Ehret（1996, 25; 2002a, 79-80）.

96 Blench（2001a, 177）.

97 Blench（2001a, 184）.

98 Blench（1997, 27-9）.

99 Blench（1994, 5）.

求的大量人口和文化的转移；并且，相较于埃赫雷特而言，布伦奇提出了对乍得语分布的一个看上去更为真实的解释。他也避免对乍得–埃及语和乍得–柏柏尔语的关系做出遗传学解释，而是论证这些大量的类似词汇是后来语言借用导致的结果。然而，如果乍得语族群至少在公元前 2 千纪到达撒哈拉沙漠南部的话，那么 75
他们很难与埃及语发生联系。他提出的原始家园也太偏北，因为他需要考虑到哈兹克（Hadzic）语（并且我认为需要考虑到科伊桑语）对原始亚非语的影响。

本德（地图 3f）。埃塞俄比亚语研究的领军人物莱昂内尔・本德提出，白尼罗河和蓝尼罗河的汇流处是亚非语系的起源地。他认为亚非语系的一系列“爆炸”开始于距今 10000 年左右。这次“爆炸”致使乍得语向西扩散，奥摩语向东南扩散。其后不久，埃及语沿着尼罗河而下，将柏柏尔语、闪米特语和库希特语留在身后。[100] 他对认为埃及语和乍得语之间存在着特殊关系的公认观点表示怀疑，将这一观点归因于学者们对乍得语的认识多于对库希特语“分支”的认识。[101]

第二次“爆炸”致使柏柏尔语向西北扩散，同时闪米特语和库希特语向着今天的埃塞俄比亚方向扩散。最后一次分裂发生在库希特语和闪米特语之间，后者跨过了红海南端的曼德海峡，然后穿越阿拉伯半岛到达它后来的区域。本德坚持，亚非语系内部关键的语法同形线将埃及语、闪米特语、柏柏尔语和库希特语联结在一起。迪亚克诺夫认为库希特语中偶然出现的三字母词不重要而加以抛弃，但本德则看重它们。同样，他强调事实上前缀和后缀的词形变化这些闪米特语和柏柏尔语中的标准现象也都偶尔出现在库希特语中。[102]

本德慷慨地承认我在 1980 年提交的一篇未发表的论文对这一构想的影响。[103] 不过，我们存在着一些重大分歧。首先，他提出原始家园在两条尼罗河的汇流处，而我认为亚非语起源于埃塞俄比亚南部和肯尼亚北部的大裂谷周围地区。

本德和我都接受奥摩语首先从这个超级语系分离出来的传统观点，并且奥摩语系是本德首先给出的定义。奥摩语中和其他亚非语言是同源词的基本词汇

100　Bender（1997a, 20）.

101　Bender（1997b）.

102　Bender（1997a, 22, 32）. 本德也指出埃及语也具有后一特征。就我所知，在那种语言中没有前缀词形变化。

103　Bender（1997a, 19-20）.

占的比例非常低。[104] 同样重要的是，奥摩语位于本德列出的许多重要的形态异注之外。[105] 但是，奥摩语拥有足够的亚非语特征——表示使役的 /s/、表示不及物的 /t/ 和名词复数中的 /n/；因此，毋庸置疑它作为亚非语成员的身份。[106]

许多学者进一步提出，“库希特”语族这个概念没有意义。[107] 然而，所有语
76 系成员都被形态类似性联结在一起，“库希特”语族没有被排除在外，而是与其他亚非语系成员共同拥有它们。本德避免了这个问题，构建了一个“大库希特语”。在他将亚非语系视为一个整体的结构中，他如今进行了一个三重分割：乍得语–中部语–奥摩语。然后，中部语分裂为埃及语和大库希特语；最后，大库希特语分裂为柏柏尔语–闪米特语–库希特语。[108]

贝尔纳 1980 年（地图 3g）。我不认为乍得语和其余语族的分离像本德认为的那样重要。在 1980 年，我认识到在亚非语系相对快速“爆炸”时——在 1000 年内完成，存在着非–奥摩语“众分支”。为什么“爆炸”能够成为解释一个语言家族的最佳模式，可能的原因来自下面三个内容。首先，一个疆域辽阔的国家，先前已经确立了全面的语言统一，可能会因为它的不同地区间的交通瘫痪而崩溃。这类崩溃的最佳历史例证是西罗马帝国、穆斯林帝国和唐帝国。不过，在这三个例子中，牢固的政治向心力依然存在；在前两个例子中是亚政治宗教，在后一个例子中是政治再统一，虽然不是语言再统一。然而，退一步讲，距今 11000 年左右，非洲存在着一个政治国家并且解体了，这是一件极不可能发生的事情。

其次，一个明显的语言“爆炸”可能是一个语言族群的彼此远离，并且失去联系。这种迁移将必须发生在一个如此短暂的时期以至任何的语言创新尚未在分支之间出现。这样的变化可能会在亚非语系身上发生，但是它的可能性要

---

104 Bender（1975, 202）.

105 Bender（1975, 54-6）.

106 已故的罗伯特·赫茨伦不认为奥摩语是亚非语的一个分支，他将其看作尼罗–撒哈拉和库希特语的混合语（个人评论，新泽西州普林斯顿市，1988 年 10 月）。虽然很难质疑如此伟大的专家，但我更接受本德和大部分其他学者的看法。正如在上一章中提到的那样，表示使役的 /s/ 不仅仅是亚非语，它也存在于整个诺斯特拉语系。其他两个特征受到了更多的局限。

107 参见 Bender（1975, 219）; Hudson（1978, 73-4）; Ehret（1978）; Hetzron（1978, 57），以及 Orel and Stolbova cited in Blench（1994, 6）。

108 Bender（1997a, 22）.

低于第三种模式。

在第三种模式中，变化在分支之间可能发生；但是，因为后来它们之间的接触或者随着时间流逝其他“噪声”的增加，这些变化就不够重要而不易被察觉。因此，一系列分离发生的时间越久远，就越不容易辨别它们之间的相对差异。举一个具体的例子，班图语的极速扩散“按照非洲的标准是一场非常急速的”扩散。[109] 尽管如此，通过词汇统计，是可能发现在 100 年内或 200 年内彼此分裂形成的语言分支之间的细微差异的。[110] 不过，我们考虑的对象是发生在距今 3000 多年以来的差异。如果我们观察班图语族超过 8000 年的历史，那么几乎可以确定，不可能探明它发生分裂的次序，更不用说了解分裂的时间了。我们对亚非语系的考查便似乎处于这种情况。1 万多年积累起来的“噪声”让我们无法 77
辨识那些细微的差异。因此，说亚非语系这个超级语言家族是“爆炸”的结果，不是像树的生长一样发展来的，但这不是说它的发展像班图语那样快速。不过，这个观点认为，将奥摩语的分离排除在外，整个发展过程历时不到 1000 年。[111]

1980 年，我相信这样一个构想，将会解释亚非语系的结构同言线像迪亚克诺夫和本德构想的那样具有显著的一致性。[112] 本德在对斯沃德什 100 词词汇表（Swadesh’s 100-word list）进行修正的基础上建立了自己的类似词汇表，它呈现了几乎同样的情况。的确，柏柏尔语、埃及语、闪米特语共用的同源词，百分

109 Oliver and Fagan（1978, 353）.

110 Henrici（1973, 83）.

111 本德似乎接受这一年代，参见 Bender（1997a, 20）。

112 见下表：

	迪亚克诺夫	本德	总计
闪米特语	8.5	15	23.5
柏柏尔语	13.5	15	25.5
埃及语	10	12	22
（原始）乍得语	13	11	24
贝沙语	9.5	12	21.5
阿瓦恩基语（CC）	9.5	10	19.5
西达摩语（HEC）	9.5	11	20.5
奥罗摩语（LEC）	9.5	12	21.5
南部库希特语	9.5	9	18.5
奥摩语	9.5	4	13.5

（CC 表示中库希特语；HEC 表示高地东库希特语；LEC 表示低地东库希特语。——译者注）

比极高；原始乍得语也是如此，只有“库希特语”和奥摩语的明显比较低。[113]

即便抛开奥摩语不谈，“库希特语”作为亚非语系的对立面，也不存在着一个通用词汇表。中库希特语的阿瓦恩基语（Awngi）和“北库希特语”的贝沙语同源词汇比例为 7%，贝沙语和南库希特语的伊拉克瓦语［（Iraqw）在坦桑尼亚北部使用］的同源词汇比例为 10%。这些数字，与本德给出的原始班图语和原始印欧语之间的 7%、原始印欧语和阿卡德语之间的 8%，处于同一水平。作为一个语系，“库希特语”甚至低于本德的最低要求，即一个语系内的任何成员与一种外部语言之间的同源词汇百分比都不应该高于本语系内部的平均值。[114] 但是，从音位学上看，“库希特语”和其他任何亚非语系语言都没有任何差别。

我遵循本德的理论，仍然认为，解释这一信息的最看似合理的方式是，按照迪亚克诺夫、埃赫雷特、奥廖尔和斯托尔博娃的做法，将闪米特语、柏柏尔语、埃及语和乍得语联系在一起研究。[115]

贝尔纳 2003 年（地图 3h）。自 1980 年开始，我改变的自己的观点。但是，我仍然认为亚非语系的原始家园在埃塞俄比亚南部或肯尼亚北部。对这一优先选择的语言学理由是多样性原则和最小运动原则。埃塞俄比亚的大裂谷接近奥摩语族群的当前居住地。这个地方存在着最多种类的亚非语系语言，同时还有大量的非亚非语系语言。[116] 不过，语言学证据和考古学证据提供了不一样的信息。具有最多种类亚非语系语言的地带位于埃塞俄比亚南部高地地区。对这一
78 观点不利的是缺乏这一时期的实物证据，在冰川期，埃塞俄比亚大裂谷周围就是干燥气候。不过，在更南的三四百公里之外的图尔卡纳湖畔，鱼叉出现得很早。[117] 这一思路将原始家园从亚非语系的多样性中心移出了不小的距离，而使它位于科伊桑语使用的范围内。

113 然而，塔卡克斯遵循奥廖尔、斯托尔博娃及迪亚克诺夫强调埃及–乍得语存在着“大规模”的同言线的观点。

114 Bender（1975, 143）. 需要提醒的是，正如林格指出的，这些低百分比与亚欧语系和诺斯特拉语系中的那些情况相似。

115 帕尔森（Parson）将豪萨语从乍得语分离出来似乎不太可能。参见 Parsons（1975, 421-58）.

116 这些语言家族是奥摩语、东库希特语、中库希特语和闪米特语。贝沙语和南库希特语也相差不远。布伦奇主张乍得语一定始于中部苏丹语。从乍得语现在所处的位置，我没有发现任何起源的迹象。参见 Blench（personal communication, Cambridge, January 2001b）。

117 参见本章注 37。

中部科伊桑语和亚非语之间的关系

亚非语系原始家园在大裂谷的观点因与科伊桑语的极有可能的联系而变得更有说服力。

大部分科伊桑语如今都在南部非洲使用，它的两个语言分支哈扎语和桑达韦语仍被坦桑尼亚的狩猎–采集族群使用。[118] 虽然桑达韦语与更南方的科伊桑语之间存在极少的类似词汇，但是它仍明显是科伊桑语的远支，不仅因为它共享了咔嚓音这一罕见特征，而且因为它对使用作第二辅音的词素有类似的限制。[119] 罗格·布伦奇“带着合理的确定性”将它归类为孤立语。[120] 但是，克里斯多夫·埃赫雷特认为它是科伊桑语系的边缘成员。[121] 根据邦妮·桑兹的观点，哈扎语和桑达韦语分享了“大量的类似（词汇）”，但她又进一步论证，这些类似词汇可能容易从后来的接触获得，也同样容易从遗传学联系获得。[122]

一些因素表明科伊桑语和早期亚非语可能存在着相接触。首先，如语言学家阿曼达·米勒–奥库伊赞（Amanda Miller-Ockhuizen）论证的那样，在音位学层面，科伊桑语的咽喉发出的咔嚓音可以被视为比喉音和咽音的清晰度更高的咽喉音。这些咽喉音和禁止它们在一个词根内同时存在的限制，类似于在一些亚非语系语言，并且尤其是在闪米特语中出现的现象。[123]

埃塞俄比亚的亚非语系语言和中科伊桑语诸语言之间存在着特殊的相似之处：科霍伊科霍伊语（Khoekhoe）或纳玛语（Nama）、努哈罗语（Nharo）类似于加纳科霍伊语（Ganakhoe）、舒雅科霍伊语（Shuakhoe）和特施瓦语（Tshw），这些语言全部在自纳米比亚到津巴布韦一带使用。从词法上讲，如果学者们接受格林伯格关于指示词变为冠词而后变为词性标记的次序，那么纳玛语中阳性单数标记 -p 就会引起学者们的注意。[124] 它将与迪梅语（Dime）中作为阳性后缀的 -b，贡加语（Gonga）、坚杰罗语（Janjero）以及奥梅托语（Ometo）

118　参见本章注 2。

119　Sands（1998, 163-6）. 在这里我要感谢克里斯多夫·柯林斯为我提供必需的文献，以及感谢罗格·布伦奇鼓励我从事这一研究。

120　Blench（1999a, 4）. 他现在创建了一个新的语言联合体（Sprachbund），包括哈扎语、桑达韦语、伊克语和达哈罗语。他将其称为“哈兹克语”，并且视其为具有影响力的原始印欧语。

121　Ehret（2002a, 122）。这也是乔治·斯塔罗斯京的初步看法。参见 George Starostin（2003, 124）。

122　Sands（1998, 94）.

123　Miller-Ockhuizen（2003, 5-9, personnal communication, Cornell University, February, 2004）.

124　Greenberg（[1978]1990, 252-9）.

等奥摩语中作为第三人称词根的 -b- 和贝沙语中作为阳性单数标记的 -b- 相匹
79 配。[125] 并且，在埃及语中也存在着一个阳性单数冠词 p-。从句法上来看，值得注意的是主语—宾语—动词（SOV）模式，它发现于中科伊桑语诸语言和桑达韦语中，尽管未见于哈扎语；包括闪米特语和库希特语在内，几乎所有的埃塞俄比亚亚非语言都分享了这一形式。

尽管那些语言的类似性并不牢靠，但它们的结合使它们变得更加可信。事实上，它们的地位会因为亚非语系的词性体系可能借用于科伊桑语而得到增强。不管它们和南部非洲科伊桑语的关系如何，桑达韦语和哈扎语都与中科伊桑语具有数字和二元伴性性等共同特征。[126] 北科伊桑语和南科伊桑语都不具有伴性性。通常，学者们认为边缘地区会保留古老的特征。因此，哈扎语、桑达韦语和科瓦迪语（Kwadi）中存在的二元性别–词性，使得这一词形不可能是中科伊桑语中的一个创新。科瓦迪语是科伊桑语中的一种孤立语，曾在安哥拉使用。另外引人注目的是，塔卡克斯虽然列举了四个从中科伊桑语传入埃及语的借用语，但是他没有发现来自北科伊桑语或南科伊桑语语言分支的借用。[127] 其他语言特征也暗示中科伊桑语而非北科伊桑语或南科伊桑语和原始亚非语系有接触。首先，中科伊桑语比那些“非科霍伊”语言拥有更丰富的形态变化。[128] 语言学界长期以来公认，当屈折语频繁“衰退”变成孤立语时，孤立语则经常使虚词转变成形态特征。不过，尽管这一衰退不能用于论证科霍伊语比南科伊桑语或北科伊桑语更为古老，但是它仍然表明这一语言和亚非语类似。[129]

同样，尽管哈扎语和桑达韦语能够从亚非语系那里借用词性体系，这样的借用实际上不可能出现在中科伊桑语身上，因为它如今在方圆 2000 英里内没有一个具有伴性性语言邻居。南科伊桑语和北科伊桑语都不具有这一特征，这一事实的最好解释是，它们在与班图语族群长期接触的过程中失去了它，班图语拥有一个多种词性或种类体系。[130]

---

125 Flemming（1976, 316）; R. A. Hudson（1976, 107）.

126 Sands（1998, 100）. Hagman（1977, 41-5）. 然而，纳玛语也有一个通性（common gender），它与不定性（indefiniteness）关系密切。关于词性和定义的讨论，参见 Greenberg（[1978] 1990, 253-6）。

127 有 jn（“美丽的”）、wʿ（“一”）、tm（“不”）和 ʿb（“野狗”），参见 Takács（1999, 41, 45）。

128 Güldemann and Vossen（2000, 108）.

129 参见 Creissels（2000, 251）。

130 克里斯多夫·柯林斯教授发现一个种类体系的遗迹，与班图语差异极大（私人信件，康奈尔大学，2001 年 11 月）。

在非洲，伴性性仅存在于亚非语系和一些科伊桑语中。[131] 在印欧语中，它作为次要特征出现；这一事实将在下一章中进行讨论。如格林伯格指出的那样，除去印欧语，“亚欧语系中的其他分支没有语法性（grammatical gender）”[132]。

许多学者对在此基础上企图建立的科伊桑语和亚非语或印欧语之间的遗传 80
关系持怀疑态度。[133] 南库希特语专家德里克·埃尔德金论证，遗传关系不是仅有的联系形式，并提出在南库希特语和科伊桑语之间存在着一个他称之为“地区”（“areal”）的基础，它不是遗传基础或接触基础。[134] 当我们考察族群时，我看不出“地区”如何避开有关接触的观念。的确，如上所述，科伊桑语和埃塞俄比亚亚非语族群之间存在着遗传关系，这就使得原始亚非语系最初是覆盖在科伊桑语族群之上的一种诺斯特拉语成为可能。[135] 关于这种可能性，在小规模上存在着一个明显的例证：达哈罗语是肯尼亚滨海地区一个低种姓使用的语言，它是带有咔嚓音的南库希特语。[136] 二元伴性性从科伊桑语到原始亚非语的仿用，将会解释为什么亚非语系会成为唯一一个将性别作为基本特征的诺斯特拉语族。[137] 考虑到科伊桑语内部的词汇具有广泛的差异，极难探寻从这些语言到原始亚非语的语言借用的任何迹象。不过，如上所述，塔卡克斯提出了科伊桑语和埃及语之间存在着四个似乎真实的同源词。[138] 所以，不必太惊奇埃赫雷特认为南库希特语中存在着其他更重要的同源词。[139]

存在着三个解释可作为本节的总结，说明中科伊桑语和亚非语为什么都

131　三重——阳性的、阴性的、中性的——词性体系发现于德法卡（Defaka）的尼日尔-刚果语中，被尼日尔三角洲的族群使用，它明显处于次要地位。参见 Blench（2002c）。

132　Greenberg（2000, 185）. 最初，格林伯格提到澳亚语系、澳大利亚语和美洲印第安人语言中存在的为数不多的伴性性体系的例子［（1978）1990, 241-70］。

133　例如，参见 Andersson and Janson（1997, 145）。

134　Elderkin（1976, 297）.

135　参见本章注 88。

136　关于达哈罗语的简要说明，参见 Elderkin（1976, 290-5）。布伦奇将其归为“哈兹克语”，参见 Blench（2002c）。

137　埃赫雷特主张奥摩语词性的弱化，并认为南库希特语存在的单数—复数标记表明“前原始亚非语”不具有性—词性。参见 Ehret（1996, 15）。不过，他承认南库希特语标记独特的成对组合（paired sets）“往往同时伴随阴性和阳性两种名词”。我认为此例中古代语下位层及其后来的影响是很难区分出来的。我们知道奥摩语受到周围尼罗-撒哈拉语族群的影响。这很可能是受到周围操尼罗语者和班图语者影响的南库希特语。

138　Takács（1999, 38-46）.

139　Ehret（2002a, 121）.

存在二元语法性一性：其一，两种语言都存在伴性性，仅仅是一种巧合；其二，原始亚非语从科伊桑语那里借用了这一结构；其三，亚非语是一种诺斯特拉语强加于一支科伊桑语族群产生的结果。

支持第一种解释的论证是，伴性性虽然罕见，但在世界语言中并非独一无二的特征。此外，科霍伊语体系不像亚非语，具有一个不定词形，它有时能够作为一个中性词使用。最后，在性标记中唯一可能的类似语音是上文提到的 -p。否定这些可能性的论证，是支持第二种和第三种解释。

支持借用的论证是，如果接受亚非语系原始家园存在于埃塞俄比亚或肯尼亚的话，那么它和伴性性科伊桑语在地理上接近。诚然，这一论证是一个循环论证。南部埃塞俄比亚、肯尼亚和坦桑尼亚的语言和文化混杂情况已在上文提
81 到。二元伴性性体系在世界语言中不罕见，在非洲却是独一无二的，这也是事实。否定这些说法的论证，支持第一种和第三种解释。

接下来的情况能够支持第三种解释：无疑，一种语言的任何方面都可能借用到另外一种语言；在第四章中，我确实将论证印欧语从亚非语借用了阴性性。但是，一种语言更加表层的方面，即词汇，比语音和基本结构特征等基层方面更可能被借用。后者的确包括词性。所以，尽管在亚非语系中寻找不到典型的科伊桑语咔嚓音（如果它们存在于达哈罗语、南班图语科萨语和祖鲁语）的痕迹，但是类似的词性体系可以解释成一个存在于原始亚非语系中的科伊桑语下位层导致的结果。最后，尽管总是将冒着将语言学论证和遗传学论证混淆的危险，基米诺（Semino）和她的同事们还是发现了科伊桑语和埃塞俄比亚亚非语族群之间密切的遗传类似性。[140]

总而言之，我认为对第三种解释的论证最具有说服力。

亚非语系的解体

考虑到确立这个语系内截然不同的分歧的诸多困难，除了涉及奥摩语的困难，还包括分化过程历时极长，所以设想一次“爆炸”显然还是有用的。例如，我发现在将“库希特语”或“乍得语”划分到中亚非语系“内”或“外”的问题上浪费了大量时间。然而，我如今承认三字母词具有不容忽视的重要性，并且同意它在北部亚非语系中的使用在增加的这一发展方向。

---

140 参见本章注释 87。

在对这个问题进行讨论前，我想描述一下其他亚非语系分支中的一些语言的扩散。南库希特语族群向南迁徙，进入今天的坦桑尼亚。一些东库希特语族群停留在了埃塞俄比亚南部地区，其余的向东迁徙，进入了索马里。南库希特语和东库希特语可能取代了科伊桑语。这种取代在达哈罗语身上表现得最为明显。中库希特语族群向北迁徙，进入中部埃塞俄比亚，贝沙语或北库希特语族群继续向北迁徙，进入他们当前的生活区域，即厄立特里亚北部地区，以及苏丹和埃及南部红海沿海地区。[141]

如上所述，乍得语族群向西扩散，远至尼日利亚北部地区，尽管他们最初穿越的区域居住着使用尼罗-撒哈拉语的族群。然而，不像布伦奇那样，我相信，这场运动在他提供的时间即距今4000年[142]之前已经明显到达撒哈拉沙漠南部地区。由于许多同源词形出现在了古王国时期的埃及语文本中，所以只有一种方式能够解释它们的出现，即将它们视作埃及语进入乍得语的借用语或乍得语进入埃及语的借用语。然而，这种可能性又不大，不仅因为这个时期撒哈拉沙漠的干燥使得埃及语和乍得语族群的接触变得更为困难，而且也因为它们的词形显示出了非常早期的语音交换或遗传关系。[143] 82

闪米特语族的起源

1980年，我认为闪米特语起源于今天使用南埃塞俄比亚闪米特语的地区。今天，我对此不太确定。我想，闪米特语更有可能起源于埃塞俄比亚提格勒（Tigre）省即厄立特里亚（Eritrea）今天所在的地区或者也门和哈德拉茂，该地区过去有许多不同的闪米特语在使用，并且在今天的东部仍然使用。[144]因此，我如今发现自己更保守了，倾向于同意爱德华·乌兰多尔夫的观点，他是一位闪米特语学者和埃塞俄比亚语研究专家，在30年前写道："不管这些语言（闪米特语）的祖先的原始家园在阿拉伯半岛还是非洲角被发现，它都存在于一个推测的区域，不可能被有把握地确定。"[145]

我认为，在红海南端的这个地区，闪米特语增加了三辅音词根的数量，亚

141　参见R. A. Hudson（1976）。
142　Blench（1999b）.
143　参见Takács（1999, 47）。
144　Simeone-Senelle（1997）.
145　Ullendorff（1971, 30）.

非语系其他分支存在相对少量的三辅音词根。世界上，大部分语言只有单辅音或双辅音。它们可能被音调或重叠扩充，就像它们在原始亚非语系中出现过的那样。[146] 另一种可能是词缀的增添：在前边（前缀）、在后边（后缀）或在中间（中缀）。[147] 这类增添似乎是三辅音体系的根源，三辅音体系在世界诸语言当中大体上仅限于北亚非语系和印欧语。

我认为，闪米特语向南北两个方向都进行了扩散，向南到达了埃塞俄比亚它们目前的区域。南埃塞俄比亚闪米特语之间的巨大分歧表明，这一分化进程开始的时间要比传统年代即公元前 1 千纪要早许多。闪米特语也向北扩散，穿
83 越了今天的阿拉伯沙漠，它在公元前 10 千纪或公元前 9 千纪时是稀树大草原。然后，闪米特语族群继续迁移，进入黎凡特；在那里，他们的物质文化与新遇到的西南亚农业社会融合，产生纳图夫前陶器新石器文化，该文化繁荣于公元前 9500 年—公元前 7500 年。[148] 从那里，牧羊和牧牛族群迁徙到尼罗河三角洲地区，并且继续向前迁徙至非洲西北部地中海沿海地带即马格里布。[149] 在这一最后阶段，闪米特语进入水生文明北部地带，似乎和亚非语系柏柏尔语族的起源联系在了一起。我已在上文提到，罗格·布伦奇利用罗伯特·迪克逊的平衡状态观念，试图解释为什么这样一个古老的语言分支具有的差异是如此之少。

乍得语和埃及语

当乍得语族群向西迁徙时，埃及语族群的祖先们则向西北迁徙，进入撒哈拉南部的干草原，成为水生文明的主要部分。根据语言学原因，塔卡克斯提出，“原始埃及语部族与生活在撒哈拉地区其他地方的乍得语以及尼罗－撒哈拉语（sic）族群的祖先们长期并存。”随后，塔卡克斯认为原始埃及语族群向东迁徙，进入尼罗河流域。[150]

这一描述与卡普斯的考古学结论非常符合：公元前 6 千纪，撒哈拉日益干旱，旱情又因过度放牧而恶化；随之，水生文明的子孙们迁徙进了尼罗河流域。他们

146 参见 Ehret（1995, 67-70）。

147 关于阿卡德语中双字母组 √pr 扩充原则的极佳例证，参见 Kienast（2001, 67）。

148 这一年代由 Trigger 给出，参见 Trigger（1982, 495）。在第 500 页，他给出的是公元前 9000 年—公元前 6500 年。

149 关于这一时期的非洲气候图，参见埃赫雷特（2002a, 60）。

150 Takács（1999, 47-8）.

成为牧牛的新石器族群“博维迪安人”，带有提尼里燧石文化。并且，它们显然是埃及前王朝巴达里文化的前身。无论如何，它们呈现出与尼罗河流域旧石器时代末期中石器时代文化的明显断裂。[151] 来自巴达里文化和早期涅伽达（Naqadan）文化的人体遗骸表明，这个时期的“博维迪安人”大体上是“尼格罗人种”，与来自“博维迪安”时期的撒哈拉岩壁画的描述吻合。[152] 并且，在一系列促成上埃及和努比亚法老国家形成的前王朝文化中，巴达里文化居于首要地位。[153]

这些社会无疑是富庶的并且器物精细。它们的撒哈拉前身已经具备先进的知识，这体现在纳布塔沙漠盆地石头圆阵和石阵明确的天文学意图。这些器物被定位于距今 7300 年—公元前 6800 年（公元前 5300 年—公元前 4800 年） 84
之间。[154] 基于这一原因，我们如今推理，埃及的天狼星日历确立于公元前 4233 年，此时正处于巴达里时期（公元前 5500 年—公元前 3800 年）。它远远早于公元前 3400 年前后埃及的统一。这一日历是企图利用天狼星的升起来调和大约 365 天的太阳历的尝试。天狼星的升起，为尼罗河泛滥的开始提供了一个很好的指示。埃及人并没有调整个别日期，而是每 4 年为 365 天增加大约 6 小时，让两套历法独立运行，以致同步性越来越差。它们每 1460 年重合一次。幸运的是，罗马作家肯索里努斯（Censorinus）记载两套历法在公元 139 年重合。借助他的信息，学者们可以向前追溯，找到先前的同步年份：公元前 1317 年、公元前 2773 年和公元前 4233 年。

这一年为埃及学专家带来许多烦恼，因为这个历法被认为始于第一次政治统一或其前后。在 20 世纪上半期，极简派（minimalist）学者试图将统一时间向后推迟，与公元前 2773 年吻合。但是，大多数埃及学专家发现，这个推迟的日期不可能与其余年代和各个法老的统治年代相吻合。[155] 唯一可选的做法是，提议这个历法确立于公元前 2773 年，晚于统一数个世纪。然而，这一处理也因年代属于第一王朝法老哲尔（Djer）统治时期的一块象牙书写板的发现而变

151 Camps（1982, 571-82）. 另见 Hoffman（1991, 144）和 Kindermann,（2000）。哈桑认为水生文明更加融合了尼罗河和撒哈拉元素，参见 Hassan（1988）。

152 关于此论证及相关文献，参见 Keita（1990, 45）。

153 关于上埃及出现国家之前存在的一个努比亚国家，参见 Williams（1980; 1987）。

154 Wendorf et al.（1998）.

155 关于这些年代，参见 Grimal（1992, 51-2）（他将 4233 误写为 4323）。关于传统学者的拒斥，参见 Gardiner（1961, 67-8）。

得不可能。这块书写板明显以天狼女神的形象提到天狼星，天狼女神是天狼星后来的形象，她被刻画为一头卧着的母牛，在两只牛角间顶着一株植物幼苗，象征着年。这一符号表明，在第一王朝时，埃及人已经在使用天狼历。[156]

将这一日历的起始年代定位于公元前 4233 年的处理，未曾被严肃思考。这一失败，在询问一个特定时期的人们**能够知道**而非**的确知道**什么问题上，提供了一个经典例证。事实证明，从中美洲到巨石的（Megalithic）北欧，这一原则是误导人的。正如埃及学专家尼古拉斯·格里马尔指出的那样：“考古遗迹暗示，该文明在这一时期将不会充分发展。”[157] 纳布塔沙漠盆地的遗迹强烈地指明，天狼星日历源于巴达里时期。

考古材料表明，三角洲地区或下埃及在公元前 6 千纪、公元前 5 千纪时，是一个极为不同的社会，社会等级非常不明显。[158] 它们的人口明显是北非沿海居
85 民，与马格里布类似。在 Naqad 文化晚期，两地人口显然融合。在公元前 3400 年前后上埃及征服三角洲地区之后，这一融合得到增强——可能是故意为之。[159]

这样一个模式符合语言学假设，即三角洲地区的前王朝居民使用的是三辅音语言，介于闪米特语和柏柏尔语之间；上埃及的居民明显使用的大体上则是一种双辅音语言，并且可能是声调语言，与乍得语接近。[160] 因此，古埃及语似乎从起源便是一种混合语，它包含了这两大亚非语族的特征。这种可能性并不否定，它可能受到来自南方贝沙语、尼罗-撒哈拉语以及尼日尔-刚果语的影响。但是，主要成分是上下埃及语言。似乎有可能，该语言融合开始于公元前 4 千纪早期，即处于今天称为的涅伽达文化二期，早于公元前 3400 年前后的政治统一。[161] 据推测，这一语言是在阿拜多斯发展起来的，阿拜多斯是这一时期的都城，也是两个王朝的都城。我们从墓葬获知，许多带有下埃及体质特征的人口在第一王朝时出现在这个地区。[162]

---

156 数据参见 Grimal（1992, 51-2）。

157 Grimal（1992, 51-2）.

158 Hoffman（1991, 172-81）and Kemp（1991, 43-4）.

159 Keita（1992, 248-9）. 这一年代是我提出的，不是他提出的。

160 布伦奇做了这个有趣的假设，参见 Blench（2001b）。尽管乍得语带有许多同形同音异义辅音组的声调语言，但是他进行了类型学论证，证明声调语言不太可能发展纯粹的语音文字，因为音调不容易直观描述。这些论证最明显的例子就是汉语和玛雅语。

161 关于支持这一年表的论证，参见本书第二卷第 213—214 页。

162 Keita（1992, 252-3）.

两个地区的紧张状态贯穿于整个古代埃及的历史。埃及是 t3wy（迦南语中为 Misrayim）“两个国家”。这种分裂集中表现在南北部的双王和无处不在的、对两个地区被捆绑在一起的描绘。迟至第五王朝，法老们仍然认为他们是统治北方的南方人。[163]

埃及语是乍得–埃及语和闪米特–柏柏尔语的混合的假设具有许多优势。它将解释，相对于与埃及语的关系而言，为什么闪米特语和柏柏尔语更为接近，尽管后来两者之间的热烈交往使得最初接触的程度难以确定。语言融合也可以解释，为什么埃及语——最古老的亚非语——会失去那么多原始亚非语语音和形态特征，使它不如其他语言例如阿拉伯语古老。它就像英语一样，由于失去词法，它在很大程度上更多地以句法来进行精巧的表达。

在一篇名为《埃及共同语存在吗？》有趣文章中，约瑟夫・格林伯格将来自早期、中期和晚期埃及《金字塔铭文》（*Pyramid Text*）语言以及世俗体–科普特语的埃及语变化与上下埃及的地理区域联系在一起。他论证，语言变化记录了统治地区方言的变化。并且，他认为，象形文字  /b/、 /d/ 和  86
（“idn”），代表的是闪米特语词汇 yd（“手”）、b˃（“来、去、进入”）、˃udn（“耳朵”），而非埃及语词汇。[164] 塔卡克斯强烈地否定了  源自 b˃（“进入”），并证明作为表示“脚”的  在许多库希特语和乍得语中找到。[165] 与此类似，˃udn（“耳朵”）也见于东乍得语和闪米特语。[166] 不管怎样，格林伯格对 /d/ 和“idn”的论证是似乎合理的，尽管他忽视了一个事实，即绝大部分象形文字代表的都是埃及语词汇。

格林伯格在此基础上继续主张，“在三角洲或其附近使用的前王朝语言，在原始王朝（即第一、第二王朝）时期被基于上埃及语言形成的共同语取代。”这一共同语又被以北方语言为基础的早期埃及语取代。[167] 没有证据证明存在哪一种语言比《金字塔铭文》上的更古老，新近发现的第一王朝时期的记事表，

163 Breasted（1908, 119）.

164 Greenberg（［1986］1990, 517）.

165 Takács（2001, 1-2）.

166 Takács（1999, 33-4）.

167 Greenberg［（1986）1990, 518］. 格林伯格借鉴了维奇赫尔的论证，认为古埃及语中最早象形文字的使用缺乏一个 /l/，他们似乎混淆了这个问题。正如我前面探讨过的那样，我认为在闪米特语中是从 n 到 l 的转换，而不是从 n 到 l 的转换。

未能提供这一主张存在例外的证据。[168] 因此，我不能接受格林伯格的第一个主张，因为我没有理由怀疑，在埃及统一之前尼罗河流域的支配语言是以上埃及这一首要实力的语言为基础的。不管如何，/d/ 和“idn”或许代表了闪米特–柏柏尔语和乍得–埃及语融合形成古埃及语的最后痕迹。埃及语中存在着闪米特–柏柏尔语成分，为少数学者主张埃及语是闪米特语的一种，提供了理由。[169]

西闪米特语

在公元前 4 千纪第一次统一后，埃及通过尼罗河在地理上和政治上实现了统一，拥有一种单一的语言。与之形成对比的是，闪米特语，在从埃塞俄比亚到叙利亚和巴勒斯坦等广大地区被使用，分裂成许多语言和方言。其中被证实最早的语言是在美索不达米亚用于书写的阿卡德语和叙利亚的埃卜拉语。其中的文本可以追溯到公元前 3 千纪前半期。这两种语言都提供了与非闪米特语相互影响的证据。苏美尔语受到阿卡德语的极大影响，因为使用这两种语言中的一种或两种的族群密切接触地生活了 2000 年以上。[170] 苏美尔语是一种语言属性受到热烈争论的语言。有些学者认为它是一支孤立语，另一些学者认为它是澳亚语系的一支，与
87 今天仍在印度并被东南亚的孟人和高棉人使用的蒙达语有着亲缘关系。还有一些学者认为它是纳得内语，或者它是诺斯特拉语系的姐妹语言。[171] 埃卜拉语也受到苏美尔语和胡里安语的影响，胡里安语是纳得内语的一支，曾经在西南亚北部被使用，与今天在高加索东北部使用的车臣语和英古什语存在亲缘关系。

一些学者认为阿卡德语和埃卜拉语构成了一个“东闪米特”语系。然而，埃卜拉语不是阿卡德语的一个方言。具有同样的表面合理性，其他学者将它和西北闪米特语放在了一起。[172] 在对闪米特语进行划分的问题上，这仅仅是众多难题中的一个例证而已。这些语言之间的相互影响程度使得传统的分类或多或少有些随意。埃塞俄比亚闪米特语被分为南北两大语丛，它们差不多是古老语

168 《华尔街日报》，1998 年 12 月 16 日。

169 Rössler（1964; 1981）and Rendsburg（1981a, 675）.

170 Cooper（1973）.

171 作为一种孤立语，参见 Ruhlen（1987, 377）；作为澳亚语系，参见 Diakonoff（1997）。关于纳得内语，参见 Bengtson（1997）。关于诺斯特拉语系的一个亲缘关系，参见 Bomhard（1997）。

172 关于归类为东闪米特语，参见 Faber（1997, 7）。至于归类为西北闪米特语，参见 Dahood（1981a and b）and Gordon（1988）。

言，并且或多或少受到了邻近的库希特语的影响。[173] 古代和现代的南阿拉伯闪米特语形成了另外一个语丛。有些学者将阿拉伯语归入南阿拉伯闪米特语中，但另外一些学者则将他归于西北闪米特语。[174]

西北闪米特语一般被认为包括阿拉姆语、乌加里特语和迦南语。阿拉姆语最初在叙利亚内陆使用，但在公元前 1 千纪时，它们作为亚述帝国、巴比伦帝国和波斯帝国的非官方行政管理和商业贸易语言广泛传播。希腊化时代和罗马统治时代，标准阿拉姆语西南亚仍然占据重要地位。胡里安语和它的后继语乌拉尔图语（Urartian）明显影响了这些语言。

乌加里特语是叙利亚北部乌加里特港口使用的语言，该港口在青铜时代末期被毁。许多用阿卡德语写成的文献在港口所在地被发现，但其他许多文献被发现是用本地乌加里特语写成的，它们有一个象形文字字母表。乌加里特语通常被视为迦南语的变种，尽管它不具有后者的一些革新，如著名的由 a 到 o 的转换，这被称为“迦南语转换”。[175] 迦南语通常包括以下语言——更确切地说是方言，因为它们明显能相互理解：希伯来语、腓尼基语、摩押语（Moabite）、阿扪语（Ammonite）和阿玛尔纳（El Amarna）文书的作者所讲的语言，它们表面上是用“阿卡德语”书写的。使这些迦南语方言区别于其他闪米特语的大部分特征，似乎都来自埃及语：例如时态和体态的复杂影响，并且所谓的“waw- 转换”显然来自埃及语虚词 iw 的类似用法。[176]

迦南语也对许多埃及语进行了借用，虽然学界对这一主题极少进行研究。 88
这类词汇中的大部分，与植物、纺织物和其他奢侈品相关。另外一些则具有更大的社会、政治重要性：希伯来语 ḥåtam< ẖåtam 来自埃及语 ḥam（“封印、完成”）。[177] 许多学者认为，希伯来语 ebiôn（“贫穷”）来自埃及语世俗体 abyn 和

173　关于“南埃塞俄比亚语的边缘语言”的语音体系的拟古主义，参见 Bernal（1981）。关于该语音体系的论述，参见 Hetzron（1997, 536）。

174　关于它的模糊性的讨论，参见 Moscati et al.（1969, 13-4）。关于阿拉伯语的不同，参见 Faber（1997, 6）。

175　对于乌加里特语作为一种迦南语的接受，参见 Harris（1939, 11）。法贝尔（Faber）指出，这是一般看法，尽管她自己也将乌加里特语看作“迦南语的西北闪米特语姐妹语言”。Faber（1997, 10-1）。

176　Young（1953）, Gordon（1957），以及 Rendsburg（1981a, 668-70）。兰斯伯格认为希伯来语中的结果时态“仅用于书写方言”。换言之，这些时态具有令人痴迷的“埃及语特征”。在私人信件中，兰斯伯格质疑戈登关于这种词形可从埃卜拉语中找到的看法。参见 Rendsburg（2001）; Gordon（1988, 262）。

177　克莱因认同该论证，维奇赫尔则反对。参见 Vycichl（1983, 272）。关于希腊语 hetoimos（“准备，意识到的”）源自埃及语或迦南语被动分词 ẖåtum/ḥatum（“密封的”），参见第十四章注释 10。

科普特语 ebiēn（“可耻的”）。[178] Mas（“队伍”）似乎来自埃及语 msì（“军队或人民”）。[179] 乌加里特语 ˀadt 和腓尼基语 ˀdt（“女生”）来自晚期埃及语 idyt（“女青年”），并且乌加里特语 ˀand、腓尼基语 ˀdn、希伯来语 ˀåbôn（“主人”）来自埃及语 ìdnw（“代理人、行政官员”）。这些术语反映出了两个地区权力的差异。[180]

许多西闪米特语词汇也能够在埃及语尤其是新王国时期的埃及语中发现。追寻这些词汇更为容易，因为它们是用象形文字中专门用于表示外国语言中的词汇和名字的音节字体书写的。相对于传入西闪米特语的埃及语词汇而言，这些词汇被学者研究得更为充分。詹姆斯·霍克以 595 个词条编写了一本关于埃及语文献中的闪米特语词汇的词典。不过，他指出，这些词汇中，有些原本是埃及语，随后又从迦南语中传回埃及语。[181] 也有可能，闪米特语词汇在更早的时期被埃及语吸收，但是，关于这一起源的类似词形却不易与（1）遗传上相关的词汇以及（2）传入迦南语的埃及语借用词汇区分。

大体而言，虽然埃及语和迦南语属于亚非语系的不同分支，但是，通过公元前 4 千纪的上埃及乍得–埃及语和下埃及闪米特–柏柏尔语的最初融合以及后来有时紧密的接触，它们之间有一种特殊关系。

结　语

关注这一问题的绝大部分学者承认，亚非语系起源于非洲东北部的某个地方。他们也同意，它是诺斯特拉语系的一部分，在与诺斯特拉语的关系上，要么是其“子语言”，要么是其“姐妹语言”。解决这一不明关系的最佳途径是，将亚非语系视为上一个冰川期结束前后即 11 万或 12 万年前尼罗河中游和下游流域人口相对灭绝之后，诺斯特拉语系在尼罗河上游使用的最南分支或者更远的分支。我论证，科伊桑语或科伊桑语族语言桑达韦语和哈扎语与亚非语系语

178　参见 Ellenbogen, Černy and Klein。维奇赫尔遵循弗隆扎罗利（Fronzarolli）的观点，拒绝了这一论证，因为在叙利亚古城马里的文献中这种意义上的 abiyanum 被证实。一个埃及语借用到阿摩利语中，在我看来似乎是不可能的。

179　克莱因认为它源自埃及语 ms（“运送”），而我更倾向于认为它来自闪米特语 msì。

180　这似乎比源于 dyn（“法官”）的通常的闪米特语词源更接近。克莱因对此观点不明。其他学者认为它源自 ˀdn（“变得强壮”），参见 Brown, Driver, and Briggs（1953）。希腊的阿多尼斯通常源自 ˀådōōni（“我的主人”）。我认为罗马语名字安东尼斯具有同一起源。

181　参见 Hoch（1994, 6, n. 16）。

言拥有共同的伴性性体系，这表明它们之间存在着早期接触。存在着最多样亚非语系语言的地区与东非大裂谷而非白尼罗河和蓝尼罗河的汇流处或红海南部滨海地区更近，这一事实和上述论证强烈地暗示，这个地方就是亚非语系的原始家园。 89

从这个中心，亚非语系的分支向外扩散，去利用冰川期之后的全新纪更加温暖和更加湿润的天气所提供的资源。最初分离的奥摩语进入现今的埃塞俄比亚西南部奥摩河畔地区。亚非语系的南库希特语分支扩散进坦桑尼亚，东库希特语分支进入今天的索马里，中库希特语进入埃塞俄比亚北部。贝沙语向更南的方向移动，抵达苏丹河沿岸；乍得-埃及语向西北移动，跨越上尼罗河，抵达南撒哈拉。闪米特语似乎在北埃塞俄比亚或南阿拉伯形成，从这里，它们穿越阿拉伯干草原，抵达美索不达米亚边缘地带，然后继续向叙利亚和巴勒斯坦转移。操这一分支语言的族群迁徙入三角洲地带，并继续向更西方迁徙，在那里形成了柏柏尔语。

在撒哈拉，农业最初发挥的作用不及渔猎和采集，但是天平发生了倾斜。到公元前 7 千纪，农业基本上是畜牧业，基于当地驯化的牛而形成。随着公元前 6 千纪干旱的开始，埃及语分支向东北方向移动，进入尼罗河流域。埃及语族群在那里建立了人口稠密的定居点，并且知识和技术精细。到公元前 4 千纪中期，这些族群在上尼罗河和努比亚建立了两个国家。至少从公元前 4 千纪开始，上下埃及有了贸易文化接触。在这一时期，埃及语明显由南方的埃及-乍得语和北方的闪米特-柏柏尔语混合而形成，它的形成甚至早于公元前 3400 年，此时上埃及征服下埃及实现埃及的政治统一。就这样，埃及语和西闪米特语被紧密地捆绑在了一起，这两种亚非语系语言带来了最大的影响。

第四章　印度-赫梯语系和印欧语系的起源以及二者与其他语言的联系

90 本章探讨的是在今天世界范围使用广泛的印度-赫梯语系及其分支的起源和发展，这两个语系形成的语言学背景，以及这两个语系和与其他语系的相互影响。作为一个整体，本书将分析两种亚非语言即埃及语和西闪米特语对印欧语言和希腊语的影响。在离析这些问题之前，作者有必要审视一下这些亚非语言与原始印度-赫梯语（PIH）和原始印欧语言（PIE）的相互影响。这些相互影响可体现在整个印欧语系的词汇、词法和基本结构上。

印度-赫梯语系和印欧语系的起源和扩散

在 19 世纪上半叶，坚信创造力来自寒冷和海拔甚高的地方的浪漫主义学者认为，印欧语言起源于喜马拉雅山或其他亚洲的山脉。随着时间的流逝，这个原始家园向西迁徙，人们一致认为原始印度-赫梯语是黑海以北的游牧民族
91 所使用的语言。在最近的半个世纪，这个原始家园被一致认为就是所谓的库尔干文化（以特点鲜明的坟冢命名），库尔干文化被证明发生在该地区的公元前 4 千纪和公元前 3 千纪。这一物质文化的占有者似乎向西深入至欧洲，向东南至伊朗和印度，向南至巴尔干和希腊。

在赫梯语被破译之前，人类语言出现了从中亚或西伯利亚大草原向外扩散的总体观点。识读赫梯语的能力使学者发现，它是一种“原始的”印欧语，并进一步确认它是一个完整的安纳托利亚语系。

现在学界普遍认为，在原始印欧语瓦解为其分支语言之前，原始安纳托利亚语便已经从中分离出来。[1] 然而，这是不可能的。要知道，这两个事件发生的时间可能相差 500 年到 1 万年之间。不论怎样，这种区别足以让大部分语言学家将印欧语和更大的印度-赫梯语区分开来。[2]

如果像同众多历史语言学家猜测的那样，不仅印欧语，而且印度-赫梯语发源于黑海以北，那么操安纳托利亚语的族群是在何时，又是如何进入安纳托利亚的？“在……之前的日期”（terminus ante quem）可见于大约公元前 2000 年的早期赫梯人名字，这些名字出现在安纳托利亚中部亚述人设在卡鲁姆卡内什（Karum Kanesh）的商业殖民地的商人报告中。[3] 一些权威学者认为，讲安纳托利亚语言的族群迁徙进入安纳托利亚早在公元前 3 千纪早期便已开始，并与被称为青铜时代早期二期（Early Bronze Age II）的时代的毁灭有关。[4] 另外一些学者则倾向于认为，该事件发生在公元前 3 千纪后期。根据美索不达米亚的材料，野蛮人在此时入侵了安纳托利亚。[5] 这些入侵者似乎更有可能讲的是弗里吉亚语和原始亚美尼亚语，即狭义上的印欧语言。

著名考古学家詹姆斯·梅拉特（James Mellaart）甚至推测，贯穿安纳托利亚北部的毁灭地带记录了赫梯人在公元前 20 世纪末期到达过安纳托利亚中部地区。[6] 那些被证实在毁灭之前便已存在的早期赫梯人名字证明这一观点不成立。

自公元前 3 千纪起发生的其他相对晚近的事件也产生了难题。例如，将赫梯人到达安纳托利亚与印度-赫梯语的最初分裂联系起来，就会迫使印欧语系扩散的时间向后推移到公元前 3 千纪后期，甚至公元前 2 千纪。这一时间定位将很难调和印欧语言的传播与所谓库尔干物质文化的传播之间的联系，据考古

1　林格等人从统计数字上给予了证实。参见 Ringe et al.（2002, 87, 97）。

2　参见前文第一章注释 30—31。

3　关于这一关联的讨论参见参见第二卷，第 218—222 页。另见 Winlock（1921），Von der Osten（1927），以及 Allen（1927）。公元前 2000 年是一个修正后的年代，与公元前 1900 年相对应，它来自最近的一份报告：Kuniholm（2001, 29）和 Manning et al.（2001）。

4　参见 Mallory（1989, 30-1）。

5　参见 Macqueen（1975, 28）。

6　Mellaart（1958, 10）.

92 学证明，后者被确定在公元前 4 千纪。[7] 如果“安纳托利亚”言语在这个时期传播到达了安纳托利亚，也会很难解释这些语言的巨大而又深刻的分化，其中一些语言被证明形成于公元前 3 千纪末期和前 2 千纪早期。它们不仅包括“中部”安纳托利亚语言：赫梯语、卢维语和巴莱语（Palaic），也包括更遥远的语言像吕底亚语、利西亚语，甚至可能包括用 A 类线形文字书写的卡里亚语和克里特语。[8] 如果安纳托利亚语只是在公元前 3 千纪或者甚至公元前 4 千纪末发生分化，那么，即便有可能，也很难解释安纳托利亚语亚语系内部为什么会存在着极端的差异。[9]

印度–赫梯语的一个安纳托利亚起源

印度–赫梯语系的起源很有可能是在第二章提到的构想，该构想由柯林·伦弗鲁提出，而格鲁吉亚和俄罗斯语言学家托马斯·加姆克列利茨和雅克斯拉夫·伊万诺夫则更关注语言细节。这些学者的关于印欧语言（笔者倾向称之为印度–赫梯语）扩散的观点在两个关键方面截然不同：起因和时间。

伦弗鲁将印度–赫梯语的扩散与农业的传播联系起来，因此可以追溯到公元前 7 千纪。他认为那时在中部安纳托利亚，新石器时代文化的创造者已经在使用这种语言。伦弗鲁提出此观点时，中部安纳托利亚被认为在公元前 7 千纪或公元前 8 千纪已经开始进入新石器时代。[10] 如今的观点将该时间提前至公元前 9 千纪晚期。[11] 这片地区地处西南亚农业–畜牧业带的西端。从语言学上讲，这种文化似乎是亚欧语系的产物，也是诺斯特拉语系的产物。原始印度–赫梯语言仅仅是在很长的历史时期内，在安纳托利亚中部和东部使用的若干语言之一。可能，南高加索语（格鲁吉亚语）——亚欧语系和胡里语系以及明显的孤立语哈梯语的“姐妹”语言——极大地影响了赫梯语，甚至为赫梯语提供了名

7　Mallory（1989, 222-8）.

8　参见 Drews（2001, 261），该书对此进行了很好的探讨。

9　关于安那托利亚语系巨大差异，参见 Gamkrelidze and Ivanov（1995, 758-9, n. 2）和 Drews（2001, 257）。关于这些差异的梳理，参见关于这些语言问题的探讨。马洛里公元前 4 千纪晚期“进入”的可能性，尽管他未能发现任何考古证据。参见 Mallory（1989, 27-8）。

10　Renfrew（1987, 168-70）和 Gamkriledze, and Ivanov（1995, 791-852）。最近，伦弗鲁关于原始家园位于中部安纳托利亚的观点的可信性被两位新西兰学者的研究增强，这两位学者提出了一个新的需要：9000 年的语言年表，参见 Gray and Atkinson（2003）。参见 New Zealanders Gray and Atkinson（2003）。

11　参见 Thissen（2002, 81）。

称。（赫梯人将他们自己称为 Nes，将他们的语言称为 Nesili。）

而相比之下，加姆克列利茨和伊万诺夫将印度–赫梯语言成功扩散的原因归结为在公元前 4 千纪末期车轮运输的发展。[12] 他们论证，原始印欧语中的重叠词 *k^{ho}ekk^{ho}lo（“车轮、环状物”）和苏美尔词汇 gigir、闪米特词汇 gilgal/galgal 以及格鲁吉亚词汇 gorgal 相类似，都具有相同的词义，并借此阐明自己的观点。他们认为产生此重叠词的单个词根 *k^{ho}el 说明它的原始词形是印欧 93
语。[13] 他们还在考古学的基础上，进一步提出，传统印欧语专家认为的原始印欧语的原始家园——大草原——那里并没有发现大量集中使用手推车和双轮战车，它们却在西南亚被发现。（他们没有提到集中使用手推车和双轮战车是在美索不达米亚而不是安纳托利亚。[14]）*k^{ho}ekk^{ho}lo 是一个从印度–赫梯语言中借用到非印度–赫梯语言的词汇。这些借用词将在本章后半部分详细讨论。

伦弗鲁与加姆克列利茨、伊万诺夫的另一个差异是，伦弗鲁将印度–赫梯语的原始家园定位在加泰土丘周围的中部安纳托利亚新石器时代的聚居地，而加姆克列利茨和伊万诺夫则认为其曾经存在于该半岛的东部地区。[15] 然后，他们又认为安纳托利亚（赫梯）语系向西迁徙至此地域的中部。[16] 当印度–雅利安人和东部的伊朗人向东、向南迁移时，亚美尼亚人留在故乡。根据加姆克列利茨和伊万诺夫的观点，印欧语族群的主体向东，然后向北迁移，从里海东部延伸到伏尔加河以西、黑海以北地区，即作者们描述为“第二故乡”的地区（参见地图 4）。他们在公元前 4 千纪和公元前 3 千纪将第二故乡与大草原的库尔干物质文化联系起来。在这片土地上诞生了他们所谓的“古代欧洲方言族群”，他们扩散的结果是凯尔特语、意大利语、伊利里亚语、日耳曼语、波罗的海语和斯拉夫语等分支的形成。[17]

两位作者没有把希腊语加入这个语丛中。他们认为希腊语与东部安纳托利亚的亚美尼亚语和印度–雅利安语有联系。亚美尼亚语一直留在故乡，而印度–

12　Gamkrelidze and Ivanov（1995, 621-41）.

13　同上。这个问题不像他们所假设的那么清楚，因为存在着一个亚非语词根“转动”。参见 Orel and Stolbova（1995, 214 §948）。

14　参见 Gamkrelidze and Ivanov（1995, 637），他们在 1954 年用戈登・柴德尔制作的图表来证明他们的观点。我不认为，后来的发现极大地改变了这一分散传播模式。

15　参见 Thissen（2002）。

16　Gamkrelidze and Ivanov（1995, 791-3, 807-8）.

17　同上书，808—811，836—841。

雅利安语向东迁徙到伊朗，最后到达印度。与此同时，希腊语经过安纳托利亚语族群迁徙到西海岸，从那里进入爱琴海海盆。他们支持希腊语起源于东部的安纳托利亚这一假设，提供了许多南高加索语词源。[18]

讲希腊语的族群从爱琴海开始向北迁徙，与来自北方的“古代欧洲方言”族群交汇，在此融合下形成了阿尔巴尼亚语和已经死亡的语言色雷斯语。[19] 加姆克列利茨和伊万诺夫认为，公元前 6 千纪和公元前 5 千纪存在于巴尔干半岛的大的新石器文明是在后来“淹没在印欧语言族群的移民大潮中”的非印欧语言族群。[20]

从语言学上看，加姆克列利茨和伊万诺夫划分的语丛在大多数印欧语专家
94 看来是合理的。尤其是，大部分人一致同意，在希腊语、亚美尼亚语和印度-伊朗语中，例如，一些过去时态以前缀 e- 为标记，这与其他印欧语言不同。一般而言，这三种语言中的同言线（isoglosses）和相似性多于希腊语和意大利语，更不用说希腊语和斯拉夫语或日耳曼语。[21]

尽管如此，加姆克列利茨和伊万诺夫提出的历史和地理构想并不一定是解释这些语言差异的最好方式。他们在年代上的阐述模糊不清：他们仅仅声称原始希腊人在公元前 3000 年前，经过安纳托利亚，跨过爱琴海。[22] 这一年代致使学者们很难理解他们的言语是怎么维持与亚美利亚人和印度-雅利安人的关系的，原始希腊人经过使用安纳托利亚语言的地区时，却没有受到它们的影响。

柯林·伦弗鲁将印度-赫梯语言的传播与农业的发展联系起来。如同在第二章提到的那样，伦弗鲁在他 1987 年出版的书中，就此主题对他提出的观点做出许多创新性的修正。[23] 然而，在下面这两个问题上，他的观点一直未变：（1）印度-赫梯语的原始家园是安纳托利亚中部的而非东部的农业“摇篮”地区；（2）大约在公元前 7000 年，印度-赫梯语随着农业的传播，从这一原始家园向西传播到爱琴海周围。伦弗鲁认为印度-赫梯语族群（如今在从安纳托利亚分支分裂之后，成为操印欧语的族群）继续迁徙到巴尔干、欧洲西部，向东到黑

18 同上书，794—803。这些语言向两个方向都发展。还应该指出的是，许多词汇可能是后来借用的。我在第七章中对希腊语和亚美尼亚语之间独有的关系表示质疑，参见第七章注释 7—73。

19 Gamkrelidze and Ivanov（1995, 805-6）.

20 同上书，806。这也是玛利亚·金布塔斯研究的中心主题，例如，参见 1970 and 1973。

21 另一方面，相对少的同言线将波罗的斯拉夫语和伊朗语分开，参见马洛里的表格，Mallory（1989, 21）。

22 Gamkrelidze and Ivanov（1995, 762）.

23 上文第二章注释 68—70。

海北部。加姆克列利茨和伊万诺夫以及伦弗鲁都修改了传统的、认为大草原是印欧语的原始家园的观点。然而，伊万诺夫把这片地区称为“第二故乡”并与库尔干文化联系起来。[24] 伦弗鲁将大草原仅仅视为一个根据地，印度-雅利安语族群从这里向东南迁徙到伊朗和印度。[25]

伦弗鲁一直强调，自公元前 7 千纪农业传入起，希望文化便开始具有他认为的连续性。在此问题上，他反对他曾经的发掘伙伴即立陶宛考古学家和博学家玛利亚·金布塔斯（Marija Gimbutas）的观点。金布塔斯将印欧语言的扩散与库尔干文化的扩散联系起来。她认为库尔干文化影响到了包括北部希腊在内的巴尔干半岛和中部欧洲大部分地区。[26]

伦弗鲁主张印欧语言伴随农业传播到欧洲西部，取代了那里狩猎者和采集者早期使用的语言。其他考古学家同意在欧洲没有农业革命，农业技术和陶器制造术在公元前 6 千纪从东方传入欧洲中部和西部。不过，这一状况是移民导 95
致的结果，还是那些原来是中石器时代采集者们的当地人对新技术的适应产生的结果，对此他们仍有分歧。

此外，非印欧语族群在欧洲西部存留下来进入了历史时期。巴斯克语至今仍在使用。因此，大多数学者将印欧语言引入欧洲西部的过程视为伴随农业传播而逐渐传播的过程，从公元前 3000 年开始，一直延续到今天。

一个折中的假设

在我看来，加姆克列利茨和伊万诺夫、伦弗鲁、金布塔斯的假设没有理由不能进行协调或者有效地结合起来。我们都接受印度-赫梯语起源于安纳托利亚，反对认为大草原是原始家园的传统观点。加姆克列利茨和伊万诺夫认为“希腊语”曾经跨越了爱琴海，而我同意伦弗鲁的观点，起初的迁徙要早得多，它是随着农业的扩散开始的。我与伦弗鲁的不同之处在于，我认为迁徙族群的语言不是原始希腊语而是印度-赫梯语言的一支。使用这种语言的不同形式的族群向北扩散，在巴尔干半岛创造了公元前 6 千纪和公元前 7 千纪的新石器文

24　Gamkrelidze and Ivanov（1995, 838-9）.

25　Renfrew（1999b, 9-11）. 早些时候，他也考虑过另外一种可能性，即印度-雅利安语族群直接从安纳托利亚东部扩散，参见（1987, 205-10）。

26　Gimbutas（1973, 166）.

化。在这个问题上，我与加姆克列利茨、伊万诺夫和金布塔斯的观点都不同。

接下来，我将探讨 W. H. 古迪纳夫（W. H. Goodenough）在 1970 年提出的方案。他主张来自大草原边缘农业文明地区的族群发展了游牧技术。在这里，兼事农耕和游牧的印度–赫梯语族群，在公元前 4 千纪创造了库尔干文化和狭义上的印欧语。[27] 在这一点上，我赞同那种认为库尔干文化和印欧语言是从大草原开始传播的保守观点。加姆克列利茨和伊万诺夫所称的古代欧洲方言（凯尔特语、意大利语、伊利里亚语、日耳曼语、波罗的–斯拉夫语，可能还有吐火罗语）起源于北方方言，并且较早迁移出来，而印度–雅利安语（亚美尼亚语和希腊语）来自南方方言。

讲印度–伊朗语的族群似乎是在公元前 3 千纪末期从北方渗透到伊朗。在公元前 2 千纪，他们进入中东地区，并且征服了印度北部的大部分地区。他们
96 显然已经把自己称为雅利亚（Arya），即雅利安人。考虑到种族主义者和反犹主义者使用这个名称，极具有讽刺意味的是，“雅利安”这个词有一个亚非语系的词源。它是从闪米特语进入印度–伊朗语的外来词。在乌加里特语中，名字 ˀary 作为一个高贵词汇使用（指一个民族的名称），但是 ˀary（“伙伴”）这个词则显然和埃及语具有相同词义的词汇 iri 存在亲缘关系。[28] 这种亲缘关系只是众多语言迹象中的一个，表示印度伊朗人与美索不达米亚和叙利亚的闪米特语族群有着紧密的联系。胸怀广阔的印欧语专家奥斯瓦尔德 · 切梅林伊（Oswald Szemerényi）主张，原始印度–赫梯语中的五个元音（a，e，i，o，u）在印度–伊朗语中简化为三个元音（a，i，u），是与使用三个元音体系的闪米特语族群接触的结果，这似乎有道理。[29] 切梅林伊强调，这个基础的借用显示，这种接触非常密切。

原始希腊人和弗里吉亚人在公元前 3 千纪末期和公元前 2 千纪早期，携带着库尔干文化，迁居到整个巴尔干半岛。这些希腊人在克里特岛和东爱琴海做了短暂停留，印度–赫梯语在那里存在了几个世纪。弗里吉亚人继续迁徙到安纳托利亚西北部。原始亚美尼亚人似乎在乌加里特统治者驱赶下，在公元前 7

---

27 Goodenough（1970）.

28 在第三帝国时期，西格特（H. Siegert）带着极大的勇气，发表了这些语言与闪米特语之间的关联，参见 Siegert（1941-2）。

29 Szemerényi（1964a, 1-13）.

千纪从弗里吉亚到达他们后来的家乡。[30] 原始印度-赫梯语言使用者远离安纳托利亚人，生活在大草原的第二故乡，彼此之间的联系相对密切。这种模式可以解释横切入印欧语言中的同言线的复杂性。[31] 特别是，它可以解决诸如被加姆克列利茨和伊万诺夫视为波罗的—斯拉夫—印度语同言线的“问题”，他们认为这些语言属于完全不同的分支。[32] 这个模式同时也将印欧语言的多样性与库尔干文化的考古证据联系起来。

印度-赫梯语在东欧的传播可能是从安纳托利亚开始，明显遵循着语言伴随着农业的传入而扩散这个共同模式。另一方面，印欧语言的扩散在狭义上是从黑海北部大草原开始，似乎是后期征服、移民和文化影响的结果。这些可能与马的驯养、手推车以及后来双轮战车的产生都有联系。[33] 这表明这种广泛的发展不能用一种原因解释，学者们应该始终警惕类似的变化有可能是截然不同的变化过程导致的结果。

语言借用表明印欧语系起源于安纳托利亚

加姆克列利茨和伊万诺夫强调他们的原始家园在安纳托利亚的观点，列 97
举了原始印度-赫梯语和安纳托利亚地区及附近地区的语言有惊人的相似之处。他们关于语音学的观点将在第 5 章讨论。在本章，我们看一下他们认为从其他语言或者语言家族进入传统的原始印欧语的外来词。加姆克列利茨和伊万诺夫发现一个外来词，从哈梯语 -prass- 变成赫梯语的 paršana（“豹”）。他们指出在加泰土丘和安纳托利亚的其他地方对于豹的崇拜相当重视。[34] 这种语源说明不是简单易懂的，如同 paršana 可能与印欧语言词根 √prs、√prd、√prq 及亚欧语言词根 √prq 有联系，它们的意思都是“撕、抓”。[35] 加姆克列利茨和伊万诺夫提出从原始印度-赫梯语进入哈梯语言的外来词一些更清楚的例子：原始印

30　参见 Zimansky（2001）。这种种族进化，也在其他文化中存在类似现象。匈牙利的马扎尔人（Magyar），就是被卡札尔汗国（Khazar Empire）驱逐到现在的家园的。参见 Toynbee（1973, 454）。

31　Mallory（1989, 21）.

32　Gamkrelidze and Ivanov（1995, 839）.

33　关于缺乏表示车轮运输的词汇，参见 Darden（2001, 187）。

34　Gamkrelidze and Ivanov（1995, 426）.

35　关于该印欧语词汇，参见 Gamkrelidze and Ivanov（1995, 426）。关于该亚非语词汇，参见 Kammerzell（1994b, 28-9）, Orel and Stolbova（1995, 425 §1988），以及 Takács（2001, 393-4）。

度-赫梯语词根 √wer（“水”）和 √ai（“给予、拿走”）出现在哈梯语中。[36] 加姆克列利茨和伊万诺夫还主张，埃兰语中存在着来自原始印度-赫梯语的外来词；其中，ta（“放置、摆放、位于”）与原始印欧语的 *d$^{[h]}$eH 非常匹配。他们还认为埃兰语中 luk（“火”）源于原始印欧语的 *l(e)uk^{h}。[37] 然而，这也同样源于一个（前）原始诺斯特拉语词根（如果埃兰语是达罗毗荼语的一种的话，那么它属于一个更大的语系）。博姆哈德和克恩斯将原始印度-赫梯语的 *lew-k$^{[h]}$ 纳入一个原始诺斯特拉语词根 *law-/lew（“光亮”）。他们提到亚非语以 -h 结尾的词形。然而，他们没有提到埃及语词汇 rqḥ（“光、火”）（一般在科普特语中写作 rōkh 或 rokh）。这种词形标明两种可能性：（1）以 /kh/ 结尾的词形存在于原始印度-赫梯语言之外的原始诺斯特拉语；（2）这一埃兰语词汇可能是来自亚非语系的外来词。加姆克列利茨和伊万诺夫也同样为埃兰语的 pari（“继续战斗、进军”）提供了词源学解释，认为它来自原始印度-赫梯语的 *p^{h}orH。[38] 这个词汇看起来最终是与原始诺斯特拉语词根 *√p^{h}ir（“生产、出示”）存在亲缘关系；它和埃及语的 pri、科普特语的 peire（“走、出来”）甚至更接近。[39] 其他埃及语中的对应词包括 pri（“攀爬”）、prt（“仪式游行”）（这些词也用于指天狼星的升起）以及 prw（“游行”或者“洪水退却后出现的土地”）。

Pari/e 仅是从原始印度-赫梯语进入胡里语中的众多外来词之一，加姆克列利茨和伊万诺夫还提出了它后来的乌拉尔图语词形。因为这些语言总被认为是东北高加索语和纳得内语，所以它们没有相同的诺斯特拉语词根。但是，如果这些语言与原始印度-赫梯语存在相似之处，那么我们不能确定它们来自诺斯
98 特拉语的哪一分支。例如，加姆克列利茨和伊万诺夫认为胡里语的 ass- 起源于

36 Gamkrelidze and Ivanov（1995, 778）. 这些词根是基于该作者的引用的重构形式给出的。加姆克列利茨和伊万诺夫、博姆哈德和克恩斯等人，遵循了该声门音理论，参见 Gamkrelidze, Ivanov, Bomhard and Kerns（1994）；不过，波科尔尼在研究他认为的传统系统的变形。波科尔尼将这一词根置于的词条 *au̯(e)-, au̯ed-, au̯er 之下，它们导致了赫梯语 wa-a-tar（“水”）的形成，参见 Pokorny（1959, 80）。博姆哈德和克恩斯列出一个诺斯特拉语词根 *wat-/*wət，Bomhard and Kerns（1994, 607 §483）。

但是，我不接受加姆克列利茨和伊万诺夫将希腊语 aisa［“（抽）签”］置于词条 *ai 之下（波科尔尼也不这么认为），因为它明显源于埃及语 isw（“奖赏”），其科普特语拼写为 asu 或 esu。参见本书第十二章，注释 3—6。

37 大写字母 H 表示原始印欧语中音值未知的喉音传统标志。位于塞音后的上标小写$^{[h]}$表示，送气音和非送气音之间的语音而非音位的交替。相关的进一步讨论，参见本书第五章。

38 Gamkrelidze and Ivanov（1995, 779）.

39 乌拉尔图语 pari/e（“提升至，向”）也是这种情况。

原始印度-赫梯语的 *es（“坐下”），博姆哈德和克恩斯认为起源于一个原始诺斯特拉语词根 *$^{>}$as^{y} / *$^{>}$es^{y}（“放下、放置、坐下”）。还有埃及语的 ist 和苏美尔语的 as-te 和 es-de（“座位、宝座”）。[40] 胡里语词形可能是对后者的借用。类似地，加姆克列利茨和伊万诺夫主张，胡里-乌拉尔图语 ag- 来自原始印度-赫梯语的 *√ak̆（“领导”），博姆哈德和克恩斯则认为它是诺斯特拉语词根，这在原始印度-赫梯语和原始亚非语中都有证实。[41] 因此，胡里语词形也可能来自闪米特语。同样，加姆克列利茨和伊万诺夫的主要观点是，哈梯语的 kait（“谷物”）和胡里语的 Kad/te（“大麦粒”）来自原始印度-赫梯语 *Hat$^{>}$（“谷物”）。因此，他们认为：“在原始印欧语言中出现一个表示谷物的共同词汇，哈梯语和胡里语将与这一观点吻合，即农业和某种特定谷物的种植在原始印欧语、哈梯语和胡里语地区得以发展。”[42]

考古学上的观点赞同包括大麦在内的谷物多元化多种植，这一点在上一章已讨论过。[43] 甚至词汇的词根本身也为他们的论点提出了问题。多尔戈波尔斯基提出在亚非语和达罗毗荼语都发现一个诺斯特拉语词根 *√χänt（“谷粒、谷物”）。[44] 博姆哈德坚定地反对这个观点。[45] 然而，-ḥinṭ，这个闪米特语词根而非原始亚非语词根，毫无疑问是存在的［加姆克列利茨和伊万诺夫认为原始印欧语的 *Hand$^{[h]}$（“可以吃的植物”）起源于其他语言］。[46] 然而，-ḥinṭ 在乌加里特语和希伯来语中成为 ḥṭṭ，这个变化标明 /n/ 的同化现象（类似的变化过程在许多高地东库希特语言中也发生过）。[47] 这样的词形可能被借用到了原始印度-赫梯语中，或者是在其中独立发展产生的。鉴于可能诺斯特拉语词根，以及更有可能的安纳托利亚语词形是从临近的闪米特词形那里借用而来的，我们没有道理相信一般谷物的种植，尤其是大麦的种植，是从西南亚而不是更为遥远的南方开始的。

40 Bomhard and Kerns（1994, 567-8 §434）.

41 Ibid, 540 §397. Raimo Anttila’s（2000）. 对原始印欧语 *ag/ 的详尽研究是印欧语专家视野狭窄的极佳体现，参见 Raimo Anttila（2000）。虽然该作者探讨了传入芬兰语中的借用语，但是他没有将该词的词源置入更广阔的视野里进行研究。

42 Gamkrelidze and Ivanov（1995, 779）.

43 本书第三章注释 10—11。

44 Dolgopolsky（1998, 27-8 §18）.

45 Bomhard（1999, 54）.

46 Gamkrelidze and Ivanov（1995, 770）. 对这一词源分析的质疑，参见本章注释 88。

47 相关词根 *ẖund 的情况，参见 Orel and Stolbova（1995, 281 §1272, 300 §1372）。

印度-赫梯语对其他语言的借用

尽管加姆克列利茨和伊万诺夫提出的原始印度赫梯语、哈梯语、胡里安语和埃兰语之间的某些借用词是有问题的，但是他们对原始印度赫梯语起源于安纳托利亚语的论证还有其他材料支撑。他们列举了大量的他们认为南高加索
99 语进入原始印度赫梯语的借用词。南高加索语或者格鲁吉亚语在高加索西南部和安纳托利亚东部。格林伯格不认为南高加索语属于亚欧语系，虽然他愿意承认它属于更大的诺斯特拉语系。他也同意捷克语言学家瓦克拉夫·布莱泽克的观点，认为南高加索语和亚非语之间存在着大量的相互关联。[48] 加姆克列利茨和伊万诺夫提出了南高加索语与原始印度赫梯语存在着相互关联的 20 个例证，他们认为这些词语是南高加索语对原始印度赫梯语的借用。多尔戈波尔斯基和博姆哈德，两个人都认为有一个词汇（但不是同一个词汇）来自诺斯特拉语系。[49] 印欧语专家 J. P. 马洛里（J. P. Mallory）相信，这些类似性或许有一个类似于遗传学的根源。[50] 尽管如此，一些词汇能够成为借用词，这样一来就使加姆克列利茨和伊万诺夫认为原始印欧语或原始印度赫梯语起源于安纳托利亚的观点更加有说服力。[51]

加姆克列利茨和伊万诺夫也为他们对原始印度赫梯语的安纳托利亚原始家园的论证提供了证据，他们认为来自 bỉt 的原始印度赫梯语 *b$^{[h]}$ei（“蜜蜂”）有埃及语词源。或许是这样，但它更有很可能是一个诺斯特拉语词根，甚或原始世界语的词根；下文将对此问题进一步探讨。加姆克列利茨和伊万诺夫没有提到另一个可能的原始印欧语对埃及语的借用，即词根 *√k$^{[h]}$alp，表示与“隐藏、偷窃”相关的概念。博姆哈德认为，表示这些意思的一个诺斯特拉语词根 *√k$^{[h]}$aly / *k$^{[h]}$Ely 在印欧语和达罗毗荼语中被证实。[52] 该词根，像 *kir 一样，

48 Greenberg（2000, 22）和 Blazek（1992）。当然，一些南高加索语借用词可能来自亚述人所讲的阿卡德语，一些亚述人在东安纳托利亚和高加索地区从事贸易行业。它们也有可能来自埃及语，如果我们承认塞索斯特利斯（Sesostris）真的向讲南高加索语的地区进行扩张的话。参见本书第二卷，第 228—230 页。

49 多尔戈波尔斯基与博姆哈德和克恩斯分别列出的词汇是 *diqa（“山羊”）[Dolgopolsky（1998, 45 no. 43）] 和 *bar/bər（“膨胀起来”）[Bomhard and Kerns（1994, 198no. 4）]。

50 Mallory（1989, 151）.

51 原始南高加索语族群可能与黑海东北地区的原始印欧语族群有接触，该地区讲的是南高加索语的一种明格雷利亚语（Mingrelian）。

52 Bomhard and Kerns（1994, 423 § 266）.

也存在于亚非语中。[53] 不过，所有以 -p 结尾的词形，形成了词根 *klep。它显然与埃及语 k3p（“掩盖、隐藏”）同源。[54]

加姆克列利茨和伊万诺夫也列举了一些被原始印度赫梯语借用的苏美尔语词汇。其中有两个与农业相关。他们认为第一个即苏美尔语 agar（“被灌溉的土地、谷地”）是原始印度赫梯语 *ak̄ro（“田亩、土地”）的词源。该词是通过对北部闪米特语族的苏美尔语词汇 ˃ikkår（“劳动者、农夫、耕种”）的借用形成的。不过，该苏美尔语词汇在语义上与那个原始印度赫梯语词根更接近。[55]

第二个词语借用更加复杂。加姆克列利茨和伊万诺夫认为原始印度赫梯语 *k˃°ou（“公牛、母牛”）的词源是苏美尔语 *Nu［d］(=gud，gu)，并且可能是埃及语 ng3w（“长角的公牛”），ng3w 有时缩写为 ng 或 gw。博姆哈德和克恩斯确认了同样的词根，但是他们主张，它是诺斯特拉语词汇，基于苏美尔语词源而来，并且与一个达罗毗荼语词根类似。但是，他们没有提到埃及语词源的词形。[56] 加姆克列利茨和伊万诺夫认为，埃及语中的软腭鼻音 /n/ 的系列音和一个咽音与印欧语中的声门闭塞唇软腭音类似。他们将这些词形和“古汉语”的 *˂kuo 和 *ngi̯e̯u 联系在一起。[57] 然后，他又将这些词形与阿尔泰语词形联系在一起，并且重新声称，“关于‘野牛’和‘长着长角的牛’这两个词语的语言学证据的一致性表明，近东是人类第一个熟悉野牛和被驯化的牛的地区”。[58] 100

正如前一章所表明的那样，关于牛的驯化存在着至少三处区域，两处在亚洲，一处在非洲。[59] 埃及语 ng3w 可能是表示牛的不同词汇的出现导致的结果。令人费解同时又引人注目的是，这些词汇可能有非洲语上，也可能有亚洲语上的联系。奥廖尔和斯托尔博娃提出了一个亚非语词根 *gar（“牛犊、公牛”），

---

53 Orel and Stolbova（1995, 319 §1460）.

54 关于 /3/ 发作 r/l 的音，参见本书第 11 章注释 22—26。

55 此外，埃及的土地神阿克耳（Akr）已经在《金字塔铭文》中得到证实。该词是，埃及语 /3/ 位于字首发作 ˃aleph 的音的罕见例子。关于塔卡克斯的相关讨论，参见 Takács（1999, 273-5）。

56 Bomhard and Kerns（1994, 498 §346）.

57 加姆克列利茨和伊万诺夫（1995）的根据是 Nehring（1935），该书显然早于高本汉（Bernhard Karlgren）的著作。高本汉在一个成体系的基础上对古代汉语进行重构。他的著作里没有收录词形 ‘kuo *ngi̯e̯u。他列出来的是现代汉语中的 niu（“母牛，牛”）（1964, 262 §998）。不过，这个词形被高本汉称为出现在公元前 600 年前后的“古代字形”。更早的“古代字形”带有一个词尾 -g，即 *ngi̯ŭg，这个词形被重构得不是很确定。该字形的确与苏美尔语 *Nu［d］(=gud, gu）更为接近。

58 Gamkrelidze and Ivanov（1995, 492）.

59 本书第三章注释 44。

它为 ngɜw 和 *Nu［d］(=gud，gu）都提供了一个同样好的词源。[60] 可能的亲属词形 gw 能够被放置于另外一组亚非语系语丛中，*gaw 也在柏柏尔语、东乍得语和奥摩语中得到证实。

最后是词首 ng。表示牛科动物的主要原始亚非语词根是 *ɬa。尼日尔–刚果语的基础词根 *na 与 ɬa 之间可能有也可能没亲缘关系。[61] 沃洛夫语中的词尾 -nag“母牛”被推测，可能是对词尾 -g 的扩展。[62] 沃洛夫语属于尼日尔–刚果语系大西洋语族。在古老的班图语——巴萨语（Basa，该语言在喀麦隆使用）中，该词是 nyàga。[63] 奥廖尔和斯托尔博娃认为埃及语 ngɜ 起源于词根 *nag［i］H，同时，他们也认为阿拉伯语 najat（“绵羊”）和西乍得语 *nungi（“母牛”）来自这一词根。[64] 但是，他们对西乍得语 *nungi 不能肯定，因为该词可能是从 nage 那里借用而来，它是 *nungi 在富尔贝语中的对应词，富尔贝语是富拉尼人使用的语言，是另一种大西洋语。[65] 塔卡克斯没有将 ng 或 ngaw 列入可能从非–亚非语系语言借用到埃及语的列表中。不过，此处可能会出现一个埃及语联系。

加姆克列利茨和伊万诺夫也提出了两个词源说明，它们暗示一些苏美尔冶金术传入了原始印度赫梯语族群。第一个是原始印度赫梯语 *r(e)ud[h](“红色、铜、矿石”)，来自苏美尔语 urudu。他们令人信服地声称，金属名称经常来自色彩术语。就此而论，有趣的发现是，在一个双语词汇表中，埃卜拉语对苏美尔语 urudu 的解释是 kàpálu/ kàpáru。[66] 它明显源于西闪米特语 √kpr，这是一个具有很多含义的词根。其中的含义可见于希伯来语 kōp(p)er，即用作红染料的“指甲花”（henna）[67] 如果 kōp(p)er（“红色”）也有“铜”的含义，那么塞浦路斯（Kypros/Cyprus）显然是西闪米特语对该岛的命名，它以产铜而著名，该

60 Orel and Stolbova（1995, 203 §896）.

61 奥廖尔和斯托尔博娃对它的两种翻译 la>（1632）和 sš<（2323）做了区分，参见 Orel and Stolbova（1995）。关于 *na，参见 Blench（1993b, 73）。

62 这个词尾与苏美尔语和古代汉语中的词尾（高本汉的术语）类似。

63 Ndigi（1997, 158）. /ng/ 的发音也见于南班图语，例如参见齐切瓦语（Cinyanja）ngombe（“母牛，公牛”）。

64 Orel and Stolbova（1995, 396 §1832）.

65 参见 Mainz（1993, 82）和 Bilolo（2001, 65）。

66 Dahood（1981b, 282）.

67 Dahood（1981b, 282）. 达呼德（Dahood）的假设是，√kpr 是一种导致 kipper（“赎罪”）（如犹太教赎罪日里做的那样）的（铜制成的）kōōper，虽然牵强附会，但也存在可能。关于对 B 类线形文字 kuparo 指的是指甲花的论证，参见 Helck（1979, 125）。

岛源自金属名称的地名并非在拉丁语中发现的 cuprum 等。[68]

加姆克列利茨和伊万诺夫提出的第二个词源说明，是原始印欧语的金属名称 *(a)wes(k^h)（“黄金”）是从苏美尔语 guskin（“黄金”）那里借用而来。该原始印欧语的词形或许不可靠，但是他们认为表示黄金（人类第一次加工过的金属）的名称，经常用来表示铜或其他金属，这种论证似乎是有道理的。[69] 这 101
些词形表明，原始印度赫梯语族群的确知道这些软金属，并且他们从苏美尔人那里学来了关于它们的知识。[70]

原始印度赫梯语 / 原始印欧语与闪米特语之间的语言借用

根据加姆克列利茨和伊万诺夫的观点，原始印度赫梯语的借用语中给人留下最深刻印象的部分来自闪米特语。考虑到印欧语研究的起源，大多数印欧语专家强烈地反对关于这些语言借用的观点 [71]，便不足为奇了。

原始印欧语 *t$^{[h]}$auro（“公牛”），起源于闪米特语 √tawr。这一词源分析最迟出现在奥古斯特·弗里德里希·波特（August Friedrich Pott）在 1836 年出版的书中。[72] 它不存在于赫梯语中，这就使得这一语言借用与安纳托利亚之间没有联系，尽管它与闪米特语族群有接触，但它更有可能起源于那里而非黑海北部的一支原始印度赫梯语。该词根也不见于其他亚非语系分支，这使得这一语言借用的指向不明确。加姆克列利茨和伊万诺夫遵循传统观点论证：根据词根结构，该词是印欧语对闪米特语的借用，并且期望印欧语 *t^h 原本将会被翻译为 *t^h 而不是齿间音 *t。[73] 但是，这一论证并不完全具有说服力，因为，

68　不过观点，参见 Waetzoldt（1981, 366）。

69　参见 Gamkrelidze and Ivanov（1995, 618, 773）。Pokorny（1959, 86-7），他没有收录这个词根。波科尔尼将 *auso（“黄金”）和 *au̯es（“光，早晨”）联系在一起。加姆克列利茨和伊万诺夫提出的词尾很难得到合理的证明。另外一个例证出现在汉语中，同一个字 *ki̯em（即后来的 jin），即用作表示“黄金”，又表示“金属”。

70　Mallory（1989, 121）. 马洛里接受第一个观点，对第二个观点有些不满。

71　参见 Mallory（1989, 120）。关于印欧语研究中的意识形态背景，参见本书第一卷，第 308—399 页和本卷第一章。

72　参见 Lewy（1895, 4）。相关的详尽研究，参见 Levin（1995, 13-27）。加姆克列利茨和伊万诺夫的观点反映在他们的作品的列表中，参见 Gamkrelidze and Ivanov（1995, 769-73）。

73　Gamkrelidze and Ivanov（1995, 769 and 439）. 莱文明显不确定这一语言借用的方向，因为他写道它证明“印欧语的史前演变不是独立于闪米特语之外进行的”，参见 Levin（1995, 28）。多尔戈波尔斯基没有主张 *tawr 是诺斯特拉语，并且他先前将它列为从闪米特语传入原始印欧语中的借用语（1987, 2）。

一些学者认为被重构为原始闪米特语齿间音 *t 的发音，被其他学者认为应该是送气清辅音 $*t^h$。[74]

原始印度赫梯语 *G［h］ait'（“小山羊、山羊”）。加姆克列利茨和伊万诺夫指出，该词形仅出现在印欧语系两个分支语言即意大利语和日耳曼语中。由于这些语言分支极为古老并且距离西南亚非常遥远，所以该词是一个从闪米特语进入原始印欧语的借用语。多尔戈波尔斯基主张，它源于诺斯特拉语，并且列出的对应词不仅有来自其他亚非语的还有来自达罗毗荼语的。[75] 然而，博姆哈德并未将其列出。奥廖尔和斯托尔博娃也不认为这是一个亚非语词根。不过，大卫·科恩（David Cohen）将 *gady（“小山羊”）作为共同的闪米特语词根列出，并且索尔·莱文认为，*G［h］ait' 和那些闪米特语词形之间存在着亲缘关系。[76] 莱文也列举了汉语言学家张聪东（Tsung-tung Chang）的观点，古汉语中表示山羊的词汇为 * kåt（即现代汉语中的“羯”）。[77] 张聪东认为，这是来自印欧语的语言借用的观点要比这些对应词是原始世界语的一种随机巧合的观点更合理。迄今为止，还没有在吐火罗语中找到它的对应词。但是，如果 *kat
102 而非 *ziang（羊）过去是表示山羊的标准名字，那么关于这一距今 6000 年左右山羊早期出现的考古学证据，将会表明存在着印欧语的早期扩散。[78] 总而言之，原始印度赫梯语 *Ghait' 明显可能是从闪米特语进入原始印度赫梯语的借用语，虽然诺斯特拉语中存在着一个表示野山羊而非驯化山羊的共用词根。

原始印欧语 *ag［ho］n̥o（“羊羔、小绵羊”），源于闪米特语 *ʿigl（“小动物”）。古兹语词形 ʿgwl 甚至更为接近。[79] 不管是多尔戈波尔斯基、博姆哈德还是克恩

74　关于第一个传统解释，参见 Moscati et al.（1969, 43-5）。关于它的反对观点，参见 Bomhard and Kerns（1994, 95）。博姆哈德认为这个送气音最初的发音并不独特。

75　Dolgopolsky（1998, 48, no. 49）. 更早时，他将该词视为闪米特语和印欧语之间的借用词，参见（1987, 2）。

76　Cohen（1970-76, 2：100-1）and Levin（1995, 116-7）.

77　Chang（1988, 38）, Levin（1995, 116-7）. 令人困惑的是 jieyang（羯羊），指“被阉割的公羊”。与偏旁部首“羊”连写汉字 jie（“阉割”），没有被高本汉（§ 313）收录，该字有很多音值来表示一些具有同样“发音”为 *kį at*kįät 的词形，并且演变最终的结果是 jie。在张聪东给出的字形中，没有该字；但是，它们中间的任何一个都可以与 *g［h］ait 相对应。“羊”的最初词义中可能带有“阉割”的含义，这可能是因为与另一个带有 jie（“阉割”）的字混淆而导致的结果。

78　关于考古证据，参见 Pearson（1983, 120-3）。羯族（Jiegu）是一个与匈奴联系在一起的部族，带有另外一个偏旁部首，名称 Wujie（乌揭）显然指的是一个邻近的族群，蒲立本将它视为维吾尔族［Pulleyblank（1983, 456）］。该名称也是一个通常与匈奴联系在一起的部落。

79　莱文重构了该原始印欧语词形的一个唇软腭音 $/g^w/$（“背景”），参见 Levin（1995, 105-6）。

斯，都不认为它是诺斯特拉语词根；但是，* ʿigal（“母牛、牛犊”）明显是一个亚非语词根，并且似乎毫无疑问，它是从闪米特语借用到原始印欧语中的，反过来则不成立。[80] 加姆克列利茨和伊万诺夫解释，印欧语 /n/ 而非 /l/ 是“印欧语中带 *-n- 的、表示驯化动物的大量词语”的存在导致的结果。[81] 我发现，和在第 2 章中提到的介词的情况一样，相信印欧语保存了最初的发音的观点更容易。[82]

原始印欧语 *q^{h}éop^{h}（“猴子、猿”）。该词形遍及整个闪米特语和埃及语，前者为 *qop，后者为 gi/wf。[加姆克列利茨和伊万诺夫的假定似乎有道理，原始印欧语中存在的送气清塞音证明词首 /k-/ 或 /ø/ 是对梵语 kápi 的借用以及冰岛语 api 和英语“ape”（猿）对希腊语 kebos 的借用。] 两位作者将它们解释为后腭闭塞音 *q 的变体。它们来自后腭重读塞音（不一定是声门音）的观点是具有说服力的，即便语言中的交替拼写 q/ø 并不规律。[83]

原始印度赫梯语 *b$^{[h]}$ar（“谷物、去壳谷粒”）。加姆克列利茨和伊万诺夫主张，这一定是一个借用语，因为它罕见的 /a/ 词根发音。正如他们所主张的那样，√bar/√bur 在闪米特语和亚非语中都非常普遍地存在。[84] 不过，博姆哈德和克恩斯认为，bar/ bər 是诺斯特拉语词根，并且也能在达罗毗荼语和苏美尔语中找到。[85] 这种看法虽然没有摧毁但是削弱了加姆克列利茨和伊万诺夫关于 *b$^{[h]}$ar 是从闪米特语传入原始印度赫梯语的借用语的观点的可信性。

原始印欧语 *d$^{[h]}$oHnā（“谷物、面包”）。这个词根仅在印度-雅利安语的波罗的海语和吐火罗语中发现。词根 *duḥn（“小米”）似乎也仅存在于闪米特语中。[86] 加姆克列利茨和伊万诺夫发现，原始闪米特语 /ḫ/ 到原始印度赫梯语喉音 H 的转变比反过来的转变更容易。[87]

80　多尔戈波尔斯基发现了一个诺斯特拉语词根 jir(i)（“动物雄崽”），它可能是一个相关词根，参见 Dolgopolsky（1998, 47, no. 47）。该亚非语词根，参见 Orel and Stolbova（1995, 247 §1100）。

81　Gamkrelidze and Ivanov（1995, 769）.

82　参见本书第二章注释 36。西古拉格语中有词形 gängär [Leslau（1979, 3：273）]，它再一次证明 /l/ 和 /n/ 之间相互易变。

83　Gamkrelidze and Ivanov（1995, 113）. 关于印欧语中的重读塞音的讨论，见下文第五章。

84　Orel and Stolbova（1995, 56 §224）.

85　见本书第二章注释 51 以及 Bomhard and Kerns（1994, 219 § 24）。

86　科恩等人写道，贝沙语和阿加乌语（Agau）中的这些词形是来自闪米特语的借用词。参见 Cohen et al.（1993, 4：250）。

87　Dolgopolsky（1987），多尔戈波尔斯基也认为它是一个由闪米特语传入原始印欧语中的借用语。

103 **原始印欧语 *Hand$^{[h]}$**（“可食用植物”）。加姆克列利茨和伊万诺夫认为希腊语 ánthos（“花”）和亚美尼亚语 and（“田地”）都源自梵语 ándha（“生产神圣甘露的植物”）。并且，他们认为这一词形来自闪米特语 *ḥinṭ（“小麦麦粒”）。[88] 20 世纪早期的印欧语词典编纂学者尤利乌斯・波科尔尼（Julius Pokorny）认为词根 *andh 连同吐火罗语 ant(e)（“平原”），与梵语 ándha 存在着同样的词源联系。尽管这些亚美尼亚语和吐火罗语词形完全可以存在亲缘关系，但是，我将在第十章中论证，希腊语 ánthos（“蔬菜、生命力”）来自埃及语 nṯr（“蔬菜、生命力”）比来自一个原始印欧语词源看似更合理。[89]

原始印度赫梯语 *k'^{o}ern（“磨石”）。该词与闪米特语词根 √gurn- 的对应关系至少在赫尔曼・穆勒 1911 年写的书中便已被发现。[90] 迄今为止，它还没有在其他亚非语系分支语言中被发现。博姆哈德和克恩斯提出了一个诺斯特拉语词根 *Gar-*Gəṛ-，他们将它与南高加索语、达罗毗荼语以及印度赫梯语的 *g^{h}er、*g^{h}or 联系起来，认为它是“grind”（磨碎）等词的词源。[91] 博姆哈德和克恩斯不同意加姆克列利茨和伊万诺夫的观点，他们认为“quern”（手推磨）不是与 *gurn 而是与另外一个诺斯特拉语词根 *k'^{w}ur-/*k'^{w}or-（“压碎、磨碎”）存在着词源联系，该词根没有亚非语词形。[92] 考虑到该词根的重读辅音声调的不确定性，我认为博姆哈德和克恩斯在这个问题上过于严谨。此外，考虑到该词根的闪米特语特性，*k'^{w}ur-/*k'^{w}or- 和 *Gar-*GEr- 之间的确存在着亲缘关系。如果像加姆克列利茨和伊万诺夫那样提出一个由闪米特语进入原始印度赫梯语的借用语，那么博姆哈德和克恩斯在将闪米特语词根与那些以辅音为字首的原始印欧语进行遗传学联系时所面临的困难便迎刃而解。[93]

原始印欧语 *Med$^{[h]}$u（“蜂蜜，蜂蜜制成的饮料，蜂蜜酒”）。加姆克列利茨和伊万诺夫提出，该词是对闪米特语词根 √mtq 的借用。他们的推理是，复杂性的降低要比复杂性的提高更常见，并且该词根不仅作为名词在印欧语中

88 关于多尔戈波尔斯基假设的诺斯特拉语词根 *cant，参见上文注 44。

89 Pokorny（1959, 40）. 另见下文第十章注 5—9。

90 Möller（1911, 99）.

91 Bomhard and Kerns（1994, 502 §351）.

92 Ibid, 497-8 §345.

93 莱文令人信服地提出，*gurn 中的 /u/ 代表唇软腭音，该唇软腭音可见于日耳曼语“quern”和凯尔特语 breuan。参见 Levin（1995, 104-5）。他认为该借用语是从印欧语传入闪米特语中的，而非从后者传入前者。

被证实而且作为名词和动词也在闪米特语中被证实。因此，他们将它视为起源于闪米特语的借用语。[94]

事实上，该词根被证实不仅仅存在于印欧语和闪米特语中，它存在于更多
的语系中。词干 *mit 和 *bit（“蜜蜂”）和它们的产物 *mel（“蜂蜜”）普遍存
在于亚非语系中。[95] 词根 *mit 和 *bit 也在诺斯特拉语系之外被发现。表示蜜蜂
和蜂蜜的重构汉语词汇是 *mi̯ĕt。[96] 它可能是来自印欧语的借用词，虽然不太可 104
能。研究非洲语的刚果语专家泰奥菲勒·奥本加（Théophil Obenga）也指出了
尼日尔-刚果语中明显的对应词。[97] 莱昂内尔·本德认为 *bim、*bi 或 *mbe（“蜜
蜂、蜂蜜”）是源于原始尼罗-撒哈拉语的词根。[98] 类似的词形甚至存在于波利
尼西亚语中。[99] 如此一来，这些词形的词根可能是原始世界语。的确，狩猎族
群和采集族群喜欢享用蜂蜜。

原始印度赫梯语 *P$^{[h]}$elek$^{[h]}$u-（“斧头、战斧”）。自从 19 世纪中期楔形文字被破译之后，学者们惊讶于荷马史诗中希腊语 pélekus 与阿卡德语 pilaqqu 之间的相似性，两者的词义都是“斧头”。[100] 他们了解到，尽管 pélekus 是一个不常见的印欧语词形，但是它在梵语中有一个规则同源词 parasú。此外，他们还意识到，具有“劈开”和“砍刀 / 斧”词义的闪米特语词根 √plq 和 √plg 广泛存在。[101] 他们因此认为，pilaqqu 和 pélekus 之间不可能存在着亲属联系。加姆克列利茨和伊万诺夫对这个难解问题提出的处理是，令人信服地主张它是来

94 Gamkrelidze and Ivanov（1995, 771）.

95 Takács（2001, 109-10）and Bomhard and Kerns（1994, 657 §535）.

96 Karlgren（1964, 114 §405r）.

97 Obenga（1993, 330 §84）.

98 Bender（1996, 80 § ss24）.

99 Witzel（1999, 59）.

100 在先前，他们可能对阿拉姆语词汇 pilqå 表示疑惑。表示“斧头”的苏美尔语词汇是 balag，它明显与阿卡德语词汇 pilaqqu 是相关词。语言借用方向一定是从闪米特语到苏美尔语，因为 plg/q 深深根植于阿拉姆语。

101 关于该主题的 19 世纪参考文献，参见 Muss-Arnolt（1892, 85）。相关词根 √png（“撕裂”）和 √pnq（“奔流”）可见于埃及语，它们在亚非语中的其他语言中有同源词。参见 Takács（2001, 450-2）。奥廖尔和斯托尔博娃重构了以亚非语词根 *pal（“砍，分开”），参见 Orel and Stolbova（1995, 416 §1938）。他们（423 § 1979）详述了 *pilaq（“刀子”）。博姆哈德和克恩斯认为 plg/q 是诺斯特拉语词根 *p$^{[h]}$il^{y}-*p$^{[h]}$el^{y}-（“撕裂，劈开”）的扩展词；参见 Bomhard and Kerns（1994，230-1 §35）。他们中间，没有人提到埃及语或苏美尔语词形。在这种大背景下，马洛里抛弃了“这个完全讲不通的类似词汇”，因为它纯粹是“迷失的词汇”，参见 Mallory（1989, 150）。他的这种观点明显说明了他的意识形态立场。

自闪米特语的借用语，当时希腊语和印度–雅利安语这些印欧语分支仍未分裂。这一变化过程一定发生在印度–雅利安语软腭音 k［h］y > s 彻底转变为 S 音之前。[102]

原始印欧语 *Sek［h］ūr-（“斧头、战斧”）。加姆克列利茨和伊万诺夫认为它是来自闪米特语词根 sukurru（“标枪”）的一个借用语，该词被证实存在于阿卡德语中，并且拉丁语 secūris 和旧教斯拉夫语 sekyra（“斧头”）来自希伯来语 segor（“斧头”）。这两种语言都属于他们所描述的古代欧洲方言，这一事实使他们确信该词形是一个早期借用语。[103]

然而，这一构想中还存在着其他难题。首先，词汇 ságaris (5)（“斧头”）存在于希腊语中，并且像几乎所有以 s- 为字首的希腊词汇一样明显是借用语。既然它和斯基泰人和波斯人联系在一起，那么这个词应该来自这些语言，但是尚未在印度–雅利安语中发现它的任何踪迹。Ságaris 也被广泛地认为是希伯来语 səgor（“战斧”）的词源。[104] 闪米特语词根 √sgr 的含义是“关住、关闭、囚禁”。词语 səgôr 的含义是“围起来、包起来”。拉丁语 sēcurūs 一般被认为来自印欧语词根 * sek（“砍”），并且可能是印欧语词根 *sek（“砍”）和 cūra（“消除担心”）
105 演变的结果。这一迷人的古代解释明显是一个语言的通俗演变。来自迦南语（可能是布匿语）的借用语 səgôr 或者 √sgr 的被动分词形式 sågur/såkur 更加有可能是如此。交替拼写 sgr/skr 在希伯来语和腓尼基语中都可以找到。

原始印欧语 K［h］laHw（“锁、关、钥匙”）。加姆克列利茨和伊万诺夫认为该词形源于闪米特语词根 *k-l（“控制、抑制、锁住”）。不过，博姆哈德和克恩斯假定 *k^{h}al-*kh^{ə}l（“守卫、保留、看守”）是一个诺斯特拉语词根，即便他们能够在印欧语和闪米特语之外找出的唯一词形是苏美尔语 kal（“拿、保持、保留”）。[105] 该词形也很有可能来自阿卡德语 kalû。

原始印欧语 *naHw-（“船、舰船”）。在这个问题上，加姆克列利茨和伊万诺夫具有创造性或者说有些牵强附会。他们认为 *naHw- 源于闪米特语词根 *ˀunw(at)（“舰船”）。这一词源发展需要字首 ˀu- 与喉音换位，以便使词根中的元音变长。博姆哈德和克恩斯为他们描述为原始印欧语 *neʕɦ（喉擦音）的

102 Gamkrelidze and Ivanov（1995, 620, 771）.

103 Sekyra 也可能是从 sēcūris 借用而来。

104 参见 Brown，Driver and Briggs（1953）和 Klein（1987）。

105 Bomhard and Kerns（1994, 409 §248）.

词形提供了一个诺斯特拉语词源 *noʕɦ（“帆、船”）。他们着重强调这一变化进程，并且将该词形和亚非语 *neʕ-/*nəʕ（“来、去、到达、旅行”），（尤其是）埃及语 nʿi 和科普特语 na（“乘船旅行”）联系起来。[106] 还存在着一个类似词形 nyw（“罐、舰船”），或许也与之相关。[107] 该词形要么是一个共同的诺斯特拉语词根，要么是一个从埃及语进入原始印欧语的借用语，这似乎要比加姆克列利茨和伊万诺夫的闪米特语词源演进更合理。

原始印欧语 *k[ho]r(e)i（“买、交易、物物交换”）。20 世纪早期，赫尔曼・穆勒提出该词根来自闪米特语 *kri。[108] 它在语音上和语义上都很符合。

原始印欧语 *t’ap[h]（“牺牲”）。该词根在从拉丁语到吐火罗语的印欧语和闪米特语中广泛存在。加姆克列利茨和伊万诺夫提出，它的确如此，尽管可能有时与诺斯特拉语词根 *t[h]ap[h]（“火、燃烧”）混淆。[109]

原始印欧语 *Hast[h]er-（“星”）和闪米特语 *ʿttar（“神星、金星”）。这两个词形明显具有亲缘关系，但是它们之间亲缘关系的性质根本就不明确。加姆克列利茨和伊万诺夫在这个问题上出现了自相矛盾。他们首先论证该借用语是从闪米特语进入印欧语的，因为闪米特语中的字首 ʿayin 与印度-赫梯语中喉 106
音 H 相对应。随后，他们进一步指出，如同在闪米特语中一样，在印欧语的不同语言分支中齿间摩擦音 /t̠/ 变成 /s/ 或 ø 的现象非常多。[110] 然而，在一个脚注中，这两位作者论证，这是一个从印度-赫梯语进入闪米特语的借用语，因为 * Hast[h]er 中的组成部分可以在印度-赫梯语中被解释，但 *ʿttar 中的组成部分却不能。[111] 然而，约翰・佩尔曼・布朗（John Pairman Brown）论证，*ʿttar 源于女神伊斯塔尔（Ištar）的苏美尔-阿卡德语名字。随后，他暗示，这一词形本身可能是“一个非常古老的、来自印欧语的、表示星星的借用语”[112]。不管词源演变方向是哪一种，这两个词根的亲缘关系表明早期印度-赫梯语族群和闪米特语族群之间存在着密切接触。

106　如维奇赫尔所解释的那样，船的义符表明它的基本词义指的是水上航行，参见 Vycichl（1983, 136）。

107　Orel and Stolbova（1995, 399 §1850）.

108　Möller（1911, 141-2）.

109　Bomhard and Kerns（1994, 277-8 §92）.

110　Gamkrelidze and Ivanov（1995, 591-2, 772）.

111　Gamkrelidze and Ivanov（1995, 772, n. 14）.

112　Brown（1995, 339）.

原始印欧语 *Sep[h]t[h]ṃ（“七”）。加姆克列利茨和伊万诺夫遵循来自穆勒及其以前的观点，认为它源于闪米特语 * sabʿ 的阴性词形 * sabʿ -at。[113] 他们论证：“比五大的数字的借用是一个在许多语言中被证实的广泛现象，它尤其可以解释为密切接触和文化互动的结果。”他们也认为原始南高加索语词形 *swid 源于该闪米特语的阴性词形。[114]

加姆克列利茨和伊万诺夫不接受穆勒类似的词源说明，即他认为印欧语词根 *s-ǵ-（“六”）源于闪米特语。[115] 波科尔尼描述道，该词根不确定是 *su̯ek̄s、*sek^s、*ksek̄s、*ksu̯ek̄s、u̯ek̄s 或 uk^s。[116] 该词的梵语词形是 xát，但它的阿维斯塔语词形则是 xsvas。字首音丛 xsv 在印欧语中没有对应词形。这表明，它是一个来自闪米特语词形的借用词？情况更加复杂，中缀 -d- 被发现于古兹语和其他埃塞俄比亚语中表示阳性词形中的“六”。阿卡德语和希伯来语的词汇以 s--s/t 为基础形成。传统观点认为该闪米特语词根是 *sds，但它不适用于西南亚诸语言。[117] 索尔・莱文利用埃及语词形 sis 或 srsw，推定该亚非语词根是 *SeCS（S 代表咝音或者相关的摩擦音，并且 CS 代表一个未加说明的辅音）。他进一步论证，中缀 -d- 是被插入的，以避免令人困惑的咝音。他也强调六和七相连数字在美索不达米亚文化和西闪米特文化中的重要性。例如，可以看到的七颗行星、一星期的七天、用于创造的七天和六天之后的休息，更不用说六十分制了。[118]

107 **原始印欧语 K[h]ṛ-n** 和闪米特语 *qarn（“角”）。最后，加姆克列利茨和伊万诺夫举出了这个例证。印欧语专家阿兰・努斯鲍姆（Alan Nussbaum）在他的名为《印欧语中的头和角》的书中专门探讨这一术语。[119] 这是判断努斯鲍姆还有他的老师、同事以及审阅人戴有文化有色眼镜的主要指标，在他对这两个印欧语词根 *k^{h}er（“头”）和 *k^{h}ṛ-n-（“角”）进行研究的过程中，他没有提及，

113 Möller（1911, 227），这个观点也被马洛里接受，Mallory（1989, 150）。

114 Gamkrelidze and Ivanov（1995, 772）.

115 Möller（1911, 217）.

116 Pokorny（1959, 1044）.

117 例如，参见 Leslau（1979, 3：536）和 Szemerényi（1960b, 79-146）。奇怪的是，切梅林伊基于亚美尼亚词形 weks，认为该原始印欧语词形 u̯ek̂s，并且字首 s- 只有通过根据 *septm 类推才增加的，参见 Strangely，Szemerényi（1978）。传统的观点认为的 *sweks 更有可能。

118 Levin（1995, 405-7）.

119 Nussbaum（1986）. 相关讨论，另见 Bernal（2001, 112, 411, n.17）。

更不用说探讨，*qarn 是闪米特语中表示角的词根。

加姆克列利茨和伊万诺夫论证这是从原始印欧语到闪米特语而非反方向的语言借用。[120] 他们主张这一借用方向，是因为 **k$^{[h]}$ṛ-n 源于词根 *k̂$^{[h]}$r（“顶部、头”），该词根不存在于亚非语系中。索尔·莱文也论证，*qarn 是从印欧语传入闪米特语的一个借用语，理由是它在亚非语系的其他语言分支中未被证实。[121] 然而，埃及语中有词语 qꜣ（“高的”）和 qꜣꜣ（“小山”），它们在柏柏尔语、闪米特语和低地东库希特语（Lowland East Cushitic）中都有同源词。[122] 奥廖尔和斯托尔博娃将它们视为闪米特语 *qarn、晚期埃及语 qrty（“两个角”）和奥摩语 qar（“角”）的对应词。[123] 不管借用方向如何，这两个词根明显的类似性，表明闪米特语族群和原始印欧语族群之间存在着密切接触。

赫梯语 šall-i-（“国王的”），来自阿卡德语 šarr-um（“国王”）。它是一个关键术语，应该是来自阿卡德语的借用语，这一点很重要，但鉴于已知操阿卡德语的亚述商人和赫梯语族群在公元前 2000 年左右就发生过的接触，也无须对此感到惊奇。或许，这些接触发生的时间会更早许多。[124]

在这一节结尾时，加姆克列利茨和伊万诺夫列举或重复了大量原始印度赫梯语-原始印欧语和许多西南亚语言之间的重要词汇交换。一些词源分析看似不太可能，另外一些也可以从诺斯特拉语系中共用的词根词源衍生出来，而非语言借用解释。不过，仍有一个核心问题，尤其是来自闪米特语的借用语的核心问题，没有被解决。除非证明在安纳托利亚语和原始印欧语中都正式存在着一个借用语，不然的话，它不能够用来作为证明安纳托利亚是印度-赫梯语的原始家园的证据。事实上，加姆克列利茨和伊万诺夫的观点几乎没有一个能够跳过这一双重障碍。然而，这些词汇交换和从闪米特语传入原始印欧语的借用语的形态和结构证据——我希望能够在下文中证明——表明闪米特语族群和原始印欧语族群之间存在着极为密切的亲缘关系，在公元前 4 千纪原始印欧语发生分裂之前尤为如此。

120 即便他们是对的，努斯鲍姆的忽略的意义也是不能低估的。

121 一个相关的参考书目，参见 Levin（1995, 29）。

122 Orel and Stolbova（1995, 337 §1552）.

123 同上注。霍奇没有将该词列入从闪米特语传入晚期埃及语中的借用语，参见 Hoch（1994）。

124 Ivanov（2001, 146）. 他认为该术语源于一个常用的闪米特语词根 √sl（“强有力的”）。

超越词汇：亚非语和印度–赫梯语之间更多的借用

108 一种语言的任何特性都能够转移到另外一种语言那里。然而，一般而言，借用存在着等级：最容易借用的是实义词，主要是名词；然后是功能词，即连词和副词小词；随着接触的深入，接下来是介词和后置词，这种借用涉及某些结构变化；在进一步发展，伴随着强大的文化压力，会出现或多或少的重大结构变化。[125] 当我们考察亚非语和原始印度赫梯语之间的亲缘关系时，很难将那些更为基础的变化从来自诺斯特拉语的共用词源中区分出来。例如，否定词 /n/ 通用于整个诺斯特拉语系，然而介词 *en（“在……中”）、*an（“在……上”）和 *ad（“往……”）（在第 2 章中提及过）仅在原始印欧语和亚非语中得到证实。[126] 因此，要么它们可能是其他语言分支不使用的、诺斯特拉语共用的词形，要么它们是借用语，可能来自从闪米特语到原始印欧语的借用语。

一个带有类似模糊意义的形态特征是词尾 /-ī/，它用在印欧语中主动名词和被动名词上时，一般意思是“属于”；后来，它用作表示所有格或方位格。这种状况也出现在亚欧语系的其他语言（如阿伊努语、阿留申语、因纽特语）分支中，也可能出现在楚克奇语和朝鲜语中。[127] 然而，具有印欧语对应词的亚非语甚至更为明显。所谓的 nisba 词形 /-ī/（“属于”或“……的人”）既能在埃及语中又在闪米特语中找到，诸如 Iraqi（伊拉克的）、Baghdadi（巴格达的）、Jordani（约旦的）、Israeli（以色列的）等同时代词形。在原始闪米特语中，nisba 和带有所有格词尾联系在一起，这些所有格词尾能够在埃卜拉语、阿卡德语和阿拉伯语中找到；并且，原始印欧语 -ī́ 也是如此。[128] 因此，这些一致性像那些介词的一致性一样，它们表明存在着该原始印欧语对诺斯特拉语词根或亚非语词根的借用，或者对两者的借用。

125 相关构想，参见 Thomason and Kaufman（1988, 74-6）。

126 参见本书第二章，注释 35—36。

127 Greenberg（2000, 153-4）.

128 关于相关埃及语词汇，参见 Loprieno（1995, 56）；关于相关闪米特语词汇，参见 Gordon（1997, 108）。Moscati et al.（1969, 94）对短音“-ĭ”进行了论证；Levin（1995, 127-9），莱文对长音 ī 进行了论证。关于这个所有格词尾与 nisba 之间的可能关联，参见 Kienast（1981, 90）。在贝沙语中，所有格后缀是“-i”或“-ii”；Hudson（1976, 109）。

印欧语基于性别的性体系发展

对像性这样基础的结构体系的“借用”，要求不仅存在着两个语言族群之间的密切接触，而且存在着词汇以及其他语法要素的交换。在第三章中，我认为，亚非语系中的双性词性体系可能源于科伊桑语。在那个问题上，处理的是非常遥远的过去，并且我们对东非的科伊桑语几无了解，所以，只有可能发现 109
一些词汇借用。在亚非语，或者尤其是闪米特语和原始印欧语的问题上，如上文所表明的那样，我们有更多的证据。

根据传统定义，“性是反映在相关词行为中的名词种类”[129]。根据这一定义，性在世界各语言中是极为普遍的存在。然后，我关注的是反映有生命—无生命和阳性—阴性对比的双性体系的有限子集，它们明显不经常出现。

尽管性别–性体系可以在（狭义上的）印欧语的每一个语言分支中找到，但是这一体系提出了两个有趣的问题。[130] 其一，印欧语是唯一一种存在着基于性别的性的亚欧语系语言；其二，语言学家普遍承认性体系不是印欧语的基本体系。像其他语言一样，原始印度赫梯语有一个二元结构倾向。在这种情况里，主要是“主动”名词和“被动”名词的二元结构。成对的动词也符合这种分类。[131] 被动名词以 -om 为标志，主动名词先是没有标志，后来则以词尾 -s 或 -os 为标志。主动名词的复数形式通过添加一个 -s 形成。被动名词不被认为具有复数形式，因此它们要求动词使用单数形式。不过，有时它们被认为有一大群，出现这种情况则以 *-ā 标识出来。[132]

这个观点的主要部分被普遍认可。然而，这些词尾怎样与阴性词结合在一起，却被热烈讨论。1906 年，新语法学者卡尔·布鲁格曼论证，一些语义转变“导致只有两个或三个抽象的或集合的 /ā/ 和词干或词形 ī/ya-ī/īī 指明词语的阴性，这少量词形的类似性吸引力足以把标明为阴性的大部分词语划入这一独

129　Hockett（1958, 231），在 Corbett（1991, 1）中被引用。

130　丹麦语和瑞典语中的“通性”（“common gender”）是阳性和阴性合并的结果。不过，冰岛语和挪威语中的尼诺斯克语（Nynorsk），却将最初的三种性——阳性、阴性和中性完全保留。

131　Gamkrelidze and Ivanov（1995, 255）.

132　Brosman（1982, 253-4）.Gamkrelidze and Ivanov（1995, 245-6）. 他们倾向于 *-aH>å。如切梅林伊所指出的那样（1985b, 20; 1987, vol. 1, 415），它可能会误导学者们提出赫梯语中没有证据证明的喉音。

具特色的阴性词种类”[133]。布鲁格曼暗示，共用的印欧语词汇 *g^{u}enā（*k’^{w}enā）（“女人”）最初是表示“生产、分娩”的抽象词。因此，它有一个抽象词复数后缀 -ā。[134] 根据同样无说服力的理由，他指出，原始印欧语 *ek^{u}a(*ek^{ho}ā) “**可能最初指的是**一大群马”。这两个例证为他提供了理由，说明语义转变会带来一个带词尾 -ā 的阴性词类的确立。[135] 随着赫梯语被破译，布鲁格曼假说的可信性得到了极大的提升。首先，在赫梯语中没有发现明显的性体系；其次，元
110 音变长可以被解释为赫梯语中实际存在的喉音导致的结果，这个喉音在印欧语系中已经消失。[136] 语言学家保罗·布罗斯曼（Paul Brosman）研究加姆克列利茨和伊万诺夫关注的主题，他接受布鲁格曼的总体假设，但主张 *k’^{w}enā 中的词尾 -ā 不是来自抽象复数形式。取而代之，他认为赫梯语的破译只是一个支持这种转变的巧合而已。[137]

在关注布鲁格曼著作的那些年里，许多学者将他的观点视为闭门造车而加以抛弃。[138] 唯一不同的做法来自法国语言学家安托万·梅耶（Antoine Meillet）和安德烈·马蒂内（André Martinet），他们认为阳性词和阴性词之间的区分是用字首的指示结构 *so 和 *sā 来进行判断的。[139] 其他学者做出的仍然是可能性较小的解释。例如德国历史语言学家格茨·温霍尔德（Götz Weinold）提出，阳性—阴性—中性三向区分是一种自然产物，与他所认为的印欧社会的三重结构相对应；所以，他的观点深受乔治·杜梅齐尔（Georges Dumézil）和其他雅利安神秘主义者热捧。[140]

1975 年，美国语言学家洛基·米兰达（Rocky Miranda）使布鲁格曼的最初假说获得了新生，他指出一个词的类似例证可以产生一整套新的词性。根据米兰达的观点，印度–雅利安语分支孔卡尼语在印度西海岸的果阿周围地区使

---

133 Brugmann（1897）. 这是布罗斯曼对布鲁格曼论证的概述，参见 Brosman’s summary（1982, 254）。

134 Miranda（1975, 203）. 米兰达引用来自莫里斯·考吉尔（Maurice Cowgill）的私人通信，没有发现由“分娩”产生“女人”的类似情况，并且没有任何语言缺乏表示“女人”的词汇。米兰达本人支持布鲁格曼的观点。

135 Brugmann（1897, 27）.

136 例如，参见 Lehmann（1993, 152-3）。

137 Brosman（1982, 260-1）. Gamkrelidze and Ivanov（1995, 245-6）.

138 相关参考文献，参见 Brosman（1982, 254）。

139 参见 Brosman（1982, 259）; Szemerényi（1985b, 19; 1987, 1: 414）。

140 Weinold（1967）; Dumézil（1958）. 对杜梅齐尔这方面的观点，马洛里有一个很好的概述，参见 Mallory（1989, 131-5）。

用，当词汇 čedu（“孩子”，但首要词义是“女孩子”）被从中性词划分到一个新的阴性词类型时，孔卡尼语发生了一个重要的结构性变化。这一变化影响到了整个体系，“中性词变成了第二种阴性词”[141]。这种词性改变不及印欧语的转变激烈，印欧语从主动—被动两性体系转变为阳性—阴性—中性三向结构。不过，它展示了一个核心词汇可能具有的吸引力。保罗·布罗斯曼利用米兰达的著作，进一步支撑他对布鲁格曼观点的修正。[142]

其他学者却仍然表示怀疑。例如切梅林伊，他具有说服力地论证，原始印欧语中的长元音不应该是因为喉音消失造成的，除非喉音被证实存在于赫梯语中，它们不存在于集合名词或中性名词的复数形式中。[143] 他也对赫梯语缺乏一个阴性词类的总体假设提出质疑。[144] 他明确指出，布鲁格曼假说构建的基础原始印欧语词根 *k’^{w}enā，它的最初词形是 *g^{w}en（*k’^{w}en），他的词尾 -a 已经是一个阴性后缀。[145]

印度–赫梯语词性的闪米特语起源

据我所知，在关于词性的所有复杂论证中，没有一位印欧语专家将目光投 111
向印欧语系之外。鉴于我们所知的词汇交换和可能存在的语法影响，对于印欧语阴性词出现存在一个亚非语解释的可能性问题，似乎值得思考。如上一章所述，几乎所有的亚非语系分支都是在对阳性词和阴性词进行严格区分的基础上组织起来的。北亚非语系族群与印度–赫梯语族群存在的接触已被考古学证明，从词汇借用和纯粹的地缘邻近上都可以看出，毫无疑问印度–赫梯语族群知道基于性别的词性原则。

1959 年，伊斯万·福多尔提出了一个重要观点，性别词性的组织原则与存在于许多无性语言中的标示词性的后缀不同。[146] 不过，在这个问题上，亚非语和印欧语中语音标记的两个一致性和类似性，使印欧语核心结构原则是借用

141　Miranda（1975, 212）.

142　Brosman（1982）.

143　Lehmann（1993, 152）. 莱曼是这样认为的：“在性作为一个语法范畴被引入之前，-h 便失去了它的辅音值。”

144　Szemerényi（1985b, 19-20; 1987, 1: 414-5）.

145　Szemerényi（1985b, 19; 1987, 1: 414）. 另一位匈牙利语言学家认为，三性体系过于古老，以至无法通过比较方法来研究，参见 István Fodor（1959, 190）。

146　Fodor（1959, 19）.

的观点更加令人信服。

阴性词标记 *-t（未见于科伊桑语）存在于闪米特语、埃及语、库希特语、乍得语、柏柏尔语以及奥摩语的一些例证中。[147] 该后缀的发音较为难确定，但是，在闪米特语和埃及语中，两个语言家族提供了一个古老的证明，原始印欧语族群可能接触过它，即该标记的支配词形在名词单数中是 *-at，在名词复数中是 *-āt。[148] 埃及学专家兼语言学家安东尼奥・洛普列诺对埃及语中单数形式的阴性标记的总体情况进行了探讨，辅音或 A- 词干之后的是 -at，U- 词干之后的是 -ūt，I- 词干之后的是 -īt。[149] 在阿卡德语中，正常状态下，后缀是 -at-(um) 或 -t-(um)，在复数形式中是 -āt。在独立状态（the absolute state）[*] 下，它在单数形式中是 -at，在复数形式中是 -ā。[150]

如上所述，自 19 世纪起，语言学家们开始关注印欧语中阴性标志 -a 或 -i 以及中性复数标志或抽象标志 -a 的发展。这一中性复数标志也有可能是从闪米特语那里借用过来的。在阿卡德语中，抽象词汇中带有词缀 -ūt。[151] 根据洛普列诺的观点，类似的埃及语词缀 -wt 是“词法上的阴性，但在应用于阳性名词时经常出现在集合名词词形里”[152]。埃及学专家珍妮・沃格特（Jean Vergote）认
112 为，中期埃及语 -wt 具有两个不同词义，这是他对来自科普特语的重构：第一，*-ūwat 包括“真正的集合名词”；第二，*-āwat“一般被看作一类抽象名词”。[153] 不清楚这些埃及语 -wt 的重构是否适用于阿卡德语 -ūt。不管怎样，早期楔形文字的不准确性使这个想法极有可能成功。在苏美尔语中，表示它的文字似乎已经被设计好了，/w/ 比较罕见，并且可能比较次要。因此，在公元前 3 千纪，

---

147 Ehret（1995, 27）.

148 Moscati et al.（1969, 84-5）; Vergote（1971, 51）.

149 Loprieno（1995, 59）. 最后一个后缀如果被发现存在于闪米特语之中，那么它将能解释原始印欧语尤其是印度–伊朗语中的 -i 阴性词形。

* 在闪米特语中，当一个名词与其他名词不发生语法联系（grammatically linked）时，它便被称为处于独立状态。——译者注

150 Buccellati（1997, 77-81）.

151 同上书，第 76 页。

152 Loprieno（1995, 60）. 有趣的是，普林斯在她的详尽研究中称，传统观点认为的“中性复数形式”最好被视为集合词形，参见 Prins（1997, 249）。

153 Vergote（1971, 51）. Vycichl（1983, 289），维奇赫尔以同样的方式重构了词尾 -wt，参见 hbsōō 词条。他们的重构词形如今被来自埃卜拉语中的类似情况进一步证实；参见 Garbini（1981, 79-80）。

它被用来表示 wa、we、wi 和 wu。[154] 如果情况是这样的话，那么 *-āwat 和 *-ūwat 明显足以解释赫梯语集合名词后缀 -ā，还能够为它与原始印欧语阴性后缀 -ā 之间的联系提供一个原因。

在原始印度赫梯语或原始印欧语中，找不到词尾 *-t 的踪迹。不过，阻止借用闪米特语词尾 -at 的语音障碍不是像人们猜想的那么大。在闪米特语和埃及语中，-t 在词尾的位置明显很不稳定。当被暴露时，就像当格或非重读动词词尾消失时一样，-t 是要被去掉的，它前面的元音变长以作补偿。这一针对不同词形的变化过程在不同的语言中发生的时间是不同的。在埃及语中，-t 是在公元前 1600 年—公元前 1000 年的晚期埃及语中被去掉的。[155] 在迦南语方言中，从 -at 到 -āh 的变化过程可能会出现得更晚一些。[156] 当然，这类变化会发生得很晚，以至不会影响到原始印欧语，更不用提原始印度赫梯语。

然而，埃卜拉语的情况就有所不同，它发生于公元前 3 千纪中期。[157] 埃卜拉语在叙利亚北部用于书写，因此它距离印度-赫梯语或印欧语的任何原始家园都很近；在这一语言中，-t 不仅在作为词尾暴露时，而且在作为格尾被保留时，都频繁地被去掉。[158] 如果这一结构表现在书写中，它的变化过程可能要比先前发生在口语中的过程历时更长久。当 -at 和 -āt 被“-a”或“-a-”替换时，元音变长的情况不出现在埃卜拉楔形文字中。然而，/ā/ 极有可能是发音的，不仅可以通过正常的补偿来推断，并且也因为在公元前 2000 年前后使用于叙利亚北部的阿摩利语中，“独立状态中的 -at 是被 -ā 替换的”[159]。

考虑到闪米特语和原始印欧语的词性体系具有结构相似性，并且它们表示阴性名词和集合名词的标记也具有结构相似性；所以，某种程度上的借用是极有可能发生的。不过，发生的时间、地点和性质，都远远不能确定。在考查这些因素之前，我们将首先探讨在安纳托利亚的赫梯语中存在的词性种类问题。如上所述，学术界一直认为，赫梯语中不存在词性的痕迹。并且，通用于亚欧 113
语系的主动-被动词性体系仍然牢固地存在于赫梯语中。

154　Moscati et al.（1969, 45）.

155　Loprieno（1995, 38）.

156　Harris（1939, 57-9 §§ 33-4; 67-8 §44）.

157　关于这些埃卜拉语文献的年代，参见本书第二卷，第 211—213 页。

158　Dahood（1981a, 180）.

159　Gordon（1997, 103）.

有些学者论证，性别互补性指示（用于表示该种类成双成对的不同词干：公羊—母羊、公猪—母猪或者男孩—女孩）的存在表明基于性别的词性体系是不存在的。福多尔否定了这一思路，指出这样的明显不同的词形在带有牢固词性体系的印欧语中到处存在。[160]

如上所述，大部分学者都同意表示集合名词的 -ā 的确存在于赫梯语中。[161] 一小部分学者主张原始印度赫梯语的三向词性体系存在于原始印欧语从安纳托利亚语分离出去之前，但是，如切梅林伊在 1985 年所表达的那样，“这个问题仍未解决”[162]。不过，三向词性体系可能不存在于安纳托利亚语中。

关于来自闪米特语的借用的最低限度的假设是纯粹的结构借用，原始印欧语族群知道一种由性别–词性组织起来的语言，所以他们用他们自身的集合名词词尾 -ā 表示这一新的词性。和这种推理区别不大的是，在公元前 4 千纪晚期，原始印欧语族群由于知道至少一种最为密切接触的闪米特语使用 -ā 标示的阴性词汇，他们便更加有可能采用一个标记表示这个新词性。

假设原始印度赫梯语的集合名词词尾 -ā 本身来自亚非语词尾 *-āwat，虽然具有吸引力，但明显带有更强烈的猜想。[163] 首先，如果有学者将印度–赫梯语的解体定在公元前 5 千纪，那么这样一个集合名词词尾在这个年代之前的传入，将会要求存在一个相对临近的亚非语言，它的词尾 -t 已经消失。人们的确不能认为它是埃卜拉语，在古代它距离遥远；虽然上文提到的晚近证据表明整个亚非语系中词尾 -t 具有不稳定性。也很有可能是，在这一时期，闪米特语族群已经在叙利亚北部被稳固地使用。[164]

另外一个严肃的问题是，在阴性单数词尾传入之前，集合名词词尾将不太可能引入安纳托利亚语。事实上，一些细小的证据表明赫梯语使用 -a 作为阴性标记。如果切梅林伊是正确的，那么在赫梯语共同语中发现的原始印度赫梯语词根 *√g^wen（*k'^wen）和词尾 -ā，可能已经在安纳托利亚语中成为一个阴性后缀。不过，这一标记的使用，并不意味着任何一种安纳托利亚语建立起了一

---

160 Fodor（1959, 4）.

161 例如，参见 Lehmann（1993, 152）。

162 Pedersen（1931, 14）, Fodor（1959, 190）and Szemerényi,（1985b, 19; 1987, 1: 414）.

163 Loprieno（1995, 60）.

164 参见本书第一卷，第 12—13 页。

套性别-词性体系。[165]

也有可能 *k'^{w}en 本身是从闪米特语那里借用而来的。奥廖尔和斯托尔博娃假定了一个亚非语词根 *kün（“女人、共妻”）。阿卡德语 kinī́tu 和阿拉伯语 114
kann-at 在其他语言中如柏柏尔语和西乍得语中被发现。奥廖尔和斯托尔博娃认为 *kwin-（“女人”）在阿加瓦语（Agaw）中的演变是没有规律的。[166]

无疑，安纳托利亚语中能够找到的性别-词性踪迹要比其他印度-赫梯语中的少。这可能是因为闪米特语对印欧语的影响更为深远。另外一个可供考虑的原因是，安纳托利亚语中的词性可能被缺乏性别-词性体系的周边语言和底层语言限制或者抵消，如哈梯语、南高加索语、胡里安语、苏美尔语、埃兰语等。

事实上，很容易理解闪米特语在公元前 4 千纪是如何影响安纳托利亚语的。公元前 4 千纪中期，埃卜拉开始了城市生活，作为所谓的乌鲁克人（操苏美尔-闪米特语的族群）建立起的贸易体系的一部分，它连接着美索不达米亚与伊朗、叙利亚和中部安纳托利亚。在 1500 年前，亚述商人被记录出现在了讲赫梯语的卡鲁姆卡内什（Karum Kanesh）。[167] 就我注意到的而言，极少有考古学证据证明，西南亚和西伯利亚大草原在公元前 4 千纪原始印欧语解体之前，便存在着交往。不过，根据词汇分析，有学者论证，这一时期的黑海周围存在着贸易。[168]

如果将这一考古学证据稍微加以延长，闪米特语和原始印欧语之间进行交换的语言学证据就变得有说服力了。词汇借用会受到上述的语法借用的补充。在这种情况下，显然没有理由拒绝阴性词性观念会从闪米特语传入原始印欧语，并且几无理由拒绝阴性标记 -ā 有相同的词源。如上所述，印度-赫梯语集合复数词尾 -ā 源于亚非语 *-ūwat 或 *-āwat 的情况，是远远不够清晰的。

印度-赫梯语或印欧语族群借用该阴性词性，并不意味着亚非语系严格的二元性别-词性体系被仿用。印度-赫梯语的早期“主动”词性被割裂为阳性和阴性，但“被动”词性仍然是中性，它的原始标记 *-om 被保留在了单数形式里。被借用来的集合标记 *-ā 用作表示复数形式，但是，作为集合标记，它使动词采用单数形式。这样，印欧语发展出了它独特的三向词性体系。

165　Szemerényi（1985b, 19; 1987, 1: 414）.

166　Orel and Stolbova（1995, 329-30）.

167　关于乌鲁克人的贸易体系，参见 Algaze（1993）, Collins（2000），以及 Rothman（2001）。关于卡鲁姆卡内什，参见本书第二卷，第 218—223 页。

168　Sherrat and Sherrat（1988）.

结　语

115 印欧语专家和其他历史语言学家甚至没有考虑过，印欧语和亚非语系词性体系之间有着极为明显的共同类似性，表明二者之间存在着某种可能的亲缘关系。学术界的总体趋势是对明显问题避而不谈，这是一个例证。这种特殊的情况表明在新语法学派学者的语言学传统中形成的男性和女性仍然不愿意或者未能“突破画地为牢的做法”。不过，必须承认，在探讨印欧语专家研究亚非语系和印度–赫梯语系中单个语言之间交流可能性的看法时，这个传统还是能够发挥它的有限作用的。

本章探讨了印度–赫梯语和印欧语的起源以及它们与亚非语系在公元前 3 千纪之前的接触。在本书的其余部分里，我将探讨印欧语的一种（即希腊语）和亚非语的两种（即西闪米特语和古埃及语）在其后 3000 年间的语言学关系。

第五章　地中海背景下的希腊语言（第一部分）：语音体系

在接下来的三章中，我们将探讨埃及语和西闪米特语对希腊语发展的假定和真实影响。正如我们在下文将要看到的那样，这一探究在希腊语言的不同层面上得出了非常不同的结果。希腊语音体系只显示了任何亚非语影响的极少痕迹。某些词法影响能够被看出来，它们解释了许多困扰印欧语系研究者的问题，这些词法影响将在第六章探讨。希腊语引入亚非语族的某些虚词和连接词，意义深远，它们对句法产生了影响。第七章对这一问题进行了关注，不过，这一问题与众多从埃及语和闪米特语进入希腊语中的借用词汇有关系，这些词汇将在本卷其余章节探讨。 116

希腊语：语言转换或语言接触的结果？

就像被描述的那样，"接触"的语言中被认为存在着语言内容的等级划分。现在，我想在现代的语言接触诸理论的背景下，探讨一下埃及语和西闪米特语之间的关系。希腊语史学家们对希腊诸方言之间的语音学关系进行了极为详细的探讨。然而，除了证明原始印欧语（缩写为"PIE"）的衍生词汇之外，在将希腊语言作为一个整体来探讨它的起源时，他们却是相当地含混不清。[1]含 117

1　参见 Chadwick（1975, 805-18）等。

混不清的原因之一仅仅是缺乏证据。不过，长久以来，运用现代方法来解决这个问题都会遭遇失败；我认为，这是因为它们包含了一个意识形态基础。如第一章所述，威廉·冯·洪堡坚信印欧语言在性质上异于且优于其他所有语言。[2]此外，在他的新学科——后来以“古代学问”（Altertumswissenschaft）或“古典学”闻名——大纲中，他宣称希腊语之所以优越，在于它没有被外来因素的腐蚀。[3]此外，他认为，作为一个整体，希腊历史和文化无条件地优于其他所有历史和文化；并且，认为“我们从希腊人那里获得的某种东西不是属于人的，它几乎是类似于神的”[4]。

如今，在21世纪之初，我们不能再将希腊语视为一个特例，单独对待。我们应该像对待其他任何语言那样看待它，并将它与其他混合语言相比较。这样做的一个好方式是将希腊语置于语言接触、语言混合和遗传语言学的框架内进行考查，这是萨拉·格雷·托马森（Sarah Grey Thomason）和特伦斯·考夫曼（Terrence Kaufman）推荐采用的。迄今为止，这项工作被作为该学科最好的考察方式被广泛接受。[5]托马森写了该书的第一部分，该部分从总体上探讨了语言接触问题；在其中，她发现为那些看来似乎是被混合的语言建立一个标准是有用的。她在这一部分处理了一些案例，在其中发现接触程度呈增长态势。该历程的顶点是语言转换，一个族群在这转换中放弃了它的语言并且采用了另一种语言。[6]从本质上讲，接触和转换之间的区别，源于观察者的观察方法。过去被视为影响本地语言的外来语言，如今自身却成为关注的焦点，并且被认为受到了它所取代的语言的影响。具有代表性的是，如此变化的背景是殖民语言对一个在政治或社会上处于从属地位但数量更大的族群的强迫接受。让我通过这个图解来加以阐明。

第一代人：操本地语言X、仅懂一种语言的说话人与操Y语的新来者相互影响。双方或许可能被动学习对方的语言。

第二代人：至少一个群体会说两种语言。操X语的民族天生会说他们自己

2 Wilhelm von Humboldt（[1836]1988, 216），以及 Aarsleff,（1988, x and lxi-lxiv）。参见本书第一章，注释13。

3 Humboldt（[1793]1903-35, 1: 255-81, esp. 266）. 另见 Brown（1967, 80）。

4 Humboldt（[1793]1903-35）, 3: 188.

5 Thomason and Kaufman（1988）and Jasanoff（1989）.

6 Thomason and Kaufman（1988, 74-146）.

的语言并且还会说带着 X 语口音（和句型）的 Y 语。操 Y 语者天生会说 Y 语并且可能会说带有 Y 语口音（和句型）的 X 语。

第三代人：每个说 Y 语和 X 语的人都死了。X 语和 Y 语这两种可以区分开来的口音却仍存在。

第四代人：带着 X 语口音说 Y 语的说话者占据支配地位（可能是因为具 118
有更多的人数），并且这种发音成为整个族群的标准语音。[7]

如此一来，我们追溯既往时会发现，因接触而混合的语言在诸多方面有别于受到因转换而产生的诸语言的影响的语言。最多的情况是，通过接触发生的变化从词汇开始：首先是名词，其次是动词和修饰语发生改变，随后接着是虚词、前置词和后置词发生转换。再次是句法（syntax）和词法，最后是语音体系被改造。在很大程度上发生转换的诸语言当中，当新的词汇被接受之后，老的音调、语音体系和句法往往会被长久保留。这样的例子可以在奥克尼（Orkney）郡和设得兰的岛屿上看到，在 15、16 和 17 世纪期间，阿伯丁苏格兰语在该地区取代了旧的方言诺恩语（Norn）。一些挪威语词汇仍然保存了下来，但是如今该群岛的方言和苏格兰大陆的方言的主要区别，在于前者引人注目的挪威语音调。相反，在同一时期，瑞典统治芬兰期间，一些说芬兰语者完全接受了瑞典语，除了保留他们母语的窄口声调（flat intonation）。这一窄口声调被瑞典移民们吸收。存在着类似情况，爱尔兰英语吸收了极其少的爱尔兰词汇；但是它带有浓重的爱尔兰音调、语音结构和一些爱尔兰语句法，正如歌词“如果它正在你的内心思索”[8] 显露的那样。

按照托马森的理解，语言接触是：本地语言结构被保存，同时它的许多或大部分词汇是舶来的。她所理解的语言接触极为普遍，在许多语言里都能发现。[9] 可以在旧爪哇语（Old Javanese）、格维语（Kawi）或科普特语中找到这种形式

7　如上所述，这是一个构想，不能与实际情况进行一对一的比较。实际情况必定是非常不规则的，不管从历史演变还是地理分布上看，都是如此。这个语言转变可能会涉及更多代的人。对于这个构想，我需要感谢洛里 · 勒裴迪（Lori Repetti）博士。

8　还有其他一些情况，参见本书第十章，注释 7。这句来自《通向岛屿之路》的歌词，事实上是用苏格兰的盖尔语演唱的；在这句歌词中，它的结构和爱尔兰语的结构是一样的。与爱尔兰英语相比，爱尔兰语显然是一个非常好的语言接触例证。它在保留了自身的语音体系、词法和句法的同时，充斥着大量的英语和其他外来语词汇。

9　在探讨这种现象时，雅萨诺夫和努斯鲍姆引用了英语和东亚语言的例证，并且增添了传入亚美尼亚语中的伊朗语借用词和出入现代波斯语的阿拉伯语借用词。参见 Jasanoff and Nussbaum（1996, 184）。

的两个特别突出的例子。格维语是洪堡在生命的最后岁月里从事研究的语言。如他正确地认识到的那样，格维语是马来语的一支，大量吸收了梵语和巴利语（Pali）词汇。[10] 同样，科普特语的语音体系、词法、句法以及基本词汇基本上是土著埃及语的，但是名词和动词的很大比重来自希腊语，并且许多虚词也是如此。[11] 如果我们对相关时期的埃及历史缺乏认识，那么我们仍然会推断少数操希腊语者在数个世纪内统治着多数操埃及语的族群。用语言学证据去推测操埃及
119 语者统治着希腊人，这将是极不合情理的；但是，这种论断恰好是雅利安模式支持者在我们研究希腊语中这种极为相似形式时，要求我们得出的。

没有人怀疑希腊语包含有语言混合因素。问题是这种混合是语言转换的结果还是语言接触的结果。根据雅利安模式，希腊语是语言转换的结果，它发生在操印欧语的希腊人征服操非印欧语的前希腊人之后。古典学家 J. 黑利（J. Haley）和考古学家卡尔·布利根（Carl Blegen）在 1927 年发表了一篇名声远播的文章，他们在其中为带有非印欧语因素 -nthos 和 -ssos/-ttos 的地名分布找到了证据，这些地名分布与青铜时代早期的居住区（即在被假定的征服之前）相吻合，因此指的是前希腊时期的定居点。[12] 从考古学上来看，该理论极不足信；因为，青铜时代晚期居民点也应该像青铜时代早期居民点一样存在着对应的语言因素。更重要的是，地名方面与该假设一样，缺乏同等的信服力；该假设已被它的创立者保罗·克雷奇默（Paul Kretschmer）在 1924 年抛弃，当时他指出 -nthos 被发现属于印欧语词干。[13] 这样一来，假设这些语言因素是从较早——前希腊——的操印欧语者的浪潮中保存了下来，这是可能的；但是，它们不能在自身内指示为前印欧语层。

布利根和黑利在他们 1927 年的文章中，主张以 -issos 或 -nthos 结尾的地名的扩散与青铜时代早期居民点相吻合，如此一来，这些后缀便成为“前希腊”语言的显示标记。[14] 我在第一卷中抨击过黑利和布利根的这一假设。[15] 我在许

10 Humboldt（1988）.

11 既然传入科普特语中的希腊语借用词占据的语义场和希腊语中非印欧语借用语的语义场有重合部分，那么我相信，在传入科普特语中的希腊语借用词中，有相当大的比例源于埃及语或闪米特语。

12 Blegen and Haley（1927）.

13 Kretschmer（1924）.

14 Blegen and Haley（1927）.

15 本书第一卷，第 48 页。

多地方犯了错误，它们令我深感羞愧。并且，有一处，我在《黑色雅典娜的回信》未能认识到：雅萨诺夫和努斯鲍姆已经简单易懂地表达了他们的坚定主张，前希腊语或其他语言*“完全独立于黑利–布利根理论或其他任何一种爱琴史前史的重构”[16]。这样的拒绝提供的，即使不是一个坚不可破的立场，也是一个合适的立场。除了希腊语词汇不能按照印欧语进行解释外，雅萨诺夫和努斯鲍姆没有给这些语言提供任何证据。我不敢苟同于他们的观点，这个“未知的”词汇为印度–赫梯语字词的下位层提供了证据；但是，我欣然承认，存在着诸多痕迹显示印度–赫梯语对希腊语的印欧语基础的影响，包括地名后缀 -ssos——尽管不包括 -nthos。[17] 不过，相较于亚非言语通过接触对希腊语的大规模影响，这些影响可谓微不足道。

依此类推，让我们来观察一下印度北部的情况；在那里，操印欧语者明显 120
已经吞没了一支不讲印欧语的土著族群。梵语和其他古代印度语言显示，在一次转换中，操本族语者接受了这种印欧语的大部分词法和几乎全部的词汇。然而，这支土著民族保留了他们的语音体系，以至达到了使入侵者他们自身采用它的程度。与此形成对比，达罗毗荼语言在印度南部继续存在，表明这里发生了接触，但没有出现转换。这些语言接受了大量的印度语字词和一些词法–句法形式，却保留了它们的基本语法结构和语音体系。[18] 希腊语中的印欧语状况与梵语中发现的印欧语状况相反：希腊语拥有一个印欧语语音体系和大量的非印欧语词汇，梵语却拥有一个非印欧语语音体系和巨量的印欧语词汇。事实上，在希腊语中发现的将印欧语作为基础的这种形式，表明它与达罗毗荼语言有一个显著类似的地方。如此一来，经过类推，希腊语的混合成分应该被视为接触而非转换的结果。

在一些情况里，身为少数的操双语者保留它的基本词汇以便维持它的同一性，却放弃了它的大部分语音体系和句法结构。从目的论的角度来看，这样一种语言能被描述为“行将消亡的”语言，这一历程却可能持续多个世纪。[19] 在

---

* 译文中出现“×× 语”，指这种语言为单数，即一种；“×× 语言”，指它本身有多种语言分支。——译者注

16 Jasanoff and Nussbaum (1996, 187). 参见 Bernal (2001, 126-7)。

17 关于 -nthos，参见本书第十章，注释 1—85。

18 Thomason and Kaufman (1988, 39-40 and 85-6).

19 参见 Trask (1996, 327-8)。

英吉利罗姆语（English Romany）和土耳其境内说的现代希腊语——在1921—1922年它被逐出小亚细亚之前——中能够找到例子；在土耳其，正如一位作者将这种希腊语置于1916年那样，“身体仍是希腊的，但灵魂变成了土耳其的”[20]。这种情况能否在古希腊找到，将前希腊语和英吉利罗姆语（即吉卜赛语）归于同一类，它将自身语言除了词汇之外的所有方面几乎全部抛弃？

我认为，对它的回答是否定的。在这样的情况下，少数民族或社会从属族群保留着日常生活用语，假设的操前希腊语族群的情况不是这样。希腊语词源学词典编纂专家皮埃尔·尚特莱纳（Pierre Chantraine）指出，希腊词汇的基本因素：那些与家庭和家畜有关的词形、简单的形容词和基本的动词，大多数都源于印欧语。[21] 如印欧语专家安娜·莫珀戈-戴维斯所描述，在希腊语中，只有不到40%的词汇属于印欧语系，这与斯沃德什一百词词汇表里79%的印欧语词汇之间形成了一个强烈的对比。[22] 在斯沃德什词汇表的三种实例中，存在着
121 印欧语和明显的非印欧语之间的同义词，其中印欧语字词更为古老。[23]

总而言之，雅利安模式所暗示的这一语言转换是极不可能发生的；因为，它将会要求前希腊语族群放弃它们的语音体系、词法和日常词汇而采用操印欧语的征服者的这一套，与此同时却保留了本族群大量的精细词汇（sophisticated lexicon）。另一方面，在古希腊语中所发现的形式恰恰是人们期待发生语言接触所出现的状况。古希腊语作为整体的词汇总量和斯沃德什一百词词汇表的词汇总量之间存在着差别，甚至可以在诺曼征服之后的英格兰找到同样的差别。尽管估算数据有所差异，但是它们清楚地显示：中世纪英语3/4以上的词汇来自法语，来自征服者的语言所占比例却不及斯沃德什词汇表的10%。[24]

希腊语的语言混合要素

如果希腊语的混合起源被视为**接触**（contact）而非**转换**（shift）的结果，

---

20 这句话，可见于 Thomason and Kaufman（1988, 65, 215-22）。

21 Chantraine（1956, 12）.

22 关于斯沃德什的词汇表，参见 Swadesh（1971, 271-84）。

23 它们是 ear、haima（“血液”）、osse、ophthalmos（“眼睛”）以及 neos、kainos（“新的”）。

24 Thomason and Kaufman（1988, 365, n. 22）. 同样，一个语言学家指出：“在越南语书面语中，大约的70%词汇来自汉语。在越南语口语中，来自汉语的词汇明显少得多。”Ngo（1999, 203）.

那么有哪几种语言发生了接触？在这里，我将插入一段题外话。1997 年夏，柯林·伦弗鲁邀请我在耶稣学院共进午餐，我当年是那里的硕士生。午餐期间，我对希腊语不是“转换”语言而是“接触”语言进行了论证。虽然这种观点在传统学者看来是异端，但是它完全符合伦弗鲁数年前在希腊问题上提出的“自生起源模式”（model of autochthonous origin）。带着典型却又令人振奋的傲慢，他投入了这个领域，并且在接下来的 11 月公开了一篇论文，论证希腊语中大量的非印欧语词汇源于一个附层（adstrate）[*]，“甚或上位层”（superstrate）而非下位层。他在次年发表了该论文。[25] 在这篇论文中，他认为这个旁层（adstrate）是弥诺斯语（Minoan）。

伦弗鲁证明这一观点的考古学证据清楚明确。弥诺斯物质文化及其对公元前迈锡尼时代希腊的影响存在着丰富的证据，公元前 1600 年—公元前 1200 年明显是希腊语言形成的一个重要时期。此外，迈锡尼的 B 类线形文字便是根据克里特的 A 类线形文字转写而成。因此，A 类线形文字语言中的一大部分也可能是西安纳托利亚语，从而是印度–赫梯语。[26] 不幸的是，伦弗鲁看起来没有向任何懂西闪米特语或古埃及语的学者请教过，并且他没有注意到学界对希腊语 122
中存在的闪米特借用语的大量研究。否则，他将会发现大部分字词，基于它们，他能进行很好的闪米特语或闪米特–埃及语的词源分析。[27] 解释这一明显差异的最好方法是假设弥诺斯语言本身吸收了许多来自闪米特语和埃及语的因素。

埃及、黎凡特和克里特在公元前 3 千纪和公元前 2 千纪早期有了物质接触和交换，其考古学证据已经在第二卷进行了概述。[28] 赛勒斯·戈登或许没有证明

---

* 附层，语言学术语，可以指上位层或下位层，即由于两种或多种语言在同一地区长期共存而导致的一种双语或多语现象。——译者注

25　Renfrew（1998a）.

26　有学者称，A 类线形文字明显是利西亚语，参见 Finkelberg（2001）。这个观点或许是一个准确性错位的例子，但是对 A 类线形文字的基本语言是安纳托利亚语形式的一般论证是令人信服的。另见 Owens（1999）。

27　这些相关领域内的重量级学者中，不仅包括闪米特语专家 W. 玛斯–阿诺特（W. Muss-Arnolt）、海因里希·莱维、赛勒斯·戈登、迈克尔·阿斯特、索尔·莱文和约翰·佩尔曼，并且也包括古典学专家沃尔特·伯克特、马丁·韦斯特和印欧语专家奥斯瓦尔德·切梅林伊。伦弗鲁在涉及希腊语中的闪米特语借用词的语义场时，唯一提到的一位专家是伊米莉亚·马森。关于马森非常有限的列表，参见下文第七章，注释 20—22。伦弗鲁引用的带有可信的闪米特语或闪米特–埃及语词源的词汇是 asaminthos、kados、kithara、xiphos、pallakis、plinthos、sak(k)os、salpinx、sidê、sitos、syrinx、phorminx 以及 khitôn。另见 Bernal（2001, 413-4, n. 59）。

28　本书第二卷，第 63—77、361—408 页。

A 类线形文字的语言是闪米特语，但是他证明了其中存在着一些重要的闪米特借用语。[29] 也有可能，这些闪米特和埃及借用语恰好存在于奢华和时尚的领域，它们后来传入希腊语。一些被希腊语吸收的埃及借用语表明，在如此早的年代，它们只能在原始希腊人（Proto-Greeks）到来之前便已经传入希腊大陆，或者更有可能是这些借用语在公元前 3 千纪或其后传入希腊。[30] 在未来，学者们或许能够区分具体字词是来自埃及语和西闪米特语的直接或间接借用语；但是，目前，学者们不可能知晓在经过克里特语的过程中会发生怎样的语音变化。

因此，人们应该仅从原始材料出发，即公元前 2 千纪在东地中海传播最广和最具有文化意义的语言西闪米特语和古埃及语。这些语言不仅被识读，并且它们还被诸多族群使用；关于这些族群，我们掌握了非常丰富的文献证据和考古证据。

本章的其余内容将探讨被其他——印欧语语——语音体系影响最少的层面。

印度–赫梯语系和印欧语系的语音体系

我必须在这里再次强调，我并不主张，希腊语除了是一种印欧语言之外，其余什么都不是。就像其他印欧语系成员一样，它的词法符合这个语系，并且比大多数成员更加符合。除了闪米特语之外，它的口语系统和原始印欧语的联系比其他语言更加密切。不足为奇，希腊语经检验证明是除了赫梯语之外的最
123 古老的印欧语言。令人注意的，不是它的古语风格，而是它的修正程度。迈锡尼时代的古希腊语在公元前 15 世纪至公元前 13 世纪被记录，并且，似乎荷马时代的希腊语如果不更为古老，那么就和它同样古老。不过，看起来在解体的原始印欧语和被证明是最早的希腊语之间，不管是词法还是语音体系都存在着显著的变化。虽然希腊语的口语体系看起来明显接近原始印欧语，但是它的名

29 Gordon（1966, 26-7）. 这些借用词包括：qapa，其希伯来语拼写为 kp；supu，其希伯来语和乌加里特语拼写为 sp；karopa，其阿卡德语拼写为 karpu；supàru，其希伯来语和乌加里特语拼写为 spl；以及 a-ka-nu，其希伯来语和阿拉姆语拼写为 ˀaggân，即所有类型的碗。对 B 类线形文字“qa”的释读，存在着一个争论，参见下文第 223 页。借用词还有 kunisu（“小麦”），阿卡德语拼写为 ku(n)nisu；表示“酒”的迦南语词汇 yane、yayin；表示“城市”的 kireyatu qiryat 和经常使用的词汇 kuro（“总共”）以及泛闪米特语 kol 或 kål（“全部”）。

30 参见本书第十一章，注释 47。

词体系恰好相反。希腊语的名词格变化在三种情况下与印欧语不符：复数的离格和位格以及单数的工具格。这与拉丁语形成对照，拉丁语在 1000 年之后才被第一次记录，仍然保留着离格；并且，立陶宛语至今仍拥有最初的八种格。

语音体系的变化程度很难估算，因为在原始印欧语语音体系重构问题上存在着大量的争议。我将暂时将元音搁置一边，集中谈辅音尤其是塞音。如今，关于它们的传统观点已经被修改为一个四系列音（four-series）体系；这个体系是新语法学派在 19 世纪 70 年代确立的，他们利用对闪米特语、希腊语和拉丁语所做的对比研究，得出如下发现：

（b）	bh	P
d	dh	t
g	gh	k
g^w	gh^w	k^w[31]

这样一个体系在任何现存语言中都是没有可比性的，在其中不存在着不带另一不发音组合如 ph、th、kh 或 kh^w 的送气浊辅音。基于这个原因，语言学家奥斯瓦尔德·切梅林伊建议将 p^h 等不发声的送气音重新插入母词（matrix）中，并且从塞音 +h 组合中得出发声的送气音。[32] 四系列音体系未见于其他语言。不过，切梅林伊认为，通过将送气浊辅音的级别降低，这一类型学问题（the typological problem）便得到解决，因为他所提出的三系列音体系频繁见于其他语言。不管怎样，他的新体系仍然遇到先前的难题，这些难题致使语言学家们放弃了不发声送气音，因为来自诸子语言的证据指向于发音（voicing）。[33]

这些持续的问题迫使美国和苏联学界几乎同时进行重大修正。保罗·霍珀、托马斯·加姆克列利茨和弗拉基米尔·伊万诺夫都同意，先前被理解为的 124
宽口浊塞音（plain voiced stops）的读音应该被解释为声门音（glottalics）或爆发辅音（ejectives）。他们提出了另外两组系列音：一组为浊音，另外一组为带语音但宽口塞音和送气塞音音位不交替的清音。这一提议产生了如下表格：

31　例如，参见 Lehmann（1993, 95）。先前，这些新语法学派学者提出了一个四元体系，带有一个送气清音系列 ph、th、kh 和 kwh，以及和一个腭音系列 k、kh、ĝ 和 ĝh。它们后来被视为不正当的发音。参见 Bomhard（1981, 353-4）。

32　参见 Szemerényi（1967b, 88-93）。

33　Bomhard（1981, 355）. 关于其他通过去掉这些送气清音的办法来避开这些问题的尝试，参见 Bomhard and Kerns（1994, 41）。

I	II	III
（p'）	b^h/b	p^h/p
t'	d^h/d	t^h/t
k'	g^h/g	k^h/k
k'^w	g^{wh}/g^w	k^{wh}/k^w

这样一个体系经常出现在其他语言里。相对那些传统体系而言，它也产生了许多其他的优势。其一，在传统体系中如 /b/ 这样的重构发音的缺失或极端罕见，这在那些带有唇音（labial）系列音的语言中是独一无二的。不过，重读音 p' 的缺失是极为正常的现象。其二，浊塞音经常作为曲折语词缀和代词使用，闭塞音则不这样，出现在印欧语中这类系列音不具有这些功能。其三，如果按照传统的体系，词根结构限制法则显得有些随意。其四，在新的体系中，它们只是简单的声调一致，并且禁止单独一个词根内出现两个声门塞音。[34] 其五，事实上，亚美尼亚语和日耳曼语有类似的塞音体系，这一点与其他所有印欧语言都不同；这一事实不太容易解释为彼此之间没有任何接触的语言族群中的两个独立发展，即两个古老词形的遗存（重音辅音只是转变为清塞音）。其第六个优势是，重音方案更容易使印欧语适合于放置进更大的超级语系亚欧语系和诺斯特拉语系。

非常多的印欧语专家很大程度上或完全接受这一新的体系，尽管其他专家不接受它。[35] 后一批专家中的大部分人完全坚持己见，在印欧语系内部进行重构是唯一可以接受的方法，并且类型学上的论证也应该服从它。另外一些人继续在传统框架内进行研究——毫不在意新挑战地进行研究。[36] 据我所知，从传统视角来反驳新体系的最具学术价值的论证是奥斯瓦尔德·切梅林伊做出的。切梅林伊告诫学界当心对类型论证的接受，理由是奇异特点和甚或单纯的**罕用词**
125 （hapakes）都会出现在所有的语言中。此外，他还发现了一种语言即马来西亚沙捞越邦（Sarawak）的凯拉比特语（Kelabit），该语言拥有一个字母组，与他为原始印欧语构建的字母组 $d\text{-}d^h\text{-}t\text{-}t^h$ 相同。他也论证原始印欧语存在着 b/p'，

34　相关概述，参见 Bomhard and Kerns（1994, 46）。莱曼（Lehmann）论证声门闭塞音同时出现在一些“非洲”语言中，参见 Lehmann（1993, 98）。

35　关于心胸开阔的例子，参见 Mayrhofer（1983, 152）和 Collinge（1985, 265）。

36　关于明确反对的观点，参见 Dunkel（1981b）和 Lehmann（1993, 97-100）。关于继续坚持传统主义的观点，参见 Jasanoff and Nussbaum（1996）。

尽管他承认它的罕见。切梅林伊也指出，先前的学者们证明所谓的限制只是简单地对不规则性的同化（assimilations of irregularities）。并且，他还进一步宣称，霍珀以及加姆克列利茨和伊万诺夫没有揭示声门塞音转变成宽口清塞音的各个阶段，而众所周知，“不送气塞音是已知最稳定的一类塞音”[37]。

这些是有说服力的论证，但是我相信，它们不能驳倒新体系。无疑，所有语言中都存在着例外情况（oddities）；但是，传统的原始印欧语语音体系例外情况极端罕见，尽管它使这个体系变得不太可能，却没有最终使其变为不可能。切梅林伊论证 b/p' 偶尔存在的证据，得到霍珀以及加姆克列利茨和伊万诺夫等所有人的认可，却没有推翻论证中的这一部分。如果这一最初的塞音的确曾经是一个 /b/，那么甚至连例外情况都将变得令人费解。因此，这些限制具有重要性，即使有一些例外情况出现。

新体系的吸引力之一是声门音和其他大多数重读音既不是发声音也不是不发声音，所以，“它们能够不符合任何一种情况”。加姆克列利茨从贝兹语（Batsbi）、车臣语、英古什语等东北高加索语找出例子。他指出，在贝兹语的词中和词尾的声门音发展成为另外两种语言中的浊塞音。[38] 最后，切梅林伊没有探讨声门音理论在帮助印欧语系在更大的宏观语言家族（macrofamilies）中定位的种种优势。

不过，俄国语言学家塞奇·斯塔罗斯京也对声门音理论提出了反驳。他认为，亚欧语言家族是有限的，它仅仅包括印欧语系、乌拉尔语系和阿尔泰语系，它不接受与南高加索语或北高加索语的密切联系，更勿论达罗毗荼语或亚非语。[39] 他论证，在他的狭义的亚欧语系中没有出现声门音，因此它们也不太可能出现在原始印欧语中。他主张，这一系列塞音一定用一种不同的方式标出，即有可能将“紧元音”作为“松元音”的相反音标出。他引用所谓的“冬季法则”来支撑这一假设，“冬季法则”适用于波罗的-斯拉夫语言。根据这一结构，上述系列 I 中的元音的发音被拉长。加姆克列利茨没有意识到这一观点的难题，尽管他的“发音拉长”的声门音将会要求一个额外的喉音。[40] 斯塔罗斯京和印

37　Szemerényi（1985b, 4-15）.

38　Gamkriledze and Ivanov（1995, 45）.

39　Starostin（1999b）.

40　Gamkrelidze, personal communication, Milan, Oct. 1999. 莱曼也对“冬季法则”提出质疑，参见 Lehmann（1993, 98-9）。

欧语专家 N. E. 科林奇（N. E. Collinge）论证，如果有什么是不同的话，那么
126 就是声门音缩短了前面的辅音。[41] 我发现，这一种论证似乎是合理的，尽管斯塔罗斯京的理论没有表现出来。正如在前几章能够看到的那样，我同意那些采用更宽阔的视角来探讨将南高加索语、北高加索语和亚非语系包括在内的诺斯特拉语系。在所有这些语言中，普遍存在着或曾经存在过丰富的声门音。这样一来，在乌拉尔语族和阿尔泰语系已经失去这一古老的特征之后，不存在原始印欧语为什么不应该保持这个特征的任何固有理由。

从原始印欧语到希腊语的语音体系发展

尽管新体系可以谨慎地被接受，但该重音系列音的准确无误发音仍是不可知的。在另外一种情况中，希腊语似乎应该比其他印欧语言更多地修正它的辅音体系。[42] 甚至在新语法学派的语音体系内，希腊语的变革性似乎非常强。这样一来，合并语音、词法和词汇（参见第七章和第八章）证据在原始印欧语的解体和已知最早的希腊语之间提供了一个非同寻常的变革图景，传统观点认为原始印欧语早在公元前 4 千纪便衰落了。这些在少于 1500 年的时间内发生的变化，从任何一种标准来看，都远远大于在随后 33 个多世纪里的变化；其间，希腊语言有赖于一个强势的文学传统，带着非凡的韧性，经历了许多大的入侵和社会剧变而留存下来。

对这一早期变革，修正的古代模式和雅利安模式都提供了解释。前一模式提出了亚非语系在公元前 3 千纪和公元前 2 千纪早期（通过克里特）对希腊语直接和间接影响。迈锡尼的早期殖民者和晚期殖民者所操的埃及语和闪米特语的密集接触，大体上修正了当地的印欧语方言。不过，修正的古代模式也承认，晚期希腊语可能受到了印欧语系内的内部演进的影响，并且有可能受到了印度–赫梯语下位层的影响。

雅利安模式的支持者完全依赖于内部演进和尚未确定的前希腊语下位层。

41 Starostin, personal communication, Milan, Oct. 1999. 关于冬季法则，参见 Collinge（1985, 225-7）。

42 Hopper（1973）和 Gamkrelidze and Ivanov（1995, 5-70），切梅林伊有不同的观点，参见 Szemerényi（1985b, 398-410）。关于新近提出的体系的优点和缺点的讨论，参见 Colarusso,（1981, 478-9）和 Bomhard（1981, 466）。

印欧语专家长期承认，“下位层”能够对征服者的语言产生意味深远的影响。例如，安托万·梅耶指出亚美尼亚语和“波斯人”的伊朗语之间的对比能够被该地区诸非印欧语系语言解释，亚美尼亚语失去了所有词性的标记却保留着它的词尾变化，伊朗语把两者都放弃了。属于第一类的南高加索语和乌拉尔图语 127
以及属于第二类的埃兰语已经拥有了这些显著特点。[43]

在第四章中，我提到，切梅林伊提出了印欧语系和闪米特语族之间的真实接触和语言流动。注意到原始印欧语五元音体系（a、e、i、o、u 或者 ā、ē、ī、ō、ū）转变为印度–伊朗语的三元音体系（a、i、u 或者 ā、ī、ū）之后，他将这种缩减和他理解的所谓原始闪米特语元音体系联系在一起。索尔·莱文论证后者有一个更复杂的体系。[44] 不过，这个争论并不重要，因为，阿卡德语的确拥有一个带有例外音 /e/ 的三元音体系，切梅林伊对它们的存在多少做了一些掩藏。切梅林伊主张，在公元前 2 千纪期间的漫长岁月里，操原始闪米特语族群被操印度–伊朗语族群统治过。[45] 切梅林伊的名著在这个领域内的重要意义是他在印欧语和闪米特语之间的比较研究中开拓了一条新思路。倘若它们在历史和地理上接近并且两种语系中极为细节的问题都在事实上获得透彻的研究，那么这样的比较研究似乎是显而易见的。但是，如我在第四章中论证的那样，印欧语专家们未能系统地考查原始印欧语和闪米特语词性之间的明显类似性，这证明切梅林伊的工作如果不需要真正的勇气，便需要原创性。[46]

在承认下位层可能的重要性的同时，我们可以在东地中海语言的研究中增加另一个原则：语言“汇流”（convergence）。总体而言，对汇流的调查远不及对“分流”（divergence）的调查。分流是历史语言学的基础，专门适用于诸语系的分流扩散。近来的学者指出，不仅语言会受到下位层的影响，而且邻近的语言还会具有因跨越“遗传”语言界限而产生的语音、音位和语态类似性。[47] 今天，法国语言学会和德国语言纯化论者们担心英语词汇进入日常语言和通俗的书面语，但是他们也关心英语对句法和语法的影响。18、19 世纪，形势却是截然相反；狄更斯小说里“wery”中的“w”将被“v”取代，表明它是伦敦人对一种

43　Meillet（1936, 92-3）.

44　Levin（1971a, 54-101）.

45　Szemerényi（1964a, 16）.

46　Szemerényi（1964a）.

47　Masica（1978, 1-2）, Thomason and Kaufman（1988, 37-64），以及 Crowley（1992, 259-64）.

受法语影响的口音的模仿。与此类似，波斯语中的小舌音 /r/ 在时髦的人群中传
128 播，远至西欧诸城市。[48] 在语法层面，一般过去时（the pretorite simple past）“made”让位于带有助动词“have”的复合完成时（the compound perfect）“have made”即路易十六统治时期受 17 世纪法语影响的诸多语言现象中的一例。通常——正如这里所给出的几个例子——操修正语言的族群比操受影响语言的族群拥有更高的政治文化地位。不过，下位层影响存在着充足的例子，表明情况并不总是这样。甚至同时代的变革可以来自地位较低的族群。例如，美语中的许多变革被证明来自非洲奴隶所讲的克里奥尔语，这似乎是真实的。[49]

这些变化过程中的任何一种，会不会出现在处在形成时期的希腊语中？如果希腊语中来自原始印欧语的分流成分能够极好地用已经存在于初始语言中的、来自下位层或汇流的推动力来解释的话，那么它们显然值得研究。无疑，汇流在公元前 3 千纪和公元前 2 千纪期间的东地中海周边世界发挥着作用。赛勒斯・戈登和加里・兰斯伯格指出，埃及语在这一时期对迦南语有着一个深远的影响。[50]

不管怎样，将希腊语与其他有着相同或类似的特征或变革的语言进行比较研究，并且——如果可能的话——确立流动方向，这样做似乎会是有益的。为了达到这一目的，我选择了 15 种语音变化，它们似乎出现在从原始印欧语分离出来之后的希腊语中。[51] 其中的 11 种在 B 类线形文字正字法标准化之前便已出现，最早被证实的 B 类线形文字正字法标准化发生在公元前 17 世纪末，但它有可能比这个时间要早得多。[52] 其他 4 种变化出现在这之后和包含在荷马史诗中的史诗体的形成之前。以下是它们相继出现的大致时间顺序。

15 种语音变化

1. 喉音的消失。在狭义印欧语衰落之前，初期的喉音体系被减少到只剩下

48 参见 Crowley（1992, 260）。

49 Dillard（1973, 5）.

50 Gordon（1957）; Rendsburg（1981a）. 同时参见，Dietrich（1990）。

51 关于早期希腊语的历史呈现出大体上或完全的内部发展和模糊不清的下位层影响的权威观点，参见 Lejeune（1972）, Chadwick（1975）和 Palmer（1980, 3-82）。

52 参见 Arapoyanni（1996）。关于这些年代的证明，参见 Driessen（1997）。

一个单独的 /h/ 音，甚至这个音也消失了，但在亚美尼亚语中被保留了一段时间，这是它受到当地安纳托利亚语影响的结果。在日耳曼语的清塞音转变成摩擦音之前，喉音似乎不存在于日耳曼语。[53] 在希腊语中，喉音或许影响到了塞音的送气和它们的音位。它的消失显然发生在极其早的时间。

在安纳托利亚语言中，喉音在公元前 2 千纪之时仍然明显盛行。所以，毋 129
庸置疑它对这一变化的实质影响，除非前希腊语与安纳托利亚语言区别极大。同样，由于喉音继续在高加索语、西闪米特语和埃及语中牢固存在，这一变革似乎没有在它们中间的任何语言中出现。假设该体系的初期弱化和喉音 /H/ 消失的事实普遍存在于印欧语言中，那么似乎几乎可以确定，这一变革是已经出现在该原始语言（proto-language）中的趋势所造成的结果。[54]

2. 塞音和送气音的合并。似乎有可能是，在浊塞音、清塞音和它们先前在印度–伊朗语、希腊语和意大利语中的音位变体送气音之间出现了一个音位差别。在印度–伊朗语中，所有四种系列音都保持着它们的独立。[55] 在希腊语中，出现了如下方式的合并：

$p^{h}\ t^{h}\ k^{h}\ k^{wh}$

$> p\ t\ k\ k^{w}$

$b\ d\ g\ g^{w}$

$b^{h}\ d^{h}\ g^{h}\ g^{wh}$ $> p^{h}\ t^{h}\ k^{h}\ k^{wh}$

$(p')\ t'\ k'\ k^{w'}$ $> (b)\ d\ g\ g^{w}$ [56]

由于马其顿语和弗里吉亚语明显没有经历这些变化，这一情况变得复杂，它们在其他许多方面都与希腊语接近。[57] 这一复杂化（并且事实上并未听说过安纳托利亚语、闪米特语和埃及语出现过任何这样的合并）致使这一合并不可能成为东地中海语言的一个真实特征。除非前希腊语完全不同于它们当中的任何一种语言，否则这种变革不太可能产生于下位层影响。我们知道印欧语中浊

53　关于亚美尼亚语的残留，参见 Sturtevant（1942 §22a）和 Bomhard（1976 § 5）。

54　参见 Gamkrelidze and Ivanov（1995, 131-83）。

55　不过，浊音系列 II 中的不送气音位变体加入重读音系列音 I，便形成了浊塞音。参见 Gamkrelidze and Ivanov（1995，51）。

56　Gamkrelidze and Ivanov（1995, 56）.

57　Georgiev（1966, 149-52）.

音系列音的送气音和非送气音音位变体之间的裂痕巨大，但是它们在希腊语中获得独特的重新排列，我未得到有关的任何解释。[58]

3. 从重读塞音到浊塞音的转变。重读塞音（有时是闭塞音）明显普遍存在于印度-赫梯语、亚非语和高加索诸语言中。印欧语解体之后，带嘎吱音的浊音或内破音（implosive）的发展似乎存在了足够长的时间，因为其他一些
130 辅音发生了转变。因此，例如在日耳曼语和亚美尼亚语中，清塞音变成了摩擦清音或送气清音，其间隔或 cas vides 被先前的重读塞音填充。因此，出现了 p'> p、t' >t、k'>k 和 $k^{w'}$ >k^{w} 的转变。在希腊语和意大利语中，清辅音系列音被填充（见上文），并且空缺位置变成了浊辅音系列音。在安纳托利亚语中，塞音结合了起来，每一组音——齿音、唇音等——合并了。

闪米特语中的情况同样令人迷惑不解。声门闭塞音仍然存在于古兹语、北部埃塞俄比亚语言提格里尼亚语（Tigrinya）和某些南阿拉伯语中。[59] 然而，在阿拉伯语中，虽然重音系列音维持独立地位，但已经被咽音化。希伯来语 tsade 在阿什肯纳兹语中发音为 ts，并且，它像来自西闪米特语 buṣ 在 βύσσος(5) 中的转写一样，在希腊语中被转写为 /ss/，这就使得迦南语中的重读音在公元前 2 千纪仍然被声门化。[60] 在埃及语中，仅存的重读音 /q/ 有可能在很早的时期便被去声门化（deglottalized），并且有可能在公元前 2 千纪与中和化发音 g/k 合并。[61]

埃及语和安纳托利亚语缺乏重读音，或许使得希腊语中的这一趋势加强。同时，当这一变化过程在印欧语言中几乎成为普遍现象之时，一系列音有可能在印欧语解体时便已经变得不稳固，希腊语只是分享了这一大趋势而已。

4. 元音间发音 -S- 的弱化和词首发音 S- 被 H- 取代。不像上述变革那样，这些转变在时间分布和地理分布上呈现出相当明显的一致性。

58 关于印度-伊朗语和意大利语，参见 Gamkriledze and Ivanov（1995, 51, 65）。

59 参见 Gragg（1997, 244），Kogan（1997, 425），以及 Simeone-Senelle（1997, 382-3）。

60 参见 Steiner（1977）。

61 Loprieno（1995, 38）.

日耳曼语、赫梯语、胡里安语、南高加索语、乌拉尔图语？

阿尔巴尼亚语、**弗里吉亚语**、**亚美尼亚语**、意大利语、**希腊语**、**吕底亚语**、**利西亚语**、**阿维斯塔语**、梵语

乌加里特语　阿拉姆语　迦南语　阿拉伯语　塞巴语（Sabean）

埃卜拉语　阿卡德语、阿摩利语？埃及语、米尼亚语（Minean）、盖塔班语（Qatabanian）、哈德拉米特语（Hadramitic）？

古兹语

这一转变只出现在黑体语言中。未受这一转变趋势影响的语言，要么是古代语言，要么在地理上处于边缘位置。这一分布表明，这一变革在公元前 2 千纪进入东地中海。此类转变在印欧语内是公认的，却又令人莫名其妙。尽管这些转变在闪米特语中并不被普遍公认，但是它们能在三个基本方面找到：代词、连词和动词前缀。详见下表[62]： 131

	埃卜拉语	阿卡德语	盖塔班语	阿摩利语	乌加里特语	迦南语	阿拉姆语	阿拉伯语	塞巴语	古兹语
他	suwat	suwa	s^{1}u	su	hw	hu	hw	Huwa	hw	wə$^{>}$ətu
她	siya	si	s^{1}yt	?	hy	hi	hī	Hiya	hy	yə$^{>}$Eti
第三人称阳性后缀	-su	-su	-s^{1}ww		-h	-hu	-h	-hu	-hw	-hu
第三人称阴性后缀	??	-sa	-s^{1}yw		-h	-ah	-h	-ha	-hw	-ha
如果（If）	?	summa	?		hm	$^{>}$im	$^{>}$en	$^{>}$in	hn	$^{>}$emma
使役	（s）-?	s-	s^{1}-	h-	s-	hi-	$^{>}$a	$^{>}$a	h-	$^{>}$a

在迦南语中，词首 h- 大体上仅限于代词和其他基本字词。在其他字词词条中，常常是 s>ḥ 的转变，例如希伯来语中的成对词 šlm/ḥlm（“健康的”）和 šrb/ḥrb（“炎热的”）便是如此。[63]

尽管古兹语其他词形是古老的，但事实上它的 /h/ 或 /ḥ/，/s/ 的词形基本上来自闪米特语。这些词形不仅在最古老的语言埃卜拉语和阿卡德语中被证

62　Buccellati（1997, 83-4）, Gordon（1997, 107-8）, Kaufman（1997, 121-2）, Pardee（1997, 133-4）, Segert（1997, 176-7）, Fischer（1997, 200-2）, Kogan and Korotayev（1997, 224-5）, Gragg（1997, 247），以及 Beeston et al.（1982）.

63　关于 s>h 转换的一个明显例证，也存在于希伯来语 s/br（“考查”）、sbr（“被解释的梦”）和 ḥbr（“划分天国 / 天空”）之中。前两个词汇可能源于保留字首 s- 的阿卡德语词汇。它们有可能源于埃及语 sbɜ（“知识，星星”）。参见下文第十章，注释 99—126。

实，并且它们在其他亚非语言中还有同源词。在埃及语中，第三人称从属代词是 swt sy 或 st，使役前缀是 s-；并且该词汇表示“健康”，和 šlm/ḥlm 是同源词。[64] 词首 s- 在后来的语言中的残余通常在位置上被 h- 取代。因此，闪米特语中 s>h 的转变是偶发的，然而，s>h 的转变则在亚美尼亚语、希腊语和阿维斯塔语中普遍存在着，除了位于塞音前面。不管怎样，上述例证表明，考虑到两种语言地缘上接近，闪米特语中出现的 s>h 转变是足够的系统化，以至可以和印欧语言中情况并列来审视。

另外一个此类转变的例证来自安纳托利亚语的利西亚语。今天，学界已同意，卢维语是用楔形文字即“赫梯象形文”书写，利西亚语用字母文字书写，它们应该被视为同一语言或同一语族关系密切的两种语言的不同发展阶段。[65] 第一种语言的正字法确立于公元前 3 千纪。我已经在别处论证过，利西亚语拼写在公元前 2 千纪才惯例化。[66] 从希腊语的转写中，我们可以获得它在公元前 5 世纪和公元前 4 世纪的发音信息。s>h 的转变，首先发生在赫梯语和卢维语之间，然后发生在卢维语和利西亚语之间。例如，卢维语的所有格后缀 -assi，在利西亚语中则变为 -ahi 或 -ehi，虽然它在一种方言中是 -esi。表示“神”的卢维语是 masana，它在利西亚语中变为 mahana，该词又在公元前 1 千纪里被缩写，直至 man。[67]

132 认识到这一转变不仅发生在大致同一地区，而且它们也明显发生在公元前 2 千纪。这是一件有趣的事。既然这一转变在 B 类线形文字中得到证实，那么它一定发生在正字法的确立之前即公元前 1600 年左右或稍早之前的希腊语中。切梅林伊为利西亚语的转变给出了一个在此之后的日期，即公元前 1200 年，赫梯的新王国在此时崛起。[68] 基于上述理由，我不认为它不应该发

64 使役发音 /s/ 通常出现在诺斯特拉语中。格林伯格称其为亚欧语，参见 Greenberg（2000, 200-2 §50）。在印欧语中，所谓的 s- 活动（s-mobile），倾向于被随机地增加到词根的字首或字尾。传统的印欧语专家对它的情况不十分了解。如 W. 莱曼所表达的那样：“在这个晚期的原始语言中，-s- 的词义很难准确确定。它可能表示完成或限定的意思。”参见 Winfrid Lehmann（1993, 169）。似乎，这类词形的一个主要词源是使役发音 /s/。例如，现代英语中的“fall”（降落）和“spill”（跌落）、“wipe”（擦拭）和“swipe”（挥击）、“whirl”（旋转）和“swirl”（打旋），等等。

65 Laroche（1958, 159-97; 1960, 155-8）. 另见 Georgiev（1966, 229-30）以及 Gamkrelidze and Ivanov（1995, lxi）。

66 Bernal（1990, 34-5）.

67 Georgiev（1966, 190-4）and Szemerényi（1967a, 190-4）.

68 Chadwick（1975, 808）and Szemerényi（1967a, 193）.

生得更早。不管怎样，这一时期的社会政治动荡似乎为这一变化提供了一个真实的背景。

埃卜拉语书写传统和阿卡德语正字法在公元前 3 千纪中期前后确立，为亚洲的闪米特语的这一转变提供了一个在此之后的日期。另外一个重要的时间指示来自乌加里特语，在乌加里特语拼写被固定之前，使役动词保留了 s-，而代词和连词已将它转换为 h-。因此，这里的指示表明，这一转变发生在公元前 2 千纪前半期。

我们不可能为亚美尼亚语中的这一转变确定日期，尽管它可能是因为伊朗语中的变化导致的。然而，伊朗语本身的变化都极难确定时间。切梅林伊论证亚美尼亚语的转变一定发生在公元前 10 世纪以来，因为古波斯语 Hindu（印度）表示印欧语中的 Sindhu 和古波斯语 Huza 表示埃兰语 Susa（苏萨），被认为表明这一转换只可能发生在伊朗人征服之时或与相关地区靠近之时。如果我的理解没有错误的话，这纯属谬论。人们为遥远的地方尤其是都城——苏萨是埃兰的都城——和主要河流命名，很容易受到来自当地发音的影响。然而，它们通常会经历标准发音的转变。例如，荷兰人称柏林、巴黎和都灵分别为 Berlijn、Parijs 和 Turijn，它们经过了从 i(ī)>ij(εi) 的转换，人们不可能根据这一事实判断出荷兰人居住在哪里。

不管怎样，这个靠后的年代明显错误的。因为，今天普遍认为，琐罗亚斯德（Zoroaster）和归入他名下的伽塔诗篇（the Gatha poems）——其中已经发生 s>h 的转变——应该被置于公元前 12 世纪或公元前 13 世纪。即便这一转变被证明发生得比这一时间还要早，在将它和其他语言中的这一转变联系在一起时仍有一些重大的难题没有解决。主要的障碍是“发 s- 音”的印度-雅利安语族群是在公元前 14 世纪出现在美索不达米亚北部米坦尼王国的。因此，不管这一转变发生在此前还是此后，它都应该更靠北和更靠东。不管哪种情况成立，它与其他类似转变都存在着时间或空间上的不一致性。[69] 唯一的可能就是将它 133
和古亚美尼亚语传播进亚述联系在一起，该事件可能发生在公元前 13 世纪，尽管它在 300 年之后才被证实。然而，这一证据实在是太不可靠，远远不能证明那一种情况成立。无论如何，即便是对这些变化一无所知，如果它在这些位

69 关于琐罗亚斯德的早期年代，参见 Boyce（1975, 3, 190）; Kingsley（1990, 245-65）和 Burrow（1973, 136-7）。

于其间的语言（胡里安语、乌拉尔图语和埃兰语）中真的存在的话，也不可能探知有关阿维斯塔语的转变和其他语言的转变的关系的任何重要信息。时间和空间相对一致具有暗示意义。然而，应该记住如果没有外来刺激，这一特殊的 s>h 转变（它仅仅是一个辅音弱化的形式）怎么会轻易发生？例如，这一转变出现在了威尔士语中，却没有出现在其他凯尔特语中。[70]

总而言之，希腊语的发展，与东方数个邻近的语言相比，它们大致发生在相同的时间。除了西闪米特语可能的例外，它们的这一转变是不完整的，希腊语的这一变化要比其他语言发生得早。

5. 词首 y- 的消失或被 h- 的替换以及它在其他位置的弱化或消失。这些变化大约在 B 类线形文字确立之时出现。[71] 亚美尼亚语对 y- 也有些修正，但它们的大致情况尚不能辨识。[72] 在公元前 3 千纪，可能受到了来自苏美尔语的压力，阿卡德语词首 y- 消失或被简化为 >aleph。[73] 迦南语只有几个引人注目的以 y- 为词首的词汇，它们的词源不是来自 w-（见下文）。[74] 迦南语和阿拉姆语元音间 -y- 都经历过词中音省略。[75] 埃及语中的芦苇符号，转写为 ỉ，它的读音明显发生过从 y 到 >a 的变化，后来位于重读闭音节中的 /i/ 也转变成了 /a/。[76]

有趣的是注意到，在意大利语和阿维斯塔语等语言至少保留了词首音 y- 之时，希腊语和亚美尼亚语这两种与闪米特语使用地区最为接近和接受闪米特语借用语最多的印欧语言可能分享了后者对这个半元音的弱化。

6. 腭音化：从 /t^y/ 和 /ti/ 到 /s/ 以及从 /d^y/ 到 /z/。这些变革可能与 y 的弱化有关。它们发生在 B 类线形文字标准化之前，s>h 的转变之后。并且，它们可能受到了后者提供的 cas vide 的推动。虽然 /tt/ 在阿尔巴尼亚语中转变为 /s/,

---

70 参见 Trask（1996, 58）。

71 Meillet（1965, 22）; Ventris and Chadwick（1973, 78）; Lejeune（1972, 165-73）. 关于对表示这一变化的符号可见于 B 类线形文字和荷马时代的希腊语中的论证，参见 Deroi（1974）和 Nagy（1970, 101-51）。

72 Meillet（1936, 44-5, 186）.

73 Moscati et al.（1969, 45）.

74 大的例外是 yôm（“白天”）和 yåd（“手”）。我在下文将论证 yåm（“海”）源于 *m^y am。

75 Moscati et al.（1969, 62）and Harris（1939, 43）.

76 Loprieno（1995, 35）. 关于 /i/ 始终是 />/ 的非常可信的论证，参见 Hodge（1977, 930-4）。另见 Albright（1923, 67）。

并且 /t^{y}/ 在加拿大法语中转变为 /ts/，但是这种变化没有出现在其他古印欧语言中。[77] 阿兰・博姆哈德的论证似乎有道理，他认为原始闪米特语包含了一系列腭音化的齿音 /ṭ^{y}/、/t^{y}/ 和 /d^{y}/。[78] 不管怎样，由于作为齿间音继续存在，它们通常以它们的重构词形呈现。在阿卡德语中，这一系列音与 /ṣ/、/s/ 和 /z/ 在公元前 2 千纪一开始之时便已合并。[79] 这些齿音在乌加里特语中独立存在。不过，在腓尼基语中，从 ṭ^{y} 到 ṣ 等转变，可能在公元前 1500 年便已经开始。[80] 这一可能性使得腓尼基语的转变和希腊尤其是和克里特联系在一起。从 t^{y} 到 s 的转变为泛希腊（pan-Hellenic）现象之时，它的延伸即从 ti 到 si 的转变出现在了爱奥尼亚语和阿卡狄亚–塞浦路斯语（Arkado-Cypriot）中，并且可能出现在迈锡尼语中，但没有出现在多利亚语中。此时，多利亚语是希腊西北部的语言，因此它受到的具有黎凡特背景的腭音文化的影响最小。[81]

134

腭音化齿音体系在整个亚洲闪米特语中崩溃。在阿拉伯语中，它们保持独立地位，但是变成了齿间音。然而，在古兹语中，它们转变成了咝音，它们表明这一结果是多么容易实现。由于它们地缘上接近并且文化上密切接触，那么所谓的迦南语转换似乎真的受到了来自阿卡德语转变的影响，尽管也有可能是阿拉伯语的解决方式或者阿拉姆语 t^{y}> t 的转变。希腊语的这一转变是否和迦南语有关系，学界的争议更多。主要的问题是由地名提尔（Tyre）引发的。该地名先前被读为 Ṭ$^{(y)}$，或者在公元前 1 千纪前半期被读为 Ṭ$^{(y)}$。但是，它到了希腊语中则变成了 Tyros，这就要求此次语言借用早于迦南语 ṭ^{y}>ṣ 的转变但又要晚于希腊语的转变。在其他任何情况里，它则会以 *Sur［事实上，Sor（苏尔）这一古拉丁语词形是对迦南语 Ṣor 的借用］的词形出现。[82] 因此，在希腊语转变之后和迦南语转变之前，必定存在着一段时期。另外一种唯一可能是这

77　关于阿尔巴尼亚语，参见 Georgiev（1966, 163）。

78　Bomhard and Kerns（1994, 100-1）. 我独立地得出了相同的结论；参见 Bernal（1981）。

79　Moscati et al.（1969, 28）.

80　Harris（1939, 40-1）. 墨兰（Moran）有不同的观点，他将这个年代置于公元前 14 世纪；参见 Moran（1961, 59）。关于在公元前 1600 年前后该字母表传播之前 d^{y} > z 的合并，参见 Bernal（1990, 67）。

81　Meillet（1936, 73）. 关于迈锡尼语 /s/ 的歧义，参见 Ventris and Chadwick（1973, 398-9）。关于希腊语方言的复杂性和相关主题的参考文献，参见 Dunkel（1981a, 132-41）。

82　在埃及语中，Ṭ$^{(y)}$ or 被转写为 Ḏwꜣ (wy)。参见 Posener（1940, 82）和 Helck（1962，58）。参见 Katzenstein（1973, 19）中的参考文献。在晚期埃及语中，字首字母可能表示一个中性齿音［Loprieno（1995, 38）］；并且，可以相信，希腊语 Tyros 受到了它的影响。

一系列闪米特语是齿间音，如它们按照惯例被转写的那样，或者它们是不被希腊语族群作为自身语言 /t^y/ 加以承认的腭龈摩擦音（palato-alveolar affricates）。后一种可能性将表明，要么这些变化是无关的，要么它们在爱琴海的发生早于它们在黎凡特的发生。不管怎样，这种巧合，再加上在印欧语中希腊语这一独一无二的转变，将会使人相信地区因素在某种程度上被牵涉其中。

7. 从 k^y 到 ss 的腭音化。这一变化，不是作为前元音前面腭音化软腭音的普遍音位化（phonemesization）的一部分出现的，它与唇软腭音的衰弱有关联，
135 这一衰弱似乎存在于从印度-伊朗语的最初母语言到波罗的-斯拉夫语、亚美尼亚语和阿尔巴尼亚语等所谓的“咝音语言”中。[83] 希腊语中的这一转变似乎与 t^y> s 的转变类似，像后者一样，它出现于 s>h 的转变之前和 B 类线形文字正字法确立之后。在亚洲的闪米特语中不存在独立的腭音化软腭音的系列音。不过，来自埃塞俄比亚贡南-古拉格（Gunnan-Gurage）语言的迹象表明，在其他语言中存在着 /k/ 和 /s/ 的对应发音，这样的系列音可能存在于原始闪米特语中。[84] 但不可能确定地说它在亚洲闪米特语中存在，更不用说存在多久了。因此，至少就目前的情况而言，学者们不能够将希腊语中的这一变革和任何闪米特语或其他地区趋势联结在一起。

8. 词中成分 -ss-/-tt- 的发展。抛开 kys>ss 和 tys>ss 的转变不提，许多带有交替成分 -ss-/-tt- 的希腊词汇显然是借用语。[85] 最简单的解释是这些词形是从希腊语中不存在的闪米特语咝音或者其他任何印欧语言中借用的。最明显的候选发音是闪米特语重读齿音摩擦音 /ṣ/。它的早期音值被学界讨论，结论是当前阿什肯纳兹将 ṣade 重读为 ts' 的发音是其初始发音，这个结论已经流行。[86] 这一发音和这些重叠辅音的罕见性，将会解释这些交替成分。[87] 然而，另外一些亚非语咝音，不能确定希腊语族群是如何对它们进行发音的，它们呈现出不

83 Bomhard and Kerns（1994, 72）and Gamkriledze and Ivanov（1995, 81-8）.

84 博姆哈德接受它们是原始亚非语，但否定它们是原始闪米特语。Bomhard and Kerns（1994, 97）.

85 Nagy（1970, 125-51）and Lejeune（［1972］1987, 101）.

86 参见 Steiner（1982）。不同的看法，参见 Moscati et al.（1969, 33）。

87 关于 -ss-/-tt- 在不同方言中的变体，参见 Lejeune（［1972］1987，106）的图表。关于它们的更多信息和用于表示 ṣade 的字母，参见 Bernal（1990，108-10）。

同的词形，其中包括 -ss-/-tt-。可能最著名的交替词形例证是 θάλασσα/θάλαττα（“海”），它们真正的词源最可能是埃及语 tɜš（将在第八章中探讨）。[88]

9. 词尾 -m 到词尾 -n 的转变。可以想象到，B 类线形文字缺乏词尾辅音，因为迈锡尼希腊语便没有它们。[89] 不管怎样，都不可能确定 -m >-n 的转变时间，更勿论它是前荷马希腊语。同样的转变也发生在系统印度–赫梯语中，如著名的维尼提亚语（Venetic）、日耳曼语和赫梯语。一些维尼提亚语方言没有经历过这一变化，所以这似乎暗示这一转变是后来出现在该语言中的。[90] 这一变化传入日耳曼语的时间非常晚，并且变化也不充分。不过，它在安纳托利亚语中出现的时间早，这使得希腊语中的这一变革可能来自一个印度–赫梯语下位层。但是，它同样有可能在公元前 14 世纪受到来自安纳托利亚语言阿哈伊亚语（Akhaian）的影响，或者单纯来自独立发展的结果。阿拉姆语和阿拉伯语中出现了同样的变化，可能是安纳托利亚语影响的结果。

10. 词尾齿音的消失。词尾 -t 和 -d 在原始印欧语中普遍存在。它们却没有 136
出现在 B 类线形文字或荷马时代的希腊语中。利西亚语是仅有的另外一种不具有这些词尾齿音的印度–赫梯语。[91] 不过，它们在希腊语中的消失不太可能是印度–赫梯语下位层影响的结果，因为这些齿音频繁出现在吕底亚语中。[92] 更引人注目的是它们仿佛出现在弗里吉亚语中，弗里吉亚语在语言学非常多的方面与希腊语最为接近。[93] 这使得我们几乎可以确定，它是一个青铜时代晚期的变革。

如第四章所讨论的那样，词尾 -t 在亚非语系语言中是极为普遍的存在，尤其是作为名词和动词阴性标记使用。这一齿音，在公元前 3 千纪中期从埃卜拉语中消失，在中王国末期从埃及语中消失。然而，这一变化过程可能开始得更早。[94] 它在迦南语中较晚才消失，并且消失得不太彻底。在迦南语中，-t 作为

88　这个词源被戈登接受，见个人通信，1998 年 10 月。

89　Georgiev（1966, 73）.

90　Beeler（1981, 69）.

91　Georgiev（1966, 231）.

92　Gusmani（1964, 235-6, 241-2）.

93　Georgiev（1966, 150）.

94　Loprieno（1995, 38）.

阴性后缀，在相当晚近的时候才消失。泽里格·哈里斯（Zellig Harris）列举了公元前 15 世纪中或前后的各种不同的转变。[95]

如上所论证，尽管埃卜拉语中阴性词尾 -a 可能会影响到原始印欧语，但它显然不是阿卡德语发展趋势中的一部分。在公元前 2 千纪，似乎存在着一条同言线，在这方面将埃及语、腓尼基语、希腊语和利西亚语联结在一起。如果这些变化存在着因果联系，那么，它似乎在公元前 1700 年—公元前 1300 年之间从埃及语开始向东地中海其他地区扩散。

11. 字首增添元音的形成。虽然字首增添元音在许多印欧语言中出现，但是它们在希腊语中出现的频率远远高于其他语言。[96] 由于这一结构未见于原始印欧语，所以可以相信在它的“子”语言中发现的大部分字首增添元音都是因失去的喉音而形成的。另一个来源是由对复杂辅音组词首的排斥造成的。经常很难将这两个来源区分开来。例如，许多语言存在着许多表示“名称”的词汇（例如希腊语 ónoma 和爱尔兰语 ainm）前面出现的字首增添字母，它们是来自失去的喉音 *Hnm(n) 还是来自缩减到零级别的词根 *nmn，学界对此进行过大量的讨论。词根 *nmn 带有一个词首 n- 和一个中间的 -m-，它们组成了一个令人难以接受的词首辅音组。[97] 历史语言学家不是关心这些来自这两个来源的希腊语字首增添元音——它们可能在其他印欧语中找到，而是关心那些希腊语中

95 Harris（1939, 53, 58-9）.

96 Wyatt（1972b, 1）.

97 参见 Szemerényi（1964b, 224-40）。关于相关概览，参见 Chantraine s. v. *ónoma*。另见 Gamkrelidze and Ivanov（1995, 126-30）。Wyatt 否认原始印欧语存在着任何喉音，参见 Wyatt（1972b, 4）。他随后（3-10）尝试着将这一普遍趋势变成一个固定的原则。关于这一僵化的研究方法存在的问题，参见 Szemerényi（1973c）。

正如阿兰·博姆哈德所提出的那样，“名称”可能来自诺斯特拉语词根 *?in-im/?en-im。他在原始印欧语、原始乌拉尔语和苏美尔语中找到了这个词根。但是他没有在原始亚非语中找到，参见（1994, 687 §569）。根据奥廖尔和斯托尔博娃的观点，这个亚非语词根是 *süm，参见 Orel and Stolbova（1995, 485 §2304）。不过，中乍得语中的特拉语（Tera）、库德语（Gude）和库都语（Gudu）中，存在着带有词首 l- 的词形。它们将这些词形解释为“受到表示‘耳朵’的词汇的腐蚀而产生的不规则边音”。这个解释本身是不太可能的。更甚者，纽曼（Newman）和马（Ma）给出了重构的比乌–曼德拉（Biu-Mandara）方言词形 dləm 和其他方言词形 tlēmi，参见 Newman and Ma（1966, 237 §70）。他们的重构表明，存在着一个乍得语词根 *ɬm。对这一词根可能是亚非语的论证，被事实在一定程度上否定：在闪米特语中，字首 s^1-，而非 s^2-，通常是 /ɬ/ 的衍生词。然而，考虑到亚非语字首 n- 弱化为 l- 的趋势和“名称”这个词汇存在时间特别悠久，所以，*ɬm 可能是亚非语词根，这就使得存在着一个来自诺斯特拉语 *?in-im/?en-im 的可信的衍生词。

尼罗语词根 *(ka)rin 将情况进一步混淆，塔卡克斯将它视为埃及语 rn（“名称”）的词源。参见 Takács（1999, 38-9）。

能找到的独特现象。[98]

在印欧语中，唯有亚美尼亚语有类似大量的字首增添元音。的确，这似 137
乎提供了一个基本原因，它可以回答为什么在印欧语中，希腊语和亚美尼亚语被认为具有一种特殊的关系。[99] 詹姆斯·卡拉克森否定了两种语言中字首增添元音之间类似性，这种类似性可以用来证明它们之间的任何独有关系。[100] 不管怎样，他承认，其中的八个词汇是这种构成的可能标记，一个是 ast-（“星”），如我们在第四章所看到的那样，它常见于印欧语。[101] 至于另一个词形 erek 和希腊语 ἔρεβος (H)（“傍晚”）之间的复杂问题，参见下文。[102] 希腊语 ὄνειδος (H)（“责备”）和亚美尼亚语 anek'（“诅咒”）之间的对应关系在语义上和语音上都是松散的。其余的词汇，很可能是从希腊语传入亚美尼亚语的早期借用语。

字首增添元音在希腊语中的高发生率，似乎最合理的解释是希腊语对埃及语或西闪米特语的大量借用词或直译词（copies）。这些借用词汇或直译词汇，最有可能在源语言（source language）中就带有字首增添元音，或者以亚非语 ˀaleph 和 ʿayin 这些希腊语中不存在的辅音为词首，然后被简化为字首增添元音。有时候，埃及语 /h/ 甚或 /ḥ/ 都会被简化掉。最后，它们有可能源自晚期迦南语，此时的迦南语趋势是丢掉词首辅音 h-，显著的例子是定冠词 ha。

并且，埃及语、闪米特语和胡里安语都带有字首增添元音，它们通常带有这些和或其他的辅音，以避免出现难以接受的词首辅音组。在埃及语中，这些

98　Lejeune（［1972］1987, 210-1）.

99　Thomson（1966, 27-8）and Meillet（1936, 143）.

100　Clackson（1994, 33-5）. 尽管不像克拉克森怀疑希腊语和亚美尼亚语之间特殊的语系关系，但是林格等人认为它们之间的关系没有意大利语和凯尔特语之间的牢固；参见 Ringe et al.（2002, 103-4）。他们的结论是：“总而言之，虽然我们认为克拉克森在否定任何（有关这一关系的）证据方面言过其实，但是，我们还是乐意承认，证实它的证据是令人失望地匮乏。”他们接受的唯一排他性类似词是他们重构的词形 ā́mr（“白天”）。我将在下文（注释 108）论证，希腊语 hēmera 是来自埃及语的借用词，并且我猜想该亚美尼亚语词汇来自希腊语。

101　本书第四章，注释 110—112。

102　爱尔兰语中存在着大量从拉丁语 p- 那里直译词汇，如 Pascha（“复活节”）、purpura（“紫色”）等等，考虑到这种类似，希腊语中存在着一个来自阿卡德语 eveb（“日落”）的衍生词，并非不可能。参见 Thurneysen［（1949）1993，570 §920］。不过，这种类似被事实在某种程度上否定：当时的爱尔兰语中不存在 /p/，而亚美尼亚语中却存在着 /b/。

词首很少被书写，它们的音质（quality）不确定。[103] 它们在被书写时会带一个 /ỉ/，尽管它无疑是一个短元音，但可能被转写为 ᵓa-、ᵓe- 或 ᵓi-。在迦南语中，元音通常似乎是一个 e-。[104] 然而，希腊语和亚美尼亚语中的字首增添元音也通常在 a- 和 e- 之间变化，虽然带有 o- 的词形也会出现。[105] 在这个问题上，我只想举几个不同类型的例子。

第一个元音便来自对 ᵓaleph 的借用，ἄλφα (4) 本身便是以它为词首。希腊语词汇 ἦμαρ（“白天”），它最初的发音为 ἦμαρ (H)，并且最初的词义也非“白天”，而是“白天的命运”，该词已经被证实来自埃及语词形 ỉmy hrwf（“白天的守护者”）。[106] 希腊语医学术语 ἰνάω（“排泄、通便”）似乎来自埃及语医学术语 ỉnỉ（“除掉”）。然后是 ὀθόνη (H)（“精美的亚麻布、帆布、布罩”）和迦南语 ᵓēṭûn（“埃及亚麻布、线、绳”）本身，都来自埃及语 ỉdmỉ（“红色亚麻
138 布”）。[107] 晚期希腊语 ὀυραιος (CE5) 来自埃及语 ỉʿrt（“蛇形权标”）。最后，已被证实的晚期埃及语词形 ỉkm 来自 km（“完成”），它为希腊语 ἀκμή(H)（“最高点或极点、发育完全”）提供了一个很好的词源说明。[108] 两位 20 世纪的希腊语词典编纂学者，瑞典人亚马尔・弗里斯克和法国人皮埃尔・尚特莱纳都将它和 *ak-（“锋利的”）——一个他们认定的印欧语词根——联系在一起。不过，尚特莱纳承认，他未能找到 ἀκ-μή 形成的任何对应词。

作为来自 ʿayin 的希腊语字首增添元音的例证，有来自埃及语 ʿqз ỉb（“精确的、正直的”）的 ἀκρῑβής (4)（“准确”）和来自埃及语 ʿšзt（“一大群、一群、许多”）的 ὄχλος (5)（“一群、许多”）。[109] 来自亚非语词形、以 /h/ 或 /ḥ/ 开头的直译词，包括来自 ḤtkзPtḥ 的 Αἰγύπτος、来自 hbny 的 ἔβενος (5) 和来自 hby

103 泽特首先为埃及语提出了这一观点，参见 Sethe（1893）。后来的许多埃及语专家对此进行否定，但又被霍奇复兴，参见 Hodge（1991）。关于埃及语，也请参见 Gardiner（1957，209 §272）。关于闪米特语，参见 Kienast（2001, 35）。

104 Moscati et al.（1969, 60）.

105 Meillet（1965, 19）. 该亚美尼亚语词形可能来自古高加索语乌拉尔图语，但在该语言中，占据主要地位的字首增添元音显然是 u-。参见 Friedrich（1933, 68）。

106 Onians（[1951]1988, 412-5）.

107 关于这一词源分析的参考文献，参见尚特莱纳。

108 埃及语 km 也可见于佩罗（Pero）的西乍得语 kémó 和原始班图语 *-kom-“被完成了”。参见 Takács（1999, 43）。

109 这一直译词一定在很早的时候出现的，不仅因为 /з/ 的发音是一个流音，并且因为 /š/ 在希腊语中转写为 χ，它反映了埃及语从 ḫ 到 š 的转换。关于这个词汇的其他信息，参见下文第八章，注释 63 和 66。

的 ἰβις (5)。[110]

最后，我们来探讨一下带有字首增添元音的亚非语字词，尽管这些字首增添元音很少被书写出来。[111] 一部分学者认为埃及语 s(ꜣ)q［"将……连在一起"或"装进袋子"，科普特语词形写作 sok、sook、sak 或 sō(ō)k］作为 Šakku 被直译进阿卡德语或作为 ś/aq 被直译进迦南语，另一部分学者则刚好持相反的观点。[112] 不管是来自埃及语还是迦南语，该词源产生了两个希腊语词形，即 σάκ(κ)ος (4) 和带有一个字首增添元音 a- 的 ἀσκός (7)。[113]

希腊语 ἀσπίς (H)（"盾牌"）似乎来自迦南语词根 ṣph/y（"金属盘、覆盖物"），该词根也被证实出现在乌加里特语、西伯利亚和新布匿语中。"Ασπίς (5)（"阿斯普蛇"）——埃及蛇类的一种——几乎可以确定来自埃及语 Sbi（"反叛的大蛇"），即一个著名的恶魔。[114] 西西里的狄奥多罗斯（Diodoros Sikeliotes）记载，埃及祭司们告诉他，古代的希腊人称他们的城市为 ἄστυ (H)，该词源于埃及城市 Asty 的名字。[115] 在下埃及第二大诺姆（nome）的一个城镇名为 ist，并且埃及底比斯的普塔神庙被称为 isty。安妮·伯顿（Anne Burton）在为狄奥多罗斯《历史文库》第一卷作注的时候，否认第一个城镇名字是词源的说法，因为在古典时期之前，它的发音是 *Ēse。不过，

---

110 Hbny 本身可能是一个源于一个刚果–撒哈拉语词汇的直译词。

111 关于这一原则，参见 Gardiner（1957, 209 §272）。

112 切尔尼提出了一个埃及语词源。维奇赫尔对此提出质疑，并且指出该词是闪米特语；参见 Vycichl（1983）。维奇赫尔给出了两个理由：第一该词根可见于阿卡德语和古兹语，第二埃及语符号 ‖ /s/ 在希伯来语被转写为 /s/，而非 śaq 中的 /ś/。他的观点得到了霍奇的支持，参见 Hoch（1994, 269 §383 and n. 59）。

尽管存在着这些论证，但是我还是接受切尔尼的假设，部分原因是埃及语咝音是不确定的。š(ꜣ)q 可能带有"包"的词义。更重要的是，这个被提出的原始词形 s(ꜣ)q，为希腊语 σάρξ, σαρκός(H)（"肉体"）即 psukhēe（"精神"）的对立面提供了一个很好的词源。尚特莱纳否定了它来自印欧语词根 *twerk-（"砍、部分"）的词源分析。同样，他又正确地拒绝了利施（Risch）提出的观点：它源于一个可见于阿维斯塔语 qwarəxšhtar（"创造者"）的印欧语词根。利施的论证是，sárx 在希腊语中的原始词义是"使某物或某人成形"，他的论证或许更有道理。据我所知，这个词义上的 s(ꜣ)q 没有得到更早的证实，但是，在科普特语文献中，sarx 经常被理解为被灵魂招惹着"疲惫"。例如，萨希迪方言（Sahidic）写成的《木匠约瑟夫的生平》（The Life of Joseph the Carpenter）残篇（18.4）中的短语 pgenos ñ ñrōōme ñtauphorei ñtisarx，引自 Lamdin（1983, 196-208）。

113 尚特莱纳将 askos 的词源视为 non établie。

114 该希腊语词汇的词根显然是 *aspid。将 -d 或 -t 增加到两字母词根后，将在下文探讨，参见第十四章，注释 18。尚特莱纳没有为 aspis 提供一个明确的词源。他也将该蛇的名字和它联系在一起，原因是，蛇在发动攻击的时候，脖子是弯曲的；他倾向于认为它是源于另外一种语言的借用词。

115 Diodoros, 1.28.4. 参见下文第二十二章，注释 163—166。

她承认，/t/ 将在第二个例证中保留。[116] 我认为没有理由将这个假定直译出现的时间确定为词尾 -t 消失之后。进一步讲，/t/ 明显被书写了，我们没有理由去假定为狄奥多罗斯提供信息的祭司们是文盲。然而，由于 astu 不是局限于对雅典城的称呼，所以更有可能的是，asty 至少部分地来自埃及语 i͗st（“宫殿”）或 (i͗)st（“地方”）。[117] 埃及语 i͗rp（“酒”），出现在希腊语中
139 为 ἔρπι 或 ἔρπι (5)。罗得岛最高的山名为 Αταβύριον，该名称来自巴勒斯坦的塔波尔山（Mount Ṭåbôr），它的迦南语名字为 *Haṭṭåbôr，Αταβύριον 在从该词那里进行借用的过程中获得了一个字首增添元音 a-。这是一个清楚明了的例证。[118] 总而言之，希腊语中极为频繁地出现字首增添元音，不能作为一个“遗传”特性加以解释。它似乎仅仅是对亚非语词汇进行大量直译导致的，尽管它们的直译词不总是准确无误。

12. 从 Ā 到 Ē 的转变。这一变化发生在 B 类线形文字定式化之后，但始终未完成。它只出现在爱奥尼亚语中，并且在阿提卡方言中出现得更少。其他方言中都保留了印欧语长元音 /ā/。这一转变的日期下限被设在了青铜时期晚期荷马时代希腊语拼写标准化之前。许多印欧语专家接受更为古老一些的观点，认为这一转变过程停止于长元音 /ā/ 因缩略而产生之前或新的借用语传入南部和东部爱奥尼亚口语之前。

在某个历史阶段的利西亚语中，/ā/ 经常变成 /ē/。这种变化与开口元音或闭口元音无关，更有可能是元音音长在其中发挥了基础作用。根据元音音长，学者们不能够判断，它是受影响的长元音还是短元音，因为元音音长不会在文字中标出。元音音长似乎更有可能不仅因为希腊类似语，并且也因为乌加里特语中（使用乌加里特语的族群中也包括许多操卢维语 / 利西亚语者）从 /a˃/（后

116　Burton（1972, 122）. 虽然她标明引文来自 Gauthier（1925-31, vol. 1, 104），尽管我没有理由怀疑她，但是我在她标注的页码上没有找到她的引文。

117　Wiedemann（1883, 2），维德曼否定了 astu 源于 ist。尚特莱纳认为，字首的权杖符号将它和不确定的迈锡尼语词形 watu 和吠陀语 vastu［“住宅”（晚期）］、吐火罗语 A “wast”、吐火罗语 B “ost”（“住宅”）联系在一起。即便如此，尚特莱纳还是意识到了元音中存在的问题。关于词首 w- 没有给埃及语词源带来问题，参见 Chadwick（1973, 79, 398）；查德威克指出，在一些例子中，字首的 digamma 可以在一些古典时期的碑铭中发现，但这并不能证明这一词源分析就是正确的。

118　更多的探讨，参见下文第七章，注释 93—94。关于贝洛赫试图将罗得岛的宙斯的称号 Atabu/rioj 与这条山脉和任何闪米特语瑕疵分开的尝试，参见 Burkert（1992, 34）。

来变成了 /ā/）到 /e˃/ 的转变。[119] 尽管研究安纳托利亚语的学者们普遍认为卢维语中的转变发生在公元前 1 千纪，但是我认为似乎更真实的是这一变化在被书写语确认之前已经在口语中发生了。[120] 不管怎样，乌加里特语的转变发生于公元前 15 世纪之前；并且引人注目的是，这两种邻近语言在公元前 2 千纪赫梯政治统治和主权下以及在公元前 1 千纪前半期新赫梯征服之下作为口语使用，本应该经历类似的语音转变。

还需要注意的是，根据泽里格·哈里斯的研究，南部乌加里特语长元音 /ā/ 在著名的"迦南语转变"ā >o 中消失，这一进程"可能在公元前 15 世纪早期"开始。类似的变化也发生在这一时期或稍后时期的埃及语中，它一定是埃及势力范围内的一个相关联的地区变化。[121] 此外，ā>ū 和 a>o 的转变也发生在后来的腓尼基语中。[122]

关于 ā>ē 和 ā>ō 这两个不同的转变所导致的结果，有一个明显的例子，来自希腊语两个词汇 σῶμα "死尸" 的所有格形式 σώματος(H) 和 σήματος(H)（"坟墓"）的所有格形式 σῆμα，它们发音和词义的类似性曾使柏拉图迷惑不 140
已。[123] 柏拉图和后来的词典编纂学者论证，从语义上来讲，sēma（"坟墓"）来自 σῆμα(H)（"标记"）是有可能的，但 sēma（"标记"）则无这种可能，它更有可能来自迦南语 sēm（"名字，标记"）。[124]

在中期埃及语中，存在着一个词语 smꜣ tꜣ（"统一土地"），它在晚期埃及语中则有两个词义"统一土地"和"被埋葬、葬礼"。维尔纳·维奇赫尔（Werner Vycichl）smꜣ tꜣ 作为单独一个词使用，他将具有后一种词义即"葬礼"的词形重构为 *zamꜣ-táꜣ-。英美埃及学专家们将这个词形转写为 *samꜣ-táꜣ-。[125] 维奇赫尔的重构似乎是合理的，尽管该重音形式不像他认为的那样确定。*samꜣ-táꜣ- 不仅为 sêma、sématos 和 sôma、sómatos 提供了一个看似真实的词源，并且也为这些语

119　Harris（1939, 42）.

120　Bryce（1976, 168-70）.

121　Harris（1939, 43-4）和 Loprieno（1995, 38-9）。关于它与咝音消亡之间的可能性关联，参见下文注 191。

122　Segert（1997, 176）.

123　Cratylus, 400 B and C. 关于 Kēphissos/Kōpais 中 ē/ō 交替的一个类似情况，参见第二十章，注释 90 以下。

124　参见本书第十三章，注释 14—16。

125　Vycichl（1983, 215）.

言借用提供了一个大致时间。来自埃及语和希腊语的证据都表明这些语言借用不可能早于公元前 1250 年。/ʒ/ 明显失去了它的辅音音质。同样，字首 s- 表明该借用语在发生 s>h 的转变之间不会传入希腊语。否则，它如果经历这一转变，将会变成 **hēma。在另一方面，sēma 最初的多利亚语词形 sā́ma 必定是从埃及语转写过来的，这种转写早于公元前 14 世纪或公元前 13 世纪爱奥尼亚语词首 /ā/ 转变为 /ē/。与之类似，从埃及语 *samʒ-táʒ- 到希腊语 sêma、sématos 的语言借用发生于埃及-迦南语重读长元音 /ā́/ 转变为 /ṓ/ 之前。后一种词形 *sṓma-toa- 或 *sṓmato，被借用后形成了 σῶμα、σώματος。既然两个词语可以在赫西俄德和荷马的作品中找到，那么这一语言借用几乎不可能晚于公元前 9 世纪。

另外一个例子，来自埃及语动词 ts（“织在一起、集结军队”）的两个衍生词。该词在科普特语中为 jōis（“主人、神”），它表明存在着一个更早的词语 *tās。名词 tsw，词义为“统帅、穷人的保护者”。由于 å>ē 的转变，*Tāsw 为 Θησεύς（“忒修斯”）（Thēseús）提供了一个极佳的词源说明，忒修斯是雅典的英雄和传说中统一阿提卡的国王。[126]

该语言借用吻合了赫梯文献提供的赫梯人与阿赫亚瓦人（Aḫḫiyawā）之间关系的描写，几乎可以确定，阿赫亚瓦人是公元前 14 世纪晚期和公元前 13 世纪早期的阿哈伊亚人。[127] 这个观点的难点在于 ā>ē 的转变没有影响到阿卡狄亚-塞浦路斯语，它是与迈锡尼语最为接近的最早的古代希腊语，并且它可能是公元前 13 世纪晚期和公元前 12 世纪早期在塞浦路斯岛上定居的“海上民族”（Sea People）的语言。这个观点遭到各方面的否定，在此之外的一个否定是，有学
141 者论证希腊人和那些海上民族来自伯罗奔尼撒半岛而非爱琴海南部。但是这个论证明显不十分令人满意。不管怎样，在铁器时代爱琴海南部岛屿被多利亚族群占领时，发生过一次语音转变的这种提议似乎更有可能合理。如果我们相信荷马史诗和考古证据的话，那么这一时期的阿哈伊亚人和达那亚人（Danaans）在东方的主要势力范围为从西顿到提尔一带，在他们的方言中，重读长元音 /ā́/ 早在数个世纪前便变成了 /ṓ/。

---

126 尚特莱纳称，这些名字可见于迈锡尼语，但没有列举任何词形。文特里斯和查德威克认为不存在，参见 Ventris and Chadwick（1973）。尚特莱纳同意弗里斯克的观点，认为该词源“未知”。关于后缀 -eus 来自埃及语表示使动的后缀 -w，参见本书第六章，注释 8—12。关于对动词 ṯs 的更多探讨，参见第八章，注释 44。关于对 ṯsw/Theseus 的更多探讨，参见第二十二章，注释 169。

127 参见 Stubbings（1975, 186-7）。

无论如何，除了所有这些转变中的任何一个都可能没有关联之外，我们没有清楚的迹象表明，是长元音 ā 受到了利西亚语的影响，还是这一转变发生在公元前 2 千纪。然而，这两种假设都似乎合理，可能 ā>ō 和 ā>ē 的转变分别反映了青铜时代晚期埃及人和赫梯人的势力范围。

13. 从 W 到不发音的转变。本节的题名有些误导人。理查德·本特利（Richard Bentley）对隐藏的 Ϝ 即狄伽马（digamma）或 /w/ 的发现被视为古典学研究的顶级发现之一。[128] 虽然 /w/ 没有在荷马时代的希腊语中被书写出来，但它的存在或它的一个反射（reflex）的存在是通过先前和它一起发音的元音被禁止省略来标识的。狄伽马出现在一些希腊语字母方言中，并且以 w- 开头的标记也出现在 B 类线形文字的正字法中。不过，它从爱奥尼亚字母表中消失具有重要意义。青铜时代晚期，/w/ 明显在弱化，并且除了作为一个反射存在于第一个千年之外，/w/ 在很大程度上消失了。[129] 这一变化比从 /ā/ 到 /ē/ 的变化发生的范围更加广泛，但是大方向是一致的。它对爱奥尼亚语和阿提卡语的影响最为强烈，在阿卡狄亚语中，/w/ 作为词中音消失了，但作为字首音仍然保留了下来。的确，/w/ 如今仍然存在于拉科尼亚的特萨科尼亚方言（Tsakonian dialect）中，该方言是从一种多利亚方言演变而来的。[130] 希腊语中存在着许多这样的例子，与含有 /w/ 的印欧语词根保持一致。即便 Ϝ 在古代方言中被写出时，也不可能总是以这种方式来溯源。约翰·查德威克（John Chadwick）指出，字首狄伽马在古典铭文中出现过许多次，但它们的词源尚不可考。[131] 在下文第九章中，我将明确提出，希腊语中的借用语中包括亚非语 ‘ayin，有时 >aleph 甚至能够阻止元音省略。[132]

根据这种方言形式，有人或许会期望从东地中海语言中找到类似情况。事实上，w>y 的转变出现在西闪米特语中。它发生在大约公元前 2600 年—公元前 1600 年之间埃卜拉语和乌加里特语的正字法确立之前。这一转变在乌加里 142
特语中未完成，加之 /w/ 零星地存在于晚期腓尼基语中，强有力地表明这一转

128 Sandys（1903-08, vol. 2, 407-8）.

129 Chantraine（[1948]1973, 153）.

130 Meillet（1965, 81）.

131 Chadwick（1973, 79, 398）.

132 第九章，注释 10。

变在这一时段的末期才开始。[133] 在晚期埃及语中，也存在从长元音 /ū/ 到长元音 /ē/ 的转变。[134] 类似的变化，即 u>i 的转变，也在迈锡尼希腊语中发现，但未见于其他方言中。[135]

闪米特语和埃及语中也存在着变化，但不能与希腊语中的变化等同。此外，对于一个像 /w/ 这样的不稳定音素的弱化，学者们不应该赋予太多的意义。不过，注意到从文献、考古和传说材料来看那些在青铜时代晚期与黎凡特交往最为密切的地区的希腊语方言显然经历了与上述描述类似的发言转变，这是一件有趣的事。w>ō 的转变明显与大约这一时期唇软腭音的衰弱有关，这个问题将在下一节中讨论。

14A. 唇软腭音的衰弱 1：亚非语附录。在述及唇软腭音的衰弱之前，我们需要更广泛地谈一下唇软腭音和圆唇词素。它们在世界语言中普遍存在。例如，克里斯多夫·埃赫雷特确信亚非语系中存在着一个四重系列：$*g^{w}$、$*k^{w}$、P^{w} 和 $k'^{w>}$。[136] 阿兰·博姆哈德为原始亚非语系重构了一个充分的圆唇软腭音系列：$*g^{w}$、$*k^{w[h]}$ 和 $*k^{>w}$。博姆哈德的例子在原始印欧语、原始南高加索语和原始亚非语系上是具有说服力的。[137]

闪米特语中唇软腭音。在印欧语和亚非语中存在着两个对应的唇软腭音，它们使这一假设变得更有说服力。埃塞俄比亚语言专家沃尔夫·勒斯劳（Wolf Leslau）试探性地提出了一个表示“水”的库希特语词根 *əkʷa。[138] 波科尔尼提出的印欧语词根是 * əkᵘ-。表示“升起、站起”的闪米特语词根 √qwm，在大多数古拉格语言中为 qwämä。它与被传统重构为 *gᵘem 的印欧语词根非常吻合，但该词根按照重音理论应该是 *qʷ' em（“来”）。普遍认为，埃塞俄比亚闪米特语中的唇软腭音来自周边的库希特语。有趣的是，它们和其他圆唇辅音

133 关于 Eblaite，参见 Pettinato（1981, 67）。关于乌加里特语中的情况，参见 Gordon（1965a, 32）。

134 Loprieno（1995, 38）.

135 Dunkel（1981a, 139）.

136 Ehret（1995, 174-8）.

137 Bomhard and Kerns（1994, 467-500）.

138 Leslau（1979, vol. 3, xxxix）. * əkʷa 明显与重构的表示“雨”或“水”的科伊桑语词根 *!kxoe 和 * !qha 类似。参见 G. Starostin（2003，110-1）。不过，这两个词根都没有出现在哈扎语（Hadza）或桑达韦（Sandawe）。

在埃塞俄比亚闪米特语中的存在明显多于库希特。如此，它们更有可能来自原始闪米特语。如 I. M. 迪亚克诺夫在 1970 年所写的那样：

> 基于库希特语和乍得语资料，原始闪米特–含米特语（亚非语）的系
> 列辅音 *g^w、*q^w、*k^w 似乎被牢固确立。但是，闪米特语中也有证据指明 143
> 这些音素的起源的存在，且不说它们存在于那些可能存在有一个库希特语下位层的埃塞俄比亚语。i>u 的转变不仅与 b、p、m 有关，并且［仅在特定的情况里］也与 g、q、k 有关，这一事实本身具有重要意义。[139]

迪亚克诺夫在这里借助的是他所相信的前–原始亚非语（诺斯特拉语？）的基本双音［bivocalism（a/ə）］加辅音。[140] 根据这一构想，在闪米特语中，/a/ 仍然是辅音，/i/ 和 /u/ 代表 /ə/ 的变体。顺便提一句，这将意味着埃塞俄比亚语中的 /ə/ 可以被视为主要元音，而非经常假定的次要元音。根据迪亚克诺夫的 /i/ 和 /u/ 交替构想，原始闪米特语字首 *bə-、*g^wə-、*q^wə- 在希伯来语和阿卡德语中被转写为 bu-、gu-、qu-，但是 bi-、gi、qi- 在阿拉伯语和阿拉姆语中则被混淆。他将 *k^wə- 和 mə- 视为所有语言中可能的 ku 和 mu，但在埃塞俄比亚语中，它仍然是 k^wə-。[141]

就现在的情况而言，迪亚克诺夫的构想非常诱人。然而，进一步说，他在亚洲的闪米特语中必须找到的不仅仅是更多的衍生形式（reflexes），还要找到唇软腭音的普遍或特殊例证。更多反身代词证据来自 /g/ 和 /b/ 的互换，这种现象见于许多不同的迦南语方言中以及如今的埃卜拉语中，碑铭研究专家和语言学家乔万尼·佩蒂纳托（Giovanni Pettinato）将它描述为“有趣的”（interessantisimo）。[142] 迄今为止，他仍未在这方面发展他的观点，但是它们必须包括一种可能性，即这种互换可能代表着 *g^w- 去软腭音化转变成 b-。

唇软腭音更进一步的证据来自两个一般的古代语言领域：人称代词和不规

139　Diakonoff（1970, 456, n. 9）.

140　迪亚克诺夫认为这一双重发音来自埃德温·普雷布兰克（Edwin Pulleyblank）重构的纳得内语中的汉语和东北高加索语。迪亚克诺夫主张，同样的结构也存在于西北和南高加索语中，它类似于印欧语的基本发音 *o 和 *ə。参见 Diakonoff（1970, 454, n. 10）。

141　Diakonoff（1970, 466）.

142　参见 Pettinato（1979, 68; 1981, 60）。

则动词。下边的第二人称单数代词列表，明显忽略了不相关的词形：

第二人称单数代词

	阳性 主格、宾格、间接格	阴性 主格、宾格、间接格
早期埃及语[143]	ṯwt（ind）	
埃卜拉语[144]	kuwāti　kuwaši	
亚述语[145]	kuwati　kuaša	
阿卡德语[146]	kâti　kâšim	kiâti　kiâšim
埃泽语（Eža，西古拉格语）		
宾格（赫茨伦）[147]	h^wət	h^yət
宾格（勒斯劳）[148]	xut	x'it

144 C^w/C^y 的词性交替（gender alternation）对应于语言学的普遍现象即 /i/ 代表小、轻和精致，而 /u/ 代表反面。[149]

学界普遍承认，按惯例被转写为 /t/ 的埃及象形文字最初源自软腭音 /k/。直到近来，它才被承认来自腭音化的 $*k^y$-。然而，非洲语言学专家克里斯多夫·埃赫雷特强有力地论证，/t/ 来自一个原始亚非语“边阻塞音” $*k^w$-。[150] 不管他提供的例证是否具有说服力，考虑到闪米特语的对应性，古代埃及语阳性形式 twt 似乎更有可能来自一个阳性字首 kuw- 而非阴性字首 kia-。反对这种起源观点的看法是，埃及语第二人称交替词 ntk/ntt 和其他许多例证暗示 /t/ 从起源上来自腭音化的 $*k^y$，这是一个更加频繁的转变。总体形式表明，原始亚非语的第二人称代词中有一个交替成分 $*k^w$-/$*k^y$-。另外，第三人称代词中的 $*s^w$-/$*s^y$- 暗示存在着一个唇软腭音和圆唇音 /s^w/（见下文）。[151]

至于第二人称形式，没有理由假定它们处于次要地位。周边的高地东库

143　Gardiner（1957, 53）. 埃及语的主要代词没有格。

144　Gordon（1997, 107）.

145　Ryckmans（1960, 30）.

146　Moscati et al.（1969, 104）.

147　Hetzron（1997, 540）.

148　Leslau（1979, vol. 3, 369, 372）.

149　参见 Jakobson and Waugh（1990, 301-4）。

150　Ehret（1995, 14）.

151　这并不是说，闪米特语主格代词类型 ʾanta/ʾanti 是次要的。词尾 -ta 和 -ti 可能有一个诺斯特拉语词根。相关参考文献，参见 Bomhard and Kerns（1994, 285-7）。

希特语或者奥摩语都没有类似词形。最有可能的词源来自 *an kwə 和 *an kyə。存在着一个阿尔格巴语（Argobba）词形 kä。[152] 因此，所有这些词形都很有可能来自原始闪米特语，并且与埃卜拉语和亚述语 kuwati 有关。作为阿卡德语 kati 的对应词，该词形的类似词形可以在这两种语言中找到，这表明，尽管大多数亚述文献比那些来自美索不达米亚南部的文献更为晚近，但是在这一方面至少亚述语更为古老。一个可能的解释是，这一词形对美索不达米亚南部的影响更大，如果对周边地区有影响的话，也是极为微小的。

有什么理由能够假定 kuwa 是对 *kwa 而非双音节的 *ku-wa 的转写呢？唯一的回答是类型学理由，即代词倾向于成为单音节词，以及类推法理由，即它们与埃塞俄比亚闪米特语词汇相类似。另外一个可能性也存在于类推法中，即与第三人称代词的比较，见下文讨论。

另外的亚洲闪米特语唇软腭音可能存在于早期阿卡德语基本动词 √kwn（“站立、存在”）之中。雅克·里克曼斯（Jacques Ryckmans）为亚述语和巴比伦语中该动词绘制了如下词形变化表：[153]

145

	进行时		未完成时		过去时	完成时		祈使语气
	Ass.	Bab.	Ass.	Bab.	Ass. Bab.	Ass.	Bab.	Ass. Bab.
3m.	kèn	kìn	ikùan	ikàn	ikùn	iktùan	iktùn	
3f.	kênat	kînat	takùan	takàn	takùn	taktùan	taktùn	
2m.	?	?	takùan	takàn	takùn	taktùan	taktùn	kùn
2f.			takunni		takûni	taktûni		kûni
1c.			akùan	akàn	akùn	aktùan	aktùn	

来自该表的证据也具有模糊性。它的未完成时形式与词干 *kwən 极为吻合，然而在完成时中，/k/ 和 /u/ 被插入音 /t/ 分隔开来。类似的分割也存在于衍生的变化词形之中，尽管它们根据类推法组合在了一起。从整体上来看，这个词形变化表有明显的混淆。将它视为一个带有一个词中弱化音 /w/ 的三字母结构，或者将它视为一个在某些方面符合三字母结构的修正的双字母词，哪种做法更好，这是一个问题。迪亚克诺夫论证，如果词中字母 u̯ 最初作为一个辅

152　Hetzron（1978, 59）；哈德森只将它视为 ank，参见 Hudson（1997, 462）。

153　Ryckmans（1960, 20-1）.

音使用的话，那么将会出现一个未完成时形式 **kau̯an。[154] 另外一个论证也具有同样的思路，阿卡德语非过去时会有规律地将第二辅音双写，u̯ 不被双写，然而，当最后的 /n/ 后面跟一个元音时它将被双写。[155] 这表明，它被视为第二辅音，前面添加了单个 /k^w/。

阿拉伯语具有同样的模糊性，中间字母 u̯ 在衍生词形中被双写，例如 kawwana。也存在着其他迹象，表明该词根可能是 *√kwən 而非 *√kwn 或 *√kawn。

阿拉伯语	Kāna 完成时
3m. kāna	3mp. kānu
3f. kānat	3fp. kunna
2m. kunta	2mp. kuntum
2f kunti	2fp. kuntunna
1c. kuntu	1cp. Kunna

/ā/ 和 /u/ 出现在各自的开音节和闭音节中。对该交替元音通常给出的解释是它们都来自同一个双元音 *aw。然而，如泽里格·哈里斯指出的那样，一般的观点是：

> 在早期闪米特语中，双元音在音位体系中是元音 + 结尾音节 [y] 或 [w]；因此，它们总是要么位于词尾，要么后跟一个辅音，该辅音位于下
> 146 一个音节开头：[báytu]。由于在早期闪米特语中，每一个音节都以一个辅音开头，所以元音间的 [y] 和 [w] 必定在音位体系中被视为异音节，不形成双元音，而不是位于下一个音节的开头。[156]

在这种情况里，开音节和闭音节之间没有区别，因为它们都是闭音节。因此，如果这样一个模式自古就有的话，那么更好的解释是它来自 *√k^wn 而非 *√kwn 或 *√kawn。事实上，这种类型的一个词形存在于北古拉格语的古古特语（Gogot）中，即 k^wänä。在兹瓦伊（Zway）的偏远东部埃塞俄比亚语方言中，

154 Diakonoff（1965, 34）.

155 Moscati et al.（1969, 167）.

156 Harris（1939, 30）.

存在着擦音化的 x^{w}änä。

该词语传入希腊语中的借用语为 κοινός (H)（“共同的、公共的、公正的”），它由迦南语 √kwn（“建立、正确”）借用而来，这意味着它与 *k^{w}ən 有相同的结构。[157] 至于迦南语和埃及语圆唇辅音出现在带有双元音 -oi- 希腊语中的其他例证，我将在稍后几章中列出。相反的例子也存在。例如，在第八章中，我将证明 φοῖβος (H) 不是来自假设的 **p^{w}əb，而是来自 Pɜ wʿb。[158] 尽管如此，*kwn 或 *kawn 不太可能转写为 koinós。

***G^{w}Ebla/Biblos* 和 *G^{w}e-Dēmḗter。**对其他西闪米特语和希腊语之间的类似语最好的解释是将它们视为在两种语言都具有唇软腭音时传入希腊语的借用语。后来，它们经历了希腊语辅音经历的有规则的语音转变。著名的腓尼基城市在阿卡德语中被称为古伯罗姆（Gublum），经证实，它早在公元前 3 千纪便出现在了埃及语中，为 Kbn。在中王国时期，它成了一个带有 (R5) 的三字母词 kɜp，即 Kɜpny。这意味着 /ɜ/ 被一个第十八王朝词形强化，该词形被书写时带有一个 kɜ-。[159] 在这种情况下，Kɜ- 可能是一个唇软腭音，如下文所论证的那样，能够被转写为 /k^{w}/。[160] 这又依次强化了该闪米特语词形中包括一个唇软腭音的假设。在公元前 14 世纪迦南语中，该城市名被写作古伯拉（Gubla），通过正常的语音转变，它在希伯来语中为格巴尔（Gəbál），在黎凡特阿拉伯语中为加贝尔（Jebeil）。1950 年，闪米特语专家和历史学家威廉·奥尔布赖特（William Albright）提出，**在希腊语的唇软腭音衰弱之前**，希腊人将古伯拉 / 古伯罗姆听成 *G^{w}əbl 或 *G^{w}ibl。众所周知，在大部分希腊语方言中，gwi 变成了 bi，这将解释为什么该城的城市名古伯拉在希腊语中被转写为

157 弗里斯克需要一个来自假设词形 *κον--yος 的换位词 *κομ--yος，并将它与拉丁语 cum（“带”，with）或带有疑问的原始希腊语 *kon（“带”）联系在一起。尚特莱纳认为弗里斯克的第一个假设是传统观点，并且推测，该词根是 *kei，并将它与荷马时代的词语 kei/wn（“劈开”）联系在一起，他将后者的词义进一步引申为“分享”。他也认为梵语 śéva（“友好的、亲爱的”）“过于牵强”。

158 本书第九章，注释 21—25。关于 C^{w}V>Coi 的例词，参见 Phoinix, chap. 15, nn. 34-43，以及 Moira, chap. 10, nn. 162-3。

159 参见 Gardiner（1947, 1：150）。我需要对斯科特·尼格尔（Scott Noegel）博士表示感谢，他为我指出了该名字中的 /ɜ/。关于第十八王朝的词形，参见 Sethe Helck（1906-9, Urk. IV, 1344.5）。

160 参见下文注释 169—175。

147 Βίβλος（Bíblos）或 Βύβλος（Byblos）。[161] 我认为，如果迦南语也拥有唇软腭音并且希腊人将该词听为 *G^{w}ibl 的话，这个转写的说法更易于接受。

另一个例证是名字得墨忒耳（Demeter），即 Δημήτε，Dēmḗter(H)。不过，在谈这位女神之前，我们先来看一下词语 γῆ(H)（“大地”）和它的更久远的成对词 γαῖα(H)。这两个词语没有印欧语词源，学者们也不能明白它们两个是怎么联系在一起的。在 20 世纪中期，闪米特语专家马塞尔·科恩建议，gē 可能来自埃塞俄比亚语 ge（“土地、国土”）。[162] 我也在第一卷中独立地提出了这个看法，将 gaîa 和迦南语完全词形 gayʿ˃（“宽阔的”），以及将 gē 和该迦南语的结构形式 gê˃ 联系在一起，以此来解释这一希腊语的成对词。[163] 如索尔·莱文所指出的那样，gayʿ˃ 的发音在迦南语中是独一无二的。[164] 在他的著作《闪米特语词根字典》（*Dictionnaire des racines sémitiques*）中，大卫·科恩将它概括到词根 √gww/˃ 之下，就像它在阿拉伯语中转写为 ǧiwā˃ 一样。该词源于 *g^{w}e 的可能性，因为马塞尔·科恩的另一个建议而增大，他提出南埃塞俄比亚语常见的称号 gweta（“主人、地主”）——在北部的提格里尼亚语中为 gwäyta——来自带有人称后缀 -ta 的 * g^{w}e（“土地”）。[165]

虽然在荷马史诗中已经完全成型，且 gaîa 在史诗中被更为频繁地使用，但是 gaîa 和 gē 都远未在 B 类线形文字中得到证实。得墨忒耳的名字同样如此。不过，该神名出现得非常古老。不管是古代学者还是现代学者都会毫不费力地识别这个名字的后半部分 -mḗter（“母亲”）。但问题在于它的字首 Dē-，尽管学界普遍承认它的含义是“大地”。不过，表示大地的标准词汇是 gē。该名字中的第一个元音令人迷惑，在多利亚方言中该词被认为应该是 Δᾱμά́τερ，在埃托利亚方言中为 Δωμά́τερ。保罗·克雷奇默接受注释者们提出的观点，即 da-

161 Albright（1950, 166）. 另见第一卷，第 57 页。通过发音转变可知，Gubla/Biblos 不是公元前 1500 年前希腊人熟知的唯一的黎凡特城市名称。推罗已在前文探讨（参见注释 81）。至于加沙，它源于迦南语，语言借用发生在公元前 14 世纪 /g/ 与 /ʿ/ 的合并之前；参见 Harris（1939, 40-1 §13）。它的希伯来语地名是 ʿazzåh。

162 Cohen（1933, 34-5）.B 类线形文字词形 rawageta，其多利亚语词形为 λᾱγέτᾱς，指的是“人民领袖”，可能源于此，而非界定不清的词形 λαόςάγέομαι。关于 laós 的可能的闪米特语词源，参见第十三章，注释 49—52。

163 第一卷，第 57—58 页。布朗显然接受了我的观点，参见 Brown（1995, 58）。不过，在后来的著作（2000, 302）中，他认为这一闪米特语词源“带有更多的可疑之处”。

164 Levin（1971a, 481）.

165 M. Cohen（1933, 34）.

仅仅是表示“土地”的古老名称。[166] 尚特莱纳持反对意见，认为该词除非作为呼喊语，否则是不存在的。

另外一个解释认为，它源于闪米特语。词根 √gww/ʾ 最初是西闪米特语中的 *g^we，它通过唇软腭音衰弱的规律形式转变成希腊语中的 *de。多利亚方言词汇 Dāmāter 是这一对等关系复杂化，但是由于它没有在 B 类线形文字中得到证实，因此它有可能是一个逆构词（back formation）。存在于大体上保守的埃托利亚方言中的 Dōmāter 很可能受到了圆唇音 *g^we 的影响。当它们的语音关系更牢固之时，它们的语义则是完全吻合。毕布勒和得墨忒耳两个例证提供了额外的证据支持唇软腭音可以重构为原始闪米特语的假设。毫无疑问，它们存在于原始亚非语中，并且在当前仍然存在于埃塞俄比亚闪米特语中。然而，来 148
自希腊语的证据则是它们至少在公元前 2 千纪仍然存在于亚洲闪米特语中观点变得更为可信。[167]

埃及语中的唇软腭音？ 唇软腭音是否存在于埃及语中？反对这一观点是因为它们在科普特语或古希腊语中没有得到任何证实，并且完全不存在从埃及学角度进行考虑的可能性。此外，唇软腭音存在于闪米特语中并不必然暗示它们存在于埃及语中，闪米特语比它更古老得多。不过，原始亚非语的确拥有唇软腭音。并且，巴比伦语中存在着大量来自埃及语的转写词汇，它们可以通过这种方式来解释。-Coi C- 在科普特语和希腊语中的发音可以被解释为圆唇音的直译，如 m^wa 在法语中拼写为 moi、k^wã 拼写为 coin。最后，证据是这一章稍后给出的埃及语中的圆唇音 s^w 和 m^w。

这些论证证明了考虑唇软腭音的可能性和开始位置是转写为 kꜣ 的符号 𓂓 是正确的。依照惯例书写而成的 ka 的词义和 kꜣ 可能作为 kĕr 借用到希腊语中，我将在第十章进行讨论。[168] 此处，我们只在埃及语中探讨 𓂓 的音值问题。

该符号在不同时期的发音既是复杂的又是矛盾的。德国学者格哈德·费希特（Gerhard Fecht）和于尔根·奥辛（Jürgen Osing）主张，在埃及语中被

166　Kretschmer（1927, 240）.

167　另外一个在希腊语唑音消亡之前传入希腊语的闪米特语例词 q^wällāfā > delph- 将在下文讨论，参见本书第十九章，注释 142。

168　本书第十章，注释 86—93。

称为 kꜣ ḥr kꜣ 的节日的科普特语诸词形为 Koiahk、Kiahk (S)、Khoiak (B) 以及 Kaiak (A)，这表明存在着第二音节的重读和重构的 *kaꜣ。[169] 维尔纳・维奇赫尔对此持有异议，他论证他们忽略了“至少四个证据”：（1）在音节正字法中，𓂓的音值为 ku；（2）不存在腭音化，它总是和 *kaꜣ 一起出现；（3）在第一音节中，该元音保存；（4）波海利方言（Bohairic）中的送气音。除了这些论证之外，维奇赫尔还提到了中巴比伦语（公元前 2 千纪后半期）对 Tꜣb n kꜣ（“金瓶或银瓶”）的转写，即 zabnakuu；以及对 Ḥt kꜣ Ptḥ（“孟菲斯”）的转写，即 Ḥikuuptaaḫ。请注意，两个词语中都存在着一个成双的 /u/。[170] 维奇赫尔本能够通过 B 类线形文字词汇 A3kupitijo 和字母拼写词汇 Αἰγύπτιος 来强化他的论证。不过，权威的费希特和奥辛明显有来自 Koiak 等拼写的理由，来证明 /a/ 的存在是合理的。

我相信，学者们能够找到一个解决 *kʷ-(a) 最初发音的重构问题的方法。
149 在另一个词条中，维奇赫尔写道：“在问题所涉的时期里（埃塞俄比亚时代晚期，即公元前 7 世纪），𓂓不是 ka，而是一个未被腭音化的 k，接近于或等同于 ḳ [q]，与在大部分词汇里被轻微腭音化的单个 k 𓎡形成对比。”[171] 这样一个定义，将会与 kʷ- 完全吻合。这段文字写在科普特语词汇 kelōl 或 kulōl（“盛水容器”）的词条里，它的另一个词义为“山洞、大洞”，两者都源于 qrr。词中的交替元音暗示，我们在这里或许正在探讨一个起源词汇 *qʷe-lōl。因此，如果浊音 /ꜣ/ 是消失的𓂓，它有可能不仅仅作为 ku 来转写外国名称，而且还用于转写传入埃及语的闪米特语词汇。[172]

三种现象支持𓂓被用于表示 kʷ- 和 ku 的观点：其一，在埃及语中，ku 和 ka 可以替换；其二，迦南语将 ku 转写为 ka 或 qa；其三，传入埃及语中被转写为 ku 的词语在科普特语中则为 ka。关于第一种例证，存在着许多交替词，如 kurti/karati（“鞭子”）、kurakura/karakara（“长榻”）、kumaru/kamaru（“跳舞者”），可能还有希伯来语词汇 komer（“异教祭司”），为起源词汇 *kʷamer 提供进一步的证据。第二个现象的代表是 kumasa（“怯

169 Fecht（1960, § 176）and Osing（1976, 348）.

170 Vycichl（1983, 74）.

171 Vycichl（1983, 77）.

172 关于 kurṭi/karati，参见 Hoch（1994, 333-4 § 486）；关于 kurakura/karakara，参见 Hoch（1994, 335 § 491）；关于 kumaru/kamaru，参见 Vycichl（1983, 77）和 Hoch（1994, 320-1 § 462）。

懦”），詹姆斯·霍奇将它和米士那希伯来语的 kåmaś（“凋谢、变弱”）以及动词 kamasa 的某些阿拉伯语词干联系在一起。[173] 然后是 Kur>ata（“被关进笼子的”）。霍奇将该词重构为一个阴性被动分词 *kalu>ata，像《圣经》希伯来语词汇 kålû>（“被监禁的”）。最后是 kurata，霍奇认为它源于 *karata（“屠宰或刀剑”）。[174] 并且他将这一词源演变和闪米特语常用词根 √krt 和希伯来语 kårat 联系在一起。关于第三种例证，存在着科普特语 kaji（“小水桶”），源于闪米特语借用词 kada（在词组中读作 kusa）。雅罗斯拉夫·切尔尼（Jaroslav Černy）将它和阿拉姆语 kûzā>（“小水罐”）联系在一起。沃尔夫·勒斯劳反对这种做法，认为该阿拉姆语词汇和类似的阿拉伯语词汇是来自伊朗语的借用词。[175]

上文讨论过的城市名称 Byblos/Gubla/*G^wibl 的一个变体拼写，支持读作 ka- 的符合一般也可以读作 k^w- 的假设。然而，将 𓂓 的音值视为 k^w-a-，不仅仅局限于闪米特语名称或借用语。科普特语词汇 kelōl 或 kulōl 在上文已经提到。也有一个古老的词汇与 kɜ 有关，kɜ 𓂓 在书写时带有一个公牛或阴茎图形，“公牛”在古科普特语中发音为 ko，在希腊语中转写为 ka- 和 kai-，这暗示存在着一个更早的 *k^wa，当然 kɜ 𓂓 本身也是如此。

总而言之，埃及语中明显包含有唇软腭音，即便书写体系在正常的情况下不会将它们表现出来。

其他圆唇辅音。不管是博姆哈德还是奥廖尔和斯托尔博娃都没有为原 150
始亚非语系重构圆唇咝音。同样，它们也没有被记录在埃塞俄比亚闪米特语中，在这些语言中，发圆唇音是其他因素的一个如此普遍的特征。不过，根据迪亚克诺夫对 /a/ 和 /ə/ 这两个带有辅音的元音的构想，学者们可能会猜想到咝音，而它们在南库希特语中已被证实。[176] 并且，下面的第三人称代词表，与上文的第二人称代词表类似，强烈地暗示亚洲闪米特语中也存在着一个圆唇音 s^w。

173　参见 Hoch（1994, 422-3 §465）。

174　参见同上书，第 328、475 页。

175　Černy（1976, 69）and Leslau（1979, vol. 3, 359）.

176　Elderkin（1976, 291）.

	阳性			阴性		
	主格	宾格	间接格	主格	宾格	间接格
埃及语[177]	swt（ind）					
埃卜拉语[178]	suwa					
亚述语[179]	sût	suâsu		sit		
阿卡德语[180]	sû	suatì	suâsim	si	siâtì	siâsim
盖塔班语	swt			sit		
塞巴语	hwt			hyt		
阿拉伯语	huwa			hiya		
古兹语	wə˃ətu			yə˃ətu		
埃泽语（西古拉格语）						
宾格（赫茨伦）[181]	hʷət			hʸət		
宾格（勒斯劳）[182]	xut			x́it		

另外一些证据来自埃及语和阿卡德语对迦南语词汇的转写：*tawbib（“拖回”），转写为 sa-wa bi-bi；swl（“骑马裙？”），转写为 s-wa-r；以及 *sō˃ibta（“容器”），在埃及语中转写为 su$_5$-wi$_2$-b-ti、在阿卡德语中转写为 su-i-ib-da。[183] 事实上，乌加里特语字母表中的第 30 个字母，按照惯例被命名为 ẓu 并且被转写为 ś，发音或为 /sʷ/，或为 su。这又提供了有力的证据。[184]

当探讨圆唇音时，我们有更坚实的基础。它们在亚非语和其他非洲语言中得到了大量的证实。然而，令人感兴趣的是，它们在奥摩语、贝沙语和库希特语中出现得将对少一些。这就使得它们在埃塞俄比亚闪米特语中的强烈表现不太可能是一种创新，而更有可能是原始闪米特语特征保留。例如广泛存在的古拉格语词汇 bʷər（“主要、重要人物”），出现在阿卡德语中为 b˃6r，闪米特语学家 I. J. 盖尔布将其重构为 buārum（“强壮”）。然而，对于带有同一结构的 b˃6s，盖尔布则假定它为 bâšum（“害羞的”）。在这种情况里，字首也应该
151 出现一个圆唇音 *bʷ-。该词的迦南语词根是 √bwš（“羞耻”），并且，尽管词尾

177 Gardiner（1957, 53）. 需要重复的是，埃及语主要代词没有格变化。

178 Gordon（1997, 107）.

179 Ryckmans（1960, 30）. 我在其他著作（1990，102）中探讨了传统上翻译为 /š/ 的阿卡德语咝音也可以被视为 /s/。

180 Moscati et al.（1969, 104）.

181 Hetzron（1997, 540）.

182 Leslau（1979, 3）.

183 参见 Hoch（1994, 256-7, 275 §§ 360-1, 392）。

184 参见 Segert（1983, 202, 215）以及 Bernal（1990, 105）。

唑音存在着疑难，但是它似乎和古拉格语普通词汇 b^wäs（“破旧的、邋遢的人、笨手笨脚的人”）联系在一起。闪米特语中存在着一个常见词根 √bzz（“抓住、抢夺、掠夺”）。巴扎（B^wäž(ž)ä）是古拉格人信仰的一个令人恐怖但又孕育生命的神的名字，他是雷霆和闪电的化身，古拉格人仍然信仰异教，没有皈依伊斯兰教或基督教。将闪电击中的树木的枝干栽植在大门前，该住宅将会受到来自他的保护。[185] 因此，有趣的是，立于耶路撒冷神庙前（并且有可能是位于其他一些迦南神庙前）石柱中有一个被命名为博阿兹（Boʿaz）。[186]

最后，词形 m^wätä 可以在古古特和索多（Soddo）的古拉格语中找到，它属于亚非语系词根，奥廖尔和斯托尔博娃将其重构为 *mawut（“死亡”）。该词形很好地反映在了常见的亚洲闪米特语 √mwt 和阿卡德语 mâtu 之间的交替中。I. J. 盖尔布将该动词重构为 muātum。[187] 更可信的证据证明埃及语里存在圆唇音 /m/，来自阿卡德语对埃及核心文化观念 mɜʿt 的转写，即 mua。（mɜʿt 借用到希腊语转变为 moìra，这个问题将在第十章中讨论。[188]）另一个圆唇音可见于加德纳对词根 dpt（“船”）进行的看似真实的重构 dap^wat。[189]

交替词 C^wáCo 在埃塞俄比亚闪米特语和其他许多语言中频繁出现。因此，所谓的迦南语转变即 ā> ō 的转换在公元前 2 千纪末前后影响到了迦南语和埃及语，这个进程可能受到了圆唇辅音衰弱的推动；根据类推法，非圆唇音节与它们分开。[190]

唇软腭音和圆唇音存在于亚洲闪米特语和埃及语中，它们到公元前 2 千纪还明显存在，但是后来变衰弱了，这是有可能的。但是问题是，这一衰弱怎样和在同一个千纪的希腊语中的衰弱联系在一起。

14B. 希腊语中唇软腭音的衰弱 2。 *G^wibla 和 Demeter 传入希腊语早于唇软腭音的衰弱，而 γαῖα 和 γῆ 的传入则晚于它，然而，这一事实并未告诉我们关于每个转变发生年代的任何信息。不过，有两条线索表明，希腊语中唇软腭

185　Leslau（1950, 54-5）; Shack and Habte（1974, 26）和 Bernal（1990, 45）。词根 √bzz 可能是埃及神贝斯（Bes）的同源词，相关讨论，参见本书第十章，注释 26—30。

186　Kings 7.21. ʿayin 将确保一个圆唇音发音。

187　Gelb（1957, 167）.

188　本书第十章，注释 159—168。

189　参见 Gardiner（1957, 61）以及 Callendar（1975, 13）。另见本书第十二章，注释 32—35。

190　原唇齿音的可能性，参见本书第十四章，注释 9—10。

音衰弱得较早。其中第一个线索来自神话名字 Γύης，他是乌拉诺斯（Ouranos）和盖娅（Gaia）的儿子。[191] 公元前 5 世纪词典编纂学者赫西基奥斯（Hesykhios）
152 为词语 γύης 作注释，指出它是“土地的尺寸”或“土地本身”。尚特莱纳将它和 γύηgýē（“犁中的一块弯木头”）联系在一起，此时的词义为“可耕地”。然而，gýēs 可能是由迦南语 $*g^we$ 演变而来的借用语，当时仅仍保留唇软腭音，但希腊语中已经消失。或者，它可能是将两个词源混淆导致的结果。与之类似，希腊语 γύαλον（“空”），有时表述瓶子，来自闪米特语词根 √gwl（“圆洞”），它在被转写时带了南埃塞俄比亚闪米特语中的 g^w-。在西闪米特语唇软腭音衰弱之后，迦南语 gullåh 又一次被借用为 γωλέος（“洞、穴”）、γαυ̃λος（“腓尼基船”）、γαυλός（“水桶”）和 γαυλίς（“油灯”）。[192]

希腊语中唇软腭音衰弱的日期在第九章探讨词汇“巴昔琉斯”（basileus）时还会出现。就这个问题而言，通过利用上述第 11 小节和第 12 小节中的论证，希腊语的转变可以被确定在公元前 1600 年—公元前 1300 年，不涉及呲音的更早转变。来自闪米特语的借用语表明，这个时代处于希腊语唇软腭音失去之后、迦南语唇软腭音失去之前。既然唇软腭音在铁器时代的腓尼基未曾出现，那么希腊语唇软腭音的衰弱可能发生在这个时间段的起始处。该衰弱年代会在第九章中进一步探讨。[193]

正如前两种情况，希腊语和闪米特语的转变和埃及语的转变极为不同。就像印度-雅利安语、亚美尼亚语、阿尔巴尼亚语和波罗的-斯拉夫语等 S 类语言，希腊语和闪米特语只是简单地将 k^w 唇音化为 k。[194] 在希腊语中，/k^w/ 通过各种途径衰弱，最常见的是在 /a/ 和 /o/ 前衰弱为 /p/，在 /u/ 前衰弱为 /k/，在 /e/ 和 /i/ 前衰弱为 /t/。事实上，这与吕底亚语和利西亚语中的情况更为接近，吕底亚语发音 /k^w/ 普遍会变成 /p/，利西亚语中该发音则会衰弱为 t 和 k 这两个辅音。[195]

---

191 Hesiod, *Theogony* 1. 149.

192 与迦南语的明显关联使莱维提出了这一词源，参见 Lewy（1895, 151, 210）。像尚特莱纳一样，马森试图否定它，但两者的论证都极不可信。

193 本书第九章，注释 58—81。

194 Meillet（1964, 91-5）and Bomhard（1981, 391）.

195 关于吕底亚语，参见 Bomhard（1984, 97）。切梅林伊明显被这一观点吸引：吕底亚和伊奥利亚都出现了将唇软腭音唇音化的趋势，这些唇软腭音仍在邻近地区使用。不过，他指出，由于唇音化发生在前，所以重构利西亚语和吕底亚语的不同元音和重读音充满极大的不确定性。参见 Szemerényi（1966b, 39-40）。我想继续说的是，在一个较低水平上，希腊语也同样是如此。例如，在他为 k^wi>ti 给出的四种可能性中的三种，即 tisis、tima 以及 atimos，有可能的埃及语词源，却与印欧语唇软腭音没有任何关联。参见本书第九章，注释 188—191。

一个爱琴–安纳托利亚语同言线似乎形成了。不过，闪米特语中 /k^w/ 有时有可能会变成 /p/，然而希腊语方言之间的极大多样性或许会减少它的重要性。

然而，根据古代模式构建一个天真的公式显然会遭遇比其严肃许多倍的反对：希腊语唇软腭音的衰弱可能是亚非语征服者引起的，因为他们的语言中已经不存在这类发音了。像由 t^y 到 s 的转变一样，唇软腭音的衰弱在爱琴语中发生的时间早于迦南语。所以，学者们将不得不提出一个更为复杂的假设，即公元前 17 世纪希腊人对普通语言的混淆导致了希腊语中该体系的崩溃。与此同时，海上民族在黎凡特地区造成的混乱，导致了唇软腭音在迦南语中的衰弱，海上民族的大部分是由希腊语和安纳托利亚语族群构成，他们失掉了唇软腭音。 153

15. 从 /u/ 到 /ü/ 的转变。这一转变似乎比其他转变发生得稍晚一些，并且，像从 /ā/ 到 /ē/ 的转变（第 12 小节）一样，它最初仅限于东爱奥尼亚语和阿提卡语中，在其他希腊语方言中未曾出现，直至希腊化时代。学界通常将这一转变的发生时间定位公元前 7 世纪或公元前 6 世纪。[196] 不过，学者们提出的这个年代受到字母表到 8 世纪时传入的这一年代的限制，因为，希腊字母 υ 最初表示 /u/，转而表示 /ü/。然而，正如我和其他学者论证的那样，字母表传入的时间提早到至公元前 2 千纪；这样的话，这一限制将不再起作用。1940 年，埃德加·斯特蒂文特暗示，/u/>/ü/ 的转变发生的时间可能要早许多。[197]

尽管希伯来语没有经历，但是腓尼基语也经历了一个类似的 /u/>/ü/ 的转变。这似乎是一个长期的“链条变化”，由迦南语中重读长元音 /ā́/> /ṓ/ 的转变引发。腓尼基语中重读音 /á/ >/o/ 的转变（极有可能经由 /å/ 完成，qåmåṣ，发音为 /ɔ/）是后来发生的。作为转变结果的 /o/，不是迦南语转变导致的后果。该字母然后被“推着”或“拽着”变成了 /u/。这一转换转而迫使最初的迦南语发音 /u/ 转变为 /ü/。[198]

问题是闪米特语和希腊语中的 /u/>/ü/ 的转变是否相关联。后元音转变为前元音的链条变化极为普遍，并且在绝大多数印欧语中都能找到。因此，腓尼基语和东爱奥尼亚语中的发展变化极有可能是独立的。/ā́/>/ṓ/ 和 a>h 的转变的

196　Allen（1987, 66）and Fox（1996, 41）.

197　Sturtevant（1940, 42）.

198　Fox（1996, 38-41）.

扩散，参见上文（第 12 小节），它表明存在着一个与埃及–迦南语轴心对应的安纳托利亚–希腊语轴心。它们在政治上与埃及语族群和赫梯语族群在公元前 14 世纪和公元前 13 世纪的势力范围相一致。腓尼基–东爱奥尼亚语接触与这个时期吻合，即从公元前 13 世纪末海上民族危机结束之后至公元前 10 世纪和公元前 9 世纪多利亚人入主东南爱琴海之前；换言之，在公元前 12 世纪和公元前 11 世纪，东爱奥尼亚语和腓尼基语族群密切接触。如果能够确立联系的话，那么腓尼基语 /u/>/ü/ 的转变，作为上面构画的更大的链条变化中的一部分，是更早的和首先出现的变化。

结　语

154 在解体的印欧语和被证实最早的希腊语之间发生的语音系统变化，不可能是任何单个原因导致的。喉音的消失和从重读音到浊塞音的转变发生在许多的印欧语系分支中，必须从内部发展的角度来解释。塞音和送气音的分裂与合并是希腊语的一个奇特现象。剩余的转变发生在邻近语言中，并且作为地区发展演变的结果出现。其中的许多变化，包括 /s/ 的弱化、y>a 的转变以及词尾 -t 的消失，在整个世界的语言中都频繁出现，但是不能对它们赋予过多的重要意义。某些转变，如 t^y>s 和唇软腭音的衰弱，发生在希腊语中的时间可能要早于亚非语系。此外，-n 对 -m 的替换和爱奥尼亚语 ā>ē 的转变指向安纳托利亚语而非埃及语或西南亚语言的影响。除了方言中 u/>/ü/ 的转变之外，希腊语能和亚非语系发生明确联系的唯一特征是字首增添元音的频频出现，这一转变视为词汇转变更恰当。

第六章　地中海背景下的希腊语言（第二部分）：词法和句法的发展

本章探讨一种语言的变化范围，这种语言所经历的影响虽然不是翻天覆 155
地，但足以构成一种语言对另一种语言的深远影响。在第五章，我们看到外界对于希腊语音体系的巨大影响，从第七章开始，我们将看到大量的亚非语言的词汇和名称融入希腊词汇。本章，我们将探讨一些源于闪米特语或埃及语在词法形式上的例子，以及很多通过词汇借用带来的句法变化的情况。

词　法

1. 名词格的消失

前文已经提到，早期希腊语存在着明显的格的消失。亚美尼亚语则出现相反现象，可能是因为它后来的家乡周围非印欧语的高度曲折变化。相比之下，早期安纳托利亚语言，缺少与格-方位格和完整的名词体系，这些都可以在严格意义上的印欧语中发现。[1]因此，一个印度-赫梯语即“前希腊语”下位层可能对希腊语施加影响，使其丢掉了格。然而，这种影响也同样有可能来自亚非

1　Gamkrelidze and Ivanov（1995, 249）.

156 语。事实上，这种可能性的出现，更有可能是因为公元前 2 千纪时迦南语逐渐减少到了一个名词格，它开始时也只有三个名词格。这个过程到 14 世纪似乎已经完成。[2] 这种变化更加可能是受埃及语的影响。埃及语的格没有标记，主格可能除外，因为其书面语从公元前 4 千纪开始。这样，希腊语格变化的消失可以归因于下位层影响或地区影响，或者两者都发挥了作用。

2. 希腊语间接格双数后缀 -οιιν 和 -αιιν

牛津语言学家 L. R. 帕尔默（L. R. Palmer）在其权威著作《希腊语》（*The Greek Language*）中写道："希腊语 -οιιν 在（印欧语中）的其他语言中都没有对等词。"[3] 索尔·莱文（Saul Levin）简单易懂地解释了这一点。他明确指出，属格和与格双数后缀 -oiin 虽然未在 B 类线形文字中证实，但它在荷马时代的希腊语中是常见的，该后缀来自迦南语双数的受格和属格 *-ayim。虽然乌加里特语的受格–属格后缀为 -ēm，阿拉伯语为 -ayni，并且希伯来语（可能还有迦南语）的后缀 -ayim 用在所有的格中，通常认为都源于间接格词尾。[4] 迦南语的词尾 m 和希腊语的词尾 n 之间的差异可以用一两种方式解释。一方面，原始的词形可能是双数词形的结尾 -n；这种词形在亚洲闪米特语中是普遍现象，唯有迦南语例外。如果是这种情况的话，这种词尾形式，是在黎凡特语发生这一变化之前，进入希腊语的。[5] 另一方面，可能希腊语只是不能忍受结尾 -m。不仅希腊语 -oiin 在其他亚欧语言中没有对等词，而且这个语系中有两种格会发生混淆，但仅有另外一种格是亚美尼亚语名词单数而非代词单数形式，这一点令人惊讶。因此，莱文教授的观点似乎是毋庸置疑的。

3. -θεν

这个被提出的语言借用比其他语言借用更不确定。在希腊语中，副词后

2　Harris（1939, 41）. 这似乎是希伯来语中的情况，但是，格变化的残留还存在于腓尼基语甚至布匿语中，参见 Segert（1997, 180）。

3　Palmer（1980, 268）.

4　Moscati et al.（1969, 93-4）. 关于莱文的透彻分析，参见 Levin（1971a, 34-115）。关于一个印欧语专家宣称 oiin 与梵语双词尾 -aios（没有固定格式）是同源词的主张，参见 Chantraine（1961, 41）。帕尔默对此表示出了质疑，参见 Palmer（1980, 268）。

5　在迦南语内部，许多方言词汇的阳性复数词形都带有 -n，它与双数词形有关。参见 Chen（2000, 269）。

缀 -θεν 表示从一个地点移动开。它虽然在荷马史诗中很普遍，但是在其他印欧语中没有类似词。[6] 可能存在来自埃及语的两个词源。一个是来自中期埃及语的疑问词 tn，即“哪里？”或者“什么时候？”另一个是，公元前 8 世纪，象形文字和世俗体都有的词形 n tзy-n（“从……开始”），后来在科普 157
特语中写为 jin，在波海利方言 B［Bohairic（B）］中写为 isjen。[7] 虽然语义和语音上很符合，但是产生一系列严重的句法问题，因为似乎没有例子能表明该词可以附着在一个名词上。然而，由于缺少印欧语词源，它真正有可能源于埃及语。

4.-ευς

后缀 -ευς（“……的人或男人”）的起源问题受到激烈的争论。诸如 hippeús（“骑士”）这个词基于 híppos 构成，它是一个源于印欧语的希腊语词汇，表明这个后缀在迈锡尼时期被经常使用的。另一方面，古典学家约阿希姆·辛德勒（Joachim Shindler）承认在其余的印欧语中都没有直接的类似词，而且这个后缀附着的词干大多数都是非印欧语。然而，他坚持认为这个后缀是印欧语后缀。[8] 面对同样的问题，切梅林伊和佩尔皮尤（Perpillou）认为这个后缀是希腊语的一个革新。[9] 如果它可以被视为来自后缀 -w 的借用语——该后缀可见于埃及语分词和“相关词形”，当作为名词使用时，意为“……的一个人或人们”——那么这一革新则容易解释了。[10]

如第五章中所述，在公元前 13 世纪，埃及语发生了一个一般的元音转变，即从重读长元音 /ū́/ 转变为 /ḗ/。[11] 1923 年，威廉·奥尔布赖特（William

6　Ringe（1977, 69）.

7　埃尔曼（Erman）没有列出该词，但参见 Černy（1976, 315）和 Vycichl（1983，328）。

8　Schindler（1976）.

9　Szemerényi（1958, 178）and Perpillou（1973）.

10　参见 Gardiner（1957, 270-8 §353-61）。另见 Hoch（1997, 168-78 §§117-25）。卡兰德尔（Callender）认为，-w 最初源于一个阳性主格符号 u；参见 Callender（1975, 51）。类似的词形，可见于整个亚非语。参见 Diakonoff（1965, 57）以及 Bender and Jungraithmayr，私人通信，1997 年 3 月。

不过，切梅林伊有不同的观点，参见 Szemerényi（1974b, 49-50）。他基于阴性词汇 ijereja（“女祭司”）的不规则变化，论证它的原始词形不可能是 *-ew-ya，而必定是 *es-ya；因此，在所有情况下，-eu- 的最初形式都是 *es-u。考虑到半元音 /w/ 和 /y/ 之间非常容易并且经常发生变化，这么一个纤细的线索似乎无法提起如此庞大的主题。

11　Loprieno（1995, 38）.

Albright）提出，这一转变经历了一个 */eu/ 的阶段。因此，这种语言借用在语义和语音上都有很牢固的证据支撑。[12]

句　法

如果希腊语在语音和词法的发展上受到亚非语言的影响较少，在亚非语中可以发现在句法上，或者对希腊语句法结构起关键作用的词汇上存在更广泛的变化。

1. 一些常见希腊语连接词、副词和虚词的词源

希腊语中三个最常见的词是 γέ(H)、γάρ(H) 和 καί。Kai 和 ge 都没有印欧
158 语词源，根据尚特莱纳的观点， γάρ 源于 γε+ἄρα。[13] Kaí 一般译为“和”，并且 gár 一般译为“事实上、确实”。作为连接词，这两个词都不能出现在从句的开始，gár 通常位于所在的从句第一个词之后。[14] Ge 作为一个后置虚词和附属虚词，可以强化或限制它前面的名词、短语或者从句。

中期埃及语存在着一个常用的附属词 gr，后来的词形为 grt，表示对它前面的词语的强调。埃及学专家常常不翻译它，有时候用它指“现在、也”。[15] 虽然希腊语和埃及语词群有宽泛且模糊的语义场，但是它们的范围在语义和句法上非常相似。在语音上，gr、grt 和 gár 之间有惊人的相似性。grt 在萨希迪方言（Sahidic）中为 če，在波海利语中为 je，加强了埃及语词和 γέ 之间的关系。因此希腊语句法中至少有三个关键的结构要素，似乎源于不同阶段的埃及语。

Kai(H)（“和”）是希腊语中最常用的词之一。根据尚特莱纳的观点，它的词源是“未知的”。弗里斯克赞成其源于“前希腊语”。埃及语词 kyy（“其他”）不是一个完全的形容词，而只是一个“明显”的形容词，因为它起初是名词。因此，作为同位语的名词，它位于名词之前而不是跟随名词之后，

---

12 Albright（1923, 66）.

13 Καί 在阿卡狄亚语和塞浦路斯语中的古体拼写为 κάς 或 κά。我认为 κάς 是 κά 的一个逆构词。

14 Smyth（1956, 637-8 §2803）.

15 参见 Gardiner（1957, 188 §255）以及 Hoch（1997, 156 §137-8）。

这是正常的形容词的词形。在晚期埃及语、世俗体和科普特语中，kyy 后来又产生了“也、再”的意思。泽特出现阳性词形 *kēje[16]。作为连接发音词（proclitic），它在大部分科普特语方言中的发音为 ke-，在中期埃及语吕科波利斯方言中的发音为 kai-。

希腊语中常用的虚词 oûn (H) 或者 ōn (H) 具有宽泛模糊的语义场。它可以用来确认陈述或者回指之前陈述的或已知的事物。它常常与其他虚词或连接词联合使用，包括 δε(H)、ἄλλα(H)、gár 或 gé，意为“事实上、无论如何、即使”。它也用来继续讨论一个话题，或者继续被中断的话题。从句法上看，它是后置词，出现在它指代的陈述之后。曾经有人试图认为它源于希腊语词根 ὠν（“to be”），如虚词中 ὄντ- 和衍生的词形 ὂντ-（“真实地”）。然而尚特莱纳反对这个词源，因为考虑到有大量无法解决的论证难题，他认为 oûn 起源是未知的。

在晚期埃及语，存在着一个源于动词 ʿnn（“转身”）的虚词 ʿn。就其本身，ʿn 指的是“再次”或者“已经”，其科普特语词形为 on,。这个重复的概念作为强调在很多语言中发现，特别是早期埃及语。这里，双重后缀 -wy 附着于一个 159
修饰词出现在像 bỉnwy nỉ（“我太倒霉了”）这样的句子中。在晚期埃及语和科普特语中，ʿn /on 经常作为后置词。

要解决这个困惑，最有可能的办法是认为希腊语 oûn 来自三个起源。第一，它来自 ʿn /on。这个起源可以解释它表示强调和继续的用法。同时 Oûn 在语义上也受到希腊语 ōn 的影响，意义成为“事实上、真正地”。然而，表示“to be”的埃及词语也是用 wn /un。Wn /un 本身不可能是 oûn 的起源，因为它总是出现在主题之前，这与 ʿn/on 不同。埃及语的 wn/un（“to be，there is/are”）和希腊语的 ōn 和 ónt-（“to be”）之间显著的相似性似乎是一种巧合。埃及语两种词形 ʿn/on 对等可能导致 ṓn 失去为首的 /h/ 这个音，它可能与其他印欧词汇有关。这一点可以解释尚特莱纳语音体系的问题。ὄντος 后来的哲学含义为“物质、现实”，它一定受到埃及语带有印欧语词形 wn 和 wn mɜʿ（“现实”）这种巧合的影响。

16　关于“明显”的形容词或同位名词，参见 Allen（2000, 62）。关于重构，参见 Sethe（1902, 92-5）。

2. Aὐτός

Autós (H)（“同样，他，它”）可以替代希腊语第三人称单数间接格。希腊语的词典编纂家 A. J. 冯·文德肯斯（A. J. Van Windekens）在关于这个词形的命题中写道：“人们会发现自己面对的是一个还没有被合理解释的词语。”他引用许多学者的类似观点[17]，然后提出这个词源于印欧语 atma（“风、呼吸、灵魂、自己”）。“自我”不是其他印欧语系学者给予它的含义。[18] 这个词源从语义上看是可靠的，从语音上看也同样如此。

在这种情况，我们应该考虑它源于亚非语的可能性。索尔·莱文指出希伯来语的 ’ōtô（“他、它”）：

> 明显在闪米特语中没有同源词，如希腊语 ἀυτό 在印欧语中也没有同源词，除了弗里吉亚语（因为几乎难以证实）。但是这个希伯来语和希腊语的代词彼此有很多相似之处。它们不仅在发音上接近，而且功能上也相似——它们是如此相像，以至在七十士译本中，这个希腊词汇很容易作为希伯来语的翻译。[19]

索尔·莱文继而指出在两种语言中结尾都有表示性别的修饰：希腊语阳性
160 的 autós 和阴性的 autē 以及希伯来语的阴性的 ’ōtåh。他认为 ’ōtô 和希腊语中性的 autó 是基本的词形。考虑到印欧语系学者有可能反对这两个词之间的联系（因为 auto 应该本来以 -od 结尾，源于一个常用的印欧语中性词，以 -d 结尾），索尔·莱文指出它更有可能是来自迦南语的阳性 ’ōtô 的借用词，被视为一个希腊语的中性词，与其他带有明显印欧语词源的希腊语词形进行类比，像“那些”和“其他”。[20]

索尔·莱文还考虑了希腊语的体系 houtos，中性词 touto（“这个”）。他对标准词源学的评价比较苛刻：“他们意识到缺少印欧语同源词，但是仍然断定由一系列的印欧语词素组成复合词，这些印欧语词素在语义上的模糊性可以产生种种可能性。”莱文提出不同的观点，认为“所有希腊语格的词形可能都源

---

17 Schwyzer (1939); Frisk (1955, vol. 1, 19; 1972, vol. 3, 44); and Chantraine (vol.1, 143).

18 Pokorny (1959, vol. 1, 38). Van Windekens (1986).

19 Levin (1995, 329). 我向莱文教授表示抱歉，因为我未能将他的严肃而又准确的读音符号复制到这两个词上面。

20 Levin (1995, 336).

于将 αὐτό/αὐτός/αὐτή 吸收进希腊语词法体系”。[21]

3. 希腊语的定冠词的发展[22]

迦南语和希腊语在较晚时期发现一个鲜明的特征，即定冠词“the”。定冠词在大多数欧洲语言、希伯来语和阿拉伯语中都存在。在世界范围内存在着成千上万的语言，然而这样的冠词仅局限于印欧语和亚非语。事实上，两种语系中所有的定冠词都归因为一次简单的创新。

古埃及语像世界上所有的语言一样，有像英语中的“this、that、these、those”同样类型的指示形容词：如 pn、tn 和 nn n(y) 与 pf、tf 和 nf n(y)（阳性、阴性和复数形式）。这些词被放置于它们所修饰的名词之后。在公元前 20 世纪到公元前 18 世纪的中帝国时期，底比斯的上埃及方言发展为简化形式 pз、tз 和 nз n(y)，它们位于名词之前，作为弱化意义的“the”使用。[23]

中期埃及语，即后期古老帝国和中帝国的口语中保留了埃及的“古典”书面语，历时 2000 年之久。随着第十八王朝从底比斯凯旋，南部埃及语成为新帝国的标准口语[24]。定冠词也成为新语言的一个主要特点。从南部埃及语开始， 161
定冠词以及其他语言修饰词进入迦南语。大约在公元前 7 千纪中期，在地中海东部各国普遍使用的乌加里特书面语没有显示出定冠词的痕迹。它们较早地出

21　莱文遵循了传统观点，认为 >ōtô 源于虚词 >et- 或 >ēt，后者用于表示明确的客体。这个词语演变被事实牢固地证明：在该体系中，一些复数词形——第二人称阳性词形 >etkem、阴性词形 >etken 以及有时作为第三人称的词形 >ethem/>ethen——带有 /e/ 的发音，而其他所有词形都带 /o/ 的发音。他困惑于这一差异，并且尝试着提出它“仅仅是 >ōt 的语音弱化”导致的结果。不过，他承认，他不能找出一个类似例子；尽管和其他学者一样，莱文还是尝试着将它和 >ôt（“符号”）联系在一起。

尽管我未能为该代词系列中的元音交替提供类似例子或解释，但是我相信，虚词 ‘et 有一个可能的词源，并且包含有 >ōtô 的系列词汇中的发音 /e/ 也同样如此。请注意，' >et 和它的所有衍生词，在闪米特语内部，都局限在迦南语和阿拉姆语中。我认为，这个词源是晚期埃及语使相对化虚词“那个人……等等”，它被写为 nty，却发“ent 甚或 et”的音。参见 Černy and Groll（1978, 497）。在科普特语中，它被写作 ent 或 et。很明显，使相对化虚词和表示客体的符号之间存在着重合，但远非完全重合。此外，有趣的是，'et- 和它的代词体系在闪米特语中，是迦南语和阿拉姆语独有的。不过，与迦南语 /et/ 局限于表示明确的客体相类似的是，nty“只与被限定的先行词相一致”并且经常作为直接宾语的先行词的用法趋势。

22　关于这一发展轨迹的详细情况，参见 Fehling（1980）和 Levin（1992）。

23　Loprieno（1995, 69）. 关于阳性的 p- 源于科伊桑语的可能性，参见本书第三章，注释 138，以及 Takács（2001, 375）。在其他著作中，塔卡克斯提出了另外一个词源演变，p- 作为方位词根存在于 pn。似乎也有可能，从原始班图语开始，表示“在，在……上”的方位格性前缀是 pa。参见 Guthrie（1967, 37 §35.16）。

24　Greenberg（[1986] 1990, 512-3）.

现在迦南语中表明，在公元前 15 世纪图特摩斯三世征服后，地中海东部各国的南部受到埃及语影响，开始使用定冠词。

在《圣经》（相对于晚期希伯来语）和早期希腊语诗歌中没有定冠词，可能是由于古文的文学形式的需求。然而阿拉伯语的诗集或后来的欧洲语言似乎并不存在任何定冠词和不定冠词的问题，很有可能希伯来语或者希腊语诗集中不存在冠词，因为在冠词介入之前，诗歌的形式已经建立起来。

正如在晚期埃及语中，迦南语定冠词——作为一个源于埃及语 pꜣ 和 tꜣ 的直译词或类似词——源于“附近的”指示词 ha，也许来自更早以前的 sa，作为类似埃及语的。索尔・莱文曾做过一个大胆的尝试，将希腊语冠词间接词形中的 /t/ 与 tꜣ 联系起来[25]。这在我看来不可能，因为首先在希腊语间接词形中的字首 t- 可以根据印欧语解释，其次从科普特语和希腊语借用词的证据说明阳性词形 pꜣ 倾向于替代阴性词形 tꜣ。

索尔・莱文很早以前就观察到希腊语和希伯来语的定冠词之间存在密切的联系，它们都根源于埃及语。他是第一位指出迦南语与希腊语在应用定冠词于名词和其修饰词时都有独特之处的学者[26]。因此，在希伯来语中，能够发现 hå˂îs haṭṭôb 这样的句法，字面含义为“人好”（ the man the good ），即“好人”。这个特点在希腊语中也存在，如 ho ánthrōpos ho agathós，这表明希腊语并没有直接采取来自埃及语的词形，而是采取来自迦南语，或者更具体的说来自腓尼基语的词形。毫无疑问，这个借用词将迦南语与希腊语联系起来，用一种晚期埃及语中并不存在的方式。莱文坚持认为“定冠词从埃及语发展到希腊语，然后又从希腊语发展到埃及周围的闪米特语”。他承认这种回旋方式的重要的基础是“在闪米特语言中，没有指示代词，由此很容易地发展为前缀”[27]。这种说
162 法令人费解，因为正如 20 世纪语言学家和闪语学家泽里格・哈里斯有关腓尼基语的描述那样，传统的观点认为“在整个闪米特语中，第三人称的代词开始是指示词，可能有指示的功能：ha˃ 为‘that’（那）、hmt 表示‘those’（那些）”。[28] 后来学者们更加具体指出：“距离远的指示词与第三人称代词 h（‘that’）、hmt

---

25 Levin（1992, 1-2）.

26 Levin（1971a, 701-2）. 他如今指出，阿拉姆语显示出在后置冠词中存在着同样的重复。参见（1995, 355, n. 135）。

27 Levin（1995, 354）.

28 Harris（1936, 53）.

（‘those’）等同。”[29] 在最早的希伯来语诗集中，人们可以发现一个定冠词 ha（以及为字首辅音的双写）处于指示形容词的位置，它位于名词之前，而不是在名词之后[30]。其他闪米特语，像亚美尼亚语和阿拉伯语，也从指示词发展到定冠词。阿拉伯语跟随迦南语，将定冠词置于名词之前，但是亚美尼亚语置于名词之后。总之，我们不能否认在地域上和历史上存在的合理的路线：定冠词是从埃及语到迦南语，然后再到希腊语。

虽然拉丁语没有定冠词，但是其所有后代语言都有定冠词，如罗曼语，这可能是模仿了他们的占领者的语言。在帝国的东部省份，希腊语和阿拉姆语都有冠词。布匿语是腓尼基语的一种，在罗马的主要敌人迦太基和西地中海的许多其他城市中使用，迦太基语也为其子语系留下了冠词。因此，葡萄牙语使用的 o- 和 a- 来自拉丁语 hoc 和 haec，然而其他罗曼语使用诸如 il、el、la、le 的词形，源于拉丁语的 ille、illa。Ille 本身可能通过迦太基语，来自在闪米特语中发现的指示词 ˃ēlleh。[31] Ille 在阿拉伯语中也用来形成定冠词 ˃al。这种效仿可以解释阿拉伯语和西班牙语词汇中，相当于“The”的 ˃al 和 el 之间惊人的相似性。

1 世纪，定冠词的用法向北和东传播到日耳曼语言[32]，传播的过程仍然是通过效仿。虽然在英语中的历史过程比较复杂，但毫无疑问 the 就是 that 的修饰词形。在日耳曼语中一个显著的分化发生在斯堪的纳维亚语中，像阿拉姆语、阿尔巴尼亚语、保加利亚语和罗马尼亚语，它们把冠词置于名词之后而不是之前的位置。一些西斯拉夫语使用了定冠词，但是这一演进没有出现在俄语中，因为它像拉丁语一样，没有定冠词。整个过程可以追溯到中帝国时期的上埃及，持续了 3000 多年。

希腊语中的冠词也是在语言经过初始发展后从迦南语效仿而来。在《伊利亚特》和《奥德赛》中，后来成为冠词的大部分的词，大多数都保留了其指示 163
力。然而，正如梅耶和其他学者认为的那样，有时 ho、hē、to 的功能实际是冠词的功能。梅耶提出一个合理的建议，在史诗沿袭古代模式创作出来时，很

29　Segert（1997, 177）. 两者都来自一个更早的带有字首 s- 的词形。

30　Ha 在此处只是简单地涵盖了该希伯来语冠词的许多不同的变体发音。参见 Levin（1995, 346-50）。

31　Levin（1995, 360-4）. 印欧语专家埃尔努和梅耶在他们的拉丁语词源字典（1985）中写道：“我们不能武断地分析 ille。”

32　参见 Fehling（1980）。(s)ind- 定冠词“the”源于古爱尔兰语的指示词，对它的使用是一种例外，这表明该语言是在相对晚近的时候才出现这一发展的。参见 Thurneysen（[1949]1993, 295-6 §470）。

多词汇已经开始作为冠词使用了。这表明冠词形成的时间下限是公元前 10 世纪、公元前 9 世纪或公元前 8 世纪，大致是荷马那个时期。我赞同古代学者的主流观点，认为应该是公元前 8 世纪。[33] 由于冠词已经在塞浦路斯和帕姆菲里亚（Pamphylia）的希腊语中勉强得到证实，希腊旁非利亚方言在大约公元前 12 世纪安定下来的地区使用，多少与一个世纪以后的其他希腊语有所分离，因此表明最早的时间是公元前 12 世纪。[34] 因此，这些痕迹可能在后来消失了，或者在公元前 13 世纪出现变化。如果我们赞同受到腓尼基语影响的假设，非语言学的证据可以表明在公元前 10 世纪和公元前 9 世纪，腓尼基人统治东地中海时期，那时，城邦制度和“奴隶社会”似乎从地中海东部各国进入爱琴海。[35] 这一点似乎更可信，然而不能缩短大约从公元前 1250 年到公元前 850 年这 400 年的时间跨度。

希腊语的定冠词出现较晚，不能归结于下层语言或者语言沿袭的影响。实际上，在周围临近的印欧语、意大利语和亚美尼亚语都没有任何定冠词的痕迹。因此，其发展可能是独立的或者是腓尼基语的结果，最终是受埃及语的影响。虽然希腊语的定冠词如同迦南语词形，从本地指示词创造而来，希腊语主格的词形 ho 和 hē 与迦南语 ha 恰好吻合。这种巧合可能是下面三种原因的结果：在诺斯特拉语中存在指示词词干 s-，s>h 的转换影响了两种语言，以及迦南语对希腊语的直接影响。[36]

对句法变化的总结

这里讨论的特征可能形成于不同时期、不同地点。虽然 gé、gár 和 oûn 似乎很好地融进海希奥德和荷马的语言，但就我们所知它们并没有进入迈锡尼文化，因为它们没有印欧语的起源，似乎是在青铜时期晚期，从埃及语模仿而来。
164 考古学和文献证据表明在此时期极有可能产生语言上的紧密联系。虽然没有在 B 类线形文字中得到证实，但 autós 也深入植根于荷马的语言，而且一定在公

33 Meillet（1965, 187-93）. 关于我对荷马的年代的看法，参见本书第一卷，第 86—88 页。

34 Meillet（1965, 191）.

35 参见 Bernal（1993, rev. 2001, 345-70）。

36 这是对我在第一卷第 55—56 页提出的观点的再重复，它被莱文引用，参见 Levin（1995, 354）。

元前 2 千纪晚期引入。相比之下，定冠词在史诗时期仅仅是个开端，可能大约在 1 千纪开始被引入，我们知道那个时候腓尼基和爱琴海一带存在紧密的联系。

结　语

在本章，我希望表现使用没有局限的方式研究希腊语的发展，或者任何其他不受沿袭影响的语言。此外，对于从外部而来的借入语，以及从截然不同的语系而来的介入语的研究，不能只局限于明显的借用词，其他语言可能有更深入更广泛的影响。观察东地中海语境中的希腊语的确并不能告诉我们它的语音发展。然而，除了奥斯瓦尔德·切梅林伊，大多数印欧语系学者研究失败，表明他们在研究传统方法上有极大的束缚。考虑到词法和句法，他们也忽视了诸如索尔·莱文等学者的重要观点。接下来的章节，我们会转向词汇，如果没有充分注意到周围的语言，特别是西闪米特和古埃及语的影响，则会发现希腊语的词汇难以理解。

第七章　地中海背景下的希腊语言（第三部分）：词汇

165 就希腊语而言，其词法和语音体系完全是印欧语，但在词汇上很大程度是非印欧语，英语的词汇在很大程度是非日耳曼语，而土耳其和波斯语有大量的来自阿拉伯语的借用词。

——I. J. 盖尔布，《关于伊布拉的思考》（“Thoughts about Ibla”）

导　语

本章分为三节，每一节都是关于词汇从亚非语进入希腊语的可能性。第一节考查该课题目前的研究状况，第二节探讨是否希腊语在古风时期和古典时期存在从其他语言借入的观念，第三节是当仅有的证据来自希腊语、亚美尼亚语或者希腊语和拉丁语时，关于印欧语词根的假设的可靠性。事实上，这种类似性可能仅仅是它们共同从闪米特语或者埃及语借用语言导致的结果。本章最后一节的大部分内容用于探讨从闪米特语和埃及语进入拉丁语的借用词，并且证明应该跳出印欧语言的范围来思考，特别是考虑到希腊语、亚美尼亚语和拉丁语这三种之间普遍存在的不规则类似性。

词汇借用的研究

语言之间的语音和词法的交换是罕见的，并且通常被认为需要输出语言和接受语言的族群之间的长时期的密切的接触。而词汇的直译和“借用”更加普遍，更易于完成。词汇的借用是带来语音变化和词法变化的一个主要工具[1]，然 166
而大量的借用也可能不会产生这些变化。如我们在第五章所探讨的那样，并没有新的发音从亚非语进入希腊语，虽然一些发音先前存在，如字首增添元音、/b/、/p/、字首 s- 和中缀 -ss-/-tt-，但它们明显出现得更加频繁，这是古埃及语和西闪米特语密切联系的结果。[2] 相比之下，应该注意到在 1066 年诺曼征服之后，尽管大量词汇从外部进入英语，却没有新的音素进入。[3]

词源学家很难解释希腊语的词汇。在第五章提到，牛津大学的印欧语教授安娜·莫珀戈–戴维斯认为希腊语中来自印欧语词源的词汇占 40% 的比例。[4]

因此，虽然卓越的学者们做了大量研究，在 2000 年的情况与亨利·斯图亚特·琼斯爵士（Sir Henry Stuart Jones）的描述非常接近。在解释为什么里德尔和斯科特权威的大部头《希英辞书》（*Greek-English Lexicon*）的新版本令人惊奇地只收录“最低限度”的“词源信息”时，他写道：

> 只要扫一眼博赛克（Boisacq）的《希腊语词源词典》（*Dictionnaire étymologicque de la langue grecque*），就会明白，语源学家的思考极少摆脱猜测，并且从格奥尔格·库尔提乌斯时代以来的比较语源学的进步……已经清除了许多垃圾，但极少有稳固的建设。[5]

1　例如在刚果口语洛蒙果语（Lɔmɔ́ngɔ）中，最初的双唇摩擦清音 /F/ 转变为法语类型的唇齿音 /f/，部分原因是上位层的印欧语是这样发音的，另一部分原因是“带有 /f/ 的法语借用词强化了这一新的音素”。参见 Polomé（1981, 882）。有趣的是，如上所述，没有新的发音被传入希腊语。

2　对亚非语 ˀaleph、ʻayin 和字首增添元音已在第五章探讨，参见第五章，注释 96—118。带有字首 b- 的借用词是非常重要的增添，因为最初的印欧语很少有 /b/ 的发音。带有阳性冠词 pꜣ 的埃及语复合词引入了 /p/。由于字首 s- 和两个元音之间的 -s- 在公元前 2 千纪消失（第五章，注释 62—69），所以以 s- 为字首的新借用词扩充了起源于 $/t^w/$ 数量极少的词汇集合。参见第六章注释 85—88 中关于 -ss- 和 -tt- 的讨论。

3　不过，一些成对的音位变体发音发生改变，则是法语影响的结果。参见 Thomason and Kaufman（1988, 308）。

4　Morpurgo-Davies（1986, 105）.

5　Liddel and Scott（1925, x）. 第一卷第 322 页全文引用了这一段。

许多“垃圾”当然是闪米特语，它在极端的雅利安模式中是不能被接受的。如我已经论证的那样，这个模式在哲学上的建立要比在其他学科的建立早。在希腊语中的“清理”过程非常像著名的语言学家和词典编纂学者 W. W. 斯基特（W. W. Skeat）在 1891 年对英语的描述：

> 在我早年努力自学期间，由于英语词源文献存在很多极端愚蠢和有害的东西，我获得了许多不太可避免的错误观点，我已经纠正了很多……在《韦伯斯特字典》畅销之日，人们普遍认为本土英语词汇源于埃塞俄比亚语和科普特语。[6]

167 斯基特接下来描述自己的目的：“我通过借用比较语义学最新研究成果，已经尽可能地努力将英语词汇追溯到它们的雅利安词根。”[7]

重新回到缺乏进步的问题上：很明显，语言学家几乎专门依靠印欧语言进行研究，进而走入了死胡同。他们所能做的是努力寻找为什么不能解释希腊语词汇的原因。非印欧语言元素简单被描述成“前希腊语”或来自其他已消亡的语言。[8] 大多数人主张这些非印欧语言元素是关于草药、树木或者自然特征，是随着来自北方的人占据新的环境而发现的，像 μάραθον（“茴香”）、μίνθη（“薄荷”）、νη̂σος（“小岛”）不可能有印欧语词源。[9]

强调这种类型的例子会扭曲整个事实。如第五章提到，安娜 · 莫珀戈–戴维斯所估计的希腊语词汇来自印欧语词源的占 40% 的比例，而在篇幅短小的 100 个基本词干的斯沃德什核心词列表中发现原始印欧语词根占 79%，二者形成鲜明对比。[10]

因此，在希腊语中，可以发现印欧语词汇存在的语义场，可能真正是所谓的“基础”词汇：自然、动物、身体部位、家庭关系、人称和其他代词、一般动词和形容词。而高级文化的词汇——宗教、抽象、人文社会、金属制

---

6 Skeat（1897, ix）.

7 同上书，第 xi 页。

8 参见 Jasanoff and Nussbaum（1996, 185-7）。

9 波科尔尼有不同意见，他认为 νη̂σος 源于一个印欧语词根 *snå（“洗”）。

10 第五章，注释 23。关于斯沃德什的列表，参见 Swadesh（1971, 271-84）。另见下文附录 A。

品和各种奢侈品——都是非印欧语词汇。[11] 一些存在于原始印欧语的词汇使得缺少高级文化词汇变得更加引人注目。比如，条顿语的词根 *gulth（“黄金”）与旧教斯拉夫语 ʐlato 相关联，也可能与希腊语 khōr-（“绿色”）相关联。不过，希腊语表示“黄金”词汇是 χρῡσός，在 B 类线形文字中为 kuruso，被认为来自闪米特语：阿卡德语的 ḫurāṣu，即迦南语 hāruṣ（“黄金”）。[12] 同样，梵语的 raj、拉丁语 rex、爱尔兰语 ri 都指的是“国王”，来自一个共同的印欧语词干。[13] 在希腊语中，它们是 Fᾰναξ 和 βασιλεύς，即 B 类线形文字中的 wanaka 和 qasireu，被认为具有前希腊语词源。（它们的埃及语词源，参见下面的叙述。[14]）

在它们的闪米特语范围，希腊语的非印欧语元素类似于英语中的法语和拉丁语词，斯瓦希里语的阿拉伯语，以及朝鲜语、日语、越南语中的汉语。这种对应的词可能会违背解释问题的原则，即非印欧语族群被原始希腊人征服。另一方面，一小部分低级文化的语言征服者征服了高级文化。在多数情况下，征服者的文化和语言都被吸收，然而至少有两个民族匈牙利和土耳其，征服者保持了它们的基本语言结构和基本词汇，而从被征服者或者临近人民那里借用了高级文化的词汇。但是匈牙利和土耳其都保留了它们的军事词汇或者它们前君 168
主哈扎尔和蒙古人的词汇。希腊语情况不同。除了有印度–伊朗语起源的战车战士的词汇，多数关于战争的语言——剑、弓、箭、盾、盔甲、营地、军队、战争等这些词汇——看似是非印欧语言。因此如雅利安模式所要求的，如果希腊也属于匈牙利–土耳其语言这种少数派，这两种语言在军事词汇会差异很大，当然也会非常独特。

另一方面，如果应用修正的古代模式，希腊语属于更大的语言群组，这一

11 Renfrew（1998a, 1999a），伦弗鲁承认，这个词汇不是狭义上的“印欧语”。

12 这个闪米特语词根的最终词源很可能是埃及语 šɜʿs（“金锭”）。文中提到的这些词汇无疑是同源词，并且，由于埃及和努比亚为西南亚提供金矿来源，所以，šɜʿs 或 * ḫrʿs 早在公元前 2500 年就这样发音了（本书第八章，注释 48—69），几乎可以肯定它是原始词形。因此，它本身也可能是希腊语 χρῡσός 的词源。

13 关于这一印欧语词干进一步的精彩探讨，参见 Benveniste（1973, 2，9-15）。另一方面，沙尔法（Scharfe）论证所谓的早期梵语词汇 rấj 事实上是不能被证实的，因此印欧语中便不存在一个表示“国王”的通用词汇，参见 Scharfe（1985, 543-8）。在这一点上，莱曼接受沙尔法的论证，参见 Winfrid Lehmann（1993, 68）。尽管缺乏早期的证据，但是这一词根的确独立地出现在了较晚的印度语言中；因此，我认为没有理由拒绝承认它是一个印欧语词根。

14 参见本书第十章，注释 98—121；第九章，注释 57—81。

群组包括英语、斯瓦希里语、越南语、日语、古代爪哇语和许多其他语言。[15]虽然雅利安模式没有从词汇上被证实，因为不可证实，有可能伪造修正的古代模式。我们很了解在中东地区希腊邻国使用的语言，而且能够通过研究这些语言来测试此模式。本章下面的部分将探讨这个测试。

希腊词语的闪米特语词源的情况

虽然极端的雅利安模式占主导地位，但几乎所有学者都承认希腊语中存在一些来自腓尼基语的借用词。学者尝试找到这些词，然而主要有三个严重的障碍。第一是宗教的原因，学者们不愿承认一个明显的语言学事实，即希伯来语是迦南语的方言。

第二，近代学者激烈反对中世纪和文艺复兴时期的信念，即希伯来语就是巴别塔语言，并且是其他语言的祖先。随着印欧哲学和雅利安模式的兴起和胜利，这种反应在 19 世纪和 20 世纪早期一直保持强烈势头。1955 年，在文特里斯和查德威克论述中还可以看出这种热情：“经过很长时间语言之间相互关系的假设都没有成果，其中希伯来语起到破坏性的作用。”[16]

第三，在接受希腊语中关于货物贸易的词语来自腓尼基语词源时，态度
169 是宽容的，传统派学者强烈地反对任何挑战雅利安模式的词源学说。因此，学者们承认诸如 B 类线形文字或 κύμῑνον（“小茴香”）、kito χιτών（“衣服”）或 ἀρραβών (4)（“储藏物”）这些词是腓尼基语相对容易些。然而，通常许多人排斥将乌加里特语的 bmt、希伯来语的 båmåh（“高地”或“圣坛”）与希腊语中具有同样含义的 βωμός(H) 联系起来，或者将闪米特语 √qds（“神圣的”）作为 κυδος(H)（“神圣的权力 / 力量”）的起源。[17]在词典编纂中极端雅利安模式的天顶与 20 世纪 30 年代达到顶峰的反犹主义浪潮同时开始，但是前者持续

15　英语的情况与希腊语、斯瓦希里语以及其他语言的情况不一样，它因为诺曼征服而失去了印欧语词法。不过，这些表示格的词尾通过重读模式消失，重读模式在 1066 年之前便已经明显出现。所以，英语的这一“孤立”性质是一种内在发展的结果，而不是密切的语言接触的结果。参见 Thomason and Kaufman（1988, 306-15）。

16　Ventris and Chadwick（1973, 5）.

17　参见下文第十八章，注释 3—9。两个词汇之间的性的差异不存在障碍，因为输出语言的词汇的性几乎不影响输入语言的词汇的性。参见 Corbett（1991, 80-1）。关于 qds /κυδος，参见 below，本书第十四章，注释 44—47，以及 Rendsburg（1989, 76-7）; Jasanoff and Nussbaum（1996, 196-7）以及 Bernal（2001, 140-2）。

到 60 年代。在 20 世纪 30 年代印欧语系学者安托万・梅耶写道："腓尼基文明不是来自北方的希腊人的模式，考古学已证实这一点，而且只发现有少数（infime）几个词来自腓尼基语。"[18] 他后来写道："这些词当然不会超过十个。"

迈克尔・马森对此课题的学术研究。1986 年，一个晚近一代的学者迈克尔・马森（Michel Masson）发表了一篇重要的文章，题为《关于接受某些希腊词语来自闪米特语的标准》（"A propos des critères permettant d'établir l'origine Semitiques de certains mots Grecs"）。[19] 这篇文章包含了对希腊语中源于闪米特语的借用词的研究历史进行的回顾，具有说服力。他从海因里希・莱维（Heinrich Lewy）1895 年首次发表的文章《希腊语中来自闪米特语的借用词》（"Die semitischen Fremdwörter im Griechischen"）开始。马森忽略了英语语言的起源，也没有提到玛斯-阿诺特早期的学术作品。但是，马森正确地关注自我意识传统或者从莱维到玛利亚・路易莎・迈尔的传承，这在 1960 年以一本书的形式出现。他还提到了梅耶的学生伊米莉亚・马森（Emilia Masson），她在 1967 年出版《希腊语中来自古代闪米特语的借用语研究》（"*Gli impresti semitici in Greco*"）。伊米莉亚・马森坚持只有不触犯雅利安模式的词汇才能被接受，在这一点比前任学者更加苛刻。因此，词汇列表很大程度上仅局限于奢侈物品：金、衣物，尤其是香料。[20] 这个极端的观点成为亚马尔・弗里斯克《希腊语词源字典》（*Griechisches etymologisches Wörterbuch*）和尚特莱纳《希腊语词源字典》（*Dictionnaire étymologique de la langue grecque*）接受的来自闪米特语借用词的基础。

迈克尔・马森将学术上来自闪米特语借用词的演变描述为一系列的筛选过程。莱维提出大约有 200 个名称和 400 个词汇。迈尔将莱维的词汇列表缩减到 170
1/3，伊米莉亚・马森进一步筛选，但他们都没有建立起严格的筛选标准。[21]

迈克尔・马森曾努力再次建立莱维的学术地位，他指出早期的学者将自己局限在具体的目标，划分语义类别。这些局限性使莱维与"混乱主义"或者早

18 Meillet（1965, 59）. 这些引文，也见于 Szemerényi（1974a, 147）。

19 M. Masson（1986a）.

20 不过，她借用了玛斯-阿诺特这个领域的历史研究（1967, 11-6）。参见 Muss-Arnolt（1892, 34-45）。

21 M. Masson（1986a, 199-207）.

期的“泛闪米特人”分开。根据马森的观点，莱维有三个含蓄的原则，分别是：

当有可能存在印欧语起源时，他否认闪米特语起源的假设。

他努力找出一系列连贯的音系相似之处，虽然他并未严格坚持。

他将抽象的或过于宽泛的名词、形容词和动词剔除出了他的列表。[22]

前两条原则无懈可击，但是迈克尔·马森同意上述三条原则。他相信在某种情况下人们可以超越莱维的列表，但是不认为可以放弃第三条基本的原则。迈克尔·马森像莱维及其他带有局限性的学者一样，并没有摆脱雅利安模式，设想西闪米特语和希腊语族群之间基本的联系。因此他在文章最后提出合理的主张：“列出这些棘手的问题，我们不想纠正如尚特莱纳、弗里斯克和马森这些学者。我们曾努力解释和应用他们的原则。我们仅希望将他们的研究继续下去。”[23]

有趣的是，迈克尔·马森忽略了20世纪60年代、70年代和80年代英语语言的出版物。这几十年开始出现迈克尔·阿斯特、约翰·佩尔曼·布朗的著作。随着极端雅利安模式的衰退以及B类线形文字中来自闪米特语的借用词的发现，索尔·莱文和奥斯瓦尔德·切梅林伊开始增加源于闪米特语的借用词的数量。[24] 他们欣然使用了乌加里特语、希伯来语甚至阿卡德语对应词。不过，除了阿斯特之外，他们的研究仍大量地在雅利安模式内进行，所以将源于闪米特语词源的研究局限于名词，绝大多数是那些通过贸易的词汇或者明显外来的希腊语词汇。然而，最近40年，这些学者已经改变了希腊词汇学的整体氛围。

171 **其他闪米特语词源**。本书中我虽然没有受到莱维第三条原则的束缚，但是遇到另一个不曾影响其他学者的限制条件。我接受认为菲利斯人主要是讲希腊语这一假设。[25] 因此希腊语和希伯来语的同源词可能是后来从希腊语进入迦南语成为外来语的结果，而不是相反的过程。然而有趣的是，也可以用埃及语作为迦南语和希腊语中具有惊人相似性的两个词的起源。比如，məkeråh（“一种武器”）在《创世记》中的一个例子，这个词可能是来自希腊语的借用词，即

22 M. Masson（1986a, 201）.

23 M. Masson（1986a, 229）.

24 Brown（1965, 1968a, 1968b, 1969, 1971, 1979-80, 1995 and 2000）; Levin（1971a, 1971b and 1995）; Mayer（1960a, 1960b, 1964 and 1967）; 以及 Szemerényi（1966a, 1968c, 1969, 1971-81, 1972a, 1973b, 1974a, 1979 and1986）。虽然切梅林伊是匈牙利人，但是他出生在英国，并且大部分生涯都在英国度过。

25 参见本书第一卷，第445—450页。

μάχαιρα(H)（“匕首”），这个词并没有闪米特语同源词。[26] 另一方面，词根 √mḫ（“比赛，斗争”）在亚非语言中已存在，埃及语具有同样含义的词 mḫ3 结尾为 -3，这可以解释希伯来语语和希腊语的 /r/。[27] 在托勒密统治时期的埃及，甚至有 mḫay 的词形，表示“用矛戳”。因此 mákhaíra 和 məkeråh 之间毫无疑问存在联系，但是不可能是从埃及语进入希腊语的借用词，然后从希腊语进入迦南语，也不可能是从埃及语分别进入希腊语和迦南语。这个词的一对对等词可以从希腊语 λέσχη(H) 和希伯来语语 li škåh 上发现，意为“喝酒和休息的房间”。这两个词在各自的语系中是独立的，学者们在从哪种语言进入另一种语言中持有不同观点。[28] 我相信两个词都直接或者间接地来自埃及语词形 *r-ỉsk（“逗留的地方”），虽然不能证实，但是极有可能。[29]

一个下层暗区。在讨论希腊语词汇可能的闪米特语或埃及语的词源时，另一个问题是就某一个词，何时可在印欧语和亚非语中同时找到似乎合理的起源。这种情况的一个典型的例子是 ἔρεβος (H)（“下层暗区，傍晚”）。erebos 这个词源于闪米特语还是印欧语的观点孰优孰劣曾引起长达一个世纪之久的争论。[30] 我遵照第一个传统思路，而与我意见相左的雅萨诺夫和努斯鲍姆遵照其他的思路。雅萨诺夫和努斯鲍姆认为 erebos 源于一个印欧语词根 * h_1reg^wos（大多数现代学者认为是 *$h_1rek'{}^wos$），意为“黑暗”。他们根据在梵语、日耳曼语和亚美尼亚语中发现的词形确立一个假设的词根。亚美尼亚语最重要，因为他们认为 erek（“傍晚”）这个词形可以作为证据，说明其他印欧语言中失去的喉辅音，因此可以解释 erebos 中的 e-。其他学者不是以同样的方式解释对等词。詹姆斯·克 172

26　Brown（1995, 342）.

27　Orel and Stolbova（1995, 390 § 1802）. 盖尔布讨论了阿卡德语 tamḫarum（“战役”）和 ma ḫirum（“面对、在……前面”），它在阿卡德语中有词形 maḫri 和 maḫris；参见 Gelb（1957）。这个词形未在迦南语中得到证明，尽管同样的词根 √mḥr（“在……前面”）出现在了 måḥår（“明天”）里。Ma ḫri 可能是希腊语 μχρι（“截止到，达到”）的一个词源；并且，亚美尼亚语 merj（“在”）是后一个词汇的唯一印欧语同源词。

28　Brown（1995, 141-2）将其视为从希腊进入希伯来语，而 Muss-Arnolt（1892，72）和 West（1997, 38）的看法与之相反。

29　我提出 ỉsq t（Amenope 26，16）中的 *r-sqỉ（“休闲场所”）和 ỉsq（“推迟、逗留”）带有一个表示房子或房间的义符 ▭ (O1)。晚期埃及语世俗体 ỉsq，指的是“推迟、逗留、停止”，其科普特语拼写为 ōsk。另见本书第二十一章，注释 127—129。

30　关于 19 世纪的相关研究文献，参见 Muss-Arnolt（1892, 56-7）。

拉克森在最近出版的《亚美尼亚语和希腊语之间的语言学关系》（*The Linguistic Relationship between Armenian and Greek*）一书中，否定了两个元音之间直接的关联性——无论是作为一个保留的喉音，还是作为一个普通创新。他认为它们只是来自安纳托利亚语而省略了开始的 r-。大概因为许多毫无疑问源于印欧语的希腊词汇都是以 r- 开始，雅萨诺夫和努斯鲍姆倾向于假设一个喉音。[31]

由于在斯拉夫语和古英语中找到的另一个印欧语词根 *ereb *orebh，意为“黑暗的、黝黑的、暴风雨的”，erebos 这个词的起源更加复杂了。尤利乌斯·波科尔尼并没有将 erebos 包括在这个词群中。[32] 然而，阿兰·博姆哈德将 erebos 与闪米特语的 √ʿrb（“太阳落山，天色变暗”）联系起来。[33] 他认为这两个词都来自一个单一的诺斯特拉语词根。

毫无疑问，√ʿrb 存在于闪米特语，此外，在比伦（Bilen）和萨霍（Saho）的中部库施特语中发现的 araba（“黑色”）和 orbā（“带有黑点的母牛”）可能说明它们在亚非语言中很普遍。这一点说明它们不太可能是从印欧语进入闪米特语的借用词。[34]

雅萨诺夫和努斯鲍姆反对我使用阿卡德语词形 erebu（“太阳落山”），他们构想出一个迦南语词形 *aribu。我推测他们认为这个词形来自阿拉伯语中 ǵariba（“成为黑色”）的元音形式，还能发现许多其他的三辅音词根元音化的现象，如 ǵaraba［“（太阳的）落下”］、ǵarb（“西边”）。事实上在希伯来语 ʿereb（“傍晚”）之前的迦南语元音化的标准的还原应该是 *ʿarb。

erebos 开始的 e- 可能以两种方式源于闪米特语。第一、约翰·佩尔曼·布朗提出它来自西闪米特语词形 ʿereb 本身。[35] 在这种情况下，Segholation* 涉及从 ʿarb >ʿereb 的转变，一般认为在晚期希伯来语，但是从其他迦南语方言获得

31 Lejeune［（1972）1987, 148-9］，勒琼和克拉克森有相同的观点。Jasanoff and Nussbaum（1996, 183），雅萨诺夫和努斯鲍姆认为该词源是 erebos。

32 Pokorny（1959, vol. 1, 334）. Clackson（1994, 33）.

33 Bomhard and Kerns（1994, 523-4）.

34 莱文根据不同的理由，得出了相同的结论，即阿拉伯语 ǵrb 中的 /ǵ/ 不可能来自印欧语系。不过，许多闪米特语专家坚持认为 /ǵ/ 在这种情况下来自 ʿayin，因为它与 /r/ 的关联。参见 Bomhard and Kerns（1994, 523）。

35 Brown（1995, 57-8）.

* Segholation 是希伯来语的一种元音原则，两个标 seghol 音节的重音在第一个上。Seghol 是希伯来语中 E- 类短元音即 בֶ 的名称。两者都暂无中文译名。——译者注（该注释源于郑阳老师。）

的证据尚不明确。不论怎样，正如雅萨诺夫和努斯鲍姆指出，我倾向于接受阿斯特的做法，即它源于阿卡德语的 erebu。[36] 希腊语中出现阿卡德语词形可以从三方面解释。第一、阿卡德语文字可能保留了叙利亚–巴勒斯坦使用的词汇，但如今已失去因而不能证实。第二、古叙利亚语言埃卜拉语的发现表明在东闪米特语和西闪米特语之间不可能有明确清晰的区分。第三、阿卡德语在公元前 2 千纪是叙利亚–巴勒斯坦之间的外交语言，也是当时重要的文学语言。

简而言之，如我在第二卷中所述，erebos 存在两种可能的词源。从语义考 173
虑，我倾向于来自闪米特语的起源。无疑，一个印欧语词根 *regwos（*reḱ^{w}os）也存在。克拉克森和勒琼认为为首的 e- 避免了为首的 r-，也就降低了雅萨诺夫和努斯鲍姆提议的可能性，即它是古代喉音 * H_1 的反映。然而，希腊语的 erebos 中字首增添元音从印欧语和闪米特语都是可以解释的。

倾向于闪米特语起源，从语义上考虑是因为，这个语义的领域几乎罕有源于印欧语的词汇，但有相当数量的词源于闪米特语。[37]

然而，虽然我相信任何一个希腊词汇都有可能没有印欧语词源却有闪米特语词源，但仍然要从语音和语义两个方面仔细核查一致性（cognicity），并且还要排除其他可能性。例如，两种词形可能独立产生，或者它们是从希腊语进入迦南语的借用词。忽略这些限制条件后，我的视野更加宽阔了，甚至超过约翰·佩尔曼·布朗、莱文和切梅林伊等，他们曾被安托万·梅耶和伊米莉亚·马森的研究带入一个困境，又做出了很多努力从困境中找回闪米特语词源。

希腊词语的埃及语词源情况

希腊词汇的埃及语起源比上面提到的词汇更有局限性。如第一卷中提到，对埃及文字可靠性的认同仅仅从 19 世纪 50 年代开始，在雅利安模式建立之后。因此，在古埃及学被当时盛行的雅利安主义压倒之前，尽管存在巴泰勒米（Barthelémy）在 18 世纪对希腊语和科普特语的研究及 19 世纪 50 年代伯奇（Birch）和布鲁格施（Brugsch）的一些笔记，但是传统观念并不认为希腊词汇

36 Astour（1967a, 130）. Gelb et al.（1956–, vol. 4, 256），盖尔布等人将阿卡德语 erēbu（“进入”）与专门术语 erebu（“下落的太阳”）区分开来。不过它们这两个词汇“混合”进了词汇 erēpu（“昏暗的、黑暗的”）。

37 例如，参见本书第二十章，注释 79—80，以及本书第二十一章，注释 77。

源于埃及词源，与之相对的是由博沙尔（Bochart）、莫费斯（Movers）、莱维（Lewy）和玛斯–阿诺特创造的认为希腊词汇源于闪米特语的理论。[38] 如上所述，确实在 19 世纪 80 年代，阿道夫・埃尔曼（Adolf Erman）特别警告埃及学专家要寻找希腊语词形的埃及语起源。[39] 20 世纪，像施皮格尔伯格（Spiegelberg）、埃里克森（Erichsen）、切尔尼和冈恩（Gunn）这些学者都接受早期的假设，甚至添加入一两个词源。[40] 而且，古典学者已经完全认同接受诸如黑檀木、朱
174 鹭、尼罗尖吻鲈和斯芬克斯狮身人面像等埃及名称。然而 1969 年，学者贝特朗・埃梅丁格（Bertrand Hemmerdinger）和 A. G. 麦格雷迪（A. G. McGready）就当时的情形进行总结，他们总共可以接受的来自埃及语的借用词少于 40 个词，几乎所有都是异族的动物和物品的名称。[41]

他们接受的原则，其观念上的本质可以从麦格雷迪的文章中一段引用看出：

> 埃及文化对于希腊文化好比中国文化对于欧洲文化。在很多方面存在巨大差异，希腊语不太可能去借用（从语言学意义上），希腊人也不太可能有语言借用的愿望。大多数情况下，随着古埃及发展而来的宗教和哲学的概念，对于一个希腊人来讲，来自遥远异域，难以理解。在这种情况下，不难发现希腊语的借用词总是非常具体的，用来专指属于埃及的东西。[42]

一个学者缺乏扎实的基础，却断言他的理论具有正确性，这可以在另一篇名为《希腊神话的埃及元素》中看出，作者以这样的方式结尾："尽管存在借用词及其影响，但是神话在精神上是希腊的。我们要注意不管希腊人从外国获得什么，都会吸收变成更好的东西。"[43] 这样甚至在 20 世纪 70 年代和 80 年代，

---

38 关于巴泰勒米，参见第一卷，第 171 页。关于伯奇和布鲁格施，参见第一卷，第 254—261 页。关于博沙尔，参见第一卷，第 169—171 页。

39 参见本书第一卷，第 262—263 页。埃尔曼承认，希腊语中存在着 30 多个"外来的"埃及语词汇；参见 Erman and Grapow（1926-53）。

40 关于所有这些人的生平和学术经历，参见 Gardiner（1962）。

41 Hemmerdinger（1968）and McGready（1968）.

42 McGready（1968, 252-3）.

43 Hicks（1962, 108）. 当然，这是对《厄庇诺米斯篇》（*Epinomis*, 987D）中的著名言论的意译。关于奥利弗・哥尔德史密斯（Oliver Goldsmith）利用这一主题证明欧洲优越论的合理性，参见本书第一卷，第 198 页。

在西欧埃及语源学都没有明显的进展。恰恰相反，由于学术上琐碎和错位的精确，理查德・霍尔顿・皮尔斯（Richard Holton Pierce）觉得可以去掉埃梅丁格和麦格雷迪的词源的大部分词。[44] 1989年，法国学者让-吕克・富尔内（Jean-Luc Fournet）将这个数量减少到 17 个词。[45]

在东欧，观点更加开放。1962—1971 年，布加勒斯特的康斯坦丁・达尼埃尔博士（Dr. Constantin Daniel）发表了一些建设性的文章，提出一些关键词如 βασιλεύς、ἥρως 和 τιταξ 源于埃及语。[46] 达尼埃尔的研究是建立在苏联的科普特语专家 P. V. 耶恩斯泰特（P. V. Jernstedt）研究基础上的，后者在 20 世纪 50 年代后期的斯大林主义的深渊中从事著述，不可思议的是，当时语言学观念开放、繁荣一时。[47]

从 20 世纪 90 年代开始，思考埃及语词源在西方展开，年轻的古典主义学者如加思・阿尔弗德（Garth Alford）、欧文・库克（Erwin Cook）和格里菲斯（R. Drew Griffiths）开始研究埃及语和荷马式意象**与词汇**之间惊人的相似性。[48]

在寻找借用词时，不能因为一个词似乎深入植根于本国语言而轻易放弃。 175
即便忽略以介词为首的词汇，在里德尔和斯科特的字典中也有 68 个词条分析 χρῡσός（“金”）（被一致认为是个借用词）的衍生词。Βύσσος(H) 来自迦南语 buṣ（腓尼基语 bṣ 和希伯来语语 buṣ 或 bûṣ，意为“亚麻布和其他布料”，具有构成动词 βύω(5)、ἐμβύω(5) 和 ἐπιβύω(5)（“填塞”），词根结尾的辅音被省略了，似乎是词法的特征。[49] 在另一个方面用一个借用词举例，密释纳（Mishnaic）希伯来语包含了这样的词汇如：zåwag（“嫁娶，参加”）、zeweg（“婚姻”）、zugåh（“已订婚者，被借来的”）以及 zûg（“双、束缚”）。最后一组词说明了

44　Pierce（1971）.

45　Fournet（1989）.

46　Daniel（1962; 1971）.

47　参见第二章，注释 8 以及 Bernal（1997b, 165-7）。

48　Alford（1991）, Cook（1992）and Griffith（1996, 1997a and 1997b）.

49　普遍的看法是，该词是闪米特语。1907 年，斯皮尔伯格认为 buṣ 的埃及语词源是 w3ḏt（“绿色的亚麻”）。他证明，在早期，埃及语的 ḏ 与闪米特语的重音 /ṭ/ 和 /ṣ/ 对应。他根据《事物与词汇》（*Säche und Wörter*）中的原则指出，《圣经》和希腊语文献对亚麻和其他精美布料的提及都指向了埃及。他也证明，在同一语义场内的其他希伯来语词汇 šēš（“精美的衣服”）、שְׁזִי（“纺织”）和 nuta（“纱、线”）——有埃及语词源（1907, 127-31）。80 年以后，莱文表示出他的怀疑：“我们认为埃及是精美的亚麻布的故乡，埃及语词汇 w3ḏt（“绿色的织物”）……使得它从语音和语义两个方面来看都不是一个令人满意的词源。”参见 Levin（1995, 293, n. 337）。斯皮尔伯格坚持，在类似的科普特语例词中，较早的发音 /w/ 变成了 /b/。

关键信息。它们都源于希腊语的 ζεύγος（“轭”），明显是印欧语词源。这么多不同词形的出现，使我们应该暂停下来，不能一味地排除存在语言借用的可能性。完全排除语言借用的唯一的原因是在一个亲属语言中存在一个同样可能或者更好的同源词，而这种语言本身也没有与外界联系。

词汇借用的古希腊语的意义

欧里庇得斯在其《腓尼基女人》一剧中，强烈暗示英勇的侵略者讲腓尼基语：

> 你厄帕福斯，也是宙斯的儿子
> 我们的祖先伊娥将你诞生
> 我与腓尼基语的祈祷者
> 一起祈求东方之歌
> 来吧，来到这个城市
> 你的后代为你建起底比斯这个城市。[50]

虽然许多英雄应该来自埃及，但就我所知他们讲的不是埃及语。另一方面，荷马曾多次提到“神的语言”，通常是这种形式：“神称之为 x，人类称之为 y。”[51] 这种神圣的语言是埃及语吗？“神的语言”的概念在埃及语中是 m(w)dw nṯr。P. V. 耶恩斯泰特指出 m(w)dw［在科普特语中是 moute（“言语、语言”）］是 μύθος（“神话”）的起源，这似乎很合理。[52] 有趣的是，m(w)dw 是用一根棍子
176  (S43) 写下来的。卡尔顿 · 霍奇给出一个有力的解释，将棍子握在手里才有权力在集会时讲话，不仅在古埃及是这样，而且在荷马希腊时期、非洲的东部和西部很多地方都是这样。他提出了一种可能性，m(w)dw nṯr 代表透特神的棍子，但是他反对这种观点。[53] Mythos 也没有印欧语词源。

认为埃及语是诸神的希腊语这种观点不如在雅利安模式下研究的学者想象

---

50 *The Phoenician Women*, 668-71, trans. P. Vellacott（1972, 260）.

51 柏拉图曾经对该主题进行过没有结论的讨论，参见 Plato’s *Cratylus*, 319D-329B。

52 Jernstedt（1953, 55-6）. 关于对 m(w)dw nṯr 讨论，参见 Allen（2000, 173）。

53 Hodge（1989, 411）.

的那么荒诞。4 世纪的哲学家杨布里可（Iamblikhos）在其《阿巴门答复波菲利写给阿涅波的信》（“Reply of Abammon to Porphyry’s letter to Anebo”）中写道：

> 与我们自己的语言相比，为什么我们更喜欢野蛮的标记？这里有一个神秘的原因，如诸神已教导我们，亚述人和埃及人这些圣人的语言适合于神圣的仪式。我们相信我们应该用一种我们能够选择的，而且诸神认为自然的语言来称呼他们，但是埃及语占据主导地位而且是非常古老的语言，对于那些初学诸神名字并夹杂着他们自己的语言传达给我们的人更是如此，因此我们可能会保留传统法则不变。如有什么适合神灵的事物，一定是那些永恒不变的事物，自然属于他们……因为埃及人是最先与诸神交流的人，根据他们的仪式，诸神也乐于接受祈求。[54]

无疑，在公元前 5 世纪，对于大多数希腊人而言，埃及有些神圣，与诸神有种特殊的关系。在第一卷里讨论过希罗多德就此问题的观点[55]，以及其他证据。对于埃斯库罗斯（Aiskhylos）来说，埃及是“宙斯的圣土，尼罗河是不可能被污染的”[56]。

然而此前更早时期，与诸神的语言本质更有关联性的是荷马对埃及的态度。阿喀琉斯（Akhilles）声称埃及底比斯是世界上最富有最强大的城市，而且它还有神圣和神奇的优越性。[57] 在这里，海伦具有金剑女神的神力，她喝下一种神圣奇特的药水后，神性得到升华。诗人以如下的段落结尾：“在那里（埃及）土地给予谷物，也产出大量的药物（φάρμακα），许多药物混合在一起能治

54 Iamblikhos, *De Mysteriis Aegyptorum* 7: 4-5；本处引文来自 E. des Places 翻译的法文译本（1996, 193）。

55 第一卷，第 98—101 页。

56 *Suppliants*, 558-61.

57 *Iliad* 9: 381-4. 有趣的是，从 18 世纪晚期的基督徒戈特洛布·海恩（Gottlob Heyne）开始，“科学的”原始材料评论家便宣布这些赞美埃及的诗行是伪造的文字。［关于海恩，参见第一卷，第 221—223 页以及 Bernal（2001, 174-5）。］学者们批判这些诗句与《奥德赛》中的诗句类似并且存在着年代错误。他们主张，两个底比斯没有从公元前 13 世纪起同时繁荣，并且希腊人在公元前 7 世纪瑙克拉提斯建立之前对埃及一无所知。相关参考文献，参见 Froidefond（1971, 31-3），作者弗鲁瓦德丰（Froidefond）仍然接受这些原始材料批评家的观点。我认为没有理由怀疑这些诗行的真实性，它们在古代从未遭到过质疑。它们的“缺陷”是意识形态造成的，因为它们挑战了希腊和欧洲的优越性。亚历山大的学者们对荷马的诗句提出质疑，是因为它们读起来不通顺。参见关于 onar 和 hypar 的讨论，参见本书第十章，注释 174—185。

病，许多药物是有害的；每一个人都是医生，比人类聪明，因为他们是 Παιήων
177 （即阿波罗）的种族。[58]根据这种含义，考虑到荷马所谓的“神的语言”是埃及语，这种可能性是合理的。这个假设是可以证实的，下面列出的是圣人和人类使用的词汇和名称：

Βριάρεος	Αἰγαίων[59]
Μώλυ[60]	
Μυρίνης	Βατίεια[61]
Ξάνθος	Σκάμανδρος[62]
Χαλκίς	Κύμινδις[63]

有 100 只手臂和 50 个头的布里阿柔斯的埃及语词源将在第十九章讨论。[64]埃勾昂（Aigaiōn）更加难以确认，在希腊神话中，他似乎与埃勾斯（Aigeus）和波塞冬有关，但是这个名称可能源于古老的巨人 ʿÔg（奥格）。奥格是地下巨人利乏音人（Rephaim）* 的最后一位，他的名字似乎来自闪米特语词根 √ʿwg（“画一个圈，包围整个世界”）。[65] 虽然它们音系上的对应较弱，但是语义上有极大的相似性。如果埃勾昂与奥格对应，闪米特语的词汇和名称可以划分为人类的而不是圣人的语言。

从另一方面也可以提出一个论据。Mōly，一个神奇植物的神圣名称，长有黑色的根，赫耳墨斯曾将此草送给奥德修斯以抵挡喀耳刻的咒语。印欧语系学者将 Mōly 与梵语词 mullah（“根”）联系起来。另一方面，维克托·贝拉尔（Victor Bérard）坚持认为“诸神的语言”是西闪米特语，将 Mōly 与 mallûaḥ（“锦葵属植物”）或者 melaḥ（“盐”）联系起来。[66] 阿斯特更倾向于将它与在乌

58 *Odyssey* 4：125-30 and 220-3, trans. Murray（1919, vol. 1, 123）. 关于派昂（Paieon）和阿波罗的埃及语词源，参见本书第九章，注释 5，以及本书第十九章，注释 24—76。

59 *Iliad* 1：403-4.

60 *Odyssey* 10：305.

61 *Iliad* 2: 813. 参见下文本书第十九章，注释 188—190。

62 *Iliad* 20：74.

63 *Iliad* 15：291.

64 本书第十九章，注释 188—190。

* 利乏音人（Rephaim），《圣经》中的巨人族。——译者注

65 关于对 ʿÔg 讨论，参见第二卷，第 84—85 页以及 Noegel（1990）。

66 Bérard（1927-29, vol. 3, 73）.

加里特语和阿拉伯语中发现的有关的言语词根联系起来。[67] 我发现贝拉尔的观点是最有可能的。

在荷马的《伊利亚特》第二卷中写道："在城门前方，平野的远处，孤零零地耸立着一方土丘，四边平整空旷，凡人称它 Βατίεια（'灌木之丘'），但长生不老的神祇叫它善跳的 Μυρίνη 的坟冢。"[68] 这个金字塔状的物体在人类的语言中可能与希腊语词干 bat（"步伐"）关联。这个神名是难以解释的，但是它第一个词素类似于埃及语表示名称的 Mri（"被宠爱的"）。这个词有可能源于 Mri imn（亚蒙神所爱的），一个常用于法老的描述词。然而，两种词源解释都很难确定。

埃及语的 Xanthos 和闪米特语的 Skamandros 将在第十章讨论。[69] 阿斯托相信有一种鸟可能是猫头鹰，叫作卡尔吉斯（Khalkis），可能源于西闪米特语的
ḫalaq（"光滑、没有毛发"），因此可能是秃鹰。[70] 也可以认为它源于埃及语 ḫ3ḫ 178
（"快速、敏捷"或者"叉鱼"）。这两个词源都有可能但不能被接受，因为它们缺少其他任何证据的支持。

如果这些词形成一个连贯的整体，这似乎是可信的。因为人们不可能冒不虔诚之险随便发明神圣的名称，那么它们是埃及语的可能性要比是迦南语或希腊语的可能性更大。除了诸神的语言概念之外，布里阿柔斯和 Xanthos 可能源于埃及语，mōly 可能源于闪米特语词源。然而，这个观点难以确定。

从亚非语进入希腊语、阿尔巴尼亚语或亚美尼亚语的借用词

在希腊语，当一个有关联的词根仅出现在希腊语或阿尔巴尼亚语、亚美尼亚语和拉丁语这三种语言中任何一种时，不能想当然地认为这个词是印欧语词根。早在 16 世纪人们就已证实，阿尔巴尼亚语是印欧语唯一留传下来的独立的分支，那时阿尔巴尼亚已从临近的印欧语言——斯拉夫语、意大利语、东罗曼语和希腊语吸收了大部分词汇。虽然学者们认同在最近的 500 年中，有大量

67　Astour（1967a, 294-5）.

68　*Iliad* 2：811-4, trans. Murray（1924, Vol. 1, 111）.

69　本书第十章，注释 33。

70　Astour（1967a, 294-5）.

的借用词来自近代希腊语，但是考虑到地理上的并列性，也有少数借用词来自古希腊语，这让人感到意外。然而这样的借用词也很容易被吸收入阿尔巴尼亚语音体系而被掩盖。这样就很难区分同源词与借用词。

亚美尼亚语在同一地区发生变化也影响到希腊语和闪米特语，这在上文讨论过。此外，大约 400 年，亚美尼亚语中存在大量的借用词得到证实。这些词主要是来自波斯语，但也有成百上千的词来自希腊语和闪米特语，特别是希伯来语和阿拉姆语。[71] 因此，如一个词根经证实仅存在于希腊语和亚美尼亚语中，且可能共同来自闪米特语或埃及语词源，我们一定要仔细观察是否这种对应性是正常的印欧语语音变化的结果。如果不是这种情况，要考虑可能是亚非语词源。然而在某种情况下，无法这样测试，则应该均衡地比较这两种情况。比如，在印欧语中，亚美尼亚语的 sowt（“错误”）和希腊语 ψεύδος (H) 之间的等同性较弱。[72] 可能亚美尼亚语词形是来自希腊语的借用
179 词，也可能这两个词都源于闪米特语词根 √zwd（“举动冒失”），这一点在希伯来语和阿拉姆语可以得到证实。[73] 另一个例子是希腊语的 ὄνειρος(H) 和亚美尼亚语的 anurj，两个词都意为“梦”。（它们之间这种语言继承上的关系的可能性将在第九章讨论。）因此，希腊语和亚美尼亚语的同源词在古代印欧语中无法被证实，并不能排除一个借用词来自埃及语、闪米特语或其他非印欧语言的可能性。

亚美尼亚和拉丁语中来自亚非语的借用词

拉丁语被证实比亚美尼亚早几个世纪，而且没有经历第 2 千纪东地中海语言转换，但是，同样的原则仍然适用。有时亚非语音系转换的关联性可以表示希腊语和拉丁语同时都有来自亚非语的借用词。我应该在这里举一个没有争议的例子，一个地名泰尔。如第五章中所述，名称 Ṭ$^{(y)}$ôr 是进入希腊语 Τύρος 的借用词。大约在公元前 2 千纪中期，/ṯ/ 和 /ṣ/ 融合在一起，形成腓尼基语和希伯来语名称 Ṣôr。因此，古拉丁语中城市的名称是 Sor。后来这个名称被希腊

71　我们不必接受诺瑞尔・弗洛尔（Norayr Vrouyr）的全部观点，即亚美尼亚语中存在着数百个来自闪米特语借用词。Vrouyr（1948）.

72　关于所谓的遗传关系的复杂性，参见 Clackson（1994, 168）。

73　也可以比较阿拉伯语 zāda（“他增加、夸大”）和可能的阿卡德语 ṣādu（“烧红”）。

语 Tyre 取代。[74]

另一个源于闪米特语音系转换的希腊语和拉丁语借用词区别的例子是 μαλάχη(H) 和 malua 这一对词，含义都为“锦葵属植物”。希腊语和拉丁语的词典编纂学者一致同意这两个词都是来自一个非印欧地中海语言的借用词。他们不认为其有源于闪米特语的可能性。然而，玛利亚・路易萨・迈尔（Maria Louisa Mayer）看到了与在《约伯记》（30 章 4 节）中证实的 mallûaḥ 之间存在明显的联系。[75] 因为植物在有盐分的土地茂盛生长，它当然源于闪米特语词根 √mlḥ（“盐”）。在迦太基语中，/ḥ/ 成为 /h/、/ʾ/ 或者零音（zero）。因此，希腊语的 malákhē 这个词是这一弱化前的借用词，而拉丁语的 malua 是这一弱化后的借用词。[76]

其他出现在希腊语和拉丁语中的类似的词难以发生关联，有可能他们是来自其他语言的借用词的结果。此外，在第一个例子中，应该同时考虑古埃及语和西闪米特语，因为他们得到相对完整的证实，而且古希腊和罗马作家经常提及这两种语言对他们的文化有重要的影响。

罗马和拉丁语中的闪米特语痕迹

拉丁语中存在大量来自希腊语的借用词，这一点众所周知也能够理解。我 180
坚持认为在公元前 800 年到公元前 400 年，拉丁语中同样存在从闪米特语中引入的大量借用词，引入方式可能直接从在西腓尼基使用的迦太基语中借用，或者间接通过伊特鲁里亚语和希腊语借用。这种类型的联系没有得到认可——原因如同本书关于希腊部分的论述中所说的。[77] 语言发生如此大规模的借用可以表明在操迦南语、拉丁语和伊特鲁里亚语的族群之间存在长久且紧密的联系。这个结论并不与其他证据冲突。在 1930 年和 1960 年之间，里斯・卡彭特（Rhys Carpenter）和其他极端雅利安模式的拥护者们声称，在“无声的争论”基础上，

74　关于该名称，参见 Posener（1940, 82）以及 Helck（1971, 58）。关于参考文献，参见 Katzenstein（1973, 19）。另见本书第五章，注释 73。

75　Mayer（1960a, 90）. 不过，她承认该术语可能具有一个地中海语言词源。另见 Klein。

76　尚特莱纳认为 Mõλv、μαλάχη 和 malua 之间存在着联系。

77　有趣的是，这种关联在他《拉丁文的基础》（*The Foundations of Latin*）中进行探讨。菲利普・巴尔迪持相当开放的想法来看待诺斯特拉语，并且愿意质疑 Aufnahmslosigkeit 原则。不过，他从未提到拉丁语中存在着大量来自闪米特语或埃及语的借用语。参见 Philip Baldi（1999, 14-8）。

腓尼基人直到公元前 7 世纪才到达地中海，那时联系很少，并没有文化意义。[78] 然而，即使在当时，也有很多人持不同意见，像威廉・奥尔布赖特，皮埃尔・新塔斯和 G. 查尔斯-皮卡德等学者继续坚持认为，腓尼基人安顿下来的时间是 8 世纪、9 世纪或更早。[79] 从 20 世纪 60 年开始，随着开始从极端雅利安模式转移，出现回到传统纪年表的倾向。因此，现在大部分学者认同，在公元前 8 世纪中期，罗马建立之前，腓尼基人曾出现在北非、西班牙、撒丁岛和西西里岛。[80]

根据历史记载，我们知道从公元前 7 世纪到公元前 2 世纪，腓尼基人和伊特鲁里亚人在外交和商业上有密切的往来。[81] 外交往来见证了伊特鲁里亚出现的一股东方化浪潮。考古发现表明联系发生在更早的时期。一个世纪以前，许多腓尼基语的行为习惯和物件都进入拉丁语中：采用火葬（腓尼基人的习惯）；使用埃及-腓尼基卡诺普斯罐（canopic jars）和腓尼基“伊奥利亚式”圆柱；引入埃及和腓尼基人的物件，甚至更遥远地方的器物。[82] 通过腓尼基，中东地区对伊特鲁里亚宗教以及后来的罗马宗教产生巨大的影响。例如，亚述学学者珍・诺该洛尔（Jean Nougayrol）表示，检查肝脏以获得某种征兆，在巴比伦尼亚、伊特鲁里亚和腓尼基一带广为流传。[83]

D. 范贝尔尚（D. Van Berchem）坚持认为，罗马最古老的赫拉克勒斯神庙和崇拜都起源于腓尼基。[84] 象牙座椅、深紫色布料毫无疑问在罗马具有宗教和

78 Carpenter（1958）. 哈登（Harden）也有大致类似的观点，尽管他只是最新《剑桥古代史》中关于腓尼基人篇幅出奇地短的一节的作者。W. 库利坎完全认可腓尼基语的重要性和它们的青铜时代根源；参见 W. Culican（1991, 461-546）。《剑桥古代史》中的这一节内容位于犹太人被流放到巴比伦的一节的后面。这样安排，是为了维护晚期腓尼基语传播的观点。

79 参见 Albright（1975, 522-6）以及 Cintas（1948）。

80 见 Bunnens（1979, 281-2）中的参考书目。尼迈尔（Niemayer）论证该年代为公元前 8 世纪晚期，参见 Niemayer（1984, 1-94; 1988, 201-4）。沙巴蒂诺・莫斯卡蒂（Sabatino Moscati）抨击这类的极简主义，参见 Sabatino Moscati（1985, 179-87）。莫斯卡蒂论证，迦南人在地中海西部活跃的时间是公元前 14 世纪和公元前 13 世纪，腓尼基人活跃的时间是公元前 10 世纪。克洛斯（Cross）将自己的年代分析建立在碑铭材料的基础之上，论证腓尼基人在地中海上扩张的时间为公元前 11 世纪，参见 Cross（1979）。博德曼（Boardman）认为它发生在公元前 10 世纪或公元前 9 世纪，参见 Boardman（1990, 178）。帕罗迪奥（Pallottino）认同这一观点，参见 Pallottino（1984, 203-4）。

81 Pallottino（1963）.

82 Nougayrol（1955）. 伯克特认为，伊特鲁里亚占卜术和东方占卜术有着密切的联系，参见 Burkert（1992, 50-1）。

83 Pallottino（1984, 84-5）.

84 Van Berchem（1959; 1967）. 这个解释受到了挑战和捍卫，参见 Bonnet（1988, 294-303）以及 Brown（2000, 209-10）。

政治意义。甚至在古代，迦太基和罗马两个被选举的执政官（sop̄ətîm“法官”）181
具有许多制度上的类似之处，这一点是公认的。[85] cōnsilium 和 cōnsul 中的词素 -sil 和 -sul，它们的古代词形是，Consol 和 Cosol，它们难以用印欧语来解释。埃尔努和梅耶认为，它们不可能源于一个假设的词根 *sel，它存在于希腊语 ἑλεῖν（“拿 / 带”）或 *con-sidium（“坐在一起”）。他们继续写道：“存在着一个借用的假设不是不可能的，而是难以理解的。”事实上，这个借用词有一个清楚的来源：闪米特语词根 √s<l，可能来自迦南语词形 så<el（“问、询问”），其现在分词形式为 so<el。这个动词扎根于闪米特语，因此在语义上非常一致。[86]

亚述研究者和法律史学家雷蒙德·韦斯特布鲁克（Raymond Westbrook）已经注意到闪米特语对于早期罗马的法律——所谓的“十二铜表法”——有着深远的影响。[87] 罗马的现代历史学家直到近期都难以从此类证据得到一个明确的结论，如果知道他们来自一个由尼布尔（Niebuhr）和莫姆森（Mommsen）建立的传统，就不会感到奇怪。[88] 因为存在联系，很自然会有大量借用词从西闪米特语进入拉丁语。有少数词有可能是来自迦太基语或努米迪语（柏柏尔语）的借用词：mapālia 或 magalia（“茅舍”）和 mappa（“餐巾”），还有一个有趣的词，问候语 aue。[89] 然而这些词并不是说明闪米特语对于拉丁语的创造有着重要影响的唯一证明。因此，看起来有必要给出更多的例子。

对于一座建立在七座小山上的城市，Rōma（罗马）这个名称和伊特鲁里亚部落命名的 Ruma，更有可能源于迦南一个地名 Råmåh（“高地”），而不是

---

85 Nepos, *Hannibal* 7.4; Livy 3.55.1；以及 Varro 6.88。参见 Brown（2000, 103）。关于词素 -sul 的闪米特语词源，参见下文。

86 关于从该迦南语现在主动分词借用到希腊语中的另外一个例证，参见由 póēl（“制造着”）借用而来的 poiéō（“制造”）。参见本书第十四章，注释 41—42。

87 Westbrook（1988）.

88 当代研究罗马早期历史的领军人物蒂姆·康奈尔仍然不愿意承认近东存在着类似于罗马新年庆典的活动，其核心内容是举行圣婚（hieros gamos）仪式；参见 Tim Cornell（1995, 146-8）。然而，他承认，其他近东制度被引入了罗马–伊特鲁里亚王权。参见 Westbrook（1999, 220）。

89 参见埃尔努（Ernout）和梅耶。布朗写道，他不能为 magalia 找到一个原形，参见 Brown（2000, 218）。我相信，它有一个可能的词源即 mġr（“洞穴”）。参见 Megara（麦加拉）的词源，本书第二十一章，注释 157—160。关于 aue 或 haue，另见 Levin（1995, 156）。

源于印欧语词根 * sreu（“水流”）。[90] 这里，马索拉抄本元音由 /å/ 表示，并不是通常认为的一个长音 /ā/，而是介于 /a/ 和 /o/ 的一个发音。

虽然这个地区大部分城市都有意大利语或者伊特鲁里亚语的名称，但也有闪米特语名称。在本书第二十章将讨论 Cortona 似乎属于“Kiryat”。Nepete 似乎来自闪米特语词根 √nbṭ［“（水）喷涌流出”］或绿洲。沙漠或者绿洲的人们有时候在阿拉伯语中被称为 Nabati 或者 Nabataeans，在东撒哈拉被称为 Nobatai——东撒哈拉有座城市位于尼罗河上游，被称为 Nabata 或 Napata。[91]

将迦南语后缀 -on 和 √nbṭ 结合在一起，能够很好地解释这个神圣的名称
182 涅普顿（Neptune）的起源。他是地下水和海水之神。在公元前 1 千纪撒哈拉绿洲的野蛮人都认为涅普顿还是战车的保护者。[92] 涅帕特（Nepete）是罗马南部的一个小镇，有河流和泉水。古物研究者丹尼斯在 19 世纪 40 年代描述道：“他（旅行者）离开坎伯格那的废墟，进入一片林区。这里是意大利中部为数不多的可以让他这样一个英国人想到故乡的地区之一。鲜绿色的土地如波浪掠过，这在大陆极其罕见，完全是英国公园的景色。”[93]

回到 Latium 这个词，它很有可能源于 Tībur 这个词源，即 Tivoli 的古典名称，这个城市坐落于一座醒目的山上，应该是来自这座山峰的希伯来语名称，ṭåbur（“中部、中部的山”，与阿拉姆语中 Tibur 的发音相同），Tībur 指的是阿尼欧河（现在的阿涅内河）从山中奔流而出的位置，与现在罗马北部的 Tiber 吻合。这个名称上的相似性表明流经此城市的河流的名称来自山峰的名称。[94]

90　尽管印欧语 *sreu 毫无疑问不能在意大利语中得到证明。但是布朗和莱文仍然对此这样写道：“我们不可能不考虑马丁 · 贝尔纳极佳的观点，他认为，考虑到佩尔基碑铭证明的伊特鲁里亚–布匿之间的联系，Rōma 指的是（“高地、城堡”）［即卡皮托山（Capitoline Hill）］并且与־רָמָה［råmåh］（“高地”）是关联词。”参见 Brown and Levin（1986, 95）。如今，布朗又用许多其他与早期罗马有关联的腓尼基词汇进一步证明了我的“激进”观点，参见 Brown（2000, 209-10）。另见 Brown（1995, 24）。

米士那希伯来语和阿拉姆语词形 Rumē 明显源于希腊语 Ῥώμη。

91　参见 Procopius 1:19.29; Pliny *Natural History* 6: 35。Arkell（1961, 178）; Adams（1977, 384-92）。

92　没有理由证明伊特鲁里亚语词形 Nethun 应该比 Neptune（尼普顿）更为古老。更有可能的是 Nethun 源于 Neptune，而非后者源于前者。布朗在这个问题上误读了我的观点，参见 John Pairman Brown（2000, 8）。我从来没有提出过尼普顿这个名称来自 Nbt Ḥt，即 Nephthys。

93　Dennis（1848, vol. 1, 109）. 另见 Bernal（1997c, 156-7）。

94　公元前 6 世纪凯莱（Caere）的伊特鲁里亚统治者的名字特法利 · 维琉纳斯（Thefarie Veliiunas）在佩尔基铭文（Pyrgi tablets）中被转写为腓尼基语词形 Tbry' wlns。这一转写表明人名提比略（Tiberius）是一个非常古老的词汇，它可能来自台伯河（Tiber）。Bonfante and Bonfante（1983, 52-5）.

如上所述，tåbur 或 tabor 具有一个修复的 a- 或冠词 ha-，正如罗得岛上最高的山峰 Atabyrion 这个名称。[95]

Tiber 的另一个支流是 Nār，即现在的 Nera，它流经萨宾和翁布利亚的土地，在翁布利亚语的名称就是 Nahar。《埃涅阿斯纪》的评论人认为瑟维斯这个名称源于萨宾语中指硫黄的一个词——该河流中有硫黄温泉。[96] 然而当瑟维斯在公元前 400 年繁荣起来时，萨宾语或萨贝利语已经不再被使用了。这个词源说可能只是一个合理的猜测。Nār/Nahar 更有可能源于迦南语的 nåhår（“溪流、河流”），这个词在闪米特语中根深蒂固。

在塔尔佩亚（Tarpaean）岩上，犯人被处以刑罚，尸体也暴露于此，这里距离罗马的卡皮托山（Capitol）大概不远。这个名称也许应该是伊特鲁里亚语，与国王名字塔克文（Tarquin）有关。[97] 但是唇软腭音在伊特鲁里亚或拉丁语中并没消亡，而在奥斯坎语中却消亡了。[98] 此外，塔尔佩亚岩（Saxum Tarpeium）的词尾 -n 或 -m 似乎仅仅是词法范畴，更有可能源于迦南语 ṭårap（“撕扯、撕碎”）或 ṭrêpå（“撕碎肉”），terep（“猎物”或“猎物之山”）的含义是狮子洞穴里撕碎的肉。[99]

抛开地名不谈，我们会发现拉丁语中其他有趣的词形。一些重要的拉丁词可能有相同的起源：波克尼认为 amō'（“我爱”）和它的许多同源词如 amicus 183
等可能来自一个词干 *amm（“母亲”），这在许多印欧语言中很常见。[100] 事实上 -Mm- 是全世界普遍使用的一个词干，指母亲和胸部。[101] 在中部乍得语、Dahalo 语和闪米特语中发现的亚非语词根 ʿam，意思是“亲戚、叔伯、朋友”。[102] 因此，拉丁词 amita（“父亲的姐妹”）当然应该来自迦南语 ʿam（“父亲那边的亲戚”）以及 ʿamît（“朋友、伙伴、关系”）。在闪米特语以及亚非语中有很多

95　参见本书第五章，注释 118。关于贝洛赫试图拒绝这一明显关联背后所隐含的反犹主义，参见第一章，注释 32，和 Burkert（1992, 34）。

96　Servius 7：517.

97　参见 Hammond and Scullard（1970, 1038）。塔尔昆（Tarquin）这个名字本身源于 Tarḫ^{w}un，即安纳托利亚雷神的名字。这进一步证明了希罗多德和大多数古代作家提出的伊特鲁里亚和安纳托利亚之间存在联系的观点。

98　Palmer（［1954］1988, 13）.

99　参见 Psalms 76：5。

100　Pokorny（1959, vol. 1, 36）. 当然，他没有超越印欧语。

101　参见 Jakobson（1990, 305-12）。

102　Orel and Stolbova（1995, 239, no. 1065）.

这样的对等词。Amō 可能来自亚非语和印欧语。

拉丁语 sēcūrus 总是被赋予有迷人的民间说法的词源 se-（“远离”）和 -cūra（“关心”）。Se- 确实可以作为一个分离的前缀，然而 Sēcūrus 很有可能源于一个迦南语的过去分词 *sakûr（“屏障、关闭”）; 具有同样含义的 sågûr 得到证实，在阿卡德语中有 sikkurum（“门栓”）。这些传统的印欧语系学者认为 cūria（“一个村庄或罗马人的一个分支”）根据猜测源于 *ko-wiriyå，极有可能源于迦南语的 qryt（“城市”），这将在第二十章论述。

公元前 1 世纪的学者瓦罗（Varro）认为拉丁语 idus（“满月时的日日夜夜”）源于伊特鲁里亚语，这一点毫无疑问，但是伊特鲁里亚语词的起源又是个疑问。20 世纪的词典编纂学者埃尔努和梅耶并不认同这个词来自一个假设的伊特鲁里亚词“分开”，他们对任何印欧词源都表示怀疑。这个词似乎有可能源于一个闪米特语词根，可能源于闪米特语 itu（“月份”），而在阿拉伯语中是 ʿid（“斋戒、斋日”）。

最后一个从闪米特语进入拉丁语的借用词例子是 summa。这个词形毫无疑问与奥斯坎语 somo 有关系，但是与梵语 upama（“最高的”）的同源性则非常不确定。[103] 很有可能源于亚非语和闪米特语词根 *sam（“高处”），这在闪米特语可以证实，分别是在乌加里特语中的 smm、腓尼基语中的 smm、希伯来语中的 šåmayim（“天空”）。[104] 一个更普遍的含义“高处”可见于阿拉姆语和叙利亚语 šəmayi˃ 以及阿拉伯语 samā（“高处的、傲慢的”）。几乎可以确定，它为斯特拉博所记载的“古老的词汇”提供了词源，它可见于如萨摩斯、萨摩色雷斯和其他高地地区的希腊地名词素 sam- 中。[105] 虽然在闪米特语中该词根的主要发音带有 /a/，它也与 /u/ 并存，如同阿拉伯语 sumū（“高处”）。

184 如果这些词源的大多数可以被接受，它们的集中性可以表明它们只是冰山一角，而且拉丁语（和伊特鲁里亚语）充满了闪米特词汇。因此，我们不能仅仅因其也在拉丁语中得到确证，就否认一个闪米特语词汇进入希腊语的可能性。

---

103 考虑到大量的借用语从拉丁语传入爱尔兰语，没有理由承认爱尔兰语 suim(m)（“总数、总额”）是由“遗传”演变而来的。

104 Orel and Stolbova（1995, 461 §§2186, 2188）.

105 Strabo, 8: 3.19. 菲克在安纳托利亚语中寻找到了该词根的一个例证，宣称该词根是“勒勒吉斯语”（“Lelegian”），参见 Fick（1905, 54, 112）。

埃及语到拉丁语

就我所知，公元前 1 千纪的上半叶，并没有在意大利发现埃及人存在的证据。[106] 因此，任何埃及人对罗马早期的影响都是通过间接的方式——经过伊特鲁里亚、迦太基或者希腊。因此，毫不奇怪，据我所知只有一个意大利的地名可能源于埃及语。Pisa（比萨）可能来自 Pꜣ sꜣ 或 Pr sꜣ（“沼泽或低岸、位于沼泽或低岸的房子”）。Pr 在地名中认为是《圣经》中的 Pi-。意大利的比萨和伯罗奔尼撒西北部的伊利斯都位于沼泽低岸。

拉丁语中有两个类似的词 urbs（“城市”）和 orbis（“圆圈”）。[107] 约翰·佩尔曼·布朗举了一个很有说服力的例子来说明一个圆圈的宗教意义，在罗马或者其他城市的地基，以一座墙或者仅仅一道沟壑标记一个圈。[108] 中期埃及语词根 wꜣb 有多种含义，如“牙槽骨或树窝、襁褓”。wꜣbt 意为“土堆、地势较高的农田、红色皇冠、没有蛇”。这里共同的主旨即“圆圈、围成圈”。[109] wꜣbt 意为“土堆、地势较高的农田”的用法表明 urbs 的意义当时可能已经在埃及语中存在。wꜣbw 的存在可以更深刻地说明这一点，这个词作为一个地名，意思是“安置”。[110] 埃尔努和梅耶陈述 urbs 是“毫无疑问是借用词”。他们也否认了从音系和语义层面看 orbis 是来自希腊语 ἐρέφω［“I cover”（我覆盖）］的词源。他们将这个词与翁布里亚语的 urfeta 联系起来。埃及语的 /ꜣ/ 与液体含义一致，这表明这个借用应该发生在第二千纪。因此，考虑到翁布里亚语起源，这个词很有可能在到达拉丁语之前，被翻译成其他意大利语或伊特鲁里亚语。

还有一些基础的拉丁词归根结底来自埃及语。中期埃及语 ꜣtp，意为“装载、运送”。希腊语 λίτρα(4) 和拉丁语 libra，都意为“重量”，词典编纂学者

106　不过，一个早期语言借用的可能性确实非常诱人。与拉丁语 terra（“大地、土地”）相关的词形不仅在其他意大利语中而且在凯尔特语中发现。它们为这两种西欧语言之间提供了一个专有的连接。不过，埃及语 tꜣ(*tr)（“大地、土地”）深根于最古老的亚非语中；参见 Takács（1999, 228-9）。这是一个单纯的巧合，或者它们都来自原始诺斯特拉语［博姆哈德和克恩斯没有收录它，参见 Bomhard and Kearns（1994）］，或者它是从亚非语进入原始意大利-凯尔特语中的早期借用语？

107　教皇通谕的程式语“城市和世界”（ad urbem et orbem）就是类似的用法。

108　Brown（2000, 218-24）.

109　wꜣb 的一个令人费解用法是形容船帆，它可能指的是卷起的船帆，并且词义类似于“襁褓”，该词书写时带有一个表示衣服的词根。

110　Erman and Grapow（1926-53, vol. 1: 251）; Gauthier（1925-30, vol. 1, 175）.

们对这两个词之间的对等性和差异之处感到困惑。因为该希腊语词汇与西西
185 里岛有关，尚特莱纳提出，这两个词都源于一个非印欧语言的“西西里语下位层”。埃尔努和梅耶简单地陈述为 libra 来自一个非印欧语言分支。埃及语 ȝtp 的词源可以解释 t/b 的转换，但是这里流音 /ȝ/ 表示这个借用词一定发生在第 2 千纪。[111]

晚期埃及语 psn 意为“面包”。因为其小词形式 pāstillus，拉丁语 panis（“面包”）被追溯到假定的 *păšnis。就此，音系上和语义上都有了一致性。

埃尔努和梅耶在分析拉丁语介词 ob（“在……前面、面对”）的词源时，写道：“不可能为它找到一个严格意义上的词源。”他们所说的词源，自然指的是印欧语词源。世俗体埃及语 wbȝ，其科普特语词形为 ube，意为“面对”。虽然这些埃及语和拉丁语词汇存在明显的联系，但是并不能确定它们之间的借用关系。因为难以在严格意义上的印欧语中解释 ob，这个词极有可能从埃及语进入拉丁语而不是相反。

世俗体埃及语中 pr nṯr、pi nṯr 含义是“神的家园、神庙、神殿”。[112] 更加常见的 ḥt nṯr 将在第二十二章详细讨论。拉丁语 penetralia 起初的含义是“最深处的、一座建筑中最神圣的部分”。从这里而得来 penetrate（渗透）以及可能还有 Penātes（“神像”），然而这些词也可能来自 pȝnṯr（“神”）。埃尔努和梅耶在否认了许多语义上相去甚远的猜测后，认为这组词“尽管与印欧语有关联，但这组词没有词源”。Pi nṯr 是一个较好的替代性解释。[113]

拉丁语的 serō 意为“捆绑到一个文件里”。因此，dēserō——其过去分词形式为 desertum——意思是失去联系或者“沙漠”。还有在另外一个词义上，desertum 也被教会拉丁语用来翻译希腊语 ἡ ἔρεμος（“荒野、沙漠”）。埃及语 dšrt 一直使用到托勒密时期，含义也是“沙漠”。Dšrt 源于形容词 dšr（“红色”），也用来与 Kmt（“黑色的土地、尼罗河流域内的埃及”）形成对比。因此在这个含义上，desertum 源于埃及语是很清楚的。[114]

111 该字首流音对 /r/ 存在着超音段的（suprasegmental）影响。无论如何，引入是一个普遍的语言学特征；参见第十四章中对 κυδος 的讨论，注释 45—50。

112 参见 Gauthier（1925, vol. 1, 99）。

113 关于前缀 pr 的一个讨论，参见第九章，注释 125—166。关于 nṯr，参见第十章，注释 1—85。

114 我应该感谢我的同事加里・兰斯伯格，他说服我引用了这一词源分析。

结 语

在本章，我希望表达的是，对于印欧语言源于亚非语词源做出的研究相对较少，特别是那些承载文化含义的语言，如希腊语和拉丁语。很明显闪米特语对亚美尼亚语的影响很大，本章没有涉及这一点，但是本章勾勒出从亚非语言 186
进入拉丁词汇的重要的成分。因此，除非它们在语言中有一致的常规音系发展，否则在其他印欧语言中将无法找到在希腊语和亚美尼亚语之间或者希腊语和拉丁语之间的同源词，这个问题一定要谨慎对待。

第八章　埃及语、西闪米特语和希腊语在公元前最后 3000 年中的语音体系发展：作为词汇借用的反映

简　介

187 本章探讨的是从埃及语、西闪米特语进入希腊语的词汇借用，特别是它们与这两种亚非语言在公元前 3000 年到公元 300 年这 3000 多年间发生的变化之间的关系。要评估从这两种亚非语言进入希腊语的语言借用在语音上存在的可能性，我们就必须首先勾勒出目前已知的三种语言中语音转变的脉络。

当推测一个借用词的可能性时，我通过运用埃及学专家维尔纳·维奇赫尔（Werner Vycichl）设计的一种方法来评价埃及语和闪米特语之间的借用词，尽可能减少主观性——当然不能完全排除。他认为语音对应可能有 3 分，通常为三辅音词根，另外语义一致性有 3 分，语义一致性更加难以衡量。[1] 一个词被接受为借用词，必须至少有 4 分，具备 5 分才能充分说明是借用词，具备 6 分才能完全被确认是借用词。这里举几个例子：Δωδώνη［Dōdōna（多多纳）］是最古老的希腊神示所和宙斯崇拜中心，在埃及-利比亚语中与宙斯相同的形象

1　Vycichl（1959, 70）.

是 Am(m)on（亚蒙），他的名字是 Ddwn，在西沙漠中锡瓦绿洲受到人们崇拜，锡瓦绿洲也是崇拜中心和神示所之地，Dōdōna 与 Ddwn 是可以匹配的。多多纳的女祭司告诉希罗多德多多纳和锡瓦之间的特有联系。[2] 因此这个词具有三 188
个必要的分数。在语音上，有三个顺序合理的辅音和一个元音——加起来具备 4 分，超过必要的三个一致性多一分，因此从整体上看，这个希腊语地名在词源上可以确认来自埃及-利比亚。

希腊词 κόσμος(H) 源于闪米特语词根 √qsm，这是一个充分的词源例子。英语词“宇宙”和“化妆品”都来自该希腊词的基本含义“秩序、组织”及其动词 kosméō（“按照顺序排列”）。闪米特语 Vqsm 意为“分配、分派”，特别指神的分配和分派。Qåsam 在希伯来语中，词义仅局限于“发布预言”。但是没有道理对在迦南语中保留基本含义“分配”表示怀疑。[3] 这两个希腊语和闪米特语在语音上的对等得满了 3 分，在语义上的对应则得了 3 分中的 2 分。因此，可以认为它是较充分的词源。

一个明显“可信的”词源分析是希腊语 χαλεπός (H)（“痛苦的、残忍的、严厉的”）源于埃及语 ḫrp（“官员的权杖”）、ḫrpw（“木槌”）和 ḫrpt（“费用、税金”）。这里，语音对应非常符合，而语义上的对应虽然合理，却不是非常符合。然而，一个类似的词 κόλαφος(2)（“拳打、打击”）可以进一步证实这一点。[4] 因此，到目前为止，我对 khalepós 的这个埃及语词源表示半信半疑。[5] 然而，维奇赫尔只考虑到亚非语内对应性，这里有一个他不曾遇到的问题：印欧语词源有竞争力的对应性。找到一个希腊词的可信的印欧语词源会排除所有可能的亚非语词源，除非它极为可信。

继续探讨 ḫrp 和 kólaphos（“拳击、打击”）。尚特莱纳将这个词形 κολάπτω koláptō(5)（“伤口”和“捶打、用锤子摧毁”）与立陶宛语 kalù、kalti（“锻造”）联系起来，并将 κόπτω kóptō (H)（“拳击、打击”）与立陶宛语 kapiu（“切、打”）联系起来。虽然后者可能性更大，但是 kolaptō、kalù 和 kalti 之间的关联性被削

2 Herodotos 2: 55-6. 关于这一词源分析的进一步讨论，参见第一卷，第 1、65、78、82、99 页以及 English（1959），据我所知，英格利什（English）最早提出了该词源分析。

3 为 kósmos 提出的印欧语同源词是拉丁语 censeō（“发表一个庄严的声明”）和梵语 çáṃsati（“他背诵”）。从词义上看，两者都相差甚远。参见第十四章，注释 53—56。

4 请注意清音和送气音的交替 kh/p、k/ph。

5 如果假定讲埃及语的族群统治过讲原始希腊语的臣民，那么这种语义对等的可能性会得到提升。

弱了，因为讲原始印欧语的族群不可能锻造金属。不管怎样，埃及语与立陶宛语不同，埃及语 ḫrp 和名词形式 ḫrpw（“木槌”）与 kólaphos 的辅音完全匹配，koláptō 结尾的 -tō 可以认为是动词的后缀。印欧语竞争对象仅减少 khalepos、kolaphos 和 kolaptō 的埃及语词源 1 分，而留下 4 分。因此，这仍然是“合理的”。[6]

充分证明来自印欧语和亚非语词源的例子有 érebos（“黑暗的地方”）或
189 harpē（“镰刀、弯刀”），应该谨慎对待，使之平衡。我曾在上一章和先前的一本书中探讨过 érebos。[7] 著名的古典学家沃尔特·伯克特遵循 19 世纪的研究传统，认为 harpē 源于闪米特语词根 √ḥrb，在希伯来语中是 ḥereb < *ḥarb，在阿拉姆语中是 ḥarbā（“剑”），它们最初都是弯曲的形状。[8] 这个弯曲观念和镰刀在埃及语词汇 ḫ3bb 或者 ḫ3b（“弯曲”）中进一步加强；这些词形的第一种书写时带有两个钳口。然而海因里希·莱维从拉丁语词 sarpio（“切断藤蔓”）和古代教堂斯拉夫语词 srupu（“镰刀”）中发现可能性很大的一个印欧语词源。[9] 通常最好应该将两者列出来，考虑融合一起的可能性。但是其他方面是平等的，我们应该怀疑语言遗传的因素。[10] 不过，这种情况下，间接证据可以支持闪米特语 √ḥrb 至少是 harpē 的一个词源。[11]

上文提到所有词源的对应语音在抄本中或被普遍接受的词源分析中得到证实。然而，其他的对应虽然没有记载，但如果认为这些闪米特语和埃及语内的变化发生在大约公元前 3000 年到公元前 500 年之间的话，它们也是有可能存在的。

闪米特语

在第七章，我描述过许多希腊语的语音发展。希腊语是目前为止这里所考虑的三种语言中被了解得最准确的。即使是迈锡尼时期的 B 类线形文字的抄

6　弗里斯克指出，希腊语 κόλαφος 被借用到拉丁语中变成了 colpus，然后变成了意大利语中的 colpo 和法语中的 coup。

7　参见 Bernal（2001, 134-5）。

8　参见 Lagarde（1866 1：228）。Burkert（1992, 39），伯克特写道 ḫarba。这个词根事实上是 √ḥrb，而非 √ḫrb；并且，阿拉姆语的音素中没有 /ḫ/。更为轻柔的发音 /ḥ/ 事实上进一步证实，作为词源，/ḫ/ 传入希腊语中更有可能被转写为 /kh/ 或 /k/。

9　Lewy（1895, 177）. 关于莱维更多的讨论，参见第七章，注释 20。

10　这一点的讨论，请参见 Jasanoff and Nussbaum（1996, 183）以及 Bernal（2001，134-5）。

11　参见第十六章，注释 61—63。

本在音节中都标记出辅音和元音（虽然较为粗陋）。希腊字母表给出元音和辅音的很多信息。此外，在希腊化时期，即公元前 4 世纪末亚历山大征服之后，希腊语声望很高，迫切需要将其准确地讲授于非希腊语族的人，继而引起对重音的大规模研究。这些学术研究被保留下来，从公元前 3 世纪起，希腊词汇和名称被译成科普特语和希伯来语，提供了很多关于读音的信息。

古埃及语和西闪米特语呈现出更多问题。首先是术语的定义问题。我使用“西闪米特语”来包括在公元前最后 2000 年内所有黎凡特沿岸及远离黎凡特海岸的内陆地区使用的闪米特语言。这包括阿摩利语、阿拉姆语、乌加里特语和迦南语诸方言。第 3 千纪时期叙利亚的书面文字埃卜拉语也可归为边缘的成员。[12] 我认同传统的定义，将迦南语定义为西闪米特语，虽然这个定义有些主观。该 190
西闪米特语在黎凡特南部地区使用于公元前 1500 年之后和 6 世纪阿拉姆语跟随巴比伦人和波斯人的帝国获得成功之前这一时期。到目前为止，最著名的迦南语方言是腓尼基语和希伯来语，从公元前 1 千纪到公元后一直在使用。

埃卜拉语和阿摩利语是以音节楔形文字进行书写的。因此，它们有可能被重构为至少一种大致的发音。不过，所有其他的西闪米特语和方言都是用字母进行书写的，这些字母基本上只表示辅音。最纯粹的辅音文字出现在腓尼基语中。更加古老的字母体系可以标示出一些发音的迹象。乌加里特字母表包括三个音 ˃a、˃éi 和 ˃u，希伯来语语使用两个半元音 /w/ 和 /y/ 以及 /h/ 作为母音字母（matres lectionis）*，分别表示圆唇元音、舌前元音和开口元音。从它们身上，我们可以获得这一发音的一般含义。在较晚时期，此含义通过进入希腊语和拉丁语的许多名称和一些词汇的转写被进一步增强。最重要的希腊文本是大约公元前 250 年被翻译成希腊语七十士本的《圣经·旧约》、1 世纪约瑟夫斯（Josephus）用希腊语记述他的“历史”内容而写成的《犹太古代史》（*The Antiquities of the Jews*），以及希伯来语地名和人名翻译成希腊语的《圣经·新约》。

这些转写建立的语音对等成为附录 A 中我提出的从闪米特语进入希腊语的借用词的基础。我认为没有必有解释每一个借用词，但是我能够给出原因而涵

12　关于埃卜拉语应该被视为“东”闪米特语还是“西”闪米特语的无休无止的并且毫无疑义的讨论，盖尔布进行了概述，参见 Gelb（1981, 46-52）。

*　母音字母（matres lectionis），其单数形式是“mater lectionis”，其字面意思为“阅读之母”（mothers of reading），它是一个专业术语，指的是闪米特语中表示元音的辅音。它至今尚无标准的中文译法。——译者注

盖所有的借用词。

西闪米特语和迦南语早期的发音有一个更好的根源来自传统本身。在 6 世纪和 10 世纪之间，以色列学者坚信祈祷者和宗教仪式的作用要依靠准确的发音，建立起许多可以区分的标记或者“点”的体系。在众多事项中，这些可以表明元音的性质（虽然不是元音的数量）。这个传统的顶点和这些体系的统一形成于 10 世纪的标准的所谓马索拉经文中。[13] 马索拉经文体系使用一个非常古老和保守的传统，因此它几乎可以确切地表明公元前 1 千纪希伯来语发音。

在西闪米特语中元音和辅音的主要转变发生于公元前最后两个千纪。希伯
191 来语和腓尼基语方言在发音上存在差异，腓尼基语在公元前 1200 年—公元前 300 年有进入很多希腊语的借用词。在第五章[14]，我们探讨过此期间腓尼基语的转变如 /o/>/u/ 以及 /u/>/ü/。此外，希伯来语的辅音字母和元音标记的马索拉体系可以作为一个很好的基础来评价早期和后期的借用词。

元　音

另一个问题是亚非语言经常有元音变换（ablaut）或者元音转变来标记动词的时态、语气、主动、使役等不同。这些变换也可以用来区分动词和名词，标记名词数量上的差异（比较印欧语动词词根）。比如希伯来语的动词词根 √ktb（“写”）可以翻译成 kåtab、yiktōb、kətōb、kōtēb、niktab、kittēb、kuttab、hiktîb、håktab 和 hitkattēb。当只标明辅音时，这样的区分就尤其困难。在评价借用词的可能性时，我们发现很难得知哪种词形会提供一个可能的词源。

辅　音

如同元音，这里列举的西闪米特语和希腊语的辅音之间的语音对等的基础，是上述那些腓尼基语和希伯来语文本译成希腊语的抄本中，位于词首、词中和词尾的辅音应该给予重视，并尽可能关注它们的位置与马索拉经文中的元音的关系。

一些辅音转写令人惊讶，值得一提。它们包括闪米特语 /b/ 和希腊语 /m/ 的相

13　参见 Goerwitz（1996, 489-97）和 Daniels（1997, 22, 30）。

14　参见第五章，注释 196—198。

互转换；字首的 r- 成为 n-，而中间的 -n- 成为 -r-；tsade 在所有位置被转换成 /s/；/z/ 位于字首和词尾位置；/t/ 位于字首或词尾位置；/ss/tt/ 在词中或词尾位置。希腊语对 /š/、/ś/ 和 /s/ 的转写的复杂性将在第十三章讨论。早期闪米特语齿擦音在迦南语中失去，这形成很多困惑，比如西闪米特语词形 ṯpn（“北部遥远的地方和大风的风源”），似乎衍生出了 ζέφυρις(H)（“西风或西北风、猛烈的风暴”）、ζόφος(H)（“黑暗、阴暗的地区，西方”）、ψέφας(5)（“阴暗、幽暗”）、δνόφος (H)（“阴暗和幽暗”）、κνέφας (H)（“阴暗和幽暗”）以及 δουπος (H)（“远处战争而引起的强烈 192
噪声”）。最后，我们看到 Τῠφᾰ́ων 或 Τυφῶν（堤丰），表示神话传说中各种风的父亲，作为一个词语，其字面意思是“折磨、暴风雨”。后来，提丰被视为赛特的希腊对应神，赛特尼罗河流域之外蛮荒之地上的野蛮之神。[15]

其他转写进希腊语的西闪米特语词形证明了它们极为古老。一个发生在大约第二千纪中期在 ǵain 与 ʿain 合并之前将 ġ 转写成 g 的早期例子，出现在一个城市的名字中，它在阿拉伯语中是 ʹGazzeh，在埃及语中是 Gḏt，在希腊语中是 Γάζα，而在后来迦南语中是 ʿazzåh。同样的情况也出现在麦加拉（Megara）这个城市名称中，这将在第二十章探讨。这些词形与毕布勒和推罗的名称类似，从语音上可以看出它们是在公元前 1400 年之前标准化的。[16]

因此，大约在公元前 2 千纪中期语音转变之前这些地名已经引入希腊语。在寻找希腊语和西闪米特语之间的借用词时，这些地名以及 A 类或 B 类线形文字牌匾上的闪米特语借用词的发现都可以证明古代西闪米特语对希腊语拓宽语音变化的影响的可能性。

埃及语

元　音

早期埃及语的重构和对西闪米特语的重构一样，具有不确定性，同时也有其他困难。古代的书写体系——象形文字，即圣书体和世俗体——基本上都只

15　另见 Bochart（1646, 1：517）以及 Muss-Arnolt（1892, 58-60）。英语词汇“typhoon”（台风）有两个词源：该希腊语名字经由阿拉伯语或波斯语传入英语，另一个是广东话 daifung（“大风，强风”）。我在此感谢加里·兰斯伯格，他说服我收录该词源。

16　关于这些转变的年代，参见 Harris（1939, 40-1）。另见本书第五章，注释 82、161，以及 Albright（1950, 165-6）。

表示辅音，这些问题将在下面讨论。埃及语最后一个阶段是科普特语，它是表音文字，由希腊语字母拼写而成，辅以一些来自世俗体的标记。然而，科普特语中元音并不是全部清楚。例如，约瑟夫 · 格林伯格（Joseph Greenberg）反对当时惯常认为的科普特语中 /ω/ 和 /H/ 像它们在希腊语中一样读作长元音 /ō/ 和 /ē/，而应该读作具有不同音值的元音。[17] 在格林伯格提出异议之前，学者们认为可以从科普特语中推导出元音的长度。至今仍然被视为权威著作的《埃及语语法》（*Egyptian Grammar*）的作者，阿兰 · 加德纳（Alan Gardiner）这样写道："学者们已经从科普特语的大量词汇中确定了最初价值的地位和数量，但是其属性远远不能确定。"[18]

通常，加德纳非常苛刻："那些更为古老的语言的元音和辅音通常会在时间
193 推移过程中被修改，所以较为晚近的语言充其量只能认为是推论的基础。"[19]

加德纳的这部著作写于 20 世纪上半叶。然而直到今天，中期埃及语元音的重构的不稳定性仍可以在安东尼奥 · 洛普列诺（Antonio Loprieno）的作品中体现，该作者在整个学术生涯里都致力于古埃及语的研究和系统化，他这样写道：

> 方法论要求和文献学证据的脱离促使现代学者在进行埃及语历史研究时，要区分两个现实问题：（1）科普特语词形是从它的埃及语前身即传统上称为"前科普特埃及语"演变而来时固定地采用了词素音位原则（morphophonological rules）而形成的语言学体系；（2）从埃及文本的实际文字即"埃及象形文字"获得的词形。"埃及象形文字"似乎不如"前科普特埃及语"有规则的原因有两方面。第一……埃及语的文字体系……这个问题还有另一个方面……重构的"前科普特埃及语"是一个理想化的语言体系：即使重构的规则都是正确的，它本身也是令人质疑的，这个多余的体系不能反映真实的历史现实……埃及语真实的历史被证明可能不如重构"前科普特埃及语"有规则性，但是比"埃及象形文字"所显露的情况

---

17 Greenberg（1962）.

18 Gardiner（1957, 28 §19）.

19 同上书，第 428 页。关于对该问题的质疑，参见 Jasanoff and Nussbaum（1996, 199）；关于我的回应，参见（2001, 144）。

具有更多的多样化。[20]

洛普列诺在这里关心的是词形音位，但是他对“前科普特埃及语”人为的或理想化的本质的苛责是将语音体系作为一个整体进行的。要进一步复杂并扩大讨论进入希腊语的借用词发音的范围的问题，埃及语作为一种亚非语言，和闪米特语一样，明显在动词和名词上有元音交替的特性。

另外一个难题是，当借用词来自一种只有辅音被记录下来的语言，我们在考虑借用词时的困难是，通常难以知道一个中间的辅音其旁边是元音还是辅音。这些位置对辅音的影响差异很大，如在第五章中所述，革新第 4 项变革是字首或元音间的 /s/ 的消失。[21] 紧随其他辅音之后的 /s/ 却保留了下来。

辅　音

我将在科普特语和闪米特的基础上，从 19 世纪埃及学传统修正的传统观 194
点探讨。根据这个观点，一系列的浊塞音和清塞音是完整的 /b/、/p/，/d/、/t/，以及 /g/、/k/。唯一明确保留下来的加强语气的音是 /q/（经常写作 ḳ）。ʿAyin 这个词被认为是效仿闪米特语中的闭喉音，阿拉伯语中也有此音，应该具有加强语气的效果。这与对应于闪米特语的 ˀaleph 或者 yod 的标记记录为 ỉ 相反。除了这些早期的腭音化的发音，亚非语言中 *g^y 和 * k^y 似乎已经成为 *d^y 和 *t^y，被古埃及文化专家习惯性写成为 ḏ 和 ṯ。[22]（Ḏ 与闪米特语重读音 /ṣ/ 和 /ṭ/ 对应）。[23] 在晚期埃及语中，公元前 1600 年在整个埃及范围内，*d^y 和 *t^y 倾向于成为 /t/ 和 /d/。此外，/q/ 经常被同化为 /k/。在这段时间，“发音的音素和不发音的音素之间的区别渐渐地消失了”[24]。

这一同样的中和过程在较早时候从齿擦音开始。最初，它们写成 /z/、/s/ 和 /š/。然而，/z/ 和 /s/ 似乎在中期埃及语已经被抵消。这个抵消的过程是清化音和浊化音之间的首次融合。德国的埃及古埃及文化专家倾向于保持两者

20　Loprieno（1995, 61-2）. 虽然我很乐意照原样接受了这段引文。我猜想，在最后一句话中，作者指的是“更少的”多样化而非“更多的”多样化。

21　本书第五章，注释 63—70。

22　关于埃赫雷特的质疑，参见本书第五章，注释 150—152。

23　用 /ḏ/ 代表闪米特语的重读音 /ṣ/ 和 /ṭ/ 的做法已讨论过，参见本书第五章，注释 82。

24　Loprieno（1995, 38）.

的区别，而讲英语的人没有这样做，虽然两种学派都明确地区分 /s/ 和 /š/。四个不同的送气音或喉音分别是 /h/、/ẖ/、/ḥ/ 和 /ḫ/。很明显 /ẖ/ 被腭音化为 /ḫ/ 或 /ḥ/，与 /š/ 交替使用。[25] /Ḥ/ 与闪米特语的 ḥet 对应，/ḫ/ 与阿拉伯语中发刺耳音的 kha 对应。

不断变化的埃及语词形

双 ALEPH 或秃鹫形的 ALEPH。引发许多争议的字母是所谓“双”或“秃鹫”形的 ȝ 𓄿 的翻译。早期的古埃及专家从晚期埃及文本开始研究，意识到这个标记仅仅表示经过修改的元音，因此，他们认为它是 a 的一个交替形式。然而在 20 世纪，学者们开始意识在中王国时期的文本里，这个标记用来表示闪
195 米特语中包含 /r/ 或 /l/ 的人名或地名。不过，学术上的传统观念不会轻易消失，直到 30 年前，大多数埃及学专家仍然认为 /ȝ/ 是一个声门塞音。[26]

以亚非语言作为整体的研究，列出的许多带有 /l/ 和 /r/ 的同源词不仅出现在闪米特语中，也出现在乍得语和柏柏尔语中，这深入说明 /ȝ/ 是一个流音。因此，现在争论出现在德国语言学家奥托·勒斯勒尔（Otto Rössler）和他的弟子之间，他的弟子主张在早期埃及语中，/ȝ/ 一直是流音或者是“小舌颤音”，还有其他人不肯放弃它是声门塞音的观点。[27] 另有一些亚非语言的词典编纂学者，像奥廖尔和斯托尔博娃仍然认为基础音是 ˀaleph，虽然他们承认一些双 alephs 是流音。[28] 其他人像安东尼奥·洛普列诺和加博·塔卡克斯（Gabor Takács）认为 /ȝ/ 基本上是流音，但是有时相当于亚非语中的声门塞音。[29] 我认为这是最合理的解释。从流音到元音修饰音的改变发生在新王国时期。在大约 400 年间（公元前 1575—前 1200 年），不可能精确得知这种转变发生在什么时

25　关于这些混同，参见本章注释 47—69。

26　例如，参见 Vergote（1971, 44）。关于早期认为最初 /ȝ/ 是一个流音的参考文献，参见 Vercoutter（1956, 20, n. 4）。韦库特（Vercoutter）本人认为，它可以被尽可能地接受。不过，其他学者并不知道这种情况，参见 Otto Rössler（1964, 213）或 Carleton Hodge（1971, 13-4; 1977; 1992）。这两个相同的研究成果被独立地发表了出来，参见 Hodge（1997）。

27　关于这一争论的情况，参见 Takács（1999, 333-44）。

28　Orel and Stolbova（1995, xx）.

29　Loprieno（1995, 31, 38）and Takács（1999, 50-8）.

候，而且这是一个模糊漫长，发展不均匀的过程。[30] 字母 𓂋 被记录为 /r/，在后来经历了类似的转变。在许多借用词，可以看到希腊语词形保留了埃及语 s- 和流音 /ꜣ/，我们可以得知 /ꜣ/ 一般的埃及语发音发生在希腊语音变之后，即 sV>hV 和 VsV>VhV。

当人们从语言学方面评判我的研究时，杰·雅萨诺夫和阿兰·努斯鲍姆发现我并没有苛刻地主张源于埃及语的希腊词中的 /ꜣ/ 的不同价值，他们感到惊讶。他们在文章中提到我列出的源于埃及语 kꜣ 的希腊词 kār /kēr/ (H) 的词源（这将在第十章探讨）。[31] “从语音学的角度，这种相等性是不可能的：无论在这里还是其他地方，都没有证据可以支持贝尔纳的主张，即埃及语 ꜣ 有时在希腊语中作为 /r/ 借用。”[32]

这时，我们一定会质疑是观察者之间存在差异，还是情况本身引起的差异。早期的学者从未考虑希腊词中的流音可能源于 /ꜣ/ 的可能性，因为我们已经讨论过，直到最近 30 年前，大多数古埃及文化专家仍然认为 /ꜣ/ 是一个声门塞音。此外，尽管他们承认埃古普托斯（Aigyptos） 这个名称（来自埃及语 Ḥt kꜣ Ptḥ）在希腊迈锡尼时期使用，语言学家未曾考虑过它可能是一个在公元前 1 千纪从埃及语进入希腊语的借用词。因此，在确立希腊词词源时， 196
他们仅仅使用晚期埃及语的音值。我们现在从文本和考古学中可以得知在公元前 2 千纪东地中海一带希腊和埃及之间存在密切的联系，[33] 因此我们不能不考虑埃及语的借用词既可能发生在 /ꜣ/ 是流音的时期，也可能发生在在它仅是元音之后。[34]

对双 ALEPH 的借用及其语音变化。

1. kꜣm。存在着一个早期埃及语词群 -kꜣnw（后来的词形为 kꜣm），意为“花

30　Loprieno（1995, 31, 38）和 Kammerzell（1994a, 31）。如今，/ꜣ/ 作为流音的音值被消息灵通的古典学专家们接受，参见 West（1997, xxiii）。

31　本书第十章，注释 86—93。

32　Jasanoff and Nussbaum（1996, 195）.

33　相关的文献和考古证据，参见第二卷，第 409—494 页。关于语言学证据，参见本章注释 15，以及第五章注释 83、161—165。

34　Jan Assmann（1993, 400），阿斯曼论证，我提出的 mꜣʿ 可能在 /ꜣ/ 的辅音值消失之前和之后传入希腊语中的不同词汇的观点，在某种程度上弱化了我的这个主张。如此一位优秀的学者竟然有如此的逻辑不严的推理，真是令人惊讶。

园、葡萄园”“花园、葡萄园、花朵”，kзny（后来的词形为 kзmw）意为“葡萄酒商、园丁、葡萄酒、水果蔬菜”，可以作为例子说明语音变化在借用词中有不同的结果。这一词群中，最早的借用词词形是来自 kзny/w（“葡萄酒商”）的神圣名字 κρονος。克洛诺斯（Kronos）最著名的事迹是用镰刀阉割了他的父亲乌拉诺斯。根据赫西俄德的记载，它是一把 ἅρπην καρχαράδοντα（“带有锯齿刃的镰刀”）。[35] 这表示在古代已经使用石器制成的坚硬的工具。[36] 这一暴力行为的重要性因以下事实而产生，即 Χρόνος (H)（“时间”）的象征是他的镰刀，它后来与克洛诺斯本人混同。

很明显，kзm 与西闪米特语 * karm 有关联，后者即希伯来语 kerem，它可见于 Carmel［由该词，经过圣衣会（Carmelite）修女，变成了“caramel”（焦糖）］。该闪米特语词形可能已经影响到新王国时期埃及语结尾的辅音从 -n 到 -m 的变化。[37] 因为埃及语和西闪米特语之间存在的关系，很难得知希腊语词形来自这两种语言中的哪一种。首先，在 κλάω (H)（“终止”）这个词可以看到 -n 和 -m 的延伸，包括 κλών (5)（“树枝”）、κλωνίτης（“长有枝芽”）、κλωνίζω（“修剪树和藤”）。涉及 -m 的词有 κλῆμα（“枝芽”）、κρεμάννύμι（“像葡萄一样悬挂”）。这些词都不是来自印欧语词源。[38]

埃及语的发展似乎是 *karm>*ka˃m> *kām，这个过程，*kōm 具有 ā>ō 这个变化。在科普特语中，该词被腭音化为 čōm（“葡萄园、田地、花园”），čme（“葡萄酒商、园丁、酿酒或榨油的人”）。[39] 希腊语有一系列和 κῶμος (4) 有关的词，并没有找到它们的印欧语词源，但是都有“与酒有关的狂欢盛宴”的含义。[40] κωμασία 是指“诸神在埃及快乐地行进”，κωμαστής 是指参加节日庆祝的喝酒
197 的人，这个词还是狄奥尼索斯的别名。kōmos 最知名的派生词是 κωμῳδός (4)（“为欢宴助兴的唱歌人”），由这个词义，继而产生 κωμικός (4)（“喜剧演员”）。

35 Hesiod, *Theogony* l：180.

36 关于这些工具在收割庄稼中的重要性，参见本书第二章，注释 45—48。

37 词尾 -n 也见于闪米特语中。在阿卡德语中，karânu 指的是“酒”。

38 弗里斯克提出了表示“铁匠、锤头”的立陶宛语词汇。

39 我接受 /w/ 的传统转写方式，但我对格林伯格对科普特语中长元音的重新解释不置可否。见上文注 16。

40 弗里斯克将它与 κώμη（“村庄”）联系在一起，该词可能有一个印欧语词根；虽然他承认，该词义的发展结果“应该被相信是不同的”。在这个问题上，尚特莱纳认为这一关联仅仅是一种可能性，并且，他否认 κώμη 是 κωμωδός 的一个词源。

最后是 κω̂μα (H)，它指的是“深度睡眠”或“昏睡不醒”，这难道是狂欢后的结果？布鲁格曼将 kōma 与 κεῖμαι（“躺下”）里元音的长度带来的一些困难联系起来。[41] 尚特莱纳认为有这种可能性，但 kōma 的词源仍然不清楚。

2. tɜš。埃及语 tɜš 变成了世俗体中的 ts，在波海利方言中为 thoš、thōš，在萨希迪方言和科普特语中为 toš、toš，简单从地理位置考虑，北部的波海利方言很可能影响到希腊语。tɜš 的意思是“边界”。在灌溉的土地上，以沟渠或水道划分边界。因此毫无疑问，在新王国之前，经常书写 tɜš 的限定条件是一个简写的变体 (N36)（“河道”）。这种词形广泛使用为湖水、河水和海水的限定条件。比如可以使用在标准词 wɜḏ wr 中表示“海水”。[42] 在第十六章将会讨论一个例子，一个闪米特语词指“水道”，具有辅音结构 √plg，这个词是 πέλαγος(H)（“深海”）的词源。这个例子提供了一个有趣的对等词。

维奇赫尔将 Tɜš 重构为 *tāɜiš，认为 tɜS 为 θάλασσα(H)（“海”）提供一个合理的词源，这个词困惑了学者们长达若干世纪之久。[43] 弗里斯克和尚特莱纳都认为它是一个借用词，τέλσον(H)（“田地边缘”）可以反映 tɜš 更狭义的概念。维奇赫尔（Vycichl）指出一个复数形式 tSi -w，他认为应该是 *tíš-w。这种说法可以解释 telson 中的前元音。弗里斯克说这个词没有“明确的词源”。尚特莱纳也认为其词源“不确定”，但是他认为一片田地的边缘应该是牛转身的地方，因此与印欧语词根 *k^wel（“转身”）有关。如果我们认同传统观点，认为在公元前 2500 年，/š/ 这个标记发生了 ẖ>š 变化，那么 thálassa 和 telson 的借用一定发生在公元前 2500 年之后。通常认为，在公元前 2 千纪后半叶，/ɜ/ 失去了流音的音值。然而晚期埃及语的一个书写词形 ɜw 表示在这种情况下，“秃鹫形” $^{>}$aleph 在相当晚近的时候仍然保留着辅音值。[44] 因此这两个词可能在此阶段发生借用。第三种可能发生的借用是 θῑς thīs(H)（“沙岸、海滩”），这个词可能是在 /ɜ/ 完全变成元音之后发生借用的词。尚特莱纳称 thīs “没有词源”，弗里斯克声称“这个解释不尽如人意”，继而列出一些不可能的情况。从

41　Brugmann（1913, 317）.

42　参见 Gardiner（1957, 491）。

43　Cyrus Gordon（私人通信，1998）接受了这一词源。埃及语 /š/ 的转写的不确定性将在下文讨论，参见本章注释 47—48。

44　Erman（1933, §153）and Lesko（1989, 4：71）.

198 tɜš派生一个词的主要困难是thīs经常使用在结尾为-n的情形中，如宾格thīn等。

在《白昼显身之书》(至今仍以《亡灵书》而著名)中，tɜš带有一个行走的限定条件，表示“走过边界、确定界限”。在世俗体里，tš可能发*tåš的音，含义是“确定、安排、分配”。在科普特语中，tōš也源于tɜš，表示“限制、确定、分配、确定”。希腊语的动词τάσσω(5)意味着“安放、按顺序安置、分配、规定”。唯一的问题来自其他词根为tag-的动词形式。这个词根语与tagós(“指挥官”)密切相关。这里令人困惑的地方类似于英语口语中“brought”和“bought”。埃及语动词ṯs即科普特语里的jōs——含义是“集结军队、排序、安排”——让问题变得更加复杂。[45] 因此这两个埃及语动词在tássō的形成过程中起到重要的作用，这个词不仅在语义上对等，而且也体现希腊语动词语音上的不规则性。让弗里斯克和尚特莱纳感到困惑的是这个词形是tássō，而不是应该来自tag-的*τάζω táȥō。这两位词典编纂学者一致同意tássō没有词源。

/ɜ/是埃及语中一个极其常见的字母，许多进入希腊语的借用词很可能都来自包括这个字母的词汇。本章以及本书后续部分会列举很多这些词汇。

勒斯勒尔的观点。勒斯勒尔没有将他基于比较亚非语言学的基本研究方法局限于/ɜ/。他要求再次评价一些其他的埃及“字母”。其他埃及语的专家对此再次评价持批判的态度，如同他们对勒斯勒尔苛刻地排斥一些传统关联性的反应。[46] 此外，勒斯勒尔的提议正好与我观察到的借用词进入希腊语的模式吻合。特别是，他主张 ▭ (N37)——这个标记在传统观点上被认为是/š/——起初的发音是/ḫ/，可以认为是这个模式的一部分。希伯来语/š/在希腊语中被译为χθ、/khth/，σχ、/skh/，σκ、/sk/或者ξ、/ks/，最后简单地成为σ、s。我们没有理由怀疑埃及语的/š/有何不同之处，在后期埃及语中，最初的/ḫ/及其后的/ẖ/与/š/融合在一起。[47] 根据勒斯勒尔的学生弗兰克·卡梅兹尔（Frank Kammerzell）的观点，从 ▭ 到/š/的第一个转变发生在古王国时期，即公元前3千纪的上半叶。[48] 如果这个时间是准确的——也可能不是如此——那么那

45 关于该词被视为Thēseús（忒修斯）的词源，参见第五章，注释123。

46 参见Takács（1999, 333-93）。

47 关于希腊语中与闪米特语/š/对应的类似发音，参见Hopkins（1976, 268）。根据勒斯勒尔的观点，符号◍根据惯例被转译为/ ẖ /，它最初是浊音/ǵ/。卡梅兹尔，私人通信，剑桥，1995年9月。

48 Kammerzell（1994a, 31）.

些埃及语中 /š/ 被视为 χ 或 κ 的借用词可能发生在讲印欧语的人到达希腊之前，在陶器时期末期，大约公元前 2400 年的青铜时代早期 II 或大约公元前 1900 199
年青铜时代早期 III。如果是这种情况，它们或者是“前希腊语”的下位层或者在弥诺斯早期时期进入弥诺斯文化，在后来某个时期传到希腊。如果第一个假设是正确的，就会有这样的问题，一定会有许多这样的词汇保留下来，然而印度–赫梯语下位层几乎没有留下任何痕迹。这个情况的原因可能是印度–赫梯语和印欧语之间的相似性。这种相似性可能掩盖了从印度–赫梯语的借用。此外这些埃及词汇应该代表某种物体、概念和过程，而这些词汇在新迁徙族群的语言中不充分或者缺失。后来 ▭ 的解释被引入希腊，直接进入希腊语或者通过克里特语间接进入希腊语。

埃及语 /š/ 传入希腊语。因为 /š/▭ 与 χ 或 κ 的关联性比 /ʒ/ 与 /r/ 或 /l/ 的关联性更具有争议，我认为很有必要列举一些令人信服的例子。首先是以 /k/ 为首的希腊词汇。χ/κ 之间的转换没有困难。来自埃及语和闪米特语 /ẖ/ 的经证实的借用词常被表示为希腊语 /k/。[49] 括号中提议的词源不能确定。

1.š-k。šʒw（“芫荽”）；κορίαννον（κόριον），在 B 类线形文字中的复数形式为 koria$_2$dana。尚特莱纳和弗里斯克认为这个词属于“地中海语言”。

šrỉ（“儿子、少年”）；šrỉt（“女儿、女孩、少女”）；κόρος、κοῦρος（“少年、年轻人”），阴性词表示“少女、少妇”。κορη、κούρη、阿卡德语 κόρϜα 在 B 类线形文字中为 kowo、kowa 以及 kira（“小女孩”）。在尚特莱纳看来，“最有可能的词源”是来自“滋养”词义上的 *korϜo *korwos，对应于与亚美尼亚语 ser（“种族、后代”）以及立陶宛语 sarvas（“盔甲、持武器的人”）。科普特语 šēre (S) 和 šēri (B) 的长音 /ee/ 或者 /ē/ 似乎可以表示较早的词形 šrỉ 中重读的 /ū/。[50] 维奇赫尔将 šrỉt 重构为 *šōryat 的词形。他没有考虑勒斯勒尔的重构方法，否则应该是 **khöryat。还有一个有关联的借用词是 šrr（“年轻人、年少的人”），它进入希腊语成为 χείρων（“下属”）（见下文）。

49　阿斯特给出的相关例子，参见 Astour（1967a, 136）。

50　关于对科普特语元音的传统解释存在的难题是长期的，参见上文注释 18。

šrt（“某种谷物”）在晚期埃及语中证实为 šrỉt（“大麦”）; κρῖθή (H)（“大麦”）。弗里斯克和尚特莱纳认为这个词可能是外来词，也可能与盎格鲁–撒克逊词 grotan（“去壳谷物”）是同源词。

200 χῖδρον (5)（“新鲜谷物”）。尚特莱纳认为该词“没有词源”，弗里斯克认为该词“可能是一个借用词”。

Κάχρυς (4)（“烤熟的大麦”）。尚特莱纳将这个词与 κέγχρος (H)（“玉蜀黍之类作物”）联系起来，他认为这个词有可能通过音位转换和假设的词形 *kerkono *Kerkonos 与古高地日耳曼语 hirso（“玉蜀黍之类作物”）有关。

Wšbyt (5)（“珠子”）与 ὄκκαβος（“手镯”）。尚特莱纳认为这两个词没有词源。

2. š-χ。š3（“田地、草场、湿地、与城镇相对的乡村”）; χώρα (H)（“地点、部分被占用的地方、体积、包容、乡下”）。弗里斯克将该词与具有“空的”词义的 χήρα (H)（“寡妇”）联系起来。[51] 这里的两个词根可能有些混淆。尚特莱纳的学生和后来的研究者让 - 路易斯 · 佩尔皮尤（Jean-Louis Perpillou）编写了《词典》的最后一部分，他们也试探性地引用 χορός (H)（“跳舞合唱的场所”）。[52] š3 带有一个 a-，后来被借用为 ἄσις (H)（“泥”）和作为 λείμων（“草地”）的描述词的 ἀσιος。[53] 尚特莱纳说这一点未能确定。弗里斯克写道：“无法明确的解释。”他们都引用了一个来自梵语词源 asita-（“黑暗的”），这个词源是不太可能的。

š3 只在晚期埃及语中证实表示“搁浅、浸水而沉没”，χοιράς 意为“礁、岬和附近地区”。佩尔皮尤认为猪（χοῖροι）自然与岩石有关。Χοῖρος（“猪”）这个词本身可能来自另一个埃及语词汇 š3（“猪”）。[54]

š3（“注定”）; 晚期埃及语 š3y（“命运”）; 中期埃及语 š3w; 世俗体 šy; 科普特语 (S) šai（“命运”）。χρή (H) 没有格变化，含义为“必然、义务、职责”。

51 更有可能的是，χήρα 源于埃及语 ẖ/ẖ3rt（“寡妇”）。尚特莱纳更倾向于将它与表示剥夺的印欧语词根 ca- 或 ch- 联系在一起。

52 尚特莱纳认为该词的这一词源“不确定”。弗里斯克提出了一个词根 *gher（“包含”）。更有可能的是，χορός 来自埃及语 ẖrw（“声音、噪声”），这个埃及语词汇也指乐器发出的声音或噪声。

53 *Iliad* 2：461.

54 参见本书第十五章，注释 88—89。

χρείων (H)（“给予神谕”），词干 νρησ- (5) 与真理和神谕的反应有关，即“向神提问”。有一些词形是 χρή 的派生词，但是源于一个埃及语中的系列词，这些词似乎不仅与 šꜣ（“注定”）有关，而且与 šꜣw（“重量、价值”）、šꜣwt（“适宜的事物”）、词组 n-šꜣw（“适合于、具有某种能力”）和 šꜣyt（“税金”）等都有关。χρείος (H) 和它的组成部分的重点是债务的概念。χρεία (6) 意味着“需求”同时也意指“服务、雇佣”，抽象词 χάρτης 则意为“财富、税收”。[55]

弗里斯克强调 χρή 形式上的独特性，其词源完全是猜测的。在弗里斯克列举的词源中，佩尔皮尤倾向于认为其与拉丁语中 hortor（“他想要”）的词根 *gher 有关，并最终与 χαίρω（“欣喜”）联系起来。

šꜣỉ “捆”、šꜣyt “税收”；晚期埃及语 šꜣʿt（“财产”）、χάρτης (5)（“草纸卷”）。[56]
尚特莱纳坚持该词是卷状物而不是草纸卷，这是一个重要的希腊词汇。和弗里 201
斯克一样，尚特莱纳也同意这个词应该是来自埃及语的借用词。然而他认为“这里并没有语言学的论据来支撑”。勒斯勒尔的重构理论现在可以作为一个论据。

šꜣʿ-m（“从头开始”）；χρόνος (H)（“时间”）。从这个词本身来看，šꜣʿ 意味着“开始”，šꜣʿ tꜣ 是一个表示地球创始的术语。有趣的是，khronos 被视为地球创始之前的第一法则。[57] 在新王国结束之后，šꜣʿ-m 变成了 šꜣʿ-n。因为 /š/ 和 /ꜣ/ 具有古语音值，这个词不可能是 χρόνος 的词源，而且这个变化一定发生在希腊。这里还有许多类似的例子，比如 nm(w) ˃νᾶνος（“矮子”）。[58]

在发音上的证据未能有助于解释词源，因为 šꜣʿ 的科普特语的赋值是 ša。我们能够断定的是 šꜣʿ-m 重构为 *ḫrʿo-m 是有可能的，因为 ʿayin 经常与后元音有关。

如果这个埃及语词源有争议，那么印欧语词源将存在更大的问题。热衷于研究“皮拉斯基语”的起源的冯·温德金斯（A. J. Van Windekins）认为这个词与 κείρω（“切断”）有关。[59] 尚特莱纳和佩尔皮尤对此看法严加批判，他们认为这种关联“否定了上述所有的定义和不断持续的概念”。佩尔皮尤进一步

55　Orel and Stolbova（1995, 398 § 1841）.

56　为了避免有人对晚期埃及语中的 /š/ 的音值是 /ḫ/ 的观点提出质疑，我们应该提醒自己，该词最初是在这个阶段的语言中得到证实，并不意味着它在此前的语言中没有被使用。

57　West（1994, 290-1）.

58　Orel and Stolbova（1995, 398 § 1841）.

59　Van Windekins（1952, 142）.

作出，认为推测它可能与阿维斯塔语的 zrvan（“时间延续”）有关，然后总结说“无论如何，这个词源是未知的”。弗里斯克列出若干词源，但他没有接受其中任何一个。

šw（“空虚、空气”）。空气之神 šw 是 χάος(H)（“空虚、无限大的空间”）一个很好的词源。[60] 在埃及宇宙进化论中，šw 的重要的作用是在创造世界的过程中，将地面与天空分离开。[61] 在赫西俄德的《神谱》中，Kháos 是创造世界的过程中的第一个事物或原则。[62]

一般来讲，塔卡克斯对勒斯勒尔的重构持怀疑态度，但他承认阿拉伯语 ḫawiya（“成为空的”）为 šw 提供了一个合理的闪米特语同源词。[63] 尚特莱纳和弗里斯克也有理由相信这个词根是 *χάϝος（*kháwos），这也符合来自 šw 的派生词。他们提出进一步假设将 kháos 与 χαῦνος（“海绵状的、松软的”，并有隐喻含义“空虚的、轻佻的”）联系起来。他们认为这个词与波罗的斯拉夫语和日耳曼语词汇 gaumen（“上颚”）有关。

šrr（“年轻的，小的，地位低的人”）很明显与上文讨论过的 šri（“少年”）
202 有关。传统观点认为，希腊语的 χείρων（“在等级、力量或技能上低下的”）与梵语 hrasva-（“短、小”）有关。尚特莱纳对此不相信，认为该词源“不能确定”。该词许多变体词形说明它是一个借用词。这些词包括史诗中的 χερείων 和伊奥利亚方言 χέρρων。后者很有趣，因为这里有一个双写的 /rr/，这一点说明了它对最初的 šrr 的保留。结尾的 -ōn 是一个表示比较的后缀。

ʿ š3（“许多、众多、大量、富有的”）；ʿ š3t（“多数、大众”）。ʿ š3-r（“嘴的、爱说话的”）这个词与 ʿ š3 ḫrw（“喧闹的”）间接表示一群人。ὄχλος、okhlos (5) 也表示（“人群、群众、一大群人、大量的”）。[64] ʿain 在埃及语和闪米特语的发音通常是后元音 /o/ 和 /u/。带有贬义的 οἱ πολλόι hoi polloi（“许多人”）似乎是一个来自 ʿ š3 的直译词。尚特莱纳同弗里斯克一样，强调运动

60　Kháos 当然是我们英语中“chaos”（混乱）和“gas”（气体）的词源。17 世纪的佛兰德化学家扬・巴普蒂斯塔・范・海尔蒙特（Johann Baptista van Helmont）基于混乱这个基础将后者作为术语提出来（在丹麦语的发音为 ghas）。

61　例如，参见 Hornung（1982, 77）。

62　*Theogony*, 116.

63　Takács（1999, 384）.

64　参见第五章，注释 109。

和激动的方面，通过一个假设的词 *Fοχλος 将这个词与古北欧语 vagl（“栖息处”）以及 vog（“杠杆”）联系起来，暗指运动。弗里斯克试图将这个词与 μόχλος (H)（“杠杆”）联系。然而这个词更有可能源于埃及语 mḫ3t（“平衡”）。[65]

另一个希腊词 ἔθνος(H) 表示“群众”，其变体词形为 ὀθνεῖς。尚特莱纳将 ethnos 更准确地定义为“较为稳定的一群人、士兵和动物、民族、阶级、社会等级”。这个词与 γενος（“家庭、部落”）区分开。Ethnos 不同于这些真实的或者假设的生物集体，这个词是一个行政分类或计数。埃及语的 ṯnw 意思是“数量”或者“计数”，ṯnwt 意思是统计“牲畜、囚犯等”的数量。在古埃及萨希迪方言中存在 ato（“群众”）这个词汇，增加了一个有前加元音 *iṯnw 形式的可能性。尚特莱纳提出一个词干 *swedh，最后与第三人称代词 ἑ（“他”）一并成为这个词的起源，这有些不可思议。

回到 ʿš3，另一个后来发生的借用似乎是 ὀχεύω(5)（“交配、繁殖”）。尚特莱纳引用梅耶的观点希望将这个词与 okhlos 的派生词 ὀχλεύς 联系起来。从 ʿš3 来看，这种联系看起来是合理的。弗里斯克认为存在争议的是，这个词要么与 ὀχέομαι（“旅游、搭乘交通工具”）有关，要么来自一个适用于多种情形的词源 ἔχω [两种特定含义中的一种：“压倒、插入墙上的一个洞的闩（！)”]。

ʿš3 似乎是在后来进入希腊语，那时不确定的齿擦音 /š/ 表示为 χθ，而不是 /κ/ 或 /χ/。这为 ἔχθρος/ἔχθος（“仇恨、敌人”）提供了一个合理的词源。弗里斯克和尚特莱纳认为这些词源于 εκ、ek 或者拉丁语 extra（“外面的人”）。这个词源或埃及语词源都是有可能的，但是他们没有通过神秘的卡兰德“法则” 203
著作来解释 ékhthros/ékhthos (H) 之间的交替，而认为更合理的是这个词是由在 /3/ 失去其辅音值之前或者之后的借用词组成。ʿ š3w 与在 εὔοχθος(H)（“富裕的、丰富的”）形式中的希腊语前缀 eu-（“幸运的”），似乎都来自“大量、富有”的含义（此含义在闪米特语同源词 ʿošer 和 ʿåšîr 中占优势）。[66]

尚特莱纳认为来自 ὄχθος ὄχθη(H)（“土堆、小山、河岸、生长、脓包”）的一个词源不令人满意。尚特莱纳认为词尾的 -thē、-thos 是常见后缀。该希腊

65　参见 Bernal（2001, 262）。

66　关于卡兰德法则的讨论，参见 Jasanoff and Nussbaum（1996, 196）以及 Bernal（2001, 141-2）。两个类似的成对词 αἰσχρός 和 αἶσχος（“畸形的、可憎的”）可能从两个不同但又可能相关联的词汇 wš 和 wšr 借用而来，它们都具有这一语义场。

词汇可能源于另一个埃及语词汇 ˁ š3w，暂时翻译成“讨厌的”，但在书写上带有义符 (Aa 2)（“生长（物）、脓包或腺体”）。[67] ˁ š3t 最后被认为是科普特语的 ašai、ašē（“许多、大量的”）。普罗塔克试编报告更加简短，埃及词汇表示“许多”的词是 os。[68] 来自 ˁš3 的一个词，没有印欧语代表 okh- 的词源，如果它出现在 /3/ 失去流音价值之后，这似乎是可能的。

进一步举例说明 š-χ 的对应性，如 šnˁ（“鱼的种类”），χάννα (4)（“海滩”）这两个词汇。研究希腊鱼类名称的权威人士阿瑟·汤姆森（D’Arcy W. Thompson）怀疑这个词可能有埃及语词源，但是尚特莱纳否定这一点。[69] 最后，还有埃及语词汇 wšn（“扭转家禽的脖子”）和希腊词 αὐχήν (H)（“人或动物的脖子”）以及 αὐχενίζω（“扭断受害者的脖子”）。尚特莱纳对之前以印欧语言的方式解释词汇做出的努力表示质疑。以 š-χθ 和 š-ξ 为例，我们可以找到 mrš，即科普特语 mroš 意为“黄色 / 红色染色，用于绘画和染色的黄色颜料”）。希腊语也有成对的词 μόροχθος/μόροξος(2CE)（“用于绘画和染色的白色黏土”）。弗里斯克主张这种交替使用表明这是一个借用词。尚特莱纳表示否认，他主张“这并不能证明这是一个借用词。在成对的词汇 ’Ερεχθεύς/’Ερεχσές 中也可以看到此对应性”。尚特莱纳猜测雅典的一个创始的英雄 Erekhtheús（厄瑞克透斯）一定有一个希腊的名字。我将在第二十二章继续探讨这个难题。

埃及语 M 到希腊语 Φ。/m/ 和 /b/ 交替使用在埃及语中相对普遍，和上文提到的闪米特语中一样。[70] 对此观点犹豫也不足为奇，特别是格林伯格坚持主张一个原始亚非语“浊塞音 */mb/”。他还注意到中期埃及语 /b/ 和科普特
204 语 /m/ 之间的变化。[71] 在印欧语中也有类似的交替现象。在梵语中发现许多这类词根的例子，字首 m- 被转写为希腊语的 b-，特别是在流音 /r/ 或 /l/ 之前。比如，希腊语 brotós（“不能永生的”）和梵语的 mṛtá-h 或者 blíttō（“从蜂窝里取蜜”）以及 méli（“蜂蜜”）。[72] 因此，毋庸惊奇于存在着这样一些例子，埃及

67 参见第十五章，注释 157。

68 Plutarch, *De Iside*, 355A.

69 Thompson（1947, 284）.

70 参见 Westendorf（1962, 23-4）。

71 Greenberg（[1958]1990, 410; 1965）.

72 参见 Gamkrelidze and Ivanov（1995, 52-3）。

语 /m/ 位于字首或字中时在闪米特语和希腊语中都会被翻译为 /b/。[73] 我认为希腊语字母 beta B 并不是源于闪米特语 bet /b/，而是源于更古老的 memB。[74]

这里的问题仍然是，是否我们可以从这种对应推断出埃及语 /m/ 和希腊语 /ph/ 有类似的关系。这要考虑 /b/ 和 /ph/ 之间的关系。在埃及语内部以及埃及语和闪米特语之间都存在 /b/ 和 /p/ 之间交替使用的情况。[75] 比如，埃及语词汇字首 b- 等于希腊语的 ϕ ph。同样，中间位置的 -b- 作为 π/p/ 或者 ϕ/ph/。[76] 在这一点应该注意到 ϕ 不可能总是代表 /ph/。字母 ϕ 标准的解释是它希望能够提供一个符号，表达 /ph/ 这个音，类似于西闪米特语重读作用的齿音 tet 读作 /th/，θ theta。[77] 然而我的解释截然不同。我认为所谓希腊字母表中的 ϕ、χ、Ψ 和 Ω 等“新字母”——在腓尼基字母表中不存在的字母——事实上是非常古老的，是来自迦南语中在语音简化之后被认为没有必要而弃用的字母。具体说来，我坚持认为 ϕ 源于古老字母 ϕ，在埃塞俄比亚字母表中可以证实，表示重读的 /q/。不论它是被声门音化还是咽音化，任何重读都将这一软腭音与后元音结合起来。因此，如同在伊特鲁里亚语和拉丁语中派生的 Q 一样，它在软唇腭音消亡之前在希腊语中被转写为 /kʷ/。[78] 因为软唇腭音常常变成为唇音，我认为 ϕ 成为一个多余的唇音，最终用来表示希腊语送气音 /ph/。[79] 我们无法得知这个过程经历多久，有可能在 /ph/ 和 ϕ 之间被固定等同之前，已经有一些来自埃及语的字符被借用到了希腊语字母中。

不考虑字母而只考虑语音本身，/ph/ 和 /b/ 之间的混同是下面这一事实造成的，/ph/ 源于音位变体 /bh/，后者是由印欧语言系列 II b/bh 演变而来。[80] 因此与 /ph/ 连用的希腊词的同源词在亚美尼亚语和马其顿语中通常发 /b/ 音。[81]

---

73 For the Semitic，参见 Takács（1999, 286, 291）。

74 参见 Bernal（1990, 91-3）。当然，这些名称是相吻合的，我将它视为字母名称在字母本身传入后数个世纪之后才传入的例子。参见 Bernal（1990, 125-6）。

75 参见 Westendorf（1962, 23）以及 Takács（1999, 284, 287）。

76 例如，参见字首 bnw>ϕοινιξ 和 wɜh -ib Rʿ>Ουαϕρης 的转换，它们都在埃尔曼和格拉波（Grapow）的著作中得到证实，参见 Erman and Grapow［（1953）1982, 6：246-7］。

77 例如，参见 Lejeune（［1972］1987, 59）。

78 关于这种类型的例子，参见上文提到的 Gʷəbel > Byblos 的转变，参见第五章，注释 159—161。q 的后一种形式进一步在拉丁语中被转写为 Q。

79 Bernal（1990, 115-6）.

80 Gamkrelidze and Ivanov（1995, 54-5）.

81 /b/ 和 /p/ 之间的类似交替，可见于古日耳曼语和中部高地日耳曼语。

205 我们难以得知希腊语中送气浊塞音 /bh/ 和 /gh/ 是在什么时候分离的，但是发生变化的 /th/ 说明它们有可能是在迈锡尼时期之前发生分离的。[82] 如果埃及语的 /m/ 和希腊语的 /b/ 之间的交换有可能在晚近的时候发生，那么在 bh>ph 转换之前，/m/ 和 /bh/ 之间的交换也会非常容易，犹如印欧语里流音 /r/ 和 /l/ 发生交替前 m/b 的交替更容易发生。迈锡尼时代之后，涉及 m>ph 转换的语言借用似乎非常有可能发生。[83]

还有一些例子：

晚期埃及语 mɜṯ（“宣告、宣布”）和科普特语 meeue (S)、meue (B)（“想、想象”）[84]；φράζω(H)（“表明、表达自己”）；φράζομαι（“想、想象”）。尚特莱纳和他的学生奥利维尔・马森（Olivier Masson）以及弗里斯克都试探性地认为这些词源于词根 *φρăδ，从这个词根发展为 φρήν，传统上认为其含义是“不确定的人体器官、灵魂”，这个词根本身没有印欧语词源。[85] 他们首先猜测 *φρăδ（“应该”）中的 ă 是一个短音，于是将这些词根联系起来。然后他们提出这个发音源于一个发音的 /ṇ/，这让我们想起一个 phrēn 中的零音级音丛 *φρα-，它有一个与格复数形式 φρăσι。经过这些迂回后，马森将这个词源描述为“只具有可能性，但是在语义上令人满意”。[86]

埃及语词源上也存在一个微小的语音问题，我未曾发现过词尾 -ṯ 在希腊语中被转写为 -d 的例证。另一方面，包括 -ṯ 和 ḏ 在内的所有齿音都倾向于在较晚近的埃及语中融合一起。希腊词汇具有不确定性，不同的方言将对应的辅音转写为 /z/、/sd/、/dd/。不管怎样，这个问题减弱了埃及语词源的可能性，而仅仅使它成为“可以接受”——在语义上得 3 分和语音上得 1 分。

Mr（“生病、患病的”）可见于整个亚非语系，其词根是 *mar。[87] 希腊语中有两个有趣的成对词可以说明 m 和 ph 之间互换的可能性，即 ἀφαυρός (H)（“幻影、亡灵、衰弱的”）和具有同样意思的 ἀμαυρός (5)。字首 alpha 可以被

82 Chadwick（1975, 808）. 查德威克称，这种情况只可能发生在齿音身上，因为声调不是用来标示唇塞音和软腭塞音的。不过，根据类似的原因，后一种转换似乎发生在同一时间。

83 不管青铜时代的 phi 是否像它在古典时期和希腊化时期那样发作一个送气清音 /p-h/，或者像它在后来的时候那样发作摩擦音 /f/，都与这个结论无关。

84 维奇赫尔发现很难解释晚期的世俗体和科普特语中的 -w-。

85 关于 φρήν 的一个埃及语词源，参见第九章中的讨论，注释 39—42。

86 Masson in Chantraine（1225）.

87 Orel and Stolbova（1995, 376, 1736）.

解释为源于一个没有书写的字首增添元音 i-。[88] 因为缺少科普特语词形，我们无法得知该元音的标记。

mr（“捆绑、编织？”）、mrw/mrt（“织布工”）和 mrw（“布条”）。这个词在亚非语言的其他分支也有稳定的词根，也是 *mar。[89] 希腊语 φάραι (5CE) 指的是“编织”，尚特莱纳和他的学生让・塔亚尔达（Jean Taillardat）都没有为这个词提供词源。还有 φᾶρος，它在迈锡尼语中写为 pawea$_2$，指的是“大块编织的布、无袖的外衣”，词源也没有给出。弗里斯克认为它与立陶宛语中 bùrḗ（“航行”）或 bàrva（“完全相同的颜色”）之间的联系比较薄弱，因此不能被接受。

Mrw，词义涵盖了从“织布工”到“农奴、下等阶层”的语义场，*mar 也表示“农奴”，可见于乍得语。[90] 尚特莱纳（或塔亚尔达）认为 φαῦλος (5) 的基 206
本词义是“简单、普通、贫穷”，进一步引申为“糟糕、懒惰等”。还有一些有趣的对等词：ἀφελής (5)（“简单、天真”）和 φλαῦρος (6)（“平凡的、无关紧要的、糟糕的”）。当词典编纂学者们合理地认为这些词有关联时，弗里斯克和尚特莱纳-塔亚尔达却对提出的词源不甚满意。如果能够接受 m>ph 之间的对应性，这些词汇本身的复杂性可以表示它们是借用词，mrw 可以提供一个合理的词源。

Mr（“邪恶的”）可以证明是拉丁语词 malus、-a、um（“糟糕的、身体上或精神上”）的词源。虽然找到了奥斯坎语同源词，但埃尔努和梅耶认为 malus 的词源“不能确定”。

mry/mrw. 这些词指的是未被具体分类的木材，希腊词 φελλός (6)［“常青藤、栓皮槠（cork oak）”］。弗里斯克和尚特莱纳-塔亚尔达认可这个词的词源来自印欧语词根 *bhel（“充气”）。重叠音 /ll/ 为印欧语和埃及语词源带来一个问题。类似重叠音的问题也影响到另一个来自 mrw 的希腊语借用词 φιλύρα (5)（“椴树或其他轻质木材”）。对于这个词，弗里斯克和尚特莱纳-塔亚尔达都没有做出解释。

mrw（“沙漠”）、希腊语 φελλεύς (4)。弗里斯克将这个词定义为“不均匀的、有石的、土壤”，尚特莱纳-塔亚尔达将其定义为 garrigue 或灌木林。尚特莱纳

88　参见第五章，注释 104—105。

89　Orel and Stolbova（1995, 376 §1730）and Takács（1999, 121）.

90　Orel and Stolbova（1995, 375 §1727）.

将这个词与 phellós 联系起来，因为灌木丛将其覆盖。所有这些学者都对先前的印欧语词源持质疑的态度。

mri（“爱、想要、希望、渴望”）。维奇赫尔接受切尔尼的提议，认为其具有可能性，即这个词源于闪米特语词根 √rˀm（“爱”）的一个换位词，因为 rm>mr 这样的换位非常普遍。切尔尼属于不认同 /ɜ/ 具有流音音值的那一代学者，但是埃及语 ỉɜm=ỉmɜ（“友善的、温和的、令人愉快的、友好的、可爱的”）之间的交替，使他的假设变得非常合理。另一种可能性是将 mrỉ 与上文提到的亚非语词根 *mar（“捆绑”）联系起来。在与动词 mise（“生育”）进行类比的基础上，维奇赫尔为 mrỉ 重构的一个动词性名词首先是 *miryat，然后是 *miryit。这为希腊词汇 φίλος（“爱”）提供了一个合理的词源，其被动分词形式 φίλω 可见于 B 类线形文字，为 pirameno（“朋友、爱”）。弗里斯克和尚特莱纳都没有找到 philō 任何可能的印欧语词源。

有趣的是，像 phílō 一样，其他表示“爱”的希腊语词汇 ἔραμαι (H) 和 ἀγαπάω (H) 都没有印欧语词源，而且都可能具有亚非语词根。Ερaμαι 很可能
207 源于上文提到的埃及语 ỉɜm，带有词根 -m 的埃及语词汇可以在希腊语中从词形上进行说明。Agapáō 早在很久以前便从闪米特语演变而来。[91] 它的显著词源被认为是表示“爱”的标准希伯来词汇 ˀåhēb 以及名词 ˀahăbå。后者在七十士本中都被译为 ἀγάπη。然而 1985 年，G. L. 科恩（G. L. Cohen）和 J. 瓦尔菲尔德（J. Wallfield）提出，这个词源于罕见的希伯来语词形 ʿågab（“感官上的爱”）。[92] 从语音上判断，它更符合 agapáō，但是索尔・莱文偏向于认可 ˀåhēb，因为 ʿågab 的稀少性和不规则性。[93]

印欧语专家莱默・安提拉（Raimo Anttila）近来试图无视这些闪米特语起源，虽然他承认：“这种相似性是非常有趣的，但是这些词形上的问题并不能颠覆深根于社会结构中的印欧语词源。”[94] 安提拉的选择复活了一个被尚特莱纳明确否定的观点，安提拉认为字首 aga- 的含义是“躯干、（被驱赶的）牲口群 / 人群”，不知为何转变成为家庭或者社会单位。Ἀγω 表示“驱赶牲畜”，ἀγός 表示“酋 / 族长”，

91　有关书目参见 Cohen and Wallfield（1985）。

92　Cohen and Wallfield（1985）.

93　Levin（1995, 222-7）.

94　Anttila（2000, 91）.

ἀγών 表示“被驱赶到的地方、集会”。这些词义是在伪社会的（pseudo-social）基础上而不是在语言学的基础上拓展出来的，并且从这些词义里又进一步衍生出了家庭和社会单位的词义，这种推演显然过于牵强附会了，更不用说从中衍生出“关心”的说法了。此外，他的构想通常模糊而又复杂，涉及从威尔士语到古丹麦语和梵语，并不能削弱 ʿågab 和 ἀγαπάω 之间语音上的可靠对应性。[95] 此外，安提拉也试图从语义上区分渴望和爱，考虑到在其他很多例子里可以看出希腊语 ἔρως 确实准确地表达这个含义，所以他的这个做法也同样缺乏说服力。[96]

结　语

在本章中，我论证了，我们在某些方面可以超越对提出的借用词的语音限制，将这些借用词置于对那些埃及语和闪米特语词汇和专业名词的希腊语翻译建立起的对等关系以及那些被谨慎而又保守的学者们接受的语言借用（参见附录 A 和 B）中进行探讨。两个埃及语音素 /ɜ/ 和 /š/ 的翻译可以宽松地与某些特定的时间阶段联系起来。在公元前 1400 年之前，/ɜ/ 是流音 /r/ 或 /l/；在此之后，它成为元音修饰语（vocalic modifier）。直到公元前 3 千纪中期，/š/ 发作 /kh/ 或 /k/ 的音；此后，它成为 /khth/、/skh/、/sk/、/ks/，最终成为 /s/。在后来的时间阶段，希腊语和希伯来语中 /š/ 也出现了这种对应性。埃及语 /m/ 被偶尔翻译为希腊语 /ph/，这就使得对这一语言借用的时间划分更难确定。在仅有的其他问题上，我使自己接受语音的限制，即：流音 /r/ 或 /l/ 位于一个词根的第二 208
个和第三个音位时有可能发生换位。对于这一点，我相信是有道理的，因为，它在埃及语、西闪米特语和希腊语这三种语言中都是很普遍的。我没有接受其他的换位，不是因为它们没有发生，而是因为我接受那些成为可能的原则、规律约束的现象，它们对词源分析的任何研究都是至关重要的。

95　闪米特语中的词尾 -b 和希腊语中的 p 之间的差异，可能产生了一个小障碍，但是这一互换在阿斯特给出的音译对照表中得到证实，参见 Astour（1967b, 293）；在这个对照表中，希伯来语 /b/ 被转写为希腊语中的 β、ββ、π 或 φ。并且，达呼德明确指出：“在乌加里特语和腓尼基语中，存在着非常多的例子证明唇辅音 -b 和唇哑音 p 之间的非音位互换；这就使得《圣经》研究者可以合理地假设这两个发音之间的严格区别在希伯来语中并不总是存在。”参见 Dahood（1968, 126）。

安蒂拉（Anttila）不认为 ἀγα- 是一个强调虚词；尚特莱纳认为该词源“不确定”。一个可能的埃及语词源是 iqr（“极好的，辉煌的”），它能够解释安蒂拉列举的来自 ἄγω- 的衍生词。

96　Anttila（2000, 82-90）.

第九章　希腊语对包括定冠词在内的埃及语前缀的借用

导　语

209 本章对某些埃及语中与名词或动词结合在一起的虚词和简化名词进行探讨，它们一直在调整，直到能够作为简单词被吸纳到希腊语中。英语明显存在着类似借用词形。到目前为止，衍生自阿拉伯文以定冠词 ˀal 开头的最常见词汇有：alchemy（炼金术）、alcohol（酒精）、alcove（壁龛）、alfalfa（紫花苜蓿）、algebra（代数学）、algorithm（运算法则）、alkali（碱）和 almanac（历书）。在其他词汇中，例如“assegai”（山茱萸树）和“aubergine”（茄子），也能发现带有 ˀal 的类似同化现象。

本章的前半部分诸节探讨埃及语定冠词。pꜣ、tꜣ 和 nꜣ n(y) 的演进历程已在上文的第六章描绘过。[1] 它们源于底比斯的埃及南部方言，这一方言在公元前 16 世纪第十八王朝建立前后成为民族口语。中期的北部埃及语仍是书面标准语。由于三种相关的词形变化演进，晚期埃及语的情况变得更为复杂。第一

1　参见第六章，注释 23—24。在上文注释中提到 pꜣ 源于一个存在于中部科伊桑语和原始亚非语的词形，指示阳性单数词形 pn 可能源于被弱读的 pꜣ，参见第三章，注释 119—139。

种词形变化如下：

	科普特语	
晚期埃及语	重读	非重读
pзy	pai	pei-
tзy	tai	tei-
nзy	nai	nei-
nз		

这些词比冠词更强或更具有指示性（stronger or more deictic），但是它们 210
又不同于 pn、tn、nn n(y)，不是位于该变形词（the modified word）之后，而是位于其前。此外，pзw 可能是 pзy 的另一种词形。

第二种词形变化是所有格冠词的词形变化，所有格冠词也被置于它改变的词汇之前：

晚期埃及语	科普特语
pз y.f	pō
tз y.f	tō
nз y.f	nō

第三种词形变化涉及的词汇，词义为“……的他、她、他（她）们”[2]：

晚期埃及语	科普特语
p(з)-n pз	pa
t(з)-nt tз	ta
n(з)y nз	na

考虑到所有这些前置冠词，就不必惊奇埃及语被转写为希腊语后会出现许多词汇。由于在晚期埃及语中阳性词汇超过了阴性词汇，所以，来自 pз 的转写词或被确认的借用词以及它们的异体词的例证要比来自 tз 和 nз n(y) 的多。[3] 这些借用拼写是 p、pa、pe、pi、po 以及 phe 和 ph。最后两个词经常但不是始终与喉音相邻。如果学者们接受其他和埃及语 p 对应的拼写的话，可以将 /b/

2　这些词语被切尔尼和格罗尔简化，参见 Černy and Groll（1978, 41-2 §3.1.2; 43 §3.2; 44 § 3.6.1）。

3　参见 Gardiner（1957, 417-8）。

和 /ph/ 增添进来。[4]

以前缀为标题，词汇们将按照埃及学“字母表”：ꜣ、ỉ、ʿ、w、b、p、f、m、n、r、h、ḥ、ḫ、ẖ、s、š 、q、k、g、t、ṯ、d、ḏ 的排序进行编排。这种排序也适用于此后的章节。

希腊语对埃及语定冠词前缀的借用

希腊语对以阳性单数定冠词开头的埃及语的借用

*pꜣỉwn（“支柱”）在 B 类线形文字为 Παιήων Payawo。Paiēōn 是一位医药之神，后来与阿波罗合并。[5] 该词是荷鲁斯（Horus）的一个称号，荷鲁斯
211 是阿波罗的埃及的对应人物。荷鲁斯的一个描述词是 ỉwn mwt f，即“他的母亲的支柱”。它可以被翻译为“他母亲的支持”。赋予敏神（Min）[*] 的另一个称号 Kꜣ mwt f，即“他的母亲的公牛”，暗示它可能指的是某种更加不一样的东西。

*pꜣỉwntyw（“部落成员、弓箭手”），Παίονες (H)（“生活在希腊北部的民族”），即生活在色雷斯和后来的马其顿的民族。词形 ỉwntyw 为 Ἴωυες（即“爱奥尼亚人”）提供了一个似乎真实的词源。[6]

*pꜣỉm（“呻吟”）Πᾱ́ν。参见第二卷中对该词的讨论。[7]

*pꜣỉn（“鱼”）πάν (2CE)（“尼罗河的鱼”）。汤普森在《希腊鱼类术语表》中对这个埃及语词源记载得非常清楚。[8]

*pꜣity（“最高统治者”）βάττος (5CE)（“利比亚统治者”）。尚特莱纳宣称，该词源于一个“地中海语言的词根”。

*pꜣỉd（“小孩”）παῖς、παιδός (H)。尤利乌斯·波科尔尼认为 pai 来自印欧语词根 * pōu-、pəu-、pū̆-（“小的、很少的”）。[9] 英语单词“few”（“很少

4 参见本书第八章，注释 75—76。

5 参见本书第十九章，注释 20，以及 Astour（1967a, 313）。

* 敏神，是埃及人崇拜的一位古老的神，有很多形象，最主要的形象是一位男神，左手握着勃起的生殖器，右手高举，拿着用于打谷的连枷；由此可知，他的主要职能是丰产神和生殖神。——译者注

6 参见第一卷，第 83 页，以及第二卷，第 129 页。

7 第二卷，第 17 页。

8 Thompson（1947, 193-4）.

9 Pokorny（1959, 842）.

的”）本身便源于此。波科尔尼、弗里斯克和尚特莱纳——他们本身基于在一个陶瓶上找到的名字 Παυς 和一块带有名字 ΦιλοπαFoς 的塞浦路斯碑铭——假设了一个词干 *paF，并将它用一个零音级（zero grade）与梵语 putra 和奥斯坎语 puklum（“儿子”）联系在一起。然而，语言学家 G. 纽曼（G. Neumann）对这一观点提出挑战，认为古希腊字母 F 在这些情况中属于该词根。[10] 如果遵循纽曼的观点，那么该词源学分析将全部失败。存在着一个进一步的困难，词典编纂者们未能解释 *paFid 中的 -i-，甚至在解释末尾的 -d 时也出现了诸多问题。不过，paîs 尾部变化中的重读不规则性，表明它最初必定是双音节词汇。然而，如第五章所论证，希腊字母 F 不能为此提供唯一的原因，并且那些包含有 ʿayin 甚或 ʾaleph 的借用词也产生同样的作用。因此，paîs、paidós 将与 *pɜ̓id 非常吻合。

埃及语词汇 ỉd 明显来自词汇 *ild。词语“少年”不可能被追溯到中世纪英语之前。唯一的可能是，它是一个传入印欧语中的诺斯特拉语的残余。另外一个联结是，带有一个清声软腭摩擦音 $k^{y[h]}$ 的双字母组合 √ld 存在于埃及语中，为 ẖrd（“孩子”）；在条顿语尤其是哥特语中，为 kilthei（“子宫”）；在盎格鲁–撒克逊语中，为 cild（“孩子”）；在德语和荷兰语中，为 kind。[11] 无论如何，*wld（“分娩、孩子”）被明确证实存在于亚非语系中。在所有的闪米特语和低地东库希特语分支语言中都能找到它。[12]字首辅音是不固定的。在早期阿卡德语、 212
阿拉伯语和古兹语中为 /w/，在阿摩利语、乌加里特语和迦南语中为 /y/，在较晚的阿卡德语中为 ʾaleph。最后一种情况也出现在埃及语中。学者们长期困惑于词语“芦苇”（ʾaleph ỉ𓇋）的性质。在亚非语系内部，它一般相当于 ʾaleph ʾa 或 yod *y。[13] 不过，在许多情况里，它相当于 *l 或 *r。其中的大多数情况里，位于字首的是 /i/。[14] 卡尔顿 · 霍奇中肯地论证，这表明 /i/ 绝不会像 𓄿（“秃鹫形 ʾaleph”）那样相当于一个流音。但是，在这些情况里，ỉ- 是一个字首增添音，

10　Neumann（1970, 76-9）.

11　博姆哈德认为诺斯特拉语词首 $ky^{[h]}$ 对应于原始印欧语 $k^{[h]}$。我好奇的是，至少在这种情况下，日耳曼语词汇中的 /i / 是否源于一个最初的滑音。参见 Bomhard（1994, 127）。斯基特（Skeat）否认 kind 和 child 之间的任何关联，参见 Skeat（1897）；考虑到 l 和 n 之间可以相互转换，这一否定的确令人费解。

12　Orel and Stolbova（1995, 526 § 2520）.

13　参见 Hodge（1976b and 1991）。

14　塔卡克斯的例子中 *l 的比率是 15 ∶ 5，而 *r 的比率是 8 ∶ 1，参见 Takács's（1999, 86-92）。

介于其间的流音则被消除。经典的例子是埃及语 ỉb 来自一个原始的亚非语词根 *lb(b)（“心脏”），其间经过 *ilb 的演变。ỉd 来自 *ild 或 *iɜd 也是这样的情况。[15]

Id（“孩子、男孩”）明显是通过许多方式借用到希腊语中的。首先是 ἴδιος (H)（“头脑简单的、经验不足的、普通人、个人”）。尚特莱纳显然不确定这一词源说明。他基于一个阿尔戈斯碑铭词汇 *Fh édios 进行构建，认为 *Fh é- 是这个古老的希腊语词汇的第三人称代词，hé 被 -d- 增长。并且，尚特莱纳认为，它“不太可能”与梵语 vi（“单独的”）联系在一起。

第二个可能的借用词是 ἀΐτᾱς (5)（“被爱的青年”）。这个词被普遍认为是多利亚语，但尚特莱纳认为它也存在于其他希腊语方言中。他描述，该词的词源“不确定”，但提出它源于 ἀίω（“听”）。然后是 ἠΐθεος (6)（“单身的青年人”）。尚特莱纳称“为这样一个古老的词汇寻找一个印欧语词源是恰当的做法”，并且，这表明他对该词的起源并不确定。他然后提到了一个印欧语词源，该词见于梵语，即 υidhávā；并且他也提到了其他语言中的许多词汇，包括英语中的“widow”（寡妇）。这个观念是分离的普通概念，见于独身和寡居状态。

在 B 类线形文字中，符号 DE 依附于表示“女人”的符号，来表示女孩或男孩。[16] 该符号是后缀 -id 和 -iad 以及表示来自父亲的 -ιάδες 或 -ίδες 的早期词形。一般来讲，-id 和 -iad 用在复数形式中，例如在 Νηρηίδες（Nereíds）* 和 Δρύαδες（Drýads）** 中，表示“……的孩子们”。尽管它们似乎的确可以追溯到埃及语词源那里，但是这些后缀“活在”希腊语中，并且可以被解释为来自其他语言。例如，有闪米特语和印欧语。[17] 就它们的埃及语词源而言，也存在着一些疑难。不过这些源于 -d 的词源分析似乎真的足以使由 *pɜid 到 paîs、paidós 的词源分析更可信。

---

15 Hodge（1976b and 1991, 172）.

16 Chadwick（1973, 538）.

* Nereíds，字面意思是“涅柔斯的女儿们”，她们是老一代海神涅柔斯（Nereus）的 50 个女儿，被称为“海仙女”或“海女神”，其中最著名的是阿喀琉斯的母亲忒提斯（Thetis）。——译者注

** Dryads，字面意思是“橡树 / 栎树的女儿们”，她们属于宁芙的一种，但本身也有不同的种类，或被称为“森林精灵”“树精”“树妖”等。——译者注

17 关于 Nēr 源自闪米特语 nahr，参见第十章，注释 33—34，关于它在拉丁语地名的使用参见第七章，注释 96。

类型学论证则反对这种词源分析，作为一个基本词汇，“孩子”不太可能 213
是从其他语言借用过来的。[18] 还存在着另外一个疑难，pɜ 作为定冠词，是晚期埃及语的明显特征，但是当 ỉd 被 ẖrd 取代时，ỉd 这个词汇在这一时期的埃及语中得不到证实。[19] 即便如此，古语古词的反复出现仍然是埃及语的一个常见特征。这种情况出现的几率因为《亡灵书》在新王国时期和晚期时代被极为频繁地抄写而增加，因为 ỉd 在《亡灵书》中被使用。

将所有这些因素考虑进来，我们会发现，paîs 以及 paidós 和 *pɜỉd 之间在语音和语义上的对应性要比它们和任何印欧语中可能词源的对应性更符合事实。埃及语词源不仅在语义上更可信，并且它也能——而其他假设则在某种程度上不能——解释词尾 -d 和其前的 -i-。

*pɜʿmʿm（“存放面包等食物的容器”）、πῶμα (H)（“罐子或箱子的盖子”）。尚特莱纳认为该词与梵语 pātra（“容器”）等以及哥特语 fodr（“鞘、套”）有关联。总的来说，埃及语词源优先于其他词源。

*pɜʿrq（“篮、筐”）、πόρκος (4)（“树枝或藤条编织的捕鱼网”）。弗里斯克和尚特莱纳将该词和亚美尼亚语 ors（“狩猎”）联系在一起，因此也和假定的印欧语 *porkos（“狩猎、捕食”）联系在一起。Ors 可能源于其他许多词根，并且闪米特语类似词远不及埃及语词源准确。

晚期埃及语 *pɜ ʿ ḥɜwt(**y**)、世俗体 ḥwt(*y*)、科普特语 hout（“战士、男性、男人”）、φῶς、φωτός (H)（“男人、英雄、凡人”）。弗里斯克和尚特莱纳都未能从印欧语角度来解释该词。P. V. 耶恩斯泰特在 1953 年提出了这个极具说服力的希腊语词源。[20]

pɜ wʿb 科普特语 peiuop、uab（“纯洁的、干净的”）、(D60) “祭司”、(A6)、φῶς、φωτός (H)（“纯净的水、光亮的、发亮光的、阿波罗的描述词”）。和净水的联系反映在《献给罗得岛的阿波罗的圣诗》中：在出生之后，“伟大的福波斯（Phoibos），诸神用清甜的水将您彻底地洗干净”。[21] 赫西俄德也在一段不能确定

18　参见第五章，注释 21。

19　1985 年在剑桥大学，约翰·雷（John Ray）向我指出这一点。如注释 11 所指出的那样，ẖrd 本身可能属于同一个语系。

20　Jernstedt（1953, 92-4）.

21　*Hymn to Delian Apollo*, 120-1, trans. Evelyn-White（1914, 333）.

出处的残篇中写道："他带来纯净的水［φοῖβον ὕδωρ］，并且与海洋的水流混合在一起。"[22] K. O. 缪勒（K. O. Müller）认为 phoibos 是长有"没有一丝杂斑的纯正"
214 的"金黄头发"。[23]不考虑"金黄头发"的话，缪勒对纯正的看法明显是正确的。[24]（阿波罗的名字来自埃及语词源 Ḫprr，这个问题将在第十九章中探讨。）我们已经遇到并且还要遇到其他一些埃及语 /w/、/wʿ/ 或圆唇辅音在希腊语中转写为 -oi- 的例子。[25] 在目前，我只是简单地举出来几个例子：οἰη (4)（"村镇"）来自 wʿrt（"行政区划，分区"），表示"牛脖子后部"的屠宰术语 οἶβος(2CE)（2 世纪）来自 wʿbt（"祭品"）。尽管弗里斯克和尚特莱纳都未能给 phoîbos 提供一个词源说明，实际上，它的埃及语词源是确定的。

pɜ mr［"金字塔"（mr 书写时带有 △ (o.24)）］、πυραμίς (5)。弗里斯克和尚特莱纳遵循传统观点，认为它源于 πυραμοῦς（"小麦糕饼、呈金字塔性状"），基于 πυρός（"小麦"），通过类比于 σησαμίς 与 sēsamís（"芝麻"），发展成 pyramís。从本质上来看，更有可能是小麦糕饼是根据金字塔来命名的，反过来的可能则更小。当 m/r 的换位需要埃及语词源的观念被普遍接受时，该词形形成可能受到了 πυρός 的影响。不过，作为世俗体 pɜ rmt 的一个转写，科普特语 P(i)rōme（高贵的人）作为 πίρωμις，有可能在转位中发挥更大的作用。[26]

*pɜ nwy 科普特语 panau（"水域、洪水"）。βύνη (3)（"海"）也是 'Ινώ 的一个名字，她是一个狂暴的女神，对她的崇拜和海、湖和池塘联系在一起。[27] 她的名字不能放在印欧语中进行解释，很有可能来自字首增添形式 *ỉnwy（"水域、洪水"）。水文名称 Πηνειός 和 Φενεός 已在第二卷中探讨过。[28]

*pɜ nr(t)（"秃鹫"）φήνη (H)（"被视为雅典娜神圣动物的大型猛禽"）。Nrt 最初为阴性，但在世俗体中写作 nr，在科普特语中写作 nure。在科普特语中，

22 Apollonios, *Lex Homerica* Φοιβος. Attributed to Hesiod, trans. as Frg. 8 by Evelyn-White（1914, 283）.

23 Müller（1824, 2: 6 § 7）.

24 另见 Farnell（1895-1908, 4: 140）。

25 参见第五章，注释 157—158。我的这一发现最初于 1997 年发表，参见 Bernal（1997a, 90）。

26 Herodotos, 2: 143. 埃劳德指出 καλος καγαθός 的译法表明 πυραμίς 参考了一个处于上位层的埃及语词汇，参见 Lloyd（1988, 110）。兰斯伯格接受了我提出的 πυραμίς 源于 pɜmr 的观点，参见 Rendsburg（1989, 75）。

27 For the Coptic form，参见 Gardiner（1947, 2: 177）。

28 参见第二卷，第 141—142 页。

它多数情况是阳性。和 phḗne 的语音对应是正确的，-r 在科普特语中被弱化，在希腊语中作为词尾被丢掉。重读长元音 /ū/ 由晚期埃及语中的长元音 /ā/ 演化而来。[29] 在希腊语爱奥尼亚方言中，该元音演变为 /ē/。在语义上也获得完美匹配。弗里斯克和尚特莱纳承认，他们不能为 phḗne 提供一个有说服力的词源。他们试探性地建议，该词可能是“白色的鸟”，并且假定了一个印欧语词根 *bhea-s，该词根见于梵语，为 bhasati（“光亮”）。[30]

*pз rw（“狮子”）Πηλεύς，Πηλείων，Πηληιάδης。在第六章中，我接受 215
了威廉·F. 奥尔布赖特提出的观点，即重读元音 /ū/ 在变成 -eu- 之后又继续转变成 /ē/。[31] 这一转变将解释希腊语 λέων、λέοντος［在 B 类线形文字中为 rewo(pi)］由埃及语 rw 演变而来的词源问题。尚特莱纳否定了它们来自印欧语的观点，并且他和弗里斯克都拒绝认可任何闪米特语词源说明，尽管他们承认 λῖς (H)（“狮子”）由迦南语 layis 演变而来。因此，他们认为 léōn 是一个词源不明的借用语。值得注意的是，加姆克列利茨和伊万诺夫提到一个事实，他们的学界前辈西奥多·本菲（Theodore Benfey）和格奥尔格·库尔提乌斯承认 léōn 是由 rw 演变而来的。[32] 考虑到狮子是爱琴海周围世界的本地动物，不具有异域色彩，所以希腊语对表示“狮子”的亚非语词汇进行借用就显得更为非同寻常。

珀琉斯（Pēleús）是阿喀琉斯的父亲。然而，这个英雄本身便存在着显著的混淆，珀雷亚德斯［（Pēlēiádēs）“雄狮之子”］是他本人最常见的名字。[33] 并且，他也经常被称为珀雷昂（Pēlēíon）。[34] 其他的英雄也被称为狮子，但对阿喀琉斯的比喻则更详细和强大有力。他的著名，不仅是因为他的速度、暴躁的脾气、暴力——“毛茸茸的胸膛”——而且也因为他深居在他的帐篷或居所不出。狮子的形象在《伊利亚特》第 20 卷被描写得最为生动。[35] 词典编纂者声称，阿喀琉斯这个名字的“词源有待确定”。

29　Loprieno（1995, 47-8）.

30　波科尔尼没有将 φήνη 归入词根 *bhā-、*bhō-、*bhə-（“发光”）的词条之下。

31　第六章，注释 12。

32　参见 Gamkrelidze and Ivanov（1995, 426-30）。关于 19 世纪的传统观点，参见 Benfey（1842）和 Curtius（1879）。另见 Kammerzell（1994b, 32）。

33　关于希腊语中表示父名的 -i(á)d s 的埃及语词源，参见上文注释 16、17。

34　*Iliad* 1. 188-9; 22.27, 45, 113, 118, 294, and 333; 21.306; 22.194 and 278; 23.30. *Odyssey* 24.23.

35　*Iliad* 20.164-75. 另见，18.318-23，和 24.41-4。

词尾 -λεύς 也很有可能来自 rw。词首 Αχι- 可能是西闪米特语字首 ˃aḫi-（在希伯来语中为 ˃âḥi），意为“我的兄弟（是）”。因此，“我的兄弟是一头雄狮”这个词源将不得不变成双语的了，即闪米特语–埃及语。但是，尽管 Pēleús、Pēleíōn、Pēlēiádēs 都和小狮子联系在一起，这个词源未必不可能存在。

此外，˃aḫ（“兄弟”）具有较为广泛的词义，其中包括“政治盟友”。因此，复数形式 ˃āḫēi（“兄弟们”）为该名字提供了一个似乎真实的词源，它在赫梯文献中被使用，指称他们的西边的一些民族，即“阿赫亚瓦人”。由该词演变产生了一个带有希腊语复数形式标记 -oi 的名称：'Αχαιοί（Akhaeans，阿卡亚人），即“同盟者”。[36]

*pɜ rm（“鱼”）πηλαμύς (4) 和 πρημνάς (4)（“金枪鱼幼崽”）。弗里斯克和尚特莱纳都未能为这些词找到一个词源，并且尚特莱纳认为 pēlamýs 是一个借用语。还有一个词汇 πειρήν (1)，表示“一条鱼”。弗里斯克没有收录这个词，尚特莱纳没有为该词提供词源。由于后来的地理分布，汤普森“怀疑”pēlamýs 是一个亚洲语。[37]

216 *pɜ rmn（“肩膀”）希腊语 πρυμνός (H)（“肩膀或底座”）。弗里斯克和尚特莱纳都未能提供一个印欧语词源。这两位词典编纂学者在解释该词的语义场时甚至存在着困难。尚特莱纳写道：“所说的连接躯干的末端，即躯体的末端部分”。他的描述很难与“底座”的观点调和。这种情况因为其他几个明显相关的词汇而变得更加复杂。其中有 πρέμνον（prémnon，“树根或柱基”）。更令词典编纂学者迷惑不解的是 πρύμνη（“船的尾楼”）。像其他词汇一样，它没有印欧语词源。将肩膀理解为底座或支撑并不困难，甚至“船的尾楼”也可以容易地用一个埃及语词源来解释。Rmn（“肩膀”）有引申义“搬用工”和“支撑、支柱”。它也用来表示肩膀扛着游行的神龛。我们知道，这些可以搬运的神龛经常被放置于船的尾楼里。事实上，在公元前 17 世纪锡拉的壁画上，我们可以发现埃及风格的船舶上存在着这种神龛，描绘得特别精致。[38]

---

36 尚特莱纳否认了 'Αχαιοί 的可能词源是 iqwš，在 13 世纪，“海上民族”的一支劫掠了埃及，参见 Gardiner（1961, 270）。尚特莱纳放弃了所有寻找 'Αχαιοί 的印欧语词源尝试。

37 Thompson（1947, 198）.

38 The Miniature Frieze, Room 5, South Wall, the West House. Illustrated in Morgan（1988, 137-41）and Doumas（1992, 68-81, pll. 36-48）. 我在 1997 年首次提出这一词源，参见 Bernal（1997a, 89）。

*pꜣ rn（“名字”）科普特语 ran 或 ren，希腊语 φρήν (H)（“精神、身体上半部的器官”）。[39] 正如第八章对 phrázō 进行探讨时提到的那样，phrḗn 缺乏一个印欧语词源。在探讨 *pꜣ rn 同等于 phrḗn 背后的语义问题之前，将语音问题梳理清楚似乎是有用的。正如在本章前一部分内容看到的那样，pꜣ 可以转写为 phi。至于 phr- 没有记载证明 pꜣ 可以转写为 *pr，尽管 pꜣ 成为定冠词之后 /ꜣ/ 有可能在一段时间内仍然具有辅音值。正如 prymnós 带有的 /r/ 一样，phrḗn 中带有的 /r/ 来自词汇 rn 或 *ran 的字首字母 r-。Phrénes 单数形式中的 /ē/ 和复数形式中的 /e/，很容易被证实。[40] 语义上的一致性存在的问题也比最初看上去的小许多。名字是埃及文化中的本质要素。用索绪尔的术语来讲，这里存在着能指与所指的合并。一个人的 rn 参与他的存在，并且和他的身体类似，是他存在的一个表现。它间或被等同 kꜣ（这个问题将在第十章探讨）。这个尤其重要，因为 rn 能够在肉体死亡后继续存在，并且确保不朽。[41]

关于 phrḗn，古典学者们引用的权威文献是 R. B. 奥尼安斯（R. B. Onians）的《欧洲思想的起源：论肉体、理智、灵魂、世界、时间和命运》（*The Origins of European Thought: About the Body, the Mind, the Soul, the World, Time and Fate*）。奥尼安斯反对柏拉图的观点，认为将 phrḗn 理解为隔膜的希波克拉底和其他作家的观点是正确的，论证 phrḗnes（在荷马史诗中，该词更多的时候是以复数形式出现的）应该被理解为肺。他同意传统学者的观点，该词指的是“心智”或具有智力和知觉的身体部位，但是在他看来，生理含义是它的词义基础。[42] 在第十一章中，我将论证具有智力的器官是肾脏，phrēnēs 应该等同于拉丁语中的 rēnēs（“肾脏”），该词没有印欧语词源。它来自不带冠词的 rn。[43] 不管怎样，我认为奥尼安斯的观点完全错误，但是我不得不转向下一个词源说明，以解决我的问题。 217

39 埃及语 rn 不是亚非语，但是源于尼罗语。其他从尼罗-撒哈拉语借入埃及语的词汇包括 dp（“味道”）、ḥpt（“桨”）、ib（“角”）和 wn（“沙漠野兔”），参见 Takács（1999, 38-45）。

40 否定词 ἄφρων “不带 φρήν” 中的发音 /ō/ 被加姆克列利茨和伊万诺夫解释为可能是“重读音节后挨着浊音的 e”演变的结果。他们给出这一现象的其他例子，参见 Gamkrelidze and Ivanov（1995, 144, n. 15）。

41 Vernus（1982）.

42 Onians（［1955］1988, 37-9）.

43 关于埃及文化中肾脏的讨论，参见第十一章，注释 2—4。

*pꜣ ꜣbỉ（“希望、渴望的事情”）。作为一个动词，ꜣbỉ 指的是“渴望、向往”或“热爱”。*Rby（“热爱、想要、希望”）有很明确的亚非语词源。[44] πραπίς (H)（“精神、具有智力的器官、渴望、精巧的装置”）唯一的印欧语词源是切梅林伊提出来的。他提出了一个假设的词形 *perkus（“肋骨”），即“连接肋骨之物，因此是隔膜，甚或智力”[45]。除了这些牵强的语义，波科尔尼重构了一个印欧语词根 *perk̂（“肋骨”），它过去可能不是一个唇软腭音。在这个问题上，尚特莱纳更为明智，他认为它“没有词源”。正如对 phrénes 的看法那样，奥尼安斯反对认为 πραπίδες 指的是隔膜的传统观点，认为它们指的是肺部。[46]

在我看来，这些似乎真实的埃及语词源表明，尽管肺部和呼吸在各个文化中都是生命的象征，无疑极为重要，并且它们在希腊语中以复数形式频繁出现，但是不确定它们指的就是肺部，它们指的是一个寻找肉体居所的精神而非一个产生精神的肉体器官。奥尼安斯为什么要将这些事物的顺序倒置？我相信，尽管奥尼安斯多次提到来自包括埃及文化在内的其他文化的类比，但他认为，正如他的书的标题表明的那样，希腊和欧洲思想基本上是土生土长的，从一些简单的身体概念中，以一种“人类学”的方式产生。他明确地比较了荷马震撼人心的描写和“列维·布留尔（Levy Bruhl）对‘原始’思想的分析”。[47]不过，我认为，希腊文化是对先进的埃及、黎凡特和美索不达米亚等文明的要素的重铸。

*pꜣ rqw（“对手，敌人”），它在希腊语中通过两种形式被转写。

218 1. Φλέγυαι (H) 或 Φλέγυες (6)，一个早期民族，被称为 Φλέγρα，他们生活在色雷斯和卡尔息狄斯半岛（Chalcidian peninsula）。传统的观点认为该词来自一个广泛使用的印欧语词根“闪亮的、火热的”，它也见于希腊语，为 φλέγω（“光亮、激怒”）。他们之所以被这样称呼，是因为他们非常狂暴。这个解释的确可能符合事实，但是还有一个更准确的解释。约瑟夫·丰滕罗斯（Joseph Fontenrose）证明，弗勒古埃人（Phleguai）频繁地被描述为阿波罗和德尔斐的

44 Takács（1999, 51-2）.

45 Szemerényi（1977, 9）.

46 Onians（[1955]1988, 37）.

47 同上书，第 19—20 页。

敌人。[48] 因此，*pɜ rqw 提供了一个似乎更合理的词源说明。弗勒古埃人和拉庇泰人（Lapithai）[*] 密切交往，这个名称的埃及语词源将在下文与处在色雷斯和爱琴海世界北部其他地区的埃及语地名一起探讨。[49]

2. Πηλαγόν (H) 和 Πηλαγόνες，一个凶猛的英雄和一个来自马其顿的民族，阿喀琉斯和希腊人的敌人。卡利马科斯赞颂宙斯是 Πηλαγόνων ἐλατῆρα，即“打垮佩拉贡尼亚人的胜者”。[50]

*pɜ hnw（“hnw，罐子、计量单位 1/2 升”）、βανωτός (3)（“花瓶、计量容器”）。尚特莱纳认为，-tós 是表示容器的后缀。他还认为，banōtós 可能是一个借用词。弗里斯克认为它可能是一个埃及语词汇。

*pɜ ḥm n St（“伊希斯的祭司”）、φεννῆσις- (1)（“伊希斯的祭司”）。尚特莱纳承认该词是一个埃及语词汇。

*pɜ ẖar（“麻袋、皮袋子”）、πήρα（“皮包”）。弗里斯克和尚特莱纳都未能为 péra 提供一个词源。

*pɜ sɜb（“有斑点的、多彩的鸟羽”）、ψάρ (H)（“椋鸟、有斑点的”）。洛普列诺指出，在公元前 1 千纪，埃及语 /b/ 可能“作为摩擦音 /b̲/ 发音”[51]。因此，它位于词尾时发音不稳定。θρίον（“无花果叶子”）的词源是 dɜbw（“无花果、叶子”），ἐλεγαίειν（“哀悼、哀号”）的词源是 iɜkb（“哀悼、哀号”）。Psar 这一词源表明，在该希腊语词汇中 s>h 的转变发生于辅音性质的 /ɜ/ 消失之前。这种情况也出现在其他例子里。[52] 弗里斯克和尚特莱纳都未能为 psar 提出一个词源。[53]

*pɜ sbt（“强、堡垒”）、科普特语 Psabet、ψωφίς、ψαφίς。这些是阿卡狄亚和扎金索斯（Zakynthos）等地城市名称，见第二十章。[54]

48　Fontenrose（[1959] 1980, 24-7）.

*　拉庇泰人是希腊神话传说中的一个族群，生活在色雷斯，以好战著称，曾随希腊舰队参加了特洛伊战争。——译者注

49　参见本章注释 139—141 和 176—177。

50　Kallimakhos, Hymn 1.1.3, quoted in Bulloch（1989, 10）.

51　Loprieno（1995, 41）.

52　参见本书第十八章，注释 60，以及第十五章，注释 88、91。

53　汤普森认为该词源分析“混淆不清，疑点重重”，但是认为它可能与“麻雀”存在关联，参见 Thompson（1966, 335）。

54　本书第二十章，注释 173。

219 *pɜ smɜ［“附着（物）”］、πεῖσμα (H)（“使船牢固地固定在岸边的船尾绳索”）、πεισμάτιον (2)（“脐带”）。尚特莱纳声称，该词“的确”来自假设词汇 *penqsma，它来自印欧语词根 *bhend，可见于梵语，为 bhadhnami；见于日耳曼语，为 bind。两个词源的语义都同样匹配，埃及语词源和该词的语音关系则明显更为直接。Peîsma 连同 prúmnē 都能作为可以在希腊语中找到的诸多埃及语航海术语的例子，见十六章及以后。

*pɜ smyt［“（那片）沙漠”］、ψάμαθος (H)（“沙子”）、smyt［“（那片）沙漠”］，可能是 ἄμαθος (H)（“沙子或尘土”）的词源。弗里斯克和尚特莱纳认为 ἄμμος (4)（“沙子”）是 ámathos 的一个较晚的派生词。弗里斯克将该原始词汇——“可能带有呼吸变化”——与中部高地德语 sampt（“沙子”）联系在一起。尚特莱纳宣称，两种语言中词形的巧合不能确立一个印欧语词根说明。他认为，ámathos 和 ψάμμος (5)（“沙子、尘土”）拥有两个单独的词干，但它们影响着对方的发展。

我相信，这两个词的声音和意义的巧合太明显以至不能将其忽略。看起来更简单的做法是假设一个来自 smyt 的借用语。在希腊语发生 s>h 的转变之前，smyt 引发 ámathos 的出现，并在此之后引发 psámathos 的出现。这样的话，smyt 将成为 *pɜ 的一个交替词。后一种交替存在着两个疑难：第一，smyt 是阴性词，应该跟在阴性冠词（tɜ）之后；第二，当定冠词第一次开始使用时，smyt 已经在晚期埃及语中得不到证实。破除第一个疑难的理由是，阳性单数冠词与一些曾经被视为阴性或复数的词汇连用，这已在上文提到。[55] 破除第二个疑难的理由是，根据一个收录不全的资料汇编得出结论总是危险的，并且 smyt 被证实普遍存在于新王国以来的中期埃及语文献里。

相较于印欧语词源说明的混乱，该埃及语词源即便带有它的劣势，也仍然更合理。

*pɜ snw，sny（“用于献祭的食物”）βασυνίας (3) 是提洛岛上用于献祭的一种糕饼。弗里斯克和尚特莱纳都认为它可能是一个借用语。提洛岛的阿波罗

55 参见本章注释 53。

崇拜和埃及有明显的联系。（见第十八、十九章。[56]）

pȝ sr 在阿卡德语中被转写为 pa-si-i-a-(ra)（“官员、大臣”）βασιλεύς（B 类线形文字）qa/pa_2 sireu，在塞浦路斯音节文字中写为 pasilewose（“高级官员”）。 220
βασιλεύς 无疑是一个借用词汇。事实上它没有一个印欧语同源词，此外，它不可能是一个印欧语词汇，也不可能来自任何一种印欧语下位层。因为，在公元前 1500 年以前的某个时期的希腊语中，以 /b-/ 开头的词汇极为罕见，并且位于两个元音之间的 /-s-/ 要变成 -h-。所以，这个词汇的起源要晚于这个时间。我将在本节稍后的内容里论证，该词的借用发生在较为晚近时唇软腭音 /k^w/ 和 /g^w/ 衰弱之后。如弗里斯克在该词词条中指出的那样：“在 βασιλεύς 之外，希腊语中还存在着另外两个表示‘国王、君主’的词汇，一个的确是本土产生的 κοίρανος，另外一个尚未被解释但可能是外来语的 ἄναξ。在这三个词汇中，βασιλεύς 出现的时间最晚。”

事实上，至少有两个关键的表示酋长或国王的希腊称号是非印欧语，这使得雅利安模式的捍卫者变得犹豫不决。我将会在第十章给 ánax 提供一个埃及语词源，在第十四章中对 koíranos 的印欧语词源提出质疑。不过，弗里斯克提出 basileús 是最晚传入希腊语的，他在这一点上明显是正确的。如第七章所述，有趣的发现是，这个希腊语不包含一个由 *req（“正确”）派生出来的印欧语词根；例如，它可见于爱尔兰语，为 ri；可见于哥特语，为 reiks；可见于印度语，为 raj。[57]

据我所知，第一个提出 basileús 源于埃及语 pȝ sr（“官员”）的观点的是罗马尼亚学者康斯坦丁・达尼埃尔（Constantin Daniel）博士。他在 1971 年提出了这一观点，没有借助阿卡德语转写 pa-si-i-a-(ra)，并且也没有因为约翰・查德威克不再把 pa_2sireu 而是把 qasireu 视为 βασιλεύς 的迈锡尼时代的拼写。[58] 我从他的文章名中看出了他为 βασιλεύς 提出了一个词源，但是直到 2002 年我才知道这个

56　Farnell（1895-1909）4: 314-5 和 Green（1990, 590）。参见第十八章，注释 82，以及第十九章，注释 142—159。

57　参见第七章，注释 13。

58　达尼埃尔接受后缀 -eus 是希腊语的观点，参见 Daniel（1971, 61-4）。关于我对此的否定观点，参见第六章，注释 9—12。

词源是什么。我在 20 世纪 80 年代早期独立提出了同样的词源分析。[59]

正如我们在上文中看到的那样，雅萨诺夫和努斯鲍姆强烈反对我对 basileús 进行的词源分析，即便我们都知道它在公元前 13 世纪的发音是 pasiyara。[60] 另外两位学者则对这一词源的语义明显没有异议。不管是在新王国时期还是在同期的迈锡尼时代晚期，该词显然具有“高级官员”这一词义，而不具有后来希腊语中的“国王”意思。雅萨诺夫和努斯鲍姆反对它的语音分析。首先，他们声称：“埃及语的 p 从未在毫无争议的借用语中被转写为 b。”[61] 读埃
221 及语进行清塞音和浊塞音的区分是不可靠的，这个问题已经在第八章中探讨过。尤其是在唇音问题上，我们知道，埃及城市名 Pr wꜣ 在希腊语中被翻译为 Boutō，并且埃及神名 ʾInpw 被翻译为阿努比斯。[62]

这两位印欧语专家进一步反对我关于 pꜣ 后跟一个 /s/ 可能会变成 *bas- 的观点，提出跟在后面的清音 /s/ 将阻止字首 p- 发音。的确，在所有公认的借用词中，pꜣ-s- 明显在希腊语中转写为 ps。不过，在这一章的列表中，存在着两个其他似乎真实的例证：*pꜣ snw/ basunías 和 *pꜣ sṯs/bastázō。在这两个例证中，p-，更准确地说是音值不确定的唇音，被一个元音分开，变成了浊音。[63]

雅萨诺夫和努斯鲍姆做出最为强烈的反对，认为 basileus 在 B 类线形文字中写为 qasireu。换言之，字首是唇软腭音 /k^w/ 而非唇音 /p/。无疑，当该拼写在公元前 17 世纪或更早以前第一次出现时，该符号在 B 类线形文字中被转写为 /q/，代表着一个唇软腭音。但是，荷马和赫西俄德的诗篇表明，在它们于公元前 10 世纪和公元前 9 世纪被创作之前，这些唇软腭音已经完全衰弱。约翰·查德威克对此写道：“这些唇软腭音的发音仍然是推测，但是学界一直认为它们在迈锡尼时代仍然存在。”[64] 切梅林伊认为存在着更大的不确定，他写道：“一个更为棘手的问题是，［当这些文献被刻写时，］那些被如此表示的发音是否仍然

59 Bernal (1985 76).

60 参见 Edel (1978, 120-1)。传统观点认为阿卡德语 /š/ 与埃及语 / s / 相对应，我曾使用了 Pasiyara 这一词形。Sr 的发音为 *sir 是伊特鲁里亚语 zil（“统治者或法官”）的强化，后者无疑是来自埃及语 sr 的借用语。

61 Jasanoff and Nussbaum (1996, 196).

62 参见第八章，注释 24。

63 在其他情况下，清音塞音允许该唇音转写为 b-，如 *pꜣ ity（“君主”）/βάττος（“利比亚国王”）和 *pꜣ hnw /βανωτός（“花瓶”）。

64 Chadwick (1973, 399).

是唇软腭音。”[65] 当时，保存下来的 B 类线形文字书写板仍未被识读。有些文献被刻写的时间可能会早至公元前 17 世纪。我接受帕尔默和尼迈尔（Niemeier）提出的观点，即大多数书写板的年代要追溯到公元前 13 世纪。[66]

如今，似乎没有人怀疑在公元前 13 世纪以前，唇软腭音位于 /u/ 或 /y/ 前会被去唇音化，变成 ku 或 ky。[67] 切梅林伊唇软腭音不是整齐划一地衰弱的，而是在不同时间衰弱的。具体而言，他论证到那些书写板出现之前，位于 /e/ 和 /i/ 之前的唇软腭音被腭音化，这一演变进程直到它们变成 te 和 ti 才结束。[68] 这一论证遗留了一个问题没有解答，即在 /a/ 和 /o/ 变成 pa 和 po 之前唇音化的年代确定问题。没有学者会怀疑在另外一个唇软腭音也出现在同一个词汇中时，K^wo 可能被写作 po。查德威克对此进行了关键性的阐发，他写道：“一个位于辅音前的唇软腭音的发音是令人惊奇的，但是 q 总是有规律地被写在这个位置。”[69] 这些形式表明，所有唇软腭音的衰弱发生在公元前 14 世纪，或者在这时之前已经完成。不过，如上所述，研究迈锡尼文明的学者们一直认为，原初 222
的 /k^w/ 在公元前 13 世纪和公元前 12 世纪仍然存在。

不过，这一论断的基础非常脆弱。唇软腭音的残留和它们在后来的希腊语方言中的“异端”反映形式未能告诉我们有关它们在 B 类线形文字标准语言中衰弱的年代的任何信息。勒琼证明，B 类线形文字中表示 /o/ 前面的唇软腭音的符号和 *equos（“马”）的是一样的，在这个词中，kw 不是一个唇软腭音。这一发现暗示，B 类线形文字中的符号 qo 发 K^wo 的音。不过，这仅仅反映的是拼写习惯确立前的较早情况。此外，B 类线形文字文献包含了两个有关早期唇音化的可能情况。不存在明确证明 qa 的证据。文特里斯和查德威克首先将 qa 读作唇音 pa_2，但是，如上所述，查德威克后来又否定了这一读法。[70] 即便学者们接受查德威克对他的和文特里斯的早先解释的否定，仍然不能证实在公元前 14 世纪 qa 被读作 k^wa。

65　Szemerényi（1966b, 29）.

66　Palmer（1956, 1965 and 1984b）; Niemeyer（1982a and 1982b）. 另见，Catling, Cherry, Jones and Killen（1980）。

67　Lejeune（1987, 46）.

68　参见 Szemerényi（1966b, 30-1）。浊音 g^wi 是个例外，它变成了 bi。

69　Chadwick（1973, 389）.

70　同上注。

勒琼论证，缺乏表示唇软腭音的字母符号，表明这些发音在希腊语字母表确定之前已经消失，他认可传统的观点，即字母表在公元前 8 世纪确立。[71] 不过，在今天看来，字母表从黎凡特传入希腊的时间要么是公元前 11 世纪，要么像我所认为的那样，位于公元前 1800 年—公元前 1400 年之间。[72] 如果接受这些年代，那就意味着唇软腭音到公元前 11 世纪之前或在公元前 2 千纪中期消失。其情况相当复杂——令我烦恼——因为我主张字母 phi（ϕ）的词源是闪米特语字母 qup（ϕ），并且在唇软腭音衰弱之前它被用来表示唇软腭音。[73] 不过，在荷马和赫西俄德的诗篇中都找不到唇软腭音的踪迹。这些诗篇不仅存在于公元前 10 世纪和公元前 9 世纪，并且——如果我对字母表引入的观点是正确的话——它们也采用了可以追溯到青铜时代的拼写习惯。因此，他们的方言在相当长的时间里已经失去了唇软腭音。

雅萨诺夫和努斯鲍姆仍然主张："他（我）断言原始印欧语唇软腭音在 B 类线形文字中已经衰弱，这一断言缺乏经验证据证明。"他们抛弃我的论证的理由很简单，即"无论是唇软腭音符号被用于表示一个确定无疑的旧唇音，还是唇音符号被用于表示一个确定无疑的旧唇软腭音，都没有任何一个已知的例证证明"。被证实带有印欧语词源的唇音没有一个在书写时与唇软腭音连用，
223 我从未否定过这一事实。不过，雅萨诺夫和努斯鲍姆在这个问题上的态度并不明朗。[74] 如上所述，存在着不少的例证证明，u 和 y 前面的唇软腭音被去唇音化后会变成一个软腭音。[75] 雅萨诺夫和努斯鲍姆也在脚注中提到了交替词 képe，他们是以正统的方式对它们进行解释的，即该交替词的出现是一个词汇中的两个唇软腭音引发去软腭音化而形成的结果。[76]

我重复一下自己的观点，唇软腭音可能在口语中已经衰弱，但在书面语

71 Lejeune（［1972］1987, 43）.

72 Bernal（1990）.

73 Bernal（1987b, 14）and（1990, 115-6）.

74 在 B 类线形文字中存在印欧语唇软腭音被写为 pa 的例子，参见 Jasanoff and Nussbaum（1996, 196）。查德威克仍然关注他和文特里斯的早期结论（82），即希腊语 pas/pan（"全部"）与 pa 连写。当时的传统观点认为它源于词根 *kwant-，参见 Chadwick（1973, 399）。尚特莱纳接受该迈锡尼拼写使得这一词源分析变得"过时"的观点。他凭借吐火罗语 B 发现了一个字首 p- 的复数词形。弗里斯克似乎不知道这一"发现"，仍保持自己的传统的并且确实很吸引人的词源分析。

75 相关例证，参见 Lejeune（［1955］1987, 46-7 § 33）。

76 Jasanoff and Nussbaum（1996, 204-5）.

中仍然存在。如果是这样的话，那么在公元前 15 世纪和公元前 14 世纪时，符号 qa 将会是的 pa 交替词，并且埃及语名称 pasiyara 可能在爱琴语中读为 *pasireu，却写作 *qasireu。例如在日语或希伯来语中，较为不常见的符号或符号体系用于表示外来词，这种做法如果不是惯例，那也是极为频繁的现象。[77] 总而言之，我不接受传统认可的推断，即唇软腭音在公元前 14 世纪和公元前 15 世纪没有衰弱足以否定这些似乎真实的词源的存在。后面的几章中，我将列举一些外来词的地名的词源，如果学者们接受在这个时期之前存在着从 qa 到 pa 的唇音化转变，那么这些词源就可能存在。我们可以找到一个例证，一条河流名叫恰米西欧（Qamisijo），查德威克合理地将它和美塞尼亚的帕米苏斯河（Pamissos）联系在一起。该派生词有一个似乎真实的词源，即常见埃及语地名和地名要素 Pɜ mw（“水”），它指的是河流和尼罗河的支流。[78]

解决交替词 qasireu / basileus 中词尾 -eu(s) 的问题可能相对容易。后缀 -eus 的词源问题已经在第六章中讨论过。[79] 该后缀明显因为词汇 sr（“官员”）而重构。埃及学专家阿道夫 · 埃尔曼（Adolph Erman）和埃尔马 · 阿德尔（Elmar Edel）认为，它的完整拼读为 sirw 或 sriw。[80] 因此，词尾 -sileus 能够直接来自 sirw 或它的简写 sil 和希腊语后缀 eus。[81] Qasireu/basileus 由 pasiyara+w 演变而来的这种情况特别引人注意，因为词义极为符合，并且因为其他所有寻找词源的尝试都明显失败。在列出来一些推理之后，弗里斯克写道：“因此，βασιλεύς 必定仍然被始终视为一个词源不明的外来词，至少在细节上是如此。”正如尚特莱纳指出的那样：“为 βασιλεύς 找到一个词源是不可能的事情。”

p(e)siur（科普特语“阉人”）、ψῑλός (H)（“秃顶的、无毛发的、光滑的”）、ψίλαξ(2CE) [（公元 2 世纪）狄奥尼索斯的一个描述词]。在希腊语中，

77　在现代希伯来语中，外来词转写时使用 quf 和 tet 而非更频繁地使用 kaf 和 tav（虽然这可能是为了避免后几个词形前面添加一个元音时会导致摩擦音的出现）。无论怎样，该罕见字母表明该词汇为外来词。日本使用片假名字音表来表示外来语词汇，而不使用更常见的平假名，它没有任何歧义。

78　加德纳的例子，参见 Gardiner（1947, 1: 175 and 2: 6, 155）。

79　第六章，注释 9—12。

80　这一主题的相关文献，参见 Edel（1978, 120-1）。

81　参见第六章，注释 9—12。

basileús 由“高级官员”华丽变身为“国王”，然而在埃及语和科普特语中，sr
224 和 siur 则被贬抑为一个表示阉人的更为一般的词汇。就这样，它又被重新借用到希腊语里，并且带着定冠词重新出现在科普特语文献中，写作 pesiur 或 psiur。最后一个词形被借用到了希腊语中，写作 psīlós（“秃顶的、无毛发的、光滑的”），这明显是阉人的特征。尚特莱纳和他的学生佩尔皮尤（Perpillou）将它和 ψῑ̓ω（“哺育或喂养婴儿”）联系在一起，他们没有为后者找到一个词源。还存在着其他一些相关的词汇，如 ψεδνός（“毛发稀少或稀疏”），尚特莱纳似乎合理地将它和 psīlós 联结在一起。在斯巴达，ψίλινος στέφανος 是年幼的裸体小男孩佩戴的枝叶冠。最后一个词汇是 Psílax，狄奥尼索斯的一个描述词，该词符合于与狄奥尼索斯相关的双性恋特征，至少在公元前 4 世纪之后是这样。[82]

*p3 sgnn（“油膏”）、科普特语 sŏcen (S) sojen (B) săcne (A) ψάγδᾱν (5)（“油膏”）。该词源分析由保罗·恩斯特·雅布隆斯基（Paul Ernst Jablonsky）在 19 世纪初首先提出。[83] 它从那时起便被广泛接受。

*p3 sgr（“寂静”）、ψέγος(5^{CE})（“坟墓”）。弗里斯克和尚特莱纳都未能对这一词语进行解释。作为动词或名词，Sgr 或 Sgrh（“寂静”）出现在希腊语中，写作 σῖγα、σιγάω (H)“寂静”，弗里斯克和尚特莱纳都认为该词的词源“尚不能确定”。[84]

*p3 sṯs（“支柱、支持”）、sṯs 作为动词使用（“举起”）、βαστάζω (H)（“支撑、举起、提升、赞美”）。弗里斯克宣称，该词不能被准确解释。尚特莱纳认为，该词和拉丁语 bastum 和 basterna 都源于地中海世界使用的第三种语言，它们是法语和英语词汇 baton 的词源。

*p3 šw(y)t（“背阴处、灵魂”）、šw(y)t（“阴凉的、新鲜的”）和 šw（“空气”）、ψῡχή (H)（“呼吸、生命力、个性、灵魂”）、ψῡ́χω (H)［“呼吸”（动词）］、ψῡχρός (H) ψῡ́χω (3)（“寒冷的、新鲜的”）。一个语言悖论广泛存在，即同一个单词经常表示太阳，又表示背阴处。埃及语 šw 的确如此，它表示太阳光，

82 参见 Farnell（1895-1909, 5: 272-9）。

83 Jablonsky（1804, 416）.

84 参见第十二章，注释 26。

但是它的相关词汇 šwt 则表示“背阴处”和“阴暗处的寒冷空旷”。就后一种词义而言，它在闪米特语中有一个同源词，即迦南语 √sw˃（“空洞、空虚”），它在希伯来语中写作 šåwə˃。正如 šw 表示“空气”一样，神灵苏（šw），作为混沌之神卡俄斯的同源词在第八章中被提到过，它当然是一个更为古老的借用语。[85] 不过，在此处，我们关心的是 šwt（“阴影”），它作为人类属性中的一个侧面或可以分离的部分或作为“灵魂”，与 bɜ 和 ba 相当。[86]

与 pɜ 连用的埃及语词汇 šwt 很可能是希腊语 psȳchē 及其相关词汇的词 225
源。刚刚提到的两个关于寒冷、阴影和灵魂的词组在词义上完美匹配。但是，它们在语音上则存在着严重的疑难。首先，šwt 是一个阴性名词，应该与阴性定冠词 tɜ 连用，而非与 pɜ 连用。不过，如上所述，在晚期埃及语中，名词的阴性单数、双数和复数形式总的趋势是被视为阳性单数。[87] 尤其是，中期埃及语中的“中性”抽象名词，如 ḏwt（“邪恶”），在语法上曾经是阴性，后来变成了阳性。šw(y)t 可能在日常口语中经历了相同的变化，尽管 šwt 作为拉神的“阴影”被证实与冠词 tɜ 连用。/šw/ 在希腊语中转写为 *skhw，并非不大可能。即便埃及语 /š/ 转写为 skh 的例证不存在，但希伯来语 /š/ 转写为 skh 的例证存在着许多。[88] 第二个语音问题是，这一假定的语言借用有赖于从 *pskhw 到 *pswkh 的换位。这一换位将涉及音素 skh 的分裂，并且它肯定不是我正常接受的那种换位。

不过，更棘手的问题出现在印欧语这边。一些学者认为，psȳkhēȳ（“呼吸、生命力、个性、灵魂”）、psȳkhē［呼吸（动词）］、psȳkhrós (H) 和 psȳkhō（“凉爽的、新鲜的”）这些词是一个词群。奥尼安斯甚至引用谚语“不用嘴吹粥自凉”来证明。在这一点上，他受到获得了弗里斯克的支持。[89] 不过，尚特莱纳追随埃米尔·本维尼斯特（Émile Benveniste），主张呼出的气不是冷的，并且风也不定是冷的。[90] 但是，如果是北非和东南欧的气候，那么被风吹或处在背阳的地方似乎可以让人感觉到精神振奋。

85　参见第八章，注释 60—63。

86　Erman and Grapow（［1926-1953］1982, 4: 432-3）and Gardiner（1957, 173）.

87　Gardiner（1957, 416-8 §511）.

88　Hopkins（1976, 268）and Bernal（1990, 104）.

89　Onians（［1955］1988, 120, n. 4）.

90　Benveniste（1932, 165-8）.

弗里斯克写道："更进一步的历史，ψῦ́χω 停留在史前的黑暗之中。" 不过，他接下来将它与一个印欧语词根 * bhes（"吹"）"确立了联系"。词根 * bhes 是如何演变为 psȳkh- 的，学界对此尚无确考。波科尔尼遵循的说法，将它视为一个拟声词根。[91] 尚特莱纳仅仅是宣称整个词群的词源都是"未知的"。

不管是 psȳchē 的埃及语词源还是它的印欧语词源都未得到充分论证。不过，将它的埃及语词源和 phrēn、prapís 以及 kēr 的词源分析联系起来看，这种可能性就增加了。前两者已在上文进行了探讨，后者将在第十章进行探讨。

*pꜣ qnbt（"行政官员组成的法庭、特别法庭、司法审判委员会，等等"）、Πνύξ 即 Πυκνός (5)（"雅典城邦公民审判员们的会场"）。[92] 它们的词义极为吻合，
226 并且这种吻合度又因为 (O38)（"角落"）作为 qnbt 的义符被使用而提升。加德纳提出，该词可能指那些坐在一个角落里的官员们。[93] 普尼克斯（Pnyx）有一个圆形剧场的外形，背靠着一面很高的峭壁。至于 qnbt 的词性，前面对 *pꜣ smyt/psámathos 的讨论表明，在晚期埃及语中存在着阴性名词被当作阳性名词的趋势。

从语音上来看，交替词 p-/pu- 和 pꜣ 在希腊语中的其他拼写非常吻合。此外，在晚期埃及语中，摩擦音 -b 是不稳定的。因此，唯一一个有影响的语音和语义难题是对词尾 -t 的解释。这些词典编纂学者未能找到一个印欧语词源，提出了一个前希腊语词源，词义可能是"峭壁"。

*pꜣ gnbt［"蓬特（Punt）的居民"］。这个词汇为 Πύγμαῖοι 提供了一个词源。[94]

*pꜣ gḥs（"羚羊"）、gsi̓（"跑"）、gs（"快"）、gst（"速度"）、Πήγασος (H)。羚羊当然以奔跑速度快而闻名。从赫西俄德关于该词与 πηγός（"跳跃"）的联系到 πηγός（"强壮的、强有力的"）和 pēgós（"白的、黑的"），弗里斯克考查了该词词源的不同假设。他的结论是该词是一个"前希腊语"。尚特莱纳相信

91 Pokorny（1959, 146）and Schwyzer（1939, 1: 329）.

92 参见第二十二章，注释 241。关于这一法庭地点的详细描述，参见 Frazer（1898, 2: 375-8）。另见 Kourouniotes and Thompson（1932）。

93 Gardiner（1957, 497）.

94 参见第二卷，第 588 页，注释 113。

pēgaí 和 pēgós 是通俗变化语。[95]

Pꜣ tꜣ（“土地”），色萨利平原上的一个地名 Φθία，该地被荷马描绘为 eribolax（“土层厚的、肥沃的”）。[96] 菲提亚（Phthia）显然来自这个已被证明的埃及语地名。Tꜣ 在埃及语中指的是与天空相对应的大地、与海洋相对应的陆地和与山丘相对应的平原。Pꜣ Tꜣ-n（“……之地”）转写为希腊语为 Φθεν-。[97] Pꜣ Tꜣ 似乎不仅仅是菲提亚的词源，而且也是词群 πέδον (H) 和 πέδιον (H)（“肥沃的平原，岸边”）的词源。这些词通常和 pous/podos、表示“脚”的印欧语词源，以及可能的诺斯特拉语词源联系在一起。[98] 两个词根无疑相互影响过，但是这一词群的核心词义与 pꜣ tꜣ（“土地、平原”）非常接近，该词在科普特语得到证明，写作 pto。

pꜣ twꜣ 科普特语写作 petua（“支柱、过梁、支撑、维持”）πέτευρον(2)（“栖枝、木板”）。尚特莱纳没有为该词词源给出解释。

*pꜣ tm（“完成、终止、毁灭”）πότμος (H)（“不幸的命运、死亡”）。传统的观点认为，potmos 与动词 πίπτω（“坠落”）联系在一起。这个词义不仅古远，227
并且这个词根也仅仅发声为 *pot。

*pꜣ tẖ（“酒罐”） (W22) πίθος、qeto（“大酒罐”）。尚特莱纳抛弃了它的一个更早的印欧语词源，即词根 *bhidh，仅仅是因为它有一个 B 类线形文字的词形。如今，他考虑到了一个唇软腭音，但是为了这个目的需要产生一个唇音，他就依赖于从 /e/ 到 /i/ 的变动以及对一个伊奥利亚方言词语的使用。不过，查德威克认为：“不管是容器的尺寸还是该词的词形都不利于辨认，并且它（qeto）是希腊语中用于表示容器名称的众多借用词中的一个而已。”[99] 既然词根 *bhidh 存在着不确定性，那么 píthos 本身可能很符合这一词形。

*pꜣ ṯꜣw 科普特语写作 thēu (B)(p)teu (S)（“风、呼吸”）。ποθέω(H) 的名词

95　关于这一词源的探讨及词汇 πηγή 源于埃及语 pgꜣ（“喷出”）的讨论，参见第二卷，第 94—95 页。

96　*Iliad* 1.155. 关于拉里萨与菲提亚的等同，参见 *Inscriptiones* Graecae，41：5.542.32。当然，荷马时代的菲提亚统治者是阿喀琉斯，关于他名字的闪米特语起源，参见上文注释 36。

97　参见 Gauthier（1928-31, 2: 42）。后来的铭文将 Pꜣ Tꜣ 简化为 Pt，参见 Gauthier（1928-31, 2: 154-5）。

98　关于诺斯特拉语词根，参见 Bomhard and Kerns（1994, 239, n. 44）。

99　Chadwick（1973, 493-4）.

形式为 πόθος（“渴望、懊悔”）。在埃及语诗歌中，ṯɜw 即凉爽的北风，是甜蜜的强烈象征。不过，在埃及、希腊和其他许多文化中，爱情和渴望也同样与猛烈的暴风雨联系在一起。[100] 如《王室诗篇选集》（*Palatine Anthology*）所描写的那样：“渴望（πόθος），猛烈地吹动，掀起了狂风暴雨。”[101] 在阿拉伯语中，hawan 和 hawāyā（“爱情、爱”）源于同一词根 hawā（“天空、大气、气流”）。[102] 自中王国时期起，ṯɜw 可能也作为创造万物的“风”来使用，并且至少在晚期之前，它也在使天地分离的方面发挥着苏神的职能。[103]

类似的观念也在迦南语族群中流行。在《创世记》中，rûaʰh elōhîm，在七十士本中被转写为 pneûma theoû，它就是神圣的创造之风。[104] 毕布勒的斐洛（Philo）在 1 世纪进行写作，却宣称他的作品是根据桑库尼阿松（Sanchuniathon）和塔奥托斯（Taautos）即透特的著作写成的。其中，桑库尼阿松在传说中是一位生活在特洛伊战争之前的祭司，“透特的著作”在今天被证实至少存在于古埃及晚期（公元前 1000 年—公元前 300 年）。[105] 对乌加里特神话中的类似故事的发现驱散了学界对斐洛这一言论的怀疑。[106] 迦南人的一些宇宙起源观念是独树一帜的，但是埃及文化对腓尼基沿岸地区的影响也是显而易见的。因此，斐洛的 Pothós 在希腊语中为“神圣的风或呼吸、渴望”，存在着固有的可能性，即它最初可能是一个埃及语词汇。它不仅在斐洛的毕布勒宇宙起源论中扮演着核心角色，在西顿的宇宙起源论中仍是如此。[107] 抛开毕布勒与埃及之间的千百年来的密切联系不谈，这样的观点也由于斐洛对透特著作的参考而变得更加可信。

Pothós 来自埃及语 *pɜ ṯɜw 的假设也因为斐洛–桑库尼阿松的专有名词或术

100 关于埃及语，参见 Foster（1974, 5-6）。关于希腊语，参见 Onians（［1955］1988, 54-5）。

101 *Palatine Anthology* 12.157 trans. in Onians（［1955］1988, 55）.

102 感谢康奈尔大学教授金・海恩斯–艾岑（Kim Haines-Eitzen）提供这一文献。

103 本书第八章，注释 61 以及 Erman and Grapow（［1926-53］1982, 5: 350-1）。

104 在毕达哥拉斯学派和俄耳甫斯秘仪以及阿那克西美尼（Anaximenes，原文为“Anaxamines”，疑误——译者注）的宇宙起源论中，Pneûma 扮演着核心角色。参见 Onians（［1955］1988, 250-2）和 Guthrie（1962, 127-8）。

105 Jasnow and Zauzitch（1995）.

106 甚至极具怀疑精神的艾伯特・鲍姆加登（Albert Baumgarten）也赞同斐洛的一些材料可以追溯到第二千纪的观点，参见 Baumgarten（1981, 266-7）。

107 Preserved by Eudemos in Damaskios，参见 Jacoby（1923-58, 3: 784: F.4）。另见 Baumgarten（1981, 110-1）和 West（1971, 28-9 and 1997, 284-5）。

语 Mōt 而变得更为可信。Mōt 是 Pothós 即“风与它本身的起源相爱”而产生的结果。马丁·韦斯特似乎合理地认为它是旋风。斐洛是这样描述它的：“有人说泥浆来自水的混合物。并且，宇宙的整个种子、万物的起源都是由此产生的。”[108] 韦斯特否定了Mōt来自闪米特语这一似乎真实的假设。[109] 不过，克拉彭（L. R. Clapham）在他探讨桑库尼阿松的论文中论证，Mōt 来自一个更古老的词汇，即希伯来语 mwt，它一般指“摇动或地震”。一些学者则指出，它有特有的词义，即“沼泽”。[110] 228

有一个埃及语词汇应该被考虑在内。该词一般被转写为 mtwt，指的是“精液、种子、后代”；并且，在托勒密时代之前，它还指“肥沃的尼罗河洪水泛滥物”。[111] 一般而言，象形文字的书写会发生文字换位，尤其是带有象征鸟的符号会这样。[112] 在 *mtwt 的不同拼写中，鹌鹑幼鸟𓅱(w) 只有在一种情况里才不会优雅地被放在词汇中间。[113] 它发音为 *mwtt 的可能性因为亚非语同源词的存在而增加。塔卡克斯列出了高地库希特语和北部奥摩语词汇，写作 muta（“阴茎”）。[114] 在一个更大的语义排除上面，奥廖尔和斯托尔博娃构建了一个词根 *mut（“男人”），可见于闪米特语和乍得语中。[115] 简而言之，斐洛的 Mōt 很可能受到了埃及语 * mwtt 的影响，这又支持了 Pothós 源于埃及语的假设。

斐洛的腓尼基语词汇 Pothós 是否能够和希腊语词汇 póthos 联系在一起？斐洛使用的 Pothós，像埃及语词汇 ṯ3w 一样，将风和渴望结合在了一起。波科尔尼、弗里斯克和尚特莱纳认为 pothéō 源于词根 *g^{u}hedh-（*k$^{'w}$ed^{h}-），这一观点已被学界公认，该词根也演变为古爱尔兰语 gui(i)diu（“祈祷”）。[116] 他们的解

108　尤西比乌斯的著作对斐洛文章做了摘引；参见 Jacoby（1923-58, 3: 806, F.10）。该译本来自韦斯特，参见 West（1994, 296）。我认为没有理由接受韦斯特此处的修订文本，参见 West（1994, 298）。原文本事实上非常合理。

109　West（1994, 298）.

110　Clapham（1969, 53）and Baumgarten（1981, 133）.

111　它也指与之相反的“毒药”。

112　参见 Gardiner（1957, 51 §§ 56-7）。

113　参见埃尔曼和格拉波给出的例子。

114　Takács（1999, 127）.

115　参见 Orel and Stolbova（1995, 391 §1806）。该词根也可见于尼日尔刚果语中，其常见词形为 muntu。

116　波科尔尼将 bitte 翻译为“祈祷、恳求，”尚特莱纳则翻译为“供应者、刺探者”。弗里斯克将名词 guide 视为 gebet（“祈祷”）。图尔内森（Thurneysen）将 póthéō 视为 gu(i)did 的同源词，经常将词根 *gu(i)d- 简单地译为“祈祷”，参见 Thurneysen（［1949］1993, 49）。

释在词义上存在着明显的问题。基于语音原因，尚特莱纳对此更加不能确定。语义上具有的更多的吸引力可能会使它和波罗的–斯拉夫语中的一个词根 *ged-（“渴望、想念”）成为同源词。不过，既然世界范围内都将风和渴望联系在一起，那么该词的埃及语词源似乎更可取。[117]

p3 d̠w 世俗体 p3 tw、科普特语 ptou (S) ptōu (B)（“山”），这是许多地名所采用的一个名称。Πτώον (6)，彼奥提亚的山。[118] 在科普特语中，这个词义向两个方向引申，可以用作表示“沙漠”和“寺庙”。普托昂山（Mt. Ptṓon）存在着一个阿波罗·普托伊奥斯（Πτώϊος）的神谕所，受人崇拜，Πτώϊος 可转写为 Ptṓoïos。[119] 弗里斯克和尚特莱纳都没有收录这些词条。波科尔尼将 Ptṓon 和 Ptṓoïos 与词根 *ptā-、ptō- 和 ptă-（“畏缩、逃跑、沦陷”）联系在一起。

以阴性单数定冠词开头的埃及语借用到希腊语中的例证

229 如本章开篇所述，在晚期埃及语里，阳性词和定冠词被视为阴性词。因此，许多看似不太可能的词源会因此而变得可能。以下就是这类词源演变的一些例证。

*t3i͗ʿrt［“蛇标头（Uraeus）”］τιᾰ́ρα (5)（“波斯王室的高级主管”）。尚特莱纳认为它可能是来自弗吉尼亚语的借用词。弗里斯克写道，它来自一个“词源待考的东方词汇”。

*t3 bi͗nt（“邪恶之人”）科普特语 boone δίβαν (5CE) 克里特语 δίφας -αν (2CE)（“蛇”）。在埃及文化和其他许多文化中，蛇经常是邪恶的象征。[120] 尚特莱纳将这些词汇和 δῑφάω（“调查、探查”）联系在一起。原因是“蛇溜进了缝隙里”！Δῑφάω (H)，对于该词，弗里斯克和尚特莱纳都没有给出说明，它似乎更有可能来自表示“旋转、包围”的埃及语 dbn。

117 汉语中，feng（“风”），在提到动物时有一个专门的含义“使发情”。

118 贝尔纳也曾提及该词源，参见 Bernal（2001, 344）。

119 Herodotos, 8.135 and Pausanias, 9.23.3.

120 Bin 似乎是来自尼日尔–科尔多凡语或刚果–撒哈拉语的埃及语借用词，参见 Takács（2001, 145）。

tꜣ nmtt（“大步走、行军、运动、行动”）世俗体 nmtt，科普特语 tnomte (S)、nomti (B)、namte［艾赫米姆方言（Akhminic），缩写为“A”］, namti（法尤姆方言，缩写为“F”）（“力量、强力”）。维奇赫尔重构了一个阴性分词，*namitat 转变为 namtat，因此成为一个抽象名词。它在被借用到希腊语时转写为 ἰσχύς(iskhús) 或 δύναμις。切尔尼和维奇赫尔都对从“大步走”到“权力”的词义转换感到迷惑。在我看来，似乎最好的解释是作为权力者和权威者的扈从的行军和游行。维多利亚时期的英语中有个类似的用法，即用“强力”表示“一个武装团体”。

在希腊语中，我们找到 δύνᾰμαι (H)（“能够”）、δύνᾰμις（“强权、军备武力、权威”）和 δύνατος (H)（“强有力的、有能力的”）。波科尔尼遵从埃尔努和梅耶的观点，将这些词汇和词根 *deu、*dou 或 *du 联系在一起，并且将它们和梵语 duvas（“提供、荣誉”）、古拉丁语 duenos（“好”）和爱尔兰语 den（“强壮的”）视为同源词。尚特莱纳不同意这些做法。他和弗里斯克认为，词中的鼻音中缀暗示了它的现在时词形 du-n-。不过，他承认，如果是这样的话，将会碰到一个难题，即名词 dýnamis 中的 -n- 的该做何种解释。他“很想”将它与 dēn（“长、长时间”）联系在一起，但是他不能在两个词群之间找到一个“令人满意的纽带”。弗里斯克和尚特莱纳都认为，δυνάστης dynástēs (5)（“君主”） 230
中的 -s-“不存在词源”。dy/nămai 和 δύνατος 的埃及语词源解释了 n 和 t 之间的替换，它们被视为 *tꜣ nmtt 的替换缩写。如上所述，埃及语中的词尾 -t 在希腊语中频繁地被转写为 -is。

一个来自以常见复数定冠词开头的埃及语词汇的希腊语借用词

我在这一节中，只列举一个例证：*nꜣ n(y) nfr(w)t（“美丽的年轻女子”）和 νύμφαι (H)（“宁芙”）。在第十一章中，我将探讨这些名称和缪斯崇拜的埃及语起源，缪斯们经常和宁芙们混淆在一起，她们之间有许多共同的特征。我在此处只对名称进行探讨。保罗·克雷奇默和其他学者试图就将和拉丁语词汇“嫁娶”联系在一起。[121] 不过，弗里斯克和尚特莱纳不满意这种做法，认为该词词源“存疑”。

121　Kretschmer（1909, 325）.

我认为，nymphē 应该来自埃及语 nȝ n(y) nfr(w)t（“美丽的年轻女子”）。加德纳将埃及语 nfr 重构为 *nūfʿ(r)，意为“年轻”以及“美丽”。[122] 事实上，希腊语词根 nymph- 像埃及语 nfr 一样，可以用作表示青年男女。

不过，在希腊语中，nymph- 还有其他多种意思。例如，νυμφαία 是希腊人对睡莲和荷花的称呼，其中包括黄睡莲（nenuphar）。该术语来自阿拉伯语词汇 ninufar，而 ninufar 则显然来自埃及语 nȝ n(y) nfrt。亚里士多德将 nymphē 作为表示“处于蛹阶段的蜜蜂或马蜂”的术语来使用，作为学科术语，它一直被沿用至今。在这些种类中，“蛹”——或变为昆虫的前一阶段——的情况与人类成年前的情况类似，事实上，它可以被称为“青少年”。引人注目的是，年轻的姬妮们的蜜蜂或马蜂外貌可以在弥诺斯或迈锡尼艺术中发现。这种肖像上的联系一直持续到古风时代。罗得岛出土的古风时代的金属饰板，其上的人物形象是（淑女意义上的）半宁芙和半蜜蜂的结合。[123] 这些词语和拉丁语借用词 lympha 和可能是借用词的 limpidus 将在第十一章中进一步探讨。

埃及语词汇 PR（“房子、神庙、宫殿”）

231 在其他许多语言中，存在着与埃及语 pr 在词形和词义上类似的词汇。博姆哈德重构了一个诺斯特拉语词根 *p$^{[h]}$al/*p$^{[h]}$əl（“居住地、有人居住的地方”）。他在原始印欧语以及乌拉尔图语、阿尔泰语以及达罗毗荼语中都发现了这个词根，写作 *p$^{[h]}$ḷH。不过，有趣的是，他没有将亚非语或埃及语 pr 包括在内，因为它未能达到他对同源词严格规定的语音标准。[124] 奥廖尔和斯托尔博娃也未能对亚非语词根 *pVr 进行重构。亚历山大・米利塔雷夫和其他俄罗斯学者提出了许多柏柏尔语同源词，塔卡克斯对它们却缺乏热情。这些例证的可信性在某种程度上因为拉丁语词汇 mapālia（“一种小屋”）的存在而增加，罗马作家萨鲁斯特（Sallust）将它描述为一个努米底亚 * 语（Numidian）词汇。[125] 前缀 m- 经常表示地点。

122 Gardiner（1957, 430）.

123 Hampe and Simon（1981, 212, pl. 325）.

124 Bomhard and Kerns（1994, 249 §55）.

* 努米底亚是位于北非、撒哈拉沙漠北部的古王国。——译者注

125 Sallust *Jugurtha* 18.8.

谢赫·安塔·迪奥普（Cheikh Anta Diop）的学生泰奥菲勒·奥本加列举了中部乍得语中大量的p-r类型的词汇以及一些尼日尔-科尔多凡语词汇，例如沃洛夫语词汇per（“房子四周加工好的篱笆墙”）。[126] 词根 *pel-（“房子”）也出现在班图语中。[127] 更令人费解的是古老的西南亚语言中存在着大量的类似词语，诸如安纳托利亚语中的这两个词根 *pir 和 *parn。帕尔纳索斯山被认为是希腊土地上纯粹的安纳托利亚地名，出于这个原因，它被正统学者频繁引用。[128] 类似词汇也出现在胡里安语和乌拉尔图语中。塔卡克斯宣称：“如果这些语言中间存在着某种联系的话，那么它一定是一个文化迁徙词（cultural wanderwort），尽管很难重构它的借用路径。”[129] 在我看来，*par(n) 符合亚非语和原始印度-赫梯语之间极早期的语言借用形式，这种形式已在第四章中进行了探讨。[130]

1927年，阿兰·加德纳写道：“𓉐可能不仅表示 pāru，也可能表示 pĕr、āpr、epr、epra 等等……独立地发 pår（来自 påru）的音。当后面跟一个属格词时，（它）完全可能表示 *pĕr，也完全可能表示复数形式 *pră（yyu）。”[131] 1963年，唐纳德·莱德福德（Donald Redford）设想了两个不同的重构形式：pārĕy 对科普特语 -pōr 的重构和 pĕrĕy 对科普特语 -pe 的重构。[132] 在更为新近的著作中，安东尼奥·洛普列诺将 pr 重构为 păruw。[133]

希腊语对 pr 的借用

pr（“房子、房地产、宫殿”）βᾶρις bâris (2)（“地产、设防的大房子”）。弗里斯克和尚特莱纳提出，该词可能来自伊利里亚语，并且将它和 βαυρία 联系在一起，后者是阿普利亚（Apulia）的梅塞皮亚语（Messapian）中一个表示 232
“房子”的词汇，这一语言和亚得里亚海另一侧的伊利里亚语有关联。[134] 如果

126　Obenga（1993, 284 §5）cited in Takács（2001, 456）.

127　见巴萨语 pélé（“房子”），参见 Ndigi（1993, 111）。

128　许多相关例子，参见 Palmer（1980, 12-3）。相关质疑的观点，参见本书第二十章，注释 63—67。

129　Takács（2001, 457）.

130　关于词汇 parn 中词尾 -n 的一个合理解释是它来自常用的埃及语合成词 pr-n（“房子”），参见 Erman 和 Grapow。

131　Gardiner（1957, 9）.

132　Redford（1963, 119）.

133　Loprieno（1995, 13）.

134　关于梅塞皮亚语的更多探讨，参见 Bernal（1990, 44-5）。

这种情况属实的话，那么它将属于上述词汇所属的语系。它的语义似乎与埃及语 pr 更为接近。不过，这种埃及语词源分析的难题是，在公元前 1200 年前后发生 ā́ 到 ṓ 的转换之前，词汇中含有 -ā- 表明它可能是一个借用词。尚特莱纳似乎有道理地主张，这个 bâris 与另外一个词义“平底船”无关，并且该词的埃及语词源是世俗体 br，这个观点没有受到任何质疑。

pr 或 pr ʿɜ（“大房子、宫殿”）Πύλος，puro 是“派罗斯”（Pylos）宫殿的名称。“房子、宫殿”将非常适合 B 类线形文字文献中所提到两个地名。但是，发音存在着较大的问题。因为，这些文献的年代处于公元前 13 世纪。根据权威观点，在公元前 1200 年之前，该词发音应该是 *pār，而非后来的 *pōr，*pōr 与 puro 更为类似。不过，我认为不应该抛弃这个埃及语词源，因为不存在着一个印欧语词源向它提出挑战。Νέστορ［Nestor（涅斯托尔）］是美塞尼亚派罗斯的国王的名字，它有一个可能真实的埃及语词源，要么是 Nst Hr（“王冠”），要么是 Nst Ḥr（“大王位”），两者都被证实是称号，[135] 但是这个词源分析并没有什么价值。该词源指的是称号而非个人，个人将能解释涅斯托尔为什么长寿，他的长寿如此地令荷马惊讶。

pr、πύλη (H)（“城市或宫殿的大门、城楼”）。此处或许将动词 pri［科普特语定性词形拼写为 pori (S) phori (B)］与名词 prw（科普特语词形为 paure）、prt（“走出”）混同。弗里斯克将 πύλος 与印欧语 θύρα（“门”）进行对比，并且声称它没有词源。尚特莱纳对此表示赞同。

pr、φύλαξ (H)（“卫兵、哨兵”）。两词语义上的类似是显而易见的。如尚特莱纳所指出的那样，词尾 -ak 是使动者的标记。他明确否定该词与 πύλη 有关。尽管如此，不仅大体上的交替现象暗示存在着语言借用，并且下埃及语波黑利方言（Boharic）中的送气塞音和上埃及语萨希迪方言（Sahidic）中宽口塞音之间的差异可能解释这一特殊情况。[136]

pr、φῦλον(H) φῦλη(5)（“部落、由关系或居住情况构成的”）。马森引用尚特莱纳的观点，认为该词源于印欧语词根的两个分支 *bheu- /*bheu̯ə（“生长、
233 膨胀、生活”）。他将它和 *tribhu（“部落”）中的 -bhu 联系在一起。pr（“房

135 Nst Ḥr 被埃尔曼和格拉波证实，Nst wr 被戈捷证实，参见 Gauthier（1925-31, 3: 103）。另见第十九章，注释 218—219。

136 关于这些科普特语的交替，参见 Loprieno（1995, 42）。

子、宫殿”）也可能指的是这类建筑中的居住者，例如一家人和内阁。在许多古代文化中，“房子”可以指“王朝或人民”：如闪米特语中的 byt、希腊语中的 oikos 或拉丁语中的 domus。就这个埃及语词源而言，有趣的是，在托勒密时代，φῦλη 作为表示每一个埃及神庙的祭司分支被使用。[137]

希腊语对带有前缀 pr- 的埃及语词汇的借用

pr 的缩写形式很自然会被作为前缀使用。在晚期埃及语中，pr- 作为地名的前缀经常和 pꜣ 的情况一样。莱德福德在科普特语、阿卡德语、希伯来语和希腊语中找到了 P-、Pi-、Po、Pa 以及 B-、Bo-、Bou- 的转写。与此同时，他还发现了一些词形中仍然存在着 r：Phr、Per-、Pher- 以及 Bar-。此外，还有 pr ʿꜣ（“大房子”）在希伯来语中被转写为 Parʿoᵃh，在希腊语中被转写为 φαραώ，在科普特语中被转写为 prro 和 puro。莱德福德解释道，带有 -r 的词形要么非常古老，早于那些失去 -r 的词形，要么是第二十六王朝即赛斯王朝（公元前 664 年—公元前 525 年）极力倡导复古主义导致的人为结果。这可能是一个准确性错位的实例，但是很明显 PV- 和 Pr/V 之间存在着交替现象。[138]

希腊语对以 pr 开头的希腊语词形和名称的借用

Pr ꜣb，存放圣匣的圣地；ꜣb  (R17)；Πρίᾱπος (5)。Pr ꜣb 是奥西里斯的神圣阴茎，它同时也可以作为阿拜多斯州的象征和该城的别名使用。[139] 阿拜多斯是奥西里斯的崇拜中心，在其中的一些仪式里，阴茎扮演着重要角色。希罗多德反复将狄奥尼索斯等同于奥西里斯，他对狄奥尼索斯酒神节是这样描述的：

> ……埃及人庆祝狄奥尼索斯节的方式和希腊人的几乎相同，唯一的区别是他们没有合唱队歌舞。他们采用的是人偶，而非阳具，人偶高 18 英寸：这些人偶的生殖器几乎和它们身体的其余部分一样大，在线绳的牵引能够上下活动，妇女们带着它们到各个村庄转悠。[140]

137　应该指出的是，在用三种书写体系写成的《卡诺普斯法令》（*Canopus Decree*）中，φῦλή 不对应埃及语 pr，但是对应 sꜣ（“守卫”），参见象形文字第 13 行和希腊文第 87 行。另见 Sethe（1904b, 2: 134）。

138　Redford（1963）.

139　参见 Gauthier（1925-31, 2: 50）。

140　Herodotos, 2.48, trans de Selincourt（1972, 149）.

234 Πρίāπος（“阴茎神或阴茎”），传统观点认为该词源于安纳托利亚海岸西北部普里阿波斯（Πρίāπος）城的阴茎崇拜仪式。弗里斯克倾向于接受这一词源分析，但尚特莱纳则表示出较多的怀疑。两人都为其提出一个印欧语词源。埃及语影响到了安纳托利亚西北部地名的产生，这个观点并不那么荒唐，因为在普里阿波斯以西 60 英里处的达尔丹纳勒斯（Dardenelles）便有一个名为阿拜多斯的地方。埃及城市阿拜多斯的名字因为萨提斯（satyes）以及狄奥尼索斯崇拜和萨提尔关系密切而变得更加引人注目。它们与海峡欧洲一侧色雷斯的生殖器和阴茎崇拜存在着关联。这将在第十章内进行探讨。[141]

pr ʿɜ（“大房子、宫殿、法老”）、Φαράω/Φαρόω 和 Φάρος。Pháros (H) 是三角洲西部地区外围的一个岛屿，后来因亚历山大灯塔在此处修建而变得著名。

Pr ʿnḫ。19 世纪的德国学者们认为，米利都附近迪迪马（Didyma）的阿波罗神庙神谕祭司 Βραγχιδαι 与梵语中的 Brahman（婆罗门）存在联系。考虑到这一崇拜与埃及的神话和考古联系，它似乎更有可能来自埃及地名 Pr ʿnḫ。[142]

pr ʿnḫ。这一充满争议的术语将在第十章进行更为充分的讨论。其中的一个词义无疑是“神庙文书房”。Πίναξ-κος(H) 指的是“书写板、平板”。弗里斯克和尚特莱纳认为，该词的旧教斯拉夫语词源是 pini（“树桩”），梵语词源是 pinaka（“短棒、茎秆”）。这两个词源因语义演变而被联系在一起，并且拉丁语中存在着它们的类似词汇 caudex（“树干、木桌、书籍”）。这两个词源或它们的结合体有可能是成立的。

Pr Wɜḏyt，Wɜḏyt 的庙城，科普特语 Puto (B)/Putōu/Buto (B)；希腊语 Βουτώ，Βου̂τος 是三角洲西北地区的城市；Αφροδι̂τη (H)，Aphrodite（阿芙洛狄忒）是其拉丁化拼写。赫西俄德在《神谱》中对阿芙洛狄忒这个名字的传统词源进行了探讨。他写道，在克罗诺斯割掉了他的父亲乌拉诺斯的生殖器之

141 2001 年，我第一次提出这个词源（2001, 131）。阿兰 · 博姆哈德认为词汇 φαλ(λ)όϛ (5)（“阴茎”）源于诺斯特拉语词根 *bul-/*bol（“肿胀、膨胀”），它可见于印欧语词根 $*b^h$ el-/$*b^h$ ol/$*b^h$ l2，参见 Bomhard and Kerns（1994，205-6）。E. 马森认为该词根是 φαλ(λ)όϛ 的词源。博姆哈德假设存在着一个亚非语同源词根 *bal-/*b′l（“膨胀、扩张”）。不过塔卡克斯找到了另外一个亚非语词根 *b-l，它具有更专门的词义“阴茎”，参见 Takács（2001, 76-80）。他也提到了埃及语 bɜḥ（“阴茎”）。他认为词尾 -ḥ 是“一个标识解剖学术语语义类别的词缀”。因此，希腊语词形 φαλ(λ)όϛ 与色雷斯语和伊利里亚语词形 βαλλίον，有两个可能的词源：要么源于一个印欧语词根，要么是从埃及语那里借用而来的。

142 Frazer（1898, 4: 125）. 另见 Gauthier（1925-31, 2: 62-3）以及 Gardiner（1947, 2: 48-9）。

后，将它们扔进了大海里，很久之后，它们形成了 λευκὸς ἀφρὸς［“白色的泡沫”（精液？）］，阿芙洛狄忒的身体便是从其中诞生的。[143] 从此以后，这个图景一直出现在欧洲人的想象世界里，最著名的想象表现在了波提切利（Botticelli）的名画《维纳斯的诞生》（*The Birth of Venus*）里。根据赫西俄德的描写，阿芙洛狄忒现身于伯罗奔尼撒半岛与克里特岛之间的库忒拉岛（Cythera，即 235
Kythēra）附近或者以东数百英里的塞浦路斯岛岸边附近。[144] 她的常用别名是库忒拉神或帕福斯神，因为她的崇拜中心在库忒拉岛和塞浦路斯岛西海岸的帕福斯（Paphos）。

现代的词典编纂学者不接受该词来自 aphrós 的说法。其中的一些学者找到了一个印欧语词源，但是弗里斯克和尚特莱纳都对此加以否定，因为它存在着明显的语音和语义疑难，并且他们确信阿芙洛狄忒来自“东方语言”。不过，他们同样不同意试图将该词追溯到阿芙洛狄忒在闪米特神话中的对应神阿斯塔尔忒（Astarte）那里，因为它们的发音实在无法联系在一起。他们被迫宣布该词词源“不明”或“待考”。

弗里斯克和尚特莱纳也没有将埃及语词源考虑在内，事实上它更为可能。Pr Wɜḏyt 和 Αφροδί́τη 之间存在着良好的语音对应。它可以解释词尾 -dite，这是传统的词源分析所做不到的。尽管加德纳怀疑 𓆱(M13) 在 Wɜḏyt 中的发音是 wɜ，但是他不得不承认它在一份金字塔铭文中是被这样拼写的。[145] 有一点难以处理的问题是提出双辅音 *iPr Wɜḏyt 前存在着一个字首增添元音 ͗aleph。的确，加德纳在本节的开篇处所引用的文字中提到，pr 可能被读作 *apr。阿芙洛狄忒这个名字明显是在 /ɜ/ 失去自己的辅音值之后才被引入的。与 -r- 相关的一个问题是由赫西俄德和荷马引出的，莱德福德设想在公元前 6 世纪该字母读作 /r/ 的做法复兴，而两位诗人的作品都远远早于这个年代。并且，他们提供的信息也一定早于词尾 -yt 的消失。[146] 另外，到目前为止，在 B 类线形文字的文献中没有发现对阿芙洛狄忒的提及。不过，我们知道，公元前 2 千纪，Wɜḏyt 在爱琴

143　*Theogony* 190-1. 希腊语词汇 aphrós 没有印欧语词源。它可能源于亚非语 >abar（“灰尘”），该词形可见于埃塞俄比亚南部闪米特语和东库希特语。

144　*Theogony* 192-3. 关于闪米特语和埃及语同库忒拉岛岛的名称和性质的关联，参见第一卷，第 382 页；第二卷，第 147—148 页。关于塞浦路斯的闪米特语名称，参见上文第四章，注释 68。

145　*Pyramid Texts*, 792. 参见 Gardiner（1947, 2: 193）。

146　参见 Gardiner（1947, 2: 193）。

海受到崇拜。并且，如上所述，我们不能确定仅在赛斯王朝这一个时期 /r/ 写作 pr 的做法得到复兴。

从语义上来看，阿芙洛狄忒源于 Pr W3ḏyt 的确是极为可信的。W3ḏyt 是丰产女神，与洪水泛滥之后新的生长发育联系在一起，就像阿芙洛狄忒和春天及青年人的爱情联系在一起一样。W3ḏyt 这个名字与一朵荷花和一条蛇 (m14) 连写，因为蛇经常在这个季节出现。在埃及，诸神经常和他们的居所、神庙或城市等同。这类情况的其他例证将在下文给出。在这种情况下，众所周知，Pr W3ḏyt 有时作为女神本身的名字使用。在一个列表中，它被描述为哈索尔神
236 （Hathor）的一个形象，阿芙洛狄忒是哈索尔在希腊神话中的对应神。上埃及的第十个州是献给 W3ḏyt 的，并且加德纳将该州西部堤岸上的首要市镇 W3ḏyt 或 Pr W3ḏyt 等同于希腊地名 Αφροδῖτης πόλις。[147]

克诺索斯出土的器物表明，W3ḏyt 在公元前 2 千纪的爱琴海受到崇拜。首先是一个种类的小雕像，要么手持蛇，要么被蛇缠绕。[148] 最著名的是光滑的彩陶人物像，她是一个乳房裸露、腰肢细软的女性，穿着褶皱裙，在她残存的一只手里拿着一条蛇。根据对称性，她原本必定双手都拿着蛇。[149] 美女和蛇，不仅象征奉献给神的法袍，而且与之有关联，并且如埃文斯所指出的那样，奉献给神的法衣装饰有"神圣的鸢尾花，埃及荷花丛对它的影响明显有迹可循"[150]。尽管风格是弥诺斯文化特有的，但是赏心悦目的美女和蛇与荷花的多重象征意义，会在发掘者思想里将她与"瓦泽特"（"Wazet"）即 W3ḏyt 和哈索尔联系在一起。[151]

在这个背景下，克诺索斯发现的一个有残缺的小雕像引人注目，但不一定意味其就是名为 Wsr Wḏyt 的这个大人物的。[152] 这个人物陶像的年代似乎可以追溯到古王国末期的第六王朝或中王国时期。这个陶像出土时所处的背景的年代被热烈争论。埃文斯将它置于弥诺斯中期 II 期（缩写为 MMII，起始于公元前

147　同上书，第 56 页。

148　这些器物来自公元前 17 世纪陶器时期弥诺斯中期 III 期（MMIII）。相关说明，参见 Evans（1921-35, 1: 1921-9）。

149　关于它的描述和图画，参见 Evans（1921-15, 1: 502-4）。关于这一人物像的文献参考，参见 Phillips（1991, 518）。

150　Evans（1921-35, 1: 506）.

151　同上书，第 509 页。

152　先前的学者将其解释为源于上埃及瓦泽特诺姆，另见 Martin（1971, 39）。

19 世纪末），使它与中王国末期处于同一时期。不过，修正主义学者如今将该发现背景最早置于弥诺斯中期III期，这一时期位于它被制造出来800年之后。[153] Wsr Wḏyt 不一定传到了克里特。他的小雕像可能在这个时期的任何一个时间传入。不过，题词被雕刻得非常笨拙，这暗示它是在克里特制造的，由某个知道或听说过 Wsr Wḏyt 的人制造。因此，在它被最终掩埋之前，它可能在克里特被保留了一段时间，或许是几个世纪。这就增加了该小塑像被视为财宝的概率，因为它是 Wḏyt 崇拜的一部分，通过这些小塑像可以看出对她的崇拜存在于克里特。

考古成果揭示，这种崇拜即便没有冠以阿芙洛狄忒之名，也在青铜时代晚期的帕莱奥-帕福斯（Palaio-Paphos）广为人知，阿芙洛狄忒和她的腓尼基对应神阿斯塔尔忒女神的崇拜中心在塞浦路斯岛。[154] 不过，有趣的是，帕萨尼亚斯坚称，在希腊人在该岛西端建立帕福斯崇拜之前，在戈尔戈伊（Golgoi）已经存在着一个该岛的崇拜中心。[155] 戈尔戈伊这个名字很明显具有一个埃及 237
语词源，Grg（“基础、聚居地”）是埃及语中常见的地名。无疑，该女神的一个重要崇拜中心在那里建立过。[156] 在整个塞浦路斯岛，阿芙洛狄忒以帕菲娅（Paphia）或戈尔基娅（Golgia）而闻名。当时的腓尼基城市伊达里昂（Idalion）位于戈尔戈伊附近，在公元前 5 世纪早期铸造钱币。钱币上铸有一个蹲坐的斯芬克斯像和一朵荷花，“或许是阿芙洛狄忒的象征”，现代学者卡尔·O. 贝奈斯（Carl O. Bennet）做了这样的注释。[157] 从古典时期开始，哈索尔的象征物和阿芙洛狄忒联系在一起，它们在塞浦路斯岛比比皆是。[158]

总而言之，要么阿芙洛狄忒的名字没有在 B 类线形文字文书中出现是一个意外现象，要么克里特岛的 Wḏyt 以另外一个名字被人知晓，这个名字或许是 Wanassa（“女王”），通过这个名字，她以塞浦路斯方言的传统音节字母而闻名。[159] 不过，该女神在赫西俄德的《神谱》和荷马史诗中确立了牢固的地位，

---

153 关于这一起源的详尽探讨，参见 Phillips（1991, 519-23）。

154 Bennet（1980, 175, 237, n. 413）.

155 Pausanias 8.5.2.

156 Bennet（1980, 1: 136）.

157 同书，第 139 页。

158 Bennet（1980, 1: 226, n. 256）.

159 阿芙洛狄忒并不是以此名字闻名的唯一女神，参见 Hemberg（1955, 7-8）。关于 wanassa，参见下文，第十章，注释 98—102。

这表明她在公元前 2 千纪末期已经以阿芙洛狄忒之名而为人知晓。

*Pr Wɜḏyt，作为 βευδος (6) 使用。词根 wɜḏ 自身具有“新鲜的、绿色的”词义，并且存在着一个专有名词 wɜḏt，指的是“绿色的亚麻布”。[160] Pr Wɜḏyt 不仅是城市布托（Buto）的名字，并且如上所述，它还是女神本身的名字。因此，将绿色的亚麻布、富庶的城市布托和美神联合在一起，便使 Wɜḏyt 成为 beûdos（“富家女的外套”）的一个令人信服的词源。弗里斯克宣称，它是一个词源不清的外来语。尚特莱纳同意这一观点，但是他写道，该词或许源于亚洲语言。不过，本文此处的埃及语词汇似乎更可取。

Pr Bɜstt 科普特语 Pubasti/Bubasti、希腊语 Βούβαστις（“女神 Bɜstt 的城市”），即女神本身的名字。Βούβαστις (6CE) 也指“腹股沟、耻骨”。尚特莱纳将该词和 Βουβών（“腹股沟、耻骨”）联系在一起。他和弗里斯克认为 bouṓn 有一个印欧语词源，它可以在梵语找到，即 gauīnī（“腹股沟、小腹部”）。不过，尚特莱纳承认，词形结构存在着“些许的不同”。boubṓn 的另外一个可能的词源是埃及语 bɜbɜw（“洞、裂缝”），其科普特语词形是 bēb <* bū(r)bū(r)。塔卡克斯在众多可能的亚非语词源中，并未给该词选择一个。[161] 然而，尽管毋庸置疑 boúbastis 作为“耻骨”受到了 boubṓn 的影响，但是它同样可能来自该城市名，尤其是来自 Bɜstt 的节日，希罗多德将它描述为埃及人
238 最爱参加的节日：“成群结队的男人和女人都一起来到船上……无论他们何时到达一个靠岸的市镇，他们都会将船停靠岸边，其中的一些女人继续像我上面说的那样做，同时，另外一些女人则向当地的女人抛出脏话，或开始跳舞，或站起来撩起她们的裙子。”[162] 希腊语 ἀνασύρονται ἀνιστάμεναι 更为强烈地暗示裸露。

该名字的希伯来语词形是 Pî beset，它和 bōšet（“羞耻”）有共同的词义，尤其与裸体和暴露女性外生殖器有关。[163]

160 Wɜḏ 被声称与闪米特语词根√ wrq（“黄色、绿色”）相关。塔卡克斯列出了相关参考文献，但否认这一关联，参见 Takács（1999, 319-20）。

161 Takács（2001, 56-63）.

162 Herodotos, 2.60, trans de Selincourt（1972, 153）.

163 Micah 1: 11.

词典编纂学者埃尔努和梅耶都认为拉丁语 pūbēs（“凸显青春期特征的毛发”）“没有确定的词源”。他们试图将该词与梵语 pumán（“男人”）联系在一起，但这是一个不恰当的联系。他们完全拒绝承认它与拉丁语 puer（“男孩子”）的任何联系。可能是因为在后来才得到证实，所以他们没有将希腊语 βούβαστις 考虑在内。不过，尚特莱纳提出，布巴斯提斯（Bubastis）可能是一个“古老的”词汇，并且不像 pūbēs，它有一个可能真实的词源。因此，“耻骨”和“青春期”等词汇可能来自尼罗河三角洲 Pr Bȝstt 的狂欢庆典。

Pr n ḫpr（“圣甲虫或 Ḫprr 神的住所”），世俗体中的城市名：Παρνόπιον，雅典卫城上的阿波罗神的别名。这个词被普遍认为来自 πάρνοψ、πόρνοψ，或 κόρνοψ（“蚱蜢或蝗虫”）。阿波罗神被描绘为免受蝗虫灾害的保护神。[164] 此处或许有些混淆，但是“蝗虫”更有可能是一个通俗变化语。阿波罗的名字来自埃及语 Ḫprr，即清晨的太阳神，该词源分析将在下文第十九章中进行探讨。

Pr Rwty（“双狮之房”）。Rwty 表示创造之神苏和 Tfnt 的观念可以追溯到古王国晚期的《金字塔铭文》那里，甚至更早。[165] 在较晚的《亡灵书》中，双狮“在它的洞穴（Pr Rwty）里，是存放国王发帽（Royal Wig Cover）的房间的看护者”。[166] 双狮很明显与冥界联系在一起。Πλοῦτος (H) 指的是“大地的宝藏”，被赫西俄德拟人化为得墨忒耳的儿子。[167] 弗里斯克和尚特莱纳将该词与 plé(w)ō［“漂浮（然后？）扩散、洪水”］联系在一起。或许在语音上存在着可能性，但是从语义上看，它是一个非常奇怪的词源分析。一个相关的人格化词汇是 Πλούτων，它被视为仁慈的冥界，与严酷的冥界 Ἅιδης 相对应。作为神名和地名，哈德斯源于 ḥḏi，该词作为不及物动词使用时表示“被摧毁”，作为名词使用时表示“毁坏、毁灭”。该词的科普特语词形为 hōj（“压迫、拷问”）。哈德斯的名字也受到了叙利亚雷电之神哈达德（Ḥadad）的影响。弗里
斯克罗列了许多假设来解释 Haidēs。他和尚特莱纳都认为这些假设中没有任 239
何一个是价值的。

164　Gauthier（1925-31, 2: 97）和 Pausanias, 1.2, 4, 8。关于类似的通俗变化语，参见“老鼠”阿波罗神的讨论，参见下文第十三章，注释 21—23。

165　Rundle Clark（1959, 56-9）.

166　*Book of the Coming Out by Day*, Spell 78.

167　*Theogony*, 969.

另外一个冥界的神灵是 Δάειρα。该名字显然源于 dwɜt（“地下世界”）。尚特莱纳尝试着将它追溯到吠陀语 dasrà（“奇迹的制造者”）那里。

Pr Tm 科普特语词形为 Pithōm (S) Pethōm (B)，即图米拉特河谷（Wadi Tûmilat），它是连接三角洲东部和今天苏伊士运河（Suez Canal）岸边伊斯梅利亚（Ismailia）周围被称为苦湖（Bitter Lakes）的池塘区的肥沃河谷。至少早在中王国时期，在强大法老的统治之下，该河谷被断断续续地挖掘成一条连接尼罗河——途径池塘区——与红海的运河。该运河上的核心城市是 Pr iTm（即阿吞神庙），它被普遍认为是《出埃及记》中著名的城市皮托姆（Pîtōm），它在七十士本被拼写为 Πε(ι)θω 或 Πιθωμ。[168] 希罗多德将其称为 Πατου̂μος Ἀραβιας。[169] 它后来只是以帕托摩斯（Patoumos）之名被人知晓。在拉丁语中，它以帕托姆斯（Patoumus）或帕索那城（Pithona Civitas）而闻名。[170]

Ποταμός (H)［“水道、河（后来的？）渠”］。传统的词源分析将它和 πίπτω、ἔπετον（“降落”）联系在一起。[171] 尚特莱纳不完全同意这一词源分析，更加不同意来自 πετάννυμι（“扩散”）的词源分析，这是更早的学者提出的观点。（参见弗里斯克著作中的参考文献。）

Potamos 源于 Pr Tm 的词源分析所面临的语音上的难题仅仅是元音换位问题，即 a-o>o-a 或 Patoumos>potamos 的元音换位。这个问题根本不难处理，它也可以通过该词的借用发生在迦南语转换前后来解释。

这个词源分析还面临着两个语义上的问题。第一个问题是没有材料证明该运河是以该城市之名来命名的，尽管这类例子在世界范围内出现过许多：日内瓦湖、以扬州地区和扬州城命名的扬子江（即长江），这只是其中的两个例子而已。此外，现代名称图米拉特河谷给出了一个暗示，即河谷或运河本身便被认为是 Pr iTm。第二个问题更为严重，即缺乏类似的例证证明一个地理学的一般术语来自一个地理学的特殊术语，虽然山脉有时候作为“珠穆朗玛峰”（Everests）来

168 Exodus I: 11.

169 Herodotos II: 158.

170 Gauthier（1925-31, 2: 60-1）. 它也以赫洛奥波利斯（Heroopolis）而闻名。关于 Pr Tm 也是皮同（Python）的词源的诸观点，参见本书第十九章，注释 113—137。

171 如上所述，词根 √pto 仅在词汇 potmos（“命运”）中发作 *pot 的音，对此的更好解释是它来自 *pɜ tm。

使用，或者瀑布有时候作为“尼亚加拉大瀑布”（Niagaras）来使用。

尽管存在着这些疑难问题，这个词源分析仍然看似成立，尤其是缺乏一个有分量的印欧语词源分析向它提出挑战。

Pr thn（“明亮的房子”），赛斯的神庙；Παρθένων（“雅典娜的神庙”），雅 240
典娜女神的描述词；παρθένος（“风华正茂的年轻女性”）。它们之间的等同关系将是第二十二章中的核心主题。

R-：“入口”或方位前缀

在这里需要注意，埃及语中的方位化前缀 r(a)- 在拉里萨（Larissa）和劳拉（laura）中发 la- 的音。该前缀在不重读的情况下，在科普特语中转写为 le-、lə- 或 l-。因此，它在希腊语中被借用为 le- 或 li-。[172]

r-ȝḥt（“通往肥沃土地的入口”），阿瓦利斯（Avaris），Λαρίσ(σ)α，即拉里萨，“占据肥沃土地的城市的地名”。[173] 另一个可能来自 r-ȝḥt 的词汇是 ’Ραριον，指的是埃琉西斯附近献给得墨忒耳女神的肥沃平原。[174]

r-ỉb（“胃”）; λαπαρός (H)（“柔软、胃部柔软的侧面”）。弗里斯克和尚特莱纳列举了一些结构类似的词汇，并将它和其他形容词联系在一起，但是没有给 λαπαρός 本身提供一个词源分析。

*r-ỉsq（“逗留的场所或房间”），λέσχη (H)（“男人的房子”）。[175]

r-wȝt（“路、小巷”），科普特语 raoē (B) rauē (S)（“邻近区域”），λαύρα (H)（“狭窄的通道、小巷、隧道”）。弗里斯克宣称，这个词通常和 lāaj（“石头”）联系在一起，但是这个观点存在着一些疑问。尚特莱纳完全否定了这个词源分析。鉴于 /ȝ/ 的音值，这个词必定是在早期从埃及语中借用过来的。

r-pdtyw［“外国人（携带弓箭的民族，pḏt 在科普特语中的拼写为 pite）”］，pḏt、pḏtyw（“军队”），在巴比伦语中转写为 pitatiú。[176] 晚期埃及语 R-pḏt（“冲

172　Erman and Grapow; Loprieno（1995, 48）.

173　参见第一卷，第 76 页；Jasanoff and Nussbaum（1996, 191）以及 Bernal（2001, 150-1）。另见本书第二十章，注释 142。

174　关于这个平原的另外一个名称 Hē Orgas，参见第十八章，注释 96。

175　参见本书第七章，注释 29。

176　参见 Vycichl（1983, 165）。

突？”)，Λαπίθαι (H)，即拉庇泰人（Lapiths），“敌人以及坚定的战士”，见荷马史诗。[177]

*r-mny（“停泊处”），λιμήν (6)（“海港、港口”）。尚特莱纳将 limēn 和 λίμνη (H)（“小湖”）和 λειμών (H)（“浸水草地”）联系在一起。他不能确定这组词的词源，但是认为它们与吠陀语 nimná（“湿洞”）或拉丁语 limus（“泥”）以及条顿语 slim（“黏液”）有关联。如果我们接受这些关联的话，那么这个埃及语词源分析更可取了。维奇赫尔指出，mny 的两个不协调的词义“放牧牲畜、停泊船只”被联系在一起。这是因为在埃及以及其他许多地方，这两个活动都是将绳子拴住一根（固定好的 mn）柱子（mnỉt）上。[178]

241 在晚期埃及语中，词汇 rmnyt（“领土、领地”）和义符 (N36) 连写时，表示“运河”。

*r-qn(i)（“垫子、篮筐”），λίκνον (4)（“扬谷去壳的篮筐”），用于盛放作为祭品献给得墨忒耳和狄奥尼索斯的初熟果实的圣篮。尚特莱纳将该词与 λικμάω（“扬簸”）以及高卢语 níthio 和布列塔尼语（Breton）niza（“扬簸”）联系在一起。该词似乎源于埃及语 *ỉri qmꜣ（“制作、扬簸”）。

r-ḏrf（“到尽头”），晚期埃及语 r-ḏr（“所有、全部”）、Nb-r-ḏr（“国王称号”）。λάθυρος，指的是“清洗”，并且是托勒密八世的别名。[179]

r-ḏr，见下文第十章。[180]

“原因前缀”(R)dit

如塔卡克斯所写到的那样，埃及语动词 rdỉ（“给予”）是许多存在于闪米特语和东库希特语中的亚非语词根“腐蚀”的结果。[181] 从这个埃及语动词那里，我能够找到唯一一个词形完整的希腊语借用词。拉达曼堤斯（Rhadamanthys）这个名字来自一个未经证实但完全恰当的埃及语名称 *Rdỉ Mnṯw，即“Mntw 给予”“被 Mnṯw 给予的人”。拉达曼堤斯和他的兄弟弥诺斯与埃及和克里特的

177 *Iliad*, 12：122, 181.

178 Vycichl（1983, 115）.

179 关于 r- ḏr，参见下文第十章，注释 157。

180 第十章，注释 158。

181 Takács（1999, 138-9）.

公牛崇拜之间的复杂关系已经在第二卷中进行探讨。[182]

和其他许多诺斯特拉语的情况一样，亚非语有一个表示原因的发音 /s/，通常作为前缀出现。[183] 埃及语也有这个词形。不过，该词在很早之前便不再具有“构词能力”，换言之，不再添加到新的动词里。它的这一功能被 rdỉ 取代，添加到动词的将来时词形里。这个前缀在中期埃及语中变得极为常见。[184] 在极早阶段，词首 r- 被去掉，让位于 dỉ 或 dỉt。维奇赫尔设计了一个详尽的列表，记录了 dỉ 在不同的科普特语方言中的转写。总之，它的名词词形是 ti。不过，它在萨希迪方言和波海利方言中的代词词形分别是 taa 和 tēi，并且在这些主要的方言中，它的定性词形（qualitative）是 to 和 toi。[185] 这种类型的许多动词被转写进了希腊语里。

希腊语对字首为 Dỉ(T)–的埃及语动词的借用

*dỉt ʒq 世俗体 dit ʒq，科普特语 tako（“摧毁、消亡、丢失”），τήκω (H) 多 242
利亚方言 τᾱ́κω（“融化、溶解、被丢失、变瘦、被消耗”）。弗里斯克和尚特莱纳认为该词源于印欧语词根 *teə$_2$ /tə$_2$（“浸泡”，它不是 tēkō 的主要词义）。他们将 -k 和它的类似词形视为该词在一些希腊语不定过去时中的词形，但又承认该词在希腊语之外未曾找到。

dỉt ỉr(y) tro (S) thro (B) “促使做”; δρᾱ́ω (H) “去做、完成”，尤其是“奴仆提供的服务、责任感”的词义。弗里斯克和尚特莱纳认为该词与立陶宛语 daraū dary/tî 和拉脱维亚语 darît “去做”存在着联系，尽管尚特莱纳有些怀疑。弗里斯克论证，动词“去做、制造”在晚近之时才变成抽象词，以至它们经常存在着许多变体，例如在希腊语中，便有 πράττω、ποιέω 和 ἔρδω 等词。我相信他弄错了，并且在其他许多词汇上也同样如此；希腊词汇像英语词汇一样，从不同的语言中进行借用而丰富自己：érdō 是一个纯粹的印欧语；drā́o 来自埃

182　第二卷，第 178—184 页。

183　关于亚欧语中表示原因的发音 /s/，参见上文第五章，注释 64。

184　参见 Hoch（1997, 91-2 §75）以及 Allen（2000, 254-5 §19.10）。阿兰利用了该术语的“虚拟语气”。

185　Vycichl（1983, 209）.

及语；poieō 来自闪米特语。Poieō 将在第十四章中进行探讨，并且与 prattō 有关的难题将在第十七章中进行探讨。[186]

dỉt ʿз 意为“获得巨大的荣誉”，其世俗体为 ty ʿз，科普特语为 taiō；τῑ́ω 意为“荣誉、尊敬”。尚特莱纳关注于词根 ti-。他指出埃米尔·本维尼斯特和其他学者假设了一个印欧语词根 $*k^wi$ 或 $*k^wei$，并且将它和梵语 cā́yati（“尊重”）视为对应词。[187] 包括弗里斯克在内的其他学者认为它和 tínō（“偿还债务或交纳罚金等”）联系在一起。（见下文。）尚特莱纳写道，如果学者们接受这一解释，基本词素 ti- 将失去所有意义。

dỉt ỉnw 意为“导致带来（ỉnw/ 贡品）”，意为世俗体为 ty ỉnw；科普特语 tnnou 意为“送、派人去取、搜寻”；τῖνω (H)，通常写作 τίνω，意为“偿还债务或交纳罚金、偿还”。弗里斯克和尚特莱纳认为，tínō 和梵语现在时词形 cinute 是同源词，来自一个唇软腭音“观察、注意”。如尚特莱纳所指出的那样，在这个意义上，它能够“出现在希腊语中，作为‘严惩、惩罚’使用吗？”他们认为，tínō 中 -n- 是现在时中缀，并且 *teis- 或 *teit- 是词根。这些词的确将会成为梵语 cayati（“复仇、惩罚”）的同源词。我没有理由拒绝 -n- 是该词根的组成部分。最不可能的解释是，一个由 $*k^wi$ /$*k^wei$-s/t 产生的纯粹的
243 印欧语词形与更古老词义上的埃及语 dỉt ỉnw（“导致带来贡品”）之间存在着某种结合。我看到了一个更深远的复杂难题，它是由另外一个埃及语动词 * dỉt dỉ 的影响引起的，该词的世俗体写法为 ty tw（“使给予”），科普特语词形为 tto。

*dỉt mзʿ，其世俗体为 tymзʿ，科普特语为 tmaiō，意为“真实地呈现、证明合理、证明合理、赞美”；希腊语 τιμή（拉丁化为 têmḗ）、多利亚方言 τῑμᾱ 和 τιμάω(H)（拉丁化为 tīmáō），意为“荣誉”[188]（mзʿt 本身将在下一章里进行讨论）。雅萨诺夫和努斯鲍姆从词义和词形上都反对这一词源分析。从词义上来讲，他

186 本书第十四章，注释 41；第十七章，注释 5。

187 Benveniste（1973, 2: 50-5）.

188 第一卷，第 61 页。

们主张词义“真实”和“证明合理”与希腊语 tīmḗ 没有任何关系。按照他们的观点，“它的词义是‘献给诸神和国王的（诸多）荣誉……奖赏、补偿’”[189]。这一论证与事实不符。事实上，科普特语 tmaiō 常常是对希腊语 makariousi［“受祝福的”（神授予的荣誉）］、timân（“授予荣誉”）和 timian poein（“获得荣誉”）的翻译。

雅萨诺夫和努斯鲍姆都未考虑到 mɜʿt（玛特）观念在埃及文化中的核心内涵和广泛含义。该词不仅指“真实”和“正义”，也指宇宙秩序。赐予或授予 mɜʿt、di(t) mɜʿt 是一种具有许多功能的王室仪式。其中的一项功能是确立和重申法老统治的合法性。[190] Tīmḗ 具有“献给诸神的礼物或祭品”这一词义，它可以在赫西俄德的诗篇中找到。[191] 与 Tīmḗ 相关的希腊语词汇也与 di(t) mɜʿ 有重合词义。Tīmésis 的一个词义是“评价、评估”，tímōrō 的一个词义是“复仇、惩罚”，它们与 di(t) mɜʿ 的基本词义“使变得公正”相吻合。“赞美”这一词义与作为“荣誉”的 Tīmḗ 非常吻合。总而言之，虽然这两个埃及语和希腊语词汇具有广泛的词义，但是它们的词义显然非常吻合。

我非常同意雅萨诺夫和努斯鲍姆认为 tīmeo 和 tīō（“我授予荣誉”）基本上是关联词汇的观点，但在它们之间如何关联的问题上有分歧。他们认为这两个词汇都源于假设词根，该词根与上文提到的梵语词根 ci/cāy（“注意、观察、尊重”）有关联（尽管如尚特莱纳所指出的那样，这种假设的关联是更为复杂和不可信的）。不过，我认为它们共同源于中期埃及语使役词 dit，或更准确地说，来自被记录在世俗体中的晚期埃及语词形 ty。tīmē、tiō 和 tínō 中的长元音 /ī/，表明这些词汇是在公元前 2 千纪末科普特语中的重读元音被弱化为 /ə/ 之前传入希腊语的。这与来自希腊语的证据吻合：直到目前为止，这些词汇都未见于 B 类线形文字的文献中，但是它们在史诗中具有了牢固地位。这一埃及语词源分析解释了 tīmḗ、tīō 和 tínō 之间的关联和不同，相对于那种将它们与 244
梵语和原始印欧语进行不确定的、混乱不清的微弱联系，它们与埃及语的联系确实在语义上和语音上具有优势，并且关系更为直接。

189　Jasanoff and Nussbaum（1996, 198）.

190　可供选择的仪式包括“提供”（sʿr），“带进来、给予（”mɜʿt），参见 Karenga（1994, 570-8）。

191　Hesiod, *Works and Days*, 142.

*dit nqr（“筛选的理由”），τινάσσω(H)（τινάξαι，τινάγμος）（“颠筛、扬簸”）。弗里斯克和尚特莱纳都提及了奥古斯特·菲克“巧妙地”认为 τινάξαι 源于假设词根 *κινάξαι，该词根源于 κινέω(7)（“移动”，物动词和不及物动词）。[192] 这一词源分析存在着非同寻常的语音转变，词义上的关联程度也不甚密切。Kinéō 本身需要一些假设的灵活空间来从根据印欧语词根 *kəi-：*k·*-和中缀 -n- 进行解释，尽管它在所有的时态中都出现。尚特莱纳在解释长元音 /ī/ 时碰到了难题。如果将它理解为源于迦南语 qinåh（“狂热、热忱、妒忌”）似乎更为简便，这一词源分析则深入闪米特语中。

结　语

尽管前缀 (R)dit- 和 r- 先前让非埃及语言学者疑惑不解，但是自从 17 世纪科普特语研究在欧洲确立以来，科普特语学者熟知定冠词和常用前缀 Pr- 与它们修饰的名词和动词稳定连用的现象。由于在地名上极少出现例外，并且诸如 πάν（“尼罗河里的鱼”）或 * pɜ sgnn ψάγδᾱν（“油膏”）这些术语在思想观念上可以接受，这些前缀没有被希腊语词典编纂学者当作可能的词源加以考虑。这一反常的空白只能用学术界的政治观念来解释了。[193]

192　Fick（1891, 282）.

193　关于这一问题，参见第一卷。

第十章　希腊语中重要的埃及语词汇（第一部分）

本章和第十一章主要谈论埃及文明中一些核心术语对希腊语的影响。就这 245
些术语本身而言，它们正是那些人们应该预料到传出的词汇。因此，我们毫不意外地发现，它们实际上为许多不是或者极有可能不是源自印欧语的希腊语词汇提供了可能的词源。

1．NṮR／Kɜ

表示 nṯr 𓊹 (R8) 的象形符号是在一根杆上缠绕着一块布。它广泛地象征着包括已故君主在内的诸神的神圣性，并且也象征生命力。更难进行定义的是 kɜ 𓂓 (D28)，即“拥抱的手臂”：它是一种精神或埃及人灵魂的一种、凡人或神灵的化身、代理人或幽灵（doppelganger）。有趣的是，nṯr 和 kɜ 可能拥有共同的起源。埃及语的 /ṯ/ 源于早期的 /k^{y}/，/ɜ/ 作为流音 /r/ 或 /l/ 使用，在上文第八章中已经讨论过。[1] 这样，我们可以假设一个词形 *enkera，在其中，最初的音位变体导致的异体词形 /k/ 和 /k^{y}/ 在音位上截然分开，并且腭音化的异体词形失去了它的字首发音 /n/。事实上，这个假设的原词形（proto-form）在现实中

1　参见本书第八章，注释 22—25。

是存在的，如比伦和夸拉（Kwara）的中库希特语中的 inkēra 和 enkerā，即“灵魂、生命”。弗朗茨·卡利切（Franz Calice）在他 1936 年出版的遗著中提出
246 了这一观点。但是，维尔纳·维奇赫尔并不理会它们的重要性，因为“这些语言与埃及语的相似之处是如此之少”[2]。我并不认为这些相似性可以如此轻易地忽视，因为库希特语和乍得语明显保留了许多非常古老的亚非语特征。更为晚近的学者很好地接受了非洲语言学大家卡尔·迈因霍夫（Karl Meinhof）写于 1915 年的观点：

> 当前，语言学家中有这样一种趋势，即认为非洲的一些“含米特”语言是在很大程度上被淘汰了的闪米特语言。我不能接受这种观点。由于含米特语言中正在使用的词形仅仅作为基本的残余出现在闪米特语中，因此，我认为我们可以合理地做出如下假设，即含米特语比闪米特语更为古老。[3]

相较于先前的学者，当维尔纳·维奇赫尔研究闪米特语时，表现出了更大的宽容。他促使大家关注其所谓的“令人惊讶的”类似，这种类似存在于他重构的早期埃及语 naṯīr 和古兹语 nakīr（“朝圣者、陌生人、其他的人”）之间，后者带有一个形容词 manker（“奇迹般的、令人惊讶的”）。[4] 除了最后一个词汇之外，它们之间的语义类似给人留下的印象远不如那些比伦方言和夸拉方言词汇之间的语音类似深刻。

Nṯr 与 ῎Ανθος 等词。在他们对我的著作进行评论时，雅萨诺夫和努斯鲍姆认为我提出 nṯr“在希腊语中有五种不同的发音”的观点是荒谬的，令人无法容忍的。[5]然而，汉语借用进日语或罗曼语借用进英语时都有不同的表现形式，这些类似性使我给出的数字本身无懈可击。例如，英语中经常并且分别借用的两个通俗拉丁语（Vulgar Latin）单词：camera（“拱门、拱顶”）和 cantare（“去

---

2 Vycichl（1983, 145）. 一个类似的不屑考虑的做法，参见 Hornung（［1971］1982, 41）。

3 Meinhoff（1915, 8）.

4 Vycichl（1983, 145-6）.

5 Jasanoff and Nussbaum（1996, 187）.

歌唱”）。Camera 是通过法语才变成“chamber”（房间、会议厅）的，通过意大利语衍生出 in camera（秘密地）这一法律术语。我们称之为“camera”（照相机）的现代摄影器械即照相机这一单词源于 camera obscura（只有一个双透镜作为唯一光线来源的暗室）。语音差别更大的衍生词源于 cantare 一词：“cant”（行话）来自法语北部方言，“cantata”（大合唱）源于意大利语，“chant”（吟诵）以及最后的“sea shanty”（船歌）源于现代法语祈使语气词形 chantez。[6] 通过这些情况，我们对罗曼语方言的发展及其发生借用的时代时期，都会有一个适度详尽的了解。如果我们所知道的仅仅是拉丁语 canere（“歌唱”）、camera（“拱顶”）和英语“chant”“cant”“cantata”“shanty”“chamber”“camera”，那么我们只是知道了几组语义语音上存在着模糊的相似之处的词组，却没有掌握传统印欧语研究专家所要求的清晰准确的规律。不过，可以确定它们都是从罗曼 247
语中借用而来的词汇。[7]

在东亚语言中也有类似的情形，如表示“百灵鸟”或“云雀”的汉字在现代汉语中读作 lìu。它在日语中有八种不同的读法：ryū、ru、bō、hyū、mu、kyu、gu 和 ryō。因此，与雅萨诺夫和努斯鲍姆不同的是，我毫不犹豫地相信比源词汇 lìu 在语音上更为复杂的古埃及语 nṯr 可能会有“五种不同的发音”。

因此，我们应当单独考查那些被提出的来自 nṯr 的词源说明。被提出的最重要的衍生词是希腊语 ánthos，它需要一些解释。被认为是 ánthos 的印欧语词源的是一个假设的词根 *andh 或 *anedh，指的是“凸起、发芽、生长、开花”。波科尔尼认为这一词根来自 ánthos 本身以及如此之牵强的吐火罗语词形 ånt（“平原”）。[8] 该词群中唯一与 ánthos 之间存在着可能的语义类似的是梵语 ándhah，即有魔力的“苏麻植物”（soma plant），它被认为具有赐予永生的魔力。弗里斯克坚持认为 ánthos 和 ándhah 之间的任何联系都是“无法证明的”，尚特莱纳也完全怀疑它。[9]

6 Bernal（2001, 112-6）.

7 尽管词典编纂学者们赞同 cant 的“单调的歌唱”或“哀叫声”的词义源于 canare，但是更有可能的是该词的“行话”或“黑话”的词义源于被读作 kānt 的爱尔兰语词汇 caint（“说话、习语”）。这是混合词源或“腐蚀”的一个很好的例子。在英语俚语或者黑话中的其他爱尔兰语词汇的例子包括：来自爱尔兰语 tuig（“知道”）的“知道”词义上的 twig 以及来自爱尔兰语 gob（“鸟嘴”）的 gob（“嘴”）。

8 参见本书第四章，注释 89。

9 Chantraine（1968-75, 1: 90）.

关于 ánthos 来自埃及语 nṯr 的词语演变情况，有更为可靠的证据证明。在语音方面，以 -r 结尾的单词即使在中期埃及语中也是不稳定的。[10] nṯr 中的 -r 的发音在科普特语 nute 中完全消失。这种消失表明 nṯr 到 ánthos 的语言借用不必定发生在公元前 2 千纪前半期，因为这种以 -r 结尾的单词可能已经存在于希腊语中。围绕着 anthos 的词群包括多个以 -r 结尾的词形：antharion（“丘疹”）、antheros（“芬芳的”）、antherikos（“常春花”以及“小麦芒，或小麦穗本身”）。Aθήρ (H)（“尖锐的小麦穗”）是埃及宗教中奥西里斯和希腊埃琉西斯秘仪中的神圣符号。[11] 从这点来看，nṯr（“神圣的”）作为这个词汇的词源，是完全恰当的。尽管在其中的绝大多数情况中 -r 可能是一个词形成分，但它还有可能是该词根的一部分，并且在其他词语中被丢掉了。字首增添元音 i- 可见于科普特语复数词形 entēr (B) 和 ntēr (S)（“诸神”）中。

普林尼（Pliny）在其《博物志》（*Natural History*）一书中写道：'αθάρη(2)（“面粉烘盘？”）是“一个埃及语词汇”。[12] 尚特莱纳写道，这一衍生词似乎被在一份纸草文献上证实的词汇证明。无论如何，他强调“这个词汇无法证明任何有关的词源演变内容”，这并不是说他本人不能发现一个词源。虽然他否认与 athēr 有关的任何关系，但他确实承认那个通俗词源可能与两个词形有关联。面粉糊（flour pastes）在围绕奥西里斯的死亡与重生的进行的仪式中的使用，的确使普林尼的观点变得非常可信。[13]

248 从语义学上来说，19 世纪的埃及学专家海因里希 · 布鲁格施坚持 nṯr 是“一种最重要的力量，它周期性地出现，创造并生产万物，赋予它们新的生命，使它们恢复青春活力”[14]。值得一提的是，从那时起，埃及学专家们在定义、解释 nṯr 方面一直有所进展，但是这个术语的模糊性和多义性仍然继续困惑着他们。许多“智慧经典”暗示在一个地方存在着唯一的神，但在别处用复数词形 nṯrw，表示诸神全体。[15] 在某种意义上，nṯr (w) 是超然的，至高无上的，但他

10 安东尼奥 · 洛普列诺认为这一演变发生在中期埃及语和晚期埃及语之间，参见 Antonio Loprieno（1995, 38）。不过，中期埃及语中 ptr/pty（“谁、什么”）和 mtr/mty（“名望、声誉”）的交替表明了早期埃及语的不稳定。

11 关于这些秘仪的埃及起源，参见 Foucart（1914）以及 Bernal（2001, 386-9）。

12 Pliny, 22: 121.

13 参见本书第十五章，注释 79，以及 Cauville（1997, 2: 33-4）。

14 Brugsch（1885-8, 1: 93）.

15 Hornung（[1971] 1982, 51-65）.

们在更多的时候又是无处不在的，它们不仅仅存在于太阳、月亮以及空气中，亦存在于泥土和尼罗河里。它们的核心本质是转变和重生的意义——ḫprw。[16]

花朵显然是这种重生的象征。在希腊 ’ánthos 并不仅仅表示“花朵”，它同时也具有“生长、青春之花”的意思。许多迹象表明，古埃及人认为花朵具有深远的宗教意义。例如，实际上每一次奉献牺牲或祭品时都突出显现花朵，这些花朵通常被系在石棺的前端以表爱慕和崇拜。从埃及宗教经典中，我们也能够清楚地发现，花朵可以象征诸神或者被祝福的亡灵。此外，如埃及学专家汉斯・博内（Hans Bonnet）所写的那样：“它们的意义不仅如此，它们还有更深的含义。诸神本身存在于花束中。”[17]

花朵和被祝福的亡灵在希腊古风时期和古典时期也被联系在一起。[18] 爱奥尼亚人的节日安泰特里亚节（Anthesteria）在 2 月份举行，这时花朵开始绽放。在庆祝节日的同时，Kēres 即“亡者的灵魂”（该词的古埃及语词源，将在后文探讨），被认为从坟墓中爬出后在街头游荡。[19] 该神话故事说明了重生与永生之间的联系。在同一季节，德尔斐和科林斯都有举行类似的节日。[20]

Snṯr，ξάνθος。Ánthos 源于 nṯr 的词源关系因为其他相关的词源分析而变得更可信。第一个例证是 xanthos 源于 snṯr（其科普特语词形为 sonte，该词本身可能源于主动分词 *sanṯir）。Snṯr 是依附于词根 nṯr 的使役动词。因此，它既有“使神圣”之意，又有“通过香火奉献（牺牲、祭品）”的特定含义。人类以向上飘的有气味的烟为媒介来接触诸神。更为具体地讲，snṯr 指的是叙利亚笃耨（terebinth）的树脂，该种树脂被当作熏香来使用。[21] 那么，如雅各布・格林姆（Jacob Grimm）所提倡的那样，我们可以求助于《词语与事物》（*Wörter und Sachen*）中将语言和其他类型的证据联系起来的语源学分析方法。[22] 从公元前 14 世纪发生在土耳其南部海岸乌鲁・布伦（Ulu Burun）附近的著名沉船事故中，

16 Assmann（1977, col. 759）. Ḫpr 在本章注释 176—187 以及第十九章注释 74—75 中讨论。

17 Bonnet（1952, 120-1）.

18 在现代，我们仍然把花放在坟墓上。

19 参见 Parke（1977, 106-24）。

20 Fontenrose（[1959] 1980, 380-1）.

21 参见 Loret（1945, 1949）。

22 参见 Trask（1996, 349）。

249 我们可以获知，snṯr 在青铜时代被希腊语广泛借用。[23] 树脂的颜色种类，从棕色到黄色不等。笃耨 τέρμινθος (4) /τερέβινθος (LXX) 可能源于 * dʒb nṯr［“圣无花果（树）”］尤其因为 términthos 用作医学词汇时描述的是肿瘤，σύκον sýkon（“无花果”）同时也有一个相同的次要含义。[24] 尚特莱纳在没有任何词源说明的情况下，将 τερέβινθος 视为一个下位层词汇。（有关神圣无花果树的观点，参见下文。）若埃及语词源 * dʒb nṯr 是正确的话，这就要求 * dʒb nṯr 在被第一次证实之前的数个世纪之前流音 /ʒ/ 便已存在。

反对 xanthos 一词来自 snṯr 的词源演变的语音原因是字首音 /x/，并且迈锡尼名称 Kasato 可能指的是 Xanthos（赞瑟斯）。然而，/ks/ 中的字首音 /k/ 或许是一个柔和的摩擦音而不是一个爆破音。[25] 因此，我们不能排除有些带有诸如 ks 或 ps 等咝音的埃及语和闪米特语词汇转写进希腊语。[26]

与语音上的细微困难相比，snṯr 与 xanthos 在语义上极为接近。该希腊语词汇有“棕色、黄色”以及“神圣的”之义，尤其用于形容头发。[27] 它也具有芳香的含义，尤其是熟肉和 latex 的味道，latex 指的是最后几滴带着飞溅声落入盆碗的乳汁。还值得注意的是，据《伊利亚特》作者的说法，在“诸神的语言”中，赞瑟斯是特洛亚德河流的名字。它被认为是宙斯的神圣孩子。[28] 作为河流的名称，最著名的是，赞瑟斯与火及火焰联系在一起。[29] 该河流站在特洛伊人的一边，与阿波罗、阿耳特弥斯、勒托等人并肩战斗。并且，他被认为足够强大，以至可以和赫淮斯托斯相提并论。[30] 在这场战斗中，荷马为我们描绘了一幅生动的场景，这条河燃烧着熊熊烈火。[31] 另一方面，这条河流被描述成

---

23 Bass（1991; 1997, 87）.

24 拉丁语 ficus（无花果属植物）和英语“fig”（无花果）也是如此。Ficus（无花果属植物）一般作为来自“一种未知语言”的借用语被接受，参见 Ernout and Meillet。

25 Lejeune（［1972］1987, 54, 72-73）and Levin（1995, 235）.

26 关于埃及语中的这种不确定性，参见 Loprieno（1995, 34）。关于闪米特语中的混淆，参见 Moscati et al.（1969, 35-7）以及 Steiner（1977）。

27 它也似乎是与 xánthos 相关的神秘词汇 ξουθός 的语义场，对此，尚特莱纳没有给出词源分析。该变体表明，两者都源于它。

28 *Iliad* 20: 74: 14.434; 21.2 and 24.693. 关于通过斯卡曼德罗斯与阿波罗建立的具体联系，参见上文第七章，注释 69；斯卡曼德罗斯是该河流“人类语言中”的名字。

29 *Iliad* 6: 560; 21: 345-370. 利西亚语 Xánthos 没有这些关联。

30 *Iliad* 20: 39-40 and 73-4.

31 *Iliad* 21: 325-82. 另见，22: 149-51。

反映了特洛伊城前的熊熊火光。[32]

荷马认为，神圣的赞瑟斯的对应物，在人类的语言中被称为 Σκάμανδρος（斯卡曼德罗斯）。[33] 在第十三章中，我将讨论闪米特语咝音在希腊语中的翻译。闪米特语 /š/ 的一个希腊语译法是 /sk/。由此，Skamandros（斯卡曼德罗斯）的辅音结构是 √šmn，后者表示的是西闪米特神伊斯穆恩（Ešmun），阿波罗的对应神。并且后者也表示为彼奥提亚的伊斯墨诺斯（Ismenos）河以及当地对阿波罗・伊斯墨尼俄斯（Ismenios）的崇拜。[34]

如上所述，词汇 Xanthos 不仅仅单指颜色。它的特质显然是令人向往的，它具有神性和魔力的内涵，并与火焰的光亮、烹饪和香味有关。虽然没有理由怀疑描述阿喀琉斯的头发时所使用的 xánthō 指的是黄褐色，但事实上，这种颜色符合他作为狮子的形象。[35] 头发也是神圣的，因为他的父亲把它献给了斯佩耳刻俄斯（Sperkheios）河，并在那里举行了焚烧仪式。[36] 用于描写得墨忒耳 250
等神灵或墨涅拉俄斯等英雄的 xantho，不太可能只是意味着他 / 她们有“颜色好看的头发”。相反，Xanthos 主要表示他 / 她们的神性。

另一迹象表明，xanthos 的基本含义是“通过火献祭”，并且它的其次含义是“黄色”，该词义源于历法和神话的综合来源。首先，xanth- 出现在马其顿节日名称 Ξανθικά（Xanthiká）和显然位于早春时节的月份名称 Ξανδικός（Xandikós）或 Ξανθικός（Xanthikós）中，作为词干使用。这一用法可以为 snṯr 的另一个明显的译名提供一个关联，这个译名表示一位被称为 Sandon、Sandan、Santas 或 Santa 的神。d/t 的替换很容易被解释，因为在晚期埃及语和安那托利亚语言中，舌音被中和。

桑顿（Sandon）在距离特洛亚德的赞瑟斯神河不远的吕底亚和西里西亚受到崇拜。在西里西亚，桑顿最著名的崇拜中心位于塔尔苏斯（Tarsus）。在这里，他的一个塑像每年都在一个巨大的柴堆上燔祭。詹姆斯・弗雷泽说，这个场景作为一个城市的特征被铸刻在它的钱币上。[37] 该崇拜带有许多独特的

32 *Iliad* 8: 560.

33 本书第七章，注释 69。

34 本书第十九章，注释 103。

35 参见本书第九章，注释 34—36。

36 *Iliad* 23: 136-53.

37 参见 Frazer（1914, 1: 388-93）。我在塞尔特曼的著作中未找到这一钱币，参见 Seltman（1933）。

安纳托利亚特征，但是显然与推罗人信仰的神梅尔卡特（Melqart）相关，希腊人将他视为赫拉克勒斯。梅尔卡特的塑像每年在推罗燔祭，可能与在希腊语中被称为“赫拉克勒斯的觉醒”的节日有关。这个节日在早春举行，与复活有关。[38] 在更广泛的意义上，桑顿 / 桑塔斯（Santas）被燔祭与从巴比伦到加的斯（Cadiz）一带的一系列崇拜和节日有关。据弗雷泽的观点，他们都浴火成神。[39] 他还指出，赫拉克勒斯被放在柴堆山燔祭的节日是为了纪念他在俄伊塔（Oita）山被烧死。[40]

Xanthos 和梅尔卡特—赫拉克勒斯—桑顿之间更为具体的联系是鹌鹑和鸽子。阿里斯托芬将一只烤鸽描述为“极好的和 xanthos”，在这个语言背景中，xanthos 暗含的意义是“好吃的”而非“黄色的”。[41] 在将鹌鹑献祭给腓尼基的赫拉克勒斯的希腊解释中，传说赫拉克勒斯是在利比亚被堤丰杀死的。[42] 很显然，这个解释暗指奥西里斯被塞斯谋杀。在晚期希腊语中，他的名字是堤丰并且他的家被认为在利比亚。赫拉克勒斯获救了，他的忠实的仆人 Ιόλαος 将烤鹌鹑放在他的鼻子下，赫拉克勒斯在令人垂涎欲滴的香味中复活了。因此，就出现了谜语“为什么鹌鹑比赫拉克勒斯更强壮？”。当然，这个故事类似于神在其感兴趣的祭品和焚香的香气中觉醒。[43] 弗雷泽似乎合理地将献祭和神话与
251 每年 3 月地中海东部鹌鹑的迁徙活动关联起来，将它们与春天和神圣的复活联系在一起。他进一步指出，塔尔苏斯铸有柴堆图案的一些钱币上，还刻有铭文 'ορτῠγοθήρα（“狩猎鹌鹑”），这可能“指的是狩猎鹌鹑并放在柴堆上烧烤的习俗”。[44] 因此，桑顿 / 桑塔斯、Xanthiká 和 xanthos 便似乎合理地联系在了一起。它们都是由火和奉献的主题以及 snṯr 的意义联结在一起的。甚至许多世纪之后，这个词显然是一个表示颜色的术语，柏拉图将其描述为“火焰红与明亮白的混合色”[45]。

重新回到 snṯr 的基本词义“使成圣”：博学的卡利马科斯将古代城市特洛

38 参见 Frazer（1914, 1: 110-27），Van Berchem（1959-60, 73-109）以及 Moscati（1973）。

39 关于巴比伦新年的献祭，参见 Saggs（1962, 366-7）。至于其他，参见 Frazer（1913, 412-25）。

40 参见 Frazer（1914, 1: 116）。

41 Aristophanes, *Akharnians*, 1106.

42 关于中王国和新王国时期埃及的鹌鹑献祭的频繁程度，参见 Weinstein（1973, 134-5）。

43 Eudoxos, quoted by Athenaios, 9: 4.7, and Zenobios 5: 15. 参见 Frazer（1914, 1: 112-3）。

44 参见 Frazer（1914, 1: 112, 126）。

45 Plato, *Timaeus* 68B.

伊曾称为 ξάνθοιο。注释者解释，这名称是来自一个国王的名字赞瑟斯，并且没有其他任何材料记载过这个说法。维拉莫维茨将其译为“美发的特洛伊人的城镇！”。最支持在这种语境下将 xanthos 仅仅解释为“神圣的”的做法的学者是迈内克（Meineke），他提出用 xanthos 替代 ζαθέοιο。[46] 尚特莱纳将 ζάθεος (H)（“最圣洁”）置于在含有表示强化的前缀 za- 的词群里。尽管他可能是对的，但是也很难排除这个词语也源于 snṯr 的可能性。

总而言之，从 snṯr 到 xanthos 的词源说明中，语音对应合理适当，语义匹配复杂巧妙且令人信服。此外，无论是弗里斯克还是尚特莱纳均不接受以前提出的印欧语系词源。

Snṯr、Σίντιες 和 Σιντοί。在《伊利亚特》第一卷中，荷马复述了宙斯无情地将赫淮斯托斯扔下奥林匹斯的故事。匠神直到掉到他的火山岛利姆诺斯才算落地，在那里，他被忠实的辛提人（Sinties）照顾，这些人在其他文献中被描述为该岛的原始居民。[47] 有时，辛提人这个名称指的是“强盗”，这是因为它含有词干 sin-（“抢劫”），这一内容将在下文探讨。[48] 由于将神圣和火结合在一起，这一名称更有可能源于 snṯr。由于没必要解释这些名称，弗里斯克和尚特莱纳都没有为“辛提人”提供词源解释。

Snṯr、Σάτυροι 和 Σάτραι。其他源于 snṯr 的派生词包括 Sátyroi（Satyrs）和 Satrai（“色雷斯的一个部落”）。弗里斯克尝试着提出，这些名称是来自希腊语内部或来自伊利里亚语的借用词。尚特莱纳认为这两个名称有关联，并且它们是希腊语中的借用语。他更为谨慎，指出它们没有被确定的词源。阿斯特提出它们来自闪米特语词根 √str（“掠夺、摧毁”）。[49] 尽管语音极为类似，但是就一个来自 snṯr 的衍生词而言，它们之间的语义对应是模糊不清的。所有的学 252
者都认为萨提尔和萨特莱人（Satrai）都与狄奥尼索斯崇拜仪式相关，并且与

46　*Hymn to Delos*, 1: 41。关于这些观点，参见 Mineur（1984, 87）。

47　*Iliad* 1: 593-4 and Thucydides, 2: 98.

48　本书第十六章，注释 22。

49　Astour（1967a, 190）.

生殖器崇拜或阳具崇拜相关。[50] 认为埃及语对爱琴海北部周围地名产生了影响的观点，因为阿拜多斯和普里阿波斯（Priapos）的存在以及它们与奥西里斯阳具崇拜的关联，而变得不太荒谬，这一问题已在上一章探讨。[51] 在这个词源分析中，不存在大的语音障碍。希腊人在翻译埃及 Πενθός 语词汇或名称时常将中缀 -n- 丢掉。[52] -n- 也有时候在希腊语中被其后的齿音同化。[53]

***Bɜ snṯr、Βρένθος 和 Πενθός**。科普特语和埃及语中包含重音的复合词汇，其第一词素和第二词素在很大程度上被弱化了。这样祭司的等级名称在埃及被称为 ḥm nṯr，在科普特被称为 *hom 和 nute，成为已被证实的词汇 hont。[54] 围绕希腊语词汇 βρένθος(6) 的词群难住了词典的编撰者们。该词含有“水禽、自豪的、傲慢的、香气、植物、坟墓”之意。弗里斯克直接写到“事实上，所有的词源解释都无最终定论”。尚特莱纳声称：

> 如果我们从鸟的名称开始，将不会找到该词的任何词源。与植物和香气相关的这些方面的词义，可能存在着一个非印欧语词源。这在本文中所收集的词汇中，我们应该根据各自独立的词源将它们区分为两组：一组是鸟和傲慢，另一组是植物或香气。

这两位学者，没有一位论及赫西基奥斯将 brenthos 和 tumbos 当作“坟墓”使用。

词汇 brenthos 的各种含义可能都来自一个单一埃及语词源。Bɜ 或 Ba 是埃及认为的诸多灵魂之一，巴（Ba）尤其是指复活亡者的灵魂或飞出坟墓后返回并滋养身体的灵魂。它最初被写作𓅡 (G29)，一种通常和鹳相关的鸟。[55] 从第十八王朝开始，这个符号与许多不同符号成为交替符号，明显的有𓅽 (G53)，

50　与萨特莱人同时的古代作家们将贝索伊人（Bessoi）与萨特莱人并列，贝索伊人这个名称可能源于 *bsw（“入会者”），而后者源于动词 bs（“接纳为会员”），参见本书第十一章，注释 21—24。

51　本书第九章，注释 141。

52　相关例子，参见 Sesôstris from S n Wsrt。

53　Lejeune（[1972] 1987, 146-7 §143）.

54　Vergote（1971, 47）.

55　对于这一想象中的鸟的进一步探讨，参见 Takács（2001, 4-6）。

埃及学专家们仅仅把它看成 bꜣ 的一个变体写法。正如加德纳所指出的，这个象形文字由两部分组成：人头鸟 Ba 和“火盆” (R7)snṯr。[56] 路易斯·扎布卡尔（Louis Zabkar）在对 Ba 的详细研究中，提到它在新王国时期更进一步被强调，“晚期”的铭文中存在着对一些 Ba 飞到天上并变成神化的 nṯr 或 snṯr 的描写。他没有提及新的象形文字的采用。[57] 基于我所认为的希腊语衍生词，我确信就 253
如 *kꜣ nṯr（将在下一节讨论）一样，象形文字的两部分都经过了语音处理。既然如此，应该读作 *bꜣ (s) nṯr。

它与 brenthos 之间存在着很好的语音类似，尤其是如果这个词汇在公元前 2 千纪中期中缀 -s- 弱化之前传入希腊。/ꜣ/ 的辅音化也表明该词是一个早期借用语。

它们之间存在着准确的语义匹配。作为鸟类或昂首阔步的鹳，Ba 可以解释傲慢自大。正如 snṯr 之于 xanthos，* bꜣ snṯr 中的 snṯr 意指焚香和香气，特别是与死亡、葬礼和坟墓相连的没药的香气。巴鸟在坟墓周围徘徊。关于这个概念和词汇可能是在公元前 2 千纪中期才传入希腊语中的观点，因迈锡尼时期描绘灵魂鸟的图像而变得更为可信。埃米莉·弗穆尔（Emily Vermeule）明确提出，这些词汇源于埃及语 bꜣ。[58] 她写道：“毋庸置疑，埃及的 Ba-soul 是希腊灵魂鸟及其神话衍生形象塞壬和哈耳皮埃（Harpy）的原型，她们都与死亡有着强烈而又持续的关联。”[59]

Σειρῆνες，即塞壬女妖们，为灵魂鸟和哀悼之间提供了一个联系。尚特莱纳用“模糊难解”来描述这个名称的词源。莱维认为该词源于闪米特语 *s(š)îrḥēn（“优美的歌声”），无论尚特莱纳还是弗里斯克都没有提及他的观点。[60] S(š)îr 和 Sirens 之间存在着相似性，她们最主要且唯一的特征无疑是她们的歌声。然而，第二要素则争议颇多。维克托·贝拉尔倾向于 *s(š)îr·ʾan（“诱惑的歌曲”）。[61] 他认为这是一个广泛存在的闪米特语词根，但是我仅能在阿拉姆语里找到它。

56 Gardiner（1957, 473）.

57 Zabkar（1968, 131-53）.

58 Vermeule（1979, 18, 65）. 她给出了古风时期和古典时期的丧葬人头鸟（human-headed funarary birds）图例，参见她的 chap. 1, figs. 13-4 和 chap. 3, fig. 11。

59 Vermeule（1979, 75）.

60 Lewy（1895, 205）.

61 Bérard（1927-9, 4: 382）.

Seirēn 现在已在迈锡尼文字中找到，它不太可能是来自阿拉姆语的借用语。另一个可能的词源是词根 √ˀan（“呻吟、哀悼”）。它在希伯来语中为 ˀånåh 或 ˀånaḥ，在阿拉伯语中为 ˀanna。弗穆尔在她的著作《早期希腊艺术中的死亡》（*Death in Early Greek Art*）中收录了一个阿提卡黑绘陶碗的插图，碗的边缘绘有哀悼者的图案，环绕碗的四周是塞壬女妖的图案。[62] 在上述提到的引文中，她指出塞壬们“与死亡有着强烈而又持续的关联”。例如，她们拥有一个“鲜花盛开的草地”，即 λειμῶν ἀνθεμοεντα。[63] 弗穆尔还描述了一口出土于塔那格拉的迈锡尼时代的棺椁，绘有“一只鸟昂首阔步地穿过两名士兵身后鲜花盛开的草地”的图案。[64] 这使人想起埃及人的天堂或者 Sḫt ỉꜣrw（“芦苇地”），它们将在本章稍后的内容中进行讨论。[65]

254 当我父亲还是一个孩子的时候，他对他第一次听到的夜莺鸣叫感到失望。他原本希望并想象它像人一样歌唱！然而，许多文化，包括那些操闪米特语和操希腊语的族群在内，提到鸟时使用的是“歌唱”。莱维和贝拉尔都提到《传道书》（Qohelet）中使用的短语 bənôt haššir，其字面意思为“歌的女儿们”。[66] 他们将这一短语理解为与塞壬类似的神话人物。不过，诗句指的是啁啾的麻雀。因此，大多数注释者认为 bənôt haššir 指的是鸣叫的鸟。此外，这些鸟常常同哀悼联系在一起。哀鸠不是唯一一种同哀悼相关的鸟。

另外，哀悼者可以成为鸟或代表鸟。在埃及，伊希斯和奈芙蒂斯（Nepthys）——奥西里斯的哀悼者——是葬礼上被两个妇女代表的 ḏrty（“两只鸢”）。[67] 阿波罗多罗斯曾两次提到哀悼者变为鸟。[68] 因此，在埃及和希腊，歌曲、鸟和哀悼似乎是同 Ba 或灵魂鸟紧密联系在一起的核心象征。词典编纂学者们将词汇 Πενθός (H)（“哀悼”）、πενθέω（“我哀悼”）以及其他衍生词归入 πάσχω（“经历”或“遭受”）的词条之下。尽管 paskhō 中存在的 /a/，有时候是 /o/，但是他们还是通过未来的词形 ¦Đεί¦ ομαι 来证明它是 penthos 中的 /e/。

62 Vermeule（1979, 63, fig. 19）.

63 *Odyssey* 12: l.159. 关于该埃及语词源分析，参见上文第九章，注释 178。

64 Vermeule（1979, 65）.

65 参见下文注释 150。

66 Ecclesiastes, 12：4.

67 另见第十一章，注释 49。

68 Apollodoros 1: 8.3. and 3: 12.5.

paskhō 和 penthos 之间语义上的差距甚至大于语音上的差距。它更有可能是 *Bɜ snṯr 在 /ɜ/ 失去辅音值之后被借用到希腊语中产生的一个衍生词。它的主要难题是要求词中音 /s/ 在希腊语发生普遍转换之后被去掉。

迈克尔·阿斯特指出，被酒神女信徒（Bakkhai）撕成碎片的彭透斯（Pentheus）是狄奥尼索斯酒神的替身神，他本人又以巴库斯（Bakkhos）或巴克乌斯（Bakkheus）而为人知晓。阿斯特似乎合理地认为，该名称来自西闪米特语 båkūy（“被哀悼的”），即动词 √bky 的被动分词。他将这个词汇视为一个闪米特语–希腊语的成对词。[69] 我认为，它是希腊语中的一个埃及语–闪米特语成对词。在第十八章中，我将举一个例子，即拉丁神利伯尔（Līber），也就是狄奥尼索斯和巴库斯的对应神，来自埃及语词汇 rmỉ（“哭泣”）。[70]

***Kɜnṯr；κάνθαρος，καθαρός**。在这里，我们将转向 nṯr 中的 -n- 的保留与丢失之间的交替现象，它们可见于词义相关的两个词汇 kántharos 和 katharós。弗里斯克认为两者中的任何一个词汇的词源都是不“可以接受的”，并且尚特莱纳也没有提出任何词源，尽管他尝试性地提出 kántharos 来自“下位层”语言。Katharós 指的是“干净、清洗、纯洁”，表示“圣甲虫、一种鱼、一种船、植物、阿庇斯公牛舌头上的标记和带着大耳的杯子”。[71] 不过，尽管接受了这一词义， 255
仍然遗留了一大堆其他未解释的词源等待解决。因此，这个希腊语词汇的语义显然需要一个词义模糊且与宗教有关的埃及语词源。我相信这个词可以找到，即埃及语词汇 *kɜ nṯr（“圣灵”）。词前加一个星号，是因为埃及学专家没有认出这样的词形。由于他们未将𓅡与𓄿区分开，所以他们经常将𓂥 (D29) 单纯地当作 kɜ𓂓（“灵魂、灵”）的一个交替词使用。下半部分𓊾 (R12) iɜt（“旗杆”）是一个广泛用于表示神灵的符号。因此，𓂥作为表示合成词 *kɜnṯr 的符号，极有可能是一个词源。这个假设因两个科普特语词汇 ktēr 或 kater（“牛犊”）和 kente (B)、kentē (F) 或 knte (S)（“无花果（树）、圣树”）而变得更加可信，前者可能与阿庇斯公牛有关联，后者源于 *kunte。[72] *kɜnṯr（“神圣的灵魂”）也

69 Astour（1967a, 173-5）.

70 第十八章，注释 54—57。

71 Szemerényi（1974a, 148）.

72 参见上文的笃耨。维奇赫尔提到了贝沙语词汇 u kunta（“结实水果，带有苦味的黄色水果”）。他没有承认它是这一埃及语术语的词源。我不明白这一演进过程为什么不应该反过来。

显然可能成为 katharós 以及诸如 kathársis 等衍生词的词源。与这种词形结构类似的词汇是 Kꜣ ḥtp（“满意的 kꜣ”）和 *kꜣ ḥkꜣ（“具有魔力的 kꜣ”）。埃尔曼和格拉波（Grapow）似乎合理地构想了后者。[73]

***Kꜣ nṯr；Κάανθος，Κύνθος，Κάναθος，Κένταυρος**。希腊语对 *kꜣ nṯr 的其他翻译，包括 Kaanthos、Kanathos、Kynthos 和 Kentauros。Kaanthos（卡安托斯）和 Kanathos（卡纳托斯）是类似的著名英雄。根据帕萨尼亚斯的记载，卡安托斯的坟墓位于底比斯城外阿波罗·伊斯墨尼俄斯神庙附近的阿瑞斯泉旁边。这个地点也与卡德摩斯和恶龙战斗联系在一起。[74] 正如卡德摩斯追寻欧罗巴一样，卡安托斯也在徒劳地寻找他的姐妹 Μέλια（莫莉亚）。

在继续探讨卡安托斯之前，我们应该来谈一下莫莉亚。这两个人都是大洋神的儿女。20 世纪初的学者安东尼奥斯·克拉墨波罗斯（Antonios Keramopoullos）将莫莉亚等同于阿瑞斯泉的原初名称。[75] 鉴于她与水相关联，这一内容将在下一节探讨，那么他的观点有可能是正确的。尚特莱纳没有给出任何词源，但是莫莉亚这个名字似乎来自埃及语词汇 mr（“水渠、人工湖”）。同源词 mr（“通过……奠酒、金属容器”）出现在希腊语中为 μέλη (4)（“一种杯子”）。莫莉亚是第一位莫莉亚宁芙（the Melian nymphs）。一个可以追溯到赫西俄德那里的古代传说，将这位宁芙的名字和 μελίᾱ（“梣树”）相关联，梣树是从乌拉诺斯被割掉的生殖器流下的血液中发芽生长的。[76] 鉴于她类似于 Dryads（“梣树宁芙”），所以这个故事具有固有的可能性。由于莫莉亚与泉水
256 有关，加之事实上宁芙们普遍与水有关（在第九章中强调过并且在第十一章中进一步探讨过），我们很难否定这里至少涉及语义双关或意联（punning）。[77]

在卡安托斯未能解救他的姐妹之后，他的故事就与卡德摩斯故事的情节有所不同了。他发现莫莉亚是被阿波罗诱拐的，因此，出于愤怒，他将阿波罗的

---

73 Erman and Grapow（[1926-53] 1982, 5: 89）.

74 有学者确定了这一泉水，参见 Symeonoglu（1985, 181）。

75 Keramopoullos（1917, 320-1）. 此处的 pḗgē，使用的是“泉水”之意，它源于埃及语 pgꜣ（“喷出”），参见第一卷，第 94—95 页。

76 Hesiod *Theogony*, 187. 此处存在一些歧义，因为在下一行中克罗诺斯将生殖器直接扔进“翻涌的大海”。当然，由这一行为诞生了阿芙洛狄忒，参见第九章，注释 123。

77 Apollodorus（1921, 3: 8.1）. 大洋神有一个女儿名叫莫莉波伊娅（Meliboia）。该名字既不表示梣树，也不表示水？

神庙烧了。随后，阿波罗神一箭将其射杀，他便被埋在了此地。[78] 约瑟夫·丰滕罗斯指出，奥克西林库斯出土的一份纸草文献中记载了类似的故事。在这个故事里，伊斯墨尼俄斯（阿波罗）杀死了一个名叫克拉埃托斯（Klaaitos）的人。丰滕罗斯认为，这个名字是“卡安托斯的残缺词形，卡安托斯本身可能是就是一个残缺词形”[79]。能解释这两个名字的词源是 *kɜ nṯr。/ɜ/ 作为流音使用，表明克拉埃托斯是一个较早期的词形，但是它也有可能是一个复古词汇。

卡安托斯显然是位与一潭距离阿尔哥利德的勒那泉不远的泉水有关的英雄。就是在这潭泉水里，赫拉每年洗浴一次，使自己恢复处子之身。[80] 这一联系，就使得卡安托斯这一名字与 katharos 和 katharsis（“净化”）的关系更为紧密。卡安托斯与这眼泉水有关联，也使得它源于 *kɜ nṯr（“圣灵”）的分析变得合理了。

***kɜ nṯr；Κύνθος**。昆托斯山（Mount Kynthos）是爱琴海最著名的神山之一，它是阿波罗和阿耳特弥斯传说中的诞生地。该山位于神圣的提洛岛上，其上有一座宙斯神庙，被认为是宙斯在守护自己的两个孩子的诞生。[81]（这个主题将在第十九章中进一步探讨。）应该注意的是，先前提到的所有来自 * kɜ nṯr 的衍生词都带有一个发音的 /a/。这一发音不确定，可见于 Κύνθιος 或 Καύθιος 的形容词词形 Κάνθιος，它可能来自更早的词形 *kʷar，这一问题已在第五章探讨。[82]

*** kɜ nṯr；Κένταυροι**。人们熟悉的马人形象是善良的混血马人 Kheírōn，他是阿斯克勒庇俄斯治疗技艺方面的指导师。尽管马人名称的词尾是 -taur，却不能使马人和公牛联系在一起，尽管与公牛的联系要求改变该词的词形。在荷马史诗中，马人仅仅是一个野蛮的族群，他们以残暴、敌视人类，尤其是在与拉庇泰人战斗失利后四散奔逃而著名。[83] 并且，他们的形象与最初生活在色萨

78　Pausanias, 9: 10.5.

79　Fontenrose（[1959] 1980, 319）.

80　Pausanias 2: 38.2.

81　参见荷马史诗 *Hymn to the Delian Apollo*，18，26 and 141，以及 Bruneau and Ducat（1965, 147-51）。关于提洛岛作为阿波罗和阿耳特弥斯的孕育地或诞生地的更多探讨，参见第十九章，注释 142—153。

82　第五章，注释 168—170。关于词形，参见 Mineur（1984, 58）。

83　*Odyssey* 21: 295-305. 关于 Lapith（拉庇泰人）的词源分析，参见本书第九章，注释 176—177。

利平原上的骑马族群吻合。荷马将喀戎（Kheírōn）描写为“最好的马人”和
257 医药之术的教师。[84] Kentauros（肯陶鲁斯）还有其他词义：“残忍的恋童癖”，该词义与马人的行为有关。它用作表示“女性外生殖器”时则不太容易通过这种方式加以解释。Κενταυρίς 是一种草药的名称和一种耳环的名称。因此，就像 kantharos 一样，许多不同的词义表明，它有一个模糊不清的词源。一个描述野蛮的外族人的“神圣”词汇的委婉用法表明，它类似于上文提到的名称萨提尔和萨特莱人。同样，埃及人使用 Tз nṯr（“神圣的土地”）表示从非洲的蓬特（Pwnt）到叙利亚北部和安纳托利亚一带的国家。[85]

Kз；κάρ，以及 κήρ。现在，我们来谈一下 kз 本身，雅萨诺夫和努斯鲍姆对我认为希腊语 kā́r/kḗr 来自埃及语 kз 的观点的最初评论是，我的这一分析有赖于将 /з/ 解释为一个流音。（这一问题已在上文第八章中探讨过。[86]）他们也反对别的根据，即方言分布表明 kḗr 不仅仅是阿提卡语和爱奥尼亚语中 å>ē 转换的结果。在一定程度上，它可以独立存在。他们对这些不同的词形的解释如下：

> 将这两个发音词汇置于原始印欧语“根名词”（“root noun”）的标准假设词形之下便容易解释了。这个词根是 *kḗr（主格单数形式）或 *kṛr-és（所有格单数形式），字面意思是“砍掉的一块、终止”［参见 keírō <*ker-yō（“我砍”）］。这样的动名词——在原始印欧语词汇中完全有规律——将衍生出一个早期希腊语的标准词形 *kḗr，*kar-ós 的弱化词干（*kar-）被视为一种背离，它在一些方言中创造了一个新的主格单数词形 kā́r。[87]

不幸的是，因为它所有的专业神秘化，这个笨拙的“标准”解释不能被“标准”词典编纂学者们接受，弗里斯克写道，这些对方言情况的解决“也许是可能的”。尚特莱纳怀有更大的质疑，并且对解释 kḗr 的词条的评价是“该词词

---

84 *Iliad* 21: 832-4.

85 戈捷提出，由于这些土地都大致在东方，它们与作为上升中的太阳的 Ra（拉神）联系在一起，参见 Gauthier（1925-31, 6: 24）。考虑到巨大的地理范围，这似乎不太可能。

86 本书第八章，注释 26—34。

87 Jasanoff and Nussbaum（1996, 196）.

源不明”。

长元音 /ē/ 在其他方言中的情况不太清楚。不过，如第五章所述，k3 被重构为 *k^war，这就使它在希腊语中的翻译变得不确定。不管怎样，冒着出现准确性错位的危险，希腊语元音交替（vocalic alternation）可以被解释为，根据埃及语词汇 *kūr>kēr 中的字首音 /k^w 和 *kār 中的第二发音 /a/ 难以解释是哪个词汇先传入希腊语导致的结果。[88] 无论如何，考虑到 kēres 对荷马时代的希腊语或阿提卡希腊语的文化影响，要求这种准确性的做法是不恰当的。

雅萨诺夫和努斯鲍姆进行的语义论证是同样不足为凭的。尚特莱纳引用了古典学专家 J. N. 李（J. N. Lee）在一篇论文中进行的论证，即与其称 kēr 为“死 258
亡和废墟”，毋宁称之为“命运”。[89] 更重要的是，我在《黑色雅典娜》第二卷（第 263—264 页）中写道：

> 希腊语 kḗr ……，是一个宗教意味丰富且复杂的术语。无疑，它逐渐获得了“命运、厄运或暴死”的词义。不管怎样，……荷马使用它时却赋予了它一个不同的词义：个体命运或“灵魂”。根据《伊利亚特》的一段文字可知，它指的是一个人从生到死的历程。[90] 同样的词义也保存在一个古老的词形（formula）里，该词被用于雅典的安泰斯特里亚节——在这个节日里，亡者的灵魂重访生者——“告知 kēres，安泰斯特里亚节便到此结束”。[91] 因此，作为个体灵魂的词义似乎在它的原始词义中处于核心地位……
>
> 关于 k3 的概念在埃及宗教体系中处于核心地位，k3 通常写作 ka（卡），词义更为丰富。[用埃及学专家彼得·卡普洛尼（Peter Kaplony）的观点来说：] 由于象形文字代表着伸开的或拥抱的双臂，“卡”的最初词义显然是两个相互联系的存在物：神和神、神和人，以及人和人中的一个。在父亲和儿子的意义里，它获得了个人和制度的延续性和不朽的内涵。[92]

在一个不太抽象的层面，阿道夫·埃尔曼在他的词典里是这样对 k3 进行

88 参见第五章，注释 168—174。

89 Lee（1960）；Bernal（2001, 133）更为详细地引用了这篇文章。

90 *Iliad*, 23: 78.

91 Parke（1977, 116-7）.

92 参见 Kaplony（1980b）。

定义的：“a）Ka 是人类与生俱来的，并且具有人形，尤其是具有双臂，Ka 可以用它来拥抱人类进行保护；b）Ka 是一个人的伙伴，伴其终身。”阿尔曼注释道，在世俗体中，kɜ 经常和 šɜy（“命运”）联系在一起。[93] 由是，kḗr 和 kɜ 之间的语义吻合就几近完美了，考虑到语音也具有同样的吻合，这个亚非语词源远远胜过任何一个印欧语词源。

2．ʿnḫ (ankh)

艾伦·博姆哈德假定了一个诺斯特拉语词根 ʿan-aḫ 或 ʿən-aḫ（“去呼吸、去生活”）。在印欧语中，它找到了这个词根的例词，可见于梵语中的 ániti、ánat（“去呼吸”）和拉丁语中的 anima（“气息”）以及 animus（“灵魂”）。[94] 亚非语中的例
259 词是埃及语词汇 ʿnḫ (ankh)♀ (S34)。在埃及文化和后来的许多文化里，它曾经是并且仍然是威力最强大的生命象征。[95] 在解释它的起源上，学者们经过了数十次的尝试。传统的观点认为，这一符号源于凉鞋系带。[96] 1982 年，两个兽医加尔文·施瓦布（Calvin Schwabe）和乔伊斯·亚当斯（Joyce Adams）参加到语言学家兼埃及学专家卡尔顿·霍奇的研究中，提出了一个更有可能的新起源：[97] 驼峰牛上下倒置的胸椎。这一解释符合古代埃及文化的两个特征：第一，牛的核心地位，在象形文字中牛的身体部位代表人的身体部位；第二，相信延伸至阴茎的脊柱是生命的来源。不能否认的是，这里运用了画谜（rebus）或意联原则，因此这个符号用于表示带有辅音组 ʿnḫ 以及不同词义和不同词源的词语。如人们所预料的那样，这样一个重要的、被频繁使用的词语组，其影响超出了埃及，并且其中的一些被希腊语借用，它们将在下文探讨。不过，在这里我将考查一个合成词，其中的组成部分 ʿnḫ 的基本含义是“生命”。

93 Erman and Grapow（[1926-53] 1982, 5: 86-7）. 关于希腊语 χρή（“必要性”）源于 šɜ(y) 的探讨，参见第五章，注释 55。

94 Bomhard and Kerns（1994, 521 §369）.

95 它以名字 crux ansata（“带柄十字架”）继续在基督教中使用。

96 关于 13 种解释的列表，参见 Hodge（1995）。另见 Vycichl（1983, 250）。对于近期对传统观点的重申，参见 Allen（2000, 27）。

97 Schwabe et al.（1982）.

ʿnḫ；(F)ἄναξ，(F)ἄνακτος。青铜时代表示国王的称号在 B 类线形文字中得到证实，即 wanaka，它的与格形式为 wanakate，在荷马史诗中，它的拼写是 (F)ἄναξ。(w)anax（瓦纳克斯或阿纳克斯）具有高贵地位，远远高于巴塞琉斯，后者在公元前 2 千纪仅仅指“大臣、高官”。[98] Anax 有很多衍生词与国王和统治有关，这些词通常带的词根是 anass-。阿纳克斯和弗里吉亚语中的 wanakt 是同源词，不过，尚特莱纳谈及这个词时写道，它“一定是从希腊语借用而来”。

传统的观点认为，*wanak 是词干，切梅林伊却强烈地主张 *wanakt 是词干，并且学者们只能通过字母组 kty 来解释带有 /s/ 的衍生词形 wanassa、阴性词形和动词形式 wanassō（“统治”）。不过，我不认为学者们能够轻易抛开 B 类线形文字书写板中的证据，该词干最初是 wanaka(t)，尽管词尾 -a- 可能在该词后来演变为 wanakt 的过程中被省略。不管怎样，切梅林伊继续写道：“当然，接下来的关键问题是我们能够确定这个词语的词源吗？异口同声的回答是显然不能，即‘词源不明’（unerklärt）、‘词源未知’（étymologie inconnue）。最多怀疑它是一个借用词。”[99] 随后，切梅林伊提出了自己的词源分析，即它来自一个印欧语词根 *wen（“家族、部落”）和带有一个作为施动后缀 -t- 的 ag（“领导”）。*wen 因为词中 /e/ 的谐音变化而变成了 *wan。[100] 切梅林伊这样做的动机非常明显，即为了提出他的明显牵强的词源分析：“并且，Fάναξ 的‘国王’的词义被下位层词汇 βασιλεύς 继承，这个印欧语词源非常恰当地与这一发现相吻合。” 260
如我在第九章中所解释的那样，我认为，basileus 不是来自下位层，而是来自埃及语。[101]

我提出的是埃及语词源 ʿnḫ ḏt（“祝他长生不老”）。这个短语通常是写在在世法老的名字后面。它甚至可以作为独立的名词短语使用，例如作为 irr.f ʿnḫ (w) ḏt

98　参见第九章，注释 57—81。

99　参见 Szemerényi（1979, 216）。他引用了弗里斯克和尚特莱纳的观点。他也提到，多森（Dossin）令人难以置信地认为这是一个来自闪米特语的借用词，参见 Dossin’s（1976）；万·文德肯斯提出，它与中期波斯语 vanak（“胜利的”）是同源词，参见 van Windekens’（1948）。万·文德肯斯在 1976 年放弃了这一观点，转而支持吐火罗语 Bənakte（“神”）或 natak（“陛下”）。有趣的是，万·文德肯斯在他的 1986 年的词源词典中没有给出 anax 的词源分析。这是否意味着他放弃自己早期的假设？传统观点坚持这样一个关键词汇的希腊语词源。维拉莫维茨–默伦多夫的解释反映出了某些苦恼：“Fάναξ 一定是源于第一语言层的古代希腊词汇”，参见 Wilamowitz-Moellendorff（1931-32, 140）.

100　Szemerényi（1979, 216-7）.

101　参见第九章，注释 57—81。

（“祝他做成，他永远活着”），出现在献词中结尾。[102]

希腊语词干 (w)anaka(t) 的其他用法也表明它与 ʿnḫ 的关联：Ἀνακτόριον（Anaktorion）通常指的是“王宫”。不过，该词事实上专门表示与埃琉西斯秘仪相关的建筑，埃琉西斯与埃及有着深厚的联系。[103] 此外，正如普鲁塔克和其他作家所明确记载的那样，埃琉西斯秘仪的会所本身是一个规模相对小的建筑，顶部带有一个开口，位于整个神庙建筑的突出位置。这个房间里，摆放有秘仪的 hiera（“圣物”），这些圣物只有大祭司或圣师（hierophant）可以看到。[104] 可能源于表示“石棺、生者的场所”的 ʿnḫ 的委婉用法，尤其用于描写奥西里斯。这个“石棺”内含有极为神圣的器物。它整体上在奥西里斯秘仪中处于核心地位。[105]

与这个词相关的是 ὀγκίον，即箱子或柜子，奥德修斯用它存放铁斧和铜斧。[106] 弗里斯克和尚特莱纳认为它源于 ογκος（“重量或质量”）。

Anaktos 用作形容词，描写从泉眼里倾泻下来的水，它的词义便与“王室”差得更远了。不过，它有可能来自 mw ʿnḫ，即奥西里斯赋予灵魂的“生命之水”。[107] 人们应该会想到俄耳甫斯文献中提到，泉水作为礼物送给灵魂。[108] 在同样的背景里，散佚的早期史诗《达那俄斯的女儿们》（*Danais*）有一段文字，提到 ἐυρρεῖος ποτάμου Νεῖλοιο ἀνάκτος。[109] 考虑到希腊语对尼罗河给予生命和维持生命的能力的比喻，那么这里的 ἀνάκτος 显然更有可能指的是“活着的”而非“王室的”。[110] 关于“新鲜的”或“活着的”观念，也出现在了希伯来语常用表述 mayîm ḥayîm 即“活着的”或“流动的”水中，这种水与别的水形成强烈的对比。[111]

希腊语中另外一个来自 ʿnḫ 的可能的借用词是 Ἴναχος，即 Inakhos（伊那

102 Gardiner（1957, 295 §378）. 这一习惯用法是作为 ḥê phar‘oh（“像法老活着一样”）直译到希伯来语中，参见 Genesis 42: 15, 16。

103 参见 Bernal（2001, 386-9）。参见下文第十八章，注释 123。

104 Plutarch（1914）Perikles in *Lives*, 13. 另见 Foucart（1914, 406-7）以及 Hornung（1999, 22-3）。

105 参见 Guilmot（1977, 113-6）。

106 *Odyssey* 21: 61.

107 Mayassis（1957, 42）.

108 参见 Harrison（1903, 574-5）。

109 选文见 Clement of Alexandria, *Stromateis* 4 in Kinkel（1877, 78）.

110 有关这一比喻，参见 Froidefond（1971, 75-83）。

111 Genesis 26: 19.

科斯）。这个名字有王室和水的含义。在《乞援人》（*The Suppliants*）中，埃斯库罗斯将他描述为一位神灵、一条河和阿尔戈斯王室谱系的开创者。[112] 在这一段中，埃斯库罗斯将希腊的伊那科斯和埃及的尼罗河做了明显的区分。然而，伊那科斯河畔的阿尔戈斯的最重要词义是“银”，而尼罗河畔的孟菲斯 261
（Memphis）也以 inb ḥd（“银墙”）为人知晓。[113] 作为一个词语，伊那科斯没有印欧语词源，它被认为是一个“前希腊语”词汇。

因此，ʿnḫ (w) ḏt 和 (w)ánax(w)ánaktos 之间的词义匹配以及 ʿnḫ、Anaktórion（“石棺”）和作为“活着的” ánaktos 之间的语义匹配是相当完好的。埃及语或闪米特语 /ḫ/ 经常被翻译为希腊语 /k/。对 ʿnḫ 的这种译法可以在 Σφίγξ（Sphínx）、Σφιγός（Sphingós）得到明确的证明，它们来自 šspw ʿnḫ（“活着的形象”），也可以写作 Σφίξ（Sphíx）、Σφικός（Sphikós）。[114]

词形 ʿnḫ (w) ḏt 是状态动词完成式或旧的完成式的感叹用法。它类似于亚非语后缀或“名词”变化词形，它们似乎有 CaCaC(a) 的发音，如闪米特语词汇 qaṭala。[115] 这里存在着两个语音难题：第一个是存在于 ʿnḫ (w) 的第三人称后缀 -w。括号内的字母很少被写出，并且维奇赫尔将 ʿnḫ（“祝他活着”）重构为不带词尾 -w 并且去掉中缀 -a- 的 *ʿanḫa。[116] 第二个难题更为严重，存在于来自埃及语 ʿayin 的 (w)anax 中的希腊语字首 Fw- 的词源问题。[117] 不过，在闪米特语和埃及语中，咽音摩擦音和半元音之间存在着某些有趣的类似之处。表示 /u/ 的阿卡德语符号与表示 ʿayin 的乌加里特语符号是等同的，它们相当于线形迦南语符号 O。这个乌加里特语符号也一度被证明代表元音 /o/。[118]

在埃及语中，/w/ 和 /ʿ/ 之间存在着诸多类似之处。它们的类似之处可见于 ʿȝ 及其近似同形同音异义词 wr（“伟大的”）、ʿḏ（“一劈两半”）、ʿ ḏt（“屠杀”）

112　Lines 497-8. 希腊语动词 ἐνέχω 似乎源于 ἐν-έχω（“拿住”），尽管尚特莱纳没有将 ἐν 作为一个与 ἔχω 联用的介词列出。ἐνέχω 的各种含义及词干 ἐνέχυ-（“保证、安全”）非常适合于 ʿnḫ 的核心含义“连接、监禁、捆绑”以及它的引申义“誓言”。在这种情况下，双重起源或在传统历史语言学中被充满贬义地称为“腐蚀”似乎是可能的。

113　参见第一卷，第 76 页。

114　参见 McGready（1968, 250）。

115　Moscati et al.（1969, 139-40）, Rössler（1981, 688-9）. 另见 Loprieno（1995, 65-6）。

116　Vycichil（1983, 254）.

117　甚至兰斯伯格在他对我的词源分析表示赞同的书评中，也在这个对应性上遇到了困难，参见 Rendsburg（1989, 74）。

118　参见 Bernal（1990, 107-8）。

以及 wḏʿ（“砍、弦、头”）等；也见于形近义近词 ʿḏ（“安全的”）和 wʿdɜ（“毫发无损的、安全的”）以及 ʿbɜ（“虔诚地出现”）和 wʿb（“纯洁的或祭司”）。最后一个词汇是数量巨大的字首位置同时出现 /w/ 和 /ʿ/ 的埃及语词汇中的一个。在科普特语中，作为词源的 /ʿ/，经常发 /o/ 或 /w/ 的音。1947 年，加德纳假设，pr ʿnḫ［“活人的房屋”或“档案室”（大学？）］在晚期埃及语中的发音为 Pi ʿonkh，即便他先前对科普特语词汇 franš 进行了探讨。[119] 不过，科普特语动词“去生活”的标准词形是 ōnh。因此，假设一个更早的发音 * wʿanaḫa ḏt，并将其视为 * wanakat 的一个词源，几无困难。Ἀνακτόριον 和 ἄνακτος（“活着的”）中的 -t s 也存在着类似情况。

262 毋庸惊奇，迈锡尼的统治者们乐意效法埃及法老。这样的迹象将解释荷马史诗中的短语“被人民当作神来纪念的”，并且也可能解释三位一体（Hagia Triada）石棺上描绘一个人——可能是死去的人——被纪念的场景。瓦纳克斯显然具有重要的宗教职能。[120] 不过，如阿斯特指出的那样，B 类线形文字文献和荷马史诗都表明，在政治现实里，爱琴海的统治者像青铜时代东地中海世界其他地区的统治者一样，他们——至少在某种程度上——将其权力与官员们或传统的酋长们分享。[121]

ʿnḫ 的一个特殊词义是“俘虏”，即𓀏 (A13)（被活捉而不是被杀死）。在科普特语中，anaš (SB) 和 anaḫ (A) 指的是“誓言、你一定要做的事情”。荷马使用 ἀνάγκη 表示“限制”，处于被奴役状态的安德洛玛克（Andromeche）的形象便是如此。[122] 该词后来被用于指更为普遍意义上的“必要”。尚特莱纳抛弃了为 anánkē 提出的所有词源。因此，尽管存在着第二个 /n/，它也有可能来自一个埃及语词源。

Ἐνέχω 能够被简单地解释为 ἔχω（“被持有”）和 εν（“在里面”）。不管它的衍生词是什么，词干 ἐνεχυρ- 都指的是“抵押物”，很好地反映出它受到了来自 ʿnḫ 的影响。

119 Gardiner（1947, 2: 48）. 关于 Prʿnḫ 意为“大学”的可能性的讨论，参见 Bernal（2001, 389）。维奇赫尔主张，anš 中的 -a 的发音方式，意味着这里是将 ʿnḫ 作为用于档案的“捆绑材料”使用的，参见 Vycichl（1983, 195）；然而，表示“生命”的 ʿnḫ 本应该按照惯例被转写为 *ōnh。另见 Gardiner（1938）。

120 Webster（1958, 11）.

121 Astour（1967a, 359）.

122 *Iliad* 6: 458.

3．M(w)DW，μυϑος

1953 年，苏联科普特语专家 P. V. 耶恩斯泰特提出，希腊语 μυϑος (H) 来自埃及语 m(w)dw。[123] Mythos 最初指的是“一连串有含义的词语，话语”。后来它只局限于指“虚构、神话”。[124] 埃及语词汇 m(w)dw（“词语、话语”）可能既用于口语中又用于书面语中。因此，mdw nṯr 既是“神的话语”又是“神圣的著作”。阳性词形 mdw 后来被阴性词形 mdt 取代。不过科普特语动词 mute 表明，在某些情况下，它还带有字首元音，甚至“下咒语”词义上的 mdt 被翻译成了 mtau。

弗里斯克提出，mythos 来自一个带有后缀 -thos 的“拟声词”mu。尚特莱纳没有注意到弗里斯克的观点，将它的词源描述为“模糊不清”。在这种情况下，m(w)dw 作为词源，在语音上和语义上都极具吸引力。

4．Sbꜣ

Σοφία (H) 和 Σοφός。布鲁格曼提出了一个假设的印欧语词根 * tu̯oạou̯hós，它在语音上与 sophós 极为吻合，这个印欧语词根得到了词典编纂学者博伊萨 263
克和霍夫曼的承认。[125] 毋庸惊奇，它是明确为这一目的设计出来的。布鲁格曼提出来的唯一非希腊语同源词是拉丁语 tuor（“凝视”）。不过怎样，这一观点本身存在的固有的不可能性，使得波科尔尼放弃了这一观点。[126] 弗里斯克宣称 sophos 的词源“模糊不清”，尚特莱纳简单地将它描述为“没有词源”。尽管希腊语中带有字首 sV- 的本土词汇极为罕见，但是这些学者没有为它们提出任何可能的词源。

Soph- 和它的许多衍生词都与“学术技艺、学说、学问”等观念有关。它最著名的词源是埃及语词根 sbꜣ（“去教授、教育学校、学生”）。[127] 在中期埃及

123　Jernstedt（1953, 55-6）.

124　尚特莱纳尝试区分 mythos 和 épos，他坚持前者意为“说话的内容、看法、思想”，但这个解释不被其他词典编纂学者接受。

125　Brugmann（1903-4, 501）.

126　波科尔尼似乎一开始接受了这一想法，但在最后一刻又放弃它。他的索引列出它在恰当的页码，它却没出现在那里。

127　据我所知，该词源是康斯坦丁・达尼埃尔首先提出的，早在我和泰奥菲勒・奥本加（Théophile Obenga）之前便已提出，参见 Daniel（1968, 306）, Bernal（1985, 76）, Théophile Obenga（1992, 84）。

语中，它作为动词使用时表示“去教授”。作为名词，它与不同的义符连写时表示“学校、学生”。作为 sbȝyt 出现时，指的是“教学指令”。它在晚期埃及语中也得到了证实，带有一个施动后缀 -w，即 sbȝw（“教师”）。[128] 它的辅音结构没有问题。并且，它被借用的时间明显很晚，发生在希腊语 s->h- 转变和 /ȝ/ 失去其流音值之后。

它的发音有些问题。维奇赫尔列出了来自该词根的五个不同的科普特语衍生词：sbō（“学问、教育、智力”）、形容词 sabe（“明智的、理解力强的、明断的”）、sbui（“门徒、学徒”）、seb（“理解力强的、狡猾的”）以及 sbo（“去学习、去教授”）。[129] sbō、sbui 和 sbo 的第一个元音的消失，表明该元音是一个短元音和非重读元音。另一方面，seb 和复合词 -zēb（“学校”）让维奇赫尔想起，存在着一个来自短元音 /u/ 的衍生发音。一般而言，科普特语词汇中的第一个元音是短元音和非重读元音，和它们在希腊语词汇 sophía 和 sophós 中的情况一样。Sophía 中的重读元音 /í/，表明它与 sbȝyt 中的 -y- 存在着某种关联。虽然没有一个单独的词形为这些希腊语词汇提供一个词源，但是埃及语发音的广泛程度使 sbȝ 适合成为希腊语 soph- 的词源。

它们之间词义上的极佳匹配又被增强，因为这些希腊语词汇一般都和智慧有关联，尤其是 φιλοσοφία（philosophía）与埃及和毕达哥拉斯存在着关联，根据所有古代作家的记载，毕达哥拉斯在埃及学习过。公元前 1 世纪的西塞罗（Cicero）宣称，毕达哥拉斯称自己是一个 philosophos（爱智者）而非 sophos（“智者”）。[130] 狄奥根尼・拉尔修（Diogenes Laertius）和 2 世纪的亚历山大里亚学者克莱门特（Clement of Alexandria）都认同，毕达哥拉斯是第一位使用术语 philosophía 的人。[131] 在这些作家之前的 400 年，演说家伊索克拉底虽然只是在一段幽默的模仿文字中提到，却明确地指出毕达哥拉斯从埃及将“所有的

---

128 关于 -w，参见第六章，注释 8—11。

129 也存在着其他词汇 sēbe（“芦苇、长笛”）、sib（“蠕虫、蛇”）、sēb（“敌人”）及 sbe（“门、门”）。这些词汇为《魔笛》及它的前身维兰德的《露露和魔笛》（Wieland's *Lulu oder die Zauberflöte*）提供了主题，Zauber（“魔法”）可能也包括双关语义。我希望有一天能够同我的表哥约翰・埃利奥特加德纳（John Eliot Gardiner）合写一篇关于此主题的文章。

130 Cicero（1945）*Tusculanae Disputationes*（5: 3.9）.

131 Diogenes Laertius（1980）*Lives*, 1: 12, and Clement, *Stromateis* 1: 61.

哲学带给了希腊人”。[132]

科普特语 maisbō（“爱智慧”）被作为希腊语 philomáthōn（“爱学习、好 264
奇心”）的一个翻译使用。虽然 philō 是一个更早的来自埃及语的借用词，但是希腊语 philosophía 显然是一个直译词而非借用词。[133]

Sapiō、**Sapiēns**。在引向对词形 * tu̯oạou̯hós 的讨论的开端，布鲁格曼评论道：“将 σοφός 和 sapiēns 并列在一起的这种受人喜欢的做法……应该被……抛弃。”[134] 考虑到印欧语内的词性关系规则，他的看法绝对正确。但是，同样严格的规则不适用于来自希腊语的语言借用或直接来自埃及语的语言借用。关于动词 sapiō 的难题和围绕它构成的词群的难题，是它包含有两个重叠但又不同一的语义场：“去品尝并辨明”［“品味”（“savor”）源于此］和“去知道并且变得明智”（法语词汇 savoir 源于此）。在第一个词义中，它似乎在日耳曼语中有同源词：古撒克逊语 an-sebbian（“去察觉、注意”）、古高地日耳曼语 int-seffen（“去注意、品尝”）等。不过，还存在着一个古冰岛语 sefi（“思想”）。

在第二个语义场中，sapiō 在其他意大利语中有同源词：奥斯坎语 sipus 和沃尔西语（Volscian）sepu（“知道”）。如果 sapiō 不是来自希腊语 sophía 或埃及语 sbꜣ 的话，那么这些同源词是在罗马人建立统治之前传入意大利半岛的。没有理由假定这一拉丁语词形比其他词形更为进化，因为它的发音与一个希腊语或埃及语源语言词汇的吻合程度明显比其他词形更高，其中的第二个元音 /i/ 尤为如此。字首 a- 与来自埃及语的一个借用词相吻合。第二个语义场明显被视为与 sophía 和 philósophia 语义场类似。恩尼乌斯（Ennius）是最早的拉丁语剧作家，他的作品被保留至今，他使用 sapiēns 来翻译它们。因此，sapiō 的第二个词义明显来自埃及语，表示第一个词义的条顿语词形可能也是如此。

132　Isokrates *Busiris*, 28. 在最近的一部书中，瓦苏尼娅（Vasunia）论证，伊索克拉底的言论很大程度上企图攻击柏拉图垄断“哲学”这个新术语，参见 Phiroze Vasunia（2001, 209）。我认为，这个观点存在一个问题，考虑到柏拉图对埃及怀有青睐的态度，埃及起源将会提升而非削弱这个新“学科”的地位。关于这些问题的讨论，参见第一卷，第 103—108 页。

133　关于 philō 源于 mri 的词源分析，参见上文第八章，注释 77。在科普特语文献中，philósophia 本身被译为 mntsabe，即 sabe 带上一个抽象前缀 mnt-。

134　Brugmann（1903-4, 499）.

沙巴人?

不要将沙巴人（Ṣabaeans）与来自红海岸边示巴（Sheba）的塞巴人（Sabaeans）混淆，他们是早期伊斯兰历史上的一支畸形人。[135]《古兰经》中提到他们，把他们视为“有书之人”（“People of the Book”）。米歇尔·塔迪厄（Michel Tardieu）在他研究他们的最新著作中，认为这是两个社区：一个以今天的伊拉克北部的哈兰（Harran）为根据地，在这里，希腊-美索不达米亚宗教和文化一直延续到13世纪蒙古人的入侵；另一个是从事农耕的“异教徒”族群，他们在巴格达生存下来，并且实现过短暂的繁荣。这种
265 二分观点是混淆事实导致的结果。最著名的沙巴人，即9世纪的伟大数学家、天文学家和翻译家萨比特·伊本·卡鲁（Thabit ibn Kurra）他是从哈兰迁居到巴格达的。[136]有趣的是，在同一世纪，沙巴人以将埃及语写成的《炼金术全书》（*Corpus Hermeticum*）奉为神圣经典而为世人所知，并因此通常被假定为具有“诺斯替（Gnostic）身份”。[137]因此，沙巴人这个名称有可能是来自sbꜣ（“智慧”）。

更古老的借用词?

Σίβυλλα。西比尔（Sibyl）是女祭司，她们先是在安纳托利亚被证明存在，随后在地中海世界的其他地区被发现。西比尔发布迷狂的神谕。关于她们，引人注目的是如此之多的神谕被写了下来。如沃尔特·伯克特所指出的那样：“西比尔神谕延续了1000多年，它们可能在**写下来**的神谕中扮演重要角色……”（强调为本书作者所加）。大部分流传下来的神谕被集结为《西卜林书》（*libri Sibyllini*），它是在罗马用希腊语写成的。[138] Síbylla的词源待考。弗里斯克否定了先前所有词源分析的尝试，尚特莱纳同意他的做法，一致认为它的词源未知。存在着一种可能性，即它源于埃及语sbꜣyt（“书写下来的学问、指令”），/ꜣ/在发生语言借用时仍然保持着它的辅音值。

135　值得注意的是，sabaeans（塞巴人）中的s不是迦南语/s/（ts），而是阿拉伯字母ṣād中的“暗的”/s/。

136　Tardieu（1986）.

137　参见Hornung（1999, 59）。关于《炼金术大全》及其早期传播，参见第一卷，第130—150页。关于诺斯替教派的形象，参见Elukin（2002, 620）。

138　Burkert（[1977]1985, 117）.

如果 sbɜyt 和 Síbylla 之间的语义和辅音结构之间存在着良好的类似的话，那么这两个词中的元音的类似程度达不到相同的高度。考虑到 sbɜyt（科普特语词形 sbō）中的第一个非重读短元音存在着不确定性，那么 Síbylla 中的 /i/ 便不是大的障碍。/ɜ/ 位于 y 前面，是一个更为严重的问题。Sbɜyt 一贯这样书写，并且，可能的话，如𓇌 /y/ 这样的垂直狭长符号倾向于位于诸如𓄿 /ɜ/ 这样应该在其之后的鸟形符号前面”[139]。因此，**sbyɜt 的写法是不太可能出现的。尽管如此，由于一般不会与流音尤其是元音进行换位，这个词源在缺乏竞争的情况下，仍然是可行的。

西比尔源于 sbɜyt 的词源说明因 λόγοι συβαρῖτικοι（“寓言”）的存在而变得更加可信。这些词汇一般与意大利南部鲁卡尼亚（Lucania）的锡巴里斯城有关，该城可能是从另外一个词源 *sbɜ（“五颜六色的、奢侈”）获得它的名字的。[140]

最后，帕萨尼亚斯提到，在巴勒斯坦的犹太人中，有一个被称为萨柏（Sabbe）的西比尔；这样的话，两个来自 sbɜ 的衍生词就联系在了一起。[141]

Sbɜ。天文学在埃及科学文化体系中的核心位置可以从 sbɜ 几乎总是与作为三字母词或义符被使用的星号⋆ (n14) 连写的事实当中得到证明。[142] 与这个 266
符号和代表星星的符号 A 连写时，sbɜ 是测量太阳和其他天体仰角的工具，这是一个影响深远的工具，仍以它的希腊语名称“gnomon”（日晷）为人知晓。[143] 这个希腊语词汇来自动词 γιγνώσκω（“去知道”），因此，它是 sbɜ 的一个直译词。

形容词 ṯḥnt 被定义为“明亮的、闪光的、耀眼的”，以及用于描述彩陶颜色的“青绿色的”。[144] 该词似乎曾经表示过明亮天空的颜色和天空的一部分，因为在地上观察天空，它们会显示出绿色矿石即孔雀石（wɜḏ）的颜色。[145] 这一天空的颜色名称也被视为天青石（ḫsbḏ）的词源，该词也用于表示“蓝色”。事实上，这种石头本身来自阿富汗。这两个词中的任何一个都没有被外族语言借用，但是 sbɜ 作为星星和天空，被借用到了外族语言里。例如，希伯来语词

139　Hoch（1997, 50 §41）.

140　参见下文第十五章，注释 134。

141　Pausanias 10: 12.5.

142　关于我对埃及天文学准确性的积极看法，参见 Bernal（2001, 252-5）。

143　我很感激已故的卡尔·萨甘（Carl Sagan）提供了这则信息。

144　更多细节的讨论，见第二十二章，注释 249—266。

145　参见 Erman and Grapow（[1926-53] 1982, 5: 391）。这一定义表明，在古代人当中，至少埃及人认为天空是蓝色的。布朗有不同意见，参见 Brown（1968b, 37-8）。

汇 sapîr（“天青石”）是一个孤立语，并且被普遍认为是一个借用词。它的传统词源，是保罗·拉加德（Paul Lagarde）提出的，即梵语 çanipriya（“萨图恩（Saturn）眷顾的、黑色的石头”）；此人是一个杰出的闪米特语专家，同时又是一个臭名昭著的反犹主义者。[146] 学者们普遍承认莱维提出的观点，即希腊语 σάπφειρος (4)（“天青石”）源于希伯来语 sapîr。[147] 希腊语词典编纂学者怀疑它的梵语词源。尚特莱纳没有提到它，弗里斯克称它“极为可疑”。sbз（“星星、来自蓝水晶般的天空的碎块 / 片”）作为词源，似乎更为可取。

sbз σφαι˜ρα。对于 sphaîra，弗里斯克写道：“peîra、speîra、moîra，诸如此类的词形，在希腊语之外没有对应词”。[148] 当然，他指的是在印欧语系内。后来的许多作家都认为毕达哥拉斯和阿那克西曼德（Anaximander）使用 sphaîra 来表示“天体”或环绕行星的环状物和地球周围的星星。[149] 不过，词典编纂学者主张，它的基本词义是“球”，最早出现在《奥德赛》中。有趣的是，所有这些词形都出现在第六卷和第八卷，关于一个神秘的岛屿 Σχερίη。学者们长久以来就承认，Skheriē 是来世的一个地点，位于 Ἠλύσιν（Elysium，即福岛）附近。即便福岛的观念有其他来源，在马丁·尼尔松（Martin Nilsson）看来，它与埃及人观念中被祝福的精英的来世生活即“芦苇地”（the Field of Rushes）之间的关联也是清晰可辨的。[150] 加思·阿尔弗德正确地强调其中的埃及因素。尽管如此，他还是声称，Ἠλύσιον 来自埃及语术语 Sẖt ỉзrw（“芦苇地”）的词源说明似乎有些牵强附会。[151] 不过，由于阴性词尾 -t 的消失，* Sẖ ỉзrw 为
267 Skherie 提供了一个可能的词源。[152] 这个神话中的被祝福的岛屿的名称，缺乏

146 Lagarde（1866, 72 §182）.

147 Lewy（1895, 56）.

148 关于 speîra 和 moîra 的埃及语词源分析，参见下文。

149 对此做出贡献的有 Alexander Ephesius；Cicero in *De Republica* 6: 18；Aristotle in *Metaphysica*, 1073^{b}.18, *De Caelo* 286^{b} 24, *Meteorologica* 341^{b} 20, 354^{b} 24；以及其他。

150 进入芦苇地在古王国时期只是法老们的特权，这与《奥德赛》（4: 561—570）中的篇章有着惊人的类似；在这段篇章里，埃及占卜师普罗透斯（Proteus）使墨涅拉俄斯确信，他将去到福岛，不是凭借他的美德而是凭借他的身份等级，即海伦的丈夫和宙斯的女婿。欧文·库克指出，公元前 2500 年前后古王国结束后芦苇地的“平民化”与荷马史诗出现的年代之间，存在着一个漫长的时间段，参见 Erwin Cook（1992, 254）。他似乎合理地认为，这个古老的传说被弥诺斯时代的克里特保留。对这一问题的考查，参见 Cook（1992）；另见 Alford（1991）。

151 Alford（1991, 155-61）.

152 诗歌体尾缀 -íē 或 -ē，非常符合在埃及语 ū>ē 转换之后来自 *Sẖ ỉзrw 的一个晚期借用。

一个印欧语词源。

众所周知，埃及人认为人们死后会航行到天空中和星星上。费阿刻斯人（Phaeaceans）荷马关于 sphaîra 最著名的段落，如下：

> 这时阿尔基诺奥斯吩咐黑利奥斯和拉奥达马斯单独舞蹈，无人可比。他们伸手抓起一个美丽的紫色（porphyreēn）球［sphaîra(n)］，经验丰富的波吕博斯（Polybos）[153] 为他们缝制，一个把球抛向云丝缭绕的天空，把身后仰，另一个随即从地上跃起，轻巧地把球接住，不待双脚落地。他们在这样尝试抛球之后，便在养育众生的土地上舞蹈起来。两人不断地变换位置。[154]

这段摘引出来的文字可以被视为真实的，但是，考虑到费阿刻斯人的超自然本质和它们的星相内涵以及 sphaîra 后来被证实为“球”，那么这个舞蹈有可能是象征性的。因此，如果人们承认星星和它们的球状形象存在着联系，那么 sbɜ 和 sphaîra 之间的语义联系是相当合理的。此外，sbɜ 中的第一个元音是非重读短元音，这就使得这一词源联系在语音上也极有可能是存在的。

对 sbɜ 的总结。很明显，来自 sbɜ 的衍生词在性质上存在着极大的差异。最可信的是 sophíásophós，它们一定是借用词；并且，它们没有任何的印欧语词源，它们和 sbɜ 之间在语义上是一致的。σάπφειρος 从迦南语 sapir 借用而来，沙巴人这个名称来自词语演变的可信度相对低了一点。sapiō、名称西比尔和 sphaîra 来自 sbɜ 的词语演变的可信度更低，但仍然存在可能。即便从极简派观点来看，这样一个重要的埃及语术语在希腊语言和文化中也产生了意义深远的反响。

5．DR，R-DR，DRW

Τέλος(H)，τελέω，τέλλω(H)，τελευτη(H)，τῆλε。Tel- 是一个造词能力

153　Polybos“许多牲口”是一种对富人的常见的荷马式名称。在《奥德赛》中，这种名称有许多其他的例子。

154　*Odyssey*, 8: 370-9.

极强的词干，它的基本词义是“界限”（“limit”），偶尔用于空间，但通常用于时间。它也包含“到顶点 / 期限、完成、得以实现的、完美的”等意义。Tellō 也具有这些词义。尚特莱纳认为 telos 是两个词的混同。它的次要词义与 tellō 类似，即“使升高、举起、提起”。尽管尚特莱纳没有提到，但在我看来，它似乎源于印欧语词根 *tel（“使升高”）。[155] 根据他的观点，telos 的最主要词义是“终点、期限、目标”。权威的观点认为，它的词义“转折点”源于唇软腭音词根 *k^wel（“轮子、旋转、旅行、存在、生活”）。一般说来，它在希腊语中被翻译为 tel- 和 πέλομαι pélomai(H)。后者的词义是“成为、是”，并且被认为是一个“伊奥利亚方言”（“Aeolicism”）；其中，*k^we 不规则地变成 pe，而非常见的 te。由于中间词汇的第三人称形式在荷马作品中被证实，所以同样可能存在着一个衍生词，它来自迦南语动词 pʿl（“制造、做”）的被动词形（medio passive），该动词经常用于描述诸神。pelei 和 peletai “是已被做的或已被制成的”而非“成为”。[156]

268

没有人会怀疑词根 *k^wel 的存在以及它在希腊语中被翻译为 pólos（“轮轴”）。不过尚特莱纳质疑 tel- 是否属于这一词根。另外一个问题是，迈锡尼时代的称号 te-re-ta，似乎与 tele（“应当的服务”）有关联，它在书写时不带 q。如果它源于 *k^wel，它就应该带 q。Tellō 的很多词形都只带有一个 l，它有两个和 télos 相同的词义（“实现、完成、上升”）。

事实上，埃及语中有一个广泛传播的常见词根，它能够为“界限”和“完成”词义上的 tel- 和 tell 提供一个更可能的词源。这个埃及语词根就是 ḏr，它的基本词义是“界限、终点”。这个词形经常被用到表示具体空间的词汇中，例如 ḏr（“障碍”）、ḏrì（“围墙”）和 ḏrw（“界线”）。不过，Ḏr 和 ḏrw 也用于较为抽象的短语中，如 r ḏr f，它的字面意思是“到终点”，指的是“全部的、完全的”。这个功能也适用于 telos 和 tellō 的衍生词以及这些衍生词的衍生词，如 teletē［“与入会（仪式）相关”］。Nb r ḏr（“到终点的君主”），既在空间上又在时间上用于表述国王或诸神。Ḏrì（“强壮的、牢固的”），完全使用“压迫 / 推进到最后”这一词义。Ḏr 作为穿越时间的动词，指的是“最终成为”。这

155 它也源于诺斯特拉语 *t^h al^y，参见 Bomhard and Kerns（1994, 281 §98）。

156 关于来自 pʿl 的更多希腊借用语，参见第十四章，注释 38—39。

个词义和荷马史诗中的 τελέθω（“逐渐成为、成为、是”）的词义非常类似。它们之间的语音吻合程度因科普特语一般将 r-d̠r 转写为 tēr´´ 的前代词词形（prepronominal forms）而变得更高。古科普特语词形为 tēr´´，法尤姆方言词形为 tēl´´。[157]

表示“遥远的界限”的 D̠r 也为 τῆλε tēle(H)（“远的、遥远的”）提供一个可能的词源。如上所述，在科普特语词汇中，第一个元音也不能确定。关于这个希腊语词形来自印欧语词源，存在着两个不同并且相互排斥的假设。首先是，由于彼奥提亚方言将 τῆλε- 在一些名称中转写为 Πείλε-，在以 q- 为字首的迈锡
尼时代人名中也是这样转写的，尚特莱纳便认为它源于 *k^{w}el，并将它和梵语 269
caramá（“极端的”）联系在一起。其次，切梅林伊否定唇软腭音词根 *k^{w}el 是词源，因为 tēle 中存在着长元音 /ē/；它提出了与印欧语词根 *tål 的联系，该词根可见于波罗的海语词汇 tolì（“遥远的”）。[158]

6. √Mwr，Mɜʿt Μοῖρα，Μείρομαι 与 MMɜʿT，Mα

词根 √mwr 在整个闪米特语系中都得到了证实。在希伯来语中，它指的是“交换、赔偿、财富”。在阿姆哈拉语（Amharic）中，märra 指的是“分配或分拨土地”；在南阿拉伯语中，mwr 指的是“边境”；在贡南-古拉格诸语言即偏远南埃塞俄比亚语（Outer South Ethiopic）中，m^{w}ärä 表示“边境、界限、悬崖峭壁的边缘”。/m/ 在亚洲的闪米特语中发圆唇音，也被拉丁语词汇 murus、其较早词形 moiros 或 moerus（“界墙”）指明。埃尔努和梅耶将这个词汇视为一个借用词，但不是来自印欧语 *dheigh（t’eik’）。[159] 因此，它可能是从布匿语中的一个未经证实的词形那里借用而来。阿姆哈拉语词汇 märra 和 mərrit（“政府进行的土地分配”）暗示这个词群的另外一个语义也可以在贡南-古拉格语词汇 m^{w}ar（“个人的部分、分享的部分”）上找到。

词形 √mwr 不仅仅局限于闪米特语。在贝沙语中，mar 指的是“边”。在

157　Cram（1938, 424）.

158　Szemerényi（1966b, 41-2, and 1987 3: 1232-3）. Τηλία（“卷边桌子”），尚特莱纳没有给出适合这一形式的词源分析。

159　埃尔努和梅耶将该词与 moenia［“城市防护（物）”］联系起来。我也认为它可能是一个闪米特语借用词。

高地东库希特语分支哈迪亚语（Haddiya）中，mara'a 指的是"排 / 行"；在中乍得语中，*mar 表示"右边"。奥廖尔和斯托尔博娃将最后一个词和埃及语词汇 mɜʿt 联系在一起。[160] Mɜʿt 是古代埃及文化中的核心观念，许多埃及学专家都对它的不同方面进行了充分探讨。[161] 对它的翻译，有"正当、世界秩序、正义和公平分享"等。巴比伦语对阿蒙霍特普三世（Amenhotep III）的王衔名（prenomen）即 Nb Mɜʿ Rʿ 的一种翻译读作尼布穆阿利亚（Nibmuaria）。因此，即便是在 /ɜ/ 失去了它的辅音值之后，mɜʿ 中的 m- 仍然发圆唇音。先前，它原本是 *m^warʿa(t)。[162] 考虑到希腊语对圆唇辅音进行 CoiC 转写（在第五章中提到），这就为希腊语词汇 Moira (H) 提供了一个准确的语音对应。[163] 像埃及文化中的 mɜʿt 一样，moîra 在希腊宗教和思想中处于核心地位，并且有着广泛的词义。20 世纪初，英国古典学家 J. B. 伯里是这样描写它的词义的涵盖范畴的：

> 如果我们要为一个统率或贯穿于从荷马到斯多亚学派的希腊思想的单个观念命名的话，这个名称或许是 Moira（摩伊拉），因为我们找不到一个与它相当的名称。对它的常见翻译是"命运"，这是一个误译。摩伊拉指的是宇
> 270 宙中一种固定的秩序……正是通过这种秩序，万事万物被置于恰当的位置，分配恰当的领域和职能，并且划定明确的界限，例如人与神之间的界限。[164]

这是对 mɜʿ t 的一个极佳描述！[165]

这两个词之间准确的语音和语义吻合，不会被词典编纂学者们将 moîra 归入标题名称为 μείρομαι、meíromai (H) 的词群里这一事实严重破坏。Moîra 的

160 Orel and Stolbova（1995, 378 § 1742）。关于该哈迪亚语词形，参见 Leslau（1979, 3: 418）。

161 关于"玛特"（Maat）研究的参考文献，参见 Lichtheim（1992, 205-7）。当然，它没有收录 1994 年卡伦加（Maulana Ndabezit Karenga）提交的一本 802 页厚的学位论文。

162 维奇赫尔推断，在新王国时期，这一词汇有两个发音：带有一个短音 /u/ 的 * muaʿ 和带有一个长音 u 的 *mūaʿ。参见 Vycichl（1983, 105）。我认为它们两个都可以被视为圆唇音 m^w。关于一般的埃及语圆唇辅音，参见上文第五章，注释 177—178。

163 参见第五章，注释 188。

164 Bury（1932, 18-9）.

165 按照这种描述，便很难理解扬·阿斯曼的说法："玛特被认为摩伊拉的对立面"（Ma'at Meint Ungefahre das Gegenteil von Moira），参见 Jan Assmann（1993, 400）。[摩伊拉（Moira）在希腊神话中指的是命运女神，它通常以复数形式 Moirai（摩伊赖）出现，古希腊人认为命运女神有三个，她们共同司掌人类、诸神乃至宇宙万事万物的命运。——译者注]

发音多半可能来自 *moiromai。事实上，在希腊语中，带有 /o/ 或 /oi/ 的词形要比带有 /ei/ 的词形更为常见。闪米特语系中的埃塞俄比亚语族中，C^{w}ä 和 Co 经常互换。这个词群的语义范畴与亚非语 √mwr（“划分、份额、分配、天命”）的语义范畴相同。它们中间甚至存在着具体的对应，如 μοῖρα (5) 词义为（“一块地”）的 μέρος(6) 或词义为“部分、抽签运气、继承（物）”的。[166]

词典编纂学者们在寻找印欧语同源词上面遇到了困难。与它可能类似的拉丁语 mereō（“收到、份额或奖赏”）显然更有可能是一个借用词，来自像赫梯语 mar-k-（“分配献祭的牺牲”）的亚非语词源。仍然存在的问题是，确定它来自哪一种亚非语。Moîra 本身可能来自埃及语 mꜣʿt，这种可能性不仅受到语音和语义上的匹配的支持，并且也受到成双词 mꜣʿty 即 mꜣʿt 的二元词形或成双词形的支持。这些成双词在称量亡者灵魂的重量时发挥着关键作用，并且它们有时候就代表着天平本身。这些职能明显接近于希腊的 Moirai* 的职能。需要提醒的是，摩伊赖不总是三个，在德尔斐，只有两个。[167]

这个词群中的其他词汇，像拉丁语词汇 mereō 一样，同样有可能或更有可能来自闪米特语。因此，它们在公元前 2 千纪或公元前 1 千纪的任何时候发生借用。相较之下，从 mꜣʿt 或 *m^{w}ara(t) 到 moîra 的转变，必定发生在公元前 2 千纪中叶 /ꜣ/ 失去它的辅音值之前。其他的借用词显然出现在这个时间之后。mꜣʿ(t) 发作 *ma 的音，它显然又一次被借用进了希腊语，转写为 ma，成为一个在郑重声明和誓言中使用的虚词。它也和介词 m 连用，例如用在短语 m mꜣʿ(t)（“如实地”）中。虽然不是依照句法位于恰当的位置，但是，作为誓言的一个标识，它被用于埃及的法庭上。[168]

Mꜣʿ ḫrw 和 Μάκαρ。两个包含有不带辅音 /ꜣ/ 的 mꜣʿ 的合成词，对希腊语产生了较大影响。其中的第一个词汇是 *dìt mꜣʿ（“真实地呈献、证明……是 271

166　在荷马著作中被用来奉献给诸神的 Μηρία(H)，通常被认为指的是大腿，而且毫无疑问这是该词后来具有的词义。但是，在荷马著作里，它们似乎是大腿的上部，即腰腿部或臀部。Mēría 似乎不太可能源于印欧语词根 *memsra，其可见于拉丁语 membra 中；而是源于迦南语词干，该词干在乌加里特语中为 mr>a，在希伯来语中为 mərî >。在这些语言中，它被解释为“养肥待宰的幼畜”，这一术语几乎专门用来指祭品。它实际上好像最终与词根 √mwr 有关联。

*　摩伊赖，摩伊拉的复数形式。——译者注

167　Pausanias 10: 24.4.

168　Wilson（1949）.

正当的”），它出现在希腊语中围绕 tīmḗ（“荣誉、奖赏”）建立的词群里，这个问题已在第九章中探讨。[169] 在此处，我将考查一下来自 mɜʿ ḫrw（“真实的声音”）的希腊语词汇 makar (H) 的演变。Mɜʿ ḫrw 是当荷鲁斯以其人之道还治其人之身打败塞特时信众向他呼喊的称号。这一称号还用于称呼那些通过死后审判的正直的亡者。希腊语词汇 mákar 即 makária 通常被翻译为“被祝福的，幸福的”。在赫西俄德的著作中已经出现了 hoi mákares（“被祝福的亡灵”）和 μακάρων νήσων（makárōn nḗsōn）（“亡灵岛”），在埃及人的观念里，亡者也居住在西方。在荷马史诗中，形容词 mákar- 通常用于描写诸神和不朽者，而非那些必死的凡夫俗妇。5 世纪，makarites 指的是作为 μακάριος 新近刚去世的人。Makários 在今天的希腊语俗语中仍然这样用。在希腊的圣徒行传中，圣马卡里俄斯（St. Makarios）参与了亡灵审判。

A. H. 克拉佩（A. H. Krappe）、埃米莉·弗穆尔、C. 达尼埃尔和 B. 埃梅丁格，都接受了这一词源分析，它在语义和语音上都具有说服力。[170] 但是，弗里斯克和尚特莱纳拒绝承认这一观点，他们没有说明任何反对的理由，也没有提出任何一个替代词源。理查德·皮尔斯抨击这个词源分析“基本上是主观臆断”，并且反对将 mɜʿ ḫrw 翻译为希腊语中的 -μάχορο（-mákhoro），进而否定前者是 makários 的词源。R. 德鲁·格里菲斯指出了这个观点致命弱点，尤其是将它置于埃及人和希腊人对待死亡有着类似方式的背景之下。[171] 第八章中提到了 /k/ 和 /kh/ 之间的频繁交替。[172] 不同发音的出现，可以通过它们的借用发生在 ā > ō 转换之前和之后。[173]

7. ḪpR

Ḫpr 表示“开始存在，成为”，是罕用词 wnn（“长久持续或永久存在”）

169　参见本书第九章，注释 188—190。

170　Krappe（1940, 245），Vermeule（1964, 72），Daniel（1962, 19），以及 Hemmerdinger（1968, 240）.

171　Griffith（1997c, 231）.

172　本书第八章，注释 49。

173　μὰκαρ 和 μὰκᾱρ 的交替使得 makários 也可能有一个长音 /ā/。格里菲斯遵循达尼埃尔的观点，提出了另外一个解释——ḫrw 的代词形式 ḫara 可见于波海利方言，即最邻近希腊的三角洲地区的科普特语方言，参见 Daniel（1962, 19），Griffith（1997c, 231）。

的对立词。由于来自 ḫpr 的某些主要的希腊语衍生词是一些神名，所以它们的讨论将放在第十九章。在这里，我将探讨来自 ḫpr 的动词借用，即无词尾变化的希腊语词汇 ὕπαρ。

Ὄναρ 和 Ὕπαρ。在《奥德赛》第 19 卷（第 547 行）中，珀涅罗珀在梦中听到一个声音，这使她确信，她的这个梦里先前做的梦，不是“梦”（onar），而是真实的 (hypa)r，即“真实的景象”，它必定会实现。[174] 后来的作家，从品达到柏拉图，都遵循了荷马的说法，将虚假的 onar 和真实而又神圣的 hypar 区分开来，后者是可信的。

在公元前 3 世纪，来自以弗所的亚历山大里亚评论家芝诺多图斯 272
（Zenodotos）试图根据当时传播的所有不同的荷马史诗版本，编辑一个标准文本，他承认了这个传统的区分。不过芝诺多图斯不得不面对一个事实，在《伊利亚特》的某些诗行里，描写 onar 和它的被同化词形 oneiros 有神圣的来源。在第二卷（第 6 行）宙斯送出了一个“邪恶的梦” οὖλον ὄνειρον，来欺骗阿伽门农。Oulon 的存在暗示，需要对宙斯神送来的这个 oneiron 进行限定。

更为困难的，是对《伊利亚特》开篇不久的著名段落，即第一卷（第 62—63 行）的处理，在这个段落中阿喀琉斯提出建议：“让我们咨询一个占卜师或一个祭司（63）或一个解梦者（oneiropolon），来告诉我们宙斯托梦（onar）的目的。”芝诺多图斯的做法是将行 1：63“视为伪文而加以否定”（“athetize”）。现代学者解释芝诺多图斯的做法，是该行文字含有复合连词 kai gar t(e) 导致的结果，这个复合连词也出现在了荷马史诗的其他地方，但只出现在了“两个臭名昭著的晚期段落”里。[175] 就这样，一个补救的办法带来了其他补救办法的产生。在我看来，芝诺多图斯否定的似乎更有可能是这行文字的内容，而非词形。有迹象表明，在他删除的十行文字（2：60—70）中也存在着这样的情况；在这十行文字中，阿伽门农宣说，在他的梦（onar）里，一个具有涅斯托尔（Nestor）形象的人物被送来欺骗他，称“我被宙斯派来向你传达神意”。这一行和前面对这个梦的原始描写（2：26、34）被阿里斯塔科斯（Aristarkhos）否定，阿

174 因为有说服力的证据证明，梦的声音是珀涅罗珀捏造的，她认出了但并没有公开承认奥德修斯，参见 Ahl and Roisman（1996, 252-4）。

175 Bolling（1944, 47）.

里斯塔科斯是芝诺多图斯的第五位继任者，担任托勒密王朝的国师和图书馆馆长。在《伊利亚特》（2：56）和《奥德赛》（14：495）中这个梦被用同样的文字描绘，提到一个 oneiros 是 theios（“神圣的”）。这些文字被芝诺多图斯删掉，并且被阿里斯塔科斯宣布为伪文。[176]

对这些曲解的做法的最可能的解释是古今注释者都受到了准确性错位的影响，并且想要将《奥德赛》（19：547）对神圣的 hypar 和虚假的 onar 做出的泾渭分明的区分强加于整个荷马史诗。至少在这方面，我认为，更为简单的做法是尊重文本的真实性，承认在荷马史诗中 onar 可以被视为来自诸神，但它们有时候是诸神故意送来欺骗凡人的。

如第七章所述，宣称 onar/oneiros 来自一个印欧语词源的观点是基于亚美尼亚语词形 anurj（“梦”）形成的。[177] 如果这两个词汇符合两个语言分支中发
273 现的标准发音转变，并且因此不是从一种语言直译到另一种语言的话，这两个词汇在两种语言中得到证实，便足以证明其来自一个印欧语词源的说法的成立。不过，在一些词形里，如在 oneiros/anurj 里不存在辅音转变来引导我们得出上述观点，所以上面的两种可能性都是悬而未决的。如果承认这两个词汇之间存在着关联，那么我们就不得不考虑印欧语的演变发展和一个直译到希腊语的外来词随后又直译到了亚美尼亚语之间的可能性。后一种直译是极有可能的，因为亚美尼亚语仅在 5 世纪从希腊语翻译而来的基督教文献中得到了第一次证实。onar 的其他印欧语同源词，是表示“梦”的阿尔巴尼亚语词汇 ädërë 和 ëndërrë。

另外一个支持存在着一个从埃及语传入希腊语的直译词的假设的原因是，onar 是一个无词尾变化词汇，和它的对立词 hypar（见下文）一样。像其他一些已被确认的借用词一样，诸如字母名称 alpha、beta、gamma 等，onar 的确不符合可见于所有确切的本土词汇的词尾变化形式。

Onar 最有可能的词源是中期埃及语 wnḥr（“开阔的视野、清晰的视线”）。[178] 在世俗体中，它指的是“揭露”。科普特语词汇 ouwnh 也作为名词“显露”使

176　默雷在他的奥德赛译本中没有引用任何权威观点或理由，写道，“θεῖος·οὖλος（神圣 = 邪恶）”，参见 A. T. Murray（1919, 2: 1: 52）。

177　本书第七章，注释 73。

178　wn ḥr 作为“梦”，有许多有趣的同义词，包括 rswt（“觉醒”）和 wpt mꜣʿt（泄露真相”）。

用。[179] 维奇赫尔将 wn ḥr 的发音重构为 *wan-ḥáȝ。尽管将 wn ḥr 视为 onar 的词源存在着轻微的语音问题，但是两者的确很接近。在这个词语演变过程中，一个带有元音 *wa- 的半辅音（semiconsonant）或滑音转变为完全的元音 *ou 或 *o，这种转变，有时候发生在词尾 -rs 消失之后。[180] 每一种转变的年代极难确定。不管怎样，当词尾 -r 仍然被保留时，半辅音变成元音的著名例子是希腊语将埃及神名 Wsir 转写为“Osiris”。因此，词尾被保留是因为神名中的拟古主义。就 onar 而言，词尾 -r 继续被写出来，而且，wnḥr 也是一个宗教的或与祭司有关的词汇。总而言之，语音上存在的问题显得相对微小。

它们之间的语义吻合更为可信。如上所论，在荷马时代，不管是真实的梦还是虚假的梦，onar 都被视为诸神的“真实”世界传递出的一个景象。在一个永恒或不变的词义上，埃及语词汇 wn ḥr 可能受到了一个与 wn［“打开（的）”］、wn(n)［“（存）在”］关系密切的同形同音异义词的影响。总而言之，存在着两个原因，来支持 onar 是一个来自埃及语的借用词的解释：首先，印欧语词源存在着缺陷，并且，事实上，埃及语词根是由两个可以理解的部分即 wn［“打开（的）”］和 ḥr（“面孔、看见”）构成的，这是假设的印欧语词根所不具备的。其次，希腊还有另外一个词汇 oneiros，它是一个有词尾变化的词汇。最后一个事实本身表明，onar 是一个借用词，因为普遍承认的是，在相同的语义范畴 274
内存在着虽然类似但不同的词汇，这就暗示它们是来自同一个词汇或一个正在演变的外语词形。例如，人们可以从英语单词 candle（蜡烛）、chandler（蜡烛商人）、chandelier（枝形吊灯）和 candelabra（枝形烛台）等中得出这个推论。

我们重新回到《奥德赛》第 19 卷（第 547 行）和罕用词 hypar 的词源上面：一些学者认为它来自介词 hypo（“在……下面”）。这个词源分析在语音和语义上都不具有说服力，导致弗里斯克论证，它应该与存在于希腊语 hypnos 和赫梯语 suppar-iya（“睡眠”）的印度–赫梯语词根有关联。后者像拉丁语词汇 sopov 一样，甚至有一个词尾 -r。皮埃尔 · 尚特莱纳分析了先前的讨论，他关注的是“睡眠”和“真实的梦”之间的语义差距。弗里斯克论证的存在于其他印欧语中并且用作这两种词义的类似词语，并没有得到尚特莱纳的认可。[181]

179　它通常被用来翻译 φαίνειν。

180　关于可见于科普特语的 w>u 转换，参见 Loprieno（1995, 50）。

181　关于这些观点的讨论，参见 Chantraine *hupar* 和 *hypnos*, s.v。

在这个问题上，弗里斯克和尚特莱纳都认为不存在借用语的可能性。他们都没有提到 hypar 像 onar 一样无词尾变化的事实所提出的问题。事实上，埃及语基本词汇 ḫpr（“发生、逐渐出现、成立、成为”）极有可能是荷马史诗中这个词汇的词源。它们之间的语义极为一致。它解释了不可避免的 hypar 和神圣的但具有欺骗性的 onar 之间的区别。语音吻合程度是良好的，但不是极佳的。变成希腊语 /h/ 的埃及语字首 /ḫ/ 好像存在一个问题。最有可能的解释是这一词语演变是借道腓尼基语完成的。在公元前 2 千纪中期，/ḫ/ 传到迦南语中变为 /ḥ/。[182] 腓尼基语中的 /o/>/u/、/u/>/ü/ 转变，已在第五章探讨，它们能够解释 hypar 中第一个元音的出现。[183]

梦和解梦，在埃及文化中尤其是埃及宗教和医学中明显扮演着核心角色。埃及语中表示“梦”的最常用语是 rswt，它的科普特语词形为 rasou，来自词根 ris（“睡醒”）。rswt 时不时地在“飞驰的幻象”的词义上使用。做梦也被视为生者的世界与亡灵世界和神界之间的交流。在一些梦里，神在凡人面前显身，向他们传达神的意愿，表明治愈或发布预言。[184] 另一个表示梦的埃及语词汇 wpt mɜʿt（“为正义、真理或美德打开大门”）表明了这一点，它在词义上与非常接近 wn ḥr。在埃及文化中，梦不总是绝对受人喜爱的，有些人希望通过巫术使其他人做噩梦或虚假的梦。

275 梦，在《圣经》里并不经常出现，但是当梦出现时，它们明显被当作启示

182 同一种语言变化进程的另外一个例证显然是埃及语 ḫtm（“密封的、完成的”）和希腊语 hetoimos（“准备就绪的、实现的、有效的”）。通过迦南语传播的方式，可以在希伯来语 ḥātam（“密封的、完成的”）那里证明。该词根的准确词形未被确定，但它可能是通过带有被转换到字首的送气音的未来时词形 yih.tōm 完成的。不管怎样，ḥātam 为 hetoimos 提供了一个可信的词源，因为后者未被发现有印欧语词源。

183 哈里斯认为腓尼基发音 /ū/ 是在“晚近的”时候形成的，参见 Zelig Harris（1939, 44）。塞格特（Segert）没有做出这些条件限制，参见 Segert（1997, 197）。确认早期腓尼基语元音的唯一方法是利用阿卡德楔形文字，/ō/ 和 /ū/ 在其中都被写为 *u*。因此，这种变化可能在 /ū/ 在希腊语或罗曼语中被证实之前便已完全完成。一个可能的问题是腓尼基语也经历了 a > o 转变。这一转变，尚不能被确定发生在 /ō/ 转变为长音 /ū/ 之前。这一例证表明，短音 a > o 的转变发生时间较晚，并且借用到希腊语中的时间介于两次转变之间。

184 Vandersleyen（1986）. 梦可以自发地发生，或者被“孵育”（“incubation”）有意识地激发，在神圣的地方睡眠尤为如此。做了梦之后，专门的祭司会为它们做出解释。埃及医药史学家努恩（J. F. Nunn），采用极简主义视角来看到埃及文化的成就，他认为埃及的孵育形式源于希腊（1996, 110-1）。他没有提到范德尔斯雷恩的材料。后者写道：“这一实践被视为晚期发展的成果，因为，它在希腊化时期被大量记载，尤其是作为一种治疗方式被记载……事实上，它至少从第一中间期以来和在新王国时期便已被采用。”

或预言。[185] 我们对腓尼基地区的解梦情况知道的更少。不过，没有理由认为它们与埃及的解梦极为不同。总之，即便是非常有理由认为尊重梦的真实性和它们作为来自诸神的启示的功能是希腊本土文化，但是考虑到希腊宗教深受埃及宗教的影响，词汇 onar（“梦、现实的启示”）和 hypar（“将要发生的事情”）无疑可以在埃及找到它们的起源。

结 语

从 ẖpr 到 hypar、从 mꜣʿt 和 tīmḗ 到 moîra 和 ma、从 *dit mꜣʿ 和 mꜣʿẖrw 到 makários 的词语演变，具有毋庸置疑的可能性。从 m(w)dw 到 mythos 的词语演变也是如此。关于 tēle 的埃及语词源分析只是有竞争力而已，但是 télos 和 téllō 的埃及语词源以及它们的衍生词在合理性上则远远胜过了假定的印欧语词根。前半部分的每一个小节，也分析了可信程度不一的埃及语词源：xanthos、kántharos、kátharós 和 brenthos 的埃及语词源的可信度明显高于 Kynthos、Kentauros 或 penthos 的埃及语词源。同样地，在关于 sophía 的众多词源分析中，它最有可能来自埃及语 sbꜣ。不过，在缺乏来自印欧语词源分析的竞争的情况下，那些可信程度较低的埃及语词源似乎是真实的。此外，需要提醒大家的是，每一个被承认的来自埃及语和闪米特语的借用词或直译词都会使接下来的词语演变变得更具有可能性。

185 事实上，许多参考材料来自约瑟在埃及解释的梦（Genesis 40-1）。

第十一章　希腊语中重要的埃及语词汇（第二部分）

276 本章只探讨两个埃及语词汇：其一，nfr(w)（“好的、美丽的”，另外还有一个词义“零、底线”）；其二，ms (i)（“孩子、诞生”）。两个词汇在埃及文化中处于核心地位，它们在希腊产生了重要的并且是纠缠在一起的衍生词。这些衍生词，需要给以极为细致的关注。

NFR(W)/MS

Nfrw

这一节与这两个埃及词汇有联系，是因为在希腊神话中宁芙们和缪斯女神们纠缠在了一起。不过，在将它们放在一起探讨之前，我想关注一下 nfr 和希腊语 nephroí（“肾脏”）。波科尔尼试图将这一词汇与词干 *neg^{u}h-rós（“肾脏、睾丸”）联系在一起，该词干可以在其他语言中找到，例如日耳曼语中的 nior（“肾脏”）。这种做法受到埃尔努和梅耶的支持。尚特莱纳对他假定的 *negh^{w} 表示不满，插入了一个敬告式的注释，指出：对于这些器官，印欧语中存在着许多不同的词根。

仅有的几个与 nephroí 有明显联系的是拉丁语词汇 nefrendes、nefrōnes 和 nebrundines，是普莱奈斯特（Praeneste）方言和拉努维乌姆（Lanuvium）方言中的词汇。它们都指的是“肾脏”，也有可能指的是“睾丸”；并且，Nefrendes 还有另外一个词义“猪仔”。这意味着，关于“柔弱的小不点”（tender morsel）有一个更大的语义场。埃尔努和梅耶指出，这些词汇看起来像外国词汇，并且 277
的确极有可能真的是来自 nephroí 的借用语。

根据霍拉波罗（Horapollo）对写于 5 世纪晚期的象形文字的描述，表示“好”的符号被书写时带有一个“心和一个气管”。[1] 他的判断被现代埃及学专家们接受，他们以 𓄤 (F35) 这种方式来解释这个表意文字或三字母词 nfr。但是不可能探明该符号和该词汇之间的关系是真实的或者仅仅是意联。

这种做法仍然没有将 nfr（“好的、美好的”）与 nephroí（“肾脏”）联系在一起。对于这些器官的命名，埃及语有一个完全不同的词汇 ggt。来自 nfr（“零”）和 nfrw（“地水平面、底线”）的专有词义的联系，被数学史学者（？）（Beatrice Lumpkin）证明。[2] 在一个极其引人注意的注释中，埃及学专家罗萨琳德·帕克（Rosalind Park）对为什么在对尸体进行木乃伊化处理时只将心脏和肾脏留在身体里而把其他器官都移除这个问题进行了考查。她证明，肾脏被等同于天秤星座。[3] 它们被视为君主即心脏的明智而又平和的谋士。她还阐明了它们在古王国时期艺术网格体系中的位置，在其中，天平的基座位于人体权威绘图的中心位置，因此就位于该网格图的 nfrw 位置。[4] 所以，nfrw 既指肾脏，又指完美的和谐。

我在第九章提到过 nfr(w)t（“美丽的年轻女子”）。[5] 不过，作为一个牧牛民族，最早的埃及人是从母牛身上看到了真实的美。美神哈托尔（Hathor）就是一个母牛的形象，词语 βοῶπις（“长着牛脸的、长着牛眼睛的”）用于描绘许多希腊女神和美丽的女人。因此，发现 nfrt 表示牛，不足为奇。在第三章中，我提到了撒哈拉绘画中的双色牛，显然受到了精心饲养，并且在整个古代埃及文化中有斑点的牛都会受到崇拜。[6] 在希腊语中，狄奥尼索斯酒神节仪式的参加者所穿的带斑点的黄褐色兽皮，被称为 νεβροί(H)。尚特莱纳肯定地将亚

1 *Hieroglyphica* 2: 4.

2 Lumpkin（1996）.

3 参见本书第九章，注释 42—43。Park（1994, 127-9）.

4 Park（1994, 129）. 这与 18 点网格图第 9 线的位置相对应，该图参见 Davis（1989, 22）。

5 本书第九章，注释 122—123。

6 参见本书第三章，注释 44。

美尼亚语 nerk（“颜色”）视为它的同源词。既然带斑点的兽皮和埃及对狄奥尼索斯崇拜的影响有联系，那么这个词源说明和来自 nfr 的词源说明相比，在语义上实在不够准确。弗里斯克更进一步提出，将它和拉丁语 niger（“黑色”）联系在一起，实为荒谬。[7]

缪斯和 Moschos

278 在细致的艺术表现中，双字母象形文字 ms𓄟(F31)，是一把挤在一起的狐狸尾巴。来自撒哈拉和柏柏尔画像的信息强烈暗示一个更基本的词义：灌溉土地时，水必须分流，涌入不同的渠道。[8] 如此的形象描绘适合于生孩子时羊水的破裂，见 msi 𓄟𓋴𓁒 (F31，S29，B3)（“分娩”）。与分娩相关的埃及语字符丛写为 ms，发音却是多变的和复杂的。在科普特语中，分娩是 mise 或 misi。在表示“儿子、……的孩子”的名称中，其中的元音在中巴比伦语中发音为 /ā/，希罗多德的发音为 /a/，但是曼涅托的发音是 /ō/。[9] 不过，在这个问题上，还存在着一个圆唇音 m^{w}a。在许多古拉格语中，m^{w}äs(s)a 指的是“牛犊、幼崽”。在中部乍得语中，埃及语动词 ms（“分娩”）的同源词是 m^{w}as。[10] 尽管事实上 *ms 从未在埃及语名字中单独出现过，但是学界普遍承认，希伯来语名字 Mošeh 源于埃及语 ms。希伯来语中，埃及语 /s/ 的习惯性对应发音是 /š/。希腊语 μόσχος(H) 是表示“幼崽”的一般词汇，它还有一个专门词义“发芽、芽苗”。弗里斯克与尚特莱纳将该词视为印欧语词汇，引用亚美尼亚语词汇 mozi（“牛犊”）重构了一个词根 *mozĝho-s。在我看来，mozi 似乎更有可能是来自闪米特语的借用语，并且 móskhos 源于腓尼基语词汇 *mošeh，该腓尼基语词汇与埃及语 ms（“牛犊、幼崽”）对应，科普特语写作 mase (S) 和 masi (B)。[11]

---

7 关于 niger 的词源分析，参见 Bernal（1997c）。

8 Laureano（1995, 44-8, 67）.

9 关于人们的不同发音，参见 Vycichl（1983, 121-2）。

10 Orel and Stolbova（1995, 387 §1786）.

11 17、18 世纪的学者认为西顿的宇宙进化论者莫乔斯（Mochos）和叙利亚哲学家莫斯乔斯（Moschos）可能以名字摩西而闻名，参见第一卷，第 143、159—160、469 页。不过，我现在认为我在确定 s/skh 一致性极为晚近的做法中采用了准确性错位。

NFR/MS

缪斯、姬妮以及宁芙和缪斯

作为女儿们的缪斯。在这个问题上，我喜欢将这些希腊语词汇放在一起探讨，因为它们是对两个埃及语词根 nfr 和 ms 的反映。我将尽力证明希腊语 Mousai 或 Moisai 像 Mosšeh 一样，都是从埃及语词根 ms 那里得到她们的名字的。然而，这一考查就远远超出了语言学范畴，进入了肖像学、神话学和文学的探究领域，来寻找宁芙们、年轻的分娩神灵和滋养的提供者的起源。

缪斯这个名字的印欧语词源来源于一个假设性的词汇 *Mont-ya。它指的是“大山的宁芙”（mons montis）。的确，缪斯们经常和大山联系在一起；但 279
是，mons 是一个拉丁语词汇，而不是希腊语词汇，这就使得这一语义学解释和语音学解释同样缺乏可靠的证据。[12] 另一种可能是，*Mont-ya 和印欧语词根 *men（“心智”）联系在一起。因为，艺术的保护者缪斯，她们的母亲被称为墨涅摩绪涅（Mnemosyne）[“记忆（女神）”]，这存在着语义学上的可能性；但是，在语言学上存在问题，即 men 和 Mousai（缪斯们）在发音上相去甚远。

接下来，我将基于肖像学的根据来论证 Mousai 的起源可以追溯到中王国时期。因此，Mousai 最简单的词源是埃及语 *m^wes。这将解释伊奥利亚语词汇 Μοῖσα、多利亚语词汇 Μοισᾱγέτα（“缪斯们的首领”）（即阿波罗）以及《旧约圣经》希腊文词汇 Μωυσῆς 即缪斯的起源。从语义学上来看，Musai 或 Moisai 源于 ms 的解释几乎同样合理。早期的诗人们非常强调缪斯们是宙斯的女儿或孩子。赫西俄德《神谱》的最后几行写道：

> 现在，奥林匹斯山歌声甜美的缪斯，
> 持盾的宙斯的女儿们，请你们歌唱凡间的女人吧。

12　Mons、Montis 也可见于凯尔特语，并且可能与巴斯克语 mendi（“山”）相关。该辅音词根似乎是 √mnt/d，与 √m(w)s 有很大区别。

《伊利亚特》第二卷重复了类似的说法，即缪斯们是宙斯的女儿，它包含了史诗中最为古老的一些材料。[13]

怀孕的河马。她们被称为 Musai 的一个更远的但又更深层次的原因可能不仅仅是它和 ms 𓄟 即 𓀔 (F31，A17)（“孩子”）联系在一起，而且是它和 msỉ（“分娩”）联系在一起。尽管缪斯不是单纯的埃及女神，她们后来传到了希腊，但我们应该明白，她们在围绕女人分娩的埃及崇拜仪式中存在着前身。

早在第五王朝刻写的金字塔铭文中，就有一些文字可以追溯到公元前 4 千纪，它们提到一个女神名为伊佩（ʾIpy），她被死后的法老召唤，用她神圣的乳汁哺育他：“啊，我的母亲伊佩，请给我你的乳房，我将它含入口中，吮吸你那洁白闪亮甜蜜的乳汁。在那遥远的土地上行走时，我将永远不会饥渴。”[14] 从这时起，埃及文献再也没有描绘过女神伊佩。当这个名字似乎和词根 ỉp 或 ỉpꜣ（“秘密空间或私人空间”）以及 ỉpt（“内室”）——分娩时用的居所或被禁闭的房间联系在一起时，毋庸惊奇。不过，在如此早的时期，伊佩极有可能被视为站立的河马，因为这样的形象已经出现在了早王朝晚期和第一中间期的护身符和圣甲虫上面。

280 为什么河马成为分娩的象征？关于这个问题，学者们进行了推测。一种观点是动物们被认为分娩时无痛苦并且会极其凶猛地保护她们的幼崽。这种凶猛和人们熟知的动物的坏脾气，可能是平息最危险的神灵所必需的，就像豺神阿努比斯（Anubis）被视为亡灵的保护神。[15] 另外一个因素非常简单，即河马和孕妇之间很容易被察觉出来的体形的类似性。

到中王国开始时，伊佩或她的名字的女性化形象伊普特（ʾIpt）（“奶妈、接生婆”）很明显是以这种方式表现的。另外一个女神名为茹特（Rrt），她拥有站立的河马的身体、狮子的四肢和鳄鱼的头部。像伊普特一样，她被视为分娩中的女人的保护神。茹特还有星相职能，和天空女神和诸神之母努乌特（Nwt）女神联系在一起。茹特女神作为一头背上背着一只鳄鱼的站立的河马

13 *Theogony* 60, 76, 104, 966, 1022; *Iliad* 2: 491, 598; 8: 488.

14 *Pyramid Texts*, Utterance 269, trans. Faulkner（1969, 381-2）. Weingarten（1991, 10）和 Phillips（1991, 194）。

15 Phillips（1991, 191）.

形象，被视为天空北方的一个星座即大熊星座的掌控者。[16]

一些男神也有类似的形象。像女神们一样，他们和用水净化尤其是对死者的净化联系在一起。这样的程序，诸如法老们神圣的登基仪式，被视为和分娩相类似。一些护身符是珠子的形状，大致刻着站立河马的形象，只在女人和孩子的坟墓中发现，它们可能与分娩时的死亡有关，也同样与进入永恒的重生有关。不过，在中王国时期，这些形象也出现在其他物品上，如著名的回旋镖型的魔法刀或魔法杖。在这些物品上，站立河马的蚀刻画像拿着大刀，在其他神魔中得到了强烈的表现。因此，这些河马神不仅仅是女神本身，并且有一些她的小神或协助者。[17] 从坟墓绘画可以清楚地看出，这些魔法杖用于分娩，也用于亡灵复活。

许多站立的河马形象证明了所谓的“背部附属物”，即一根长的、有花纹的、像软体虫子一样的东西。到第十二王朝之前，鳄鱼取代了那些软体虫子，或者增添在它们上面。背上背着鳄鱼的河马形象将河流中两个最强大的并且最危险的力量联合在一起。中王国晚期，这些形象增加了更为明显狮子特征；并且，到此时为止，河马—狮子—鳄鱼三位一体的形象开始作为 Tꜣ Wrt（“大女神”）被人知晓——或许是因为她激起的巨大恐惧，希腊人称之为透瑞斯（Thueris）。[18]

分娩神。在中王国时期，透瑞斯经常和贝斯（Bēs）神为伴，贝斯神是一 281
位掌管音乐和再生并且具有神秘色彩的神灵，他被刻画为黑侏儒或俾格米人的形象，不过也拥有狮子般的特征。他以“蓬特的君王”或“努比亚的主人”而闻名，并且因此和中非洲联系在一起。[19] 米尔恰·伊利亚德（Mircea Eliade）主张，入会割礼（initiatory circumcision）和死亡之间存在着密切关系。他认为，在“非洲”，入会割礼是由一个身穿狮子皮或豹皮的男人来实施的。[20] 伊利亚德的“非洲”是一个界定不明的概念，虽然它限制在操亚非语的大部分社会，其中流行割礼的风俗。人类学家玛利亚·施特拉克门斯（Maria Stracmans）和安

16　参见 Budge（1904, 2: 249）以及 Phillips（1991, 196-8）。

17　Weingarten（1991, 6）.

18　同上注。以及 Phillips（1991, 201-5）。

19　Altenmmüller（1975a）.

20　Eliade（1994, 23）.

娜·蒙特斯（Anna Montes）指出，割礼风俗在许多非洲文化中存在，入会者被扒光衣服，涂上白色（尸体的颜色），并且被玩笑和下流语言侮辱。[21] 尽管流传下来的古代埃及割礼绘画场景相当地乏味，但是埃及的仪式、玩笑、下流话和入会仪式是贝斯神性格和崇拜的核心要素。

贝斯神名字中的 /s/ 通常被写为𓋴，词源上是一个清声齿擦音 /s/。相比之下，象形文字 𓊃 最初是一个浊音 /z/。在中王国时期，两个音素合并为 /s/。由于贝斯神的名字只是在新王国晚期才被确认，所以它的更早发音不能确定。塔卡克斯对此写道："在词源学上可以冒险将其归于不著名的 OEg 咝音。" 由于将它视为清声咝音，他倾向于将 bs（"孤儿、弃儿"）视为一个词源，该词是一个被微弱证明的对应词汇。从语义上将它和贝斯联系在一起，还需要费一番周折。

不过，如果学者们假设贝斯的早期形式是 *bz，那么它就会与其他亚非语词根存在着丰富联系。在讨论它们之前，有必要探讨一些在中期埃及语中证实的其他词汇，它们被写为 bs，但是不能确定 s（s>s 或 z>s）是否用上。Bsỉ 表示"（水的）流淌或喷涌" 和医学的 "膨胀、身体排出"。Bsɜ 表示 "保护"，在词组 mw bsɜ（"水体保护"）中，它是母亲的乳汁。[22] 所有这些词都有强烈的肉体诞生的含义。然而，就其本身而言，bs 的意思是 "引导某人进入、登基称王、着手开始、向……吐露秘密"。它本身也指 "秘密"。[23] 此外，它们也能解释在埃琉西斯进行入会仪式时进行喊叫的首要因素 πάξ κογξ（即 pax kongx）的起源。[24] 这个长长的字母组合符合贝斯崇拜的角色，他是分娩、重生、保护和入
282 会的人格化。贝斯崇拜在晚期埃及最流行，不过它和透瑞斯崇拜可以追溯到中王国时期。[25]

将 *Bz 作为贝斯名字的最初结构加以接受的话，我们余下的就是关于发音的问题。埃赫雷特认为，原始库希特语中的 *beez 是 bz（"显露"）的一个

21 Stracmans（1985）and Montes（2001, 198-9）.

22 *Bz 作为 "保护" 之意极可能是官职 Wr bzt 中 bz 的词源，Wr bzt 意为金库护卫。塔卡克斯对此有不同意见，他尝试将它与闪米特语 *>bs/*>bŝ（"装满食物"）联系起来，参见 *Takács*（2002, 295）。

23 √bz 的亚非语同源词被发现具有这些词义中的大部分。关于对贝索伊人（Bessoi）源于 *bsw（"入会者"）的词源分析，另见上文第十章。

24 尚特莱纳认为它源于 πήγνυμι（"固定"）。这个观点虽说并非不可能，但也有些奇怪；因为，在启蒙时代，bs（"使……入会"）与 πάξ 完全符合，并且与拉丁语感叹词 pax 和名词 pax/pacis 本身也符合。埃尔努和梅耶在提供它的词源分析时遇到了诸多困难。

25 Altenmüller（1975a）.

同源词。[26] 不过，按照发音规律变化，晚期埃及语 Bēs 在早些时候的埃及语中应该是 *Būz。有意思的是，这一思路引导我们走进了巴扎（B^{w}äžžä）和巴祖（Bazō），巴扎是异教的古拉格人所信奉的闪电神，巴祖是库希特人信奉的神。语音上的类似与地理上的接近相匹配，依此推知，贝斯源于努比亚和蓬特，这个地区大体上崇拜巴扎 / 巴祖。不过，两个神的本质差别极大。就我所知，巴扎 / 巴祖似乎不像贝斯神，他与埃及的敏神更为接近，敏神是一个闪电神和生殖男神。[27] 他与人类分娩、入会仪式和死亡，或者狮子无关。

就此而论并且考虑到上文提到的披狮子皮的切割包皮者，有趣的是，发音的 *bz 象征着狮子或马科动物的头或脖子（或面具？）。它类似于现代非洲割礼仪式上使用的狮子面具。[28] 对此，塔卡克斯在阿加乌语中找到了 bādʐ^{w}ə（“豹子、美洲豹”）和 abza（“狮子”）的同源词。[29] 他列举了表示“显露”的 *bz 在库希特语、闪米特语、柏柏尔语还有可能的奥摩语中的同源词。塔卡克斯看似真实地认为 *bz（“秘密”）也可能来自同一个词根，虽然它或许与乍得语词汇 *b-z（“包封”）相关。[30] 总而言之，贝斯是掌管分娩、入会和与之相关的秘密仪式的神灵。

克里特岛上的“姬妮”。在爱琴语中，词语“genius”（精灵）和“daemon”（兽灵）经常被用于描绘一种神奇的生物，它们集合了黄蜂、狮子、猪或者驴的特性。到 1890 年，学者们推测，这是一个由透瑞斯演化而来的神灵。几十年里，阿瑟・埃文斯展现了一个清晰的肖像演变足迹，它起于第一中间期或中王国早期对 Tɜ Wrt/ 透瑞斯的描绘，即一个背部长着鳄鱼皮肤的河马形象，然后到青铜时代爱琴语中的许多“genii”（姬妮）的形象。[31] 在最近几十年里，一

26　Ehret（1995, 89, n. 33）.

27　参见第二卷，第 166—171 页。

28　它没有被收录到加德纳的符号表中。切尔贝罗（Cervelló）指出，吓人的狮子面具与同时代的非洲割礼仪式和贝斯神的魔鬼外表相关联，参见 Cervelló（1996, 79）。

29　塔卡克斯也提到了索马里语 bōd（“灰色的马”）和原始中科伊桑语 * bize（“斑马”），参见 Takács（2001, 293）。通过音位转换，Bize 为欧洲语言“斑马”提供了一个可能的词源，它是经过南部非洲的葡萄牙人进入欧洲语言的。传统观点认为该词的词源是“埃塞俄比亚语”，由于表示这一动物的阿姆哈拉语词汇 yämeda abəyya 的存在，这个观点就变得不太可能正确了。

30　Takács（2001, 299）.

31　Evans（1921-35, 4: 431-40）.

些学者试图否认这种演变过程，但是这些尝试都被彻底否定。如今，可以毫无疑义地确定，她们之间存在着肖像学或图画上的相互联系。[32]

这些人物是何时传入克里特岛的？最早的例证来自克里特岛南部普拉塔诺斯（Platanos）一座圆顶墓中发现的圣甲虫上面。这个圣甲虫是埃及传进来的
283 还是克里特仿制的，学者们对此争论不已。如果是埃及的，那么问题是它来自第一中间期还是第十二王朝。对该坟墓年代的论证也存在着矛盾，大约为从弥诺斯早期 III 期到弥诺斯中期 III 期。[33]

这个特别的圣甲虫可能不是传入该岛的第一个圣甲虫。不过，随着公牛崇拜，透瑞斯可能是在宫殿群建立前传入克里特岛的，这些宫殿被视为从西南亚和埃及打包传入的文化的一部分，改变了岛上社会政治生活。这一变革影响到第十一王朝。在两个时代之间，为“第一个”圣甲虫的传入提供了准确的时间。不管怎样，普拉塔诺斯的圣甲虫以及佩斯托斯（Phaistos）和克诺索斯王宫内印章上的刻印明确地显示了克里特岛旧王宫时期广为流行的人物肖像。同样明显的是，这种主题在青铜时代晚期从克里特岛扩散到了塞浦路斯岛和希腊大陆。

今天，保守的观点接受这一肖像的起源演变，但是对透瑞斯和爱琴海上的姬妮在意义和功能之间的任何联系都持有相当程度的怀疑。艺术史学家玛格丽特·吉尔（Margaret Gill）彻底否定任何联系。沃尔特·伯克特更加明智，但给人留下了同样的印象：“从肖像学上来看，她们和埃及的河马女神塔乌尔特（Ta-Urt）即大女神有关，这个女神背上长着一块鳄鱼的皮肤。但是，她们的数量如此之多，身份类似奴仆，不可能是从埃及这位女神那里演变而来。”[34] 如上所述，数量繁多和奴仆地位，从中王国早期开始便明显出现。

透瑞斯和“姬妮”之间公认的类似职能。孤立主义艺术史学家罗兰·汉普（Roland Hampe）和艾瑞卡·西蒙（Erika Simon）精彩地阐明了这些“姬妮”以及她们与埃及的关系的保守看法。如他们所认为的那样，“精灵”是

> 一种生物……部分属于动物王国，部分属于人类和神……它明显处于

32 Phillips（1991, 206）.

33 同上书，第 207—208 页。

34 Burkert（[1977] 1985, 35）.

> 与世隔绝状态，或者和它的同伴侍奉一位神，受一人统治，否则就被野兽们降服或猎杀。它甚至可以成为崇拜的对象。这种生物被正确地表述为兽灵，因为它出奇地符合柏拉图对灵（Demonic）的定义，即介于人和神之间的生物……可以确定，迈锡尼人接受了来自克里特岛的这一观念。并且， 284
> 弥诺斯人受用后腿行走的埃及河马女神塔乌尔特的启发描绘出了他们对它的想象……兽灵们的白颜色……表明她们是女性……这一点不足为奇，因为她们在肖像上来自埃及女神。[35]

因此，此处文字承认了性别——埃及神最大的特征之一——已经被传承了。关于这一主题的最新著作暗示她的其他特征也得到了传播。有时作为一个纯粹的爱琴文化产物的例子，姬妮们与水罐和倾泻的水联系在一起。这种现象的出现似乎可以描绘为对降雨气候迷狂崇拜的结果。不过，克里特的考古学家朱迪斯·温加滕（Judith Weingarten）指出，在中王国时期的《棺材文书》（*Coffin Texts*）中透瑞斯是和天界的水联系在一起的（完全符合河马的习性）："那是努恩（Nun）的水，原始的海洋。河马兽灵出现，是水的混沌人格化，世界从水的混沌中形成，这些水转化为清洁和净化的水。"温加滕又指出，在中王国时期，女人们在分娩之后需在仪式上净化 14 天。她认为，透瑞斯是一个神圣的护士，和这一程序联系在一起。在我看来，似乎是透瑞斯作为原始的水，不仅象征着用于清洁产后妇女的水，而且象征着分娩本身出现的水和血。不过，温加滕正确地强调了净化仪式。[36]

从新王国早期开始，中空的透瑞斯小雕像被雕刻成乳房带孔的，以便水能够一滴一滴地流淌。这些雕像用于喷洒少量的圣水或乳汁。净化用的水盆也是献给透瑞斯的。温加滕指出，透瑞斯还主管着一个将纯净的水浇在跪着的祭司头上，流进一个水盆的仪式。虽然这些仪式只在新王国时期得到了证实，但是她认为，这些来自《棺材文书》的篇章表明，这样的仪式和水盆可以追溯到中王国时期。[37]

爱琴海的姬妮们的另外一个特征是打猎。这一特征，埃及的前身们似乎

35　Hampe and Simon（1981, 191）.

36　Weingarten（1991, 11）.

37　同上注。

也有。在中王国时期的绘画中，透瑞斯拿着大刀，攻击和屠杀荷鲁斯神和拉神的敌人。温加滕对此写道：“（透瑞斯）带着被捕获的动物去献祭，这可能是弥诺斯人对她吞噬或杀戮拉神的敌人的一种延伸。这个延伸没有拒绝她的女性身
285 份，但是透露出在她的本质中存在着一个职能的矛盾，这一矛盾已经在中王国时期塔瓦勒特（即透瑞斯）身上得到明确的证实。”[38]

兽灵。“兽灵”一词，用到这些人物身上，显然是不准确的。像波科尔尼这样的语言学家和像 E. R. 多兹（E. R. Dodds）这样的古典学家，已经主张词汇 δαίμων(H) 源于词根 δαίομαι（“划分、分配”）。因此，它表示“分配者”或“主人”。[39] 不过，马丁·尼尔松（Martin Nilsson）认为，兽灵最初不仅是介于人与神之间的生物，而且是非人类的“一种纯粹的力量化身”。[40] 这一解释暗示了迦南语词根 dmh（“类似于”）和已被证实的词汇 dimyôn（“神圣的化身”）。[41] 根据柏拉图的说法，灵 * 是一种人一生下来就获得的特殊存在，它会继续守护着他或她。[42] 沃尔特·伯克特指出，柏拉图的观点源于更早的传说。[43]

考虑到这一起源，就不必惊奇于希腊人对兽灵的认识极为模糊。兽灵的确不只有女性。因此，这个词似乎不太适合于姬妮们。我认为，学者们对姬妮把握得更为准确。解决这个问题的最好方式是考查姬妮们的一个具体画像，该画像刻在迈锡尼附近梯林斯发现的一个大的金指环上面，年代为公元前 16 世纪或公元前 15 世纪。在这个指环印章上，四个姬妮运着一个祭祀用的祭酒罐，送给一个坐着的神灵或君主，他手里持着一个大的容器。正如汉普和西蒙指出的那样，宝座后面是一个“传令使者——一只鹰或隼”。[44] 这一描述对象是爱琴海地区对扭曲的或歪脖的 𓅆 (G7) 象形文字字符典型的吸收。这个象形字由

38　同上书，第 14—15 页。

39　Dodds（1951, 23）.

40　Nilsson（［1941］1967, 1: 201-3）, cited in Dodds（1951, 23）. Burkert（［1977］1985, 180-1）赞同尼尔松的阐释。

41　Psalms 17: 12.

*　此处的“灵”和文中别处的“兽灵”都是对“daimon”这个词汇的不同翻译，由于柏拉图的“灵”的观念显然和文中其他地方的“兽灵”的观念不一样，故采用不同的译法。——译者注

42　*Phaedo*, 107d.

43　Burkert（［1977］1985, 181）.

44　Hampe and Simon（1981, 191）.

(G5)（“隼”或荷鲁斯神）和 (R12)（“用作携带宗教符号的旗杆”）组成。[45] 在古王国时期，是荷鲁斯的一个标志，它优先和荷鲁斯神联系在一起。不过，在中王国时期之前，这个符号传入爱琴文明，被更广泛地使用，表示任何一个神。所以，在梯林斯指环上，该形象仅仅表示“神”，可能指的是阿波罗神，他与荷鲁斯的身份对等。尽管如此，虽然这一点不能确定，但是指环上的那个人物显然是女性，因此有可能是阿波罗的孪生姐妹阿耳特弥斯。这一认同得到了一个事实的佐证。在古王国和中王国时期，被作为 (R13) 的交替词使用，是表示 ỉmn(t)（“西方”）的义符。对此的进一步论证将在第十九章展开。
在这个问题上，我仅仅提一下我的判断，阿波罗这个神名来自 Ḫprr——代表上 286
升的太阳的圣甲虫神，阿耳特弥斯的名字来自埃及语或埃及–爱琴语 *Ḥrt Tmt，它是 Ḥr Tm 阴性形式，Ḥr Tm 是傍晚的太阳神。[46] 不管怎样，阿耳特弥斯是一个傍晚的太阳神，并且她的名字可以追溯到青铜时代，因为 A-te-mo 出现在了 B 类线形文字的牌匾上。因此，这个代表“西方”的符号强烈地暗示，那个坐着的人物是阿耳特弥斯。

如上所述，埃及语符号 ỉmn 也可能指克里特城市阿姆尼索斯（Amnissos）。这个地名明显来自埃及语 ỉmnt（“西方”），它被证实出现在公元前 15 世纪，并且有可能比这个时间早 1000 年。[47]

将坐在宝座上的人物确认为狩猎女神阿耳特弥斯，这种看法也与其他印章或绘画中姬妮们从事打猎活动的行为极为吻合。因此女性的姬妮们和洒水以及狩猎联系在一起，可能是阿耳特弥斯的宁芙们（nymphs）的原形。

宁芙、百合花和蜜蜂。希腊语 nymphai 来自埃及语 nɜ n(y) nfr(w)t（“美丽的年轻人 / 女人”），已在第九章探讨过。[48] 克里特岛有许多关于成双成对的宁芙庇护和养育婴儿宙斯或狄奥尼索斯的传说故事。这些故事显然与伊希斯和奈芙蒂斯（Nephthys）埋葬、哀悼并使奥西里斯复活的故事类似。这些宁芙中有两个名为伊达（Ida）和阿德拉斯忒亚（Αδραστεία）。后者的名字似乎真是来自 Ḏrt nḏst

45　关于该旗杆，另见本书第十章，注释 72—73。

46　参见第一卷，第 67—68 页；以及本书第十九章，注释 88—110。

47　关于它在公元前 15 世纪的出现，参见第二卷，第 433 页；关于这个公元前 3 千纪的年代确定，参见第二卷，第 422 页。

48　本书第九章，注释 121—123。

（“较小的风筝”），这是奈芙蒂斯的一个称号。这两个宁芙被认为是墨利萨乌斯（Melisseus）（“养蜂人”）的女儿。[49] 因此，她们在某种程度上是“蜜蜂”（蜜蜂在古代被视为阴性）或者翻山越岭地搜集滋养品的野蛮女人。

人类乳汁实际上的甜蜜和隐喻中的甜蜜在许多文化中都闻名，并且我们在上文也看到关于伊佩的《金字塔铭文》提到了它的功用。蜂蜜被涂在痛处和伤处，在埃及医学中扮演着重要角色。[50] 这一实践暗示蜂蜜和不朽之间存在着联系，因为埃及人认为从疾病中恢复和死后复生存在着类似性。中王国文献中存在着一首著名的诗《一个人和他的巴之间的争辩》，对此进行了生动描写：

> 今天我就要死亡
> （像）一个病人的康复
> 像禁闭之后的户外徜徉 [51]

287 不管是埃及人对蜂蜜的医学利用还是它与不朽相关，显然都在《伊利亚特》中得到了反映。在史诗的邻近结尾处，阿喀琉斯哀悼挚友帕特罗克洛斯（Patroklos）的死亡，并担心他的实体会腐烂，他的母亲忒提斯（Thetis）消除了他的担心：“来到帕特罗克洛斯跟前，她用阿姆布罗西亚（ambrosia）和红润的仙露灌入他的鼻孔，他的肉体可以继续保持完好。”[52] 这种木乃伊处理方式——在埃及，防腐剂也是通过鼻孔灌入的——有赖于这两种假定为神灵食用的物质。词汇 νέκταρ 源于闪米特语动词 √qtr（“气味、像烟或水汽向上飘动”）的反身分词。希腊语 néktar 指的是带有香味或冒热气的葡萄酒，因此也可能指蒸馏之后的“不朽的”烈酒。[53]

希腊语词汇“阿姆布罗西亚”的意思仅仅是“不朽”。在荷马史诗中，神圣的物质用于防止活人或死人的身体的腐化。就此而言，埃及人也以同样的方

49 Apollodoros 1: I, 6. 关于这个名字的相关文献，参见 Frazer（1921, 1: 7, n. 3）。关于像鸟一样的哀悼者，参见第十章，注释 67—68。

50 在埃及医学中使用蜂蜜的探讨，参见 von Staden（1989, 13-4）。

51 关于该译本，参见 Lichtheim（1973-80, 1［1975］: 168）。

52 *Iliad* 9: 37-9.

53 Levin（1971b）. 莱文没有想到蒸馏物。然而，阿拉伯语 qatr 意为“浸泡、过滤、精炼”，还有源于同一词根 √qtr 的 istaqtara 作为“蒸馏”之意使用。

式使用蜂蜜。在希腊，蜂蜜首先是作为诸神和他们的神圣动物的食物或食料使用的，而后才成为他们的饮料。现代学者倾向于将阿姆布罗西亚视为理想化的蜂蜜。[54]

在爱琴地区，蜂蜜滋养婴儿、死者和其他新神化的不朽者。和克里特的养蜂人特别对应的埃及人物，可以在对天空女神努特（Nut）的崇拜中找到，努特神将死者的棺椁盖上，并且和河马 / 鳄鱼女神勒勒特（Reret）联系在一起，这个需要记一下。努特的希腊对应人物是瑞亚（Rhea），诸神之母，她在克里特庇护并养育了他的儿子宙斯。其他记载说，年轻的宙斯是被蜜蜂养大的。[55] 在《金字塔铭文》中，一个祷告者像努特祈祷："噢，努特神，您作为蜜蜂现身……噢，努特神，您使国王（Nsw）归来，这样他就可以活了。"[56] 这里有一个双关语，如上文所述，bit 不仅指"蜜蜂和蜂蜜"，而且也指"下埃及的国王"。[57]

另外的宁芙和蜂蜜。现在让我们回到克里特的蜜蜂和蜂蜜这个话题上，克里特位于黎凡特、埃及和爱琴三个文化的交汇处。另外一个宁芙也喂养过年轻的宙斯，她是 Aμάλθεια（Amáltheia），她的名字很可能源于  ỉmꜣt（"母野山羊"），带有神圣的后缀 -theia。[58] 阿玛尔忒亚具有魔力的丰饶角有时充满了蜂蜜。青铜时代的证据证明，蜂蜜出现在了阿姆尼索斯的埃雷图伊亚（Eileithuia，另一种拼写为 Eileithyia，即"埃雷提伊亚"）崇拜中，埃雷图伊亚是爱琴文明中的分娩女神。一块出土于克诺索斯的牌匾这样写道：

> 阿姆尼索斯：一罐蜂蜜献给埃琉提亚（Eteuthia，即埃雷提伊亚），288
> 一罐蜂蜜献给所有神，
> 一罐蜂蜜……[59]

54　关于他反对的这些传统观点的许多文献，参见 Onians（［1951］1988, 292）。

55　Kallimakhos. *Hymn to Zeus* 49, and Virgil, *Georgics* 4: 152.

56　*Pyramid Texts*, Utterance 444, trans. Faulkner（1969, 148）.

57　关于 bit 属于原始世界语词根，参见本书第四章，注释 96—100。

58　关于类似结构，参见 Σμινθευς；它在本书第十三章，注释 21—23 中探讨。

59　Knossos 206 in Ventris and Chadwick（1973, 310）. 关于"埃雷提伊亚洞穴的位置"，参见 *Odyssey* 19：198, trans. Murray（1919。

埃雷提伊亚和她的许多不同变体名字，似乎来自闪米特语 ᵓÉiltu 或 * ᵓElat，它们在阿卡德语、乌加里特语和腓尼基语中得到证实；它的词义仅指“女神”。这样一来，像 Tз Wrt（透瑞斯）一样，埃雷提伊亚可能是一个女神的替代名，这个女神是如此的有力量和危险，以致她的真实名字太恐怖，人们不敢说出它。埃雷提伊亚频繁地以复数形式——埃雷提伊埃（Eileithyai）——出现，并且，像透瑞斯一样，这位爱琴海的分娩女神有许多女性助手。

如牌匾中暗示的那样，埃雷提伊亚和阿姆尼索斯联系在一起持续了 1000 多年。最早对阿姆尼索斯的提及出现在铁器时代的一份文献中：在《奥德赛》中，阿姆尼索斯是埃雷图伊亚的一个山洞的地点。[60] 根据卡利马科斯（Kallimakhos）《献给阿耳特弥斯的圣诗》的记载，阿耳特弥斯是一位分娩女神。[61] 卡利马科斯是亚历山大图书馆的一位高级官员，他以“我从不吟唱未经证实之事”的学究言论而闻名。[62] 既然如此，他的观点被许多阿耳特弥斯崇拜地出土的碑铭材料证明，在这些铭文中，阿耳特弥斯代表了或被等同于分娩女神埃雷提伊亚。[63] 在另一篇献给一个小女孩 70 天庆典的诗篇中，卡利马科斯写道：

> 阿耳特弥斯，（她出没于）阿姆尼索斯的克里特平原上……
> 为此，接受温和的女神们，
> 这一最诚挚的邀请，
> ……缪斯们，我将为这位小淑女歌唱。[64]

这几行诗词触及本章的多个主题。阿耳特弥斯和阿姆尼索斯联系在一起，在卡利马科斯《献给阿耳特弥斯的圣诗》中又一次提及：

> 给我俄刻阿诺斯（Okeanos）的 60 个女儿，充当我的合唱队——所有 9 岁的少女，解开了带子，给我当女仆，20 个阿姆尼索斯的宁芙……[65]

60 *Odyssey* 19: 198.

61 *Hymn to Artemis*, 21-5.

62 Bulloch（1989, 9-10）.

63 Farnell（1895-1909, 2: 444, 609）.

64 Kallimakhos, *Iambus* 12, trans., Trypanis（1958, 142-5）.

65 *Hymn to Artemis*, 21-5.

帕萨尼亚斯写道："克里特人认为，埃雷提伊亚是赫拉生在克诺索斯周围农村阿姆尼索斯的孩子。"[66] 考虑到上文探讨的梯林斯指环印章，我们会发现埃雷提伊亚、阿耳特弥斯和阿姆尼索斯之间的联系更有趣。

让我们重新回到向阿姆尼索斯的埃雷提伊亚奉献蜂蜜这个问题上。黑暗时
代和古风时代的希腊人无疑将宁芙们和蜜蜂以及蜂蜜联系在一起。五个来自公
元前 7 世纪晚期的罗得岛的小薄金饰板，带有饰图，顶部为非埃及的宁芙，底 289
部为蜜蜂或马蜂。底部的蜂翼和顶部宁芙的头对称。同时代还存在着类似的图
案，类似的飞翼盘旋在女兽主的头上，该人物通常和阿耳特弥斯联系在一起。
她控制着一头狮子，一手握住它的尾巴。她的裙子上的图案暗示，她既是一个
女人，又是半只蜜蜂。汉普和西蒙关于罗得岛的"蜜蜂宁芙"写道：

> 蜜蜂更应该被置于像得墨忒耳和瑞亚这样的母神的随从之列，并且，由于克里特的原因，它被视为婴儿宙斯的保姆之一。这一古老的弥诺斯神话必定在公元前 7 世纪的克里特继续存在，因为蜜蜂经常被用于装饰克里特的瓶子。最后，在希腊人的口传故事中，墨利萨（蜜蜂）被视为宁芙的概称，她们作为纯洁的、滋养丰富的和具有预言能力的存在的特征可以和蜜蜂的那些特征相提并论……就相关的黄金饰板而言，它最好被说成墨利萨（Melissai）。如果这些饰板最初是为装饰死者而制作——它们轻薄并且表面光滑可以作为这方面的论据——它们就可能提供了希腊人信仰蜜蜂的另一个侧面；希腊人确信蜜蜂会从死者的身体里飞出，因此从这些生物身上看到了不朽的象征。[67]

关于蜜蜂成群地聚集在尸体里的观念，出现在宁芙库兰尼（Kyrene）之子阿利斯泰俄斯（Aristaios）的传说中，这位宁芙与利比亚城市[*] 同名；阿利斯泰俄斯据说发明了养蜂业和其他一些农业形式。他被视为阿波罗的儿子，所有关于他的故事都会涉及宁芙。根据品达和维吉尔的说法，阿利斯泰俄斯的母亲

66　Pausanias 1: 18.5, trans., Levi（1971, 1: 51）.

67　Hampe and Simon（1981, 212）.

*　Kyrene 的另一个拼写是 Cyrene，它作为城市名使用时，我国学者往往将它翻译为"昔兰尼"，它是古希腊人在利比亚建立的一个殖民城邦。——译者注

指示他献祭四只刚成年的公牛、四只小母牛、一只牛犊和一只母羊，来安抚音乐英雄俄耳甫斯的灵魂。在首次献祭后的第九天，他返回发现一群蜜蜂正从腐烂的尸体里飞出来。他将这些蜜蜂装进一个箱子里，开始了养蜂业或者蜜蜂的驯化。[68]

当然，这个故事和参孙（Sampson）的故事类似。参孙杀死了一头年轻的狮子，几天后，返回发现狮子的尸体里挤满了蜜蜂。[69]《圣经》故事的这一部分出于叙述需要而被严重修改，以至很难判断它的神话学意义，尽管故事要素明显具有重要意义。不过，阿利斯泰俄斯的传说明显将蜜蜂的出现和冥府中返回
290 阳间以及汉普和西蒙所暗示的永生联系在一起。考虑到上文中对分娩和养育婴儿的强调，我相信人们能够进一步探讨，并且明确指出墨利萨或蜂蜜宁芙是重生的象征。

在罗得岛饰板被制作的数个世纪前，描述宁芙们的希腊诗歌名段之一已被写成。在《奥德赛》中，荷马是这样描写伊萨卡（Ithaca）的宁芙山洞的："港口崖顶有一棵枝叶繁茂的橄榄树，附近有一处美好而幽暗的洞穴，那是名叫涅伊阿德（Naiads）的宁芙们的圣地，那里有调酒用的石缸和石罐，群群蜜蜂将蜂蜜储存那里。"[70] 这几行诗句不仅将宁芙们和蜜蜂联系在一起，并且还将宁芙们的基本本质特征直接指向了埃及的透瑞斯崇拜。Naiad 指的是"倾泻者"。如上所述，透瑞斯崇拜的这方面内容也和石罐和石盆联系在一起。这个山洞和梯林斯指环上描写的场景有着明显的类似之处，详见下文。

蜜蜂的螫刺。卡利马科斯诗篇中的"温和的女神们"似乎指的是姬妮们。不过，蜜蜂不仅产蜂蜜，并且它们也带有螫刺。这一特点也与分娩女神们吻合。如荷马在《伊利亚特》中所言："尖锐的箭头袭击阵痛的妇人，那是赫拉的女儿们分娩女神埃雷提伊埃送出的，她们司掌剧烈的痛楚。"[71]

这几行诗文中表示阵痛的措辞是词汇 ὠδί́ς/ὠδῖνος 的一个词形，它带有词根 ōdín- 和 ōdín，通常表示分娩时的"疼痛"。类似的词汇 ὀδύναι odýnai(H) 在

68 Virgil, *Georgics* 4: 317-558.

69 Judges 14: 5-28.

70 *Odyssey* 13:100. 词汇 ἤεροειδγ́ς 被翻译为"阴影的"，也有"多雾的"之意。

71 *Iliad* 11: 269.

表示“疼痛”时具有更一般的词义。英语词汇“anodyne”（止痛剂）源于该词。还存在着一个词，ὀδύ̄ρομαι odýromai(H)（“痛苦地喊叫、悲恸”）。弗里斯克假定 odýNai 来自印欧语词根 *ed（“吃、叮咬”意义上的吃）。尚特莱纳更是受到了亚美尼亚语 erkn（“分娩的疼痛”）的吸引，并且提出了一个词根 *ed-won 或 *ed-wen。[72] 这些词的变体和分娩疼痛联系在一起，表明它是一个来自原始印欧语的借用词而非词源。埃及语中有一个词汇，写作 wdn（“变重、变困难”），也表示“正式成为神或王；呈献祭品，尤其是奠酒”。[73] 因此，这个词汇表示分娩，其结果要么是生命，要么是永生。倾泻液体或使液体大量流淌的观念，暗示着植物的诞生，也暗示着动物的诞生。

在这个问题上，希腊语诸词汇有助于我们理解埃及语的语义场；同时又揭示，如果不考虑其他文明的话，理解东地中海任何一个伟大的青铜文明是多么地困难。

阿耳特弥斯和库柏勒。以弗所恢宏壮丽的阿耳特弥斯神庙是希腊化时期宣布 291
承认的世界七大奇迹之一。在古代，以弗所——位于安纳托利亚西海岸伊兹密尔（Izmir）南部——是希腊文化和当地吕底亚文化交汇处。该神庙是献给阿耳特弥斯的，以弗所因此而闻名，它同时也是献给安纳托利亚神库柏勒的。在以弗所，库柏勒同化了阿耳特弥斯。两位女神在她们的最初特征上或起源上不存在完全的差异，她们都与闪米特语和埃及语有着明显的联系。两位女神都是狩猎女神、代表未开化之地的女神和生殖女神。两个女神都要求人类献祭，并且对男人施以权威。希腊神话记载，男人们因看到阿耳特弥斯和她的宁芙们裸浴而变瞎；库柏勒的祭司们则会在迷狂状态下把自己阉割，将他们血淋淋的生殖器献给女神。

以弗所阿尔特弥斯女神的女祭司们以墨利萨的身份而著名。以弗所最早的钱币铸造于公元前 7 世纪晚期，将蜜蜂作为城市的象征。著名的以弗所阿耳特弥斯雕像，浑身长满了乳房，似乎是蜂后的理想化呈现，蜂后的身体里储

72　如果该亚美尼亚词是相关词汇，那么这些语音转变有可能发生借用之后，通过希腊语实现的。

73　它的最后一种词义，被保留在了科普特语 uōtn(S) uōten(B) 中。奥廖尔和斯托尔博娃假定 Wdn 可能是闪米特语 √wld（“诞生”）的同源词，参见 Orel and Stolbova（1995, 530 §2540）。东部库希特语词根 *widyal 也是其同源词。在亚非语中，语音转变的方向是很难被发觉的。来自印欧语的证据表明，√wld 是原初词形，参见上文第九章，注释 11—14。

存在供整个蜂群食用的食物。雕像上的一只蜜蜂恰恰位于她的脚背上。[74]不仅仅只有以弗所的阿耳特弥斯被视为蜜蜂。公元前 6 世纪的彼奥提亚诗人品达（Pindar），因为阿耳特弥斯的纯贞和圣洁而视其为蜜蜂。[75]

马蜂和斯芬克斯、阿波罗和阿耳特弥斯。细细的腰身只能说明她们正值青春，然而姬妮们的下半部分却类似蜜蜂，她们看起来更像马蜂，只会叮人不会酿蜜。她们形象的这一个侧面也具有象征意义或宗教意义。表示“马蜂”的希腊语词汇是 σφήξ，σφηκός(H)。可能这个词有印欧语词源，但尚不确定。不管是不是存在着一个直接的词源，我相信它很可能存在，并且该词与 σφί(ν)ξ，σφι(ν)κος（“斯芬克斯”）极为类似。在古典时期，“斯芬克斯”与 σφίγγω（“挤捏、掐勒至死”）有关联，并且这个埃及的怪物被理解为“扼杀者”。

不过，作为狮子的一部分，斯芬克斯也有可能追击并用利爪猛击猎物。表示斯芬克斯的埃及语词汇 šspw，是表示“雕像、形象”的一般词汇，书写时带有一个斯芬克斯义符。自 20 世纪 20 年代以来，学界已经普遍接受希腊词汇 sphí(n)x-sphi(n)kós 是来自 * šspw ʿnḫ（“活着的形象”）的派生词。[76]因此，sphḗx 更有可能来自 sphí(n)x，反之亦可。

292 这些名字的埃及起源、阿波罗和阿耳特弥斯的属性的埃及起源，以及他们与太阳和狮子崇拜以及大斯芬克斯的关联，将在下文第十九章探讨。关于性别，早期埃及的斯芬克斯是雄性，然而在公元前 2 千纪晚期，斯芬克斯在所有的东地中海周围地区被日益描绘为雌性生物。[77]无疑，阿耳特弥斯与带翅膀的斯芬克斯有关联。例如，以弗所的阿耳特弥斯神庙中便有这种带翅膀的斯芬克斯。[78]她经常被描绘为位于狮子一旁或带领着狮子，或者本身被视为狮子。她的女性特质明显与狩猎和分娩有关。在《伊利亚特》中，荷马描写赫拉责骂阿耳特弥

74　参见 Farnell（1895-1909, 2: 481）。

75　Pindar, Fragment 123.

76　还存在另外一种可能，šspw 源于名词化后缀 -w 与动词 šsp（“拿取、收到、捉住、抓紧”）的结合，表示“捕捉的人 / 捕捉器”。在这种情况下，šsp（“雕像”）将会成为源自 šspw（“斯芬克斯”）的派生词。

77　关于俄狄浦斯和底比斯的斯芬克斯的简单探讨，参见 Bernal（2001, 335-6）。另见本书第十九章，注释 99—100。

78　Farnell（1895-1909, 2: pl. 29b）和 Hampe and Simon（1981, pll. 352 and 354）。在卡吕冬（Calydon）的阿耳特弥斯神庙发现的斯芬克斯，现藏于雅典国家博物馆，被用来做他们著作的封面图案，参见本书第十章，注释 114。

斯：“宙斯让你成为一头狮子，随意取人性命，这并非女人所为。”[79]

像埃雷提伊亚，更准确地说，作为埃雷提伊亚，阿耳特弥斯会杀掉分娩中的女人。当考虑到阿尔特弥斯女神具有野兽的身份时，对这个观点就不必太惊奇。当然，她是一位猎手，但像雅典娜一样（她们经常会彼此混淆），她可能与在美索不达米亚、叙利亚和爱琴艺术中描绘的女兽主（Mistress of the Animals）有关联。

Sphḗx（其复数形式 sphḗkes）和带有词干 sphínx- 的 sphinkes 之间的相互联系，暗示马蜂和斯芬克斯之间存在着另外一种关联；考虑到阿耳特弥斯与后者有联系，那么这种关联也适合于姬妮形象的这一特征。

狮子和熊。马蜂和狮子之间的类似使我们发现了姬妮们的哺乳动物特征。这些特征可以表现出透瑞斯最初象征河马神的迹象，或者也可以表现出狮子在中王国晚期开始象征斯芬克斯女神和她的助手们的迹象。公元前 2 千纪，狮子仍然出现在爱琴海周围地区，这使得它们比来自异域的河马更受欢迎。另一个北方的动物也被涉及。在第三章中，埃及语 db（“河马”）和迦南语 dob（“熊”）之间的类似，暗示着河马和熊之间示存在着一个观念上的对等。[80] 此外，至少在晚期埃及的宇宙观念里，背上背着一只鳄鱼的河马，即勒勒特女神，被视为象征希腊人已知的，被我们称为大熊星座的星座。[81]

考虑到这一对等和可能性，熊的特征连同狮子的特征影响着姬妮口鼻部或脸部的形象，有趣的是在 Καλλιστώ 的故事里，希腊神话将阿耳特弥斯和
宁芙们与熊联系在一起。卡利斯托（Kallistō）是其中的宁芙之一，被宙斯诱 293
奸，然后变成了熊。阿耳特弥斯想要杀了她，但是宙斯救了她的儿子阿尔卡斯（Arkas），此子长大成人，成为阿卡狄亚人的始祖。卡利斯托本人被收走，放在天空，成为阿尔克托斯（Arktos）星座，即大熊星座。[82] 于是，勒勒特和透瑞斯之间就有了一个明确的对应。

宁芙作为熊的角色也出现在仪式里。在古风时代和古典时代，在阿提卡

79　*Iliad*, 21: 483, trans. Murray（1925, 443）.

80　本书第三章，注释 74—76。

81　Budge（1904, 2: 249）and Evans（1921-35, 4: 435-7）.

82　参见 Apollodoros, 3: 8.3 和 Pausanias 8: 4.1。

东部美丽的布劳伦（Brauron）湾，五至十个小女孩装扮成熊的样子，跳舞来表达对阿耳特弥斯的崇拜。[83] 更有趣的是，女孩们穿的袍子，盖过了她们的正常外套，袍子的颜色是 κροκόδῑλος。对该词的通常翻译是“藏红色、黄色”，即像藏红花一样的颜色。不过，许多学者似乎合理地将其视为“黄褐色”，以与豹子皮毛的颜色般配。[84]需要指出的是，希腊语词汇 κροκόδῑλος（“鳄鱼”）来自同一词根，它可能也指“黄褐色”。颜色的不确定性被姬妮背上类似于鳄鱼皮的混合颜色证实，这些精灵的形象来自迈锡尼壁画的一段残片。[85] 布劳伦的小女孩们将姬妮和进行助产并带来分娩阵痛的“温和的”阿耳特弥斯以及埃雷提伊亚联系在一起。倾倒净水、酿蜜、狩猎，所有这些行为都表明古风时期和古典时期的宁芙来自弥诺斯和迈锡尼的姬妮，而后者则源于透瑞斯和她的兽灵。

再谈缪斯。缪斯怎么适合于这个框架？首先，宁芙和缪斯并非不同类。她们由美丽的少女或年轻女子构成，她们经常出入山林、溪泉、池塘和其他荒野地带。例如，她们都在彼奥提亚的赫利孔山受到崇拜，同样也在阿卡狄亚受到崇拜。[86] 缪斯和宁芙都与阿波罗和阿耳特弥斯联系在一起。因此，最好的做法是，将缪斯们视作宁芙的一个亚群体。如果这种做法成立的话，那么姬妮就非常有可能是宁芙和缪斯的原形。例如，我们都知道一个常识，即蜜蜂被视为“缪斯们的鸟儿”。[87]

荷马的《献给赫尔墨斯的圣诗》（*Hymn to Hermes*）可能创作于公元前 7 世纪，此时，上文提到那块刻有宁芙蜜蜂的饰板已经被制作出来了。在圣诗中，阿波罗对他的兄弟赫尔墨斯说：

> 那里存在着神圣的尤物——三个长着翅膀的少女：她们头上沾满了白
> 294 面粉，居住在帕尔纳索斯山的一个山脊下边。她们是除了我之外的预言教
> 师，当我还是一个放牧畜群的孩子时，我已经掌握了预言之术……她们离

83 Farnell（1895-1909, 2: 435-8）.

84 同上书，2: 436。

85 Hampe and Simon（1981, pl. 33）.

86 参见 Farnell（1895-1909, vol. 5, 459, 469）。另见 Pausanias, 9: 34. 3。

87 Aristophanes, *Ecclesiazusai* 974; Varro, 3: 16.7; and others.

开家园，一会儿飞到这儿，一会儿飞到那儿，居蜂巢而食，并且分享所有东西。当她们食用黄灿灿的蜂蜜而获得灵感之时，她们乐意说出真相。但是，如果她们被神剥夺了甜蜜的食物，那么当她们聚在一起进进出出时，她们将说谎话。[88]

这些蜜蜂宁芙被称为特瑞埃（Thryai），但是，她们在迷狂状态下进行预言的艺术，使她们与命运三女神和缪斯们类似。

黎凡特的影响。克里特的姬妮和宁芙以及缪斯之间存在着一些非常有趣的类似之处，我们可以在黎凡特找到它们。青铜时代晚期，来自乌加里特的神话提到巴力（Ba‘al）三个性感的女儿。在不同的神话里，她们的名字也不一样，但是她们全部和土地、露珠和丰产有关。她们三人中，最光彩夺目的是忒莱（Ṭly），她的名字源于词根 *.tal，该词根遍见于亚非语系。奥廖尔和斯托尔博娃认为有四个词根带有这一结构，意思是"分娩、动物幼崽、露珠、流淌、倾泻"。[89] 乌加里特语 .tll 和希伯来语 .tal 意思是"夜间的薄雾、露水"，希伯来语 .tåleh 表示"羊羔、其他动物的幼崽"。该词为希腊语 θάλλω(H)（"生长、旺盛"）提供了一个很好的词源。仅有的印欧语类似词形来自阿尔巴尼亚语和亚美尼亚语。迈克尔・阿斯特有说服力地认为雅典的创建者凯克洛普斯的三个女儿的故事和赫西俄德的美惠三女神来自闪米特神话。[90]

美惠三女神之一被称为 Θάλεια，赫西俄德也称缪斯中的一位为 Tháleia。依照传统说法，缪斯有九位，但是具体排名有冲突。因此，我觉得有必要将这些闪米特神话和关于宁芙、缪斯的希腊传说以及姬妮们青铜时期的形象联系在一起探讨。如上所述，梯林斯大指环上的场景明显和植物有关。树木的枝条或叶芽出现在姬妮们之间，并且超出了图画的描绘范围。但是，也存在着迹象表明，它们是小麦或大麦的叶片。透瑞斯和她的助手们倾泻"净化"之水以及姬妮们的行为已在本章的前文探讨过，它们与希腊古风时期阿耳特弥斯的形象的关系表明，她与被倾泻的水或流动的水有关。她也以黎姆那提斯（Limnatis）

88 Homeric *Hymn to Hermes*, 553-64, trans. Evelyn-White（1914, 403-5）.

89 Orel and Stolbova（1995, 515-6 §§2457-60）.

90 Astour（1969）.

或黎姆奈亚（Limnaia）（“湖上淑女”）之名而被世人知晓。[91]

295 不过，梯林斯指环表明的是，姬妮们在浇灌植物。一个更小的印章更明显地显示了她们的这一职能。两个姬妮拿着祭酒罐，高过插在“供奉角”上的枝条。在乌加里特神话里，圣人 Dan˃el 的女儿或妻子 Pǵt “带着水在大麦田地里喷洒，知晓星星们的运行轨迹”。进而，Pǵt 被等同于 Pûʿåh，即向摩西（Moses）发出危险警告的一个产婆。[92]

这段文字证实了“养育”与给予植物和孩子以生命并且为它们 / 他们提供给养联系在一起。

汉普和西蒙试探性地认为，分布在梯林斯指环图案上方华盖上和女神衣服上的斑点是“‘小水滴’，它们暗示一种宗教意图：产生雨水，这始终是地中海地区极为关注的一个问题”[93]。这个观点似乎是真的，尽管这些水滴也有可能是代表露珠。在图案上方的这个华盖中央，有个圆环，圆环里有一颗星。如果它可以被读为克里特人对埃及象形文字 ⊛ (N15) 的转写，那么它将成为词汇 dwзt（“冥界、曙光之地”）。这两个含义中的一个或两个都似乎是恰当的。乌加里特神话，巴力的女儿们降临到人间是为了巴力的一个神秘儿子的出世，同时，她们也关心降雨和植物生长的问题。当然，黎明是产生露水的时段。

事实上，与 ṭal 或 thal(l) 的关联，为我们正在描述的仪式提供了一个线索。词语 θαλλός (H) 指的是“嫩芽、新枝”，而词语 θαλός (H) 则用于表示“新长出的枝叶、幼崽”。荷马用称号 Θαλύσια 即阿耳特弥斯的一个节庆名称，来称呼“黄金宝座”“盛果争攀的果园里……收获的第一批果实”。[94] 不过，这些场景与荷马对宁芙山洞的描写类似。

分娩和神化。将阿耳特弥斯和埃雷提伊亚视为缩微了的透瑞斯是完全恰当的，因为浇灌和滋养植物与协助分娩婴儿之间存在着密切关联。

然而，需要提醒的是，对透瑞斯原形伊佩女神的最早提及出现在《金字塔铭文》中。死去的法老召唤她，用神圣的乳汁哺育他，使他获得不朽的新生。

---

91 Farnell（1895-1909, 2: 427-8, pl. 29a）.

92 参见 Astour（1969, 16）。

93 Hampe and Simon（1981, 195）.

94 *Iliad* 9: 530-40.

同样，埃及语词汇 wdn 不仅指分娩和生产的物理过程，并且也指国王或神灵的正式任职。

贝斯的名字的语义场——已在上文讨论过——暗示同样的联合。以大刀和 296
保护性象征标志为武装，贝斯和透瑞斯不仅成为单纯自然界的神，而且也是精神新生或状态变化的神，看护着死亡，可能也有加入秘仪的入会和上升为神灵的过程。有时候，两个神合作；但是，其他时候，贝斯神则是通过敲鼓、弹琴和跳舞等方式安抚透瑞斯女神，平息她的狂暴。[95] 在这种相互联系的背景下，贝斯神和透瑞斯的狮子灵兽在《亡灵书》中作为门户的守护者出现。

在爱琴文化里，只是有一些透瑞斯 / 埃雷提伊亚 / 阿耳特弥斯的年轻女性协助者是所谓的“精神助产师”。由此来看，这些缪斯利用仪式和音乐帮助人们改变他们的状态和地位。因此，诗人们召唤缪斯们或“孩子们”帮助他们把诗兴提高到一个更高的层次。也需要注意的是，在埃及晚期，贝斯神和荷鲁斯神同化，成为年轻的太阳神，他在希腊的对等人物是阿波罗神。保留着作为人生不同阶段的保护者的功能——与透瑞斯和她的小随从们或年轻的随从们一起，贝斯神为作为缪斯们的首领和音乐的恩庇者的阿波罗提供了一个原形。

荷马和赫西俄德。荷马（῞Ομηρος）和赫西俄德（῾Ησίοδος）两个人的名字，很难放进印欧语中进行解释。作为一个词语，“ομηρος(5) 指的是“人质、抵押物”，后来的一些作家用这个词表示“失明的”。不过，弗里斯克和尚特莱纳认为，这个词义来自盲诗人荷马的名字，而非先于荷马出现。它的埃及语词源是 *ḥmww-r“通过话语交流的工匠”。Ḥmww 本身的意思是“工匠，演说家”。R 的意思是“说话，话语”。经过了 ū>ē 的转变后，则产生词汇 * ḥmē-r。第一个元音的含义来自科普特语的普通词汇 ham（“工匠”），但是带有一个波海利方言（Bohairic）变体 hom。因此，完全可以允许词汇形式 *homē-r 的存在。

尚特莱纳认为，赫西俄德的名字“显然”来自一个 ἡσι（“抛掷”）他的 Fοδή（“声音”）的这样一个人物。其中的第一个词似乎可以更合理地解释为来自埃及语 ḥsỉ、ḥsw 或 ḥsyw（“游吟诗人、歌唱家”）。它在科普特语中被转写为 hōs，该词有规律地来自公元前 2 千纪的一个词语 hās(i)，并且为希腊语

95　Altenmüller（1975a, col. 722）.

hēs 的发音提供了一个词源。第二个词的词源较为模糊不清，它可能来自希腊语 wodē 或埃及语 id（“孩子、天真的人”）。

297 **重新回到缪斯。**赫西俄德《神谱》的开篇是这样写的：

让我们从赫利孔的缪斯开始歌唱吧，
她们是这圣山的主人。
她们轻步曼舞，
或在碧蓝的泉水旁。
…………
曾经有一天，当赫西俄德正在神圣的赫利孔山下放牧羊群时，
缪斯教给他一支光荣的歌。
也正是这些神女——神盾持有者宙斯之女，奥林匹斯的缪斯，
曾对我说出如下的话，我是听到这话的第一人：
荒野里的牧人，只知吃喝不知羞耻的家伙，
我们知道如何把许多虚构的故事说得像真的，
但是如果我们愿意，我们也知道如何述说真事。

伟大宙斯的能言善辩的女儿们说完这话，
便从一棵粗壮的橄榄树上摘给我一根奇妙的树枝，
并把一种神圣的声音吹进我的心扉，
让我歌唱将来和过去的事情。
她们吩咐我歌颂永生快乐的诸神的种族，
但是总要在开头和收尾时歌唱她们——缪斯自己……[96]
伟大宙斯的女儿们尊重宙斯抚育下
成长的任何一位巴塞琉斯，

96　接下来的一行（第 35 行）是“但是为什么这一切橡树和石头的话呢？”，它通常被理解为“为什么要谈离题的话呢？”参见 Evelyn-White（1914）。但是，欧布莱希姆（O'Bryhim）教授证明，这个短语虽然在希腊语中较为普遍，但是有着非常重要的意义，深根于迦南语文化中。它涉及神圣的力量和神谕的见识，参见 O'Bryhim（1996）。

看着他们出生，
让他们吸吮甘露，赐予他们优美的言词。
当他们公正地审理争端时，所有的人民都注视着他们，
即使事情很大，他们也能用恰当的话语迅速做出机智的裁决。
…………
当人民在群众大会上受到错误引导时，
巴塞琉斯和和气气地劝说，
能轻易地拨正讨论问题的方向。
当他们走过人群聚集的地方时，
人们对他们像对神一般地恭敬有礼；
当人民被召集起来时，他们鹤立鸡群，是受人注目的人物。
缪斯给人类的神圣礼物就是这样。[97]

赫西俄德继续讲述下去，将缪斯们以及她们的音乐和阿波罗联系在一起。这样的联系也指向透瑞斯的配偶贝斯 / 荷鲁斯，他是掌管音乐和晋升更高领域 298
的仪式的神灵。

不管怎样，对于赫西俄德而言，缪斯们而非阿波罗是舞台中心的主角。在这个关于缪斯们——和宁芙们——现存最早的原形描写中，我们看到了现代欧洲人和美国人知道并且喜欢的所有主题。这些优雅的人物形象所处的世界，远非弥诺斯和迈锡尼艺术中的姬妮和埃及中王国时期的透瑞斯及其助手所处的世界。尽管如此，许多更为古老的特征保存了下来：流动的水、露珠、清洗、使植物生长、甜蜜和蜂蜜、温和的女儿们、能歌善舞、朦朦胧胧、在分娩时出现、提升地位、赋予神一般的力量或是进入神的世界。

不过，我们不应该忘记缪斯和宁芙作为助产师的原始角色。这篇散文诗本身被称为《神谱》(“诸神的诞生”)，神的诞生是整篇诗作的核心主题。在最后的 100 行诗文中，他的声音逐渐变强，音节“tek”或“tik”构成了动词 τίκτω(H)（“分娩、使产生”），它们听起来像节拍器。

这一节诗文有时候被视为伪造的，它构成了另一篇诗作《名媛录》(*The*

97　*Theogony*, 1-93, trans. Schmidt Wender（1973, 23-6）.

Catalogue of Women）的开篇。不管这种说法是否是真的，最后两段诗文提醒我们，缪斯们即“女儿们、助产师以及通过分娩馈赠疼痛和死亡的人”。

> 现在，奥林匹斯山歌声甜美的缪斯，
> 持盾的宙斯的女儿们，请你们歌唱凡间的女子吧。

结　语

本章描述了一个复杂的图景，埃及、西闪米特、安纳托利亚、弥诺斯、迈锡尼和后来的希腊文化的发展盘根错节地交织在一起，它显示了希腊文明极为混杂的本质。它也显示出留存与改变的双重力量。复杂崇拜文化的细节奇特地留存和传播，始自中王国时期的埃及，传入旧王宫时期的克里特岛，再到迈锡尼时代的希腊半岛，然后再到赫西俄德那里，弥诺斯时期姬妮们的特殊性和新的面貌，经由古风时期的蜜蜂宁芙，以及狮子般的斯芬克斯样式的阿尔特弥斯女神，转变为古典时期彻底人模人样的宁芙和缪斯们。这个演变进程为修正的
299 扩散理论提供了一个鲜明例证，这个理论认为，来自原初背景的观念，和其他背景中的观念混合后，会在继承它们的文化中形成全新的和独特的事物。

在这个演变过程中，“缪斯”的名字从始至终都显示为埃及起源的残余，提醒着人们不要忘了它的起源。像摩西的名字一样，它来自 ms（“孩子”）和 msi（“诞生”）。

第十二章　16 个次要词根

导　语

称这些埃及语词汇为“次要”词汇是不恰当的。它们在埃及语言中是重要 300
的词汇，并且在埃及人的生活中是重要的观念或器物。但是，与前两章中讨论的词汇或词根相比，它们只能被贴上这样的标签了。

1. ỉmn ἀμείνων。奥廖尔和斯托尔博娃假设了一个亚非语词根 *Yamin（“右手”），它在柏柏尔语、埃及语，以及所有的闪米特语中都可以找到。[1] 它也被用于表示最重要的方向。闪米特语族群面向东时，认为 Yemen 指的是南方；对于埃及人来说，南方是基本方向，他们将西方视为 ỉmnt，该词带有表示阴性的词尾 -t。依此类推，它在萨希迪方言中读作 amnte，在波海利方言中读作 amnti，在艾赫米姆方言中读作 emnte。维奇赫尔将的原始发音 ỉmn 重构为 *yamina。[2] 众所周知，闪米特语族群的文化具有浓厚的尚右特征，认为它幸运和纯净。在古代埃及也可能同样如此。

1　Orel and Stolbova（1995, 537 §2578）.

2　Vycichil（1983, 11）.

希腊语词汇 ἀμείνων(H)，意指“较好的、更强的”。弗里斯克和尚特莱纳都未能对它进行词源分析，推测它最初是一个原级形容词，只是在后来才获得了比较级后缀 -ōn。这个埃及语词汇或可能是闪米特语词汇，在被借用到希腊
301 语时可能已经具有了比较级词义，对于它而言，增加一个比较级后缀完全恰当。*yamina 和 ameín(ōn) 之间具有良好的语音对应，并且语义对应更是如此。

2. ỉsw Αἶσα，’Ισο-。Άἶσα (H) 早在迈锡尼词汇 a_3 sa 中便已出现，它与具有词义“被授予的部分”和引申义“运气、命运”的 moîra 非常类似。它也出现在动词 ἀνα-ισιμόω（“恰当应用、分配”）和许多带有词干 αἰσυμν-（aisymn-）（“地方官员、竞技中的裁判”）的词汇中。Aîsa 应该与奥斯坎语词汇 aetis（“份额”）是同源词。希腊语词汇中的词中 -s- 的消失，给这一词源分析和任何印欧语词源分析制造了难题。这个希腊语词根似乎更有可能来自埃及语 isw、科普特语 asu (S) 和 esu- (A)（“公平的酬劳、给有封号的人的补偿”）。[3]

有趣的是，词典编纂学者没有将 aîsa 同 ἴσος 及前缀 ἰσο- 联系在一起，尽管这二者的含义非常接近。这种不足似乎是彼奥提亚方言和克里特方言中带有 Ϝ 的词形导致的结果。弗里斯克和尚特莱纳确信其最初的词形为 *ϜisϜo。但他们不能对这个重构词进行词源学分析，因为原始印欧语 *sw 中的 /s/ 在传入希腊语中消失了。因此，这两位词典编纂学者添加一个 /d/ 来构建词汇 *wid-s-wos。尚特莱纳认为该词与词根 *weid（“明白、知道”）相关联。另一方面，梅耶假设了一个词语 *witwo，并将它与“two”相联系。如第五章所述，古老的词首古代最初的 Ϝ 并不总是代表有着共同起源印欧语发音 /w/。该字母在发音中未被省略和该字母本身可能是借用亚非语系中 ʿayin 或 ʾaleph 导致的结果。[4] 它和 aîsa 之间存在着可靠的语音相似和密切的语义联系，使得它成为来自埃及语 ỉsw 的一个借用语，毋庸大费周章。因此，几乎可以肯定埃及语词汇 isw 是词汇 aîsa，ísos——阴性词形 eísē——（“份额、数量和权利方面的平等”）的词源。这样，当然，iso- 的复合词，像 isonomía（“公平的法律”）和 isēgoria（“作为一个平等者发言”）等，是构成希腊民主理论的关键。[5]

3 Posener（1960, 40）.

4 参见本书第五章，注释 132；以及第九章，注释 11。

5 Kagan（1965, 66-7）.

最后是词汇 ἄξιος(H)（“平衡力、等值、公平价格”），其语义同 ỉsw 非常
匹配，语音稍差一点。埃及语的 s- 在普遍承认 sft>xíphos 的借用中被翻译为
xi，在第十一章中，我论证神圣的名称和入会象征 Bs 表现在狂喜的呼喊 πάξ
κογξ 之中。[6] 此外，xi 和 sigma 在希腊语中可以互换。元音或滑音 /i/ 仍然是个 302
小问题，因为它不足以阻止两个词汇之间的语义联系。尚特莱纳认为 áxios 与
ἄγω 相关，ἄγω 是包含有“领导、驱使、推动、嫁娶”等意思的动词。他详细
解释了词义“重”。这个词意在他或者里德尔、斯科特和琼斯的词条之中没有
被给出。

3. Wrỉb ὕβρις。埃及语复合词 wr ỉb 或 ʿȝ ỉb 的字面意思是“巨大的心脏”。但是，有趣的是它经常作为贬义词“傲慢的或无礼的”来使用。希腊语词汇 ὕβρις (H) 也有“无端的傲慢、傲慢无礼”之意。弗里斯克和尚特莱纳都没有给出任何印欧语词源。尚特莱纳对切梅林伊认为它源自赫梯语 *huwapar（“激怒”）持怀疑态度，该词是基于动词 hup（“虐待”）重构而成的。[7] 在第八章 [8] 中提到的流音 /l/ 或 /r/ 在词汇中的第三和第二位置经常发生交换。并且，希腊词汇 upsilon 始终是送气音。这些情况使得 wr ỉb 同 hybris 二者之间的语音对应非常牢固，语义匹配更是完美。

4. Bȝḥ φαλ(λ)ός。加博・塔卡克斯提出埃及语词汇 bȝḥ（“包皮、阴茎”）最可能的词源是亚非语词根 *b-l（“阴茎”）。希腊语词汇 φαλλος，phallus(5)，有时只有一个单一的 lamda，如在 φάλης 中一样，在爱奥尼亚语中被色雷斯–弗里吉亚语词形 βαλλiον（ballíon）所代替。尚特莱纳在此基础上论证，词形 φαλλήν 和 φάλλαινα 的印欧语词根是 *bhḷ-nó-（“肿胀、膨胀”）。希腊语词汇明确指勃起的阴茎。但是，这个引用导向了酒神的阳具崇拜。希罗多德和狄奥多罗斯都强调这种崇拜和埃及之间的联系。保罗・富卡尔（Paul Foucart）用强有力的论证来支持古代作家们的观点，并且这样的联系已在本卷前几章的内容

6 参见本书第十一章，注释 24；以及本书第十三章，注释 34。

7 关于这一观点的疑难，参见 Szemerényi（1974a, 154）。

8 本书第八章，注释 96。

中得到证明。[9] 基于这个原因，埃及语词源比印欧语词源似乎更适合。

5. Msti̓ μάσθλης，msdt μαστός，mtḏ μάστιξ，msḏi μισέω。晚期埃及语词汇 msti（“皮桶”）为一个通过其他方式无法解释的希腊语词汇 μάσθλης(5)（“皮革之物”）提供了一个可能的词源。科普特语词汇 mesthēt（“乳房”）以及源于 msti ḥȝty（“心脏的皮桶”）的晚期埃及语 msdt。这作为希腊语词汇 μαστός (H)（μασθος 和 μαξός）（“乳房”）的起源。尚特莱纳重构了一个早期希腊语词汇 *μαδτος 并试图将此词与 μαδάω（“因潮湿而被毁坏的”）相联系。

303 词汇 mtḏ（“鞭打”）是来自闪米特语的埃及语借用词，但是该词汇也为希腊语词汇 μάστιξ(H)（“鞭打”）提供了词源。[10] 尚特莱纳认为后者是“表示搜索、接触或到达的 μαίομαι 的表情语词形（expressive form）”。

弗里斯克和尚特莱纳未能为希腊语词汇 μισέω (H)“憎恨”提供词源。然而，有趣的是，存在许多带有齿音的词形：μισητός (5)“憎恨，可恶的”和 μισήτη（“卖淫者”）。这些词汇可以从词形结构进行解释。不过，它们也可能是早期词形的遗留。埃及语词汇 msḏi（“不喜欢、讨厌”）提供了一个完美的语义对应和合理的语音对应。

6. nw (ȝ) λάω，νόος，νοερός。人类学家柯林·特恩布尔（Colin Turnbull）用悲惨的和怀有敌意的词语来描述乌干达东北部的伊克人（Ik）。在他们的语言中，noos 是一个表示“聪明”的词汇。通过更夸张的方式，希腊语词汇将它保留给欧洲文化，希腊语词汇 νόος (H) 指的是“智力”。[11] 从表面来看，如果不认为这是偶然的巧合，便是荒谬的看法。如果我们深入探讨，它们之间的关系会变得更加错综复杂。毫无疑问，在每一个词汇中，词尾 -s 有其不同的来源。伊克语词源不确定，但它可能是状态动词后缀，并且 -os 是一个常见的希腊语阳性主格单数后缀。

---

9 Herodotos, 2: 49 和 Diodorus, 1: 22.7。后者似乎暗示词汇 φαλλός 是埃及语。Foucart（1904）不同意 Farnell（1909, 5: 173-7）。与埃及相关的崇拜仪式关联在本书第九章注释 139—141 和第十章注释 50—51 中探讨。

10 Hoch（1994, 174 §233）.

11 关于这种差异词汇类型（this type of discrepant vocabulary）的明确讨论，参见 Ehret（2002a, 4-10）。关于伊克人，参见 Turnbull（1972）。

不过，在分析这一词根之前，我们必须考虑它的语义场和这一希腊语词汇的直接词源。几乎每一种语言都证明在看见和知道之间存在着密切联系。举一个印欧语的例子，拉丁语词汇 videō“（我看见”）和希腊语词汇 ἰδεῖν（“看见了”）与希腊语词汇 (Ϝ) οἶδα(w) oîda、德语词汇 wissen（“知道”）以及英语词汇 wit（“知道 / 智慧”）属于同一语系。尚特莱纳定义希腊语词汇 νόος 的含义为“智力、精神、在某人能够看到和思想的范围内”。动词 νοέω (H) 是“看到、察觉”。也存在着形容词 νοερος（noerós）和 νοηρη（“聪明的”）。弗里斯克提出一个印欧语词根，可见于哥特语词汇 snutrs（“聪明的”）。尚特莱纳否定了这种说法及其他可能性更小的假设，并且大胆地宣称该词汇无词源。

埃及语词汇 nw(ɜ)，转写为楔形文字 nawa 及科普特语 nau，意为“看见、观察、搜寻”。[12] 就这一意义来说，它与希腊语词汇 λάω (H)（“看见、观察、搜寻”）在语音和语义两方面都非常接近。[13] 弗里斯克和尚特莱纳对以前试图找出该词词源的尝试表示怀疑。该词和 nóos 以及 noéō 来自同一词源，这个观点是同样毋庸置疑的。不过，尽管有些许可能，词汇 noerós 和 noērḗs 中的 /r/ 源于词形 nw(ɜ) 的可能性不大……

埃及语词汇 nw 属于一个广泛传播的亚非语言词汇群体，它们都源于词根 *na˃（“看见”），该词根可见于柏柏尔语、乍得语和低地东库希特语。[14] 然而，有趣的是，克里斯多夫 · 埃赫雷特重构了尼罗–撒哈拉语中一个类似的词根 *nō（“观看、倾听、观察”）。这二者似乎很有可能是相关的。伊克语是尼罗–撒哈拉语言的一种，埃赫雷特认为伊克语词汇 noos 源于 *nō。[15] 因此，在这些伊克语和希腊语词汇之间存在的——如果是遥远的话——关联是，它们都是表示智力的词汇。 304

7. Nmi，nmʿ，nm νέμος，νέμω，νόμεος，νέμεσις，νομάδες。希腊语词根 √nm，通常在词源学词典中被收入 νέμω (H) 词条里，语义非常丰富广泛。这个动词本身通常有两种分类：第一类具有“分配食物、战利品等”之意，第

12　关于这些读法（readings），参见 Vycichl（1983, 147）。

13　它也有一个反义词 ἀλαός（“失明”），尚特莱纳对此有不同看法。

14　Orel and Stolbova（1995, 393 §1820）.

15　Ehret（2001, 318 §270）. 关于其他词汇，参见 Takács（1999, 38-45）。词根 nù(n)（“看见”）也在班图语–巴萨语中发现，参见 Ndigi（1993, 10）。

二类具有“让（动物）吃草、放牧”之意。词汇 némō 以“居住于”之意与后者相关。事实上，不像专门化词义“分配、放牧”所表明的那样，这些词汇并非完全不同。依照相同的总体原则，被划分词汇是希腊语名词 νομή 和 νομός，它们都既具有“牧场”又具有“分配”之意。一个晚期的希腊语词汇 νόμος (5) 发展成为一般意义上的“法律”。νομίζω (6) 便是由此而来，它指的是“控制、遵照习俗”，并且它还具有引申义“承认、相信”。Νέμεσις (H) 指的是“公平的分配或命运”。从牧场的角度看，还存在着词汇 νέμος (H)（“布满碎石的荒地、野生树林”）、νομός、νομάδες（“游牧生活、游牧民”），以及专有名词 Νυμάδες（“努米底亚人”）。

尚特莱纳认为 némos 从未具有牧场之义，而是一直指“灌木丛”，甚至引申到女性的阴毛。因此，该词与 némō 或 nomós 毫不相关。他考虑该词或许与拉丁语 nemus（“圣林 / 木”）以及后者的凯尔特语同源词相关。另一方面，埃尔努和梅耶指出，与拉丁语和凯尔特语词汇不同的是，希腊语 némos 远远不具备神圣之意。因此，更好的做法是，抛开这些非希腊词汇，并且将希腊词汇作为一个单一词群来加以处理。

némō 的词源，被普遍认为来自印欧语词干，该词干可见于条顿语族：哥特语 niman 和德语 nehmen（“拿取”）。[16] 给予和拿取之间缺乏语义的重合，不像它们表现出来的那么荒谬。正如我的同事弗雷德里克·阿尔（Frederick Ahl）所指出的那样，就希腊语而言，“每一个词都意味着某种事物、它的反面和某种卑劣的事物”。然而，词缀 nem-（“给予”）和 nem-（“拿取”）之间的联系，即便没有遭到挑战，也仅仅站得住脚而已。

305 在中期埃及语中，nmi 意为“旅行”。有趣的是，它常常同表示弯曲的墙的符号 ⊔⊓ (O5) 连写。无论它的发音是 nm 或 mr，该词都与牲口有关。例如在使用中，nmi 也有“像牲口一样哞哞叫”的词义。[17] 泰尔代巴著名的“弥诺斯”壁画显示一名年轻男子骑在公牛背上，其背景是弯曲的墙。[18] 相同的符号出现

16 拉罗什主张日耳曼语词形是前缀 ni- 和词根 *em（“拿取”）组合的结果，该词根可见于日耳曼语、意大利语、凯尔特语及波罗的-斯拉夫语中。参见 Laroche（1949, 260）。我不能理解他是基于什么理由提出，对日耳曼语 *neman 的这一分析致使“反对 νέμω 与哥特语 niman 之间存在联系的理由消失了”。

17 关于这些词汇及符号同克里特岛迷宫的关联，参见第二卷，第 173—175 页。

18 Davies and Schofield（1995, cover and pl.1）. 跳跃公牛（Bull leaping）在表示词汇 mṯwn（“竞技场”）的义符中得到体现，该义符在古王国时期便已被证明；此时公牛崇拜尚未传入克里特岛。

在 nwiwšʿ（“贝督因人”）的一些写法中，字面意思为“沙漠旅行者”。带有 nm、mr 或 mn 的词汇，无一例外地和牲口有关。Mnỉ 意为“成为牧人”，mnỉw 意为“放牧的人”。这就为词汇 Μινύαι (H) 即米尼亚人（Minyans）提供了一个词源。这个异教徒名称的词源因他们居住在彼奥提亚（Βοιωτία）而变得合理，Βοιōτία 意为“放牧牲口的国家”。科普特语词汇 mane (S) 和 mani (B) 则是“放牧动物”。

尽管 nmỉ(w) 同游牧牧民之间的联系不如同 mnỉw 的联系那么紧密，但是仍然清晰明确。甚至存在着一个马其顿语词汇 νόμιος，nómios 意为“牧羊人”。遗憾的是，由于 nmi(w) 没有转写成楔形文字，也没有在科普特语中得以保存，所以很难重构它的元音。因此，传入希腊语中的借用语在语音方面仅是合理的。但是，由于晚期埃及语词形 nmʿ（“修建或垒砌墙”）得到证实，所以它在语义方面则是牢固可信的。这一词形使用𓉗 (O5)。这个词义语 némō（“分配牧场”）的原始词义和核心词义非常一致。[19]

8. Nsyt νόσος νούσος。虽然试图通过假设一个原始的词汇 *νοσϜος（“疾病”）来解释中缀 -s- 的存在，但是弗里斯克和尚特莱纳都未能给出该词的任何词源。它最有可能的词源是埃及语词汇 nsyt（“疾病、病魔”）。[20] 元音的不确定，被语义上的一致性弥补，并且埃及医学知识在希腊医学形成中扮演的核心角色也进行了额外的弥补。[21]

9.Nḏm νήδυμος。波科尔尼无法解释 νήδυμος（“甜蜜的”）。荷马只将该词用于修饰睡眠，但是该词的词义范围可能更广泛，并且后世的作家更普遍地使用这个词汇。波科尔尼和尚特莱纳都不认同皮萨尼（Pisani）提出该词源于 νήδυς（“胃部、子宫或其他身体空腔”）的观点。[22] Nēdymos 最可能的词源是埃及语 nḏm（“快乐的、愉快的、完整的、舒适的”）。科普特语根据该词形容词形式的发音将其转写为 nūtem，并且，在所有的科普特方言中，相对于一般

19　拉罗什采用了该观点，参见 Laroche（1949, 255）。

20　Von Dienes and Westendorf（1961, 1: 480-1）.

21　这一论证的相关文献，参见 Bernal（2001, 437, n. 54, 439, n. 23）。

22　Pisani（1950, 401; 1964, 117）.

306 的 ā >ō 的转化，更早的 /ā/ 在鼻辅音后转变为 /ū/。[23] 迦南语同源词 nåʿēm（“愉快的、慰藉的”）强化了更早的词形 /ā/ 的音值。考虑到希腊语中 ā > e 的一般转换，语音的合理和语义的匹配都堪称恰当。然而，第一个简化元音导致了一个字首增添元音的出现，这一简化元音似乎是名字 Ἐνδυμίωυ（恩底米翁）的由来，这个名字属于一位俊美的年轻英雄，他被赐予了永恒的睡眠。

尚特莱纳抱怨荷马史诗中的词汇 ἥδνμος（“甜蜜的”）总是以 nēdymos 这种错误的词形传播。毫无疑问，词汇 ἡδύς（“愉快的、令人高兴的”）源于印欧语 *swat（*suad）（“愉快的”）。词汇 nēdymos 的词源无法解释，它似乎是由 hēdús 和 nēdymos 组合而成的混合词。

10. Ḥtr ἑταῖρος，ἕτερος。埃及语词汇 ḥtr 同阿拉伯语词汇 ḥatar（“固定、打结”）有明显的联系，它有两个具有竞争力的词源。第一个是词根 √ḍugur（“织补”），该词根可见于西部乍得语之一苏拉语（Sura）。这样的联系需要包括换位等的一些重要的语音变化。第二个是闪米特词根 √ḥtl（“绷带或襁褓”）。[24] 埃及语词汇 ḥtr 的一般含义是“捆在一起”。它有两个专门含义：一个是“被束缚，缴纳一个人的税款”；另一个是“将两头牛缚在一起或用轭套在一起”去拉犁或车。随着双轮战车在第二中间期时的出现，它开始变成一对马的意思。科普特语 hto，其复数形式 htōōr，意为“马、马群”。但是，词汇 hatre（“孪生子”）中存有“被捆缚在一起的两个”之意。

希腊语词汇 ἕτερος，在 B 类线形文字中写作 $a_2$tero，其基本意思是“两个中的一个”。尚特莱纳认为后缀 -tero 是表示二元的标识，并且，作为一个整体，该词汇源于一个假定的词干 *sm̥teros，尚特莱纳也认为这个词干存在于梵语 eka-tara 中。如果 htr 不是类似词汇 ἑταῖρος (H)（“伙伴、同伴”）的词源，后者在马其顿语中指的是“骑兵”（通常是两个人驾驶一辆战车），那么，作为 htr 的衍生词，这个词似乎同样具有合理性。弗里斯克和尚特莱纳都未将 hetaîros 与 héteros 相联系。相反，他们认为 hetaîros 源于印欧语词根 *sweta，该词根可见于古俄语词汇 svatŭ（“姐夫 / 妹夫”）及希腊语词汇 ἕται（有时是

23 参见 Loprieno（1995, 47）。

24 参见 Takács（1999, 155）。我首次公布了这一词源分析（1997a, 91）。

Feta-，意为“同伴”）中。词汇 hetaîros 的送气音及它独特的尾音给这个词源带来一些轻微的语音疑难。[25] 但是来自 ḥtr 的埃及语词源能够解释 héteros 和 hetaîros 之间语音上和语义上惊人的相似性，以及它们同马匹之间的联系。

11. Ḫdì κάτα。希腊语介词和副词 κάτα 即 κάτα (H) 涵括了任何其他印欧语都无可比拟的语义场。弗里斯克将该词描述为“向下、反对、沿着、通过”。尚特莱纳将它的基本意思理解为“使自己适应”或“朝向底部”。他宣称该词“应当”相当于赫梯语 kata（“伴随、下面”）及威尔士语 cant 和爱尔兰语 cet-（“伴随”）。埃及语词汇 Ḫdì 意思是“向北或向下游行走”或“流动的水”。在萨希迪方言和波海利方言中派生的词汇 hate 和 ḫati 也表示相同的意思“流动、流下、水流”。这些同尚特莱纳提及的“使自己适应”的一般含义高度一致。Ḫdì 和 káta 之间语义的匹配通过一些常见词语如 κάταρρέω (H)（“流下”）、καταῤόον (H)（“顺流而下地”）及 καταρράκτης (5)（“瀑布，尤指尼罗河的瀑布”）而得到加强。Káta 含有流动的水之意，学者们对此没有提出同源词。相较之下，如此的精确性使这些词形可以在埃及语中找到词源，并且赫梯语词形也有可能从埃及语借用而来。 307

12. Sgr(i) σῖγα。希腊语词汇 σῖγα (H) 是“寂静”。在荷马史诗中，动词 *σιγάω 仅有一个词形，即祈使语气词形 sígā。基于语音原因，尚特莱纳质疑任何将此词汇与古高地日耳曼语 swigan、德语 schweigen 相联系的尝试。考虑到词首 s-，几乎可以确定，这是一个借用词。并且中期埃及语词汇 sgr(i)（“寂静”）是该词的一个绝佳词源。正如第九章提及的那样，*pɜ sgr（“寂静”）为 pségos（“坟墓”）提供了极为可信的词源。[26]

13. Sḏr στρατός。Στρατός (H)（“营地、军队”）是希腊语中一个造词能力极强的词干：στρατηγός（“将军”）、στρατηγέω（“领导一支军队”）、στρατηγία（“战略”）、στρατιοτης（“士兵”）和 στρατεύω（“战役”）。词典编纂学者赞

25　尚特莱纳提到了一个观点，即 étai 可能是送气音；但是如果是这样的话，它将不可能支持 *sweta 作为词源的分析。

26　参见本书第九章，注释 84。

同其词源是 stratós（“营地”）。这些词汇源于同一个词干，该词干可见于梵语 stṛta、阿维斯塔语 stərəta（“延伸”）及拉丁语 sternum 中。这些学者没有注意到另一个可能的词源即闪米特语词根 √sdr（“按次序放置”），它可见于阿卡德语 sidru、sidirtu（“争吵、战线”）。但是，该词根并非以“营地”作为它的主要意思。我认为最可信的词源是埃及语词根 sḏr（“过夜”）和名词 sḏryt（“睡觉的地方”）。晚期埃及语词汇 sḏrt 有“夜营、露营”之意。世俗体动词和名词 sḏy（“战争、战士、英雄”）暗示，埃及语 sḏrt 可能早已经具有可见于希腊语中的其他一些含义。

308 **14. Dpt δέπας**。由于 B 类线形文字中 e>i 的独特转换，dépas 在这一语言中被书写为 dipa，意为“大容器”，后来变为“饮水杯”。[27] 没有一个权威的词典编纂学者对此词提出过一个印欧语词源。仅有的证据来自 E. 拉罗什（E. Laroche），他援引了一个来自赫梯语象形文字的词形 tepas。但是，这个词没有出现在他的卢维语词典中，查德威克或坦恩·凯特（Ten Cate）在几年后出版的著作中，也都没有提到该词。[28] 尽管这种词形和其含义已被证实。但也不排除这两个词汇有埃及语词源的可能性。我们知道新王国时期埃及居住着利西亚人。[29] 米兹勒提耶（Mizretiye）是一个铁器时代的高官或贵族的名字，指明埃及血统或自称生活在该国但与埃及人接触的人。[30] 词汇 natr- 也使用在一个由三种语言写成的铭文中，并且因为它的希腊语词形显然意味着“神”，它必定源自埃及语 nṯr。[31] 其他的埃及语宗教和文化在安纳托利亚的渗透已在第十章讨论。

词汇 dépas 的埃及语词源是 dpt（“小船”）。它在中期埃及语中有各种不同的发音。赘音 w 偶尔出现在阴性词尾 -t 之前，基于这个明显的赘音，加德纳重构了词形 *dàpet，该词形在“绝对的”结构上来自早期词汇 dáp^{w}at，在结构上来自 *dep^{w}at(ef)。[32]

---

27 参见 Dunkel（1981a, 139）。

28 Laroche（1959, 96）, Chadwick（1973, 26）and ten Cate and Houwink（1973, 141）.

29 关于名称 Rk 和 PꜣRk 即利西亚和“利西亚人”的出现的探讨，参见 Helck（1971, 354-7）。黑尔克卡尔顿·霍奇主张（私人通信，波士顿，1981 年 c），这个国家和国家和部族 Rṯnw 的意思是相同的。

30 Bryce（1980）.

31 Tritsch（1976, 165）.

32 参见 Gardiner（1957, 61）和 Callendar（1975, 13）; 后者重构了 dáp^{w}at、dəpawt 或 d^{u} p^{u} t。

从语义上来看，从舰船到容器的这种变化很容易发生，即在希腊语中从 γαῦλος（“腓尼基人的船”）转变为 γαυλος（“水桶”）和 γαυλις（“油灯”），所有这些都源自迦南语词汇 gullåh（“盆、碗、油灯碗”），这个词源或许被重构为 *gʷáəl。[33] 关于 dépas 源自 dpt 的决定性论证来自斐勒库德斯（Pherekydes）对 dépas 的引用，在 dépas 里，太阳在夜晚穿越海洋。[34]

Wiꜣ 和 mꜥnḏt 是极具埃及观念的术语。即便如此，《金字塔铭文》中的词汇 dpt nṯr（“圣船”）被证明是“太阳神的船”，并且在后来作为奥西里斯节日的名称使用。因此，斐勒库德斯提到 dpt 是毫无疑问的。这个词义上的 dpt 另一个可能的衍生词是 δίφρος（“担架、战车、载有太阳神宝座的神车”）。由于双人马拉战车的存在，尚特莱纳论证了基于 di（“两次”）产生的某个语音难题。但他并未对 -phros 结尾给出解释。因此，该词源，如同表示 díphros 的 dépa(s) 源于 dpt 一样，是极有可能的。[35]

15. Dmì δᾶμος，δήμος。阿兰·博姆哈德根据词根 *t'om（“房子”）重构了一个诺斯特拉语词根 *t'im 或 *t'em（“建造、建设”）。他仅发现该词根存在于闪米特语 dím（“制造、修建”）和著名的印欧语词根中。[36] 这一词根存在于 309
希腊语 demō（“修建”）和 démas（“形式、结构”）、哥特语 timrjan（“用木头建造”）、拉丁语 domus 和斯拉夫语 dom（“房子、建筑物”）中；由哥特语 timrjan（“用木材制作”）衍生出了日耳曼语 zimmer（“木器”以及后来的“房屋”）和我们英语中的“timber”（木材）。不过，该词根的原始词义，不是加工木材，而是将芦苇捆在一起建造建筑。因此，在苏美尔语中，人们会发现 dím 也含有“捆紧”之义。

在印欧语中，“捆在一起”这一基本意思被保留了下来并用作表示人民。这一解释被本维尼斯特认为是希腊语词汇 dómos（“作为建筑的房子”）和拉丁语词汇 domus（“作为社会单位的家庭”）之间的基本差异。[37]，我们认为，后一种词义中希腊语词汇 δάμνυμι（“驯养”）的意思和我们从中延伸出“去驯养”

33 参见本书第五章，注释 192。

34 Pherekydes 18a; Jacoby（1923-58）. 另见 Cook（1914, 1: 358）以及 Hornung（1999, 44）。

35 参见 Bernal（1995a, 133; 2001, 305）。

36 Bomhard and Kerns（1994, 314 §133）.

37 Benveniste（[1969]1973, 247-52）.

的日耳曼语词根的意思是一样的，即把动物捆绑起来。

埃及语词根 √dm 意为“捆绑”，该词根可见于 dmꜣ，带有这一含义的 dmꜣ 完全可能由诺斯特拉语 *t'm 演变而来。亚非语 /t'/ 在埃及语中衰弱为 /d/ 或 /t/。与 dmꜣ 可能匹配的是 tmꜣ（“垫子”）。就像在印欧语中，“捆绑”也可能具有社会含义。它出现在词汇 dmḏ（“集会”）、dmḏw（“人群”）、dmỉ（“加入”）、dmỉ（“市镇、农村”）和 dmỉ w（“公民同胞”）中。

希腊语词汇 δᾶμος，在阿提卡方言和爱奥尼亚方言中为 δήμος，该词在 B 类线形文字中得到证实，即 damo。约翰·查德威克认为它含有“一个能够分配土地的实体，或许是一个村庄”之意。[38] 荷马史诗中，dēmos 显然是一个带有土地的村庄，但是它更加重点强调的是人民。雅典语中的“demes”既指土地分支，又指部落分支，根据神话故事，它是由凯克洛普斯和埃瑞克透斯根据它的埃及语内涵创建的。

据我所知，大概因为语音和语义都存在疑难，没有学者尝试将 dâmos 同以上讨论过的印欧语词根 *t'em 联系在一起。波科尔尼、尚特莱纳和弗里斯克将该词与古爱尔兰语词汇 dam（“军队或一群追随者”）相联系。尽管在希腊语和凯尔特语之外缺乏任何线索，但这些词汇中可能包含了一个在其他语言中失去的印欧语词根。在没有任何挑战的情况下，可能存在着一种语言遗传关系。然而，在这个问题上，存在着一个挑战。

在这个语义场中，埃及语 dmỉ（“市镇、农村或四分之一区域”）和它的居民似乎同希腊语词汇 dâmos 完美匹配。然而，语音上存在某种不确定性。在科普特语中，城市 Dmỉ n Hr（“荷鲁斯之城”）被翻译为 Timenhur（提蒙胡尔城），虽然它后来成为阿拉伯语中的 Damanhour（达蒙霍尔）。全城居民被称为 Dmỉ tyw（“城市居民”或“港口居民”），在阿拉伯语中被翻译为 Tamiati（塔米阿
310 提）或 Damietta（达米埃塔）。不管怎样，在某些情况里，存在着带有 /a/ 的发音，它允许希腊语词汇 dâmos 有一个词源。

其他的证据表明以下词汇可能是由埃及语借用而来：吕底亚语 dumus（“统一体”）、伊特鲁里亚语 tamiathur（“协会”）和弗里吉亚语 dumos（“议事会集

38 Ventris and Chadwick（1973, 538）. 勒琼认为，该词既指土地又指人民，参见 Lejeune（1965）。

会”)。[39] 以上提到的两种语言地理关系接近，但是语言关系遥远。弗里吉亚语 dumos 与 dâmos 没有遗传相关性。因为发音存在较大差异并且事实上弗里吉亚语发音 /d/ 对应的标准希腊语是 /th/，所以它似乎更倾向于是一个借用词。尽管 dâmos 是否源于 dmỉ 无法确定，但是考虑到印欧语相似性的弱化，这个埃及语词源似乎是可能的。

词汇 ἔθνος 的词源，即 dâmos 的同义词，在第八章中已经给出。[40] 词汇 lāoj 的闪米特词源，即 dâmos 和 ethnos 的同义词，将在第十三章中讨论。[41] 其他关于人群的词汇，见第十七章。

在语义方面，在“许多”“集结的民众”和“下属”之间存在着引人注目的相似性。后者可见于来自 ʿsɜ 的 ókhlos，以及明显的直译词 hoi pollói。[42]

16. Ḏsrw θησαυρός。一本重要著作专门讨论了埃及语术语 ḏsr。其作者詹姆斯·卡尔·霍夫梅尔（James Karl Hoffmeier），在换位之后，将它看作乌加里特语和希伯来语 grš（“驱散或赶走”）的同源词。就埃及语的含义而言，这似乎很合理。霍夫梅尔认为这是“挥动枝条，净化通道或根据仪式清洁一个地方”。[43] 这类似于英文中的表达“beating the bounds”（打界）。以这种方式获得空间安全的观念存在于迦南语 migråš（“小镇周围的放牧区”）中。

作为形容词，ḏsr 意为“圣洁的、神圣的”，在埃及的偶像宗教中，它的含义被延伸为“壮丽的、奢华的”。Ḏsrw（“隐居”）与表示房子的义符连写时意为“圣洁之地、圣所”。Ḏsr ḏsrw 是“至圣的”，指位于代尔巴赫里（Deir el Bahri）的神殿。

Thēsaurós (H) 意为一座“能够确保供给的仓库、珍贵的物品或金库”。最著名的例子是位于德尔斐的神圣的“金库”。弗里斯克声称该词“没有任何词源”。尚特莱纳认为它是一个借用词。在埃及语词汇和希腊语词汇之间存在着准确的语义类似。遗憾的是，因为 ḏsr 没有转写成阿卡德语并且似乎在科普特语中没有存留下来，所以它的发音不能确定。不过，辅音匹配精确并且词尾 -w 311

39　Georgiev（1966, 235）. 该吕底亚语词形未被古斯曼尼收录，参见 Gusmani（1964）。

40　本书第八章，注释 65。

41　本书第十三章，注释 49—51。

42　本书第八章，注释 64。

43　Hoffmeier（1985, 23-4）.

似乎与重音 -ós 对应。总之，词汇 thēsaurós 的埃及语词源是毋庸置疑的。

结　语

本章 16 个有特色的词源是基于两方面挑选出的：作为衍生词的希腊词汇的重要性和词源的衍生能力。进行选择并不容易，因为根据这两个挑选原则，我还有许多其他差不多同样令人印象深刻的词汇。

第十三章　闪米特语的嘶音

导　语

在第八章中，我探讨了埃及语字符⎵通常被转写为 /š/ 即从 /ḫ/ 转变为 /š/ 312
的进程。在从希伯来语 /š/ 转写到希腊语 χθ、σχ、χσ 和 σ 中，[1] 我发现了一个类似现象。闪米特语中的嘶音甚至比这种情况更复杂。在这一点上，我将不会讨论发浊音或重读的嘶音，它们将会和单独的借用词一起讨论。我将把讨论的主题限制在那些发清音和非重读的嘶音上。人们普遍认为，原始闪米特语嘶音有以下三种类型，通常记为 /s^1/、/s^2/ 和 /s^3/。一般认为，/s^1/ 相当于迦南语和阿拉姆语中的 šin，/s^2/ 对应于希伯来语的 śin，/s^3/ 则与希伯来语中的 samekh 一致。在腓尼基语中，不同于更为保守的希伯来语，śin 与 šin 合并使用。希伯来语中 śin 保持着独立性，直到很久以后它和阿拉姆语中的 śin samekh 合并。因此，直到那时，这个希伯来语发音仍然保留着它的原始音值。[2] 在阿拉伯语和古兹语中，存在不同的调整，这两种语言中，/s^3/ 与 /s^1/ 合并，/s^2/ 保留了独立性，但发音与旧的 /s^3/ 相同。

1　参见 Hopkins（1976, 268）以及本书第八章，注释 47。

2　Moscati et al.（1969, 33-5）.

其他亚非语中类似的同源发音与传统观点相违背，传统观点认为原始闪米
313 特语中的 /s^1/ 最初是 /š/。这些同源发音表明，在整体上更为保守的阿拉伯语和古兹语中，/s^1/ 和 /s/ 最初是一致的。在公元前 1 千纪阿卡德语 /s^1/ 的借用和转写往往呈现为迦南语中的 /s^1/(s^3)。这种情况一般被视为阿卡德语 /š/ 转变为 /s/ 的结果。这种对应关系可以由阿卡德语保持了 /s^1/ 和 /s/ 的最初一致来更好地解释。而迦南语的 /s^1/ 转变为 /š/。[3] 很难说明转变发生的确切时间，但这种转变似乎在公元前 2 千纪后半叶就已经存在。

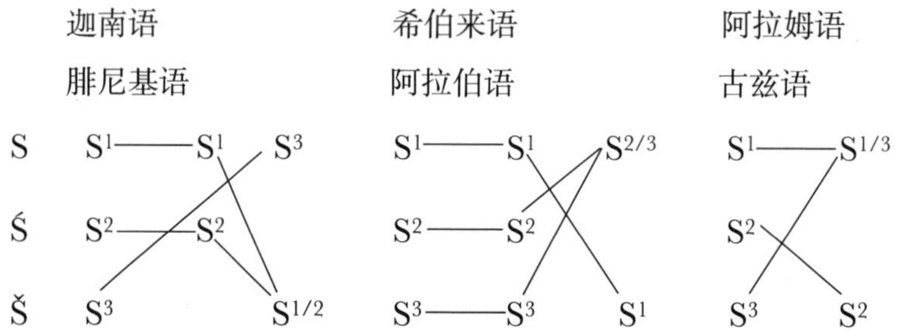

这些咝音的字母转写使情况变得更为复杂。最早的字母形式是 Σ、⊞“棋盘”和 s。首先，ש 后来的一个水平词形变成迦南语中的 šin。不过，希腊字母名称 sigma 来自经过换位的腓尼基字母名词 samekh。闪米特字母 samekh 本身，即“棋盘”，因箭杆滑落到三根水平线之下而改变，形成了 samekh：Ꮴ。在更为保守的希腊语和意大利语字母表中，发生的调整是对“棋盘”即 Ξ、X 或 xi 较为温和的改变。[4] 我怀疑这个字母是否一直具有音值 /ks/。在某种程度上，/k/ 可能只是一个软擦音 /kh/，而不是一个爆破音。因此，它可能仅仅表示一个摩擦音加上咝音的发音 /khs/。[5] 此外，引人注目的是，在所有迈锡尼语词形中，被等同于后来的 xi 的元音始终是重复的：kese、kisi、kusu 等等。就其性质而言，诸音节不能代表双辅音。因此，这种重复，不应该被分割为 k-s，但是像 xi 本身，显然可以代表摩擦音而不代表那些没有被咝音连接在一起的塞音。[6]

3　关于我对这个问题的看法的更多细节，参见 Bernal（1990, 102-4）。

4　类似的情况也出现在从 f 到 ϕ 的演变过程中，参见 Bernal（1990, 105-7）。

5　参见本书第十章，注释 26。

6　关于 xi 的重要性，参见本书第十章，注释 26。

从迦南语借用到希腊语的咝音

希腊语缺少清音咝音的这一多样性。所以，来自西闪米特语或阿卡德语的语言借用发生在公元前 1200 年之前，/s^1/ 转变为 /s/；在此之后，/s^3/ 则被转变 314
为 /s/。对乌加里特语和腓尼基语的传统转写是如下情况，例如，ššmn 在 B 类线形文字中被写为 sasama，而在表音希腊语中被写为 σήσαμον。迦南语和希伯来语 šôšan 或 šušan（“百合”）变成了 σοῦσον (4) 即 soûson。[7] 在公元前 1200 年之后，来自迦南语和阿拉姆语 /s^1/-/š/ 的语言借用，有时仍然转变为 /s/，但它们同样经常转变成 /skh/、/khs/、/ks/ 以及极有可能的 /sk/。[8] 这一时段性转写模式，与希腊语将从埃及语借用来的符号转写为 /š/ 形成对比。例如，希腊语将埃及语 /š/ 转写为词中的第一个 /k/ 和 /kh/，参见第八章。[9] 关于来自晚期的 /skh/ 转写，存在着埃及语 šnw（“绳子、网”），它在晚期埃及语中的词义为“环线、圈占、旋涡”，在迈锡尼语中为 kono 以及 koino，在希腊语中为 σχοῖνος (H)（“芦苇、草地、绳子、网、捆绑”）。然后，存在着希腊语 σχεδία (H)（“木筏”），它来自埃及语 šdw（“木筏”）。尚特莱纳没有为它们中的任何词汇提供词源。关于一个迦南语的例词，存在着动词 √šlw/h（“休息、安眠、兴旺”），它的形容词词形发音为 šålê。[10] 该词对应于希腊语 σχολή (5)（“闲暇、安宁”）。尚特莱纳认为这一词义在经历一个“显著的变革”之后才变成了“研究”。亚里士多德解释这一关系时，认为为了学术研究需要必要的闲暇。[11] 我认为更可取的做法是，假设这两个词义来自不同的词源，第二个词源是迦南语 √śkl 和阿拉姆语 √skl（“对……留心的、理解”）。

1. šl、slḥ、šlḫ、šll，Σκῦλα、Σκυλεύω、Σκύλαξ、Σκῦλάω、Σκύλλω、συλάω，“剥离或剥夺”。闪米特语双辅音词根 √š/šl（“取出、抽出”），被发现与希伯来语 √šlh 的具有相同的词义。作为 √šlḥ，它指的是“赶出、遣走”；作

7　šôšan 源于埃及语 sššn，这一事实使情况复杂化。

8　Hopkins（1976, 268）.

9　本书第八章，注释 47—69。

10　它源于亚非语词根 *sol（“安静”），该词根这也可见于西部乍得语，参见 Orel and Stolbova（1995, 480 §2273）。

11　*Politics* 1334a.

为 √šll，它指的是“毁坏、劫掠”。其基本词义似乎与阿拉伯语 salaḫa（“痛打一只动物、剥树皮”）相同。[12] 切尔尼和维奇赫尔都不认同科普特语 šōl（“剥夺、掠夺、战利品”）是闪米特借用语的观点，因为它是以 ḫl 的形式出现在埃及语世俗体和科普特语阿米力方言中。考虑到语义的高度一致和迦南语 /s/ 发音的不确定性，以及公元前 1 千纪埃及语 /ḫ/ 与 /š/ 的合并产生的不确定性，在我看来，他们的否定是准确性错位。

希腊语 σκῦλα (5) 词义为“从被打败的敌人那里获得的武器”。单数词形 σκῦλον 指的是“战利品”，σκυλεύω (H) 是“从被打败的敌人那里获得武器”，σκῡλάω 是“掠夺”，σκύλλω (5) 指“撕裂或撕碎死者的尸体”，
315 σκύλαξ (H)（“幼犬、小狗”）是做这种事情的动物（带有表示动物的后缀 -ak）。尚特莱纳将 skyllo 同 σκάλλω (5)（“激起、挖掘、抓搔”）联系在一起。波科尔尼认为从印欧语词根 *skel 衍生出了 skállo，它与哥特语 skilja（“屠夫”）和冰岛语 skilja（“划分”）是同源词。这些印欧语词根和闪米特语词根很容易混淆。

如果仅从这些词义更为接近的类似词汇来看，闪米特语词源并不比印欧语词源有优势。其他具有同样或类似词义的希腊语词汇显然是源于更早的西闪米特语，/s^1/ 发作 /s/ 的音。在这些词汇中的第一个，是莱维提出的，即 συλάω (H)（“从一个敌人那里夺走武器、掠夺”）。[13] 尚特莱纳认为它的词源模糊不清。间隔较远的是 ξύλον (H)（“矮灌木丛、用于烧火或建筑的木材”）。尚特莱纳为这个词汇提出了一个印欧语词根 *ksulo，它在日耳曼语和立陶宛语的写法为 šùlas（“棍棒、支柱”）。他没有看到 xylon 与 ξέω (H) 以及 ξύω (H)（“刮擦、抓搔、擦亮”）之间存在着关联。尚特莱纳认为 xéō 是词根 *qes 换位的结果，后者可见于古斯拉夫语 çesati（“梳理 / 梳子”）。Xuō 有许多带有词尾 -r 的衍生词，该词尾与闪米特语词根中的 -l 有关联。不过尚特莱纳认为 ξυρόν (H)（“小刀、剃刀”）与梵语 kxura 极为对应，或许后者原始词义便源于此。由于该词形只出现在这两种语言里，所以他提

12　这里似乎发生了音位转换，sahala（“剥掉”）存在于古兹语和提格里尼亚语 sähäla 中，或贝沙语 sehal 中，以及其他语言的词汇中。

13　Lewy（1895, 181）. 库尔提乌斯认为 skulaō 和 sulaō 相关联，但是猜测它们同属印欧语。参见 Curtius（1879, 196）。

出但又抛弃了它们都可能来自另外一种语言的观点。考虑到语义的统一性和语音的类似性，在我看来，这些词汇似乎更有可能被解释为属于一个单一的词群，这个词群并非在同一时期发生借用的。在这个时期，迦南语 /š/ 发的是一个模糊不清的咝音。考虑到 xi 的早期音值的不确定性，所以不可能确定这个发音就是 ks。

可能还存在着一个更早的借用词 ὕλη (H)。它和它的衍生词一般具有“树木、树林”之义。更为准确的并且是作为确切的印欧语词 δένδρα［déndra（“树”）］的对应词，hylē 指的是“灌木丛、砍下来用作燃料的树木”。根据弗里斯克和尚特莱纳的观点，这个词汇也没有任何的印欧语词源。因此，似乎明显可以假设 hylē 也有可能是一个来自 √slḫ 的借用词，并且是在希腊语 s>h 转换之前发生借用的。可见于希腊语 ἅλλομαι 和拉丁语 salio 之间的一个类似之处是，它们指的都是“跳”，并且都没有其他的印欧语同源词。它们的关联可以被解释为都是来自闪米特语词根 √sll（“提起、扔起”）的借用词，前者的借用发生在 s>h 转换之前，后者的借用则发生在其后。

2. Sēm σῆμα，šem Σχῆμα（“名称、符号”）。晚期迦南语 šem 属于支系众多 316
的词汇群体，它们不仅存在于闪米特语，而且遍及亚非语系。奥廖尔和斯托尔博娃认为这一群体源于重构词根 *süm。[14] 他们将字首的咝音标记为宽口音 /s/ 的原因是，该咝音在绝大多数非闪米特语词形中和南阿拉伯语词形中是 s^1m。[15] 因此，在公元前 1000 年之前，该迦南语词汇将发作 sēm；在此之后，发作 šem。希腊语借用语将提供确切无误的语言借用例证，即它们大致是在这个年代之前和之后发生借用的。在第五章中，我探讨了 sēma（“坟墓”）和 sōma（“尸体”）之间困扰柏拉图的语音关系。[16] 这位希腊作家将前者和 σῆμα (H)（“征兆，尤其是出现在天上或来自天上的征兆，标记，象征”）联系在一起。对于后一种词义，弗里斯克写道：“它显然是一个本土词汇，但又缺乏一个具有说服力的词源。”基于

14　Orel and Stolbova（1995, 485 §2304）. 因此，该词根与它们的词根 §2244 *sim（“喊叫、说”）存在明确的关联，参见 Orel and Stolbova（1995, 473）。

15　博姆哈德构建了一个诺斯特拉语词根 *>in-im/>in-em（“命名、名字”），该词根可见于印欧语 *(H)nēmn̥/*(H)nōmn̥/(H)nomn̥（“名字”）中，也可见于乌拉尔语和苏美尔语，参见 Bomhard and Kerns（1994, 687-8, §569）。但是他没有找到亚非语例子。不过，参见本书第五章，注释 97。

16　本书第五章，注释 124—125。

语义原因，弗里斯克和尚特莱纳都未能接受由布鲁格曼首先提出的词源，即它源于梵语 dhyā-man（“思想”）。尽管 sḗmatos “坟墓” 与 smꜣ tꜣ 和 sḗma˂ sḗm（“符号”）之间的语义吻合非常完美，但是存在着语音问题，即多利亚语 σᾶμα 表明该词的原始词形有一个长元音 /ā/。不过，这一词形没有在 B 类线形文字中得到证实，所以，它可能是在希腊语 ā >ē 转换之后和迦南语 s>š 转换之前传入爱奥尼亚语的。这样一来，这个多利亚语词形便是一个类比逆构词（an analogical back formation）。

所有的词典编纂学者都将 σχῆμα (5)（“形成、构造外形”）与动词 ἔχω（“把持、拥有”）联系在一起，因为它们的词根有一个 /s/。词尾 -ma 也是可以解释的。不过，语义差距极大，基于两方面原因，更简单的做法是将它视为来自 sḗm（“名称、牌子、标记、象征”）的一个晚期借用词。

3. ˀEsmun Ισμηνός，Σμηνός，Σμινθεύς，ˀEšmun Σκάμανδρος（“富饶的、兴旺的”）。处在零音级上（如印欧语专家们所表达的那样）并且带有一个字首增添元音，√smn（“肥胖的、兴旺的”）很符合河流 ’Ισμηνός（伊斯墨诺斯）的流动路线，它从底比斯涌流而出，流进富饶的科帕伊斯（Kopais）平原。[17] 长久以来，这条河就和迦南人的医药之神伊斯穆恩（ˀEsmun）联系在一起。[18] 作为医药之神，阿波罗和伊斯穆恩被等同。他在底比斯作为阿波罗・伊斯墨尼俄斯被崇拜。[19] 并且，拉科尼亚南部有条河，名为 Σμηνος（斯墨诺斯），帕萨尼亚斯对此进行描写道：“如果曾经有河水清澈得让人能够饮用，那么就是这条河了。” 附近有一个供奉阿斯克勒庇俄斯和阿耳特弥斯的神庙。[20] 阿斯
317 克勒庇俄斯在救死扶伤上与阿耳特弥斯的孪生兄弟阿波罗等同，这个问题将

17 关于希腊底比斯地形以及它与神话的关联的讨论，参见第二卷，第 78—105 页。尤其关于伊斯墨诺斯，参见第 99 页。

18 相关文献，参见 Astour（1967a, 213, n. 4）。

19 关于这一著名崇拜的古代材料目录，参见 Farnell（1895-1909, 4: 400-1）。

另一词根 √smn，意为 “八”；并且，>Esmun 被看作七个卡比洛斯（Kabiroi）即七个仁慈的铁匠或侏儒中的第八个！参见 Astour（1967a, 155）。关于 Kabiroi 源于闪米特语 Kabbir（“巨大的”）的词源分析的探讨，参见第一卷，第 483 页，注释 113 以及第二卷，第 629 页，注释 20。相关文献，参见 Astour（1967a, 155, 213）。关于伊斯穆恩，参见 Baudessin（1911）。（卡比洛斯的单数形式是 Kabeiros，复数形式是 Kabeiroi 或 Kabiroi；他们是一群地府中的神灵，与利姆诺斯岛的赫淮斯托斯崇拜有密切关系。——译者注）

20 Pausanias 3: 24.9.

在第十九章探讨。救人于死亡或将人从其他危难中救出的快乐可以被表达为ἄσμενος (H)。

阿波罗与√smn的关联反映在它的别名Σμινθεύς上面。Σμίνθιος（Smínthios，斯明提俄斯）也是罗得岛的一个月份名称。《伊利亚特》的注释者称，这个名称来自σμίνθος，并且是一个表示“老鼠”的克里特语词汇。[21] 该注释者还提到特洛亚德有一个市镇名叫斯明托斯（Smínthos），并且拜占庭学者斯特法努斯（Stephanus Byzantius）把它和特洛亚德名叫Σμίνθη的市镇联系在一起，虽然这两个地名的位置从来没有被确定。由于在希腊大陆的词汇中和宗教崇拜中找到证据，再加上辅音组 -nth- 的存在，20 世纪的学者猜想它们两个都是前希腊语词汇，尽管它们倾向于认为阿波罗神是最出类拔萃的希腊神。[22] 更有可能的是，名称斯明透斯（Sminthеús）与阿玛尔忒亚 * 和埃雷提伊亚类似，由一个亚非语词根加一个印欧语后缀 -theáos 构成。[23]

晚期的词形 √šmn 在希腊语中也有几个反映词形。在第十章中，我谈到，在诸神的语言里，赞瑟斯是特洛伊附近的一条河的名称。[24] 不过，在人类的语言中，它被称为Σκάμανδρος（斯卡曼德罗斯）。在荷马史诗中，字首 sk- 被视为一个单一的辅音，表明它是从一个外族的咝音 /š/ 借用而来。因此，词干 skaman 可能来自迦南语 šåmån（“肥沃的、多产的地方”）。后者完全与“清澈流动的、神圣的、被宙斯养育的”河流斯卡曼德罗斯（Skámandros）相吻合，这条河流淌过了“生产小麦的”平原。[25] 还有一个词汇 Larissa（拉里萨），如第九章所提到那样，它指的是“通往肥沃土地的入口”。[26] 在第十章中，我提到，荷马提及“有涡流的赞瑟斯”时，将它作为宙斯的神圣孩子。[27] 在那里，我将它和赫拉克勒斯联系在了一起，但是赞瑟斯也可以指宙斯的另一个孩子阿波罗，他和阿波罗分享了许多联系，主要是与太阳的联系。第十章在，我也提到，该河流站在特洛伊人的一边，与阿波罗、阿耳特弥斯、勒托等人战斗；并

21 Scholiast A, *Iliad* 1: 39.

22 参见 Farnell（1895-1909, 4: 164-5）。

* 阿玛尔忒亚，此处原文为 Amalatheia，疑误。——译者注

23 参见本书第十一章，注释 58。

24 参见本书第十章，注释 28—33。

25 描述来自 *Iliad*: εὔρροον, 7: 329; δίος, 12: 21；以及 διοιρεφές diotreφe/j, 21:223。

26 本书第九章，注释 173。

27 《伊利亚特》中出现了三次：*Iliad* 14: 434, 21: 2 and 24: 693。

且，他被认为足够强大，以至可以和赫淮斯托斯相提并论。[28] 赞瑟斯与阿波罗如此明显的联系，又因为 Skámandros 和闪米特语词根 √smn/√šmn 与阿波罗神的联系而进一步加强。

4. Sí-in ξύν，σύν［“与”（with）］。几乎所有的希腊语介词都有明显的印欧语词源。Káta 的埃及语词源已在上一章中探讨，唯一例外的是 xyn (H) 和 syn (H)（“与”）。一些印欧语专家试图将它们和 *sem（“相同的”）联系在一起。
318 不过，大部分学者认为这是不可能的，因为 s>h 转换和存在着更为古老的拼写 xi。尚特莱纳倾向于重构一个 *ksu（词尾 -n 被去掉），它因为 B 类线形文字中 ku-su 的发现而得到明显证实。这种方式尽管解释了咝音的存留，却很难将它们与任何带有字首 s- 的潜在印欧语同源词联系在一起。[29]

考虑到以上给出的证据，寻找一个来自边擦音的借用词似乎是合理的。此文提出的备选词是埃卜拉语 sí-in（“向……方向运动、直到”）。这个词存在着与埃卜拉语 /s/ 的音值（nature）有关的发音问题。如上所述，我倾向于认为原始闪米特语 /s^1/ 是 /s/，而非传统翻译成的 /š/。我的观点得到贡南的古拉格语介词 sən（“直到、直到……未知”）的支持，沃尔夫·勒斯劳合理地认为动词 sänä（“到达、抵达”）源于它。[30] 不过，法布里齐奥·彭纳基耶蒂（Fabrizio Pennacchietti）在碑刻上的南阿拉伯语中找到了同源词 s^1n 或 s^3n，在盖塔班语和弥诺斯语中找到了同源词 s^2n。尽管埃卜拉语 /s/ 的音值存在着极大的不确定性，但是它不太可能是一个清晰的 /s/。[31]

另外一个发音问题是，B 类线形文字 ku-su 缺少一个词尾 -n。无论如何，在咝音中很难找到哪个能表示这个字母的。因此，没有理由怀疑，它完全有可能在字母拼写的希腊语中证实之前便已经存在了。

语义问题并非无法克服。首先需要提醒大家的是古典希腊语 méta 中有一个表示“与”的印欧语词汇，它仍然保存在现在的希腊语中，为 me。“与”（with）和“直到”（up to）之间的分歧被“与”表示到达的词义弥合。有趣的是，

28 本书第十章，注释 28。*Iliad* 20: 39-40, 73-4.
29 尚特莱纳认为词尾 -n 是次要的，并且尝试将它与立陶宛语 su 联系起来。
30 Leslau（1979, 3: 549）.
31 Pennacchietti（1981, 302）.

以上引用的南阿拉伯语词汇都是以 ʿd（“直到”）作为前缀的。

5. Śnē> ξένος（“被憎恨的陌生人”）。希腊语词干 xén(w)o- 指的是外国人或客人。卡尔弗特・沃特金斯（Calvert Watkins）教授将 x 中的 k 和 s 拆开，并且将 xénos 视为“词根 *ghos- 的零音级”，*ghos- 在英语中为“guest”（客人），在拉丁语中为“hostis”。[32] 沃特金斯的观点独树一帜，因为尽管它在印欧语专家中是保守派，他的观点还是被词典编纂学者们拒绝了。[33] 甚至尤利乌斯・波科尔尼也认为 *ghos 和 xénos 之间存在着关联“几乎是不可信的”，尽管他积极寻找印欧语的词汇家族。弗里斯克写道，这种关联“只有通过机械的和随意的拆解才变得可能”。尚特莱纳也同样表示了自己的不屑。如弗里斯克所言，在印欧语内，它是一个“孤立的”词汇。

雅萨诺夫和努斯鲍姆在批评我和我对迈锡尼语词形 kesene- 的错误引用获得了成功，事实上它是一个表示“外国纺织品”的交替拼写。他们非常正确地 319
指出 B 类线形文字都包含有一个 ω，这表明词干是 xenwo- 而不是 xeno-。[34] 不过，他们没有接受勒琼和莱文的论证，即在更早的时候，xi 可能代表 khs 而非 ks，随之而来的还有 kese 等的清晰发音。

在大多数文化中，“外国的”和“外国人”同时被视为不纯洁的和怀有恶意的。例如，“to welsh”（无法偿还）是一个表示“to cheat”（欺骗）的英语词汇。闪米特语词根 √gnb，在阿拉伯语中用作表示“外国人”，在迦南语和阿拉姆语中用作表示“窃贼”。因此，√śn>（“憎恨”）的结构不定式词形 śənō>（“敌人、仇敌”）在语音语义上与 xénos 甚至重构的 *xenwo 完好吻合。Xén(w)o- 形成或保留如此热情的和积极的含义，似乎是希腊文化值得赞扬的一个地方。

6. √śrp，śårap，śåråp σκορπίος（“带螯刺的野兽”）。腓尼基语词形 √ śrp 是在希伯来语和阿拉姆语中得到证实的词汇即 śårap（“燃烧”）和 śåråp（“狂暴的毒蛇”）的重构。在这个词群里，也存在着 σκορπίος skorpíos (5)（“蝎子”）

32　Watkins（1986, 50）.

33　有趣的是，在雅萨诺夫和努斯鲍姆（1996, 198）抨击我的观点时，他们没有再提及这一词源分析。

34　同上注。

或 rascasse [带有毒刺的“地中海鱼”（浓味鱼肉汤的必备食材）]。[35] 弗里斯克和尚特莱纳都承认该词是来自热带国家的借用语。带有 /sk/ 表明这个词的借用发生在腓尼基语发音 /s^2/-/ś/ 与 /s^1/-/š/ 合并之后。如上所述，在希伯来语和阿拉姆语中，/s^2/-/ś/ 与 /s^3/-/s/ 发生了合并。这样一来，人们才能看到希腊语词汇 σέρφος 和 σύρφος（5）（“带着尖刺的叮人小虫”）。弗里斯克和尚特莱纳都未能为这些词汇提供一个词源。我将在第 20 章内讨论岛屿名称塞里福斯岛（Seriphos）。[36]

边擦音

诺斯特拉语和科伊桑语中可能含有边擦音 /ɬ/，它类似于威尔士语中的 /ll/，而原始亚非语确定无疑拥有它们。[37] 的确，有学者指出，原始乍得语存在着四种变体。[38] 重新回到闪米特语上面来，我现在想将 /s^2/ 和 śin 作为来自原始闪米特语 /ɬ/ 的衍生发音加以考查。现代的南阿拉伯语中仍然保留着 /s^2/，它的衍生发音 /ɬ/。上文给出的图表过于简单，未能将它表示出来，尽管一般来讲，/s^2/ 在西闪米特语中逐渐发作 /ś/ 的音，但是阿拉伯字母 ḍād 在进入 1 千
320 纪之后仍然表示重读的 /ɬ/。[39] 此外，在希伯来语和阿拉姆语中，/s^2/ 作为 śin，保持它的独立性，直到此前的几百年之前。在腓尼基语中，如上所述，它合并到了 s^1-š 之中。语言学家理查德·斯坦纳（Richard Steiner）证明，s^2-ś 在腓尼基语中被非闪米特语族群听为 /s/、/ls/ 或 /l/ 中的一种发音之前，它在希伯来语和阿拉姆语中早就是如此了。第二种情况中的最佳例子是希伯来

35 参见 Thompson（1947, 245-6）。关于来自埃及语 ḫpr 的“腐蚀”的可能性，另见第十九章，注释 77。

36 本书第二十章，注释 43。

37 关于重构原始诺斯特拉语 *ɬ 和重读 *ɬ，可以找到一个合适的例子。说明前者的一个词形，可以从闪米特语 √s/ph（“嘴唇”）和拉丁语 labia/labra 及古英语 lippa 之间的类似之处发现，它的发音也可能是爆破音 p’，因此是原始诺斯特拉语 √ɬ p’ 和原始印欧语 √lVp’。斯坦纳证明，阿拉伯字母 ḍād 是一个重读边擦音，与希伯来语 ś/in 的一个重读形式对应。因此，希伯来语 √sḥq -s/ḥq（“笑”）源于一个保存在阿拉伯语 √ḍḥq 中的原始闪米特语词形，参见 Steiner（1977, 111-22）。他没有考虑这些词形可以与哥特语 clangō（“笑”）是同源词；传统观点认为后者与晚期拉丁语 clangō（“鸟啼”）相关，这个观点不可靠。

关于科伊桑语中边音（laterals）的存在，参见 Güldemann and Vossen（2000, 107-8）。

38 Ehret（1995, 9）.

39 Steiner（1977, 57-122）.

语词汇 båśåm，它被转写为 βάλσαμον (4)（“凤仙花”）。[40] 另一例子是希伯来语 Kaśdyîm，在亚述语中被转写为 Kaldu 或 Kaldû，在七十士本中被转写为 Χαλδαῖοι（迦勒底人）。[41]

1. *łpḥ，śpḥ σήπομαι，σῆψις，σαπρός，λέπω，λεπρός（“痂、鳞片”）。 迦南语词根 √śpḥ，其后来的拼写为 √spḥ，指的是“树皮、皮肤、薄的覆盖物、爆发、痂”。因此，《圣经》中就包含了 sapahat（“痂”）、mispåhåt（“长面纱”），以及 śipha（“受疥癣的困扰”）。[42] 希腊语中，有一个庞大的词汇群体，有着类似的词义，并且它们的引申义与“腐烂”有关。例如，σήπομαι (H) 指的是“使腐烂、使受辱”，σήψ、σήπος 指的是“毒伤”，σαπρός 指的是“腐朽的、衰老的”。[43] 尚特莱纳称它们的词源“模糊不清”。他拒绝了将它与梵语 kyāku（“蘑菇”）联系在一起的尝试！

另一个类似的词群是围绕 λέπω (H)（“鳞片”）构成的，这些词汇包括 λεπρός（“多鳞的、粗糙的、麻风病的”）和 λεπτός（在 B 类线形文字中写作 repoto），λεπτός 意为“患病的”，但描写皮肤等则指的是“纤细的、瘦的”。波科尔尼、弗里斯克和尚特莱纳有些犹豫，认为它们属于印欧语词根，英语中的“leaf”（叶子）便源于此。印欧语专家罗伯特·贝克斯（Robert Beekes）没有被这个观点说服，而是认为这些词汇来自下位层。[44] 尽管印欧语词源和闪米特语词源混合在一起，但是，考虑到与腐烂、疾病和痂的相关性，并且这些迦南语词形是以边擦音 śin 为字首的；所以，我确信，这些字首 /s/ 和 /l/ 可以交替的希腊语词群最终源于闪米特语词根 √/ł/p(ḥ)。

2. ła˃，śeh sa，ra λεία，l˃(w)m，λάος（“牲口、人民”）。 奥廖尔和斯托尔博娃提出了两个亚非语词根 *la˃-/law-（“牲口”）和 *ŝaʿ（“母牛、公牛”）。[45] 埃赫雷特似乎合理地将它们统一在一起，并且重构了一个原始亚非语词形 *łō˃

40　同上书，第 123—129 页。

41　同上书，第 137—143 页。

42　Leviticus 13: 2 and 24: 56; Ezra 13: 18 and Isaiah 3: 17.

43　关于第二个辅音后带 -r- 或不带 -r- 的交替现象以及卡兰德法则，参见本书第八章，注释 66。

44　Beekes（1971, 132）.

45　Orel and Stolbova（1995, 354 §1632, 489, §2323）.

（“驯化的动物”），其单数词形是 *łō˃w。他在乍得语、库希特语和闪米特语中证实了这个词，它通常表示“牲口”。[46] 在闪米特语中，/ł/ 带着这两种衍生形式出现，迦南语中的 śeh、阿拉伯语中的 ša˃t 和阿卡德语中的 su˃um，都表示“山羊、绵羊”。

在阿拉伯语中，la˃at 和 li˃at 表示“母牛”。后者经常和希伯来语名称
321 Lē˃ah 联系在一起。还存在一个原始闪米特语集合名词 *ḍo˃n，反映在迦南语中为 ṣo˃n（“小牲口、山羊”）。该词这一词形显然来自一个重读的 /ł/ 加上词尾 -n，这个组合作为复数标记，出现在许多闪米特语言中。[47]

B 类线形文字有两个符号 sa 和 ra，都表示“绵羊、山羊”。在荷马时代的希腊语中，人们会找到 ληΐς，它要么表示“战利品或赃物，主要指牲口”，要么直接表示“牲口或货物”。关于这个词汇还存在着许多方言词形和变体词形，如 λεία、爱奥尼亚语 ληίη、多利亚语 λᾳα。从表面上看，如此多变的词形，暗示存在着语言借用。尽管如此，波科尔尼将它和一群杂乱无章的词汇联系在一起，包括拉丁语 lucrum（“收入、利润”）、斯拉夫语 loviti（“打猎”）、古爱尔兰语 log（“奖赏”）和有相同含义的哥特语 laun。弗里斯克回避了这个问题，尚特莱纳直截了当地称其“没有词源”。由于缺乏一个值得认真对待的替换词源，leía 似乎源于 *lē˃ah。

3.√l˃m，rawo λᾱός（“人民”）。尚特莱纳为 leía 提出了一个原始词形 *λᾱϝια，表示“牲口群”，它可以与 λᾱϝός 有关联。这一关联因迈锡尼语词汇 rawa、rawi 和 rawo 得到证实而获得支持，尚特莱纳利用它们重构了词汇 *λαϝός，即 Låós 与酋长们对应的含义“头脑简单的人”或“聚集在一起的民众”。因此两个词在语义上和语音上都非常类似。

Låón 似乎来自增添了一个 -m 的亚非语词形 *ła˃/ław。[48] 亚非语词根 lüm（“大的、许多的”）可见于闪米特语、西乍得语和高地东库希特语。[49] 在阿卡德语中，lim 表示“许多的”，在乌加里特语中和希伯来语中，l˃m 和 lə˃ôm

46 Ehret（1995, 428 §888）.

47 Moscati et al.（1969, 88）.

48 埃赫雷特认为亚非语 -m 是一个定语后缀或结果后缀，参见 Ehret（1995, 17）。

49 Orel and Stolbova（1995, 366 §1692）.

指的是“人民”。阿拉伯语 la$^{>}$ama 指的是“使聚在一起”，但也表示“卑鄙的、低下的”。Lu$^{>}$m 和 la$^{>}$im 也具有这些词义，。迦南语的辅音结构是 √l$^{>}$m 或 √l$^{>}$wm。字母 w 的存在表明它前面的辅音是圆唇音，这个问题已在第五章探讨。[50] 因此，这个词能够重构为 *la$^{>}$wom。

正如塞缪尔·博沙尔在 17 世纪指出的那样，希伯来语 lə$^{>}$ōm 是希腊语 λᾱός 的可能词源。[51] 更早的词形 *la$^{>w}$ōm 为宾格词形 λᾱόν 提供了一个极佳的语音类似词汇。当然，就像希腊语只容许词尾 -s 和 -n 的交替一样，m/n 的交替并不存在困难。有趣的是，在《伊利亚特》中，lāós 出现了 247 次，其中 75 次是宾格单数形式 lāón。另外的 78 次是所有格复数形式 lāôn。人们会预料到像荷马史诗中的“人民”如此缺乏活力的团体不会被证明存在着主格词形。所以，毋庸置疑，仅有 25 次是单数词形 lāós，36 次是复数词形 lāoí。令人惊讶的是所有格单数词形 lāoû 和宾格复数词形 lāoûs 出现的次数是如此之少：分别 322
是 2 次和 13 次。相较于其他印欧语词源而言，即便是忽略这些不同，*la$^{>w}$ōm 也在更好的语音基础上为 lāós 提供了一个词源。弗里斯克提出了与古高地日耳曼语 liut（“人民”）的联结。不过，他继续写道：“相比于同义词 δῆμος 和 στρατός 而言，λᾱ(Ϝ)ός 从未在爱奥尼亚语和阿提卡语中成为人们熟知的语言，但是它仍然是一个古老的词汇。”[52] 尚特莱纳没有对这样的谨慎的折中观点留下印象，或者被“诸词典中给出的任何假设”说服。此外，他也不接受该词源于赫梯语 laḫḫa（“战争”）的观点。

辅音前被保护的 /s/sC/s/

1. √Spd（“哀悼、哀号、挥拳捶胸”）、σπεύδω（“热情似火的”）、σφόδρα（“感情强烈的”）、σποδός（“灰烬”）。本章三节的最后一节，将字首为 s- 的词汇涵盖；在希腊语中，字首 s- 是不存在问题的，因为另一个辅音紧随其后。

在希腊语中，存在着这样一组奇怪的词汇，它们的发音类似，语义却有

50 本书第五章，注释 176—190。

51 Bochart（1674, I: 9: 417）. 另见 Lewy（1895, 182）。

52 στρατός 和 δῆμος 的埃及语词源分析，参见本书第十二章，注释 26、36—39。

着根本差异。这组词中包括有 σποδός (H)（“灰烬”）、σποδέω (5)（“连续重击、击打”）、σπεύδω (H) 和 σπουδή (H)（“匆忙、努力、热忱”）、σφαδάζω (5) 和 σφύζω（“摇动、使抽动”）、σπάω (H)（“撕扯掉头发”）。由这些词汇，衍生出了名词 σπαδών (4) 和 σπασμός (5)（“抽搐”）、ἀσφόδελοι (H)（“布满地狱草地的花”），最后是 σφεδανός (H) 和 σφόδρα (H)（“暴力的、感情强烈的”）。

波科尔尼和尚特莱纳在立陶宛语 spáusti 中发现了 speúdō 和 spoudeō 的同源词，该词汇源于带有一个衍生出来的现在时词形 spáudžiu 的重构词 *spáudti（“擦掉、逼迫、匆忙”）。这一联结看起来是有可能存在的，除非词典编纂学者们未能给以上列出的其他任何词汇找到词源。这些词汇可以更加令人信服地被解释为来自一个单一的闪米特语词根。

虽然在其他地方的亚非语中找不到 √spd，但是它在闪米特语中被广泛证实：阿卡德语中的 sipdu、sapâdu 或 sipttu，乌加里特语中的 spd 以及阿姆哈拉语中发生换位的 sdf。所有这些词汇都有“哀号、痛哭、哀悼、挽歌”之义。在各种词形中，在希伯来语中被广泛证实的词形包含有结构不定式词形（construct infinitives）səpôd 和 lispōd 或 lispôd。像现代的近东和东地中海地区
323 一样，在古代，哀悼是一件感情强烈的事务。人们，尤其是女人们，会无所畏惧或毫无保留地放声表达自己的情感。他们撕扯自己的头发（spáō），挥拳捶打胸膛（spodéō），浑身洒满灰烬（spódoi）。所有这些活动都伴随有抽搐、暴力和激烈的情感即 sphedanós 和 sphódra。

这里的交替拼写 d/dr 适合在希腊语本土词汇或借用词汇中都存在的一种模式。在一些情况里，如第八章中所提到的那样，这一现象显然是语言借用发生在埃及语 /ʒ/ 失去它的流音值之前和之后导致的结果。[53] 在另外一些情况里，它可能源于 /d/ 和 /dr/ 之间在亚非语中尤其是在闪米特语的不确定性。[54] 不管怎样，没有理由求助于难以理解的卡兰德“法则”，艾伦 · 努斯鲍姆在他的博士论文有效地将它废弃。[55]

53　参见本书第八章，注释 66。关于该问题的更多探讨，参见 Bernal（2001, 140-2）。

54　参见 Bernal（1990, 111）。

55　Nussbaum（1976）. 更有趣的是，20 年后，努斯鲍姆和雅萨诺夫使用了卡兰德法则来抨击 κῦδος / κυδρός 的这一词源分析，参见 Jasanoff and Nussbaum（1996, 141-2）。

弗里斯克和尚特莱纳同意，asphódelos 是一个“词源未知”的借用词。我也认为它属于这一词群，或许指的是“无人哀悼的”。

2. √Spk σφάζω（“血祭”）。使役发音 /s/ 在整个诺斯特拉语系从古代埃及语到现代英语中都能找到，如“wipéswipe”（擦拭 / 重击）、“melt/smelt”（熔化 / 熔炼）、“fall/spill”（跌倒 / 使跌倒）甚至 part/split（部分 / 使破裂）。[56] 在迦南语中，存在着一个词根 √pkk påkåh（“滴淌”）。Spk 指的是“使细细流出”，它用作表示倒到地上的奠酒，经常带有血祭的意义。不太可能解释它的准确发音，但是在希伯来语中，它的不定式结构是 səpåk。

希腊语词干 *sphag 有许多重要的衍生词。B 类线形文字中的 sapakterija 可能与 σφακτηρία（“献祭的牺牲”）等同。*sphag 的基本词义是“割断喉咙，并使血液流出”。弗里斯克否定了先前的词源观点，尚特莱纳只是宣称它“无可能的词源”。

3. √špl σπήλαιον，σπέος（“低的、深的、洞穴”）。希腊语词汇 σπήλαιον (4) 和 σπέος (H) 都指的是“洞穴”。尚特莱纳令人信服地论证，它们必定“通过这种或那种方式”被联系在一起。这一变化和印欧语词源的缺乏，表明它是一个借用词，并且最佳的备选词源是闪米特语 √spl（“低的”），可见于乌加里特语 shpl（“位于某物下面的”）和希伯来语 šåpål（“低的、深的”），后者还含有比喻义“蒙羞的”。此外，šəpēlåh 指的是“低地”。语音匹配良好，并且，考虑到它几乎确定无疑是一个借用词，所以语义匹配也是无障碍的。

结　语

在本章中，我试图将由闪米特语咝音的转换本质和它们在借用到希腊 324

56　关于亚欧语，参见 Greenberg（2000, 200-2）。关于闪米特语，参见 Moscati et al.（1969, 154），关于埃及语，参见 Loprieno（1995, 53-4）。吸引人的是，“fall”（落下）和“spill”（溢出）、“part”（部分）和“split”（裂开）、“tang”（发出当的一声）和“sting”（刺伤）的发音反差，或许还有“cramp”（痉挛）和“scrimp”（节俭）作为附加使役标志的差别。迦南语 s/hiphil 的两种形式都被使用。

语中的后果引发的一些疑难问题加以梳理，这些咝音的借用是希腊人和闪米特语族群千余年接触的结果。闪米特语咝音 š 和 ś 借用到希腊语中的情况的确复杂，但是，我希望我能够将我确信隐藏在语言借用背后的一致性展现出来。

第十四章　希腊语对其他闪米特语的借用

导　语

1975 年，开始构想这套书的写作计划时，我心无旁骛地专注于从闪米特语传入希腊语的借用语，换言之，我没有关注诺斯特拉语、闪米特语传入原始印欧语的借用语或者埃及语传入希腊语的借用语。到了 20 世纪 80 年代中期，当我写作第一卷的初稿时，我意识到前两个要素也能够解释西闪米特语和希腊语之间的类似性。到此为止，我相信希腊语词汇中 20% 的基本词干来自西闪米特语，其数量与来自古埃及语的相当。随着进一步的研究，我修正了先前的预计。虽然我仍然坚持 40% 这个大体的数字，但是我改变了其中的比例。如今，我估计，闪米特语借用语少了许多——约占希腊语词汇的 15%，更多的借用语来自埃及语——占 25% 左右。不过，许多令人费解的希腊语词汇只在埃及语纸草文献中证实，它们进入了地方词汇。由于这个原因，我给出的数字可能存在着误差。假如这些希腊语词汇能够更多地保存在黎凡特地区的文献里，那么这个数字比例很可能变得更为平衡。 325

本卷对闪米特语借用语关注较少的另外一个原因是对闪米特语借用语的研究已经取得相当多的成果，而埃及语借用词则是另一种景象。在第七章中，我

326 概述了闪米特语传入希腊语中的借用语的研究历史。[1] 在这里，我再次强调，在过去的 40 年里，赛勒斯・戈登、米歇尔・阿斯特、索尔・莱文和约翰・佩尔曼・布朗在这个领域内进行了极为出色的研究。不过，这些学者将自己的词汇研究限制在第三方标准规定的范围内，这一标准是米歇尔・马森给出的，他将它归于海因里希・莱维："他将抽象词汇或词义广泛的名词、形容词和动词排斥在他的列表之外"。[2]

尽管我考查了一些表示具体奢华词汇和另外一些适合作为"闪米特语"考查的词汇，但是我认为没有理由将它们全部纳入考查范围。总体而言，这些词源已经被证实，它们的学术准确性远远超过了我曾经接受的标准。在其他著作中，我只是接受了莱文教授的做法，考查具有句法重要性的基本词汇、阳性词尾（autos）和定冠词。在本章中，我将根据迦南语字母表中的字母顺序：ᐳ、b、g、d、h、z、ḥ（ḫ）、t、y、k、l、m、n、s、ʿ、p、ṣ、q、r、š、t，集中探讨莱维和迈克尔・马森视为禁忌的语义场："抽象词汇或词义广泛的名词、形容词和动词"。

1.√bᐳ Βαίνω（"走、站、来、去"）。尚特莱纳采用了本维尼斯特提出的正统观点，认为 bainō (H) 来自印欧语词根 $*g^{W}em\text{-}/g^{W}m̥$ 或 $*g^{W}əə_{2}/g^{W}ə_{2}$。[3] 考虑到该词干的后缀 -inō 的存在或缺失，必须允许交替拼写的存在。它是与一个印欧语词根发生联系的基础，该词根可见于哥特语 qiman 和英语 come（来）。不过，-inō 是一个常见后缀，并且其他所有时态形式都暗示词干 bēᐸbā，即假设词根 $*g^{W}əə_{2}/g^{W}ə_{2}$ 的重构形式，与梵语只存在着推测上的关联。

奥廖尔和斯托尔博娃重构了亚非语词根 *baᐳ-/*baw-/*bay（"走、去"）。该词根可见于这个超级语言家族的每个分支以及几乎所有的闪米特语言。[4] 在腓

1 第七章，注释 16—29。

2 这一陈述同莱维 1928 年的文章不符，参见 Masson（1986a, 201）。

3 Benveniste（[1935] 1948, 156）.

4 Orel and Stolbova（1995, 39 §157）. 该词根甚至是这个语系中更加根深蒂固，布伦奇为刚果-撒哈拉语重构了一个词根#ɓwong（"来"），参见 Blench（in press a, 9）。存在于尼罗-撒哈拉语和尼日尔-刚果语两种语言中的大部分词形仅仅是 *bV。索尔・莱文相信，希伯来语 bå> 源于一个"相对晚近的"语言借用，即借用自"印欧语的一种，该语言中的唇软腭音（像希腊语那样）通过这种特殊方式简化了"。这个解释过于牵强附会，并且莱文也承认 √b> 在埃塞俄比亚的闪米特语言广泛存在，并且这使得这个观点更不可能成立。它发现了词根 √b> 存在于闪米特语之外的一个例证，贝沙语 bi?（"或许从阿拉伯语借用而来"）（1995, 159-60）。他没有意识到上文提到的那些深根于亚非语和非洲语中的词根。

尼基语中，它写作 b$^{>}$，在希伯来语中写作 b(w)$^{>}$，其完成式词形为 bå$^{>}$。因此，相较于易混淆的并且相互矛盾的印欧语词源，亚非语通过闪米特语，为 bainō 提供了一个非常简单明了的词源。

2.√dl(1) Δειλός、Δοῦλος（“下级的、软弱的、依赖的、奴隶”）。尤利乌斯·波科尔尼接受传统观点，承认 δοῦλος（其迈锡尼语拼写为 doero）、δειλός（“软弱的、怯懦的”）和 δείδω（“我害怕”）并最终和 duo（“二”）之间存在着联系。即便承认 deilōs 和 deídō 之间的联系，这个假设的印欧语词源也是极不确定的。大概出于这一原因，弗里斯克和尚特莱纳赞同 doûlos 是一个从非 327
印欧语传入希腊语的借用词。毋庸惊奇，他们在没有任何证据的情况，提出它来自卡里亚或吕底亚语。

雅萨诺夫和努斯鲍姆强烈反对我将 doûlos 视为“食客”的观点，认为它仅有一个词义“天生的奴隶”。[5] 相较之下，尚特莱纳在对该词词义的详尽描述中写道：“该词的用法……并不表明它指的是‘天生的奴隶’。该词有一个一般的词义，并且它在迈锡尼文献中的使用并不能提供准确的含义。”雅萨诺夫和努斯鲍姆再一次屈从于印欧语专家们的准确性错位的职业病。

博姆哈德提出了一个原始诺斯特拉语词根 *dul^{y}/*dol^{y}（“去悬挂、垂挂、摇摆”），该词根可见于达罗毗荼语、原始印欧语和原始亚非语。它认为该词根在闪米特语中也被广泛证实。[6] 奥廖尔和斯托尔博娃列出了一个亚非语词根 *dal-（“变得软弱或困倦”），它可见于奥摩语、低地东库希特语，在闪米特语中为 *dall-。[7] 不管这两个词根是否有关，在“依赖的”的意义上，两个词义之间存在着可能的关联。它们与 doûlos（“处于奴役状态的人”）之间的语音对应是非常可靠的，尤其是在缺乏印欧语词源竞争的情况下。

在大多数词典中，deilós 被给出的“基本”词义是“怯懦的”，但即便是在赫西俄德和荷马的作品中，该词被更频繁使用的词义是“悲惨的、恶劣的、下流的、卑贱的”，与词典给出的词义相去甚远。[8] 词典编纂学者们的选择是非

5　Jasanoff and Nussbaum（1996, 195）.

6　Bomhard and Kerns（1994, 263 §72）.

7　Orel and Stolbova（1995, 147 §637）.

8　里德尔和斯科特指出其使用的第二个意思“更常用”。

常好理解的，事实上，“怯懦的”词义与动词 deídō（“我害怕”）更为吻合，弗里斯克、尚特莱纳和其他学者（包括雅萨诺夫和努斯鲍姆在内）想要将后者和 deilós 联系在一起。更频繁使用的词义更符合闪米特语词源而非印欧语词源。

现在，我们回到语音问题上，雅萨诺夫和努斯鲍姆，还有我，都同意 doûlos 的字首是 d^w。不过，他们进一步主张，迈锡尼语词形 doero 表明，doûlos 源于“*do(h)elos（$^{<}$*doseloṣ）”。括号是雅萨诺夫和努斯鲍姆为更早的假设词形添加的，这个假设词形为没有被括起来的 *do(h)elos 提供了一个可疑的可能性。约翰·查德威克提出了一个与 doelos $^{<}$（doheloṣ）类似的系列词汇，使它们与于阗语（Khotanese，众多伊朗语分支中的一个）dahā（“人”）和同样表示“人”的梵语 dāsah 相联系。除去语义差距之外，这些实际词形而非假设词形，既没有为 /o/ 即“圆唇音”提供解释，也没有为 doero/doûlos 中的词尾 /r/l/ 提供解释。

解释该“圆唇音”来自闪米特语也面临着许多难题。由 B 类线形文字和 A 类线形文字表示的语音 d^we 存在于这些语言中，被表示它的一个符号证实。不
328 过，这个符号没有在 doero 中使用。圆唇软腭音和圆唇咝音在闪米特语中的出现已经在第五章中探讨。[9] 关于原唇齿音的证据不太确定，但是一个可能的例证可见于希伯来语动词 √ḥtm（“密封，完成”）。作为规则动词，在许多 qal 词形中，ḥtm（“封印”）最后音节包含有一个后元音：未完成时形式 yaḥtām、祈使语气形式 ḥătām 或 ḥătôm 等等。Ḥtm 显然来自带有同样词义的埃及语 ḫtm。不过，h- 字首暗示希腊语 ἑτοῖμος (H)（“准备就绪的、确信无疑的、肯定的”）源于迦南语而非埃及语。如第五章中所述，希腊语中的 /oi/ 是亚非语系[10] 中圆唇辅音的一个标识，并且暗示这个超级语言家族存在着原唇齿音。

因此，dl(l) 有时会是圆唇音。在“悬挂，尤其是在水里悬浮”这个基本词义上，√dl 可见于词形 dål̊åh（“打水”）和 dəlî（“水桶”）。这些词义涉及悬挂绳子，这就可能导致打结（?）。甚至引人堕入陷阱的妖妇大利拉（Delilah）这个名称似乎与阿拉伯语 dalāl（“卖弄风情的女子”）有关联，并且可能来自 √dll。Dll 也可能反映在了希腊语中带有元音 /o/ 和 /e/ 的借用词 δολός (H)（“渔

9 本书第五章，注释 168—190。

10 本书第五章，注释 157—158。

网、陷阱”），以及 δέλεαρ (H)（“用诱饵钓鱼、欺骗”），没有印欧语词源 δολός (H)。[11] 因此，doûlos 和 deilós 这两个词的一个词源完全可能存在于假设的闪米特语词形 *d^{w}ero 中。

尽管如此，这两位印欧语专家和我都没有对字首 *d^{w} 提出一个很好的解释。倾向于认为 doûlos 和 deilós 这两个词都来源闪米特语有如下原因：首先，它提供了一个极佳的语义匹配，而从印欧语词汇的词源派生出的“人”却是模糊不清的。其次是语音匹配，闪米特语词源可以解释 /l/，而印欧语词源则不能。/l/ 和这些词汇的语义，促使我相信：带有“恶劣的、悲惨的、低等级的”词义的 deilós 应该与 deídō（“害怕”）区分开来，并且与 doûlos（“奴隶”）联系在一起。

3.√zwd ψεύδομαι（“自命不凡的、虚假的”）、√zwr ψώρα（“令人憎恨的”）、√zl(l) ψάλλω（“鼻音”）。希腊语字母 ψ 转写为 /ps/ 总体上是没有争议的。[12] 不过，与其他音节的混淆，就会使这个等式变得不那么确定。例如，交替词 ψηρός/ξηρός（“干的”）和 ψωμός（“食物碎末”）以及 ζωμός（“油腻的调味汁”）。在其他著作中，我已经论证过，字母 ψ 本身来自闪米特语 /z/zayin，而音值 /ps/ 则来自与 /x/xi 类似的发音以及埃及语 pɜ+ 咝音的频繁使用。[13]

既然没有清楚明确的例子证明存在着带有以 psi 为开头的印欧语词根的词 329
汇，那么就应该将这些词汇视为借用词。此处列举的词形提供了一个重要的词群，它们都带有明显的音值 p+s 或 p+š。[14] 不过，许多带有这一词首字母的词汇不能通过这种方式来解释。有些可能来自迦南语的 /z/，它可能暗示了这一字母的词源。

动词 ψεύδομαι (H) 和名词 ψευδος (H)、ψυδρός (6) 都与撒谎和炫耀有关。

11 尚特莱纳不能确定这一词形源于印欧语词根 *gwel（“吞咽”）。波科尔尼（1959, 365）只发现它被希腊语 délear 验证。dólos 的词义“诡计”也可能受到一个西闪米特语词形的影响，该词形可见于阿拉伯语 dal（“卖弄风情的女子”）。拉丁语词汇 doleo（“忍受”）、dōlium（“陶器”）及 dolus（“哄骗”）存在的语义难题也可能通过将它们视为来自迦南语 √dl（“依靠、暂停和纠缠”）的借用词来解释，它们要么通过希腊语和南意大利语要么直接借用而来。

12 相关例证，参见 Sturtevant（1940, 91）。

13 Bernal（1990, 120）.

14 参见本书第九章，注释 53—84。除了这些词语之外，还存在两种称号：Pɜ smtk（果酒摊贩），被用于称呼法老 ψαμμητιχος；Pɜ šḫmty，像 ψεντ- 一样，是埃及的双王冠。

弗里斯克和佩尔皮尤虽然没有在印欧语中进行先前探索，他们仍然将这些词汇和亚美尼亚语 sut（“撒谎”）联系在一起，因此拒绝承认任何认为它们来自 ps 的尝试。但是我认同将其追溯到迦南语 zîd 和 zûd（“自以为是的、傲慢无礼的”）那里。关于 pseûdos/psudrós 中 d/dr 的交替，参见第十三章中的探讨。[15]

另一个字首 psi 来自迦南语 /z/ 的希腊语词汇是 ψώρα (3)（“因结痂而发痒”），它来自希伯来语 zîr 和 zûr（“讨厌肉的”）。弗里斯克和佩尔皮尤都没有为 psōra 找到一个词源。

另一个字首为 psi 并且缺少印欧语词源的希腊语词汇是 ψάλλω (3)（“弹拨乐器的弦”）。这个词第一次出现是在七十士本《圣经》中，所以就不用惊奇于它有一个可能的闪米特语词源：词根 √zll（“摇动、搅动”）。这一词形可见于《圣经》中的罕用词 zalzal，它的意思是摇晃的“卷发或（植物）的卷须”。

因此，我们在这里用了三个例词证明闪米特语 /z/ 与希腊语 y 之间的对应。

4. Ḥayyîm Aῖμα（“生命 / 血液”）。大多数美国人都察觉到它但不了解它，迦南语中表示“生命”的词汇是 ḥayyîm。它出现在了乌加里特语、腓尼基语以及《圣经》希伯来语中。在迦南语中，和在其他闪米特语族群文化中一样，“生命”和“血液”紧密地联系在一起。或许有人会不同意 19 世纪激进的宗教学家罗宾逊 · 史密斯（Robertson Smith）的进步主义观点，但是没有理由对他在《闪米特宗教》（*The Religion of the Semites*）得出的结论提出质疑，他认为“当人类停止吃生肉和生鱼之后，血液便被不再被视为身体的肌肉骨骼成分，而逐渐被视为生命的载体”[16]。出于这一原因，血液必须奉献给诸神，不能供人食用。于是，使血液流尽始终是犹太教和伊斯兰教进行献祭的一个必不可少的部分，并因此变成了饮食法则。

根据 R. B. 奥尼安斯的观点，血液等同于生命的观念也被古希腊人分享。[17]
330 在荷马史诗中，haîma 有精神、勇气之义，同时也有血液的含义。由于在这两种文化中，血液和生命被如此密切地联系在一起，所以，ḥayyîm 和 haîma 在词义上的匹配是非常可信的。

15 本书第十三章，注释 53—55。

16 Robertson Smith（[1894] 1972, 345）.

17 Onians（[1951] 1988, 61-3）.

唯一可能的语音上的反对做法是论证：因为 haíma 的所有格形式是 haímatos，并且 haimato 有时作为一些合成词的一部分使用，所以词尾 -t 应该包含在这个词干里。很有可能是，不存在于主格中却存在于其他格中的辅音，经常是词根的组成部分。不过，情况也不总是如此。极少数印欧语专家将 dóru/dóratos（“树木”）、dṓmádōmátos（“房子”）、hḗpar/hḗpatos（“肝脏”）、kūmákūmatos（“波浪”）或 húdōr/húdatos（“水”）中的 /t/ 作为基本组成部分加以接受。似乎没有原因将 haíma/haímatos 排斥在这个词群之外。

该词没有印欧语词源。尚特莱纳认为，“在印欧语中，没有表示血液的通用词汇”。[18] 与之相对，弗里斯克提出，haîma 是一个取代印欧语词根 *ēsr 的外来借用语，这个词根在希腊语中表现为 éar。Haîma 没有出现在 B 类线形文字中，但是它在荷马史诗中得到了很好的证实。因此，我认为没有理由排除它是在铁器时代传入的借用语的可能性。

我在第一卷提出这一词源时，受到了加里・兰斯伯格的公开赞同，他写道，“贝尔纳提出了一个非常有趣的观点，希腊语 haima（‘血液’）是一个来自腓尼基语 hayyîm 的借用词，他的根据是两者在闪米特宗教中众所周知的关联。这是一个特别具有吸引力的观点，因为两个词形都含有相同的双元音 ai/ay。”[19] 雅萨诺夫和努斯鲍姆没有采用 hayyîm-haîma 的例子。

5. *Kal（“女性姻亲”）kall（“新娘”），√kålal（“完成的、完美的”），καλ(λ)ός（“美丽的”）。奥廖尔和斯托尔博娃重构了一个亚非语词根 * kal（“女性姻亲”）[20]，可见于闪米特语、南库希特语和西乍得语。在闪米特语中，他们举出了 *kall，意为“儿媳”和“新娘”。√kll 是这些语言中两个词根中的一个，另一个词根是 √kll 或 √klh（“完成”），它既指“耗尽”，也指“完美”。在后一种词义里，它与 kallåh（“新娘”）混淆。阿拉姆语 kəlilā̂ 指的是“王冠”，阿拉伯语 kalil 也是如此。Akālī́l 既指“王冠、花环”，又指“结婚典礼”。

在希腊语中，κᾱλ(λ)ός (H) 表示“美丽”，它的副词是 καλόν 或者经常写作

18　奇怪的是，尚特莱纳本人指出，haîma 可能取代了早期的词形 éar，这种情况已在许多其他印欧语分支语言中得到证实，参见 Bernal（1997a, 88, esp. n. 71）。

19　Rendsburg（1989, 71）. 参见第一卷，第 59—60 页。

20　Orel and Stolbova（1995, 310 §1419）.

καλά。尚特莱纳认为它的词源“未知”，并极为强调彼奥提亚方言 καλϜός，他
331 认为该词是原始词形。但是，他未能解释该词中经常出现的 l 的双写或重叠。对 Ϝ 的最佳解释是将其视为一个“变模糊的”/l/。这一重叠拼写明显可以追溯到它的闪米特语词源那里。

6. Kal.ga、Ḫalaqa、ḥålåq（“光滑的、明亮的”）χαλκός（“铜”）ἠλέκτωρ［“琥珀（色）”］。在第四章中，我提到加姆克列利茨和伊万诺夫将苏美尔语 urudu 视为原始印度赫梯语词根 *r(e)ud^{h}（“红色、铜、矿石”）的词源。[21] 一个表示“坚硬的铜”，或许指的是“青铜”的词形是 urudu. kal.ga。考虑到两种语言之间的交换，似乎可以假设 kal.ga 与闪米特语词根 √ḫlq（“铸造”）有关联。奥廖尔和斯托尔博娃重构了一个亚非语词根 *ḫalak/ḫaluk（“分娩、创造”），但是这个词根在很大程度上是基于闪米特语构建的。[22] 主要的例证是阿拉伯语词汇 ḫalaqa（“创造、形成形状、塑造、铸造、编造、使光滑”）。在希伯来语中，ḥålaq 指的是“光滑的，既光滑又明亮的石头”；并且，在《以赛亚书》中的一行难解的文字中，使役（Hiphil）分词 maḥălîq，作为一个人物，在七十士本中被翻译为 khalkeús（“铜匠”）。现代注释者将其翻译为“修光工、熔炼工或锻工”。[23]

闪米特语 urudu 埃卜拉语的注释是 kàpálu/kàpáru 以及拉丁语 cuprum 等的词源是西闪米特语 √kpr，这些问题已在第四章中探讨。[24] 不过，表示该金属的希腊语词汇是 χαλκός，B 类线形文字中写作 kako。尚特莱纳拒绝了一个将 kal.ga 视作词源的分析，因为它仅仅是 urudu 的描述词。因此，他提出，它是一个来自一个未确定文明的早期借用语。闪米特语 √ḫlq 的一个词形可能是 kal.ga 和 khalkós 之间的连接。

希腊语 κάλχη (6)（χαλκή）意为“骨螺”，是推罗紫（Tyrian purple）的词源，表明铜色和青铜色的颜色不会摩擦掉 √ḫlq。尚特莱纳将送气音的换位和印欧语词源的缺少视为证据，证明它是一个“词源未知”的借用词。还存在着一个词

21 本书第四章，注释 67—68。

22 Orel and Stolbova（1995, 292 §1328）.

23 Isaiah 61: 7.

24 本书第四章，注释 67—68。

汇 χάλιξ（“鹅卵石，砾石”）。[25] 一个早期词形 * ḫålaq 或 ḫålaq（“光滑的石头”）带有一个著名的 CåCiC 类型的发音形式，为 khálix 提供了一个可能的词源。

显然，也存在着来自晚期迦南语 √ḥlq 的借用语。首先是 ἠλέκτωρ (H)（“闪光的”）和 ἤλεκτρον (H)［“金银合金、琥珀（色）”］。尚特莱纳将 -tōr 视为一个印欧语后缀，但未能找到词根。弗里斯克只是简单地称其“未被解释”。最后是带有送气音的 ἑλίκωψ (H)。尽管后缀 -ōps 明显表示“眼睛”，但是词干是令人费解的。作为一个整体，它的大致词义是“明亮的黑色眼睛”。这就为闪米特语词 √ḫlq-√ḥlq 根提供了另外一个希腊语解释。

7. Lat、Lṭ Λήθη，Λητώ（“皮肤、覆盖物、遗忘、裹尸布”）。奥廖尔和斯 332
托尔博娃重构了一个亚非语词根 *lat（“皮肤”），可见于埃及语和西闪乍得语。[26] Lṭ 带有一个重读音 /ṭ/，被证实广泛存在于闪米特语中。在各种不同的古拉格语和阿姆哈拉语中，ləṭä 和 laṭä 意思是“树皮”和“剥（树）皮”。阿拉伯语 lå˃aṭ 表示“劈开或持有一个东西、用黏土覆盖”。希伯来语 lå˃aṭ 表示“覆盖”，låṭ 或 lå˃aṭ 表示“秘密、神秘”。带有发音 /i/ 的词汇有阿卡德语 litu 或 letu（“覆盖物”）。这个词根带着后元音，也出现在希伯来语中，如 lôṭ 和 lûṭ（“裹紧、封套”）。最后是 loṭ（“没药、鸦片酊”），该词似乎来自药物的罩面或遮蔽效果。[27]

希腊语中有一个类似词群。B 类线形文字词汇 rita 可能与荷马时代的希腊语 λῖς 和 λῖτα 用于覆盖尸体的“精美亚麻布”有关联。贝拉尔认为 lîta 源于 lôṭ，但是如今还存在着一个更接近的类似词形 litu。[28] 在荷马史诗中和后来的希腊语中，一个大的词群共享词根 lath-、lathr-、lāth˃、lēth-。在这些词汇中，最著名的是 λήθη (H)（“健忘、遗忘”）。尚特莱纳将该词归于 λανθάνω——带有一个现在时中缀 -n- 的词条下意为“去遗忘”。这个词群作为一个整体，其词义主题包括了裹尸布、逃跑的嘈杂声、遗忘、药物、睡眠和死亡。对这个词群

25　尚特莱纳认为这一词汇同阿卡德语 kallaka 无任何联系，阿卡德语 kallaka 通常与“粉笔”相关。他接受该词汇与 kal.ga（“强壮”）之间的关联。

26　Orel and Stolbova（1995, 359 §1655）.

27　E. 马森甚至也认为，希腊语 μύρρρ (6) 源于乌加里特语 mr、迦南语 mor 或 môr，并且希腊语 λήδανον (5) 源于闪米特语、阿卡德语 ladinu、ladunu，参见 E. Masson（1967, 54-5），另见 Brown（1968a, 170-1; 1995, 331-2）。

28　参见 Astour（1967a, 126）。

来自语言借用而非来自一个印欧语词根的怀疑，是由一个类似的但截然不同的词汇 lh/to 的存在导致的，根据赫西基奥斯的观点，该词指的是“隐藏的”。人名 Λητώ（勒托），即阿波罗和阿耳特弥斯之母，明显来自这一词根的“蒙面的”词义。[29]

唯一一个可能的非希腊语同源词是拉丁语 lateō（“隐藏”）。不过，词尾的齿音存在着诸多疑难。希腊语 -th- 来自原始印欧语 *dh/d，后者有可能是 -t- 的词源。不过，在拉丁语中，*dh 变成了 -d-。弗里斯克、尚特莱纳、埃尔努和梅耶将这个问题复杂化了。更简单的做法是将它们都视为来自第三种语言即迦南语的借用语。

不管怎样，lateō 都不会和 lḗthē 有吸毒上的关联。玛斯–阿诺特和莱维都认同，迦南语 loṭ（“媚药、鸦片酊”）是希腊语 λωτός (H) 的词源。[30] 尚特莱纳谨慎地将其解释为一个“词源模糊的地中海语言词汇”。细心的读者会发现，它的解释会经常避免得出希腊语词汇源于闪米特语或埃及语词源的结论。不过，这个问题上，尚特莱纳是对的，因为也可能存在着 lōtós 的一个可能的埃及语词源，该问题将在第十五章中探讨。该希腊语词汇可能来自闪米特语词源
333 和埃及语词源的混合。在这里，我将集中探讨它的闪米特语词源。[31]

Lōtós 是一个表示许多植物的名称，这些植物主要来自埃及和马格里布。对它最早和最著名的提及出现在《奥德赛》里，其中提到了 Lōtophagoi 岛，即“食忘忧果者”的岛屿。没有人会怀疑他们的 lōtoi 是能够让人产生幸福感和迷昏的药物。引人注意的是，在这一段中，荷马两次将 lōtos 与 lanthanō 的不同词形连用。[32] 因此，一个重要的希腊语词群——包括表示“真相、真实、真诚”的 ἀλήθεια（“不被隐藏的”）——来自一个确切无疑的闪米特语词源。

8. The √lq cluster“（使）聚集”。一个闪米特语的两字母组合 √lq 有一个基本词义“（使）聚集”。这个词义包括三方面的内涵：聚集物品“采摘、收集、拿走”，聚集人群“集会、列举”和抓住思想“领会、理解”。后跟一个不同的

29 关于这一问题的讨论，参见同上书，第 137—138。

30 Muss-Arnolt（1892, 120, n. 30），Lewy（1895, 46），以及最近的 Brown（1995, 332）。

31 参见本书第十五章，注释 13—16。

32 *Odyssey*, 9: 97 and 102.

辅音，√lq 可以涵盖一个广阔的语义场。在阿卡德语、阿拉姆语、叙利亚语和希伯来语中，√lqˌt 表示“捡起、拾穗”。在阿拉伯语中，√lqn 表示“领会、理解”和“教授知识、口授”。通过使用不同的介词，阿拉伯语 laqiya 可以表示“见面、获得、背诵、唱歌、做讲座，就……发表声明”。在阿卡德语和迦南语中，låqaḥ 指“拿、采摘”“挑选”，也指“接受指令”。希伯来语衍生词形 leqaḥ 指的是“学问，学说”。

尚特莱纳将 λέγω (H) 的基本词义描述为“集合、采摘、挑选”。由这个词义可以派生出“数数、列举”，然后是“告诉、说话”。带有发音 /o/，该词根就变成了 λόγος (H)（“话语、故事、解释、理由”）。希腊语和闪米特语中的基本词义，有着显著的类似性。如果进一步细究的话，类似性就稍微差一点。不过，它们的类似性足够可信，以至表明它们并不像尚特莱纳所暗示的那样，它们不完全是来自希腊语“内部”的演变。

证明 λέγω 由 låqaḥ 借用而来的进一步迹象，来自拉丁语。在拉丁语中，legō 有着与 λέγω 和 låqaḥ 同样的语义“集合、采摘、收集”。不过，埃尔努和梅耶指出了一个明显的悖论，即 λέγω 表示“说”，而 legō 表示“读”。这一悖论可以从闪米特语词源的词义“教授”和“口授”的二分来解决。口授是古代世界的标准教育方式，它既指读，又指说。

拉丁语强调“读”的一个原因是，罗马人从 låqaḥ 借用而来的另外一个词汇 loquor 表示“说”。λέγω 和 legō 经历了从闪米特语 /q/ 到希腊语和拉丁语 /g/ 334
的正常转变，那么保留了原始印欧语 /qu/ 的拉丁语词汇便能够将闪米特语 quf 翻译得更正确，并且在我们现在这个情况里便是如此。

埃尔努和梅耶评论道，正如 loquor 替代 for 和 fari（带有一个可信的印欧语词源）一样，它本身被基督教词汇 parabolāre 替代。因此，在这两种情况里，表示教授知识的正式词汇都取代了单单表示讲话的词汇。

波科尔尼、埃尔努、梅耶和尚特莱纳全部同意的是，λέγω 和 legō 的词源是阿尔巴尼亚语 mb-l’eth（“我采摘”），mb-l’eth 有一个已被证实的软腭音 g。埃尔努和梅耶不接受任何关于 loquor 的印欧语词源分析。

9. Nhr Νήρ-（“淡水和海”）。奥廖尔和斯托尔博娃重构了一个原始亚非语词根 *nihar（“流动”）。不过，他们仅找到了一个非闪米特语例子，来自摩基尔科（Mokilko）的东乍得语。[33] 不过，它——和名词词形 nåhår（“河流”）——在亚洲闪米特语中得到了很好的证实，如阿卡德语 nāru、乌加里特语 nhr、阿拉姆语 nahrå、阿拉伯语 nahara 和希伯来语 nåhår。

拉丁语河名 Når 的词源，即翁布里亚（Umbrian）的纳哈尔河（Nahar）来自 nåhår，已在第七章探讨。[34] 这里存在着一个晚期词汇 νηρόν (6CE)（“水”），现代希腊语 νερό 来自它。闪米特语 √nhr 并不局限于表示淡水。在乌加里特语中，Ṯpt Nhr（“判官纳哈尔”）是邪恶的海神亚姆（Yamm）的别名。这个名字为海神 Νηρεύς (H)（涅柔斯）和他的女儿们大洋神女 Νηρηΐδες（涅柔斯的女儿们）提供了一个可能的词源。[35] 尚特莱纳引用 20 世纪初学者阿道夫・菲克的观点，将该名称通过 nèrōvé（“水中仙人”）与立陶宛语 nérti（“潜水”）联系在一起。存在着两个论证来反对这一语言遗传观点。首先，不同的变体拼写 Νηρῆδες 和 Νεαιρηΐδες 表明它是一个借用词。其次，nèrové 为涅柔斯（Nēreús）提供了一个劣质的解释。

10.√nwḫ、√nwh Ναίω、Νᾱός（“休息、居住、住所、神庙”）。和英语的情况一样，希腊语大量的同形同音异义词可以通过它们的词源得到很好的解释。同样的原则也适用于关系密切的同形同音异义词。例如，naíō（“居住”）、nāós（“神殿、神庙”）、néos（“新的”）、náō（“流动”）、naûs（“船”）、nóos（“感知”）以及带三个词义“眩晕、使……旋转、堆积”的 néō。变音（inflexion）使得这一系列词汇变得更加令人迷糊。在这些词汇中，néos（“新的”）和 néō
335 （“眩晕、使……旋转”）明显是印欧语，并且 náō（“流动”）也完全有可能是。加姆克列利茨和伊万诺夫论证，naûs（“船”）是一个由闪米特语进入原始印欧语的借用语。不过我更倾向于接受博姆哈德和克恩斯的观点，即存在着一个诺斯特拉语词根。[36] N(η)έω (H) n(ē)éō（“堆积”）没有任何的印欧语词源，并且似乎来自埃及语 nwi（“收集、集会”）。nóos（“感知”）的词源是埃及语 nw，已在第十二章中探讨。[37] 经过甄别，就剩下了 naíō（“居住”）和 nāós（“神殿、

33 Orel and Stolbova（1995, 403 §1869）. 这个词语可能源于尼罗撒哈拉语词根 *nɔ́rəh（“从身体滴下、缓慢地流下”），参见 Ehret（2001, 319§273）。

34 本书第十三章，注释 53—55。

35 后缀 -eus 已在本书第六章，注释 8—10 中讨论过，后缀 -ides 已在本书第九章，注释 79 中讨论过。

36 参见本书第四章，注释 106。

37 本书第十二章，注释 11—15。

神庙”)。一个闪米特语词根 *nVwVq（“休息”）可见于西乍得语和闪米特语。奥廖尔和斯托尔博娃假设了一个闪米特语词根 *nw，可见于阿卡德语 nâḫu、乌加里特语 nwḫ 和希伯来语 nwḥ。[38] Nåwåḥ 表示“居住或逗留”，并且，nåweh 表示“住所”，来自一个相关的词根 √nwh。雅萨诺夫和努斯鲍姆，甚是屈尊，他们写道，这个表示“神庙”的词汇“如贝尔纳正确地提出的那样，事实上与动词 naíō（‘我居住’）相关”。他们承认“neṓs 和 naíō 碰巧在其他印欧语中缺乏没有问题的同源词”[39]。但是，他们反对我将这些希腊语词汇追溯到闪米特语那里，因为，他们认为这些词汇“必须”来自词根 *nas 或词干 *naswos。

在分析这些词汇时，雅萨诺夫和努斯鲍姆以及他们的前辈们又一次因为他们的观念结构而作茧自缚。事实上，没有这样的词汇得到证实，并且各种方言词形的不同变体同样可能或更有可能作为语言借用结果来加以解释。加里·兰斯伯格指出，在希伯来语中，不仅 nåwåh 表示“居住、逗留”，naweh 表示“住所、住宅”，而且 naweh 还有专门的词义“神庙、神殿”。[40] 既然 Nāós、Neṓs 和 naío 的闪米特语词源拥有极佳的语义对应和语音对应，并且缺乏具有说服力的印欧语词源分析；那么青睐于一个纯粹的假设结构就是一种固执了。

11.√pʿl poʿêl、Ποιέω（“做、制作”）√pʿm、Παίω、Παύω（“beat，停止”）。
弗里斯克和尚特莱纳都同意，ποιέω (H)（“做、制造”）最初的词形为 *poiϜo，有一个中缀 Ϝ，并且来自印欧语词根 *k^{w}ei，它带有一个鼻音，可见于梵语 cinóti（“堆积、安排”）。可以公允地说，不管从语音上来看还是从语义上来看，这个结论都有些牵强附会。从后一个层面来看，更为简便的做法是，将它视作来自标准的腓尼基语（尽管在希伯来语中不太常见）动词 påʿal（“做、制造”）的借用语。poiéō 中的元音结构 o-e 与迦南语主动式现在分词的词形极为吻合。在这个词形中，poʿêl 经常用作动词，尽管它在晚期希伯来语中使用不是如此频繁；那时候，它已经变成了名词的现在分词词形。辅音对应存在着两个小问 336
题。首先，这些希腊词汇缺少 /l/。不过，/l/ 的“模糊化”或软腭音化在许多

38　Orel and Stolbova（1995, 410 §1907）.

39　Jasanoff and Nussbaum（1996, 200）. 这种说法较为温和，弗里斯描述这一词根是一个孤立语，并且尚特莱纳承认他的无知。甚至勇于尝试的万·文德肯斯都没有尝试去发现 neōs 和 naíō 的印欧语词源。

40　Exodus 15: 13. Rendsburg（1989, 77-8）. 布朗将我的观点描绘成“吸引人的”，参见 Brown（2000, 43）。莱维探讨了这一词源。

语言中都是极为常见的现象。[41] 第二个问题来自 *poiϜo″中重构的 Ϝ。将它作为亚非语 ʿayin 的衍生形式来解释，只会更合理，而不会更差。ʿayin 和 w 的对应词形，已在第十章探讨。[42]

同样的原则，也适用于παίω (5) 和παύω (H)。20世纪初的希腊语法学家E.施维茨试图将 paíō 重构为 *pawíō，以便在此基础上将两个词联系在一起。他将 paúō 视为 *pawíō 的不定过去时和将来时的逆构词形。他没有对这两个词之间的语义差异提出疑问，而是将它们都视为来自“打某人以便他不敢接近”这一词义。[43] 尚特莱纳定罪似的将其称为“一个巧妙的假设”。不过，我不相信这个观点就这么容易被轻易抛弃。Paíō 和 pʿm 之间的语义匹配是准确的，尚特莱纳将它们的词义定义为“打、击打”，根据施维茨的论证，paúō 的词义也不会有太大差异。语音疑难与这个迦南语动词的词尾 -m 有关。/M/ 在希腊语词汇“中动态”词形 paúomai 和被动分词 paiómenos 中处在了它的语法位置上。因此，/-m/ 很有可能是被视为词法要素，因此从词干脱离。这些词典编纂学者每个给其中的任何动词提供一个印欧语词源。

12. Qds Κῦδος，Κυδρός，Κεδρός（“分离的、神圣的、卑鄙的、圣树”）。 √qds 是最著名的闪米特语词根之一，在晚期迦南语中为 √qds（“分离的、神圣的、卑鄙的”）。围绕着 κυδος (H) 和 κυδρος (H)，希腊语有一个大的词群，它们有相同的词义，即“神圣的荣光”和“卑鄙的”。早期迦南语的词尾 -s 在传入希腊语时是作为中性名词的标记使用的，除了与格，其他所有单数格形式都是以 -s 结尾的。Kûdos 被采用到了中性词中，这些现象在亚非语中是不存在着的，它是一个例证，证明确定词性在传入语言中具有重要性，而在源语言中却不重要。[44] 兰斯伯格指出，语音类似的重要性表明“希伯来语 qōdeš（‘神圣的’）是一个 u- 类 segholate* 词形，它的原始词形可以重构为 *quds”。[45] 因此，我们

41 参见 Trask（1996, 61）。

42 本书第十章，注释 117—118。

43 Schwyzer（1912, 443-5）.

44 参见本书第七章，注释 17，以及 Corbett（1991, 80-1）。

* Segholate 是希伯来语中的一类词汇，其结尾形式为“CVCVC”，倒数第二个元音重读。该术语的更详尽解释，参见英文维基百科。——译者注

45 Rendsburg（1989, 77）.

就有了一个极佳的语义匹配和语音吻合。

雅萨诺夫和努斯鲍姆遵循传统的观点，称 kudos 有一个“无懈可击的印欧语词源”：与它同源的是旧教斯拉夫语 çudo（gen. çudese）（“奇观、奇迹”）。[46] 在这里可以看出他们试图感染我的热情，不过他们被它蒙蔽；因为，他们先前 337
主张“就希腊语词汇而言，不存在任何本质上是‘神圣的’或‘圣洁的’东西”。相较而言，尚特莱纳坚持这个词汇的神圣内涵，并且认同“这个词义导致了旧教斯拉夫语 çudo 的产生……不过，这个斯拉夫语词汇暗示着一个发音的 *qeu 的存在（它却在希腊语词汇 kudos 不存在）”[47]。随后，尚特莱纳转而选择了更不太可能的印欧语词源。

√qds 中的“神圣的”和“卑鄙的”之间的语义交替，似乎反映在希腊语 κύδος（“冒犯”）和 κυδάζομαι (5)（“去冒犯”）上。不过，波科尔尼、弗里斯克和尚特莱纳主张，这个动词与 kûdos 无关，它来自一个可见于斯拉夫语同源词 kuditi（“哭喊、嘲笑”）的词根。在这里很可能存在着混淆，考虑到语义上的歧义，这两个词源都有可能在这个词语演变中发挥作用。

交替拼写 κῦςδος/Κυδρός，像 ψεύδος 和 ψυδρός 一样，在《黑色雅典娜的回信》中讨论。[48] 希腊语中存在着大量的带有 -dr 并且发音不同的词汇和名称。Κόδρος（科德鲁斯），神话传说中的雅典国王，在古典时期被作为英雄崇拜；神圣的 κέδρος (4) 指的是“刺柏”，后来指“雪松”。耶路撒冷的神庙是在腓尼基人监督之下用雪松建造的。没有理由怀疑其他迦南人的神庙是用不同的方式建造的。建造加的斯的梅尔卡特神庙使用的木料很久都没有腐朽，罗马作家西利乌斯·伊塔利库斯（Silius Italicus）对它们进行了描述，几乎可以肯定，它们是雪松木。[49] √qds 可能指的是雪松，这种可能性因埃及语词汇 qdtt 的存在而增加，福克纳将 qdtt 描述为“来自叙利亚的针叶树？”。叙利亚雪松也以希腊语词汇 κεδρελάτη (1CE) 而为人熟知。就其本身而言，'ελάτη (H) 指的是“松树”。

46　Jasanoff and Nussbaum（1996, 196-7）.

47　由于在语言家族探寻语音发展轨迹时可以获得可能的精确性，所以，相较于语言之间的借用而言，建立在“遗传”关系上的词源分析应该具有更高的精确度要求。

48　Bernal（2001, 141-2）.

49　Silius Italicus *Punica* 3: 17-20.

弗里斯克和尚特莱纳都没有为它找到一个令人满意的印欧语词源。[50] 所以，将它们视为来自迦南语和腓尼基语词形 *ˀēlat 即希伯来语词形 ˀēlåh（“乔木、笃耨”）更为可取。[51]

13.√Qal、qôl、qåhal（“讲说、集会”）βούλη、βούλομαι（“集会、渴望”）。 奥廖尔和斯托尔博娃假定了一个亚非语词根 *qal-/*qawal（“讲说”），在闪米特语中，它们与 *qāl（“声音”）相关。在阿拉伯语中，qāla（qaul）（“讲说”）经常指的是社会活动：教书、游说、授予、商谈、争吵、争论，等等。在希伯来语中，有两个明显类似的关联词。首先是 qôl（“声音”），通常指人的声音、动物的声音以及音乐声等，并且也指绘声绘色的演说、传达指示的口令。第二个是 qåhal（“集会”），特指为了政治或宗教目的召开的会议。qôl 和 qåhål 之
338 间的词义关联，类似于 parler 与 parliament 之间的词义关联。

回到语音上面，闪米特语中，√qwl 和 √qhl 或 qol 和 qal 之间交替，表明早期的词形带有一个唇软腭音 *q^{w}al。

许多希腊语词汇是基于词干 βούλ- 构建的。最著名的是 βούλομαι（“渴望”）和 βούλη（“集会、议事会”）。没有人会怀疑它们是关联词。问题是哪个是最初词形？这些词典编纂学者猜想是由 boulomai 派生出 boulē 的。不过，尚特莱纳未能就这一演变方向梳理出一条词义演变路径。由 boulē 派生出 boulomai 更容易。Boulē 有“决定、议事会、商议”等词义。尚特莱纳指出，关于 βούλη，存在着许多衍生词，都有建议的含义；著名的有 βουλεύω（“商议、深思熟虑后提出、决定”），它与“渴望”密切相关。例如，《伊利亚特》的诗文写道：“阿基罗库斯（Arkhelokhos），针对他，诸神［βούλευσαν］摧毁。”[52] 对这个词的传统翻译是“提出”，但是作为集体决定，它可以被翻译为“渴望”。因此，从语义演变来看，更有可能是 boulē 派生出了 boulomai。

Boulomai 经常和 ἐθέλω (H)（“想要、渴望”）并提。尚特莱纳对二者进行了区分，认为 boulomai 更为积极主动，而 ethelō 较为被动，表示“倾向于、

50 波科尔尼承认 *elem（“榆木”）只是“可能的”词源。尚特莱纳认为亚美尼亚语 elew-in 是“不太可能的”词源。

51 关于 at/åh 的一致性，参见 Harris（1936, 58）。

52 *Iliad* 14: 465.

接受”。这个观点符合与作为“集体决定”的 boulē 是 boulomai 的词源的观点。Ethelō 没有印欧语词源，尽管不能解释字首增添元音 e-，tr（“问候，恭敬地欢迎”）仍然是一个可能的埃及语词源。

尚特莱纳主张，字首的唇软腭音 *g^wel 或 *g^wol 是“确定的”。考虑到该闪米特语重读音节的不确定性，整个词语演变过程可能是这样的，由西闪米特语 *q^wal（“召集到一起，集会”）到 *g^wol 再到 boulē。

14. Qsm κόσμος（“预测、安排”）。该词源分析也在第八章中做出。[53] 如第八章所述，希腊语词干 kosm- 的基本词义是“命令、安排”，尤其用于神或其他权威人物。在被动式词形中，它指的是“被指定的”。虽然没有在 B 类线形文字中得到证实，但是 κόσμος 和动词 κοσμέω（“按次序摆放”）在荷马史诗中得到了很好的证实。阿伽门农和墨涅拉俄斯 kosmē tore laōn 是“人民统帅”。[54] kósmos 还与毕达哥拉斯有关，它被作为“世界秩序、宇宙”使用。尚特莱纳抛弃了弗里斯克的所有观点，并且写道，“最不太可能的关联”是拉丁语 censeō（“做出一个庄严的声明”）和梵语 çáṃsati（“他背诵”）之间的关联。339
抛开语义疑难不讲，两者的语音在元音和辅音结构上都存在着问题。

闪米特语词根 √qsm 的基本词义是“砍、打破、分开、分配”。阿拉伯语 qasama，指的是“分开、指派，尤其是神的指派”。在第十个词干中[*]，它指的是“抽签、求神谕”。“在早期南阿拉伯语中，mqs^{1}m 指的是‘神意的决定’”。希伯来语动词 qåsam 指的是“应验预言”，qesem 和 miqsåm 的意思是“预言”或“魔法”。考虑到来自阿拉伯语的证据，否定迦南语动词 √qsm 含有“指派”的含义，显然是不合理的。[55] 希腊语发音没有提供一个大的障碍，因为我们知道乌加里特语中存在着一种 CóuCC 词形。[56] 因此，从语音和语义上看，√qsm 和 kosm-i 之间差异，远远小于 kosm- 和 censeō 或 çáṃsati 之间的差异。

---

53 参见本书第八章，注释 3。

54 *Iliad* I: 16.

* 原文为“In the tenth stem”，语意不明。——译者注

55 在《圣经》中 √qsm 被相对少地使用的原因之一是占星术作为一种恶习被严厉谴责，参见 Deuteronomy 18: 10 和 2 Kings 17: 17。

56 Gordon（1965a, 1: 59）.

结　语

如本章开篇所言，对那些在学术上远比我专业的学者所研究的领域，我不敢越雷池一步。因此，我避免了考查与奢华和贸易商品相关的词汇的闪米特语词源。取而代之，我考查了基础词汇，诸如血液、青铜以及至关重要的动词如 bainō（“去”）、legō（“讲说”）、poieō（“制造”）和 naíō（“生存”），以及诸如 kalos、kudos 和 kosmos 等宗教哲学词汇。如本章和上一章所指出的那样，作为一个整体，闪米特语影响到了希腊语，进而影响到了希腊文化，这种影响不可能只局限于具有代表性的古代犹太人可能提供的内容。所以，在一定程度上，我们应该考虑它们事实上的贡献。